KB038951

LEGAL ISSUES IN JUDICIAL PRECEDENTS
REGARDING MILITARY LAW

판례로 보는 군법

분야별 군 관련 법률문제들의 핵심 쟁점

[형사 · 행정 · 민사 · 국가계약(방위사업) · 기타]

김 형 동 지음

박영사

머리말

군법(軍法)이라고 하면 통상 군사재판 또는 군형법만을 생각하기 쉽다. 그러나 **군 관련 법률문제**는 군인 등의 징계, 보직해임, 현역복무부적합자 전역처분 등의 행정법(행정소송) 분야, 군 관련 각종 계약, 방위사업과 관련된 계약법 또는 민사/행정소송 분야, 작전법(무력충돌법)과 국제인도법 등의 국제법 분야 등 다양한 영역에 걸쳐 특수한 쟁점들을 가지고 있다.

국회나 언론 등에서 논의되는 군 관련 정책이나 군에서 발생하는 문제들에 대한 진단과 처방을 살펴보면, 야전의 현실 또는 군의 생리에 대한 이해부족에서 오는 현실과의 괴리를 발견하게 되는 경우가 적지 않다. 한편 판례(判例)는 각종 사건·사고의 사실관계와 그에 대한 법원의 판단이 기록되어 있는 공문서이므로, 군 관련 판례들은 군(軍)에서 실제로 발생하는 사건들 또는 문제들에 대한 생생한 정보를 얻을 수 있는 좋은 방법이라고 할 것이다.

그러한 의미에서 필자는 군 관련 법률문제들의 중요한 쟁점들이 다루어진 최신 판례들을 통해 지휘관 및 참모를 비롯하여 국방 관련 정부부처와 군부대에서 정책·인사·행정·계약·사업·수사 등을 담당하는 분들과 국회·언론·시민단체 등에서 군 관련 문제들을 직·간접적으로 다루는 분들에게 판례상의 실제 사례와 그와 관련된 법적 쟁점과 맥락을 소개하고자 하는 목적에서 이 책을 기획하였고, 법률전문가뿐만 아니라 법률전문가가 아닌 독자들도 쉽게 이해할 수 있도록 책의 체계를 구성하였다.

군인복무기본법과 청탁금지법 등에 의해 인권이 강조되고 법과 규정에 의한 군 행정이 요청되고, 방위사업과 군납 관련 부정부패에 대한 무관용 원칙하의 엄정한 처벌이 이루어지고 있으며, 2022. 7. 1.부터는 개정 군사법원법이 시행되어 군 입대전 범죄, 성폭력범죄, 군내 사망사고와 관련된 범죄는 수사와 재판을 민간 사법기관이 담당하게 된다. 그러한 시대적 맥락에서 이 책에는 **군인복무기본법, 청탁금지법에 관한 판례, 성폭력범죄 2차 가해(군인복무기본법 제43조에 따른 신고 등을 한 사람의 인적사항을 알려주거나 공개하는 행위, 면담강요, 보복협박 등)에 관한 판례, 방위사업 및 군납 관련 계약법 등에 관한 최신 판례**도 수록하였다.

27개월의 현역병 생활을 마치고 1992년 전역한 후, 1999년에 다시 임관하여 23

년의 군법무관 생활을 마치고 2022년 1월 퇴역을 했다. 그 사이 군복이 두 번이나 바뀌었고, 우리 군에도 첨단무기체계의 도입, 군 구성원 중 여성이 차지하는 비율의 지속적인 증가, 인권을 존중하는 병영문화 혁신 등 정말 많은 변화가 있었다. 논산훈련소에서 신병교육을 받을 때 엄청나게 내린 폭설을 며칠간이나 치웠던 일, 특전사에서 근무할 때 공수훈련을 받고 낙하산만을 믿고 헬기에서 뛰어내렸던 일, 한미연합사 벙커에서 미군 군법무관들과 함께 북한의 미사일 실험 관련 실제 상황에 대응하며 새벽을 맞이했던 일, 방위사업청에서 소송수행자로서 담당했던 소송들의 결과에 촉각을 곤두세웠던 일 등이 이제는 추억이 되었다.

23년간의 군법무관 생활 중 총기난사사건 군사재판, 국가보안법 위반사건 군사재판, 용산미군기지 이전사업 관련 법률 검토, 국방경비법위반 재심사건 재판권 검토 등으로 많은 번뇌의 시간을 보내기도 했고, 그 과정에서 많은 소중한 인연들을 만났다. 전 국방부 법제과장 김석영 변호사님, 전 육군 법무병과장 최재석 변호사님, 전 방위사업청 법률소송담당관 김혁중 변호사님, 전 고등군사법원장 홍창식 변호사님 등 많은 분들과의 인연이 떠오른다.

끝으로 필자의 23년의 군법무관생활 중 필자와 함께 여러 번 이사를 해야 했던 불편을 감수하면서도 항상 필자에게 안식처가 되어 준 가족들에게 사랑한다는 말을 전하고, 이 책을 준비하는 과정에서 많은 조언과 도움을 주신 김현수 변호사님, 윤대해 변호사님께 감사의 말씀을 드린다.

2022. 2. 4.

立春에 김형동

일러두기

1. 책의 구성

이 책은 항목별로 「사안의 개요」, 「판결 읽어보기」, 「참고 판결」, 「요약정리」로 구성되어 있다.

「사안의 개요」 부분과 **「요약정리」** 부분은 필자가 작성한 것이며, 「판결 읽어보기」 또는 「참고 판결」 부분의 **[판결 중요부분 발췌(요약)]** 부분은 원 판결문을 인용한 것이다.

법률전문가가 아닌 독자들을 위하여 각 항목의 마지막에 **요약정리 [사안의 쟁점과 판결의 요지]** 부분에서 사안의 쟁점과 판결의 요지를 이해하기 쉽게 요약하여 설명하였다.

2. 판결문 인용 방법

[판결 중요부분 발췌(요약)] 부분은 가능한 원 판결문을 그대로 인용하되, 가독성을 높이기 위해 필자가 이 책의 목적상 불필요한 부분은 생략하였고[생략된 부분은 '(생략)'이라고 표시], 원 판결문은 단락과 단락 사이를 띄우지 않고 모두 붙여서 작성되어 있기 때문에 독자들이 판결문을 읽는 것이 쉽지 않은 문제가 있어 가독성을 높이기 위해 필자가 판결문의 단락 사이를 일부 띄우고, 들여쓰기를 편집하여 읽기 쉽도록 하였다. 또한 원 판결문의 증거 인용 부분, 각주 부분도 가독성을 높이기 위해 원칙적으로 생략하되, 독자들이 판결문을 읽는 데 필요하다고 생각되는 증거 인용 부분과 각주 부분은 원 판결문에 포함되어 있는 대로 인용하였다.

3. 비실명화

개인정보 및 사생활 보호, 군사보안 등의 이유로 인명과 부대명, 일시와 장소 등은 원칙적으로 비실명화하였으나, 이미 언론 등에서 많이 사용되고 있는 사건명 등은 독자들의 이해를 돕기 위해 그대로 사용하였다.

4. 판결문의 출처

이 책에서 인용하고 있는 판결들은 필자가 **'판결서 인터넷 열람 제도'**를 통해 입수하였거나, **'대법원 종합법률정보'**, '고등군사법원' 홈페이지 또는 '헌법재판소' 홈페이지에서 다운로드받은 것이다. 그 외에 일부 판결들은 필자가 각종 판례검색 서비스(케이스노트, 엘박스 등)를 통해 입수하였다.

차례

PART 1

군형법, 군사재판 등 군 관련 형사재판 판결

PART 2

군인사법 등 군 관련 행정소송 판결

PART 3

군 관련 일반 민사소송 판결

PART 1

군형법, 군사재판 등 군 관련 형사재판 판결

판례 1

피해자가 공개된 장소에서 상관과 동료들에게 활달하고 적극적인 모습을 보여주는 과정에서 피고인과 손을 잡는 등의 신체접촉을 하였다는 사정이 피고인이 여군인 피해자와 두 사람만 있는 폐쇄된 장소에서 피해자의 신체를 접촉한 행위를 '추행'으로 판단함에 지장이 되는지 여부 / 피고인이 다른 사람에게 피해자가 모텔에서 남자친구와 나오는 것을 몇 번 봤다고 말한 것이 피해자에 대한 '명예훼손'에 해당하는지 여부

대법원 2020. 12. 10. 선고 2019도12282 판결 [군인등강제추행, 협박, 명예훼손]
[원심판결] 고등군사법원 2019. 8. 14. 선고 2018노256 판결
[파기환송심] 고등군사법원 2021. 4. 22. 선고 2020노414 판결

I. 사안의 개요 [공소사실의 요지 및 사건의 경과]

1. 공소사실의 요지(유죄부분)

가. 군인등강제추행

피고인은 2017. 4. 오전 일시미상경 소속대 본부중대 간부연구실에 있는 소파에서, 군인인 피해자(공소외 1)를 강제추행하기로 마음먹고 피고인의 다리로 피해자의 양 다리를 겹쳐서 잡고, 피해자의 손목을 잡아 피고인 쪽으로 끌어당기고, 오른팔로 피해자의 목과 어깨를 감싸 안아 피해자를 강제로 추행하였다.

나. 명예훼손

피고인은 2017. 2. ○. 17:00경 ○○ 화덕피자 음식점에서 공소외 3 병장을 비롯한 손님 10여명이 식사를 하고 있는 중에, 창밖으로 지나가는 피해자(공소외 1)를 보며 공소외 2 하사에게 "내가 새벽에 운동을 하고 나오면 헬스장 근처에 있는 모텔에서 피해자가 남자친구와 나오는 것을 몇 번 봤다. 나를 봤는데 얼마나 창피했겠냐."라고 말하여 공연히 사실을 적시하여 피해자의 명예를 훼손하였다.

2. 사건의 경과

피고인은 군인등강제추행, 성폭력범죄의처벌등에관한특례법위반(업무상위력등에의한추행), 협박, 명예훼손의 공소사실로 기소되었다.

이 사안의 쟁점은 **① 피해자가 이전에 공개된 장소에서 상관과 동료들에게 활달하고 적극적인 모습을 보여주는 과정에서 피고인과 손을 잡는 등의 신체접촉을 하였다는 사정이 피고인이 여군인 피해자와 두 사람만 있는 폐쇄된 장소에서 피해자의 손목을 잡고 피해자의 다리와 어깨에 접촉한 행위를 '추행'으로 판단함에 지장이 되는지 여부와 ② 피고인이 피해자가 모텔에서 남자친구와 나오는 것을 몇 번 봤다고 말한 것이 피해자에 대한 '명예훼손'에 해당하는지 여부**였다.

1심(제5군단 보통군사법원 2018. 8. 6. 선고 2017고69 판결)은 이 사건 공소사실 중 협박의 점[1]에 대해서는 무죄, 성폭력범죄의처벌등에관한특례법위반(업무상위력등에의한추행)의 점[2]에 대해서는 공소기각 판결을 하였고, 군인등강제추행의 점과 명예훼손의 점에 대해서는 유죄로 판단하여 징역 6월에 집행유예 1년을 선고하였다.

파기환송전 원심(고등군사법원 2019. 8. 14. 선고 2018노256 판결)은 ① 군인등강제추행의 점에 관하여 피고인이 접촉한 피해자의 신체 부분이 성적으로 민감한 부분이라고 보기 어렵고, 이 사건 이전에 피해자는 수차례 먼저 피고인의 손을 잡거나 팔짱을 끼는 등의 신체접촉을 자연스럽게 한 사정 등을 종합하여 보면 피고인의 이 사건 행위가 추행행위라고 보기 부족하고, 또한 피고인에게 피해자에 대한 추행의 고의가 있었음을 인정하기 부족하다고 보아 군인등강제추행의 점에 관해 유죄로 판단한 제1심판결을 파기하고 무죄로 판단하였고, ② 명예훼손의 점에 관하여 피고인이 이 사건 발언을 하였다고 인정하기 부족하고, 설령 피고인이 이 사건 발언을 하였다고 인정하더라도 성적 자기결정권이 있는 미혼 성인여성이 모텔에서 남자친구와 나오는 것을

---

1) 이 사건 공소사실 중 협박 부분의 요지는 피고인이 피해자(공소외 1)에게 전화를 걸어 "법무부 측에서 다른 피해여부를 이야기 하는데 니 얘기를 하는거 같은데 너는 끼지마라 진흙탕싸움이 될 것 같은데 니가 껴서 피해볼 수도 있다."라고 말하여 피해자를 협박하였다는 것인데, 1심은 이 부분 공소사실에 대한 군검사의 입증이 부족하다는 이유로 무죄를 선고하였다.

2) 이 사건 공소사실 중 업무상위력등에의한추행 부분의 요지는 "피고인은 피해자(공소외 1)의 선임자로서 피해자를 업무상 지도 감독하였고, 피고인은 2014년부터 2015년까지 일시미상 경 소속대 등지 미상의 장소에서 약 5회에 걸쳐 피해자를 추행할 것을 마음먹고 피해자의 허벅지가 두껍다고 말하며 손으로 피해자의 허벅지를 만져 업무상 위력을 행사하여 피해자를 추행하였다"는 것인데, 1심은 이 부분 공소사실의 불특정을 이유로 공소기각 판결을 하였다.

보았다는 발언이 피해자의 사회적 가치 내지 평가를 저하시키는 것으로서 명예훼손에 해당한다고 인정하기 어렵다고 보아 명예훼손의 점에 관해 유죄로 판단한 제1심 판결을 파기하고 무죄로 판단하였다.

그러나 **대법원 2020. 12. 10. 선고 2019도12282 판결**은 ① 군인등강제추행의 점에 관하여 피고인의 이 사건 행위는 피해자의 의사에 반하여 이루어진 것일 뿐만 아니라 피해자의 성적 자유를 침해하는 유형력의 행사에 해당하고, 일반인에게도 성적 수치심을 일으키게 할 수 있는 추행으로 볼 수 있으며, ② 피해자가 이 사건 이전에 공개된 장소에서 상관과 동료들에게 활달하고 적극적인 모습을 보여주는 과정에서 피고인과 손을 잡는 등의 신체접촉을 하였다는 사정은, 피고인이 여군인 피해자와 두 사람만 있는 폐쇄된 장소에서 피해자의 손목을 잡고 피해자의 다리와 어깨에 접촉한 행위를 추행으로 판단함에 지장이 되지 않으며, ③ 명예훼손의 점에 관하여 피고인의 이 사건 발언이 피해자의 지극히 개인적인 부분에 관하여 부정적인 인상을 줄 수 있어서 피해자의 사회적 가치 내지 평가를 저하시키는 내용이라고 인정할 여지가 충분하고, 피고인이 발언한 장소가 공개된 식당으로 발언 당시 공소외 3 병장을 비롯한 손님들이 있었던 사정에 더하여 피고인과 공소외 2 하사의 관계까지 비추어 보더라도 피고인의 행위에 공연성을 인정할 수 있다는 이유로, 원심판결 중 군인등강제추행의 점, 명예훼손의 점에 관한 무죄부분을 파기하고, 이 부분 사건을 다시 심리·판단하도록 원심법원에 환송하였고, **파기환송심(고등군사법원 2021. 4. 22. 선고 2020노414 판결)**은 위 대법원판결의 취지대로 공소사실 중 군인등강제추행의 점과 명예훼손의 점에 대하여 모두 유죄로 판단하여 1심판결에 대한 피고인과 군검사의 항소를 모두 기각하였고, 이후 대법원의 상고기각 결정으로 피고인에 대한 유죄판결(징역 6월, 집행유예 1년)이 확정되었다.[3]

II. 판결 읽어보기 [판결 중요부분 발췌(요약)] : 대법원 2020. 12. 10. 선고 2019도12282 판결

상고이유를 판단한다.

3) 대법원 2021. 6. 24.자 2021도5266 결정.

1. 군인 등 강제추행의 점

가. 이 부분 공소사실의 요지는, 피고인이 ○○중대 간부연구실에 있는 소파에서, 군인인 피해자 공소외 1(가명, 여, 23세)을 강제추행하기로 마음먹고 다리로 피해자의 양다리를 겹쳐서 잡고, 피해자의 손목을 잡아 피고인 쪽으로 끌어당기고, 오른팔로 피해자의 목과 어깨를 감싸 안아 피해자를 강제로 추행하였다는 것이다.

나. 원심은, 피고인이 '피해자의 손목을 잡고 끌어당긴 행위', '피고인의 다리로 피해자의 다리에 접촉한 행위', '피고인의 팔로 피해자의 어깨에 접촉한 행위'를 한 사실은 인정되나, 피고인의 행위가 추행행위라고 보기 부족하고, 피고인에게 피해자에 대한 추행의 고의가 있었음을 인정하기 부족하다고 보아 유죄로 판단한 제1심을 파기하고 무죄로 판단하였다.

① 피고인이 접촉한 신체 부분이 성적으로 민감한 부분이라고 보기 어렵다거나, ② 이 사건 이전에 피해자는 수차례 먼저 피고인의 손을 잡거나 팔짱을 끼는 등의 신체 접촉을 자연스럽게 하였다거나, ③ 피해자는 피고인의 행위로 성적 수치심을 느꼈다고 진술하지만, 피해자가 느낀 감정이 불쾌함이나 불편함을 넘어 성적 수치심에까지 이르렀다고 보기 부족하다는 점을 근거로 들었다.

다. 그러나 원심의 이 부분 판단은 그대로 수긍하기 어렵다.

1) '추행'이란 일반인을 기준으로 객관적으로 성적 수치심이나 혐오감을 일으키게 하고 선량한 성적 도덕관념에 반하는 행위로서 피해자의 성적 자기결정권을 침해하는 것을 말한다. 이에 해당하는지는 피해자의 성별, 연령, 행위자와 피해자의 관계, 그 행위에 이르게 된 경위, 구체적 행위 모습, 주위의 객관적 상황과 그 시대의 성적 도덕관념 등을 종합적으로 고려하여 신중히 결정해야 한다(대법원 2019. 6. 13. 선고 2019도3341 판결, 대법원 2020. 6. 25. 선고 2015도7102 판결 등 참조). 성적 자기결정 능력은 피해자의 나이, 성장과정, 환경 등 개인별로 차이가 있으므로 성적 자기결정권이 침해되었는지 여부를 판단함에 있어서도 구체적인 범행 상황에 놓인 피해자의 입장과 관점이 충분히 고려되어야 한다(대법원 2020. 8. 27. 선고 2015도9436 전원합의체 판결의 취지 참조). 여성에 대한 추행에 있어 신체 부분에 따라 본질적인 차이가 있다고 볼 수는 없다(대법원 2004. 4. 16. 선고 2004도52 판결 참조).

2) 원심판결 이유 및 적법하게 채택한 증거에 의하면, 상급자인 피고인이 피해자를 호출하여 둘만 있는 간부연구실에서 보급품 관련 업무 대화를 하던 중 갑자기 피해자의 손목을 잡고 끌어당기고, 피고인의 다리로 피해자의 다리에 접촉하고, 피고인의 팔로 피해자의 어깨에 접촉하는 행위를 연속적으로 하였고, 피해자가 자신의 몸을 빼

내면서 피고인을 밀쳐 떨어뜨린 다음 업무를 마무리하고 간부연구실에서 나온 사실, 피해자가 일관하여 피고인의 행위로 성적 수치심을 느꼈다고 진술한 사실을 알 수 있다.

3) 앞서 본 추행의 의미, 성적 자기결정권의 침해를 판단하는 기준 등에 관한 법리에 위와 같은 사실을 비추어 보면, 앞서 본 피고인의 행위는 피해자의 의사에 반하여 이루어진 것일 뿐만 아니라 피해자의 성적 자유를 침해하는 유형력의 행사에 해당하고, 일반인에게도 성적 수치심을 일으키게 할 수 있는 추행으로 볼 수 있다.

그리고 피해자가 군대조직에서 일하는 여군으로서 공개된 장소에서 상관과 동료들에게 활달하고 적극적인 모습을 보여주는 과정에서 피고인과 손을 잡는 등의 신체접촉을 하였다는 사정은, 피고인이 피해자와 두 사람만 있는 폐쇄된 장소에서 피해자의 손목을 잡고 피해자의 다리와 어깨에 접촉한 행위를 추행으로 판단함에 지장이 되지 않는다.

라. 그런데도 원심은 앞서 본 사정만을 들어 이 부분 공소사실을 무죄로 판단하였으니 원심의 판단에는 추행에 관한 법리를 오해하는 등의 잘못이 있다. 이를 지적하는 군검사의 상고이유 주장은 이유 있다.

2. 명예훼손의 점

가. 이 부분 공소사실의 요지는, 피고인이 음식점에서 창밖으로 지나가는 피해자 공소외 1을 보며 하사 공소외 2에게 "내가 새벽에 운동을 하고 나오면 헬스장 근처에 있는 모텔에서 피해자가 남자 친구와 나오는 것을 몇 번 봤다. 나를 봤는데 얼마나 창피했겠냐."(이하 '이 사건 발언'이라 한다)라고 말하여 공연히 사실을 적시하여 피해자의 명예를 훼손하였다는 것이다.

나. 원심은 ① 피고인이 이 사건 발언을 하였다고 인정하기 부족하고, ② 설령 피고인이 이 사건 발언을 하였더라도 명예훼손적 표현이라고 인정하기 어렵다고 보아 유죄로 판단한 제1심을 파기하고 무죄로 판단하였다.

다. 그러나 원심의 이 부분 판단은 그대로 수긍하기 어렵다.

1) 먼저 공소외 2의 진술이 일관되기는 하나 그 진술만으로는 피고인이 이 사건 발언을 하였다고 인정하기 부족하다는 원심의 판단에 관하여 본다.

가) 공소외 2는 공소사실 기재 발언의 상대방으로서, 피고인으로부터 이 사건 발언을 직접 들었다고 일관하여 진술하였다.

나) 공소외 2에 대한 증인신문을 진행한 제1심은 그 진술의 일관성, 구체성은 물

론 본인에게 불리할 만한 내용도 진술하는 점, 피해자를 위해 허위 진술할 만한 동기가 없는 점까지 고려하여 그 진술의 신빙성을 인정하였다.

다) 원심은 범행 당시 음식점 안에 있었던 공소외 3을 증인으로 신문한 다음 공소외 3의 진술, 공소외 2와 피고인의 관계 등을 들어 공소외 2 진술의 신빙성을 배척하였다. 그러나 원심의 인정에 의하더라도 공소외 3의 증언도 "당시 피고인과 공소외 2 하사 사이의 대화를 듣게 되었지만 대화내용은 기억나지 않는다. 기억할 만한 중요한 내용은 없었던 것으로 기억하고, 피고인이 피해자에 대해서 이야기하는 것이나 '모텔'이나 '남자 군인'과 관련한 이야기를 하는 것도 들은 기억이 없다."라는 것에 불과하다. 나아가 공소외 3이 당시 여자 친구와 대화를 하던 중이어서 다른 사람들의 대화에 주의를 집중하지 못하였다고 하여 비록 가까운 거리에 있었다고는 하나 이 사건 발언을 듣지 못하였을 가능성이 있다는 점까지 고려한다면, 공소외 3의 증언만으로 공소외 2 진술의 신빙성을 인정한 제1심의 판단을 그대로 유지하는 것이 현저히 부당하다고 인정되는 경우라고 보기 어렵다.

2) 다음으로 설령 피고인이 이 사건 발언을 하였더라도 그 발언이 피해자의 사회적 가치 내지 평가를 저하시킬 만한 것이라고 인정하기 어렵다는 원심의 판단에 관하여 본다.

원심판결 이유 및 적법하게 채택한 증거에 의하여 인정되는 다음과 같은 사정에 의하면, 이 사건 발언이 피해자의 사회적 가치 내지 평가를 저하시킬 만한 것이라고 인정할 여지가 충분하다.

가) 이 사건 발언은 '피고인이 남자 친구를 사귀면서 모텔을 드나들며 여러 차례 성관계를 하였다.'는 의미로 이해되고, 이는 부대에 배치되고 얼마 지나지 않은 피해자의 지극히 개인적인 부분에 관하여 부정적인 인상을 줄 수 있어서 피해자의 사회적 가치 내지 평가를 저하시키는 내용이다. 피고인도 이 사건 발언에 나타난 피해자의 행동을 창피한 것으로 인식하고 있었고, 공소외 2 또한 그 발언이 피해자에게 악영향을 미칠 것으로 보아 타인에게 말하지 않았다.

나) 피고인은 피해자가 이성교제에 관한 자신의 조언을 무시하였다는 취지로 말하고 이어서 이 사건 발언을 하여 피해자를 비난하거나 부정적인 인상을 부각시킬 의도로 이 사건 발언을 한 것으로 보인다.

라. 명예훼손죄의 구성요건으로서 공연성은 '불특정 또는 다수인이 인식할 수 있는 상태'를 의미하고, 개별적으로 소수의 사람에게 사실을 적시하였더라도 그 상대방이 불특정 또는 다수인에게 적시된 사실을 전파할 가능성이 있는 때에도 공연성이 인정

된다. 그리고 명예훼손죄는 추상적 위험범으로 불특정 또는 다수인이 적시된 사실을 실제 인식하지 못하였다고 하더라도 인식할 수 있는 상태에 놓인 것으로도 명예가 훼손된 것으로 보아야 한다(대법원 2020. 11. 19. 선고 2020도5813 전원합의체 판결 참조). 피고인이 발언한 장소가 공개된 식당으로 발언 당시 병장 공소외 3을 비롯한 손님들이 있었던 사정에 더하여 피고인과 공소외 2의 관계까지 비추어 보더라도 피고인의 판시 행위에 공연성을 인정할 수 있다.

마. 그런데도 원심은 그 판시와 같은 사정만을 들어 이 부분 공소사실을 무죄로 판단하였으니 원심의 판단에는 논리와 경험의 법칙을 위반하여 자유심증주의의 한계를 벗어나거나 명예훼손에 관한 법리를 오해한 잘못이 있다. 이를 지적하는 군검사의 상고이유 주장은 이유 있다.

3. 나머지 상고에 대하여

(생략)

4. 결론

그러므로 원심판결 중 군인 등 강제추행의 점, 명예훼손의 점에 관한 무죄부분을 파기하고, 이 부분 사건을 다시 심리·판단하도록 원심법원에 환송하기로 하여, 관여 대법관의 일치된 의견으로 주문과 같이 판결한다.

요약정리 [사안의 쟁점과 판결의 요지]

대법원 2020. 12. 10. 선고 2019도12282 판결 [군인등강제추행, 협박, 명예훼손]

피고인은 ① 2017. 4. 오전 소속대 본부중대 간부연구실에 있는 소파에서 피고인의 다리로 피해자의 양 다리를 겹쳐서 잡고, 피해자의 손목을 잡아 피고인 쪽으로 끌어당기고, 오른팔로 피해자의 목과 어깨를 감싸 안아 피해자를 강제로 추행하였고, ② 2017. 2. ○. 17:00경 ○○ 화덕피자 음식점에서 공소외 3 병장을 비롯한 손님 10여명이 식사를 하고 있는 중에, 창밖으로 지나가는 피해자를 보며 공소외 2 하사에게 "내가 새벽에 운동을 하고 나오면 헬스장 근처에 있는 모텔에서 피해자가 남자친구와 나오는 것을 몇 번 봤다. 나를 봤는데 얼마나 창피했겠냐."라고 말하여 공연히 사실을 적시하여 피해자의 명예를 훼손하였다는 내용의 공소사실로 기소되었다{이 사건 공소사실 중

1심에서 무죄가 선고된 협박의 점과 공소기각 판결이 내려진 성폭력범죄의처벌등에관한 특례법위반(업무상위력등에의한추행)의 점은 생략}.

이 사안의 쟁점은 **① 피해자가 이전에 공개된 장소에서 상관과 동료들에게 활달하고 적극적인 모습을 보여주는 과정에서 피고인과 손을 잡는 등의 신체접촉을 하였다는 사정이 피고인이 여군인 피해자와 두 사람만 있는 폐쇄된 장소에서 피해자의 손목을 잡고 피해자의 다리와 어깨에 접촉한 행위를 '추행'으로 판단함에 지장이 되는지 여부와 ② 피고인이 피해자가 모텔에서 남자친구와 나오는 것을 몇 번 봤다고 말한 것이 피해자에 대한 '명예훼손'에 해당하는지 여부**였다.

대법원 2020. 12. 10. 선고 2019도12282 판결은 ① 군인등강제추행의 점에 관하여, 피고인의 행위는 피해자의 의사에 반하여 이루어진 것일 뿐만 아니라 피해자의 성적 자유를 침해하는 유형력의 행사에 해당하고, 일반인에게도 성적 수치심을 일으키게 할 수 있는 추행으로 볼 수 있으며, 피해자가 이 사건 이전에 공개된 장소에서 상관과 동료들에게 활달하고 적극적인 모습을 보여주는 과정에서 피고인과 손을 잡는 등의 신체접촉을 하였다는 사정은, 피고인이 여군인 피해자와 두 사람만 있는 폐쇄된 장소에서 피해자의 손목을 잡고 피해자의 다리와 어깨에 접촉한 행위를 추행으로 판단함에 지장이 되지 않으며, **② 명예훼손의 점**에 관하여, 피고인의 이 사건 발언은 피해자의 지극히 개인적인 부분에 관하여 부정적인 인상을 줄 수 있어서 피해자의 사회적 가치 내지 평가를 저하시키는 발언이고, 피고인이 이 사건 발언을 한 장소가 공개된 식당으로 발언 당시 공소외 3 병장을 비롯한 손님들이 있었던 사정과 피고인과 공소외 2 하사의 관계까지 종합하여 보면 '공연성'을 인정할 수 있다는 이유로, 원심판결 중 군인등강제추행의 점, 명예훼손의 점에 관한 무죄부분을 파기·환송하였다.

파기환송심(고등군사법원 2021. 4. 22. 선고 2020노414 판결)은 위 대법원판결의 취지대로 공소사실 중 군인등강제추행의 점과 명예훼손의 점에 대해서 모두 유죄로 판단하여 1심판결에 대한 피고인과 군검사의 항소를 모두 기각하였으며, 이후 피고인에 대한 유죄판결(징역 6월, 집행유예 1년)이 확정되었다.

판례 2

상관의 조치에 대한 불만이나 분노의 감정을 저속하게 표현한 것에 불과하여 상관모욕죄의 '모욕'에 해당하지 않는다고 평가할 수 있는 판단기준

수원지방법원 2020. 5. 7. 선고 2019노5829 판결 [상관모욕]

[1심판결] 수원지방법원 성남지원 2019. 10. 1. 선고 2019고단254 판결 [상관모욕]

I. 사안의 개요 [공소사실의 요지 및 사건의 경과]

1. 공소사실의 요지

피해자 F는 피고인의 소속대 본부근무대장으로, 피해자 G는 피고인의 소속대 행정보급관으로 각 근무했던 군인들이었다.

피고인은 2018. 6. ○. 09:00경 군병원인 ○○병원 정신건강의학과 외래진료실에서, 원사 K 등이 듣고 있는 가운데 일병 J와 대화를 하다가 자신의 진급 누락 및 병영 생활과 관련하여 불만을 품고 피해자 G를 가리켜 "왜 맨날 우리한테만 지랄이야, 안 그래도 힘든데 좆나 짜증나네 씨발."이라고 말한 후, 피해자 F를 가리켜 "대장도 우리 일 어떻게 하는지 잘 모르지 않냐? 분명히 지난번에 지통실에서 이야기했을 때는 위에서 자는 대신에 아침이랑 저녁 점호랑 오전, 오후 일과 집합 잘하면 대장도 더 이상 터치하지 않겠다고 했는데 왜 이제 와서 내려오라는 건지 모르겠다. 진짜 좆같다 씨발. 그리고 우리 어차피 정신과 무조건 진급 누락 아니냐고, 그러면 아래에서 생활하고 교육 같은 거 다 들을 테니까 진급 제대로 시켜 주면 내려간다고 해 씨발, 진짜."라고 말하여 2회에 걸쳐 공연히 상관인 피해자들을 모욕하였다.

2. 사건의 경과

피고인은 이 사건 범행 당시 현역병의 신분이었으나, 이 사건으로 군 수사기관의 조사를 받은 다음 전역하여 이 사건에 대한 형사재판은 민간법원에서 진행되었다.

이 사안의 쟁점은 **이 사건 피고인의 발언을 피해자들의 인격적 가치에 대한 사**

회적 평가를 저하시키는 표현이 아니라 상관의 조치에 대한 불만이나 분노의 감정을 저속하게 표현한 것에 불과하여 상관모욕죄의 '모욕'에 해당하지 않는다고 평가할 수 있는지 여부였다.

1심(**수원지방법원 성남지원 2019. 10. 1. 선고 2019고단254 판결**)은 피고인의 이 사건 발언 내용에 다소 무례하고 저속한 표현이 포함되어 있지만, 구체적인 발언 내용과 그 표현 방식, 발언의 전체적인 취지와 경위, 발언을 한 장소와 그 직접적인 상대방, 발언 전후의 정황 및 피고인이 피해자들을 직접 지칭하여 그 인격 자체에 대한 경멸적인 표현은 하지 않은 점 등을 고려하면, 이는 피고인이 위 외래진료실 접수대에서 같은 처지에 있는 일병 J와 대화하면서 **피해자들의 조치에 대한 불만이나 분노의 감정을 저속하게 표현한 것에 불과할 뿐, 피고인이 피해자들의 인격적 가치에 대한 사회적 평가를 저하시킬 만한 표현을 하였다고 보기는 어렵다**는 이유로 무죄를 선고하였다.

그러나 **항소심(수원지방법원 2020. 5. 7. 선고 2019노5829 판결)**은 ① 피고인이 공소사실 기재 발언을 할 당시 발언의 상대방인 피해자들의 성명을 명시하지는 않았지만, 피고인의 대화 내용만으로도 피고인의 모욕적 발언의 대상이 피해자들이라는 것이 특정되었다고 인정되고, ② 피고인의 이 사건 발언은 공연성을 충족하고, ③ **피고인의 이 사건 발언은 피해자들의 인격적 가치에 대한 사회적 평가를 저하시키는 표현에 해당하며, 이를 피해자들의 조치에 대한 불만이나 분노의 감정을 저속하게 표현한 것에 불과하다고 볼 수 없으며**, ④ 피고인에게 모욕의 고의도 있었다고 인정된다는 이유로 상관모욕의 공소사실에 대하여 유죄로 판단하였고, **대법원 2020. 7. 29. 선고 2020도6537 판결**은 원심판결 이유를 관련 법리와 적법하게 채택된 증거에 비추어 살펴보면, 원심의 판단에 논리와 경험의 법칙을 위반하여 자유심증주의의 한계를 벗어나거나 상관모욕죄에서의 피해자 특정이나 '모욕'에 관한 법리를 오해한 잘못이 없다고 판시하며 피고인의 상고를 기각하여 원심(항소심)의 유죄판결이 확정되었다.

II. 판결 읽어보기 [판결 중요부분 발췌(요약)] : 수원지방법원 2020. 5. 7. 선고 2019노5829 판결

1. 항소이유의 요지

(생략)

2. 판단

가. 이 사건 공소사실의 요지

(생략)

나. 원심의 판단

(생략)

다. 당심의 판단

1) 인정사실

원심이 적법하게 채택하여 조사한 증거들을 종합하면 아래와 같은 사실을 인정할 수 있다.

가) 피고인은 2017. 5.경 군에 입대하고 2017. 7.경 ○○ 군병원 본부근무대 중 의무대에 의무병으로 전입하여 이 사건 당시에는 상병으로 복무하고 있었다. 피고인은 ○○ 군병원의 정신건강의학과에서 분대장으로 복무하면서, 환자를 효율적으로 통제하기 위하여 일병인 J 등 분대원들과 함께 ○○ 군병원의 병동 4층에 있는 별도의 생활관에서 생활하고 있었다.

나) 피해자 F는 2017. 12.경부터 본부근무대의 대장으로, 상사 G는 2017. 9.경부터 피고인의 본부근무대의 행정보급관으로 각 근무하기 시작하였다. 피해자 소령 F는 ○○ 군병원 본부근무대의 대장으로 부임한 후 전임 대장과 다르게 정신건강의학과 병동 내의 생활관에서 지내던 부대원들에 대하여 정신건강의학과 병동에 입원 환자가 없을 때에는 본부근무대 대원들이 지내는 생활관으로 옮겨 생활을 하도록 명령하였다. 피고인은 본부근무대의 대장인 피해자 F가 정신건강의학과 소속 부대원들의 복무 여건을 배려하지 않는 명령을 계속적으로 한다는 등의 이유로 평소 피해자 F에 대하여 불만을 가지고 있었다.

다) 피고인은 2018. 6. ○. 아침경 ○○ 군병원 정신건강의학과 외래진료실의 접수대에서 진료를 시작할 준비를 하면서 병동에 간 일병 J를 기다리고 있었다. J는 08:40경 위 접수대로 돌아왔고 그때부터 피고인은 일병인 J와 함께 위 외래진료실 접

수대에서 근무를 하였다. 당시 외래진료실에는 환자를 인솔하기 위하여 정신건강의학과를 방문한 ○사단 주임원사인 I와 진료를 받으러 온 일병 K가 피고인과 J로부터 약 2m 이내 거리에 있는 의자에 앉아 진료를 대기하고 있었고, 그 외에 다른 부대 소속의 군인 3~4명이 더 있었다.

라) 피고인은 J와 대화를 하던 중 J로부터 '행보관님이 정신건강의학과 소속 대원들을 찢어서 각각 다른 생활관에 배치할 것이라고 말하였다'는 것을 들었다. 그러자 피고인은 화가 나서 J에게 "왜 맨날 우리한테만 지랄이야, 안 그래도 힘든데 좆나 짜증나네. 씨발."이라고 말하였다. 또한 피고인은 J와 자신들의 진급과 교육에 관한 이야기를 하다가 J가 "대장님이 출타자 교육을 안 받아도 사유서를 제출하면 외박을 보내준다고 합니다. 그래서 사유서를 제출하고 왔습니다"라고 말하자, "진급 누락인데 그런 거 왜 들어야 하는지 모르겠다. 진급을 시켜 주지도 않을 거면서 왜 그런 거 가지고 지랄이지"라고 말을 하였고, 이어서 "대장도 우리 일 어떻게 하는지 잘 모르지 않냐? 분명히 지난번에 지통실에서 이야기 했을 때는 위에서 자는 대신에 아침이랑 저녁 점호랑 오전, 오후 일과 집합 잘하면 대장도 더 이상 터치하지 않겠다고 했는데 왜 이제 와서 내려오라는 건지 모르겠다. 진짜 좆같다 씨발. 그리고 우리 어차피 정신과 무조건 진급 누락 아니냐고, 그러면 아래에서 생활하고 교육같은 거 다 들을 테니까 진급 제대로 시켜주면 내려간다고 해. 씨발, 진짜."라고 말하였다. 또한 피고인은 J가 "A 상병님, 진급 측정 열외 없이 한답니다."라고 하자, 피고인은 J에게 "그래, 지들 맘대로 하라고 해라. 난 안 한다. 지들이 그럼 진급 시켜준대? 지들 맘대로 하라고 해. 난 안 하면 되니까. 이해 안 되는 짓들을 하고 있네"라고 말하였다.

마) 원사 K는 약 10~15분 동안 피고인과 J의 대화 내용을 듣던 중, 피고인이 갑자기 컴퓨터 책상을 두 손으로 내리치면서 "와 생각하면 생각할수록 개빡치네"라고 큰 소리로 말하는 것을 보자, 더 이상 참지 못하고 피고인에게 "야, 인마. 너 너무 심한 거 아니냐? 다른 부대 간부도 있는데 너의 직속 간부 욕해도 되는 거냐."라는 취지로 말하였다. 피고인은 화가 나 있는 상태에서 I에게 퉁명스럽게 "죄송합니다"라고 말했다. 피고인의 태도에 화가 난 I는 피고인에게 "너희 행보관이랑 중대장한테 말해줘? 네가 욕한 거"라고 말했고, 피고인은 I에게 "죄송합니다"라고 말했다. I는 피고인으로부터 본무근무대의 행정보급관의 전화번호를 받아 전화를 하였다가 통화가 되지 아니하자, 자신의 휴대전화기로 ○○ 군병원의 주임원사인 L에게 전화하여 '이런 사건이 있으니 조치를 취해 달라'는 취지로 피고인의 행위를 알렸다. 위 L은 J를 불러 피고인이 한 말을 확인한 다음, 행정보급관인 피해자 G에게 피고인이 하였다고

들은 말을 전했고, 피해자 G는 피해자 F에게 다시 자신이 들은 말을 전하였다.

바) 피고인은 이 사건으로 조사를 받은 다음, 이 사건 공소가 제기된 뒤인 2019. 2. ○. 전역하였다.

2) 구체적 판단

아래에서 보는 바와 같이, 위 인정사실과 앞서 든 증거들에 의하여 인정할 수 있는 사실과 사정들을 관련 법리에 비추어 살펴보면, 피고인이 공소사실 기재 발언으로 상관인 피해자들을 모욕하였다고 봄이 타당하므로 피고인의 행위는 상관모욕죄에 해당한다. 그럼에도 원심은 이 사건 공소사실을 무죄로 판단하였으니 원심판결에는 사실을 오인하고 상관모욕죄에 관한 법리를 오해하여 판결에 영향을 미친 잘못이 있고, 이를 지적하는 검사의 주장은 이유 있다.

가) 이 사건 발언에서 상대방인 피해자가 특정되었는지 여부

(1) 명예훼손죄가 성립하려면 반드시 사람의 성명을 명시하여 허위의 사실을 적시하여야만 하는 것은 아니므로 사람의 성명을 명시하지 않은 허위사실의 적시행위도 그 표현의 내용을 주위사정과 종합 판단하여 그것이 어느 특정인을 지목하는 것인가를 알아차릴 수 있는 경우에는 그 특정인에 대한 명예훼손죄를 구성하고(대법원 1982. 11. 9. 선고 82도1256 판결, 대법원 2014. 3. 27. 선고 2011도11226 판결 등 참조), 이러한 법리는 모욕죄에도 그대로 적용된다.

(2) 피고인이 공소사실 기재 발언(이하 '이 사건 발언'이라고 한다)을 할 당시 발언의 상대방인 피해자들의 성명을 명시하지는 아니하였다. 그러나 피고인은 J로부터 행정보급관이 어떠한 말을 하였다는 이야기를 듣자 곧이어 그의 조치에 관하여 자신의 생각을 말하였고, J로부터 대장이 사유서를 제출하게 하였다는 말을 듣고 그러한 조치에 관한 자신의 생각을 말한 다음 그에 이어 스스로 '대장'이라고 언급을 하면서 그의 명령이나 조치에 관하여 다시 자신의 생각을 말하였으므로, 이러한 대화 내용을 들은 사람이라면 피고인이 발언하는 대상이 소속 부대의 대장과 행정보급관이라는 것을 충분히 알 수 있었다고 할 것이다. 따라서 피고인과 J의 대화 내용만으로도 피고인의 모욕적 발언의 대상이 피해자들이라는 것이 특정되었다고 인정된다.

나) 피고인의 행위가 상관모욕죄의 모욕에 해당하는지 여부

(1) 군형법 제64조 제2항은 "문서, 도화(圖畫) 또는 우상(偶像)을 공시(公示)하거나 연설 또는 그 밖의 공연(公然)한 방법으로 상관을 모욕한 사람은 3년 이하의 징역이나 금고에 처한다"고 규정하고 있다. 이러한 상관모욕죄에서 말하는 '모욕'도 모욕죄에서의 '모욕'과 마찬가지로 사실을 적시하지 아니하고 사람의 사회적 평가를 저하

시킬 만한 추상적 판단이나 경멸적 감정을 표현하는 것이다(대법원 2003. 11. 28. 선고 2003도3972 판결, 대법원 2008. 12. 11. 선고 2008도8917 판결 등 참조). 또한 군형법상 상관모욕죄는 상관에 대한 사회적 평가, 즉 외부적 명예 외에 군 조직의 질서 및 통수체계 유지도 보호법익으로 한다(대법원 2013. 12. 12. 선고 2013도4555 판결 참조).

(2) 피고인은 이 사건 발언 당시 피해자 F에 대하여는 그의 구체적인 명령이나 조치를 언급하면서 본부근무대의 대장인데도 정신건강의학과에 근무하는 부대원들의 업무나 복무 여건을 제대로 파악하지 못하고 있어서 병동에 근무하는 부대원들에게 불필요한 교육을 받으라고 하거나 생활관으로 내려오라는 내용으로 불합리한 지시를 하고 있다는 취지로 말하고, "지랄이야"라는 표현을 사용하였으므로, 이러한 발언은 피해자 F의 인격적 가치에 대한 사회적 평가를 떨어뜨리는 경멸적 감정을 표현한 것이어서 모욕에 해당한다고 봄이 타당하다.

또한 피고인은 이 사건 발언 당시 피해자 G에 대하여는 J로부터 정신건강의학과에 근무하는 부대원을 병원 병동이 아닌 생활관에 나누어 배치하여 생활하게 할 것이라는 말을 듣고 피해자가 본부근무대 행정보급관으로서 자신들만을 부당하게 대우한다는 취지로 "우리한테만 지랄이야"나 "좆나 짜증나네 씨발"이라고 표현하였으므로, 이 또한 피해자 G의 인격적 가치에 대한 사회적 평가를 떨어뜨리는 경멸적 감정을 표현한 것이어서 모욕에 해당한다고 봄이 타당하다.

따라서 위와 같이 "지랄이다", "좆같다", "씨발" 등이 포함된 피고인의 이 사건 발언에 관하여, 이를 피고인이 위 외래진료실 접수대에서 같은 처지에 있는 일병 J와 대화하면서 피해자들의 조치에 대한 불만이나 분노의 감정을 다소 저속하고 무례하게 표현한 것에 불과하다고 평가할 수는 없다.

또한 피고인의 이 사건 발언은 피해자들의 명령이나 조치가 부당하거나 불합리한 조치로서 '지랄'에 해당한다고 평가한 것이므로, 이는 군 조직의 질서 및 통수체계 유지에 반하는 발언에 해당한다.

다) 이 사건 발언이 공연성을 충족하는지 여부 및 피고인에게 모욕의 고의가 있었는지 여부

(1) 모욕죄에 있어서의 "공연성"은 불특정 또는 다수인이 인식할 수 있는 상태를 의미한다(대법원 1984. 4. 10. 선고 83도49 판결 등 참조).

(2) 이 사건 당시 피고인이 있었던 장소가 외래진료실 안이었고 피고인이 진료준비를 하던 중 일병 J와 두 명이서 대화를 나누고 있었으며, 피고인과는 아무런 관련이 없는 다른 부대 간부였던 원사 K 등이 우연히 피고인의 이 사건 발언을 듣게

된 것은 사실이다.

그러나 피고인이 이 사건 발언을 할 당시 피고인과 J는 외래진료실 접수대에 앉아 있었고 그 앞에는 책상과 컴퓨터가 비치되어 있었으며, 피고인의 앞쪽 비스듬한 방향으로 약 2m 이내의 거리에 다른 부대 간부인 I와 병사 K가 앉아 있었는바, 비록 피고인이 I 등에게 이 사건 발언을 한 것은 아니라고 하더라도 위와 같은 외래진료실의 구조, 피고인과 관련자들의 위치와 발언 당시 피고인의 목소리 크기 등으로 인하여 I는 피고인과 J가 하는 말을 거의 알아들을 수 있었던 것으로 보인다. J도 원심 법정에서 "I 등 그곳에 있던 사람들에게 피고인이 하는 말이 아마도 다 들렸을 것이다."라고 진술하였다. 이러한 사실에 의하면 피고인의 이 사건 발언은 발언 당시 불특정 또는 다수인이 인식할 수 있는 상태에 있었다고 볼 수 있으므로, 모욕죄에서의 공연성의 요건을 충족하였다고 인정할 수 있다.

또한 위와 같은 피고인이 이 사건 발언을 한 장소, 발언의 내용과 표현방법, 발언의 시간 등을 고려하면, 피고인에게 적어도 미필적으로나마 피해자들을 모욕하고자 하는 고의가 있었다고 봄이 타당하다.

3. 결론

그렇다면 검사의 항소는 이유 있으므로, 형사소송법 제364조 제6항에 의하여 원심판결을 파기하고 변론을 거쳐 다시 다음과 같이 판결한다.

(이하 생략)

요약정리 [사안의 쟁점과 판결의 요지]

수원지방법원 2020. 5. 7. 선고 2019노5829 판결 [상관모욕]

군병원에서 병사로 근무하던 피고인은 2018. 6.경 군병원 정신건강의학과 외래진료실에서, 원사 K 등이 듣고 있는 가운데 일병 J와 대화를 하다가 자신의 진급 누락 및 병영 생활과 관련하여 불만을 품고 피해자 G(행정보급관인 부사관)를 가리켜 "왜 맨날 우리한테만 지랄이야, 안 그래도 힘든데 좆나 짜증나네 씨발."이라고 말한 후, 피해자 F(지휘관인 장교)를 가리켜 "대장도 우리 일 어떻게 하는지 잘 모르지 않냐? 분명히 지난번에 지통실에서 이야기했을 때는 위에서 자는 대신에 아침이랑 저녁 점호랑 오전, 오후 일과 집합 잘하면 대장도 더 이상 터치하지 않겠다고 했는데 왜 이제 와서 내려오라는 건지 모르겠다. 진짜 좆같다 씨발. 그리고 우리 어차피 정신과 무조건 진급 누락 아니냐고, 그러면 아래에서 생활하고 교육 같은 거 다 들을 테니까 진급 제대로 시켜 주면 내려간다고 해 씨발, 진짜."라고 말하여 2회에 걸쳐 공연히 상관인 피해자들을 모욕하였다는 내용의 공소사실로 기소되었다.

이 사안의 쟁점은 **이 사건 피고인의 발언을 피해자들의 인격적 가치에 대한 사회적 평가를 저하시키는 표현이 아니라 상관의 조치에 대한 불만이나 분노의 감정을 저속하게 표현한 것에 불과하여 상관모욕죄의 '모욕'에 해당하지 않는다고 평가할 수 있는지 여부**였다.

피고인에 대한 형사재판은 피고인이 전역을 한 후 민간법원에서 진행되었는데, **1심(수원지방법원 성남지원 2019. 10. 1. 선고 2019고단254 판결)**은 피고인이 위 외래진료실 접수대에서 같은 처지에 있는 일병 J와 대화하면서 피해자들의 조치에 대한 불만이나 분노의 감정을 저속하게 표현한 것에 불과할 뿐, 피고인이 피해자들의 인격적 가치에 대한 사회적 평가를 저하시킬 만한 표현을 하였다고 보기는 어렵다는 이유로 이 사건 공소사실에 대하여 무죄를 선고하였다.

그러나 **항소심(수원지방법원 2020. 5. 7. 선고 2019노5829 판결)**은 ① 피고인이 공소사실 기재 발언을 할 당시 발언의 상대방인 피해자들의 성명을 명시하지는 않았지만, 피고인의 대화 내용만으로도 피고인의 모욕적 발언의 대상이 피해자들이라는 것이 특정되었다고 인정되고, ② 피고인의 이 사건 발언은 공연성을 충족하며, ③ 피고인의 이 사건 발언은 피해자들의 인격적 가치에 대한 사회적 평가를 저하시키는 표현에 해당하고, ④ 피고인에게 모욕의 고의도 있었다는 이유로 상관모욕의 공소사실에 대하여 유죄를 인정하였고, 대법원은 원심(항소심)의 판단을 정당하다고 판시하며 피고인의 상고를 기각하였다.

판례 3

소셜네트워크서비스(SNS)에서의 상관모욕

대법원 2021. 8. 19. 선고 2020도14576 판결 [상관모욕]
[원심판결] 고등군사법원 2020. 10. 8. 선고 2020노88 판결
[1심판결] 해군본부 보통군사법원 2020. 2. 13. 선고 2019고14 판결

I. 사안의 개요 [공소사실의 요지 및 사건의 경과]

1. 공소사실의 요지

피고인 A와 피고인 B는 군교육기관인 ○○학교에서 교육생 신분으로 근무하던 군인들이었고, 피해자 C는 학생지도관으로 피고인들의 직속상관에 해당하는 군인이었다.

가. 피고인 A

피고인은 2017. 7. ○. 08:07경 불상의 장소에서, 휴대폰을 이용하여 ○○ 교육사령부 □□□기 여군 75명이 함께 사용하는 카카오톡 단체채팅방에서 피해자가 과실[4]을 과도하게 지적하여 화가 난다는 이유로 "저거 시발 감봉이랑 퇴즉금 감봉깢 시켜버릴까 ㅈ같네 진짜"라고 게시하여 공연히 상관인 피해자 C를 모욕하였다.

나. 피고인 B

피고인은 2017. 7. ○. 08:09경 불상의 장소에서, 휴대폰을 이용하여 □□□기 카카오톡 단체 채팅방에서 피해자가 목욕탕 청소담당 교육생들에게 과실 지적을 많이 한다는 이유로 "도라이ㅋㅋㅋ습기가 그렇게 많은데"라고 게시하여 공연히 상관인 피해자 C를 모욕하였다.

2. 사건의 경과

이 사안의 쟁점은 **동기 교육생들끼리 고충을 토로하고 의견을 교환하는 단체카**

4) 필자 주: 여기에서의 '과실'이란 교육생들의 규정위반 행위 또는 벌점을 받을 행위를 의미한다.

톡방에서 욕설을 포함한 비속어를 사용하여 상관인 피해자에 대하여 위와 같은 부적절한 표현을 한 것이 형사처벌의 대상인 상관모욕죄에 해당하는지 여부였다.

1심(해군본부 보통군사법원 2020. 2. 13. 선고 2019고14 판결)은 피고인들의 공소사실 기재 게시글은 피해자의 인격적 가치에 대한 사회적 평가를 훼손할 만한 모욕적 언사에는 해당하나, 피고인들의 행위는 사회상규에 위배되지 않는 정당행위에 해당한다는 이유로 무죄를 선고하였다. 그러나 **항소심(고등군사법원 2020. 10. 8. 선고 2020노88 판결)**은 피고인들이 자신들의 상관인 피해자를 지칭하며 공소사실 기재와 같은 글을 게시한 행위는, 비록 그 당시 피해자가 피고인들을 포함한 목욕탕 청소담당 교육생들에게 과실을 과도하게 지적하자 피고인들이 격앙된 감정을 절제하지 못한 상태에서 평소 언어습관에 따라 게시하게 된 것이라고 하더라도, 그러한 사정만으로는 사회상규에 위배되지 않는 행위에 해당한다고 볼 수 없다는 이유로 유죄(각 징역 4월의 선고유예)로 판단하였다.

피고인 A는 위 항소심 판결에 대하여 상고를 하지 않아 상고기간 도과로 2020. 10. 16. 위 항소심 판결이 확정된 반면, 피고인 B는 위 항소심 판결에 불복하여 상고를 하였다.

피고인 B에 대한 상고심 판결인 대법원 2021. 8. 19. 선고 2020도14576 판결은 ① 공연히 타인을 모욕한 경우에 이를 처벌하는 것은 사람의 인격적 가치에 대한 사회적 평가 즉 외부적 명예를 보호하기 위한 것인 반면에 모욕죄의 형사처벌은 표현의 자유를 제한하고 있으므로, 어떠한 글이 모욕적 표현을 포함하는 판단이나 의견을 담고 있을 경우에도 그 시대의 건전한 사회통념에 비추어 살펴보아 그 표현이 사회상규에 위배되지 않는 행위로 볼 수 있는 때에는 형법 제20조의 정당행위에 해당하여 위법성이 조각된다고 보아야 하고, 이로써 표현의 자유로 획득되는 이익 및 가치와 명예 보호에 의하여 달성되는 이익 및 가치를 적절히 조화할 수 있고, ② 군형법상 상관모욕죄를 적용할 때에도 충돌하는 기본권이 적절히 조화되고 상관모욕죄에 의한 처벌이 필요최소한의 범위 내에서 표현의 자유를 제한하도록 하여야 하며, 다만 군형법상 상관모욕죄는 상관에 대한 사회적 평가의 보호에 더하여 군 조직의 질서 및 통수체계 유지를 보호법익으로 하므로, 해당 표현이 형법 제20조에 의하여 위법성이 조각될 수 있는지 여부는 피해자 및 피고인의 지위와 역할, 해당 표현으로 인한 군의 조직질서와 정당한 지휘체계의 침해 여부와 그 정도 등을 함께 고려하여 구체적·개별적으로 판단하여야 하는데, ③ 이 사건에서 ㉠ 피고인이 한 이 사건 표현은 장마철에 습기가 많은 목욕탕을 청소하여야 하는 피고인의 입장에서 학생지도관인 피해자의 청소상태 점검방식과 그에 따른 과실 지적에 대한 불만을 토로하는 과정에서 즉흥적이고 우발적으로 이루어진 것으로 보이는 점, ㉡ 이 사건 단체채팅방은 소셜네트워크서비스(SNS)상에서 피고인을 포함한 동기생들만 참여대상으로 하는 비공개 채팅방으로, 교육생들 사이의 의사소통을 위한 목적으로 개설되어 교육생 신분에서 가질 수 있는 불평불만을 토로하는 공간으로서의 역할도 하고 있었고, 교육생 상당수가 별다른 거리낌 없이 욕설을 포함한 비속어를 사용하여 대화하고 있었던 점, ㉢ 당시 목욕탕 청소를 담당했던 다른 교육생들도 이 사건 단체채팅방에서 피고인과 비슷한 불만을 토로하고 있었는데, 피고인의 이 사건 표현은 단 1회에 그쳤고, 그 부분이 전체 대화 내용에서 차지하는 비중도 크지 않은 점, ㉣ 이 사건 표현은 근래 비공개적인 상황에서는 일상생활에서 드물지 않게 사용되고 그 표현이 내포하는 모욕의 정도도 경미한 수준인 점 등의 사정에 비추어 볼 때, 피고인의 이 사건 표현은 동기 교육생들끼리 고충을 토로하고 의견을 교환하는 사이버공간에서 상관인 피해자에 대하여 일부 부적절한 표현을 사용하게 된 것에 불과하고 이로 인하여 군의 조직질서와 정당한 지휘체계가 문란하게 되었다고 보이지 않으므로, 이러한 행위는 사회상규에 위배되지 않는다고 보는 것이 타당하다는 이유로, 피고인이 한 이 사건 표현이 형법 제20조의 정당행위에 해당하지 않는다고 본 원심판결을 파기하고 사건을 고등군사법원에 환송하였다.[5]

II. 판결 읽어보기 [판결 중요부분 발췌(요약)] : 대법원 2021. 8. 19. 선고 2020도14576 판결

상고이유를 판단한다.

1. 공연히 타인을 모욕한 경우에 이를 처벌하는 것은 사람의 인격적 가치에 대한 사회적 평가 즉 외부적 명예를 보호하기 위함이다. 반면에 모욕죄의 형사처벌은 표현의 자유를 제한하고 있으므로(헌법재판소 2013. 6. 17. 선고 2012헌바37 결정 참조), 어떠한 글이 모욕적 표현을 포함하는 판단이나 의견을 담고 있을 경우에도 그 시대의 건전

5) 피고인 B에 대한 파기환송심 사건번호는 고등군사법원 2021노349이다.

한 사회통념에 비추어 살펴보아 그 표현이 사회상규에 위배되지 않는 행위로 볼 수 있는 때에는 형법 제20조의 정당행위에 해당하여 위법성이 조각된다고 보아야 하고(대법원 2005. 12. 23. 선고 2005도1453 판결 등 참조), 이로써 표현의 자유로 획득되는 이익 및 가치와 명예 보호에 의하여 달성되는 이익 및 가치를 적절히 조화할 수 있다{위 헌법재판소 2012헌바37 결정, 헌법재판소 2020. 12. 23. 선고 2017헌바456 · 475 · 487, 2018헌바114 · 351(병합) 결정 등 참조}.

군형법상 상관모욕죄를 적용할 때에도 충돌하는 기본권이 적절히 조화되고 상관모욕죄에 의한 처벌이 필요최소한의 범위 내에서 표현의 자유를 제한하도록 하여야 한다. 다만 군형법상 상관모욕죄는 상관에 대한 사회적 평가의 보호에 더하여 군 조직의 질서 및 통수체계 유지를 보호법익으로 하므로(대법원 2013. 12. 12. 선고 2013도4555 판결 등 참조), 해당 표현이 형법 제20조에 의하여 위법성이 조각될 수 있는지 여부는 피해자 및 피고인의 지위와 역할, 해당 표현으로 인한 군의 조직질서와 정당한 지휘체계의 침해 여부와 그 정도 등을 함께 고려하여 구체적 · 개별적으로 판단하여야 한다.

2. 이 사건 공소사실의 요지는 '피고인이 해군 △△△△△ □□□기 여군 75명이 함께 사용하는 카카오톡 단체채팅방에서 피해자가 목욕탕 청소 담당 교육생들에게 과실 지적을 많이 한다는 이유로 "도라이 ㅋㅋㅋ 습기가 그렇게 많은데"라는 글을 게시하여 공연히 상관인 피해자를 모욕하였다'는 것이다. 원심은, 피고인이 피해자를 지칭하며 사용한 '도라이'라는 표현(이하 '이 사건 표현'이라고 한다)은 피해자에 대한 사회적 평가를 훼손하는 모욕적 언사에 해당하고, 형법 제20조의 정당행위에 해당하지 않는다는 이유로 이를 무죄로 판단한 제1심을 파기하고 유죄를 인정하였다.

3. 그러나 원심의 판단은 다음과 같은 이유로 그대로 수긍하기 어렵다.

가. 원심판결 이유와 기록에 의하면, 다음과 같은 사실을 알 수 있다.

1) 피고인은 ○군 부사관 □□□기로서 2019. 3. ○. 부사관 후보생으로 입대하여 2019. 5. ○. ○○ 임관 후 2019. 6. ○.부터 ○○반 교육을 받고 있었고, 피해자는 피고인을 비롯한 □□□기 부사관 ○○반 교육생들을 감독하는 생활관 지도관이었다.

2) 피고인을 포함한 해군 부사관 □□□기 동기생들은 2019. 6. ○. 카카오톡 단체채팅방을 개설하여 식사 당번, 면회 당직 등의 공지사항을 전달하거나 서로 고충을 토로하고 마찰을 해소하는 대화공간으로 활용하였다.

3) 피해자는 피고인을 포함한 교육생 11명에게 2019. 7. ○.부터 같은 달 ○.까지 목욕탕 청소를 지시하고, 위 기간에 양말을 신은 채로 목욕탕에 들어가 양말이 젖는지 여부를 확인하는 방식으로 목욕탕 청소상태를 검사한 후 물기 제거 상태가 불량하다는 등의 이유로 피고인에게 총 25점의 과실점수를 부과하였다. 피고인은 누적된 과실점수로 인하여 외출·외박이 제한되기도 하였다.

나. 위와 같은 사실관계를 앞서 본 법리에 비추어 살펴본다. 이 사건 표현은 목욕탕 청소상태 점검방식 등과 관련된 피해자의 행동이 상식에 어긋나고 이해할 수 없다는 취지에서 상관인 피해자를 경멸적으로 비난한 것으로 모욕적인 언사라고 볼 수 있다. 그러나 다른 한편으로 ① 이 사건 표현은 장마철에 습기가 많은 목욕탕을 청소하여야 하는 피고인의 입장에서 피해자의 청소상태 점검방식과 그에 따른 과실 지적에 대한 불만을 토로하는 과정에서 즉흥적이고 우발적으로 이루어진 것으로 보이는 점, ② 이 사건 단체채팅방은 소셜네트워크서비스(SNS)상에서 피고인을 포함한 □□□기 동기생들만 참여대상으로 하는 비공개채팅방으로, 교육생들 사이의 의사소통을 위한 목적으로 개설되어 교육생 신분에서 가질 수 있는 불평불만을 토로하는 공간으로서의 역할도 하고 있었고, 교육생 상당수가 별다른 거리낌 없이 욕설을 포함한 비속어를 사용하여 대화하고 있었던 점, ③ 당시 목욕탕 청소를 담당했던 다른 교육생들도 이 사건 단체채팅방에서 피고인과 비슷한 불만을 토로하고 있었는데, 피고인의 이 사건 표현은 단 1회에 그쳤고, 그 부분이 전체 대화 내용에서 차지하는 비중도 크지 않은 점, ④ 이 사건 표현은 근래 비공개적인 상황에서는 일상생활에서 드물지 않게 사용되고 그 표현이 내포하는 모욕의 정도도 경미한 수준인 점 등의 사정에 비추어 볼 때, 피고인의 이 사건 표현은 동기 교육생들끼리 고충을 토로하고 의견을 교환하는 사이버공간에서 상관인 피해자에 대하여 일부 부적절한 표현을 사용하게 된 것에 불과하고 이로 인하여 군의 조직질서와 정당한 지휘체계가 문란하게 되었다고 보이지 않으므로, 이러한 행위는 사회상규에 위배되지 않는다고 보는 것이 타당하다.

4. 그럼에도 판시와 같은 이유로 이 사건 표현이 형법 제20조의 정당행위에 해당하지 않는다고 본 원심판단에는 상관모욕죄의 위법성조각사유에 관한 법리를 오해하여 판결에 영향을 미친 잘못이 있다. 이 점을 지적하는 상고이유 주장은 이유 있다.

5. 그러므로 나머지 상고이유에 대한 판단은 생략한 채 원심판결 중 피고인에 대한 부분을 파기하고, 이 부분 사건을 다시 심리·판단하게 하기 위하여 원심법원에 환송

하기로 하여, 관여 대법관의 일치된 의견으로 주문과 같이 판결한다.

요약정리 [사안의 쟁점과 판결의 요지]

대법원 2021. 8. 19. 선고 2020도14576 판결 [상관모욕]

피고인 A와 피고인 B는 군교육기관에서 교육을 받고 있던 부사관들이며, 피해자 C는 학생지도관인데, 피고인 A는 2019. 7.경 교육생들이 함께 사용하는 카카오톡 단체채팅방에서 피해자가 과실을 과도하게 지적하여 화가 난다는 이유로 "저거 시발 감봉이랑 퇴즉금 감봉시켜 버릴까 ㅈ같네 진짜"라고 게시하여 공연히 상관인 피해자 C를 모욕하였고, 피고인 B는 2019. 7.경 같은 단체 채팅방에서 피해자가 목욕탕 청소담당 교육생들에게 과실 지적을 많이 한다는 이유로 "도라이ㅋㅋㅋ습기가 그렇게 많은데"라고 게시하여 공연히 상관인 피해자 C를 모욕하였다는 내용의 공소사실로 기소되었다.

이 사안의 쟁점은 **동기 교육생들끼리 고충을 토로하고 의견을 교환하는 단체카톡방에서 욕설을 포함한 비속어를 사용하여 상관인 피해자에 대하여 위와 같은 부적절한 표현을 한 것이 형사처벌의 대상인 상관모욕죄에 해당하는지 여부**였다.

피고인 B에 대한 상고심 판결인 대법원 2021. 8. 19. 선고 2020도14576 판결은 이 사건에서 ㉠ 피고인 B가 한 이 사건 표현은 장마철에 습기가 많은 목욕탕을 청소하여야 하는 피고인 B의 입장에서 학생지도관인 피해자의 청소상태 점검방식과 그에 따른 과실 지적에 대한 불만을 토로하는 과정에서 즉흥적이고 우발적으로 이루어진 것으로 보이는 점, ㉡ 이 사건 단체채팅방은 소셜네트워크서비스(SNS)상에서 피고인 B를 포함한 동기생들만 참여대상으로 하는 비공개채팅방으로, 교육생들 사이의 의사소통을 위한 목적으로 개설되어 교육생 신분에서 가질 수 있는 불평불만을 토로하는 공간으로서의 역할도 하고 있었고, 교육생 상당수가 별다른 거리낌 없이 욕설을 포함한 비속어를 사용하여 대화하고 있었던 점, ㉢ 당시 목욕탕 청소를 담당했던 다른 교육생들도 이 사건 단체채팅방에서 피고인 B와 비슷한 불만을 토로하고 있었는데, 피고인 B의 이 사건 표현은 단 1회에 그쳤고, 그 부분이 전체 대화 내용에서 차지하는 비중도 크지 않은 점, ㉣ 이 사건 표현은 근래 비공개적인 상황에서는 일상생활에서 드물지 않게 사용되고 그 표현이 내포하는 모욕의 정도도 경미한 수준인 점 등의 사정에 비추어 볼 때, 피고인 B의 이 사건 표현은 동기 교육생들끼리 고충을 토로하고 의견을 교환하는 사이버공간에서 상관인 피해자에 대하여 일부 부적절한 표현을 사용하게 된 것에 불과하고 이로 인하여 군의 조직질서와 정당한 지휘체계가 문란하게 되었다고 보이지 않으므로, 이러한 행위는 사회상규에 위배되지 않는다고 보는 것이 타당하다는 이유로, 피고인 B에 대한 이 사건 상관모욕 공소사실을 유죄로 판단한 원심판결을 파기하고 사건을 고등군사법원에 환송하였다.

☞ 상관모욕죄 관련 대법원판결의 경향은, ① 군형법상 상관모욕죄를 적용할 때에 충돌하는 기본권인 표현의 자유로 획득되는 이익과 명예 보호에 의하여 달성되는 이익이 적절히 조화되고, 상관모욕죄에 의한 처벌이 필요최소한의 범위 내에서 표현의 자유를 제한하도록 하여야 하고, ② 그와 동시에 군형법상 상관모욕죄는 상관에 대한 사회적 평가의 보호에 더하여 군 조직의 질서 및 통수체계 유지를 보호법익으로 한다는 것을 함께 고려하여, ③ 개별 사건에서의 해당 표현이 형법 제20조에 의하여 위법성이 조각될 수 있는지 여부를 피해자 및 피고인의 지위와 역할, 해당 표현으로 인한 군의 조직질서와 정당한 지휘체계의 침해 여부와 그 정도 등을 함께 고려하여 구체적 · 개별적으로 판단하여야 한다는 취지인 것으로 보인다.

판례 4

평상시 잦은 폭언, 욕설, 구타 등을 하였던 부소대장이 소대원들을 소집하여 "마음의 편지에 찌를 거면 찔러라. 마음의 편지 쓴 생활관에 들어가 너네 잘 때 몽둥이로 다리 전부 부실 거다." 등의 말을 한 것이 '특정범죄가중처벌등에관한법률위반(보복협박등)죄'에 해당하는지 여부

제6군단 보통군사법원 2021. 1. 22. 선고 2020고39 판결 [특정범죄가중처벌등에관한법률위반(보복협박등)(인정된 죄명 : 협박), 특수폭행, 직무수행군인등폭행, 협박, 폭행]

I. 사안의 개요 [공소사실의 요지 및 사건의 경과]

1. 공소사실의 요지

피고인은 2018. 3.경부터 2020. 2.경까지 소속대 ○소대 부소대장으로 근무하던 군인이다.

가. 특수폭행

피고인은 2019. 10. 하순경 오후 ○소초 흡연장에서 아무런 이유 없이 땅바닥에 있는 위험한 물건인 돌멩이(지름 약 5cm)를 피해자 병장 H에게 던져 피해자의 등 부위와 허벅지 부위에 각 1회 맞히는 방법으로 폭행하였다.

나. 직무수행군인등폭행

피고인은 2019. 11. ○. 21:00경 제1항 기재 소초 상황실에서 상황병으로 근무 중인 피해자 상병 P의 좌측 허벅지를 오른손으로 움켜잡아 악력을 가하는 방법으로 폭행하였다. 피고인은 이를 포함하여 그 무렵부터 2019. 12. 초순경까지 사이에 별지 범죄일람표 1(생략) 기재와 같이 총 6회에 걸쳐 영상감시병 또는 상황병 등으로 직무 수행 중이던 상병 P, 상병 K, 일병 Q를 각각 폭행하였다.

다. 폭행

피고인은 2019. 10. 초순 21:00경 제1항 기재 소초 막사 복도에서 아무런 이유 없이 맞은 편에서 걸어오던 피해자 병장 H의 왼쪽 어깨와 가슴 부위를 오른손 주먹으로 3회가량 때려 폭행하였다. 피고인은 이를 포함하여 그 무렵부터 2020.1. 중순경까지 사이에 별지 범죄일람표 2(생략) 기재와 같이 총 5회에 걸쳐 군사기지 내에서 병장 H, 상병 G을 각각 폭행하였다.

라. 협박

1) 피고인은 2019. 10. ○. 08:00경 군사기지인 제1항 기재 소초 상황실에서 피해자 상병 B, 공소외 병장 M, 병장 S, 상병 N이 철책 정밀점검의 일부를 누락한 것을 질책하던 중 피해자가 힘들어 다리를 떨자 피해자에게 "다리 떨지 말라고 개새끼야. 너 지난번부터 맘에 안 들었어. 자신 있냐? 맞짱 한 번 깔까? 니 머리에서 깍두기 국물 흐르게 해줄게. 식도함에서 칼 가져와서 한 판 뜨자."라고 말하여 협박하였다.
2) 피고인은 2019. 11. 중순 14:00경 군사기지인 제1항 기재 소초 사이버지식정보방에서 소대원들을 집합시킨 후 "너네가 마음의 편지로 내 등 뒤에서 칼을 꽂는다면 반드시 찾아와서 반병신을 만들 거다. 보복할 거다.", "마음의 편지에 찌를 거면 찔러라. 마음의 편지 쓴 생활관에 들어가 너네 잘 때 몽둥이로 다리 전부 부실거다."라고 말하여 병장 H, 상병 P, 상병 K, 일병 Q를 각각 협박하였다.
3) 피고인은 2020. 1. 하순 19:30경 군사기지인 제1항 기재 소초 상황실에 소대원들이 모인 자리에서 "내가 항상 하는 말이 뭐지?", "나 배신하지마라. 배신하고 찌르면 등에 칼 두 방 꽂아버리겠다. 차 타고 끝까지 따라가서 죽여버린다."라고 말하여 병장 H, 상병 P, 상병 G, 일병 Q를 각각 협박하였다.

2. 사건의 경과

이 사안의 쟁점은 **평상시 잦은 폭언, 욕설, 구타 등을 하였던 부소대장이 소대원들을 소집하여 "마음의 편지에 찌를 거면 찔러라. 마음의 편지 쓴 생활관에 들어가 너네 잘 때 몽둥이로 다리 전부 부실 거다." 등의 말을 한 것이 '특정범죄가중처벌등에관한법률위반(보복협박등)죄'에 해당하는지 여부**였다.

1심(제6군단 보통군사법원 2021. 1. 22. 선고 2020고39 판결)은 ① 피고인이 피고인의 형사사건의 재판 또는 수사와 관련된 구체적인 비위행위(이 사건 공소사실의 요지 부분의 제1항 내지 제3항의 범죄사실)에 관한 피해자들의 신고를 막기 위하여 아래 무죄부분에 나오는 말을 한 것이라고 보기는 어렵다는 이유로 이 사건 공소사실 중 특정범죄가중처벌등에관한법률위반(보복협박등)의 점에 대해서는 무죄로 판단하였으나, ② 이 부분 공소사실에는 형법상의 협박의 공소사실이 포함되어 있다고 보아 형법상의 협박의 점에 대해서는 유죄를 인정하였다. 즉 1심은 이 사건 공소사실 중 아래 무죄부분에 대해서 **'보복협박'**이 아닌 **'(단순)협박'**으로 판단하였다.

1심판결에 대하여 피고인은 일부 사실오인 내지 법리오해 및 양형부당을 이유로, 군검사는 1심판결 중 무죄부분과 관련하여 피고인은 고소·고발 등 수사단서의 제공, 진술, 증언 또는 자료제출을 하지 못하게 할 목적으로 피해자들을 협박하였다고 보아야 한다고 주장하며 법리오해 및 양형부당을 이유로 항소를 하였으나, **고등군사법원 2021. 9. 2. 선고 2021노38 판결**은 피고인과 군검사의 항소를 모두 기각하였다.

II. 판결 읽어보기 [판결 중요부분 발췌(요약)] : 제6군단 보통군사법원 2021. 1. 22. 선고 2020고39 판결

무죄부분

1. 공소사실의 요지

가. 피고인은 2019. 11. 중순 14:00경 군사기지인 제1항 기재 소초 사이버지식정보방에서 소대원들을 집합시킨 후 이 사건 공소사실의 요지 부분의 제1항 내지 제3항의 피해자들이 고소·고발 등 수사단서의 제공, 진술, 자료제출을 하지 못하게 할 목적으로 "너네가 마음의 편지로 내 등 뒤에서 칼을 꽂는다면 반드시 찾아와서 반병신을 만들 거다. 보복할거다.", "마음의 편지에 찌를 거면 찔러라. 마음의 편지 쓴 생활관에 들어가 너네 잘 때 몽둥이로 다리 전부 부실 거다."라고 말하여 병장 H, 상병 P, 상병 K, 일병 Q를 각각 협박하였다.

나. 피고인은 2020. 1. 하순 19:30경 소초 상황실에 소대원들이 모인 자리에서 이 사건 공소사실의 요지 부분의 제1항 내지 제3항의 피해자들이 고소·고발 등 수사단서

의 제공, 진술, 자료제출을 하지 못하게 할 목적으로 "내가 항상 하는 말이 뭐지?", "나 배신하지 마라. 배신하고 찌르면 등에 칼 두 방 꽂아버리겠다. 차 타고 끝까지 따라가서 죽여버린다."라고 말하여 병장 H, 상병 P, 상병 G, 일병 Q를 각각 협박하였다.

2. 피고인 및 변호인의 주장

피고인은 고소·고발 등 수사단서의 제공, 진술, 증언 또는 자료제출을 하지 못하게 할 목적으로 협박한 것은 아니다.

3. 판단

가. 특정범죄 가중처벌 등에 관한 법률 제5조의9 제2항은 피해자가 범죄행위로 피해를 당하고도 보복이 두려워 신고를 하지 못하거나 신고 후의 피해자를 보호하기 위하여 협박죄의 구성요건에 형사사건의 재판 또는 수사와 관련된 특정한 목적이라는 주관적 요소를 추가하고 그 법정형을 협박죄보다 무겁게 규정한 것으로(대법원 1998. 5. 8. 선고 98도631 판결 참조), 그 목적에 대하여는 적극적 의욕이나 확정적 인식임을 요하지 아니하고 미필적 인식이 있으면 족하다고 할 것이나, 그 목적이 있었는지 여부는 행위자의 나이, 직업 등 개인적인 요소, 범행의 동기 및 경위와 수단·방법, 행위의 내용과 태양, 피해자와의 인적 관계, 범행 전후의 정황 등 여러 사정을 종합하여 사회통념에 비추어 합리적으로 판단하여야 한다(대법원 2013. 6. 14. 선고 2009도12055 판결 참조).

나. 이 사건 법원이 적법하게 채택하여 조사한 증거에 의하면 다음과 같은 사실들이 인정된다.

① 피고인은 2018. 3.경부터 2020. 2.경까지 소속대 ○소대 부소대장으로 근무하였다. 피고인이 근무하던 부대에서 '마음의 편지'는 2019년 이전부터 운영되어 온 것으로 중대장에 대한 마음의 편지함, 대대장에 대한 마음의 편지함이 있었고, 마음의 편지의 주 내용은 복무환경의 고충과 관련한 내용이다. ② 상병 P는 군검찰 진술조서에서 11월 말의 상황과 관련하여 "원래 소통·공감·화합의 시간은 정기적으로 하던 것으로 종종 추가적으로 실시하기도 하였습니다. 당시 마음의 편지와 관련하여 소대원들이 너무 많이 쓴다며 마음의 편지를 쓰기 전에 피의자가 자신에게도 상의를 해달라고 토로하였습니다.","(협박의 목적이) 방금 말씀드린 것처럼 마음의 편지가 너무 잦아 그것을 사전에 상의해달라는 취지로 하였던 것 같습니다. 각종 애로사항들 중에는 소초 내부적으로 해결할 수 있는 것들도 있으니 너무 중대장에 대한 마음의 편지

로만 해결하려고 하지 말라는 취지였던 것으로 이해했습니다."라고 진술하였다. 상병 G는 1월말 상황과 관련하여 소대원들이 다 모여서 대대장님께서 VTC로 마음의 편지 조치사항을 알려주고 교육이 끝나고 나서 부소대장이 건의사항 및 애로사항을 물어보고 점호를 진행하였는데 마지막에 "내가 항상 하는 말이 뭐지, 청소나 관물대 정리 잘해라, 배신하면 차타고 끝까지 따라가서 죽여버린다."라는 취지의 말을 하였다고 진술하였다. ③ 예비역 병장 문○○는 피고인은 2019년 중반 즈음 종종 소대원들을 소집하여 마음의 편지에 대한 말을 하기 시작하였는데, '마음의 편지에 애로사항을 쓰는 것보다 남자답게 자신에게 찾아와서 말하라는 식이었다.'는 것으로 점차 시간이 지나면서 발언의 횟수와 수위가 점점 높아졌다고 진술하였다. 병장 H는 군사경찰 진술조서에서 "(협박성 발언은) 기억에 남는게 상황실에서 있었던 거고, 2019. 9월 중순부터 12월 초까지였는데 ○소초에 있을 때 많이 들었습니다. (피고인) 감정이 격해져서 때리고 욕을 하고 나서 나중에 점호시간이나 따로 집합했을 때 그런 말을 했었습니다.(중략)..."라고 진술하였다. ④ 피고인의 이 사건 비위행위는 20. 1. ○. 국방헬프콜에 피해 병사의 신고로 접수되었고 당시 휴가 중이던 피고인은 복귀 다음날인 20. 1. ○. 다른 부대로 전출되었고 같은 날 조사가 시작되었다. 중위 C는 이 사건이 문제되기 전인 1월경에 문□□ 일병과 면담 후 피고인을 무서워하는 인원이 있으니 행동이나 말을 할 때 주의하라고 조언하였다고 진술하였다. ⑤ 피고인의 중대장인 U 대위는 마음의 편지 내용은 중대장만이 알 수 있으며 사안들에 대해 구체적으로 처리된 후에야 피고인도 알 수 있으며 같이 근무하는 기간 피고인의 비위행위가 문제된 적은 없었다고 진술하였다. ⑥ 상병 K는 군검찰 진술조서에서 "(어떠한 사항을 신고하면 보복하겠다는 것인가요) 피의자가 직접적으로 자신의 구체적인 어떤 행동을 신고하면 보복하겠다고 말한 적은 없지만, 제 생각에는 피의자의 잦은 폭행에 대한 것인 것 같습니다."라고 진술하였고, 상병 P는 피고인이 "그에 후속되는 행동을 하지 않았던 것 같아서 협박에 해당하는지는 잘 모르겠는데..."라고 진술하였다. ⑦ G, H, Q는 당시 피고인이 농담반 진담반 또는 웃으면서 이야기를 하였다고 진술하고 있고 한편으로 피고인은 하급자에게는 다소 엄한 상관이었으며 상황에 따라서는 거친 욕설과 장난식의 폭행을 자주 한 것으로 보인다.

다. 살피건대, 피고인에게 보복범죄가 성립하기 위하여는 피고인이 특정의 범죄행위를 하여 형사사건의 수사 또는 재판과 관련한 문제가 있고, 피고인이 이러한 형사사건의 재판 또는 수사와 관련하여 특정의 목적을 가지고 피해자들에게 협박하여야 하며 그 목적의 유무는 위 판례의 내용을 기준으로 판단할 수 있다. 그런데 앞의 사실 및 다음의 사정들 즉 피고인의 직책, 발언의 경위, 내용, 피해자와의 관계, 범행 전후의 정황 들을 종합할 때 피고인은 고충처리 등 업무와 관련하여 위와 같은 발언을 한 것으로 보이고 개인의 형사사건의 재판 또는 수사와 관련하여 고소·고발 등 수사단서의 제공, 진술, 증언 또는 자료제출을 하지 못하게 할 목적을 가지고 공소사실과 같은 협박을 하였다고 볼 수 없으며 달리 이를 인정할 증거가 없다.

① 피고인이 평상시 잦은 폭언, 욕설, 신체접촉 등을 하였다 하더라도 피고인이 근무하는 동안 마음의 편지 등으로 피고인의 비위행위가 문제되거나 불만이 제기된 적은 없었다. 이 사건에서 문제된 피고인의 형사사건의 재판 또는 수사와 관련된 구체적인 비위행위는 2019년 10월 이후 발생하였고 피고인의 공소사실과 같은 협박성 발언은 그 전부터 있었다. ② 비위행위의 내용도 특정인에 대한 괴롭힘의 유형이라기보다는 불특정 인원에 대한 장난성, 업무간 실수에 대한 질책성의 것으로 피고인이 자신의 행위를 비위행위로 인지하고 있었을지 의문이다. ③ 발언의 취지나 목적과 관련하여 피고인은 수사 이래 계속하여 “중대나 대대 마음의 편지에 소대 애로사항이 나오면 부소대장으로서 무능력하다는 말이 나올 수도 있다는 생각에 언제든지 부소대장한테 당부한다는 취지로[6] 교육을 하고 장난스럽게 이야기했었다.”, “원하는 복지여건을 마음의 편지에 적기보다는 직접 말하면 대부분 다 들어줄테니 어려워하거나 힘들어 하지 말고 부소초장인 피고인을 믿고 따라왔으면 좋겠다는 취지에서 하였다.”고 변명하고 있고, 일부 병사들도 위와 같이 진술하고 있으며 실제 마음의 편지 내용도 복무환경과 관련한 사소한 불편함, 건의사항, 소통 등과 관련된 내용으로 피고인의 발언이 고충처리 등 업무과 관련된 내용으로 보는 것이 합리적이다. ④ 소원수리는 고충처리제도의 일환으로 고충처리 과정에서 나온 모든 발언을 보복범죄와 연계시키는 경우 본 죄의 처벌범위가 무제한 확장될 수 있다. ⑤ 마음의 편지가 내부부조리를 알림으로써 고소·고발 등 수사단서를 제공하는 기능을 일부 수행하기도 하고 일부 병사들이 피고인의 거친 언행에 대해 병영부조리를 신고하지 못하게 할 의도였을 것이라고 진술하였다 하더라도 이는 병사들의 입장에서 추측하여 진술한 것이다. ⑥ 피고인은 개별 피해자들만 불러 모아서 이러한 발언을 한 것이 아니라 전 소대원들을 교육하는 과정에서 발언하였고 자신의 특정 행위를 빗대어 말하지는 않았으며 교육 이후 신고 등을 하지 못하도록 개별적인 행위를 취하지도 않았다. 대부분의 병사들은 당시 피고인이 웃으면서, 장난반 진담반으로 이야기 하였으며 협박으로 느끼지 못하였다는 식으로 진술하고 있다. 피고인이

6) 필자 주: ‘언제든지 부소대장에게 당부한다는 취지’ 부분은 ‘언제든지 부소대장에게 직접 말할 것을 당부한다는 취지’의 의미인 것으로 보인다.

소원수리를 하는 현장에서 위와 같이 발언하였다거나 소원수리 자체를 제기하지 못하도록 한 것은 아니다. 따라서 이러한 교육의 내용과 분위기, 피고인의 직책 등을 종합하여 볼 때 피고인이 피해자들을 염두에 두고 개인의 비위행위에 대한 신고를 막기 위하여 교육을 빙자하여 발언하였다고 보기 어렵다.

따라서 이 사건 공소사실은 범죄의 증명이 없는 경우에 해당하여 군사법원법 제380조 후단에 무죄를 선고하여야 하나, 위 공소사실에는 협박죄의 공소사실도 포함되어 있다 할 것이므로 판시와 같이 협박죄를 유죄로 인정한 이상 주문에서 따로 무죄를 선고하지 아니한다.

요약정리 [사안의 쟁점과 판결의 요지]

제6군단 보통군사법원 2021. 1. 22. 선고 2020고39 판결 [특정범죄가중처벌등에관한법률위반(보복협박등)(인정된 죄명 : 협박), 특수폭행, 직무수행군인등폭행, 협박, 폭행]

이 사안의 쟁점은 **평상시 잦은 폭언, 욕설, 구타 등을 하였던 부소대장이 소대원들을 소집하여 "마음의 편지에 찌를 거면 찔러라. 마음의 편지 쓴 생활관에 들어가 너네 잘 때 몽둥이로 다리 전부 부실 거다." 등의 말을 한 것이 '특정범죄가중처벌등에관한법률위반(보복협박등)죄'에 해당하는지 여부**였다.

1심(제6군단 보통군사법원 2021. 1. 22. 선고 2020고39 판결)은 ① 피고인이 피고인의 형사사건의 재판 또는 수사와 관련된 구체적인 비위행위(이 사건 공소사실의 요지 부분의 제1항 내지 제3항)에 관한 피해자들의 신고를 막기 위하여 이 사건 공소사실 중 무죄부분에 나오는 말을 한 것이라고 보기는 어렵다는 이유로 이 사건 공소사실 중 **특정범죄가중처벌 등에관한법률위반(보복협박등)**의 점에 대해서는 무죄로 판단하였으나, ② 이 부분 공소사실에는 형법상의 **'협박'**의 공소사실이 포함되어 있다고 보아 형법상의 협박의 점에 대해서는 유죄를 인정하였다.

1심판결에 대하여 피고인은 일부 사실오인 내지 법리오해 및 양형부당을 이유로, 군검사는 1심판결 중 무죄부분과 관련하여 피고인은 고소·고발 등 수사단서의 제공, 진술, 증언 또는 자료제출을 하지 못하게 할 목적으로 피해자들을 협박하였다고 보아야 한다고 주장하며 법리오해 및 양형부당을 이유로 항소를 하였으나, **고등군사법원 2021. 9. 2. 선고 2021노38 판결**은 피고인과 군검사의 항소를 모두 기각하였다.

판례 5

익사한 병사의 사망경위 조작 관련 무고와 상관명예훼손 사건

고등군사법원 2019. 9. 26. 선고 2018노284 판결 [무고, 명예훼손(변경된 죄명 : 상관명예훼손)]

[1심판결] 국방부 보통군사법원 2018. 8. 28. 선고 2017고32 판결

I. 사안의 개요 [공소사실의 요지 및 사건의 경과]

1. 공소사실의 요지

피고인은 2011. 6.경부터 2011. 11.경까지 ○○사단 ○○연대 연대장으로 근무하였다. 한편 피해자 K는 2011. 8. ○. ○○사단에서 발생한 A 병장 익사사고 당시의 사단장이었다.

가. 무고

피고인은 2017. 7. ○.경 ○○대학교 학군단 피고인의 사무실에서 컴퓨터를 사용하여 국민권익위원회 인터넷 홈페이지에 중장 K에 대한 허위 내용의 민원을 작성하였다. 그 민원 내용은 「…매우 급한 사안입니다.…A 병장이 중대장 인솔로 용사 ○○명과 같이 강안 사계청소 작전활동 중 "물골(한강)에 실족된 분대원(일병)을 구하고 실종되었다."고 영웅만들기를 하였다가 차후에 문제가 된다는 여론이 있어 기획의 주체인 사단장(현 ○○본부장)은 빠지고 사단장이 연대장에게 회유와 압박 등을 통해 허위진술을 강요한 범죄행위…현재 고위급 군인사가 있는데 반드시 빠른 시기에 진실을 규명해서 통수권자님에게 전달…」이라는 내용이나, 사실은 당시 ○○사단장으로 근무하였던 K는 A 병장의 사망 경위 조작을 기획하거나 지시한 사실이 없고, 피고인에게 허위진술을 강요한 사실이 없었다.

그럼에도 불구하고 피고인은 2017. 7. ○.경 11:05 국민권익위원회 인터넷 홈페이지에 위 민원을 신청하여 위 민원이 국민권익위원회에 접수되게 하였고, 위 민원은 국방부 감사관실, 국방부 조사본부를 거쳐 2017. 7. ○. 국방부 검찰단에 이송되었다.

이로써 피고인은 K로 하여금 형사처분을 받게 할 목적으로 무고하였다.

나. 상관명예훼손

피고인은 2017. 8. ○. 17:04경 피고인의 주거지에서, 사실은 피해자 K 중장이 A 병장의 사망 경위 조작을 기획하거나 지시한 사실이 없고 피고인에게 허위진술을 강요한 사실이 없음에도 불구하고, 성명불상의 군인권센터 관계자와 통화하면서 위 군인권센터 관계자에게 'K 중장이 A 병장의 사망 경위 조작을 지시하였고, 피고인을 회유·압박하여 허위진술을 강요하였다.'라는 취지로 이야기를 한 것을 비롯하여 2017. 8. ○.경부터 2017. 9. ○.경까지 군인권센터 관계자와 약 10회 통화하면서 피해자 K 중장의 사망 경위 조작 지시 및 허위진술 강요에 관하여 이야기하였다.

위 군인권센터는 2017. 9. ○.경 피고인의 제보 내용을 토대로 「육군 중장이 거짓과 조작으로 숨겨운 진실 – ○○사단 한강 익사 사고 조작 사건 관련 긴급 기자회견–」이라는 제목의 기자회견문을 작성하여 언론브리핑을 하였을 뿐만 아니라, 위 기자회견문을 군인권센터 홈페이지에 게시하였고, 2017. 9. ○.경 「'K 중장 ○○사단 한강 익사 사고 조작 사건' 관련 추가 보도자료」라는 제목의 보도자료를 작성하여 각 언론사 기자들에게 배포하였을 뿐만 아니라 위 보도자료를 군인권센터 홈페이지에 게시함으로써 피고인은 공연히 거짓 사실을 적시하여 상관인 피해자의 명예를 훼손하였다.

2. 사건의 경과

이 사안의 쟁점은 **피고인이 연대장으로 근무하던 부대에서 발생한 익사사고와 관련하여 익사한 병사의 사인(死因)에 대한 조작 의혹을 둘러싼 당시 사단장과 피고인과의 진실공방 중에 피고인이 국민권익위원회 인터넷 홈페이지에 신청한 이 사건 민원이 무고죄에 있어서의 '무고'에 해당하는지 여부**였다.

고등군사법원 2019. 9. 26. 선고 2018노284 판결은 1심판결(**국방부 보통군사법원 2018. 8. 28. 선고 2017고32 판결**)을 유지하여, 이 사건 공소사실 중 **무고의 점**에 대해서는 ① 이 사건 민원내용은 "1. 관련자: 현 □□본부장 중장 K 등", "형사고발에 준한 사항입니다.", "영웅만들기를 하였다가 차후에 문제가 된다는 여론이 있어 기획의 주체인 사단장(현 □□본부장)은 빠지고 사단장이 연대장에게 회유와 압박 등을 통해 허위진술을 강요한 범죄행위"라고 기재되어 있는바, 피고인의 위 민원 내용 자체만 보더라도 '형사고발', '범죄행위' 등 형사 절차를 전제로 신고하는 취지가 명시되어 있고, ② 국민권익위원회 담당자가 이 사건 민원을 국방부에 이첩하면서 피고인에게 여러 차례 수사 및 인사 관련 사항이어서 국방부로 이송한다고 안내를 하였으며, "동 민원은 수사 및 인사행정상의 행위에 관한 사항으로 해당기관에서 검토할 수 있도록 이송하고자 합니다."라고 적시하였으며, 결국 이 사건 민원은 국방부 감사관실과 조사본부를 경유하여 국방부 검찰단으로 이송된 사정 등을 종합하여, 피고인의 행위는 무고에 해당하고 피고인에게 무고의 고의도 있다고 인정하여 이 사건 공소사실 중 무고의 점에 대해서는 유죄로 판단하고, **상관명예훼손의 점**에 대해서는 ① 피고인이 군인권센터 관계자와의 전화통화에서 구체적으로 어떠한 이야기를 하였는지에 대하여는 '군인권센터 관계자의 질문에 대답하는 과정에서 A 병장 사망 사고에 관한 내용을 확인해 준 것일 뿐이다.'는 취지의 피고인 진술만이 존재하고, 그 구체적 대화 내용을 증명할 군인권센터 관계자의 진술이나 다른 직접증거는 없고, ② 군인권센터의 A 병장 사망 경위 조작에 관한 보도자료가 피고인이 아닌 제3자의 제보에 의하여 작성되었을 가능성을 완전히 배제하기 어렵다는 이유로 피고인이 군인권센터 관계자에게 A 병장 사망 경위 조작에 관한 이야기를 한 것으로 단정하기 어렵고, 또한 피고인이 군인권센터 관계자의 질문에 대한 확인답변 과정에서 피해자의 명예를 훼손하는 이야기를 하였다고 단정할 수도 없다고 판단하여 이 사건 공소사실 중 상관명예훼손의 점에 대해서는 무죄로 판단하였다.

II. 판결 읽어보기 [판결 중요부분 발췌(요약)] : 고등군사법원 2019. 9. 26. 선고 2018노284 판결

1. 항소이유의 요지

(생략)

2. 피고인의 사실오인 내지 법리오해 주장에 대한 판단

가. 관련 법리

1) 피고인이 범의를 부인하는 경우, 이러한 범죄의 주관적 요소가 되는 사실은 사

물의 성질상 범의와 상당한 관련성이 있는 간접사실 또는 정황사실을 증명하는 방법에 의하여 이를 입증할 수밖에 없으며, 무엇이 상당한 관련성이 있는 간접사실에 해당할 것인가는 정상적인 경험칙에 바탕을 두고 치밀한 관찰력이나 분석력에 의하여 사실의 연결상태를 합리적으로 판단하는 방법에 의하여야 한다(대법원 2006. 2. 23. 선고 2005도8645 판결 참조).

2) 무고죄가 성립하기 위해서는 주관적 구성요건으로서 '공무소·공무원에게 허위사실을 신고한다는 점에 대한 고의'가 있어야 한다. 무고죄는 타인으로 하여금 형사처벌 또는 징계처분을 받게 할 목적으로 공무소 또는 공무원에 대하여 허위의 사실을 신고하는 때에 성립하는 것으로, 여기서 '허위사실의 신고'라 함은 객관적 사실과 일치하지 않는 것이라도 신고자가 진실이라고 확신하고 신고하였을 때에는 무고죄가 성립하지 않는다고 할 것이나, 여기에서 '진실이라고 확신한다' 함은 신고자가 알고 있는 객관적인 사실관계에 의하더라도 신고사실이 허위라거나 또는 허위일 가능성이 있다는 인식을 하지 못하는 경우를 말하는 것이지, 신고자가 알고 있는 객관적 사실관계에 의하여 신고사실이 허위라거나 허위일 가능성이 있다는 인식을 하면서도 이를 무시한 채 무조건 자신의 주장이 옳다고 생각하는 경우까지 포함되는 것은 아니다(대법원 2000. 7. 4. 선고 2000도1908 판결, 대법원 2006. 9. 22. 선고 2006도4255 판결 참조).

3) (생략)

4) 무고죄에 있어서 '형사처분 또는 징계처분을 받게 할 목적'은 허위신고를 함에 있어서 다른 사람이 그로 인하여 형사 또는 징계처분을 받게 될 것이라는 인식이 있으면 족한 것이고 그 결과 발생을 희망하는 것을 요하는 것은 아니다(대법원 2005. 9. 30. 선고 2005도2712 판결, 대법원 2006. 5. 25. 선고 2005도4642 판결 참조).

나. 무고죄 성립 여부

피고인은 원심에서도 위 항소이유와 동일한 취지의 주장을 하였고, 원심은 '피고인 및 변호인의 주장 등에 대한 판단'이라는 제목 아래 허위사실 여부 및 피고인에게 허위사실 신고에 대한 인식이 있었는지 여부, 형사처분을 받게 할 목적이 존재하였는지 여부 및 공무소 또는 공무원에 대하여 신고한 것으로 볼 수 있는지 여부에 관한 상세한 판단을 설시하여 위 주장을 배척하였는바, 원심의 위와 같은 판단에 당심에서 적법하게 채택하여 조사한 증거들에 의하여 인정되는 다음의 사정들을 더하여 살펴보면, 이 부분 공소사실을 유죄로 판단한 원심은 정당한 것으로 충분히 수긍이 되고 거기에 피고인의 주장과 같은 사실오인 내지 법리오해의 위법이 있다고 할 수 없다.

1) 먼저, 피고인은 당시 사단장 K가 피고인 또는 정훈참모 등에게 조작을 지시하

였다고 주장한다. 그러나 K가 피고인 또는 정훈참모, 헌병대장 등에게 조작을 지시하였다는 진술이나 정황은 찾아볼 수 없고, 당심이 아래서 추가로 인정되는 다음의 사정들을 종합하여 고려하면, 오히려 피고인은 피고인이 K로부터 지시를 받았다고 주장하는 당사자들에게 어떠한 확인도 하지 않은 채 본인의 추측에 근거하여 이 사건 민원의 내용을 작성한 것으로 보이는바, 피고인이 이 사건 민원을 제기할 당시 민원 내용이 객관적 진실에 반할 가능성이 있다는 인식을 하였다고 봄이 상당하다. 그렇다면 피고인 자신이 2017. 7. ○. 국민권익위원회에 제기한 '사건조작 및 책임전가로 부당한 징계/보직해임'이라는 제목의 민원 내용이 허위가 아니며 그러한 인식하에 민원을 제기하였다는 피고인의 위 주장은 그대로 받아들이기 어렵다.

① 피고인은 2017. 9. ○.자 군검찰 조사시, 헌병대장 C, 정훈참모 D 등에게 K가 A 병장 사망 경위 조작을 지시 내지 기획하였는지 여부에 대해 "당시 한 번도 물어본 적 없다. 금번 진정 제기 전에도 물어보지 않았다.", "사단장과 통화하면서 '살신성인'이라는 이야기가 나온 때로부터 약 20~30분 지난 후에 정훈참모가 저에게 전화하여 '병장이 일병을 구하고 사망한 것으로 보도자료를 작성하면 되느냐?'고 물어보았기 때문에 정훈참모가 사단장의 지시를 받고 구체적인 시나리오를 만든 것이라고 추측한 것입니다."라는 취지로 진술하였다.

② 정훈참모 D는 2011. 10. ○. "당시 지통실에서 현장 군의관이 의무대장에게 보낸 '얘기 들어보니 셋이 빠졌는데 한 명은 손을 내밀어서 잡아 당겨 꺼내고, 한 명은 자기가 헤엄쳐 나오고, 한 명은 손을 내밀기 전에 밑으로 가라앉아서 못 구했다'는 취지의 문자를 보고, 이를 기초로 초안을 잡아 '작전활동 중에 물에 빠진 동료 구하려다 실종'이라는 제목만 적어 14:20~30경 헌병대 작전과장에게 보여 주었다.", "최초 타이틀 작성시 사실왜곡의 발단이 되었다고 볼 수도 있다고 생각하나, 당시에는 그 문자를 구하려다 죽었다는 것으로 해석하였다."는 취지로 진술하였고, 2017. 9. ○. "화상회의에 나온 피고인에게 사망경위가 어찌 되느냐고 묻자, 피고인이 후임병을 구하고 실종되었다고 하였다. 이에 확인차 '전역 얼마 남지 않은 선임병이 물에 빠진 후 후임병을 밀쳐서 구한 후 본인은 빠져나오니 못 해 실종된 것으로 보도자료를 작성하면 됩니까?'라고 물어보자 피고인이 그러면 된다고 하여 그렇게 보도자료를 작성한 것이다."라는 취지로 진술하였다.

③ 위 질문 직후 피고인은 위 D에게 '사망경위가 아직 밝혀지지 않았으니 그렇게 보도자료를 작성하면 안 된다고 이야기하지 않은 채, 선임병이 물에 빠진 후 후임병을 땅 쪽으로 당겨서 구한 후 실종되었다고 하는 것이 이치에 맞지 않는 것 같다.

선임병이 후임병을 땅 쪽으로 밀어내고 본인은 미처 물에서 빠져 나오지 못해 실종되었다고 하는 것이 이치에 맞지 않겠느냐'고 이야기했다. "사단장의 '상황을 보니 살신성인한 것 같다. 의로운 죽음이다. 잘 처리하길 바란다.'는 말을 듣고, 솔직히 말하면 직후에는 사망경위를 조작하라는 지시라고 생각하지 못하였고, 정훈참모와 통화 시 조작지시를 사단장이 정훈참모에게 구체적으로 지시하였다고 생각하였다."는 취지로 진술하였다.

④ 피고인은 당시 헌병대장 C의 경우에도 "최종 사망경위 발표가 '병장이 일병을 구하고 실종되었다'는 조작된 내용이었기 때문에 헌병대장도 사단장의 지시를 받고 사망경위를 조작하였다고 추측했던 것입니다."라는 취지로 진술하였으나, 위 C는 2011. 10. ○. 징계조사시 "현장에 처음 도착해서 수사과장과 이야기하면서, 구하고 죽은 것이 아니라는 사실을 알고 있었다. 그런데 언론 보도가 구하고 죽은 것으로 나간다고 하고, 특히 15:45경 작전장교로부터 문자와 전화로 사단장께서 살신성인의 의로운 죽음이 되도록 하라는 말씀을 전해 듣고, 사단의 분위기가 이것이구나라고 생각하게 되었고, 그 시점 이후로 스스로도 그렇게 결단하게 되었다. 이후 수사과장에게도 내가 책임지겠다고 하며 이 방향으로 가도록 지시하였다. 작전과장으로부터 들은 것 외에 다른 사람을 통해 사단의 방향이나 지휘부의 의지 등에 대해 들은 것은 없다. 당시 사단장이 현장에 도착했을 때 대화를 나눈 내용은 없다."는 취지로 진술하였다.

⑤ 피고인은 2017. 9. ○. 군검찰 조사시 "K 중장이 저에게 고 A 하사의 사망 경위를 조작하라고 직접적으로 지시한 것은 없다"는 취지로 진술하였다.

2) 또한, 피고인은 K 당시 사단장이 조작을 지시하였다가 차후 문제가 되자 피고인을 회유·압박하여 허위진술을 강요하였다고 주장한다. 그러나 당심에서 추가로 인정되는 다음의 사정들을 종합하여 고려하면, K가 회유와 압박을 통하여 허위진술을 강요하였다는 이 사건 민원 내용은 객관적 사실에 반하는 것임이 적극적으로 증명되었다고 판단되고, 피고인은 이 사건 민원을 제기할 당시 진실함의 확신이 없는 사실을 신고함으로써 위 민원 내용이 객관적 진실에 반할 가능성이 있다는 인식을 하고 이 사건 민원을 제기한 것으로 봄이 타당하다. 따라서 피고인 자신이 2017. 7. ○. 국민권익위원회에 제기한 '사건조작 및 책임전가로 부당한 징계/보직해임'이라는 제목의 민원 내용이 허위가 아니며 그러한 인식하에 민원을 제기하였다는 피고인의 위 주장도 그대로 받아들이기 어렵다.

① 피고인은 K가 피고인을 회유·압박하여 허위진술을 강요하였다고 주장하나, K

는 "피고인이 병장이 일병을 구하고 실종되었다는 취지의 보고를 한 시점이 13:05경 최초보고인지 14:11경 두번째 전화통화인지 명확하지 않아 사실 확인을 위하여 피고인에게 물어본 것이지 허위진술을 강요한 사실은 없다."는 취지로 진술하고 있고, 피고인과의 통화 후 ○○군단 감찰·헌병 합동 조사에서 피고인의 주장대로 '당일 13:05경 연대장으로부터 최초 보고를 받았으며, 이후 14:11경 사고경위에 대한 2차 지휘보고를 받았음. 이때, 병장(사망자)이 물에 빠진 일병을 구하고, 자신은 못 빠져나왔다는 보고를 받았음.'이라고 진술서를 작성한 사실 등에 의하면, K가 ○○군단 감찰·헌병 합동 조사 전 두세 차례 피고인에게 전화통화로 보고 시간을 물어본 것을 회유나 압박으로 보기 어렵고, 나아가 허위진술을 강요한 행위로 보기 어렵다.

② 피고인은 K가 2011. 10.경 피고인을 자신의 집무실로 불러 참모장 E, 기무부대장 F, 사단 법무참모부 검찰관이 참석한 가운데 피고인에게 '네가 최초보고 시 A 병장이 일병을 구하고 실종되었다고 보고했었지?'라는 취지로 물어보는 등 회유와 압박으로 피고인에게 허위진술을 강요하였다고 주장하나, 참모장 E는 "당시 회의는 사실 확인을 위한 것이었고, 피고인이 압박을 받을 분위기는 아니었으며, 오히려 피고인이 진실한 마음으로 용서를 구하는 분위기였다.", "피고인이 자신의 피로 혈서를 써와서 자신을 믿어달라고 하며 용서를 구하였다.", "피고인이 ○○군단 징계조사에서 진술을 번복한 이유에 대하여, 징계조사 결과가 진급이 안 될 수도 있다는 얘기에 본인에게 문제가 될 수 있어서 진술을 번복하였다고 피고인이 말한 것으로 기억한다."는 취지로 진술한 사실, 기무대장 F는 "당시 회의는 피고인이 사단장에게 자신의 잘못을 사과하고, 그에 대한 용서를 구하는 자리였다.", "피고인은 군단 법무참모가 중징계를 받아 대령 진급이 안 될 수도 있다고 말하여 책임을 덜어보고자 그렇게 진술을 번복하였다고 말하였다.", "피고인이 사단장에게 한 번 더 기회를 주면 잘하겠다는 취지로 혈서까지 제출한 것으로 기억한다."는 취지로 진술한 점, 본 법정에서 피고인은 "K로부터 혈서를 써오라는 지시를 받지 않았음에도 자발적으로 혈서를 써 주었다."는 취지로 진술한 사실 등에 의하면 K가 피고인을 자신의 집무실로 불러 참모장 등이 참석한 가운데 대화를 나눈 행위를 회유나 압박으로 볼 수 없고, 더 나아가 허위진술을 강요한 행위로 볼 수 없다.

3) 더 나아가, 피고인은 2017. 7. ○. ○○대학교에서 참고인 진술조서를 작성할 당시, 피고인은 K의 형사처벌을 원하지 않았는데, 군검사의 설득에 의하여 "진술인은 K 중장의 형사처벌을 원하는가요."라는 질문에 "네. 원합니다. 다만 현재까지는 K 중장이 합참의장 및 육군참모총장이 되지 않게끔 하는 것이 주목적입니다. 따라서 고소

나 고발은 차후에 변호사와 상담하여 결정하도록 하겠습니다."라고 답변하였고, 이 내용이 조서 말미에 추가되었으므로, 위 진술은 자발적으로 형성된 것이 아니고 피고인으로서는 그 이전에는 오히려 형사처벌의 목적이 없었던 것이라고 항변한다. 그러나 원심 및 당심에서 적법하게 채택하여 조사한 증거들에 의하여 인정되는 다음의 사정들에 비추어 살펴보면, 이 사건 무고의 '형사처분·징계처분을 받게 할 목적'에 관하여는, 피고인이 자발적으로 권익위원회에 접수한 민원 내용에 피해자에 대한 형사처벌 내지 징계처분이 가능한 혐의사실을 포함하고 있어 이를 접수한 공무원들이 이를 수사기관에 이첩한 사실을 인정할 수 있고, 무고죄에 있어서 '형사처분 또는 징계처분을 받게 할 목적'은 다른 사람이 그로 인하여 형사 또는 징계처분을 받게 될 것이라는 인식이 있으면 족한 것이고 그 결과발생을 희망하는 것을 요하는 것은 아니므로, 위 민원 접수 당시에 이미 그 목적이 있었다고 인정함이 타당하다. 또한 피고인이 민원의 내용이 객관적 진실에 반할 가능성이 있다는 인식하에 이 사건 민원을 제기한 이상 피고인에게 자발성 및 무고의 범의가 없다고 할 수 없으므로, '이 사건 민원을 접수하게 된 원인이 피해자를 처벌받도록 하는 데에 있지 아니하고 첫째는 개인의 명예를 되찾는 것이고 둘째는 군 수뇌부 인사가 임박한 상황에서 진실을 규명하여 피해자가 합참의장이나 육군참모총장이 되지 못하게 하려는 데에 있기 때문에 무고의 고의가 없다.'는 피고인의 항변도 받아들이기 어렵다. 따라서 피고인의 위 주장도 이유 없다.

① 피고인이 2017. 7. ○.경 국민권익위원회 인터넷 홈페이지에 자발적으로 신청한 이 사건 민원 내용에 의하면, "1. 관련자: 현 □□본부장 중장 K 등", "형사고발에 준한 사항입니다.", "영웅만들기를 하였다가 차후에 문제가 된다는 여론이 있어 기획의 주체인 사단장(현 □□본부장)은 빠지고 사단장이 연대장에게 회유와 압박 등을 통해 허위진술을 강요한 범죄행위"라고 각각 기재되어 있는바, 피고인의 위 민원 내용 자체만 보더라도 '형사고발', '범죄행위' 등 형사 절차를 전제로 신고하는 취지가 명시되어 있고, 이에 따라 국민권익위원회 담당자 G가 이 사건 민원을 국방부에 이첩하면서 피고인에게 여러 차례 수사 및 인사 관련 사항이어서 국방부로 이송한다고 안내를 하였으며, "동 민원은 수사 및 인사행정상의 행위에 관한 사항으로 해당기관에서 검토할 수 있도록 이송하고자 합니다."라고 적시한 점, 이를 이송받은 국방부 감사관실 담당자 또한 "본 민원에 대해 직무감찰과에서 검토한바, 2011년 범죄행위에 대한 수사사항으로 조사본부 소관사항으로 판단된다는 의견이 있어 이송합니다.", "본 민원은 헌병 수사가 완료된 현역 장군 고발 관련 사항으로 검찰단으로 이송합니

다."라고 기재한 점 등에 비추어 살펴보더라도 피고인의 위 민원 접수로 인하여 K가 범죄를 범한 것이라는 합리적인 의심을 당해 기관에 심어주게 된 것인바, 민원업무를 담당하는 공무원들이 공통적으로 본 민원의 내용 및 성격을 범죄행위와 관련된 수사 대상 사건으로 인식하고 있음을 알 수 있다.

② 본 법정에서의 국민권익위원회 담당자 G의 진술에 따르면 당시 수차례의 전화통화 중 피고인은 G에게 민원을 이송하지 말라고 요청하였을 뿐, 이송할 바에는 차라리 민원을 취소해 달라 혹은 각하 처리해 달라고 한 적이 없다. 또한 피고인은 2017. 9. ○. 군검찰에서 조사 당시 왜 6년이 지난 지금 갑자기 그 사건에 대해 진정을 넣은 것인가라는 질문에 "K 중장 같은 사람이 고위직에 가서는 안 된다고 생각했고, 또 6년이 지났지만 이제는 사실관계를 명명백백히 밝혀서 잘못된 부분에 대해서는 책임을 지게 해야 한다고 생각했습니다."라고 진술하고 있으며, 진정을 넣었을 때 "제가 진정을 넣었고 그 진정 내용에 대해 조사를 하여 사실관계를 명명백백히 밝히고 K 중장이 죄를 지은 것이 있다고 밝혀지면 그에 대해 K 중장이 죗값을 받아야 한다는 생각도 있었습니다."고 진술하였다. 민원이 철회되는 경우 피고인은 피해자 K에 대한 임용에 영향을 미칠 수 없게 되어 목적한 바를 이룰 수 없었을 것이 명백한 바, 피고인으로서는 G의 이송처리에도 불구하고 민원을 유지하고자 하였던 것이고 국방부로의 수사관련 이송 후 피해자 K에 대한 수사처리가 시작될 수 있음을 용인하였다고 봄이 상당하다.

3. 군검사의 사실오인 내지 법리오해 주장에 대한 판단

가. 이 부분 공소사실의 요지

피해자 K는 2015. 10. ○○.부터 2017. 11. ○○.까지 합동참모본부 ○○본부장으로 근무하였던 육군 중장이었다.

피고인은 2017. 8. ○. 17:04경 피고인의 주거지에서, 사실은 피해자 K 중장이 A 병장의 사망 경위 조작을 기획하거나 지시한 사실이 없고 피고인에게 허위진술을 강요한 사실이 없음에도 불구하고, 성명불상의 군인권센터 관계자와 통화하면서 위 군인권센터 관계자에게 'K 중장이 A 병장의 사망 경위 조작을 지시하였고, 피고인을 회유·압박하여 허위진술을 강요하였다.'라는 취지로 이야기를 한 것을 비롯하여 2017. 8. ○.경부터 2017. 9. ○.경까지 군인권센터 관계자와 약 10회 통화하면서 피해자 K 중장의 사망 경위 조작 지시 및 허위진술 강요에 관하여 이야기하였다.

위 군인권센터는 2017. 9. ○.경 피고인의 제보 내용을 토대로 「육군 중장이 거짓

과 조작으로 숨겨운 진실 - ○○사단 한강 익사 사고 조작 사건 관련 긴급 기자회견 -」이라는 제목의 기자회견문을 작성하여 언론브리핑을 하였을 뿐만 아니라, 위 기자회견문을 군인권센터 홈페이지에 게시하였고, 2017. 9. ○.경「'K 중장 ○○사단 한강 익사 사고 조작 사건' 관련 추가 보도자료」라는 제목의 보도자료를 작성하여 각 언론사 기자들에게 배포하였을 뿐만 아니라 위 보도자료를 군인권센터 홈페이지에 게시함으로써 피고인은 공연히 거짓 사실을 적시하여 상관인 피해자의 명예를 훼손하였다.

나. 원심의 판단

원심은 ① 피고인이 군인권센터 관계자와 여러 차례에 걸쳐 전화통화를 하였고, 그 후 군인권센터에서 A 병장 사망 경위 조작에 관한 보도자료 등을 발표한 것은 사실이나, 피고인이 군인권센터 관계자와의 전화통화에서 구체적으로 어떠한 이야기를 하였는지에 대하여는 '군인권센터 관계자의 질문에 대답하는 과정에서 A 병장 사망 사고에 관한 내용을 확인해 준 것일 뿐이다.'는 취지의 피고인 진술만이 존재하고, 그 구체적 대화 내용을 증명할 군인권센터 관계자의 진술이나 다른 직접증거는 없고, ② 또한 군인권센터에서 A 병장 사망 경위 조작에 관한 보도자료 등을 발표하였지만, 피고인이 군인권센터 관계자와의 전화통화 전 이미 A 병장 사망 경위 조작에 관한 내용을 국가인권위원회, 국민권익위원회에 제보한 점, 군인권센터에서 보도자료 등을 발표하기 이전인 2017. 7.경부터 H 등과 A 병장 사망 경위 조작에 관한 문자메시지 등을 주고받은 점, 군인권센터에서 보도자료 등을 발표하기 이전에 이미 A 병장 사망 경위에 관한 신문기사가 작성·배포된 점 등을 고려하면 군인권센터의 A 병장 사망 경위 조작에 관한 보도자료가 피고인이 아닌 제3자의 제보에 의하여 작성되었을 가능성을 완전히 배제하기 어려운바, 군검사가 제출한 증거만으로 피고인이 군인권센터 관계자에게 A 병장 사망 경위 조작에 관한 이야기를 한 것으로 단정하기 어렵고, 또한 피고인이 군인권센터 관계자의 질문에 대한 확인답변 과정에서 피해자의 명예를 훼손하는 이야기를 하였다고 단정할 수도 없다고 판단하였다.

다. 당심의 판단

원심 및 당심에서 적법하게 채택하여 조사한 증거들에 비추어 면밀히 살펴보면, 원심이 위 판시와 같은 이유로 이 부분 공소사실을 무죄로 판단한 것은 정당한 것으로 충분히 수긍할 수 있고, 군검사가 주장하는 사정들만으로는 원심이 일으킨 합리적인 의심을 충분히 해소할 수 있을 정도에까지 이르지 아니하였으므로, 결국 위 주장은 이유 없다.

5. 결론

결국 피고인과 군검사의 각 항소는 이유 없으므로 군사법원법 제430조 제1항에 의하여 이를 모두 기각하기로 하여 주문과 같이 판결한다.

요약정리 [사안의 쟁점과 판결의 요지]

고등군사법원 2019. 9. 26. 선고 2018노284 판결 [무고, 명예훼손(변경된 죄명 : 상관명예훼손)]

이 사안의 쟁점은 **피고인이 연대장으로 근무하던 부대에서 발생한 익사사고와 관련하여 익사한 병사의 사인(死因)에 대한 조작 의혹을 둘러싼 당시 사단장과 피고인과의 진실공방 중에 피고인이 국민권익위원회 인터넷 홈페이지에 신청한 이 사건 민원이 무고죄에 있어서의 '무고'에 해당하는지 여부**였다.

고등군사법원 2019. 9. 26. 선고 2018노284 판결은 이 사건 공소사실 중 **무고의 점**에 대하여는 ① 이 사건 민원내용은 "1. 관련자: 현 □□본부장 중장 K 등", "형사고발에 준한 사항입니다.", "영웅만들기를 하였다가 차후에 문제가 된다는 여론이 있어 기획의 주체인 사단장(현 □□본부장)은 빠지고 사단장이 연대장에게 회유와 압박 등을 통해 허위진술을 강요한 범죄행위"라고 기재되어 있는바, 피고인의 위 민원 내용 자체만 보더라도 '형사고발', '범죄행위' 등 형사 절차를 전제로 신고하는 취지가 명시되어 있고, ② 국민권익위원회 담당자가 이 사건 민원을 국방부에 이첩하면서 피고인에게 여러 차례 수사 및 인사 관련 사항이어서 국방부로 이송한다고 안내를 하였으며, "동 민원은 수사 및 인사행정상의 행위에 관한 사항으로 해당기관에서 검토할 수 있도록 이송하고자 합니다."라고 적시하였으며, 결국 이 사건 민원은 국방부 감사관실과 조사본부를 경유하여 국방부 검찰단으로 이송된 사정 등을 종합하여, 피고인의 행위는 무고에 해당하고 피고인에게 무고의 고의도 있다고 인정하여 이 사건 공소사실 중 무고의 점에 관하여는 유죄로 판단하였으나, **상관명예훼손의 점**에 대하여는 ① 피고인이 군인권센터 관계자와의 전화통화에서 구체적으로 어떠한 이야기를 하였는지에 대하여는 '군인권센터 관계자의 질문에 대답하는 과정에서 A 병장 사망 사고에 관한 내용을 확인해 준 것일 뿐이다.'는 취지의 피고인 진술만이 존재하고, 그 구체적 대화 내용을 증명할 군인권센터 관계자의 진술이나 다른 직접증거는 없고, ② 군인권센터의 A 병장 사망 경위 조작에 관한 보도자료가 피고인이 아닌 제3자의 제보에 의하여 작성되었을 가능성을 완전히 배제하기 어렵다는 이유로 피고인이 군인권센터 관계자에게 A 병장 사망 경위 조작에 관한 이야기를 한 것으로 단정하기 어렵고, 또한 피고인이 군인권센터 관계자의 질문에 대한 확인답변 과정에서 피해자의 명예를 훼손하는 이야기를 하였다고 단정할 수도 없다는 이유로 이 사건 공소사실 중 상관명예훼손의 점에 관하여는 무죄로 판단하여, 결국 이 사건 공소사실 중 무고의 점에 대하여는 유죄를, 상관명예훼손의 점에 대하여는 무죄를 선고한 1심판결을 유지하였다.

판례 6

일반적 · 평균적인 사람으로 하여금 성적 수치심이나 혐오감을 느끼게 하고 선량한 성적 도덕관념에 반하는 행위로서 피해자의 성적 자유를 침해하는 '추행'에 해당하는 행위인지, 아니면 피해자로 하여금 불쾌함을 느끼게 하는 부적절한 신체접촉에 불과한 행위인지 여부의 판단기준

대법원 2020. 12. 10. 선고 2020도11186 판결 [성폭력범죄의처벌등에관한특례법위반(업무상위력등에의한추행)]

[원심판결] 고등군사법원 2020. 7. 30. 선고 2019노410 판결

[파기환송심] 고등군사법원 2021. 5. 27. 선고 2020노415 판결

I. 사안의 개요 [공소사실의 요지 및 사건의 경과]

1. 공소사실의 요지

피고인은 2018. 7.경부터 2019. 4.경까지 ○○해역방어사령부 인사참모로 복무하던 자로서, 피해자(여, 25세)가 2018. 8.경부터 2019. 8.경까지 해군 ○○해역방어사령부 인사참모실에서 급여제수당 담당으로 복무할 당시 피해자를 업무상 지휘·감독하였는데, 피고인은 2019. 2. ○. 11:50경 G에 있는 해군 ○○해역방어사령부 인사참모 사무실에서, 2018년도 수당업무 관련자 과실처리심의위원회 업무보고를 위해 온 피해자에게 "이게 뭐냐"고 말하면서 피해자의 의사에 반하여 10초가량 양손으로 피해자의 왼손을 잡고 양 엄지손가락으로 피해자의 왼손 손등 부분을 문질렀다. 이로써 피고인은 업무상 위력을 행사하여 피해자를 추행하였다.

2. 사건의 경과

이 사안의 쟁점은 **피고인의 행위가 일반적 · 평균적인 사람으로 하여금 성적 수치심이나 혐오감을 느끼게 하고 선량한 성적 도덕관념에 반하는 행위로서 피해자의 성적 자유를 침해하는 '추행'에 해당하는 행위인지, 아니면 피해자로 하여금 불쾌함을 느끼게 하는 부적절한 신체접촉에 불과한 행위인지 여부**였다.

1심(제2함대사령부 보통군사법원 2019. 12. 5. 선고 2019고10 판결)은 이 사건의 공소사실에 부합하는 직접증거로는 피해자의 진술이 유일한데, 증거들에 의하여 인정되는 사실과 사정에 비추어 보면 피해자의 진술이 합리적 의심의 여지가 없을 정도로 충분한 신빙성이 있다고 보기 어렵다는 이유로 무죄를 선고하였다.

항소심(고등군사법원 2020. 7. 30. 선고 2019노410 판결)은 피해자의 진술은 신빙할 수 있고, 피고인이 공소사실과 같은 행위를 하였다는 사실 자체는 인정되며 이는 업무상 위력을 이용한 경우에는 해당되지만, 피고인의 행위는 상대방으로 하여금 불쾌함을 느끼게 하는 부적절한 신체접촉에 해당할 수 있음은 별론으로 하고, 일반적·평균적인 사람으로 하여금 성적 수치심이나 혐오감을 일으키게 하고 선량한 성적 도덕관념에 반하는 행위로서 피해자의 성적 자유를 침해하는 정도에까지 이르렀다고 보기에는 부족하고, 피고인의 추행 고의도 인정하기 어렵다는 이유로 무죄를 선고한 1심판결을 그대로 유지하여 군검사의 항소를 기각하였다.

그러나 **대법원 2020. 12. 10. 선고 2020도11186 판결**은 ① 피고인이 피해자의 손등을 양손으로 잡고 양 엄지손가락으로 문지르는 방법으로 피해자의 신체를 접촉한 경위 및 태양, 그 시간이 약 10초가량 지속된 점 등을 고려하면, 성적인 동기가 내포되어 있는 행동으로 추행의 고의를 인정할 수 있고, ② 피해자는 25세의 여성 부하직원이고, 피고인은 35세의 남성으로 피해자의 업무상 지휘·감독자였던 점, 피해자는 원심에서 '이 사건 이전에 피고인의 성희롱적 언동 등이 많아 힘들었다'는 취지로 진술한 점, 이 사건 당시 사무실에 피고인과 피해자 둘만 있었던 점, 피고인이 성적인 의도 이외에 공소사실 기재와 같은 행위를 할 별다른 동기를 찾을 수 없는 점 등을 고려하면, 피고인의 행위는 피해자의 의사에 반하여 이루어진 것일 뿐만 아니라 피해자의 성적 자유를 침해하는 유형력의 행사에 해당하고, 일반인에게도 성적 수치심이나 혐오감을 일으키게 할 수 있는 추행행위로 볼 수 있으며, ③ 피고인이 접촉한 피해자의 특정 신체부위만을 기준으로 성적 수치심이나 혐오감을 일으키는지 여부가 구별되는 것은 아니고, 피고인이 추가적인 성적 언동이나 행동으로 나아가야만 강제추행죄가 성립하는 것도 아니라고 판시하며 원심판결을 파기하고 사건을 고등군사법원에 환송하였고, **파기환송심(고등군사법원 2021. 5. 27. 선고 2020노415 판결)**은 위 대법원판결의 취지대로 성폭력범죄의처벌등에관한특례법위반(업무상위력등에의한추행)의 공소사실을 유죄로 인정하고 벌금 2백만 원을 선고하였다.

II. 판결 읽어보기 [판결 중요부분 발췌(요약)] : 대법원 2020. 12. 10. 선고 2020도11186 판결

상고이유를 판단한다.

1. 군검사의 상고이유에 관하여

가. 관련 법리

강제추행죄는 상대방에 대하여 폭행 또는 협박을 가하여 항거를 곤란하게 한 뒤에 추행행위를 하는 경우뿐만 아니라 폭행행위 자체가 추행행위라고 인정되는 경우도 포함된다. 이 경우 폭행은 반드시 상대방의 의사를 억압할 정도의 것임을 요하지 않고, 상대방의 의사에 반하는 유형력의 행사가 있는 이상 힘의 대소강약을 불문한다. 추행은 객관적으로 일반인에게 성적 수치심이나 혐오감을 일으키게 하고 선량한 성적 도덕관념에 반하는 행위로서, 피해자의 성적 자유를 침해하는 것이다. 이에 해당하는지 여부는 피해자의 의사, 성별, 연령, 행위자와 피해자의 이전부터의 관계, 행위에 이르게 된 경위, 구체적 행위태양, 주위의 객관적 상황과 그 시대의 성적 도덕관념 등을 종합적으로 고려하여 신중히 결정되어야 한다(대법원 2002. 4. 26. 선고 2001도2417 판결 등 참조).

나. 공소사실

피고인은 2018. 7. ○.부터 2019. 4. ○.까지 해군 ○○해역방어사령부 인사참모실에서 인사참모로 복무하고, 2019. 4. ○.부터 현재까지 해군 제○함대사령부 제○기지전대 전대본부 정작참모실로 파견 조치되어 복무하는 자로서, 피해자(여, 25세)가 2018. 8. ○.부터 2019. 8. ○.까지 해군 ○○해역방어사령부 인사참모실에서 급여제수당 담당으로 복무할 당시 피해자를 업무상 지휘·감독하였다.

피고인은 2019. 2. ○. 11:50경 G에 있는 해군 ○○해역방어사령부 인사참모 사무실에서, 2018년도 수당업무 관련자 과실처리심의위원회 업무보고를 위해 온 피해자에게 "이게 뭐냐"고 말하면서 피해자의 의사에 반하여 10초가량 양손으로 피해자의 왼손을 잡고 양 엄지손가락으로 피해자의 왼손 손등 부분을 문질렀다. 이로써 피고인은 업무상 위력을 행사하여 피해자를 추행하였다.

다. 원심판단

원심은 피해자의 진술은 신빙할 수 있고, 피고인이 공소사실과 같은 행위를 하였다는 사실 자체는 인정되며 이는 업무상 위력을 이용한 경우에는 해당되지만, 피고인의 행위는 상대방으로 하여금 불쾌함을 느끼게 하는 부적절한 신체접촉에 해당할 수 있음은 별론으로 하고, 일반적·평균적인 사람으로 하여금 성적 수치심이나 혐오감을 일으키게 하고 선량한 성적 도덕관념에 반하는 행위로서 피해자 Y의 성적 자유를 침해하는 정도에까지 이르렀다고 보기에는 부족하고, 피고인에게 추행의 고의가 있었다고 보기에도 부족하다는 이유로 무죄를 선고한 제1심판결을 그대로 유지하였다.

라. 대법원 판단

1) 원심의 판단은 다음과 같은 이유로 수긍하기 어렵다.

가) 피고인은 공소사실 기재와 같은 행위를 한 사실이 없다고 다투었으나, 원심은 피해자의 진술에 신빙성이 있다고 보아 피고인이 공소사실 기재와 같이 양 엄지손가락으로 피해자의 왼손 손등 부분을 약 10초가량 문지른 행위를 한 사실을 인정하였다. 또한 원심판결 이유에 의하더라도 피고인은 피해자의 업무상 지휘·감독자로서 피해자의 의사에 반하여 위력을 행사하여 위와 같은 행위를 한 사실이 인정된다.

나) 피고인이 피해자의 손등을 양손으로 잡고 양 엄지손가락으로 문지르는 방법으로 피해자의 신체를 접촉한 경위 및 태양, 그 시간이 약 10초가량 지속된 점 등을 고려하면, 원심판단과 같이 피고인이 피해자에게 단지 그림을 지우라는 의미에서 한 행동으로 보기는 어렵고, 성적인 동기가 내포되어 있는 행동으로 추행의 고의를 인정할 수 있다.

다) 피해자는 25세의 여성 부하직원이고, 피고인은 35세의 남성으로 피해자의 업무상 지휘·감독자였던 점, 피해자는 원심에서 '이 사건 이전에 피고인의 성희롱적 언동 등이 많아 힘들었다'는 취지로 진술한 점, 이 사건 당시 사무실에 피고인과 피해자 둘만 있었던 점, 피고인이 성적인 의도 이외에 공소사실 기재와 같은 행위를 할 별다른 동기를 찾을 수 없는 점 등을 고려하면, 피고인의 행위는 피해자의 의사에 반하여 이루어진 것일 뿐만 아니라 피해자의 성적 자유를 침해하는 유형력의 행사에 해당하고, 일반인에게도 성적 수치심이나 혐오감을 일으키게 할 수 있는 추행행위로 볼 수 있다.

라) 피고인이 접촉한 피해자의 특정 신체부위만을 기준으로 성적 수치심이나 혐오감을 일으키는지 여부가 구별되는 것은 아니고, 피고인이 추가적인 성적 언동이나 행동으로 나아가야만 강제추행죄가 성립하는 것도 아니다.

2) 그럼에도 원심은 이 사건 공소사실에 대하여 무죄를 선고한 제1심판결을 그대로 유지하였다. 이러한 원심의 판단에는 강제추행에 관한 법리를 오해하여 판결에 영향을 미친 위법이 있다. 이 점을 지적하는 상고이유는 이유 있다.

2. 피고인의 상고에 관하여

피고인의 상소는 불이익한 원재판을 시정하여 이익된 재판을 청구함을 본질로 하는 것이어서 재판이 자기에게 불이익하지 않으면 이에 대한 상고권을 가질 수 없다(대법원 1994. 7. 29. 선고 93도1091 판결 등 참조). 따라서 피고인에게 가장 유리한 판결인 무죄판결에 대한 피고인의 상고는 부적법하다.

3. 결론

그러므로 원심판결을 파기하고, 사건을 다시 심리·판단하도록 원심법원에 환송하기로 하여, 관여 대법관의 일치된 의견으로 주문과 같이 판결한다.

요약정리 [사안의 쟁점과 판결의 요지]

대법원 2020. 12. 10. 선고 2020도11186 판결 [성폭력범죄의처벌등에관한특례법위반(업무상위력등에의한추행)]

피고인은 소속대 인사참모로 복무하던 군인으로서 업무상 지휘·감독 관계에 있던 피해자가 업무보고를 위해 피고인의 사무실로 오자, 피해자에게 "이게 뭐냐"고 말하면서 피해자의 의사에 반하여 10초가량 양손으로 피해자의 왼손을 잡고 양 엄지손가락으로 피해자의 왼손 손등 부분을 문질러 업무상 위력을 행사하여 피해자를 추행하였다는 내용의 공소사실로 기소되었다.

이 사안의 쟁점은 **피고인의 행위가 일반적·평균적인 사람으로 하여금 성적 수치심이나 혐오감을 느끼게 하고 선량한 성적 도덕관념에 반하는 행위로서 피해자의 성적 자유를 침해하는 '추행'에 해당하는 행위인지, 아니면 피해자로 하여금 불쾌함을 느끼게 하는 부적절한 신체접촉에 불과한 행위인지 여부**였다.

1심(제2함대사령부 보통군사법원 2019. 12. 5. 선고 2019고10 판결)은 이 사건의 공소사실에 부합하는 직접증거로는 피해자의 진술이 유일한데, 적법하게 채택하여 조사한 증거들에 의하여 인정되는 사정에 비추어 보면 피해자의 진술이 합리적 의심의 여지가 없을 정도로 충분한 신빙성이 있다고 보기 어렵다는 이유로 무죄를 선고하였고, **항소심(고등군사법원 2020. 7. 30. 선고 2019노410 판결)**은 ① 1심의 판단과는 달리 피해자의 진술은 신빙할 수 있고, 피고인이 공소사실과 같은 행위를 하였다는 사실 자체는 인정되며 이는 업무상 위력을 이용한 경우에 해당되지만, ② 피고인의 행위는 상대방으로 하여금 불쾌함을 느끼게 하는 부적절한 신체접촉에 해당할 수 있음은 별론으로 하고, 일반적·평균적인 사람으로 하여금 성적 수치심이나 혐오감을 일으키게 하고 선량한 성적 도덕관념에 반하는 행위로서 피해자의 성적 자유를 침해하는 정도에까지 이르렀다고 보기에는 부족하고, ③ 피고인에게 추행의 고의가 있었다고 보기에도 부족하다는 이유로, 1심판결을 그대로 유지하였다.

그러나 **대법원 2020. 12. 10. 선고 2020도11186 판결**은 피고인이 피해자의 손등을 양손으로 잡고 양 엄지손가락으로 문지르는 방법으로 피해자의 신체를 접촉한 경위 및 태양, 그 시간이 약 10초가량 지속된 점 등을 고려하면, 성적인 동기가 내포되어 있는 행동으로 추행의 고의를 인정할 수 있고, 피해자는 25세의 여성 부하직원이고, 피고인은 35세의 남성으로 피해자의 업무상 지휘·감독자였던 점, 피해자는 원심에서 '이 사건 이전에 피고인의 성희롱적 언동 등이 많아 힘들었다'는 취지로 진술한 점, 이 사건 당시 사무실에 피고인과 피해자 둘만 있었던 점, 피고인이 성적인 의도 이외에 공소사실 기재와 같은 행위를 할 별다른 동기를 찾을 수 없는 점 등을 고려하면, 피고인의 행위는 피해자의 의사에 반하여 이루어진 것일 뿐만 아니라 피해자의 성적 자유를 침해하는 유형력의 행사에 해당하고, 일반인에게도 성적 수치심이나 혐오감을 일으키게 할 수 있는 추행행위로 볼 수 있으며, 피고인이 접촉한 피해자의 특정 신체부위만을 기준으로 성적 수치심이나 혐오감을 일으키는지 여부가 구별되는 것은 아니고, 피고인이 추가적인 성적 언동이나 행동으로 나아가야만 강제추행죄가 성립하는 것도 아니라고 판시하며 원심판결을 파기하고 사건을 고등군사법원에 환송하였고, **파기환송심(고등군사법원 2021. 5. 27. 선고 2020노415 판결)**은 위 대법원판결의 취지대로 성폭력범죄의처벌등에관한특례법위반(업무상위력등에의한추행)의 공소사실을 유죄로 인정하고 벌금 2백만원을 선고하였다.

☞ **대법원 2020. 12. 10. 선고 2020도11186 판결 중 피고인이 접촉한 피해자의 특정 신체부위만을 기준으로 성적 수치심이나 혐오감을 일으키는지 여부가 구별되는 것은 아니라는 판시 부분은 향후 강제추행죄 사건에서 중요한 선례로 작용할 것으로 보인다.**

판례 7

지휘관이 성폭력범죄 피해자로부터 성폭력 사건을 보고받고, 상관에게 보고하거나 군 수사기관에 수사를 의뢰하는 것에서 더 나아가 피해자에게 성적 수치심 여부나 처벌의사 유무에 대하여 반복하여 묻는 것이 '특정범죄가중처벌등에관한법률위반(면담강요등)죄'에 해당하는지 여부

고등군사법원 2019. 6. 20. 선고 2019노6 판결 [특정범죄가중처벌등에관한법률위반(면담강요등), 허위보고]

[원심판결] 제7군단 보통군사법원 2018. 12. 12. 선고 2018고58 판결

I. 사안의 개요 [공소사실의 요지 및 사건의 경과]

1. 공소사실의 요지[특정범죄가중처벌등에관한법률위반(면담강요등)] (유죄부분)

피고인은 ○여단 ○대대 대대장, 피해자 중사 B는 같은 대대 1중대 부사관이었는데, 같은 대대 1중대장 C는 2018. 3. ○. ○○찜질방에서와 2018. 일자미상 소속대 행정반에서 피해자의 귀를 만졌다.

피고인은 ① 2018. 4. ○. 08:30경 소속대 대대장실에서 피해자 B에게 C가 찜질방에서 피해자의 귀를 만진 사실에 관하여 이야기하면서 "C가 귀를 만졌을 때 성적 수치심 느꼈어? 안 느꼈어?"라고 물어보고, 위 면담에 동석한 같은 대대 주임상사 D에게 "주임상사, 얘 과거에 무슨 일이 있었는지 알고 있으십니까"라고 물어보아 피해자가 과거 군 복무 중 기혼 남군과의 부적절한 관계를 이유로 전역한 뒤 재입대한 사실을 피해자에게 상기시킨 후, 이어서 피해자에게 "너는 두번째 실패자다"라고 말하고, ② 2018. 4. ○. 09:30경 불상지에서, 피해자에게 전화하여, "아예 이것을 그냥 빨리 이야기를 해서 빨리 아무 것도 아닌 것으로 결론짓는 것이 낫지 않아? 네 입장에서도? 어떻게 생각해?"라고 이야기 하고, 이에 조금 더 생각할 시간을 달라는 피해자에게 "누가 확인 나오면 장난인데 애들이 그냥 오버한 것 같다, 그 정도만 이야기하면 끝나는 거 아니야", "너는 성적 수치심도 안 느꼈고 아무것도 아니다. 그런데 나(피고인)는 그것을 식별했으니 확인하는 과정에서 그렇게 해서 장난으로 한 거다, 아무렇게도 생각 안 한다. 이렇게 이야기를 하고 그 놈아에 대해서 경고조치를 하고.

징계한다는 것이 아니고 따끔하게 혼내고. 여기서 끝나는 게 나은 것 아니냐 이거지, 네 입장에서도"라고 말하고, ③ 2018. 4. ○. 14:11경 불상지에서, 위와 같은 계속된 피고인의 행위로 이미 피고인에게 사건을 적극적으로 해결할 의사가 없다고 생각하고 있는 피해자에게 또다시 전화하여 "빨리 해결하고 가야 하니까. 네가 어떻게 말하냐에 따라서 중대장이 처벌을 받을 수도 있고 안 받을 수 있는 부분이 있어"라고 말한 후, "그래서 나는 어디까지 보고했냐면 1중대장이 너의 귓불을 잡아당겼다. 그 정도까지만 보고를 했고"라고 말하고, "네가 나한테 이야기했던 것처럼 너는 처벌을 원하지 않는 것 같다. 수치심을 느끼지 않는다까지만 이야기를 했다", "너는 처벌을 원하지 않는거야? 너의 마음은 뭐야?"라고 재촉하듯이 물어보고, 이에 위축된 피해자가 "모르겠다. 어떻게 해야 될지 모르겠다"고 대답하자 피고인은 다시 "그러니까 네가 어떻게 할지 모르니까 너 와이즈하게 생각해, 지금 냉철하게 해야 하고 감정적으로 할 거 아니고", "너의 입장도 있고 대대의 입장도 있고 중대장의 입장도 있기 때문에 이것을 빨리 종료하고 우리가 부대일정을 해나가야지, 질질 끌 수 없는 거잖아", "사단 인사참모의 의견은 본인이 성적 수치심을 안 느꼈다면 문제될 게 하나도 없다는 거야"고 말하고, ④ 2018. 4. ○. 17:29경 불상지에서, 피해자에게 재차 전화를 하여 "너의 의사가 되게 중요하기 때문에 이런 사항은 네가 처벌을 원한다, 안 한다, 이에 따라서 엄청나게 큰 변화가 있어", "처벌이 되든, 안 되든 간에. 만약 처벌이 되게 되면 자연스럽게 분리조치가 되는 것이고, 처벌이 안 되더라도 자연스럽게 아무런 표가 안 나게 조치를 다 해줄 수 있으니까. 여단장님하고 다 이야기를 하고 왔으니까"라고 말하고 또 "너의 입장에서, 지금 입장에서는 너의 밀리터리 커리어만 생각해", "어느 쪽이 너한테 도움이 될 것이냐"라고 말하였다.

이로써 피해자의 상관이자 대대장인 피고인은 (타인의 형사사건의 수사와 관련하여 필요한 사실을 알고 있는 자신의 부하인) 피해자에게, 피해자가 부담을 느낄만한 과거 이야기를 언급하고, 계속해서 피해자에게 전화하여 생각할 시간이 필요하다는 피해자에게 성적 수치심과 처벌의사에 대해 반복해서 물어보아 피해자가 자발적인 의사에 따른 의사표현을 하기 어렵게 하는 압박감을 주어 위력을 행사하였다.

2. 사건의 경과

피고인은 위와 같은 성폭력범죄 피해자 B에 대한 특정범죄가중처벌등에관한법률위반(면담강요등), 찜질방 사건을 목격한 E에 대한 특정범죄가중처벌등에관한법률위반

(면담강요등) 및 여단장에 대한 허위보고의 공소사실로 기소되었다.

이 사안의 쟁점은 **지휘관이 성폭력범죄 피해자로부터 성폭력 사건을 보고받고, 상관에게 보고하거나 군 수사기관에 수사를 의뢰하는 것에서 더 나아가 피해자에게 성적 수치심 여부나 처벌의사 유무에 대하여 반복하여 묻는 것이 '특정범죄가중처벌등에관한법률위반(면담강요등)죄'에 해당하는지 여부**였다.

1심(제7군단 보통군사법원 2018. 12. 12. 선고 2018고58 판결)은 ① 이 사건 공소사실 중 찜질방 사건을 목격한 E에 대한 특정범죄가중처벌등에관한법률위반(면담강요등)의 점과 여단장에 대한 허위보고의 점에 대한 공소사실에 대하여는 무죄로 판단하고, ② 피해자 B에 대한 특정범죄가중처벌등에관한법률위반(면담강요등)의 점에 대하여는 피고인이 대대장으로서의 지위를 이용하여 성폭력 사건의 피해자인 부하에게 피해자의 과거 사실을 언급하고, 성적 수치심을 느꼈는지 여부와 처벌의사 유무에 대하여 명확히 하라는 취지의 말을 반복함으로써 피해자의 자유의사를 혼란케 할 만한 위력을 행사한 사실을 인정할 수 있고, 피고인에게 이에 대한 인식과 의사도 있었다는 이유로 유죄로 인정하여 벌금 300만 원을 선고하였다.

고등군사법원 2019. 6. 20. 선고 2019노6 판결은 ① 피고인이 피해자로부터 성폭력 사건을 보고받고 상관에게 보고하거나 군 수사기관에 수사를 의뢰하는 것에서 더 나아가 피해자에게 성적 수치심 여부나 처벌의사 유무에 대하여 묻는 것이 피고인의 지휘권한의 범위 내에 있다고 볼 수 없다는 이유로 성폭력범죄 피해자 B에 대한 특정범죄가중처벌등에관한법률위반(면담강요등)의 점에 대하여 유죄로 인정한 1심의 판단이 정당하고, ② 찜질방 사건을 목격한 E에 대한 특정범죄가중처벌등에관한법률위반(면담강요등)의 점과 여단장에 대한 허위보고의 점에 대하여 무죄로 판단한 1심판결도 정당하며, ③ 1심의 양형이 부당하지도 않다고 판단하여, 피고인과 군검사의 항소를 모두 기각하였다.

II. 판결 읽어보기 [판결 중요부분 발췌(요약)] : 고등군사법원 2019. 6. 20. 선고 2019노6 판결

1. 항소이유의 요지

(생략)

2. 피고인의 사실오인 내지 법리오해 주장에 대한 판단

가. 피고인의 위력 행사 및 고의 인정 여부

1) 특정범죄 가중처벌 등에 관한 법률 제5조의9 제4항에서 말하는 '위력'이란 사람의 자유의사를 제압하기에 족한 세력을 말하고, 유형적이든 무형적이든 묻지 않으므로 폭행·협박뿐 아니라 사회적·경제적·정치적인 지위나 권세를 이용하는 것도 가능하다(대법원 1998. 1. 23. 선고 97도2506 판결, 대법원 1999. 5. 28. 선고 99도495 판결, 대법원 2006. 2. 10. 선고 2005도174 판결 등 참조).

피고인이 범의를 부인하는 경우, 이러한 범죄의 주관적 요소가 되는 사실은 사물의 성질상 범의와 상당한 관련성이 있는 간접사실 또는 정황사실을 증명하는 방법에 의하여 이를 입증할 수밖에 없고, 무엇이 상당한 관련성이 있는 간접사실에 해당할 것인가는 정상적인 경험칙에 바탕을 두고 치밀한 관찰력이나 분석력에 의하여 사실의 연결 상태를 합리적으로 판단하는 방법에 의하여야 한다(대법원 2006. 2. 23. 선고 2005도8645 판결 등 참조).

2) 원심은 그 채택한 증거에 의하여 피고인이 대대 지휘관으로서 지위를 이용하여 성폭력 사건의 피해자인 부하에게 피해자의 과거 사실을 언급하고, 성적 수치심을 느꼈는지 여부와 처벌의사 유무에 대하여 명확히 하라는 취지의 말을 반복함으로써 피해자의 자유의사를 혼란케 할 만한 위력을 행사한 사실을 인정할 수 있고, 피고인에게 이에 대한 인식과 의사가 충분히 있었다고 판단하였다.

3) 앞서 본 법리와 원심 및 이 법원이 적법하게 채택하여 조사한 증거에 비추어 살펴보면, 원심이 그 판결 이유에서 특정범죄가중처벌등에관한법률위반(면담강요등)죄에서 말하는 '위력'을 사람의 자유의사를 제압하기에 족한 세력에서 나아가 사람의 자유의사를 혼란케 할 만한 일체의 세력도 포함하는 것으로 설시한 것은 '위력'의 범위를 오해한 점은 있으나, 원심 및 이 법원이 인정한 다음과 같은 사실 및 사정들, 즉 ① 피고인은 피해자의 지휘관으로서 서로의 계급·지위 차이로 인하여 피고인이 피해자에게 미칠 수 있는 영향력이 상당한 점, ② 피고인은 피해자에 대한 성폭력

사건에 대하여 면담을 한 후 같은 날 세 차례에 걸쳐 피해자에게 전화하여 이 부분 공소사실 기재와 같이 피해자에 대한 성폭력 사건을 아무것도 아닌 것으로 빨리 마무리하는 것이 피해자, 부대 및 가해자 입장에서도 좋지 않겠느냐는 취지의 발언을 한 점, ③ 피고인은 조금 더 생각할 시간을 달라는 피해자에게 "누가 확인 나오면 장난인데 애들이 그냥 오버한 것 같다, 그 정도만 이야기하면 끝나는 것 아니야", "너는 성적 수치심도 안 느꼈고 아무것도 아니다. 그런데 나(피고인)는 그것을 식별했으니 확인하는 과정에서 그렇게 해서 장난으로 한 거다, 아무렇게도 생각 안 한다. 이렇게 이야기를 하고"라고 말하여 피해자의 의사를 확인하는 것을 넘어서 특정한 행위를 하도록 유도하는 취지의 발언을 한 점, ④ 피고인은 피해자에게 "(연대장에게 보고하면서) 피해자가 처벌을 원하지 않는 것 같다. 수치심을 느끼지 않는다까지만 이야기를 했다"고 말하고, "사단 인사참모의 의견은 본인이 성적 수치심을 안 느꼈다면 문제될 게 하나도 없다는 거야", "너의 입장에서는 너의 밀리터리 커리어만 생각해, 어느 쪽이 너한테 도움이 될 것이냐"라고 말하는 등 피해자로 하여금 성추행 사건을 수사기관의 조사를 거쳐 정상적으로 처리하는 것보다 성적 수치심과 처벌의사가 없다고 말하여 사건을 빨리 마무리하는 것이 피해자의 군 경력에 좋을 것이라는 취지의 발언을 한 점 등 피고인과 피해자의 지위, 범행의 일시·장소, 범행의 동기, 목적, 행위 태양을 종합하여 보면, 피고인은 대대장이라는 자신의 사회적 지위를 이용하여 피해자의 자유의사를 제압하기에 족한 세력을 행사하였고, 피고인에게 이에 대한 인식과 의사가 있었다고 판단되는바, 이와 결론을 같이 하여 유죄를 선고한 원심의 판단은 결과적으로 정당하고 판결의 결과에 영향을 미친 위법이 없다.

따라서 피고인의 위 주장은 이유 없다.

나. 피고인에게 정당한 사유가 존재하는지 여부

피고인의 이 부분 주장에 관하여 원심은, 국방부 군인·군무원 징계업무처리 훈령 제4조의5 제4항은 성폭력 등 사건은 사단급 이상 부대에서 처리하도록 규정하고 있는 점, 같은 훈령 제7조는 대대장은 장교에 대한 징계권이 없음을 규정하고 있는 점, 육군규정 941 사고 예방 및 처리 규정 제85조는 성폭력 발생 시 해당부대의 장은 군 수사기관 또는 처리부서로 하여금 그 사실에 관한 조사를 하도록 하고, 그 결과에 따라 적절한 조치를 하여야 한다고 규정하면서 위 규정에 의한 조사 외 별도의 지휘 및 참모계선 등을 통한 중복조사 및 확인을 금지한다고 규정하고 있는 점 등에 비추어 볼 때, 피고인이 피해자로부터 성폭력 사건을 보고받고 상관에게 보고하거나 군 수사기관에 수사를 의뢰하는 것에서 더 나아가 피해자에게 성적 수치심 여부나 처벌의사 유무에 대하여 묻는 것이 지휘 권한의 범위 내에 있다고 볼 수 없다고 판단하였다. 원심의 판단을 기록과 면밀히 대조하여 살펴보면 이는 정당한 것으로 수긍할 수 있고, 특히 앞서 제2의 가. 3)항에서 살펴본 사실 및 사정들을 보태어 보면, 원심 판결에 피고인의 주장과 같은 사실오인 내지 법리오해의 위법이 있다고 볼 수 없다.

따라서 피고인의 위 주장은 이유 없다.

다. 피해자 진술의 신빙성 여부

(생략)

3. 군검사의 법리오해 주장에 대한 판단

가. 허위보고의 점[7)]

1) 죄형법정주의는 국가형벌권의 자의적인 행사로부터 개인의 자유와 권리를 보호하기 위하여 범죄와 형벌을 법률로 정할 것을 요구한다. 그러한 취지에 비추어 보면 형벌법규의 해석은 엄격하여야 하고, 명문의 형벌법규의 의미를 피고인에게 불리한 방향으로 지나치게 확장해석하거나 유추해석하는 것은 죄형법정주의의 원칙에 어긋나는 것으로서 허용되지 아니한다(대법원 2017. 11. 14. 선고 2017도13421 판결 등 참조).

군형법 제38조 제1항은 "군사에 관하여 거짓 명령, 통보 또는 보고를 한 사람은 다음 각 호의 구분에 따라 처벌한다."라고 규정하고 있고, 같은 조 제2항은 "군사에 관한 명령, 통보 또는 보고를 할 의무가 있는 사람이 제1항의 죄를 범한 경우에는 제1항 각 호에서 정한 형의 2분의 1까지 가중한다."라고 규정하고 있으며, 여기서 '거짓 보고'라 함은 지휘감독을 받는 자가 지휘감독을 하는 자에게 인지한 사실과는 다른 내용을 전달하는 것을 말한다고 보아야 한다.

2) 원심은 피고인이 찜질방 사건을 보고하지 않은 사실만으로는 성범죄 사건이 발생한 장소, 행위태양, 횟수에 관해 거짓으로 보고하였다는 점을 인정하기에는 부족하

---

7) 허위보고의 점에 대한 공소사실의 요지

피고인은 대대장으로서 군인의 지위 및 복무에 관한 기본법 제43조에 따라 자신이 알게 된 성범죄 등의 범행을 상관에게 보고할 의무가 있는 자이다. 피고인은 2018. 4. 27. 13:00경 여단장실에서, 같은 날 08:30경 B로부터 C가 찜질방에서 B의 귀를 만지고('찜질방 사건'), 행정반에서 B의 귀를 잡아당긴 사실('행정반 사건')을 보고받아 알고 있음에도 불구하고, 여단장 대령 P에게 "C가 행정반에서 B의 귓불을 잡아당겼다"라고만 보고하고, 행정반 사건에 비해 죄질이 중하고 성적인 요소가 강한 찜질방 사건에 대해서는 고의적으로 보고를 하지 않아, 자신이 보고 받은 성범죄 사건의 장소, 행위태양, 횟수에 관해 아는 그대로 보고하지 않고 허위로 보고함으로써 성범죄에 있어 본질적인 요소들을 은폐하여 수사기관의 공정한 처리를 어렵게 하였다. 이로써 피고인은 소속대 병력의 성범죄 사건에 대해 허위로 보고함으로써 병력관리와 관련한 군사에 관하여 거짓 보고를 하였다.

고, 달리 거짓 보고를 인정할 만한 증거가 없다고 판단하였다.

3) 앞서 본 법리에 비추어 보면, 군형법 제38조 제1항의 '거짓 보고'의 의미를 이 사안에서와 같이 피고인이 찜질방 사건을 보고하지 않았을 뿐이고 더 나아가 마치 찜질방 사건이 없거나 다른 사건으로 오인할 수 있는 것처럼 보고하지 않은 단순한 '보고 누락'의 경우도 포함하는 것으로 해석하는 것은 형벌법규의 의미를 피고인에게 불리한 방향으로 지나치게 확장하거나 유추하여 해석하는 것으로 죄형법정주의의 원칙에 어긋나서 허용되지 않는다고 할 것이다. 따라서 원심이 위와 같은 이유로 이 부분 공소사실을 무죄로 판단한 것은 정당하고, 거기에 군형법 제38조 제1항에 관한 법리를 오해하는 등의 위법이 있다고 볼 수 없다.

따라서 군검사의 위 주장은 이유 없다.

나. E에 대한 특정범죄가중처벌등에관한법률위반(면담강요등)의 점[8]

1) 특정범죄 가중처벌 등에 관한 법률 제5조의9 제4항에서 말하는 '위력'이란 현실적으로 피해자의 자유의사가 제압될 것을 요하는 것은 아니지만, 범인의 위세, 사람 수, 주위의 상황 등에 비추어 피해자의 자유의사를 제압하기 족한 세력을 의미하는 것으로서, 위력에 해당하는지는 범행의 일시·장소, 범행의 동기, 목적, 인원수, 세력의 태양, 업무의 종류, 피해자의 지위 등 제반 사정을 고려하여 객관적으로 판단하여야 한다(대법원 1999. 5. 28. 선고 99도495 판결, 대법원 2009. 9. 10. 선고 2009도5732 판결 등 참조).

한편, 형사재판에서 공소제기된 범죄사실에 대한 증명책임은 검사에게 있는 것이고 유죄의 인정은 법관으로 하여금 합리적 의심의 여지가 없을 정도로 공소사실이 진실한 것이라는 확신을 가지게 하는 증명력을 가진 증거에 의하여야 하므로, 그와 같은 증거가 없다면 설령 피고인에게 유죄의 의심이 간다 하더라도 피고인의 이익으로 판단할 수밖에 없다(대법원 2011. 4. 28. 선고 2010도14487 판결 등 참조).

2) 원심은 그 채택한 증거에 의하여 인정되는 아래와 같은 사실 및 사정들에 비추

---

8) 2018. 4. ○. 특정범죄가중처벌등에관한법률위반(면담강요등)의 점에 대한 공소사실의 요지
피해자 중사 E는 찜질방 사건을 목격한 자이며, 피고인이 대대장으로 있는 대대 1중대에 소속된 자로서 피고인의 부하이다. 피고인은 2018. 4. ○. 01:00경 102대대장실에서 E의 숙소에서 E와 함께 음주를 하던 C에게 전화를 걸어 E를 바꾸게 한 다음, "대대장은 B 중사와 C 대위를 둘 다 살리든가, 둘 다 죽든가로 처리하겠다, 한 명은 살고 한 명은 죽고 이런 사건처리는 없다"라고 말하여(이하 '공소사실과 같은 발언'이라 한다), E가 목격한 범행사실에 대해서 진술을 하게 되면 E와 친한 친구 사이인 B도 무사할 수 없다는 암시를 주어 E를 압박하였다. 이로써 E의 상관이자 대대장인 피고인은 타인의 형사사건과 관련하여 필요한 사실을 알고 있는 자신의 부하인 E가 자신의 자발적인 의사에 따른 의사표시를 하기 어렵게 하는 압박감을 주어 위력을 행사하였다.

어 보면, 피고인이 피해자 E에게 위력을 행사하였다고 인정하기 어렵고, 달리 군검사가 제출한 증거들만으로는 이 부분 공소사실을 인정할 증거가 없다고 판단하였다.

① 피고인은 피해자 E와 통화하기 전인 2018. 4. ○. 21:58경 C로부터 "자신의 행동(귀를 잡아당긴 것)으로 중사 B가 성적 수치심을 느꼈다고 한다면 저도 중사 B의 신체 접촉으로 성적 수치심을 느꼈다고 말할 수밖에 없습니다. 양성평등상담관에게 정식으로 상담받고 싶습니다."는 취지의 말을 듣고 C에게[9] 이 부분 공소사실과 같은 발언을 하였다는 점이 인정된다.

② 피해자 E는 피고인이 자신에게 공소사실과 같은 발언을 한 이유에 대하여 "제가 B 중사와 C 대위 중간에 서서 일을 해결할 수 있도록 도와주라는 취지로 그런 이야기를 돌려한 것이라는 생각이 들었다."는 취지로 진술하고, "강압적으로 한 것은 없었다."는 취지로 진술한다.

③ 피해자 E는 B와 C 모두와 친분이 있는 자로, 피고인과 통화하기 전·후에 자신의 숙소에서 C와 함께 술을 마시면서 C로부터 B와의 합의를 위하여 B를 만날 수 있도록 도와달라는 부탁을 받았다. 이에 피해자 E는 B에게 연락하여 C의 의사를 전하고, 2008. 4. ○. 14:00경 B와 C가 한데 모일 수 있도록 하였다. 그 자리에서 C가 B에게 찜질방 사건을 제외한 비위사실에 대하여 사과하고, B는 중대 부사관들에게 해를 끼치지 않는 조건으로 C에 대한 처벌을 원하지 않는다는 의사를 밝혔다. 피해자 E는 찜질방 사건에 대하여는, 당시 B가 C에게 찜질방 사건에 대하여 이야기하였으나 C가 얼버무려 그냥 넘어갔다는 취지로 진술한다.

3) 원심의 판단을 앞서 본 법리에 비추어 보면 이는 정당한 것으로 수긍할 수 있고, 거기에 특정범죄 가중처벌 등에 관한 법률 제5조의9 제4항에 관한 법리를 오해하는 등의 위법이 있다고 볼 수 없다.

따라서 군검사의 위 주장은 이유 없다.

4. 군검사의 양형부당 주장에 대한 판단

(생략)

5. 결론

따라서 피고인과 군검사의 항소는 모두 이유 없으므로 군사법원법 제430조 제1항

---

9) 필자 주: 원 판결문에는 'C에게'라고 기재되어 있으나, 'E에게'의 오기인 것으로 보인다.

에 따라 이를 기각하기로 하여 주문과 같이 판결한다.

요약정리 [사안의 쟁점과 판결의 요지]

고등군사법원 2019. 6. 20. 선고 2019노6 판결 [특정범죄가중처벌등에관한법률위반(면담강요등), 허위보고]

이 사건에서의 성폭력범죄 피해자 B에 대한 특정범죄가중처벌등에관한법률위반(면담강요등)의 공소사실의 요지는 피고인은 ○여단 ○대대 대대장, 피해자 중사 B는 같은 대대 1중대 부사관이었는데, 같은 대대 1중대장 C는 2018. 3. ○. ○○찜질방에서와 2018. 일자미상 소속대 행정반에서 피해자의 귀를 만졌고, 위 사실이 부대에서 문제가 된 후 피고인은 2018. 4. ○. 08:30경 소속대 대대장실에서 피해자 B에게 C가 찜질방에서 피해자의 귀를 만진 사실에 관하여 이야기하면서 "C가 귀를 만졌을 때 성적 수치심 느꼈어? 안 느꼈어?"라고 물어보고, 위 면담에 동석한 같은 대대 주임상사 D에게 "주임상사, 얘 과거에 무슨 일이 있었는지 알고 있으십니까"라고 물어보아 피해자가 과거 군 복무 중 기혼 남군과의 부적절한 관계를 이유로 전역한 뒤 재입대한 사실을 피해자에게 상기시킨 후, 이어서 피해자에게 "너는 두번째 실패자다"라고 말하는 등 부하인 피해자에게 수차례 성적 수치심 여부와 처벌의사에 대해 반복해서 물어보아 피해자가 자발적인 의사에 따른 의사표현을 하기 어렵게 하는 압박감을 주어 위력을 행사하였다는 것이다.

피고인은 위와 같은 성폭력범죄 피해자 B에 대한 특정범죄가중처벌등에관한법률위반(면담강요등), 찜질방 사건을 목격한 E에 대한 특정범죄가중처벌등에관한법률위반(면담강요등) 및 여단장에 대한 허위보고로 기소되었다.

이 사안의 쟁점은 **지휘관이 성폭력범죄 피해자로부터 성폭력 사건을 보고받고, 상관에게 보고하거나 군 수사기관에 수사를 의뢰하는 것에서 더 나아가 피해자에게 성적 수치심 여부나 처벌의사 유무에 대하여 반복하여 묻는 것이 '특정범죄가중처벌등에관한법률위반(면담강요등)죄'에 해당하는지 여부**였다.

제7군단 보통군사법원 2018. 12. 12. 선고 2018고58 판결은 ① 이 사건 공소사실 중 찜질방 사건을 목격한 E에 대한 특정범죄가중처벌등에관한법률위반(면담강요등)의 점과 여단장에 대한 허위보고의 점에 대한 공소사실에 대하여는 무죄로 판단하고, ② 피해자

B에 대한 특정범죄가중처벌등에관한법률위반(면담강요등)의 점에 대하여는 피고인이 대대장으로서의 지위를 이용하여 성폭력 사건의 피해자인 부하에게 피해자의 과거 사실을 언급하고, 성적 수치심을 느꼈는지 여부와 처벌의사 유무에 대하여 명확히 하라는 취지의 말을 반복함으로써 피해자의 자유의사를 혼란케 할 만한 위력을 행사한 사실을 인정할 수 있고, 피고인에게 이에 대한 인식과 의사도 있었다는 이유로 유죄로 인정하여 벌금 300만 원을 선고하였고, 고등군사법원 2019. 6. 20. 선고 2019노6 판결은 군검사와 피고인의 항소를 모두 기각하였다.

☞ 지휘관이 지휘하는 부대에서 성폭력범죄가 발생하는 경우 지휘관들은 부대에 미치는 파장을 줄이고 부대를 안정시킬 방안을 강구해 보려는 고민을 하게 된다. 그러나 그러한 정당한 목적을 위해서 하는 지휘관의 행위조차도 그 수단과 방법이 적법하지 않으면 오히려 지휘관이 형사처벌, 징계 또는 보직해임 등의 불이익을 당하게 되므로, 지휘관은 인권 감수성을 유념하고 군인복무기본법 등 관련 법령을 숙지한 상태에서 적법한 수단과 방법에 따라 필요한 조치를 하여야 한다.

특히 지휘관이 성폭력범죄 피해자로부터 성폭력 사건을 보고받고 상관에게 보고하거나 군 수사기관에 수사를 의뢰하는 것에서 더 나아가 피해자에게 성적 수치심 여부나 처벌의사 유무에 대하여 불필요하게 묻는 것은 지휘관의 지휘권 범위 내에 있다고 볼 수 없어 오히려 지휘관이 이 사안과 같이 특정범죄가중처벌등에관한법률위반(면담강요등)죄 등으로 형사처벌되거나 징계, 보직해임 등의 불이익을 받을 수 있다.

판례 8 '불륜관계'를 은폐하기 위해 성폭력을 당했다고 성고충상담관에게 신고한 것이 무고죄의 '무고'에 해당하는지 여부

대전지방법원 2020. 9. 10. 선고 2020노354 판결 [모해위증, 무고]

[1심판결] 대전지방법원 논산지원 2020. 1. 21. 선고 2018고단305 판결 [모해위증, 무고]

I. 사건의 경위

가. 사건의 발단

대령 A는 2014. ○경부터 2015. ○경까지 육군 ○사단 ○여단 여단장으로 근무하였는데, A는 법률상 배우자가 있는 자인데도 여단 직할부대에 근무하는 여군 하사 B와 3개월이 넘는 기간 동안 불륜관계를 지속하였고, 근무시간 중에 자신의 집무실에서 B와 부적절한 신체접촉을 하였을 뿐만 아니라 지휘관에게 즉시 출동의 편의를 위해 제공된 관사에서 B와 성관계를 맺기까지 하였다.

한편 같은 부대의 여군 하사 C와 소령 D도 불륜관계였는데, C의 남자친구 F는 C가 소령 D로부터 성폭력을 당한 것으로 오해하여 군수사기관에 신고를 하였다. 이에 조사가 진행되던 중, C가 자신의 불륜관계를 은폐하기 위해 한 진술 중에 B도 여단장 A로부터 성폭력을 당했다는 내용이 있어 여단장 A에 대한 수사가 개시되자, B도 자신이 여단장 A로부터 성폭력을 당한 것이라고 주장하였고, 이로 인해 국회와 언론에서 큰 관심을 가지게 되었다.

나. A와 D에 대한 군사재판

대령 A와 소령 D는 성폭력 혐의 등으로 기소되어 군사재판이 진행되었는데, 군사재판 결과 B가 대령 A로부터, C가 소령 D로부터 성폭력을 당한 것이 아니라 A와 B, C와 D는 각각 불륜관계였다는 사실이 밝혀져 A와 D는 무죄를 선고받았고,[10] 이

10) 1심: 육군본부 보통군사법원 2015. 6. 10. 선고 2015고3, 5(병합) 판결 [군인등준강간미수, 피감독자간음, 성폭력행위의처벌등에관한특례법위반(업무상위력등에의한추행)]

후 대법원에서 A와 D에 대한 무죄판결이 확정되었다.

다. A에 대한 징계 및 행정소송(D에 대한 징계 관련 내용은 생략)

한편 육군참모총장은 육군본부 중앙징계위원회의 징계의결을 거쳐 2015. 10.경 여단장 A에 대하여 A가 품위유지의무를 위반(성군기위반)하였다는 이유로 파면처분을 하였고, 국방부 항고심사위원회에서 2016. 2.경 A에 대한 파면이 해임으로 감경되었으나, A는 해임의 취소를 구하는 소를 제기하였다.

여단장 A에 대한 행정소송 **1심(대전지방법원 2017. 1. 25. 선고 2016구합102084 판결)**은 여단장으로 근무하던 A가 예하 통신대 ○○반장으로 근무하던 부하 군인인 부사관 B와 불륜관계를 맺은 비위 사실은 인정되지만, A가 지휘관으로서의 지위나 위력을 이용하여 B와 성관계를 한 것이 아니라 A와 B는 불륜관계였던 것으로 보이며, A의 배우자가 처벌을 불원하고 있으며, 여단장 A와 불륜관계였던 B는 아무런 징계도 받지 않았다는 등의 이유를 들어 A에 대한 해임처분이 징계재량권을 일탈·남용한 것으로서 위법하다고 판단하여 해임을 취소하였고, 여단장 A에 대한 행정소송의 **항소심(대전고등법원 2017. 6. 29. 선고 2017누10614 판결)**도 1심판결을 유지하여 피고(육군참모총장)의 항소를 기각하였다.

그런데 여단장 A에 대한 행정소송의 **상고심(대법원 2018. 5. 15. 선고 2017두54012 판결)**은 여단장 A는 자신의 부하 군인과 불륜관계를 가짐으로써 지휘체계를 무너뜨리고 지휘관으로서의 임무를 위반하였고, 대령 A가 지휘하는 부대 내 다른 군인들이 지휘관의 불륜관계를 알게 됨으로써 통솔부대의 군기가 심각하게 무너졌다고 보이므로, 육군참모총장이 여단장 대령 A에 대해서 한 징계(해임)처분이 사회통념상 현저하게 타당성을 잃어 징계권자에게 맡겨진 재량권을 일탈하였거나 남용한 것이라고 볼 수 없다는 이유로 A에 대한 징계(해임)은 정당하다고 판단하였다. 결국 여단장 대령 A는 해임이라는 중징계를 받고 불명예스럽게 전역하였다.

라. B와 C의 무고와 모해위증 혐의에 관한 형사재판

한편 대령 A와 소령 D에 대한 군사재판을 통해 이 사안이 성폭력 사건이 아니

항소심: 고등군사법원 2015. 9. 15. 선고 2015노238 판결 [군인등준강간미수, 피감독자간음, 성폭력행위의처벌등에관한특례법위반(업무상위력등에의한추행)]

라 불륜 사건이었다는 사실이 밝혀지고 나서, B와 C는 무고죄와 모해위증죄로 형사 입건되어 형사재판을 받게 되었는데, B와 C가 전역을 하여 형사재판은 민간법원에서 진행되었다.

C의 모해위증, 무고 공소사실에 관한 민간법원의 형사재판의 쟁점은 **성고충상담관에게 자신의 불륜관계를 성폭력범죄로 신고한 것이 무고에 해당하는지 여부**였다.

대전지방법원 2020. 9. 10. 선고 2020노354 판결은 ① 수사기관이나 감찰기관이 아닌 성고충상담관도 무고죄 신고의 상대방에 해당하고, ② 이 사건에서 피고인 C는 성고충상담관 중령 E에게, 자신이 D에 의해 강제로 성관계를 당했다고 말하면서 성적인 부분을 강조한 후 B도 같은 처지에 있으니 구제해 달라고 신고하였는데 피고인 C는 B로부터 성폭력 피해를 당하고 있다는 말을 들은 적이 없었기 때문에 위 신고 내용이 진실하다는 확신이 없었으므로 미필적이나마 무고의 고의가 있었다고 인정할 수 있으며, ③ 피고인 C가 2015. 1.경 성고충상담관 중령 E에게 먼저 면담을 요청해 면담이 이루어졌고, 이때까지만 해도 B와 A 사이의 일은 전혀 밝혀지지 않은 상태였기 때문에 성고충상담관 중령 E가 피고인 C에게 B에 대해서는 물어보지도 않았는데도 피고인 C는 자신이 D로부터 성폭력 피해를 당했다고 진술하면서 갑자기 B도 비슷한 피해를 당하고 있다는 취지로 말한 사정 등을 고려하면 피고인 C의 신고는 자발적인 신고로 보아야 한다는 이유로 모해위증과 무고의 공소사실을 유죄로 인정하여 피고인에게 징역 1년 6월을 선고하였고, 피고인의 상고취하로 판결이 확정되었다.

II. 판결 읽어보기 [판결 중요부분 발췌(요약)] : 대전지방법원 2020. 9. 10. 선고 2020노354 판결[11]

1. 항소이유의 요지(사실오인 및 법리오해)

(생략)

11) 2020. 10. 6. C의 상고취하로 판결이 확정되었다.

2. 직권판단

(생략)

3. A에 대한 무고 및 모해위증과 관련된 주장에 관한 판단

가. 성고충상담관은 무고죄 신고의 상대방이 아니라는 주장

1) 관련 법리

무고죄에서 허위신고의 상대방인 '공무소 또는 공무원'이란, 징계처분에 있어서는 징계권자 또는 징계권의 발동을 촉구할 수 있는 직권을 가진 자와 그 감독기관 또는 소속 구성원을 말한다(대법원 2010. 11. 25. 선고 2010도10202 판결 등 참조). 또한 무고죄에 있어서 공무소 또는 공무원에 대한 신고는 반드시 징계처분 또는 형사처분을 심사 결행할 직권이 있는 직속상관에게 직접 할 것을 필요로 하는 것이 아니고 지휘 명령계통이나 수사관할 이첩을 통하여 그런 권한 있는 상관에게 도달함으로써 성립한다(대법원 1973. 1. 16. 선고 72도1136 판결 참조).

2) 판단

위 법리를 토대로 하여 살피건대, ① 부대의 성고충상담관은 부대원이 겪는 성희롱, 성폭력, 성차별 등 성 관련 고충을 상담하고 부대장에게 필요한 조치를 요청할 수 있는 직책인 점, ② 군인의 지위 및 복무에 관한 기본법 제43조 제1항에 "군인은 병영생활에서 다른 군인이 성추행 및 성폭력 행위를 한 사실을 알게 된 경우 즉시 상관에게 보고하거나 군인권보호관 또는 군 수사기관 등에 신고하여야 한다"라고 규정되어 있는 점, ③ 이 사건에서도 피고인 C가 성고충상담관인 중령 E와 상담을 하며 'B가 여단장 A로부터 성적 피해를 입고 있으니 도와달라'는 취지로 신고해 E가 곧바로 징계권자인 사단장에게 보고했고, 이후 A에 대한 수사 및 징계절차가 개시된 점 등에 비추어 보면, 성고충상담관인 중령 E도 무고죄에서 허위신고의 상대방인 '공무소 또는 공무원'에 포함된다고 봄이 타당하다. 피고인 C의 위 주장은 이유 없다.

나. 무고의 고의가 없었다는 주장

1) 관련 법리

무고죄에 있어서 허위사실 적시의 정도는 수사관서 또는 감독관서에 대하여 수사권 또는 징계권의 발동을 촉구하는 정도의 것이면 충분하고 반드시 범죄구성요건 사실이나 징계요건 사실을 구체적으로 명시하여야 하는 것은 아니다. 또한 무고죄에 있어서의 범의는 반드시 확정적 고의임을 요하지 아니하고 미필적 고의로서도 족하다. 따라서 무고죄는 신고자가 진실하다는 확신 없는 사실을 신고함으로써 성립하고 그

신고사실이 허위라는 것을 확신함을 필요로 하지 않는다(대법원 2006. 5. 25. 선고 2005도4642 판결 등 참조).

2) 판단

위 법리를 토대로 하여 살피건대, 원심 및 당심이 적법하게 채택하여 조사한 증거에 의해 인정되는 다음 사정들을 종합하면, 피고인 C가 적어도 미필적으로나마 무고의 고의를 가지고 허위사실을 신고했다고 인정할 수 있다. 피고인 C의 위 주장도 받아들일 수 없다.

① B는 수사기관 및 법정에서 여러 차례에 걸쳐 '피고인 C에게 여단장 A가 자주 불러서 스트레스를 받고 있다고 말한 사실은 있지만, 강제추행 등 성적인 피해를 당했다는 말을 한 사실이 없다'라고 명확히 진술하였다.

② 피고인 C의 신고로 성고충상담관 중령 E가 곧바로 B와 면담을 진행했는데, B는 여단장 A로부터 성추행 등 성적인 피해를 당한 사실이 없다는 취지로 진술했다. 그리고 B는 2017. 10. ○. 이 사건으로 참고인 조사를 받으면서 위 상황에 대하여 '피고인 C에게 여단장 A로부터 성적인 피해를 당하고 있다는 말을 한 사실이 없는데 걔가 어떻게 그렇게 얘기를 했지라는 생각이 들었고 당황스러웠다'라는 취지로 진술하였다.

③ 피고인 C는 2015. 1. ○. 성고충상담관 중령 E에게 B가 여단장 A로부터 성적 피해를 당하고 있다는 취지로 신고했는데, 그 직전인 2015. 1. ○.에는 B에게 "내일 여단장님 ○○역 가시는데 같이 가서 대게칼국수 먹자 아침에"라는 카카오톡 메시지를 보낸 사실이 있다. 만일 B가 피고인 C에게 여단장 A로부터 성적 피해를 당하고 있다는 말을 한 사실이 있었다면, 피고인 C는 최대한 B와 여단장 A가 마주치지 않도록 하기 위해 노력했을 것으로 보이고, 굳이 여단장이 먼저 부르지도 않은 상황에서 B에게 여단장과 함께 밥을 먹으러 가자고 했을 것으로는 보이지 않는다. 또한 피고인 C가 신고하기 직전까지 B와 나눈 카카오톡 대화 내용을 보아도 서로 여단장 A에 대한 대화를 별다른 거리낌 없이 하는 모습이 확인될 뿐, B가 여단장 A로 인한 성적 피해를 토로했다고 볼 만한 내용은 찾을 수 없다.

④ 이 사건에서 피고인 C는 성고충상담관 중령 E에게, 자신이 ○○과장에 의해 끌려다니며 강제로 성관계를 당했다고 말하면서 성적인 부분을 강조한 후 B도 같은 처지에 있으니 구제해 달라고 신고하였다. 그런데 앞에서 본 것처럼 피고인 C는 B로부터 성적 피해를 당하고 있다는 말을 들은 적이 없었기 때문에 위 신고 내용이 진실하다는 확신이 없었다고 보아야 한다. 피고인 C가 진실하다는 확신이 없는 사실을

신고한 이상, 미필적이나마 무고의 고의가 있었다고 인정할 수 있다.

다. 자발적으로 신고한 것이 아니라는 주장

1) 관련 법리

무고죄에 있어서의 신고는 자발적인 것이어야 하고 수사기관 등의 추문에 대하여 허위의 진술을 하는 것은 무고죄를 구성하지 않지만, 수사기관에서의 진술이라 하더라도 진술자가 자발적으로 한 것일 경우에는 무고죄가 성립될 수 있다. 그리고 그 진술이 자발적인 것인지 여부는 수사기관의 질문과 진술자의 답변 형식 및 내용, 그와 같은 질문과 답변이 나온 전후 맥락 등을 종합하여 판단하여야 한다(대법원 2006. 11. 9. 선고 2005도1717 판결 등 참조).

2) 판단

원심 및 당심이 적법하게 채택하여 조사한 증거에 의해 인정되는 다음 사정들을 종합하면, 피고인 C가 수사기관에 자발적으로 신고한 사실도 인정된다. 피고인 C의 위 주장도 받아들이지 않는다.

① 피고인 C가 2015. 1. ○. 성고충상담관 중령 E에게 먼저 면담을 요청해 면담이 이루어졌고, 이때까지만 해도 B와 A 사이의 일은 전혀 밝혀지지 않은 상태였기 때문에 E가 피고인 C에게 B에 대해서는 물어보지도 않았다. 그런데 피고인 C는 자신이 D로부터 성적 피해를 당했다고 진술하면서 갑자기 B도 비슷한 피해를 당하고 있다는 취지로 말했다. 즉, E가 B에 관해 아무런 언급도 하지 않은 상황에서 피고인 C가 먼저 위 진술을 시작하였다.

② 피고인 C가 위와 같은 진술을 하게 된 전후 맥락을 살펴보아도 피고인 C가 자발적으로 진술을 했다고 보일 뿐, 수사기관 등의 추문에 대하여 소극적으로 답변한 것으로는 보이지 않는다.

③ 피고인 C는 D로부터 성적 피해를 받았다는 본인 진술의 신빙성을 높이기 위한 목적으로 B와 A에 관한 진술을 했던 측면도 있다는 취지로 진술하였다.

라. 기억에 반하는 사실을 증언하지 않았다는 주장

앞에서 본 것처럼 피고인 C는 B로부터 들은 적이 없는 허위사실을 신고하였고, A에 대한 형사사건 법정에서 같은 취지의 증언을 하였다(피고인 C는 항소이유에서 'A가 구속된 후에야 B로부터 위력에 의해 간음을 당했다는 말을 들어 이를 그대로 증언했을 뿐, A가 구속되기 전에는 이러한 진술을 한 사실이 없다'는 점을 강조하나, 피고인 C가 들고 있는 위 증언 부분은 이 사건 공소사실에 포함되어 있지 않다).

원심 및 당심이 적법하게 채택하여 조사한 증거들을 다시 면밀히 살펴본 결과, 피고인 C가 이 사건 공소사실 기재와 같이 자신의 기억에 반하는 허위의 진술을 한 사실이 충분히 인정되므로, 피고인 C의 위 주장도 받아들일 수 없다.

4. D에 대한 무고 및 모해위증과 관련된 주장에 관한 판단

가. 원심의 판단

피고인 C는 원심에서도 이 부분 항소이유와 동일한 취지의 주장을 하였고, 원심은 다음과 같은 사정을 들어 피고인 C의 주장을 전부 배척하고 이 부분 공소사실이 합리적 의심의 여지 없이 증명되었다고 판단하였다.

① D가 피고인 C의 직속상관으로서 평정권자임을 감안하더라도, 피고인 C의 카카오톡 대화 내용상 피고인 C가 D로부터 강제추행 내지 강간을 당하였다고 주장하는 2014. 12.~2015. 1.경 사이에 D에게 그러한 사실에 대한 문제제기를 하거나 타인에게 고민을 상담하는 등의 내용이 전혀 없다. 또한 피고인 C가 이 사건이 형사문제화 된 2015. 1. 15. 이전에 가족이나 지인들에게 그러한 내용을 말한 사실도 전혀 없다(피고인 C는 남자친구였던 F에 의해 이 사건이 형사문제화 되고 나서야 B에게 고민을 상담하였을 뿐이다).

② 2015. 1. ○. 이후 B와의 카카오톡 대화에서도 D에 대한 강한 처벌이나 적개심보다는 미안함이나 걱정을 토로하는 모습이 확인된다.

③ F가 2015. 1. ○. 피고인 C에게 2015. 1. ○. D의 숙소에 갔던 일에 대하여 추궁하자, 피고인 C는 당시 D로부터 추행을 당했다는 취지로 진술하였다. 이에 F의 신고로 헌병대의 조사가 진행되었고, 피고인 C와 D는 2015. 1. ○. 조사를 받으며 2015. 1. ○.자 강제추행건에 대하여만 진술하였다(수사관이 피고인 C에게 다른 피해는 없었냐고 몇 차례 물어보았으나, 피고인 C는 계속해서 위 강제추행 외에 다른 피해는 전혀 없었다고 진술했다). 그런데 D가 2015. 1. ○.자 조사에서 피고인 C와의 성관계에 대하여 전부 진술하였고, 그제서야 피고인 C는 D로부터 수차례 강간을 당했다고 밝혔다.

④ 피고인 C는 2014. 12. ○. D의 관사에서 잠을 잔 후 D가 2014. 12. ○. 퇴근할 때까지 위 관사에 머무르면서 청소를 하거나 반찬을 만들었고, 그 사진을 카카오톡으로 D에게 보내기도 하였다.

⑤ 2015. 1. ○. 촬영된 관사 CCTV에 의하면, 피고인 C가 엘리베이터 앞에서 D와 자연스럽게 키스를 하는 등 강제추행 내지 강간 피해를 입은 사람의 행동으로 보기 어려운 모습이 확인된다.

⑥ 피고인 C가 2015. 1. ○. 성관계 내지 추행을 당했다고 하면서도 다시 2015. 1.

○. D와 함께 관사로 돌아가 성관계를 가졌는바, 강간 내지 성추행을 당한 피해자의 행동으로는 쉽게 납득하기 어렵다(D가 2015. 1. ○. 06:00경 피고인 C를 F의 외가에서 태워 피고인 C의 관사로 함께 복귀하는데, 그 과정에서 피고인 C는 D와는 서로 축구 얘기 등을 자연스럽게 나누고 남자친구인 F와는 신경질적으로 통화를 하였다. 이는 피해자가 자신을 강간한 사람과 함께 있을 때의 대화로 보기 어렵다).

⑦ F는 2015. 1. ○. 피고인 C가 D와 함께 사라지자 계속 전화를 했는데, 피고인 C가 그 수신을 거부하였다. 이후 한 번 통화가 이루어졌으나 피고인 C는 구조요청을 하지는 않고 '왜, 뭐, 알아서 뭐하게'라는 식의 딱딱한 말투로 이야기를 하다가 전화를 끊어버렸다.

⑧ 피고인 C는 2014. 12. ○. G에게 D가 간음을 하려고 했음을 말했다고 주장하나, G가 원심 법정에서 한 진술은 피고인 C의 진술 내용과 다르다.

⑨ D가 2015. 1. ○. 헌병대에서의 최초 진술시에는 2015. 1. ○.자 강제추행에 대하여만 언급했으나, 이후 군 수사기관 및 원심 법정에 이르기까지 일관되게 피고인 C와 합의에 의한 성관계를 가졌을 뿐이라고 진술하였고, 피고인 C와 D 사이의 카카오톡 대화 내용 등이 이에 부합한다.

나. 당심의 판단

원심이 설시한 위 사정들과 함께 원심 및 당심이 적법하게 채택하여 조사한 증거들을 다시 면밀히 살펴본 결과, 원심의 판단은 정당한 것으로 수긍된다. 원심판결에 피고인 C가 주장하는 바와 같은 사실오인·법리오해의 위법이 있다고 할 수 없으므로, 피고인 C의 이 부분 주장도 모두 받아들이지 않는다.

5. 결론

그렇다면 원심판결에는 위와 같은 직권파기사유가 있으므로 피고인의 양형부당 주장에 대한 판단을 생략한 채 형사소송법 제364조 제2항에 따라 원심판결을 파기하고 변론을 거쳐 다시 다음과 같이 판결한다.

(이하 생략)

요약정리 [사안의 쟁점과 판결의 요지]

대전지방법원 2020. 9. 10. 선고 2020노354 판결 [모해위증, 무고]

○여단 여단장이었던 대령 A는 법률상 배우자가 있는 자인데도 여단 직할부대에 근무하는 여군 하사 B와 3개월이 넘는 기간 동안 불륜관계를 지속하였다. 한편 같은 부대의 여군 하사 C와 소령 D도 불륜관계를 맺고 있었는데 C의 남자친구 F는 C가 소령 D로부터 성폭력을 당한 것으로 오해하여 군수사기관에 신고를 하였다. 이후 조사가 진행되던 중, C가 자신의 불륜관계를 은폐하기 위해 한 진술 중에 B가 여단장 A로부터 성폭력을 당했다는 내용이 포함되어 있었고, B도 자신이 대령 A로부터 성폭력을 당했다고 주장하여 대령 A와 소령 D는 성폭력 혐의 등으로 기소되어 군사재판이 진행되었다. 그런데 군사재판 결과, B가 대령 A로부터, C가 소령 D로부터 성폭력을 당한 것이 아니라 A와 B, C와 D는 각각 불륜관계였다는 사실이 밝혀져 A와 D는 무죄를 선고받고 이후에 그 판결이 확정되었고, B와 C는 무고죄와 모해위증죄로 형사입건되어 형사재판을 받게 되었는데, B와 C가 전역을 하여 B와 C에 대한 형사재판은 민간법원에서 진행되었다.

피고인 C에 대한 형사재판의 쟁점은 **성고충상담관에게 자신의 불륜관계를 성폭력범죄로 신고한 것이 무고에 해당하는지 여부**였는데, **대전지방법원 2020. 9. 10. 선고 2020노354 판결**은 ① 수사기관이나 감찰기관이 아닌 성고충상담관도 무고죄 신고의 상대방에 해당하고, ② 이 사건에서 피고인 C는 성고충상담관 중령 E에게, 자신이 D에 의해 강제로 성관계를 당했다고 말하면서 성적인 부분을 강조한 후 B도 같은 처지에 있으니 구제해 달라고 신고하였는데 피고인 C는 B로부터 성적 피해를 당하고 있다는 말을 들은 적이 없었기 때문에 위 신고 내용이 진실하다는 확신이 없었으므로 미필적이나마 무고의 고의가 있었다고 인정할 수 있으며, ③ 피고인 C가 2015. 1.경 성고충상담관 중령 E에게 먼저 면담을 요청해 면담이 이루어졌고, 이때까지만 해도 B와 A 사이의 일은 전혀 밝혀지지 않은 상태였기 때문에 성고충상담관 중령 E가 피고인 C에게 B에 대해서는 물어보지도 않았는데도 피고인 C는 자신이 D로부터 성폭력 피해를 당했다고 진술하면서 갑자기 B도 비슷한 피해를 당하고 있다는 취지로 말한 사정 등을 고려하면 피고인 C의 신고는 자발적인 신고로 보아야 한다는 이유로 이 사건 공소사실을 유죄로 인정하여 피고인에게 징역 1년 6월을 선고하였고, 피고인의 상고취하로 판결이 확정되었다.

판례 9

수사관이 사적인 목적으로 민간인에게 질의서를 작성하여 제출하도록 요구한 경우 '직권남용권리행사방해죄'가 성립하는지 여부

고등군사법원 2017. 8. 10. 선고 2016노450 판결 [직권남용권리행사방해]

[1심판결] 육군본부 보통군사법원 2016. 11. 30. 선고 2016고15 판결

I. 사안의 개요 [공소사실의 요지 및 사건의 경과]

1. 공소사실의 요지

피고인은 2015. 2.경부터 2016. 2.경까지 육군 ○○○사령부 헌병대 수사관으로 근무하였던 자로서 군사법원법 제43조, 제44조 제1호, 육군규정 140 헌병업무규정 제59조에 따라 군사법경찰관으로서의 수사권을 가지고 있던 자이고, 피해자 B는 대구 남구에 있는 미8군 ○○지원사령부 소속 운송담당자로서 특전사 부대이전 이사용역업체로 선정된 C 업체가 실적자료로 제출한 미군부대 이사용역의 계약업무를 담당하였던 자이다.

피고인은 2015. 10.경 ○○○ 부대이전 관련 이사용역업체 선정에서 탈락한 D 업체 상무인 E로부터 업체선정간 군 관련자(부대이전 TF 소속 중령 F)와 업체 사이의 유착 및 C 업체가 제출한 실적자료에 문제가 있다는 의혹에 대한 제보를 받고 소속대 지휘관인 G에게 보고한 후 내사를 하였다.

한편 피고인은 내사 중이던 2015. 11.경 LH 위례사업본부 시설단장 H에게 의혹이 제기된 실적과 관련된 보고서를 전달하면서 업체 선정이 적정하게 이루어질 수 있도록 조치해 줄 것을 요청하였는데, 그 다음날인 11. ○.경 H로부터 "의혹이 제기된 실적은 계약증명서류로 접수되지 않았다. 우려되는 사항에 대해서는 참고해서 조치하겠다."는 답변을 받았고, 2015. 11.경 유착의혹이 제기된 부대이전 TF 소속 중령 F로부터 통화내역 등을 제출받아 검토하였으나 C 업체측과 유착의혹이 없음을 확인하고 G에게 보고하고, K 업체의 J 등에게도 통보함으로써 사실상 내사를 종결하였다.

그럼에도 불구하고 피고인은 휴가기간인 2015. 11. ○. 시간불상경 ○○○ 부대이전 관련 내사과정에서 친분을 쌓게 된 위 J로부터 "부대이전 이사용역업체로 선정된 C 업체가 제출한 이사용역 실적이 허위인 것을 입증하기 위해 필요하니 피해자 B

로부터 '부대 이전 용역 업체 선정 질의서에 대한 답변을 받아달라."는 전화부탁을 받고, 같은 날 19:00경 양주시에 있는 상호불상의 식당에서 피해자를 만나 위 질의서 양식을 제시하면서 "○○○ 헌병수사관인데 내사사건과 관련하여 필요하니 업체 선정 관련 질문에 대한 답변을 작성해달라."고 요구한 다음, 피해자가 질의서 빈칸에 답변을 작성하여 제출하자, 다음날인 2015. 11. ○. 서울 송파구에 있는 K 업체 사무실에서 J에게 이를 전달하였다.

이로써 피고인은 수사업무에 종사하는 헌병수사관으로서의 직권을 남용하여 피해자 B로 하여금 질의서에 대한 답변을 작성·제출하게 함으로써 의무 없는 일을 하도록 하였다.

2. 사건의 경과

이 사안의 쟁점은 **군수사기관 소속 수사관이 사적인 목적으로 민간인에게 질의서를 작성하여 제출해 줄 것을 요청한 경우 형법 제123조 '직권남용권리행사방해죄'가 성립하는지 여부**였다.

1심(육군본부 보통군사법원 2016. 11. 30. 선고 2016고15 판결)은 ① 피고인에게 일반적인 직무권한이 있는지에 관하여, 군사법원법 제231조 제1항이 '수사의 목적을 달성하기 위하여 필요한 조사를 할 수 있다.'고 규정하고 있는 것을 보면 조사의 대상이 군사법원의 재판권이 미치는 대상과 반드시 일치하는 것으로 볼 수는 없고, 필요한 경우 군수사기관이 민간인에 대한 조사도 할 수 있다고 보아야 하며, 그렇지 않다면 민간인이 참고인일 경우 매번 민간 수사기관에 의뢰하거나 협조하여 민간인에 대한 조사를 하여야 한다는 결과가 되어 군수사기관의 수사목적 자체를 달성할 수 없게 되는 결과가 될 것이므로, 피고인이 민간인인 B에게 질의서에 대한 답변을 하도록 한 것은 군수사기관의 일반적인 직무권한에 포함된다고 판단하였으나, ② 피해자에게 의무 없는 일을 하게 하였는지 여부에 관하여, 민간인 참고인이 헌병수사관의 수사 내지 조사에 응할 의무에 관한 법령의 규정이 없으므로 이 사건에서 피고인이 B에게 질의서에 답변을 기재해 줄 것을 요구한 것을 B에게 법률상 의무 없는 일을 하게 한 것으로는 볼 수 없다는 이유로 이 사건 공소사실에 대하여 무죄로 판단하였다.

고등군사법원 2017. 8. 10. 선고 2016노450 판결은 피해자 B가 법률적 의무가 아닌 단순한 심리적 의무감 또는 도덕적 의무감에서 위 질의서를 작성한 것으로 판단하고, 1심판결을 유지하여 군검사의 항소를 기각하였다.

II. 판결 읽어보기 [판결 중요부분 발췌(요약)] : 고등군사법원 2017. 8. 10. 선고 2016노450 판결

1. 항소이유의 요지(법리오해)

(생략)

2. 원심의 판단

(생략)

3. 당심의 판단

가. 직권남용죄의 "직권남용"이란 공무원이 그의 일반적 권한에 속하는 사항에 관하여 그것을 불법적으로 행사하는 것, 즉 형식적, 외형적으로는 직무집행으로 보이나 그 실질은 정당한 권한 이외의 행위를 하는 경우를 의미하고, 따라서 직권남용은 공무원이 그의 일반적 권한에 속하지 않는 행위를 하는 경우인 지위를 이용한 불법행위와는 구별되며, 또 직권남용죄에서 말하는 "의무"란 법률상의 의무를 가리키고, 단순한 심리적 의무감 또는 도덕적 의무는 이에 해당하지 아니한다(대법원 1991. 12. 27. 선고 90도2800 판결, 대법원 2009. 1. 30. 선고 2008도6950 판결 등 참조).

나. 살피건대, 원심에서 적법하게 채택하여 조사한 증거들에 의하여 인정되는 다음의 사실 내지 사정들을 종합하여 보면, 피해자의 행위가 단순한 심리적 의무감 또는 도덕적 의무감에서 비롯된 것이 아니라 '법률상 의무'에 기인한 것이라는 점에 관하여 합리적인 의심의 여지 없이 충분히 증명되었다고 보기 어렵고 달리 이를 인정할 증거가 없다. 따라서 원심의 사실인정 및 판단은 그 설시에 다소 부적절한 부분이 있기는 하나 그 결론에 있어서는 정당한 것으로 수긍할 수 있으므로, 군검사가 주장하는 것과 같은 법리오해의 잘못은 없어 군검사의 주장은 이유 없다.

① 피고인은 2015. 11. ○. 피해자로부터 이 사건 질의서를 작성받기 위하여 서울에서 양주까지 찾아갔고, 지인들과 함께 식사 중이던 식당에서 피해자로부터 질의서를 작성받았으며, 피해자가 질의서를 작성하기까지 걸린 시간도 약 10분 정도에 불과

하였다.

② 피해자가 작성한 진술서의 기재에 의하면, 피고인은 피해자에게 위 질의서를 요구한 것이라기보다는 부탁을 하였고, 질의서를 작성하는 과정에서도 피고인이 강압적인 언행을 하거나 강요을 한 것은 전혀 없었다.

③ 피고인이 피해자에게 작성을 부탁한 서류의 제목은 '부대 이전 용역 업체 선정 관련 질의서'이고, 그 질의 항목도 인적사항 기재 및 서명란을 제외하면 9개에 불과하며, 질문 내용도 대부분 개방적인 질문에 불과한바, 이는 수사기관이 수사상 필요에 의하여 작성하는 진술조서 내지 진술서로 보이지 아니한다.

④ 게다가 피해자는 9개의 질문 중 5개의 항목에 대한 답변 칸을 공란으로 두거나, '알 수 없음', '모름'으로 기재하였고, 나머지 질문에 대하여도 두 줄 이내의 단답형 형식으로 상당히 간략히 작성하였는바, 이러한 점에 비추어 당시 피해자는 법률적 의무감을 느끼지 않은 상태에서 위 질의서를 작성한 것으로 판단된다.

4. 결론

그렇다면, 군검사의 항소는 이유 없으므로 군사법원법 제430조 제1항에 의하여 이를 기각하기로 하여 주문과 같이 판결한다.

요약정리 [사안의 쟁점과 판결의 요지]

고등군사법원 2017. 8. 10. 선고 2016노450 판결 [직권남용권리행사방해]

이 사안의 쟁점은 **군수사기관 소속 수사관이 사적인 목적으로 민간인에게 질의서를 작성하여 제출해 줄 것을 요청한 경우 형법 제123조 '직권남용권리행사방해죄'가 성립하는지 여부**였는데, 아래 설명과 같은 법리적 이유로 이 사건 피고인에게는 무죄가 선고되었다.

☞ **'직권남용'**이라는 용어는 일상생활 속에서 사용되는 의미와 법적인 의미가 다를 뿐만 아니라, 형법 제123조에서 말하는 직권남용과 군인복무기본법 제26조에서 말하는 직권남용도 동일한 의미가 아니다.

군인복무기본법 제26조는 '사적 제재 및 직권남용의 금지'라는 제목하에 "군인은 어떠한 경우에도 구타, 폭언, 가혹행위 및 집단 따돌림 등 사적 제재를 하거나 직권을 남용하여서는 아니 된다."고 규정하고 있는데, 군인복무기본법에는 '직권남용'이라는 용어에 대한 개념을 정의하는 규정을 두고 있지 않다. 필자의 견해로는 군인복무기본법 제26조의 직권남용은 ① 군인등이 그의 일반적 권한에 속하는 사항에 관하여 그것을 불법적으로 행사하는 것, 즉 형식적, 외형적으로는 직무집행으로 보이나 그 실질은 정당한 권한 이외의 행위를 하는 경우와 ② 군인등이 그의 일반적 권한에 속하지 않는 행위를 하는 경우인 지위를 이용한 불법행위를 모두 포함하는 것으로, 즉 일상생활 속에서 '직권남용'이라는 용어가 사용되는 의미로 이해하는 것이 타당하다.

한편 형법 제123조는 '직권남용'이라는 제목하에 "공무원이 직권을 남용하여 사람으로 하여금 의무없는 일을 하게 하거나 사람의 권리행사를 방해한 때에는 5년 이하의 징역, 10년 이하의 자격정지 또는 1천만 원 이하의 벌금에 처한다."고 규정하고 있는데, 이때의 "직권남용"이란 공무원이 그의 일반적 권한에 속하는 사항에 관하여 그것을 불법적으로 행사하는 것, 즉 형식적, 외형적으로는 직무집행으로 보이나 그 실질은 정당한 권한 이외의 행위를 하는 경우를 의미하고, 따라서 직권남용은 공무원이 그의 일반적 권한에 속하지 않는 행위를 하는 경우인 지위를 이용한 불법행위와는 구별된다(대법원 1991. 12. 27. 선고 90도2800 판결, 대법원 2009. 1. 30. 선고 2008도6950 판결 등 참조).

예를 들어 군간부인 A가 부하인 병사 B에게 자신의 석사학위 논문을 작성하게 하였다면, 이러한 행위는 A가 군간부라는 지위를 남용하여 군인복무기본법 제26조에 위반되는 '직권을 남용하는 행위'를 한 것으로서 징계사유 또는 사안에 따라서는 보직해임 사유 등에는 해당하지만, 군간부인 A에게는 병사에게 사적인 일을 시킬 일반적 권한이 없기 때문에 형법 제123조의 직권남용권리행사방해죄로 A를 형사처벌할 수는 없다.

반면 지휘관 B가 계약업무를 담당하는 부하에게 자신의 지인과 수의계약을 체결하게 시키는 경우, 이러한 행위는 지휘관이 자신의 일반적 권한(지휘관이 계약업무를 수행하는 부하를 지휘·감독할 권한)에 속하는 사항에 관하여 그것을 불법적으로 행사하는 것, 즉 형식적, 외형적으로는 직무집행으로 보이나 그 실질은 정당한 권한 이외의 행위를 하는 경우에 해당하므로, 지휘관 B는 형법 제123조의 직권남용권리행사방해죄로 형사처벌이 될 수 있다(육군본부 보통군사법원 2017. 10. 11. 선고 2017고15 판결 참조).

판례 10 지휘관이, 허위보고를 하는 부하에게 진술서를 작성하게 하면서 지휘관이 사실이라고 생각하는 내용을 그 진술서에 추가한 후에 부하에게 서명하게 한 것이 '강요죄'에 해당하는지 여부

고등군사법원 2019. 1. 24. 선고 2018노237 판결 [군인등강제추행, 강요미수, 폭행]

I. 사안의 개요 [공소사실의 요지 및 사건의 경과]

1. 공소사실의 요지(강요미수 부분)

피고인은 2017. 7. ○. 13:30경 제○○사단 보급수송대대 대대장실에서 피해자 B가 당직근무를 서면서 탄수불을 직접 하지 않았으면서 직접 한 것처럼 보고한 것을 질책하면서 피해자에게 "너는 맨날 거짓말만 친다."라고 말을 하면서 탄수불을 직접 하지 않았으면서도 직접 한 것처럼 거짓말을 한 것에 대해 진술서를 써오라고 하여 피해자가 진술서를 써오자, 피해자가 써온 진술서를 보면서 "너는 왜 너 좋은 말만 쓰냐. 또 거짓말 하냐. 이것들은 허위내용이다."라고 말하면서 진술서에 피고인이 진술서의 내용이 거짓말이라고 생각하는 이유를 추가적으로 적으면서 피해자를 질책하였다. 피고인은 위 진술서에 위와 같이 피고인이 거짓말이라고 생각하는 이유를 기재한 후 피해자에게 "거짓말한 것을 인정하고 서명을 하라."라고 얘기하였다. 이에 피해자가 진술서에 차마 서명을 할 수 없어 머뭇거리고 있자 피고인은 피해자에게 "너 이거 전 간부 앞에서 다 얘기해볼까?", "사실조사 제대로 한번 해봐? 헌병대에 조사의뢰한다.", "너 내가 헌병대에 넘기면 그때는 내 선에서 끝낼 수 있는 게 아니야."라고 말하고, 피해자가 계속해서 서명하기를 머뭇거리자 '소대장(중위) 지휘부담에 따른 조치 건의'라는 문건을 보여주면서 "너 전출 보내 버릴 거다. 예하부대 보급장교로 가서 배워라."라고 말하여 겁을 주며 서명을 계속 강요하였다. 그러나 피해자가 차마 피고인이 임의로 추가 기재한 진술서의 내용을 인정하고 서명할 수 없어 계속해서 서명하기를 주저하는 바람에 미수에 그쳤다.

이로써 피고인은 피해자를 협박하여 피해자에게 자신이 임의로 추가 기재한 진술서에 서명을 하도록 의무 없는 일을 하게 하였으나 미수에 그쳤다.

2. 사건의 경과(강요미수 부분)

피고인은 군인등강제추행죄, 강요미수죄, 폭행죄로 기소되었는데, 강요미수죄 관련 쟁점은 **지휘관이, 허위보고를 하는 부하에게 진술서를 작성하게 하면서 지휘관이 사실이라고 생각하는 내용을 그 진술서에 추가한 후에 부하에게 서명하게 한 것이 '강요죄'에 해당하는지 여부**였다.

1심(제7군단 보통군사법원 2018. 7. 24. 선고 2018고5 판결)은 피고인이 부하의 비위사실을 발견하는 경우에 사실관계 등을 확인하여 훈계, 징계 또는 형사 의뢰 등을 할 수 있으며, 사실관계를 정확히 확인함으로써 그의 업무능력 등 여러 가지 사정을 종합적으로 고려하여 다른 부대 전출 같은 인사조치 등의 적절한 조치를 취할 수 있으므로, 피고인이 피해자가 작성한 진술서에 자신이 추가로 확인한 내용을 기재하고 피해자에게 서명을 요구한 행위가 피해자에게 추가로 진술서 작성을 요구하는 행위와 크게 다르지 않은 것으로 보이고, 따라서 피고인의 행위만으로는 피해자에게 의무 없는 일을 하게 한 것으로 볼 수 없다는 이유로 공소사실 중 강요미수의 점에 대해서 무죄를 선고하였다.

그러나 **고등군사법원 2019. 1. 24. 선고 2018노237 판결**은 피고인이 허위보고를 하는 부하에게 진술서를 작성할 것을 지시할 수는 있으나, 피고인이 이 부분 공소사실 기재와 같이 피해자가 작성한 진술서에 추가 내용을 기재하고 피해자에게 겁을 주며 거기에 서명하게 한 행위는 피해자를 협박하여 의무 없는 일을 하게 한 것으로서 강요죄가 성립한다고 봄이 상당하다는 이유로 원심판결을 파기하고 공소사실 중 강요미수의 점에 대해서 유죄로 인정하였다.

II. 판결 읽어보기 [판결 중요부분 발췌(요약)] : 고등군사법원 2019. 1. 24. 선고 2018노237 판결

1. 항소이유의 요지

(생략)

2. 군인등강제추행의 점에 관한 판단

(생략)

3. 강요미수의 점에 관한 판단

가. 공소사실의 요지

(생략)

나. 원심의 판단

원심은 피고인이 부하의 비위사실을 발견하는 경우에 사실관계 등을 확인하여 훈계, 징계 또는 형사 의뢰 등을 할 수 있으며, 사실관계를 정확히 확인함으로써 그의 업무능력 등 여러 가지 사정을 종합적으로 고려하여 다른 부대 전출 같은 인사조치 등의 적절한 조치를 취할 수 있으므로, 피고인이 피해자가 작성한 진술서에 자신이 추가로 확인한 내용을 기재하고 피해자에게 서명을 요구한 행위가 피해자에게 추가로 진술서 작성을 요구하는 행위와 크게 다르지 않은 것으로 보이고, 따라서 피고인의 행위만으로는 피해자에게 의무 없는 일을 하게 한 것으로 볼 수 없다는 이유로 이 부분 공소사실을 무죄로 판단하였다.

다. 이 법원의 판단

1) 강요죄는 폭행 또는 협박으로 사람의 권리행사를 방해하거나 의무 없는 일을 하게 하는 것을 말하고, 여기에서 '의무 없는 일'이란 법령, 계약 등에 기하여 발생하는 법률상 의무 없는 일을 말한다(대법원 2008. 5. 15. 선고 2008도1097 판결, 대법원 2012. 11. 29. 선고 2010도1233 판결 참조). 또한, 강요죄의 수단으로서 협박은 사람의 의사결정의 자유를 제한하거나 의사실행의 자유를 방해할 정도로 겁을 먹게 할 만한 해악을 고지하는 것을 말하고, 해악의 고지는 반드시 명시적인 방법이 아니더라도 말이나 행동을 통해서 상대방으로 하여금 어떠한 해악에 이르게 할 것이라는 인식을 갖게 하는 것이면 족하다. 이러한 해악의 고지가 비록 정당한 권리의 실현 수단으로 사용된 경우라고 하여도 권리실현의 수단 방법이 사회통념상 허용되는 정도나 범위를 넘는다면 강요죄가 성립하고, 여기서 어떠한 행위가 구체적으로 사회통념상 허용되는 정도나 범위를 넘는 것인지는 그 행위의 주관적인 측면과 객관적인 측면, 즉 추구된 목적과 선택된 수단을 전체적으로 종합하여 판단하여야 한다(대법원 2017. 10. 26. 선고 2015도16696 판결 등 참조).

2) 원심 및 이 법원이 적법하게 채택하여 조사한 증거에 의하면 아래와 같은 사실을 인정할 수 있다.

가) 피고인은 2015. 12. ○.경부터 제○○사단 보급수송대대 대대장으로, 피해자

는 2016. 11. ○.경부터 같은 대대 보급소대장으로 근무하였다.

나) 피고인은 2017. 6.과 7. 피해자가 오발된 공포탄의 탄피를 감추는 등 장교로서의 인성 및 도덕성이 결여되어 지휘부담이 된다는 이유로 관리대상 장교로 선정하고 대대장이 직접 관리한다는 내용의 '신상결산 보고'를 작성하여 위 사단 참모장에게 보고하였다. 그에 따라 피고인은 피해자와의 면담내용 등 신상관리에 관한 사항을 연대행정업무시스템에 직접 기록하였다.

다) 피해자는 2012. 7. ○. 소속 대대에서 당직근무를 서고 다음날인 ○. 아침 피고인에게 당직근무결과를 보고하였는데, 피고인이 피해자에게 탄수불은 직접 하였는지 물었고, 피해자는 직접 하였다고 대답하면서 CCTV를 확인해보라고 말하였으나, 피고인이 CCTV를 확인해 본 결과 피해자가 탄수불을 직접 하지 않은 것으로 확인되었다.

라) 피고인은 2017. 7. ○. 09:00경 피해자에게 탄수불을 직접 하지 않은 것에 대하여 사실확인서 작성을 지시하였고, 피해자는 6회 정도 탄수불을 직접 실시하지 않았고, '영외 숙소 순찰 중'이거나 '화장실 이용으로 인해' 자리를 비워서 직접 하지 못하였다는 내용으로 진술서(이하 '1차 진술서'라 한다)를 작성하였다.

마) 피고인은 2017. 7. ○. 오전 1차 진술서를 보고 피해자에게 진술서를 다시 써오도록 지시하였고, 피해자는 다시 진술서(이하 '2차 진술서'라 한다)를 작성하여 같은 날 13:20경 피고인에게 가지고 갔다. 피해자는 2차 진술서에 '6회 탄수불을 직접 하지 않았는데, 2회는 화장실 이용, 1회는 순찰로 인한 것'이라는 내용을 기재하고, "2달 전 및 현재 역시 과민성 대장증후군을 앓고 있지만 치료를 하지 않았으며 이는 임무수행이 불가능할 정도는 아니지만 일시적으로 설사가 잘 나와 어느 정도 제한되는 부분이 있습니다."라고 기재하고, 마지막에 자신의 계급과 이름을 적고, 서명하였다.

바) 피고인은 대대장실에서 2차 진술서를 보면서 '진술 내용이 오전에 말한 것과 다르다. 거짓이다.'라고 말하며 피해자를 질책하였고, 보급중대장 C 대위와 수송중대장 D 대위를 대대장실로 불러 이들이 있는 자리에서 피해자에게 재차 진술서 내용에 대하여 질문을 하고 피해자의 대답을 듣고 나서 C와 D에게 피해자의 진술내용을 확인시켰다.

사) 피고인은 그러면서 2차 진술서에 "화장실 자주 가서 근무가 힘든 정도 ⇒ 2차. 그 정도까지는 아니다.", "거짓!", "탄입대에 공포탄 보관. 불출.(예전부터)", "대대장에게 신뢰 받기 위해 진술했으나, 그냥 넘어가기 위해서 거짓을 얘기한 것임.", "특별한 계기 없이 ○사관학교 생도 시절부터 거짓 보고 등을 하게 됨."이라고 기재하였다.

아) 피고인은 이어서 피해자에게 위와 같이 기재한 내용 옆에 피해자의 계급과 이름을 기재하고 서명할 것을 지시하면서, '너 이거 전 간부 앞에서 얘기해 볼까?', '계속 허위보고를 하면 대대장이 더 이상 감싸줄 수 없다.', '서명하지 않으면 헌병대에 조사를 의뢰할 것이다.'라는 취지로 말하고, 피해자에 대한 지휘부담을 이유로 조치를 건의하는 내용의 보고서를 보여주며 '전출 보내 버리겠다. 예하 부대 보급장교로 가서 배워라.'라는 취지로 말하였다.

자) 피해자는 서명을 하지 않은 채 울고 있었고, 피고인이 더 이상 말하지 않자 D는 피해자를 대대장실에서 데리고 나갔다.

차) 피고인은 그 후 1차 및 2차 진술서를 스캔하여 연대행정업무시스템에 저장하였다.

3) 앞서 본 법리에 기초하여 위 인정사실과 원심 및 당심이 적법하게 채택하여 조사한 증거들에 의하여 인정되는 아래와 같은 사정 등을 종합하여 보면, 피고인이 이 부분 공소사실 기재와 같이 피해자가 작성한 진술서에 추가 내용을 기재하고 피해자에게 겁을 주며 거기에 서명하게 한 행위는 피해자를 협박하여 의무 없는 일을 하게 한 것으로서 강요죄가 성립한다고 봄이 상당하다. 따라서 이 부분 공소사실을 무죄로 판단한 원심은 사실을 오인하거나 강요죄에 관한 법리를 오해하여 판결에 영향을 미친 위법이 있고, 이를 지적하는 군검사의 이 부분 항소는 이유 있다.

가) 군인의 지위 및 복무에 관한 기본법 제21조(성실의 의무), 제22조(정직의 의무), 제24조(명령 발령자의 의무), 제25조(명령 복종의 의무), 제36조(상관의 책무), 군인사법 제10장 징계, 제63조(인사기록)의 내용 및 취지 등에 비추어 보면, 상관이 직무수행을 태만히 하거나 지시사항을 불이행하고 허위보고 등을 한 부하에게 근무태도를 교정하고 직무수행을 감독하기 위하여 사실관계에 관한 확인서 작성을 지시하는 행위는 직무권한 범위 내에서 내린 정당한 명령이므로 부하는 명령을 실행할 법률상 의무가 있다. 그러나 상관의 그러한 직무권한은 헌법 제10조, 제12조, 제19조, 군인의 지위 및 복무에 관한 기본법 제10조(군인의 기본권과 제한)의 내용 및 취지 등에 따라 한계를 가지는 것으로서, 상관이 부하가 사실관계 확인을 위해 작성한 진술서에 부하의 주장과 다른 내용을 기재하고 부하로 하여금 다시 서명하게 할 권한까지 포함한다고 볼 수 없고, 상관의 그러한 지시는 직무권한 범위 내에서 내린 정당한 명령이라고 볼 수 없으므로 부하는 그에 따라야 할 법률상 의무가 있다고 보기 어렵다. 이 사건에 관하여 보건대, 피고인은 피해자가 작성한 2차 진술서에 위 사)항과 같이 피해자의 주장과 다른 내용을 기재하고 피해자에게 서명을 지시한 것이므로 이는 대대장의 직

무권한을 넘는 행위로서 정당한 명령이라고 볼 수 없고, 피해자는 이 명령을 실행할 의무가 없다고 할 것이다. 따라서 이 부분 피고인의 행위는 피해자에게 의무 없는 일을 하게 한 행위에 해당하며, 그것이 원심이 판시하고 있는 것과 같이 피해자에게 추가 진술서 작성을 요구한 행위와 같다고 보기도 어렵다.

나) 나아가 피고인이 피해자에게 징계나 헌병대 조사 의뢰를 언급하거나 피해자에 대한 전출건의 문서를 보여주며 피해자를 전출 보내겠다고 언급한 것이 피해자에 대한 협박에 해당하는지 살피건대, 피고인이 피해자에 대한 전출건의 문서를 보여준 경위나 발언 내용, 징계나 헌병대 조사 의뢰 조치를 언급한 목적, 발언 당시 분위기 등을 종합적으로 고려하여 보면, 피고인의 위와 같은 발언 내용은 지휘관이 부하로부터 사실확인서 또는 진술서를 받기 위한 방법으로 사회통념상 허용되는 정도나 범위를 넘는 것으로서 피해자의 의사결정의 자유를 제한하거나 의사실행의 자유를 방해한 정도에 이른다고 보기에 충분하므로 협박에 해당하는 것으로 판단된다.

다) 변호인은 설령 피고인의 행위가 강요행위에 해당한다고 하더라도 형법 제20조의 정당행위에 해당한다고 주장한다. 그러나 앞서 살펴본 바와 같이 피고인의 행위는 지휘관으로서 부하에게 사실확인서나 진술서를 받는 수단이나 방법으로 적절하지 않을 뿐만 아니라, 긴급성이나 보충성을 갖추었다고 볼 수도 없으므로 사회상규에 위배되지 않는 행위로서 정당행위에 해당하는 것으로 보기도 어렵다.

4. 폭행의 점에 대한 판단

(생략)

5. 결론

그렇다면, 원심판결 중 강요미수 부분과 폭행 부분에 대한 항소는 이유 있으므로, 군사법원법 제431조, 제414조에 의하여 위 부분을 모두 파기하고, 같은 법 제435조에 의하여 변론을 거쳐 아래와 같이 다시 판결하고, 원심판결 중 군인등강제추행 부분에 대한 항소는 이유 없으므로 군사법원법 제430조 제1항에 따라 이를 기각하기로 하여, 주문과 같이 판결한다.

(이하 생략)

고등군사법원 2019. 1. 24. 선고 2018노237 판결 [군인등강제추행, 강요미수, 폭행]

이 사건 강요미수 부분의 공소사실의 요지는, 피고인은 2017. 7.경 소속대 대대장실에서 피해자 B가 당직근무를 서면서 탄수불을 직접 하지 않았으면서 직접 한 것처럼 보고한 것을 질책하면서 피해자에게 "너는 맨날 거짓말만 친다."라고 말을 하면서 탄수불을 직접 하지 않았으면서도 직접 한 것처럼 거짓말을 한 것에 대해 진술서를 써오라고 하여 피해자가 진술서를 써오자, 피해자가 써온 진술서를 보면서 "너는 왜 너 좋은 말만 쓰냐. 또 거짓말 하냐. 이것들은 허위내용이다."라고 말하면서 진술서에 피고인이 진술서의 내용이 거짓말이라고 생각하는 이유를 추가적으로 적으면서 피해자를 질책한 후 피해자에게 "거짓말한 것을 인정하고 서명을 하라."라고 얘기하였는데 피해자가 진술서에 서명을 하지 않고 머뭇거리자 피고인은 피해자에게 "너 이거 전 간부 앞에서 다 얘기해볼까?", "사실조사 제대로 한번 해봐? 헌병대에 조사의뢰한다." 등의 말을 하며 서명을 계속 강요함으로써 피고인은 피해자를 협박하여 피해자에게 자신이 임의로 추가 기재한 진술서에 서명을 하도록 의무 없는 일을 하게 하였으나 미수에 그쳤다는 것이다.

이 사안에서 강요미수의 점에 관한 쟁점은 **지휘관이, 허위보고를 하는 부하에게 진술서를 작성하게 하면서 지휘관이 사실이라고 생각하는 내용을 그 진술서에 추가한 후에 부하에게 서명하게 한 것이 '강요죄'에 해당하는지 여부**였다.

1심(제7군단 보통군사법원 2018. 7. 24. 선고 2018고5 판결)은 피고인이 부하의 비위사실을 발견하는 경우에 사실관계 등을 확인하여 훈계, 징계 또는 형사 의뢰 등을 할 수 있으며, 사실관계를 정확히 확인함으로써 그의 업무능력 등 여러 가지 사정을 종합적으로 고려하여 다른 부대 전출 같은 인사조치 등의 적절한 조치를 취할 수 있으므로, 피고인이 피해자가 작성한 진술서에 자신이 추가로 확인한 내용을 기재하고 피해자에게 서명을 요구한 행위가 피해자에게 추가로 진술서 작성을 요구하는 행위와 크게 다르지 않은 것으로 보이고, 따라서 피고인의 행위만으로는 피해자에게 의무 없는 일을 하게 한 것으로 볼 수 없다는 이유로 이 부분 공소사실에 대해 무죄를 선고하였으나, **고등군사법원 2019. 1. 24. 선고 2018노237 판결**은 피고인이 허위보고를 하는 부하에게 진술서를 작성할 것을 지시할 수는 있으나, 피고인이 이 부분 공소사실 기재와 같이 피해자가 작성한 진술서에 추가 내용을 기재하고 피해자에게 겁을 주며 거기에 서명하게 한 행위는 피해자를 협박하여 의무 없는 일을 하게 한 것으로서 강요죄가 성립한다고 봄이 상당하다는 이유로 원심판결을 파기하고 이 사건 공소사실 중 강요미수의 점에 대해서 유죄로 인정하였다.

☞ 업무능력이 부족하거나 업무자세나 성품 등에 문제가 있어 소속대에서 문제를 많이 일으키는 부하가 있는 경우 지휘관에게는 큰 지휘부담이 된다. 그러나 시대적으로 인권이 강조되고 개인주의적 성향이 강한 세대들이 군의 다수를 차지하는 지금의 상황 속에서 지휘관이 그러한 부하를 교육하거나 훈계하려는 정당한 목적을 위해서 하는 행위조차도 그 수단과 방법이 적법하지 않으면 오히려 지휘관이 형사처벌, 징계 또는 보직해임 등의 불이익을 당하게 된다.

군인복무기본법 제26조는 '사적 제재 및 직권남용의 금지'라는 제목하에 "군인은 어떠한 경우에도 구타, 폭언, 가혹행위 및 집단 따돌림 등 사적 제재를 하거나 직권을 남용하여서는 아니 된다."고 규정하고 있으므로, 지휘관들은 부하들을 교육 또는 훈계할 때에도 인권 감수성을 유념하고 적법하고 합리적인 수단과 방법에 따라 필요한 조치를 하여야 한다.

판례 11

군형법 제62조에 규정된 '가혹행위'의 판단기준

대법원 2009. 12. 10. 선고 2009도1166 판결 [폭력행위등처벌에관한법률위반(집단·흉기등상해){인정된 죄명 폭력행위등처벌에관한법률위반(집단·흉기등폭행)}·폭력행위등처벌에관한법률위반(집단·흉기등폭행)·상해·가혹행위·직권남용]
[원심판결] 고등군사법원 2009. 1. 6. 선고 2008노172 판결

I. 사안의 개요 [공소사실의 요지 및 사건의 경과]

1. 공소사실의 요지(가혹행위 부분)

피고인은 소속부대 행정보급관으로서, 사병들인 피해자들이 담배를 피운다는 이유로 피해자 1, 2에게 강제로 코로 담배를 피우게 하고, 피해자 2에게 금연에 도움이 된다는 약초를 강제로 씹어 먹게 하였고, 또한 피고인은 피해자 3, 4, 5에 대하여 도로표지판을 흔들리게 박았다는 이유 등으로 뜨거운 물이 담긴 종이컵을 발목에 올려놓거나 발목 사이에 끼워놓거나 약 20분 동안 두 사람이 이마를 마주 대고 서게 한 후 뜨거운 물이 담긴 스테인레스컵을 피해자들의 이마 사이에 놓아 두었다. 이로써 피고인은 직권을 남용하여 가혹한 행위를 하였다.

2. 사건의 경과

군형법 제62조에서 말하는 '가혹행위'라 함은 직권을 남용하여 사람으로서는 견디기 어려운 정신적·육체적 고통을 가하는 경우를 말하고, 이 경우 가혹행위에 해당하는지 여부는 행위자 및 그 피해자의 지위, 처한 상황, 그 행위의 목적, 그 행위에 이르게 된 경위와 결과 등 구체적 사정을 검토하여 판단하여야 하는데(대법원 2008. 5. 29. 선고 2008도2222 판결 참조), 이 사안의 쟁점은 **이 사건 피고인의 행위들이 군형법 제62조에서 말하는 가혹행위에 해당하는지 여부**였다.

원심(**고등군사법원 2009. 1. 6. 선고 2008노172 판결**)은 이 사건 공소사실 중 가혹행위의 점에 관하여, 피고인의 이 사건 행위들이 '교육 목적'으로 이루어졌으며, 피고

인의 이 사건 행위들로 인해 피해자들에게 '육체적' 고통을 가하였다고 보기 어렵다는 등의 이유로 이 사건 피고인의 행위들은 군형법상 가혹행위라고 보기 어렵다고 판단하였다.

그러나 **대법원 2009. 12. 10. 선고 2009도1166 판결**은 이 사건 공소사실 중 가혹행위의 점에 관하여, 어떤 행위가 교육목적이었다고 하더라도, 그 행위가 가혹행위에 해당하는지 여부를 판단할 때 교육을 위해 필요한 행위로서 정당한 한도를 초과하였는지 여부를 함께 고려하여야 하므로, 이 사건에서 피고인이 비록 금연을 강조하거나 훈계를 할 목적으로 이 사건 행위들을 하였다고 하더라도, 위와 같은 행위가 그 훈계의 목적달성에 필요하고 정당한 범위 내의 행위라고 볼 수 없으며, 코로 담배를 피우게 하는 행위와 약초를 강제로 먹게 한 행위는 피해자들의 인격권을 무시하고 비하하는 행위라고 평가되기에 충분하고, 뜨거운 물이 담긴 컵을 이마 사이에 올려놓는 등의 행위로 인해 화상 등 상해의 결과가 발생하지는 않았으나, 피해자들이 느끼는 정신적인 압박은 그 위험성이 현실화된 것에 비해 결코 작지 않으므로 위와 같은 행위 자체가 견디기 어려운 '정신적인 고통'을 가하는 행위라고 볼 수 있으므로, 피고인의 위와 같은 행위는 군형법상의 가혹행위로 보아야 한다고 판시하며, 원심판결을 파기하고 사건을 고등군사법원에 환송하였다.

II. 판결 읽어보기 [판결 중요부분 발췌(요약)] : 대법원 2009. 12. 10. 선고 2009도1166 판결

1. 검찰관의 상고이유에 대한 판단

가. 가혹행위(이 사건 공소사실 중 3.의 가~마, 아, 자)의 점에 대하여

군형법 제62조에서 말하는 '가혹행위'라 함은 직권을 남용하여 사람으로서는 견디기 어려운 정신적·육체적 고통을 가하는 경우를 말하는데, 이 경우 가혹행위에 해당하는지 여부는 행위자 및 그 피해자의 지위, 처한 상황, 그 행위의 목적, 그 행위에 이르게 된 경위와 결과 등 구체적 사정을 검토하여 판단하여야 하고(대법원 2008. 5. 29. 선고 2008도2222 판결 참조), 나아가 그 행위가 교육목적의 행위라고 하더라도 교육을 위해 필요한 행위로서 정당한 한도를 초과하였는지 여부를 함께 고려하여야 할 것이다.

기록에 의하면, 피고인은 소속부대 행정보급관으로 근무하던 중 사병들인 피해자 공소외 1, 2가 담배를 피운다는 이유로 위 피해자들로 하여금 강제로 코로 담배를 피우게 하고, 피해자 공소외 2에게 강제로 금연에 도움이 된다는 약초를 씹어 먹게 한 사실, 이에 대하여 수사기관에서 피해자 공소외 1은 코가 매우 따갑고 괴로웠다고 진술하였고, 피해자 공소외 2는 약초를 먹기 싫어 거부했는데 피고인이 화를 내면서 입에 갖다 대고 먹으라고 강요했으며 혀가 얼얼해지고 일시적으로 마비되었다는 취지로 진술한 사실, 또한 피고인은 피해자 공소외 3, 4, 5에 대하여 도로표지판을 흔들리게 박았다는 이유 등으로 뜨거운 물이 담긴 종이컵을 발목에 올려놓거나 발목 사이에 끼워놓거나 약 20분 동안 두 사람이 이마를 마주 대고 서게 한 후 뜨거운 물이 담긴 스테인레스컵을 이마 사이에 놓은 사실, 이에 대하여 피해자 공소외 3은 생활관에 있는 포트기로 끓인 물이거나 세면장에서 나오는 물이었다는 취지로 진술한 사실을 알 수 있다.

사실관계가 위와 같다면, 피고인이 비록 금연을 강조하거나 훈계를 할 목적으로 위와 같은 행위를 하였다고 하더라도, 위와 같은 행위가 그 훈계의 목적달성에 필요하고 정당한 범위 내의 행위라고 볼 수 없는 점, 코로 담배를 피우게 하는 행위와 약초를 강제로 먹게 한 행위는 피해자들의 인격권을 무시하고 비하하는 행위라고 평가되기에 충분한 점, 뜨거운 물이 담긴 컵을 이마 사이에 올려놓는 등의 행위로 인해 화상 등 상해의 결과가 발생하지는 않았으나, 피해자들이 느끼는 정신적인 압박은 그 위험성이 현실화된 것에 비해 결코 작지 않다고 보여 위와 같은 행위 자체가 견디기 어려운 정신적인 고통을 가하는 행위라고 볼 수 있는 점 등을 고려하면, 피고인의 위와 같은 행위는 군형법상의 가혹행위로 보아야 할 것이다.

그럼에도 원심이, 위와 같은 행위로 인해 피해자들에게 육체적 고통을 가하였다고 보기 어렵다는 등 그 판시와 같은 이유만으로 위 행위를 가혹행위라고 보기 어렵다고 판단한 것은 군형법상의 가혹행위에 대한 법리를 오해하여 필요한 심리를 다하지 아니하거나 채증법칙을 위반한 위법이 있다고 할 것이고, 이러한 위법은 판결 결과에 영향을 미쳤음이 명백하므로 이 점을 지적하는 상고이유의 주장은 이유 있다.

나. 직권남용의 점에 대하여

검찰관은 가혹행위와 직권남용 중 각 일부에 대하여 무죄를 선고한 원심판결 전부에 대하여 불복한다는 취지의 상고장을 제출하였음에도 상고이유서에서 가혹행위 부분에 대한 상고이유만을 주장하였을 뿐 직권남용 부분에 대한 상고이유를 주장하고 있지 않으므로(상고이유서에는 가혹행위 부분에 대하여만 상고를 제기한다고 기재하고 있다), 이 부분에 대한 상고는 이유 없다.

2. 피고인의 상고이유에 대한 판단

피고인이 제1심판결에 대하여 양형부당만을 항소이유로 내세워 항소하였다가 그 항소가 기각되는 경우에는 피고인은 원심판결에 대하여 사실오인 또는 법리오해의 위법이 있다는 것을 상고이유로 삼을 수는 없다(대법원 2005. 9. 30. 선고 2005도3345, 2005감도14 판결).

나아가 기록에 의하여 살펴보면, 피고인이 위험한 물건을 휴대하여 폭행하였다는 각 폭력행위 등 처벌에 관한 법률 위반의 범죄사실, 각 상해의 범죄사실, 피해자 공소외 5에 대한 직권남용의 범죄사실, 피해자 공소외 1에 대한 2007. 11. ○., 2007. 12.경 각 가혹행위의 범죄사실을 유죄로 인정한 제1심판결을 그대로 유지한 원심의 조치는 정당하고 거기에 상고이유로 주장하는 바와 같은 법리오해의 위법이 없다.

3. 파기의 범위

수 개의 범죄사실에 대하여 항소심이 일부는 유죄, 일부는 무죄의 판결을 하고, 그 판결에 대하여 피고인 및 검찰관 쌍방이 상고를 제기하였으나, 유죄부분에 대한 피고인의 상고는 이유 없고 무죄부분에 대한 검찰관의 상고만 이유 있는 경우, 항소심이 유죄로 인정한 죄와 무죄로 인정한 죄가 형법 제37조 전단의 경합범 관계에 있다면 항소심판결의 유죄부분도 무죄부분과 함께 파기되어야 한다 (대법원 2000. 11. 28. 선고 2000도2123 판결 참조).

위 법리에 의하면, 원심판결 중 유죄부분과 무죄부분 중 검찰관의 상고를 받아들여 파기되는 위 각 가혹행위 부분은 형법 제37조 전단의 경합범 관계에 있어 그 전체에 대하여 하나의 형이 선고되어야 하므로, 결국 원심판결 중 피고인에 대한 유죄부분 및 각 가혹행위에 대한 무죄부분은 그 전부를 파기할 수밖에 없다.

4. 결론

그러므로 원심판결 중 유죄부분 및 위의 각 가혹행위에 대한 무죄부분을 파기하고, 이 부분 사건을 다시 심리·판단하게 하기 위하여 원심법원으로 환송하고, 검찰관의 나머지 상고를 기각하기로 하여, 관여 대법관의 일치된 의견으로 주문과 같이 판결한다.

대법원 2009. 12. 10. 선고 2009도1166 판결 [폭력행위등처벌에관한법률위반(집단·흉기등상해){인정된 죄명 폭력행위등처벌에관한법률위반(집단·흉기등폭행)}·폭력행위등처벌에관한법률위반(집단·흉기등폭행)·상해·가혹행위·직권남용]

피고인은 소속부대 행정보급관으로서, 사병들인 피해자들이 담배를 피운다는 이유로 피해자 1, 2에게 강제로 코로 담배를 피우게 하거나, 피해자 2에게 금연에 도움이 된다는 약초를 강제로 씹어 먹게 하였고, 또한 피고인은 피해자 3, 4, 5에 대하여 도로표지판을 흔들리게 박았다는 이유 등으로 뜨거운 물이 담긴 종이컵을 발목에 올려놓거나 발목 사이에 끼워놓거나 약 20분 동안 두 사람이 이마를 마주 대고 서게 한 후 뜨거운 물이 담긴 스테인레스컵을 피해자들의 이마 사이에 놓아 두었다는 내용의 공소사실로 기소되었다.

군형법 제62조에서 말하는 '가혹행위'라 함은 직권을 남용하여 사람으로서는 견디기 어려운 정신적·육체적 고통을 가하는 경우를 말하고, 이 경우 가혹행위에 해당하는지 여부는 행위자 및 그 피해자의 지위, 처한 상황, 그 행위의 목적, 그 행위에 이르게 된 경위와 결과 등 구체적 사정을 검토하여 판단하여야 하는데(대법원 2008. 5. 29. 선고 2008도2222 판결 참조), 이 사안의 쟁점은 **이 사건 피고인의 행위들이 군형법 제62조에서 말하는 가혹행위에 해당하는지 여부**였다.

고등군사법원 2009. 1. 6. 선고 2008노172 판결은 피고인의 이 사건 행위들이 '교육 목적'으로 이루어졌으며, 피고인의 이 사건 행위들로 인해 피해자들에게 '육체적' 고통을 가하였다고 보기 어렵다는 등의 이유로 이 사건 피고인의 행위들은 군형법상 가혹행위라고 보기 어렵다고 판단하였다.

그러나 **대법원 2009. 12. 10. 선고 2009도1166 판결**은 어떤 행위가 교육목적이었다고 하더라도, 그 행위가 가혹행위에 해당하는지 여부를 판단할 때 교육을 위해 필요한 행위로서 정당한 한도를 초과하였는지 여부를 함께 고려하여야 하므로, 이 사건에서 피고인이 비록 금연을 강조하거나 훈계를 할 목적으로 이 사건 행위들을 하였다고 하더라도, 위와 같은 행위가 그 훈계의 목적달성에 필요하고 정당한 범위 내의 행위라고 볼 수 없으며, 코로 담배를 피우게 하는 행위와 약초를 강제로 먹게 한 행위는 피해자들의 인격권을 무시하고 비하하는 행위라고 평가되기에 충분하고, 뜨거운 물이 담긴 컵을 이마 사이에 올려놓는 등의 행위로 인해 화상 등 상해의 결과가 발생하지는 않았으나, 피해자들이 느끼는 정신적인 압박은 그 위험성이 현실화된 것에 비해 결코 작지 않다고 보여 위와 같은 행위 자체가 **견디기 어려운 '정신적인 고통'**을 가하는 행위라고 볼 수 있으므로, 피고인의 위와 같은 행위는 군형법상의 가혹행위로 보아야 한다고 판시하며, 원심판결을 파기하고 사건을 고등군사법원에 환송하였다.

판례 12

군형법 제78조의 초소침범죄에서 '초병', '초소', '초병의 제지', '불응'의 의미

대법원 2016. 6. 23. 선고 2016도1473 판결 [강요, 공무집행방해, 건조물침입, 초소침범]

[원심판결] 고등군사법원 2016. 1. 20. 선고 2015노298 판결

I. 사안의 개요 [기초사실 및 사건의 경과]

1. 기초사실

피고인은 대위 B, 중위 C와 부대 밖에서 술을 마신 후 부대 안에 있는 숙소로 복귀하기 위하여 함께 택시를 타고 부대 정문 앞에 도착하였는데, B, C는 부대 정문 앞에서 근무 중이던 초병인 일병 D에게 출입증을 보여주고 정문을 통과하여 부대 안으로 들어갔다.

피고인도 D로부터 "패스 확인 부탁드리겠습니다."라는 말을 들었으나, 출입증을 보여주지 아니하고 정문 안으로 들어갔는데, D는 평소 피고인의 얼굴을 알아 피고인이 부대 간부인 사실을 알고 있었다.

피고인은 평소 초병들이 관용차량 퇴영 시 상황실에 선탑자만 보고하고 나머지 탑승자를 보고하지 아니하는 것에 대하여 불만을 갖고 있어, 위와 같이 정문 안으로 들어온 후 정문 초소 건물 안에 있던 상병 E에게 손짓으로 나오라고 하였고, E는 피고인 앞에서 경례를 한 후 D와 나란히 정렬하였으며, 관등성명을 말하였다. 피고인은 상황실장임을 밝힌 후 초병의 평소 보고에 대한 잘못을 언급하였고, E는 이미 그 전에 상황실에서 초병의 보고 내용에 대하여 문제를 제기하고 있다는 것을 알고 있었으므로 그 경위를 설명하다가 죄송하다는 말을 하였다. 그 무렵 B, C가 피고인에게 '그만하고 같이 가자'고 말하였으나, 피고인은 '교육 좀 시키고 갈 테니 먼저 들어가라'고 말하여 B, C가 먼저 숙소로 들어갔다. 피고인이 D, E를 질책하던 중 E가 헛기침을 하자 피고인이 D, E에게 '엎드려뻗쳐', '앞으로 취침', '뒤로 취침' 등을 지시하였고, D, E는 그 지시에 따랐다. 그 후 정문을 지나가던 중령 F 및 소령 G의 제지로 피고인의 위 행위가 종료되었다.

2. 사건의 경과(초소침범죄)

피고인은 부대 정문 앞에서 초병 D로부터 출입증 제시를 요구받았음에도 불구하고 이에 응하지 아니하고 정문을 그대로 통과하여 초병의 제지에 불응하였다는 내용의 공소사실 등으로 기소되었는데, 이 사안에서의 쟁점은 위와 같은 **피고인의 행위가 초소침범죄에 해당하는지 여부**였다.

원심(고등군사법원 2016. 1. 20. 선고 2015노298 판결)은 피고인이 초병 D로부터 출입증 제시를 요구받았음에도 자신의 출입증을 제시하지 않고, 초병 D의 출입 확인을 위한 별도의 조치를 기다리지 않은 채, 손가락으로 초소 안을 가리키며 말을 하는 등 적극적으로 새로운 행위에 나아감으로써 초병의 제지에 불응하였다고 판단하여, 초소침범죄를 유죄로 인정한 제1심판결을 유지하였다.

그러나 **대법원 2016. 6. 23. 선고 2016도1473 판결**은 D가 피고인에게 출입증의 제시를 요구한 사실만을 가지고 피고인의 출입을 제지하는 행위를 하였다고 단정한 것은 잘못이며, 그 전제에서 피고인이 이미 부대로 들어온 후의 행위를 덧붙여 피고인이 초병의 제지에 불응하였다고 판단한 원심의 판단에는 초소침범죄에 관한 법리를 오해하여 필요한 심리를 다하지 아니한 잘못으로 인하여 판결에 영향을 미친 위법이 있다고 판시하며 원심판결을 파기하고, 사건을 고등군사법원에 환송하였다.

II. 판결 읽어보기 [판결 중요부분 발췌(요약)] : 대법원 2016. 6. 23. 선고 2016도1473 판결

상고이유(상고이유서 제출기간이 지난 후에 제출된 상고이유보충서 등 서면들의 기재는 상고이유를 보충하는 범위 내에서)를 판단한다.

1. 강요죄에 관하여

원심은 이 사건 공소사실 중 피고인이 피해자들을 협박하여 피해자들로 하여금 의무 없는 일을 하게 한 행위에 대하여, 구 형법(2016. 1. 6. 법률 제13719호로 개정되기 전의 것, 이하 '구 형법'이라 한다) 제324조를 적용하여 유죄로 판단한 제1심판결을 유지하였다. 그런데 2016. 1. 6. 법률 제13719호로 개정·시행된 형법 제324조 제1항은 "폭행 또는 협박으로 사람의 권리행사를 방해하거나 의무 없는 일을 하게 한 자는 5년 이하의 징역 또는 3천만 원 이하의 벌금에 처한다."라고 규정하여, 구 형법 제324조와 달리 법정형에 벌금형을 추가하였다. 이는 행위의 형태와 동기가 다양함에도 죄질이 경미한 강요행위에 대하여도 반드시 징역형으로 처벌하도록 한 종전의 조치가 과중하다는 데에서 나온 조치로서, 형법 제1조 제2항에서 정한 '범죄 후 법률의 변경에 의하여 형이 구법보다 경한 때'에 해당하므로, 위 규정에 따라 신법을 적용하여야 한다(대법원 2016. 4. 12. 선고 2016도1784 판결 참조). 따라서 구 형법 제324조를 적용한 제1심판결을 유지한 원심판결은 잘못이며, 이를 지적하는 상고이유 주장은 이유 있다.

2. 초소침범죄에 관하여

가. 군형법 제78조의 초소침범죄는 초병을 속여서 초소를 통과하거나 초병의 제지에 불응한 경우에 성립한다. 여기서 말하는 '초병'은 경계를 그 고유의 임무로 하여 지상, 해상 또는 공중에 책임 범위를 정하여 배치된 사람을 말하고(군형법 제2조 제3호), '초소'란 초병이 현실적으로 배치되어 경계임무를 수행하는 일정한 범위의 장소를 말하며, '초병의 제지'는 초병이 경계임무를 수행하기 위하여 일정한 행위의 금지를 요구하는 것이고, '불응'은 초병의 제지를 받고서도 제지의 대상이 된 행위를 착수하거나 그러한 행위를 계속하는 것을 말한다.

나. 원심은, 판시와 같은 이유를 들어, 피고인이 초병 D로부터 출입증 제시를 요구받았음에도 자신의 출입증을 제대로 제시하지 않고, 초병 D의 출입 확인을 위한 별도의 조치를 기다리지 않은 채, 손가락으로 초소 안을 가리키며 말을 하는 등 적극적으로 새로운 행위에 나아감으로써 초병의 제지에 불응하였다고 판단하여, 초소침범죄를 유죄로 인정한 제1심판결을 유지하였다.

다. 그러나 원심판결 이유 및 적법하게 채택된 증거들에 의하면, 아래와 같은 사실들을 알 수 있다.

(1) 피고인은 대위 B, 중위 C와 부대 밖에서 술을 마신 후 부대 안에 있는 숙소로 복귀하기 위하여 함께 택시를 타고 부대 정문 앞에 도착하였다. B, C는 부대 정문 앞에서 근무 중이던 초병인 일병 D에게 출입증을 보여주고 정문을 통과하여 부대 안으로 들어갔다.

(2) 피고인도 D로부터 "패스 확인 부탁드리겠습니다."라는 말을 들었으나, 출입증

을 보여주지 아니하고 정문 안으로 들어갔다. D는 평소 피고인의 얼굴을 알아 피고인이 부대 간부인 사실을 알고 있었다.

(3) 피고인은 평소 초병들이 관용차량 퇴영 시 상황실에 선탑자만 보고하고 나머지 탑승자를 보고하지 아니하는 것에 대하여 불만을 갖고 있어, 위와 같이 정문 안으로 들어온 후 정문 초소 건물 안에 있던 상병 E에게 손짓으로 나오라고 하였고, E는 피고인 앞에서 경례를 한 후 D와 나란히 정렬하였으며, 관등성명을 말하였다.

(4) 피고인은 상황실장임을 밝힌 후 초병의 평소 보고에 대한 잘못을 언급하였고, E는 이미 그 전에 상황실에서 초병의 보고 내용에 대하여 문제를 제기하고 있다는 것을 알고 있었으므로 그 경위를 설명하다가 죄송하다는 말을 하였다. 그 무렵 B, C가 피고인에게 '그만하고 같이 가자'고 말하였으나, 피고인은 '교육 좀 시키고 갈 테니 먼저 들어가라'고 말하여 B, C가 먼저 숙소로 들어갔다.

(5) 피고인이 D, E를 질책하던 중 E가 헛기침을 하자 피고인이 D, E에게 '엎드려 뻗쳐', '앞으로 취침', '뒤로 취침' 등을 지시하였고, D, E는 그 지시에 따랐다. 그 후 정문을 지나가던 중령 F 및 소령 G의 제지로 피고인의 위 행위가 종료되었다.

라. 이러한 사실관계를 앞에서 본 법리에 비추어 살펴보면, 아래와 같이 판단된다.

(1) 초병의 제지에 불응함으로써 초소침범죄가 성립하려면 초병의 제지행위가 선행되어야 한다. 피고인에 대한 이 부분 공소사실은 피고인이 부대 정문 앞에서 초병인 D로부터 출입증 제시를 요구받았음에도 불구하고 이에 응하지 아니하고 정문을 그대로 통과하여 초병의 제지에 불응하였다는 것이므로, 초병인 D가 피고인에게 출입증의 제시를 요구한 행위가 제지행위에 해당하고, 제지의 대상이 된 행위는 정문을 통과하여 부대 안으로 들어가는 행위임을 전제로 하고 있다.

(2) 그런데 초병인 D가 피고인에게 "패스 확인 부탁드리겠습니다."라고 말을 하였지만 그 어구에 비추어 이는 출입증(패스)의 확인을 부탁한다는 의미로 보이고, 그 자체만으로 어떠한 행위의 금지를 요구하는 말이라고 보기에는 부족하다. 또한 D가 심야에 부대 밖에서 정문으로 걸어오는 피고인에게 위와 같은 말을 하였으나, D는 당시 피고인의 얼굴을 보고 부대 간부임을 알았으며, 더 나아가 피고인을 막아서거나 부대 안으로 들어온 피고인에게 퇴거를 요구하는 행동을 하지는 아니하였다. 이에 따라 피고인이 출입증을 제시하지 아니한 상태에서 정문을 통과하여 부대 안으로 들어왔고, 그 후 상황실장으로서 D, E에게 평소의 보고 내용을 질책하였으며, 오히려 D, E는 피고인에게 상급자에 대한 예를 갖추고 피고인의 지시에 따랐다.

(3) 이러한 사정들에 비추어 보면, (가) D가 피고인에게 출입증의 확인을 요구한

행위만을 가지고 이 부분 공소사실과 같이 피고인이 정문을 통과하여 부대 안으로 들어오는 것을 금지하도록 요구하는 제지행위를 하였다고 평가하기에는 부족하고, (나) ① 이 사건과 같이 초병이 부대 출입 자격이 있음을 알고 있는 상급자라 하여도 그에 대하여 출입증의 확인을 요구하는 목적이 전산방식으로 출입 기록을 남기는 것에 그치지 아니하고 부대 안으로 들어올 당시의 구체적인 출입 자격을 전산방식을 통하여 대조·확인하는 것이어서 그 확인이 이루어지지 아니하면 정문 통과 자체가 금지된다거나, ② 출입증을 확인하지 아니하면 다른 방법으로 부대 출입 자격이 확인되더라도 부대 안으로 들어오는 것이 금지되어 있어, 평소에 초병이 상급자에 대하여 출입증의 확인을 요구함으로써 부대 안으로 들어오는 것을 금지하여 왔다거나, ③ 출입증을 확인하지 아니한 사람이 부대 안으로 들어오려고 하거나 부대 안으로 들어온 경우에 초병이 이를 제지하기 위해서 통상적으로 취하여야 하는 대응행위를 D가 피고인에게 실제로 취하였다는 등의 사정이 인정될 수 있는지 여부를 구체적으로 밝히고, 그러한 사정 아래에서 위와 같은 D의 출입증 확인 요구 행위, 피고인이 부대 안으로 들어온 과정 및 그 후의 피고인과 D의 언행 등을 종합하여 볼 때에, D가 출입증이 확인되지 아니한 상태에서의 피고인의 정문 통과를 금지하였고 피고인이 이에 불응하였다고 볼 수 있는지를 가려야 할 것이다.

마. 그럼에도 이와 달리 원심은, 위와 같은 사정들에 관하여 심리·판단하지 아니한 채 단지 D가 피고인에게 출입증의 제시를 요구한 사실만을 가지고 피고인에게 제지행위를 하였다고 잘못 단정하고, 그 전제에서 피고인이 이미 부대로 들어온 후의 행위를 덧붙여 피고인이 초병의 제지에 불응하였다고 판단하였다.

따라서 이러한 원심의 판단에는 초소침범죄에 관한 법리를 오해하여 필요한 심리를 다하지 아니한 잘못으로 인하여 판결에 영향을 미친 위법이 있다. 이를 지적하는 상고이유 주장은 이유 있다.

3. 건조물침입죄에 관하여

범죄사실의 인정은 합리적인 의심이 없는 정도의 증명에 이르러야 하나(군사법원법 제359조 제2항), 사실 인정의 전제로 행하여지는 증거의 취사선택 및 증거의 증명력은 사실심 법원의 자유판단에 속한다(군사법원법 제360조). 원심은 판시와 같은 이유를 들어, 피고인이 초소 건물에 출입할 정당한 권한 없이 임의로 초병들에게 재차 질책하고 얼차려를 부여하기 위한 목적으로 초소 건물에 침입하였으므로 초병들이 점유하는 초소 건물의 사실상 평온을 해하는 것으로 봄이 타당하다고 판단하였다. 상고이유 주장은 이러한 원심의 사실인정을 다투는 취지로서 실질적으로 사실심 법원의 자유판단에 속하는 원심의 증거 선택 및 증명력에 관한 판단을 탓하는 것에 불과하다. 그리고 원심판결 이유를 위 법리와 적법하게 채택된 증거들에 비추어 살펴보아도 원심의 판단에 상고이유 주장과 같이 건조물침입죄에 관한 법리를 오해하고 필요한 심리를 다하지 아니하거나 자유심증주의의 한계를 벗어나는 등의 위법이 없다.

4. 파기의 범위

원심판결 중 강요 및 초소침범 부분은 각 파기되어야 하고, 원심이 유지한 제1심판결은 위 각 부분과 유죄로 인정된 나머지 부분이 형법 제37조 전단의 경합범 관계 등에 있다는 이유로 하나의 형을 선고하였으므로, 결국 원심판결은 전부 파기되어야 한다.

5. 결론

그러므로 원심판결을 파기하며, 사건을 다시 심리·판단하게 하기 위하여 원심법원에 환송하기로 하여, 관여 대법관의 일치된 의견으로 주문과 같이 판결한다.

요약정리 [사안의 쟁점과 판결의 요지]

대법원 2016. 6. 23. 선고 2016도1473 판결 [강요, 공무집행방해, 건조물침입, 초소침범]

이 사건 공소사실 중 초소침범의 점의 요지는 "피고인은 부대 밖에서 술을 마신 후 부대 안에 있는 숙소로 복귀하기 위하여 동료들과 택시를 타고 부대 정문 앞에 도착하였는데, 동료 B, C는 부대 정문 앞에서 근무 중이던 초병 D에게 출입증을 보여주고 정문을 통과하여 부대 안으로 들어갔다. 한편 피고인도 D로부터 "패스 확인 부탁드리겠습니다."라는 말을 들었으나, 출입증을 보여주지 아니하고 정문 안으로 들어갔는데, D는 평소 피고인의 얼굴을 알아 피고인이 부대 간부인 사실을 알고 있었다. 피고인은 부대 정문 앞에서 초병 D로부터 출입증 제시를 요구받았음에도 불구하고 이에 응하지 아니하고 정문을 그대로 통과하여 초병의 제지에 불응하였다."는 것이다.

이 사안에서의 쟁점은 위와 같은 **피고인의 행위가 초소침범죄에 해당하는지 여부**였다.

대법원 2016. 6. 23. 선고 2016도1473 판결은 ① 초병의 제지에 불응함으로써 초소침범죄가 성립하려면 초병의 제지행위가 선행되어야 하고, ② 피고인에 대한 이 부분 공소사실은 피고인이 부대 정문 앞에서 초병 D로부터 출입증 제시를 요구받았음에도 불구하고 이에 응하지 아니하고 정문을 그대로 통과하여 초병의 제지에 불응하였다는 것이므로, 초병 D가 피고인에게 출입증의 제시를 요구한 행위가 제지행위에 해당하고, 제지의 대상이 된 행위는 정문을 통과하여 부대 안으로 들어가는 행위임을 전제로 하고 있는데, ③ 초병 D가 피고인에게 "패스 확인 부탁드리겠습니다."라고 말을 한 것은 출입증(패스)의 확인을 부탁한다는 의미로 보이고, ④ 초병 D는 당시 피고인의 얼굴을 보고 부대 간부임을 알았으며, 더 나아가 피고인을 막아서거나 부대 안으로 들어온 피고인에게 퇴거를 요구하는 행동을 하지는 아니하였으며, 이에 따라 피고인이 출입증을 제시하지 아니한 상태에서 정문을 통과하여 부대 안으로 들어왔으므로, ⑤ 이러한 사정들에 비추어 보면, D가 피고인에게 출입증의 확인을 요구한 행위만을 가지고 이 부분 공소사실과 같이 피고인이 정문을 통과하여 부대 안으로 들어오는 것을 금지하도록 요구하는 제지행위를 하였다고 평가하기에는 부족하다고 보아, 원심판결에는 초소침범죄에 대한 법리 오해 및 심리미진이 있었다는 이유로 이 사건 공소사실 중 초소침범의 점에 대해서는 (무죄 취지로) 파기환송하였다.

판례 13

군사기밀 보호법 제13조 제1항의 '업무상 군사기밀을 취급하는 자'에 해당하는지 여부에 관한 판단기준

고등군사법원 2015. 6. 30. 선고 2015노38 판결 [군사기밀보호법위반, 뇌물수수]
[원심판결] 국방부 보통군사법원 2014. 12. 24. 선고 2014고22 판결

I. 사안의 개요 [공소사실의 요지 및 사건의 경과]

1. 공소사실의 요지

가. 피고인 A

1) 군사기밀보호법위반

피고인은 공군본부 ○○사업단 ○○○사업처 ○○장비담당, 국방○○본부 전투발전○○부 ○○전자담당 등을 거쳐 2014. 1.부터 공군본부 기획○○참모부 ○○1과 성능개량담당으로 근무하며 공군방위력개선 관련 항공기성능개량, 탄약, 사업타당성, 예산편성 등에 필요한 광범위한 군사기밀을 업무상 취급하였다.

가) 2014. 3. ㅇ. 군사기밀 누설

피고인은 2014. 3. 초순경 해외 방산업체 컨설턴트 및 ㈜○○○ 이사였던 C로부터 "○○비행훈련용헬기, ○○광학위성감시체계, ○○○ 공대지유도폭탄, ○○○지대공유도무기, 항공기 항재밍 ○○○체계 사업 관련 등 자료를 제공해 달라"라는 부탁을 받고, 위 C에게 누설할 목적으로,

(1) 평소 업무 참고용으로 보관하는 피고인의 비밀작업용 USB에 저장되어 있던 「8. ○○○ 지대공유도무기(○-SAM)」 문건(5장), 「항공기 항재밍 GPS 체계(○○)」 문건(5장) 등 2건의 군사기밀을 출력하고,

(2) (중략) 4건의 군사기밀을 피고인의 사무실에 있는 복사기를 이용해 복사한 후, 2014. 3. ○. 서울 출장 시에 서울역 인근에 있는 패밀리 레스토랑에서 위 C를 만나 "민감한 내용이니 참고하고 꼭 파기해라"는 부탁과 함께 위 복사물과 출력물을 제공하여 6건의 군사기밀을 누설하였다.

(중략)

2) 뇌물수수

피고인은 공군본부 ○○관리참모부 ○○1과에서 ○○방위력개선 관련 항공기성능개량, 탄약, 사업타당성, 예산편성 등에 필요한 광범위한 군사기밀을 업무상 취급하는 공무원이다. 피고인은 2014. 4. ○. 서울시 강남구 ○○동에 소재한 '○○' 룸살롱에서 위 1항과 같이 군사기밀을 누설해 주는 것에 대한 사례 명목으로 위 C로부터 990,000원 상당의 향응을 제공받았다.

이로써 피고인은 공무원의 직무에 관하여 뇌물을 수수하였다.

나. 피고인 B

1) 군사기밀보호법위반

피고인은 제○사단 항공대 조종사, 항공작전사령부 ○항공여단 ○○항공대 조종사, 방위사업청 KHP사업단 ○○계통담당 등을 거쳐 2012. ○월부터 방위사업청 KHP ○○운영담당으로 근무하면서 예산 편성 및 결산, 국방중기계획 사업 등에 필요한 광범위한 군사기밀을 업무상 취급하였다.

피고인은 2013. 1월 초순경 ○○○○헬기 탐색개발 결과보고서 문건을 배부 받은 후 출력하여 보관하고 있던 중, 같은 해 가을경 ㈜○○○ 이사 C로부터 "○○○○헬기 관련 ORD(체계운용요구서)에 대한 자료를 구해 달라"라는 부탁을 받고, 위 「○○○○헬기 탐색개발 결과보고서 부록 제출[1]」 문건(18장)을 피고인의 사무실에 있는 복사기로 복사한 후, 2014. 2. ○○. 상호미상의 식당에서 위 C, 중령 K, 불상의 외국인과 함께 식사를 하던 중 동석자가 자리를 비운 사이 "잘 보고 파기하라"라는 부탁과 함께 위 복사물을 제공하여 1건의 군사기밀을 누설하였다.

2) 뇌물수수

피고인은 방위사업청 KHP ○○운영담당으로 근무하며 예산 편성 및 결산, 국방중기계획 사업 등에 필요한 광범위한 군사기밀을 업무상 취급하는 공무원이다. 피고인은 위 1)항과 같이 군사기밀을 누설해 주는 것에 대한 사례 명목으로 2014. 5. ○. 서울시 강남구 ○○동에 소재한 '○○○' 룸살롱에서 약 58만 원 상당의 향응을,

2014. 6. ○. 상호미상의 룸살롱에서 위 C로부터 액수 불상의 향응을 수수하였다.

이로써 피고인은 공무원의 직무에 관하여 뇌물을 수수하였다.

2. 사건의 경과

이 사안의 쟁점은 **피고인들이 '업무상 군사기밀을 취급하는 사람 또는 취급하였던 사람'에 해당하는지 여부**였다. 즉 이 사건에서 피고인들은 군사기밀보호법 제13조 제1항의 '업무상 군사기밀을 취급하는 사람 또는 취급하였던 사람'의 범위를 해당비밀의 생산자, 해당비밀과 직접 관련 업무 종사자(비밀책임관 정·부에 임명된 자 또는 되었던 자) 등에 한정하여 해석하여야 한다는 취지로 주장하였다.

1심(국방부 보통군사법원 2014. 12. 24. 선고 2014고22 판결)은 ① 피고인들의 위법수집증거 주장, ② 피고인들이 '업무상 군사기밀을 취급하는 자'에 해당하지 않는다는 주장, ③ 뇌물죄의 대가관계가 없다는 주장 등을 모두 받아들이지 않고 이 사건 공소사실에 대하여 유죄로 인정하였다.

고등군사법원 2015. 6. 30. 선고 2015노38 판결은 ① 군사기밀보호법은 군사기밀을 취급하는 자에게 지정된 군사기밀에 대하여 군사기밀이라는 뜻을 표시·고지하거나 군사기밀의 보호에 필요한 조치를 취하도록 하고 있고(제5조), 군사보안업무훈령(국방부 훈령 제152호)은 비밀은 비밀취급 인가를 받은 자로서 그 비밀과 '업무상 관련이 있는 자'가 취급할 수 있는 것으로 규정하고 있으며(제17조), 비밀의 생산(제23조), 비밀의 관리(제39조), 비밀취급 인가권자 및 절차(제64조) 등에 대하여는 '비밀의 취급'과는 별도의 장·절에서 규정하고 있어 결국 **군사기밀보호법 제13조 제1항의 '업무상 군사기밀을 취급하는 사람 또는 취급하였던 사람'**의 범위를 해당비밀의 생산자, 해당비밀과 직접 관련 업무 종사자(비밀책임관 정·부에 임명된 자 또는 되었던 자) 등에 한정하고 있는 것으로 볼 수는 없고, ② 피고인 A가 소속된 공군본부 기획○○참모부는 공군전략 발전 및 항공우주군 발전기반 조성을 목표로 공군의 핵심 전력체계의 전력화를 추진하고 전력 운영계획을 수립하며 관련 예산을 운영하는 부서로서 공군 전체의 방위력개선사업들과 관련된 다량의 비밀을 생산하여 보관하고 있으며, 소속 부서원들은 업무와 관련하여 수시로 방위력개선사업 관련 비밀들을 취급하고 있으며, 이 사건 범행 당시 피고인은 공군본부 기획○○참모부 ○○1과 성능개량담당으로서

과장을 제외한 부서원 중 가장 선임자의 지위에 있었고, 부서의 선임장교는 부서장을 보좌하여 나머지 부서원의 업무를 지도·감독하는 것이 통상이고 부서장의 부재시 그 직무를 대리하는 지위에 있었던 사실을 종합하여 보면, 피고인 A는 군사기밀보호법 제13조 제1항의 '업무상 군사기밀을 취급하는 사람'에 해당하고, ③ 피고인 B는 육군 항공병과 장교로서 2006. ○.부터 방위사업청에서 근무하였고 이 사건 당시에는 KHP사업단 ○○○○헬기사업팀 팀원으로 근무하였으며, 피고인이 속한 ○○○○헬기사업팀은 ○○○○헬기 사업을 직접 담당하는 부서로서 국방과학연구소로부터 이 사건 비밀인 '○○○○헬기 탐색개발 결과보고서'를 받아 검토하는 작업을 진행하였고, 원심에 출석하여 증언한 ○○○○헬기사업팀원 H, I 등의 증언에 의하면 이와 같은 사업 및 기술관리 자료에 대한 검토는 팀 전체의 업무로서 팀원들이 공동으로 회의 등을 통해 실시하는 것이 원칙이며, 피고인이 이 사건 비밀을 보관하게 된 이유도 자료 검토와 의견 수렴을 위한 것이었음이 인정되므로, 이러한 사실 및 사정들을 종합하면 피고인 B는 군사기밀보호법 제13조 제1항의 '업무상 군사기밀을 취급하는 사람'에 해당한다고 판시하면서, 양형부당을 이유로 원심판결을 파기하고 피고인 A에게 징역 2년 및 벌금 2,000,000원과 추징금 990,000원을, 피고인 B에게 징역 1년 6월에 집행유예 3년 및 벌금 1,000,000원과 추징금 580,000원을 각 선고하였다.

II. 판결 읽어보기 [판결 중요부분 발췌(요약)] : 고등군사법원 2015. 6. 30. 선고 2015노38 판결

1. 항소이유의 요지

(생략)

2. 피고인 A의 항소이유에 대한 판단

가. 이 사건 증거가 위법수집증거라는 주장에 대한 판단

피고인은 증거로 제출된 이 사건 비밀들이 검찰이 피의자 C, D, E, F, G에 대한 군사기밀 탐지, 수집 등의 혐의를 수사하기 위하여 2014. 6. ○. 서울중앙지방법원으로부터 발부 받은 '(영장번호 생략) 각 압수수색 검증영장'(이하 '이 사건 각 압수수색검증영장'이라 함)의 집행 결과로 취득된 것들인데, 위 비밀들은 이 사건 각 압수수색검증영장의 허가 범위에 포함되지 않은 것들로서 객관적 관련성이 없을 뿐만 아니라

피고인의 군사기밀누설 혐의와는 주관적 관련성도 인정되지 않는 것들이므로 모두 위법수집증거로서 증거능력이 없다고 주장한다.

살피건대, 이 사건 각 압수수색검증영장의 '피의자'에는 피고인이 비밀을 누설한 상대방인 C가 포함되어 있으며, '압수할 물건'에도 피고인이 C에게 누설한 '비행○○용 훈련기 사업 등 방위력개선사업 관련 군사기밀과 군사자료'가 명시되어 있다. 더욱이 피의자 C의 '범죄사실'에는 피고인이 제공한 비밀들인 '비행○○용 훈련기 사업', '○○감시체계(HUSS) 사업', '○○○공대지유도폭탄(2,000Ib급) 사업', '○○비행훈련용헬기 사업', '전자광학 ○○감시체계 사업', '○○○ 지대공유도무기(○-SAM) 사업', 'GPS○○낙하산 사업' 관련 군사기밀을 비롯한 다수의 군사기밀을 탐지·수집하고 이를 해외 방산업체에 누설한 혐의가 포함되어 있고, 검찰이 이 사건 각 압수수색영장에 의해 C로부터 압수한 자료들은 모두 피고인이 직접 C에게 제공한 비밀들로서 피고인의 비밀누설 혐의와 직접 관련되어 있는 것이므로 피고인이 위 각 영장에 피의자로 기재되어 있지 않다는 이유만으로 피고인과의 주관적 관련성이 없다고 할 수 없다(대법원 2013도7107 판결 등 참조).

따라서 증거로 제출된 이 사건 비밀들은 이 사건 각 압수수색검증영장의 객관적 허가범위에 포함될 뿐만 아니라 피고인과의 주관적 관련성도 인정된다고 할 것이므로 이를 위법수집증거라고 할 수 없다.

나. 피고인이 '업무상 군사기밀을 취급하는 자'에 해당하지 않는다는 주장에 대한 판단

1) 군사기밀보호법 제13조 제1항은 '업무상 군사기밀을 취급하는 사람 또는 취급하였던 사람'이 그 업무상 알게 되거나 점유한 군사기밀을 타인에게 누설하는 행위를 처벌하고 있는데, '업무상 군사기밀을 취급하는 사람 또는 취급하였던 사람'에서의 업무는 이른바 '부진정신분범의 요소로서의 업무'로서 군사기밀보호법상 군사기밀누설행위는 일반인의 경우에도 처벌되나 군사기밀의 취급을 업무로 하는 사람(하였던 사람도 포함)의 경우에는 그 불법성이 중하므로 가중처벌하는 것으로,[12] '행위태양으로서의 업무'인 같은 조항의 '업무상 알게 되거나 점유한'에서의 '업무'와는 구별된다고

---

12) 군사기밀보호법 제정이유(1972. 12. 26. 법률 제2387호)에는 '군사기밀 누설의 본원이 되는 업무상 누설에 있어서도 공무원이 아닌 위탁업무수행자 등의 누설이 등한시되어 있다'는 이유로 본법을 제정한 것으로 되어 있고, 1993. 12. 27. 법률 제4616호로 개정된 군사기밀보호법은 국민의 인권존중 차원에서 처벌규정을 완화하였는데 대표적으로 '업무상 군사기밀을 취급하는 자 또는 취급하였던 자 이외의 자(일반인)가 업무로 인하여 알게 되거나 점유한 군사기밀을 타인에게 과실로 누설하는 행위'에 대한 처벌조항을 삭제하였다(제14대 국회 국방위원회 심사보고서 참조).

봄이 상당하다.[13] 한편 동 조항에서의 '업무'라 함은 직업 또는 직무로서 계속적으로 행하는 일정한 사무를 통칭하고 그 직업, 직무는 법령에 의하든, 관례에 의하든, 계약에 의하든 관계없다(대법원 2000. 1. 28. 선고 99도4022 판결 참조).

또한 군사기밀보호법은 군사기밀을 취급하는 자에게 지정된 군사기밀에 대하여 군사기밀이라는 뜻을 표시·고지하거나 군사기밀의 보호에 필요한 조치를 취하도록 하고 있고(제5조), 군사보안업무훈령(국방부 훈령 제152호)은 비밀은 비밀취급 인가를 받은 자로서 그 비밀과 '업무상 관련이 있는 자'가 취급할 수 있는 것으로 규정하고 있으며(제17조), 비밀의 생산(제23조), 비밀의 관리(제39조), 비밀취급 인가권자 및 절차(제64조) 등에 대하여는 '비밀의 취급'과는 별도의 장·절에서 규정하고 있어 결국 군사기밀보호법 제13조 제1항의 '업무상 군사기밀을 취급하는 사람 또는 취급하였던 사람'의 범위를 해당비밀의 생산자, 해당비밀과 직접 관련 업무 종사자(비밀책임관 정·부에 임명된 자 또는 되었던 자) 등에 한정하고 있는 것으로 볼 수는 없다.[14]

2) 피고인이 소속된 공군본부 기획○○참모부는 공군전략 발전 및 항공우주군 발전기반 조성을 목표로 공군의 핵심 전력체계의 전력화를 추진하고 전력 운영계획을 수립하며 관련 예산을 운영하는 부서로서 공군 전체의 방위력개선사업들과 관련된 다량의 비밀을 생산하여 보관하고 있으며, 소속 부서원들은 업무와 관련하여 수시로 방위력개선사업 관련 비밀들을 취급하고 있다. 이 사건 범행 당시 피고인은 공군본부 ○○기획참모부 ○○1과 성능개량담당으로서 과장을 제외한 부서원 중 가장 선임자의 지위에 있었고, 부서의 선임장교는 부서장을 보좌하여 나머지 부서원의 업무를 지도·감독하는 것이 통상이고 부서장의 부재시 그 직무를 대리하는 지위에 있다. 이러한 사실들을 위에서 본 법리에 비추어 보면, 피고인은 군사기밀보호법 제13조 제1항의 '업무상 군사기밀을 취급하는 사람'에 해당한다고 할 것이므로 피고인이 이 부분 주장은 이유 없다.

다. 뇌물죄의 대가관계가 없다는 주장에 대한 판단

---

13) 같은 조항의 '행위태양으로서의 업무'의 의미에 대해 대법원은 '업무로 인하여 알게 되거나'의 의미는 업무에 기인하여 당연히 알고 있는 것으로, 알고 있는 이유가 반드시 군사기밀인 사항을 주재하는 것을 요하지 않으며 그 일에 참여하고 또는 상관의 명령에 의해 조사에 종사하는 등으로 인해 알게 된 것도 모두 업무로 인하여 알게 된 것으로 볼 수 있으며, '업무상 점유한'의 의미는 업무에 기인하여 입수하고 있는 것으로 군사상의 비밀인 물건의 보관을 직무 또는 영업으로 하는 경우에 한하지 않고 또 반드시 주재할 필요도 없으며, 단지 그 일에 참여한 경우도 포함된다고 판시하고 있다(대법원 2000. 1. 28. 선고 99도4022 판결 참조).

14) 변호인은 항소이유서에서 이와 같이 군사기밀보호법 제13조 제1항을 제한해석하여야 한다는 취지로 주장하였다.

피고인은 2000. 5.경 공군본부 ○○사업단 근무 시절 사업설명을 하러 온 C를 처음 만나게 된 이후 15년 동안 가족들과도 함께 만나는 등 형제와 같은 친밀한 관계를 유지하여 왔으며, 2014. 4. ○. 유흥주점에서 C와 함께 향응을 즐긴 것은 순전히 친분관계에 의한 것일 뿐이므로 피고인의 직무와 대가관계가 인정되지 않는다고 주장한다.

살피건대, 피고인과 C의 친분은 피고인이 ○○사업단 ○○○사업처에 근무할 당시 C가 민간 업체 소속으로 사업설명을 위해 ○○사업단에 찾아오면서 시작된 것이고, 두 사람이 친분을 유지하던 15년 동안 피고인은 ○○정비병과 장교로서 공군본부 ○○참모부, 기획○○참모부, ○○사령부 등에서 항공기성능개량, 탄약 관리, 방위력개선사업, 예산편성 등의 업무를 계속해 왔으며 C도 방위산업 관련 업무를 계속하여 왔던 사실을 고려하면 두 사람의 사이를 업무와 관련 없는 순수한 친분관계라고만 보기는 어렵다. 실제로 피고인은 이 사건 향응을 접대받은 2014. 6. ○.까지 C에게 지속적으로 군사기밀을 누설하여 왔고 향응을 접대받은 후에도 같은 해 6. ○.까지 ○○탄약신관 관련 비밀 등 6건의 군사기밀을 추가로 누설하였고, C는 피고인으로부터 받은 군사기밀들을 외국 방산업체에 제공하고 컨설팅 수익을 얻으려고 계획하였고 실제로 일부 군사기밀을 해외로 유출하기도 하였다. 또한 C가 결제한 금액을 보더라도 개인적인 친분이 있는 사이에서 통상적으로 이루어지는 술자리로 보기에는 그 금액이 지나치게 크다고 할 것이다.

이러한 사실 및 사정을 종합하면, 피고인의 향응 수수는 직무와의 대가관계가 인정된다고 할 것이므로 피고인의 이 부분 주장은 이유 없다.

라. 양형부당 주장에 대한 판단

(생략)

3. 피고인 B의 항소이유에 대한 판단

가. 이 사건 증거가 위법수집증거라는 주장에 대한 판단

(생략)

나. 피고인이 '업무상 군사기밀을 취급하는 자'에 해당하지 않는다는 주장에 대한 판단

위 2. 나.항에서 살펴본 바와 같이, 군사기밀보호법 제13조 제1항의 '업무상 군사기밀을 취급하는 사람 또는 취급하였던 사람'의 범위를 해당비밀의 생산자, 해당비밀과 직접 관련 업무 종사자(비밀책임관 정·부에 임명된 자 또는 되었던 자) 등에 한정하

고 있는 것으로 볼 수는 없다.[15)]

피고인은 육군 항공병과 장교로서 2006. ○.부터 방위사업청에서 근무하였고 이 사건 당시에는 KHP사업단 ○○○○헬기사업팀 팀원으로 근무하였다. 피고인이 속한 ○○○○헬기사업팀은 ○○○○헬기 사업을 직접 담당하는 부서로서 국방과학연구소로부터 이 사건 비밀인 '○○○○헬기 탐색개발 결과보고서'를 받아 검토하는 작업을 진행하였다. 원심에 출석하여 증언한 ○○○○헬기사업팀원 H, I 등의 증언에 의하면 이와 같은 사업 및 기술관리 자료에 대한 검토는 팀 전체의 업무로서 팀원들이 공동으로 회의 등을 통해 실시하는 것이 원칙이며, 피고인이 이 사건 비밀을 보관하게 된 이유도 자료 검토와 의견 수렴을 위한 것이었음이 인정된다. 피고인도 I가 인트라넷을 통해 보내 준 이 사건 비밀을 스스로 출력하여 링바인더 형태로 제본하여 보관하였던 사실을 인정하고 있다.

이러한 사실 및 사정들을 종합하면, 피고인은 군사기밀보호법 제13조 제1항의 '업무상 군사기밀을 취급하는 사람'에 해당한다고 할 것이므로 피고인의 이 부분 주장은 이유 없다.

다. 피고인에게 '비밀'이라는 인식이 없었다는 주장에 대한 판단

피고인은 I로부터 이 사건 ○○○○헬기 탐색개발 결과보고서를 비밀 수발절차가 아닌 인트라넷으로 전송받았고 이를 받을 당시에 위 결과보고서가 비밀로 등재되지 아니하였으며 추후 비밀로 등재된 사실도 알지 못하였을 뿐 아니라 위 결과보고서를 출력한 후 읽어보지 않은 채 보관하고 있다가 누설한 것이므로, 자신에게는 '비밀'이라는 인식이 없었다고 주장한다.

살피건대, 피고인은 ○○○○헬기사업팀 팀원으로서 이 사건 ○○○○헬기 탐색개발 결과보고서와 같은 사업 관련 자료를 다른 팀원들과 함께 검토하는 지위에 있었고, I는 국방과학연구소로부터 받은 위 결과보고서를 피고인을 포함한 모든 팀원에게 인트라넷을 통해 배포하였고, 피고인은 스스로 이를 출력하였을 뿐만 아니라 링바인더 형태로 제본한 후 보관하고 있었다.

피고인은 이 사건 ○○○○헬기 탐색개발 결과보고서의 제본을 다시 해체하여 4쪽 보기 형식으로 이를 복사하였고 그 과정에서 방위사업청 기관표시와 주의사항 등이 인쇄된 첫 페이지는 따로 빼낸 사실을 인정하고 있고, 기무사령부에서 조사를 받으면서는 복사한 자료 중 한 페이지를 뺐다고 하면서 '작전운용성능' 부분이 보여서 그

15) 변호인은 항소이유서에서 이와 같이 군사기밀보호법 제13조 제1항을 제한해석하여야 한다는 취지로 주장하였다.

부분을 뺀 것이라고 진술한 바도 있다.

피고인은 이 사건 ○○○○헬기 탐색개발 결과보고서를 C에게 넘겨주면서 '보고 나서 다시 돌려 달라'는 취지로 말한 사실이 있다고 하면서 위 문서가 대외로 유출되면 안 되는 것은 알고 있었다고 진술하였다.

원심에서 증인으로 출석한 ○○○○헬기사업팀 팀원 H, J, I는 이 사건 ○○○○헬기 탐색개발 결과보고서와 같이 작전성능이 포함된 체계운용요구서(ORD)는 비밀로 분류되는 것이 일반적이라고 진술하였으며, H, J는 I로부터 위 결과보고서를 받을 당시 작전성능이 포함된 사실을 알았으며 당시는 평문이었으나 나중에 비밀로 등재될 것이라 생각하였다고 진술하였다. 또한 항공병과인 J는 항공병과의 장교로서 10년 이상 근무한 사람이라면 위 결과보고서의 내용이 비밀이라고 쉽게 인식하였을 것이라고 진술하였다.

이러한 사실과 사정들을 종합하면, 피고인은 이 사건 ○○○○헬기 탐색개발 결과보고서를 C에게 제공할 당시 위 문서가 비밀로 등재되었다는 사실을 인식하고 있었다고 할 것이므로 피고인의 이 부분 주장은 이유 없다.

라. 이 사건 비밀이 비밀로서 실질적 가치가 없다는 주장에 대한 판단

피고인은 이 사건 ○○○○헬기 탐색개발 결과보고서에 포함된 체계운용요구서(ORD)가 '국방전력투자사업공개지침'상 평문으로 분류하도록 기준이 정해진 '일반적인 성능/제원'에 불과하고 이미 그 성능과 제원이 일반에게 공개된 수리온헬기(한국형 기동헬기, KUH)의 체계운용요구서(ORD)와 그 내용이 거의 유사하므로, 이는 실질적으로 보호가치 있는 비밀로 볼 수 없다고 주장한다.

살피건대, 피고인이 누설한 ○○○○헬기 탐색개발 결과보고서에 포함된 체계운용요구서(ORD)에는 '일반적인 성능/제원'이라고 할 수 있는 기본성능 이외에도 무장, 항법장비, 생존장비, 통신 및 자료송수신 시스템 등 중요한 '작전운용성능'이 포함되어 있는데, '국방전력투자사업공개지침'에 의하면 이러한 '작전운용성능'은 III급 비밀로 분류하도록 정하고 있다.

원심에 증인으로 출석한 H는 방위사업청에서는 작전운용성능이 포함된 체계운용요구서(ORD)를 비밀로 분류해서 관리하고 있는데, 수리온헬기의 경우 체계운용요구서(ORD)를 평문으로 관리하라는 별도 지침이 있었고 그 지침에 따라 예외적으로 평문으로 관리되었던 것이라고 진술하였고, 증인 K는 처음 국방과학연구소가 ○○○○헬기의 탐색개발을 위해 방위사업청으로부터 받은 자료는 III급 비밀로 지정된 문건이었으며 국방과학연구소가 작성한 이 사건 ○○○○헬기 탐색개발 결과보고서도 비밀

로서 보호가치가 있다고 판단하여 2013. 2. ○. 비밀로 지정한 것이라고 진술하였다. 또한 K는 국방과학연구소가 평문 상태의 탐색개발 결과보고서를 방위사업청 ○○○○헬기사업팀으로 보낸 이유는 최종 보고서가 아닌 초안 단계의 보고서였기 때문이라면서 그 내용이 군사기밀로서 실질적 가치가 없었기 때문은 아니라고 진술하였다.

이 사건 ○○○○헬기의 성능과 제원의 일부가 수리온헬기의 그것들과 유사한 것은 사실이나, 이는 회전익이라는 비행체계의 유사성, 한반도라는 작전환경의 유사성, 소요군의 동일성 등으로 인한 자연스러운 결과로 이해되므로 두 헬기의 성능과 제원이 유사하다는 이유만으로 ○○○○헬기의 작전운용성능이 비밀로서의 가치가 없다고 할 수 없다. 더욱이 이 사건 ○○○○헬기의 작전운용성능에는 기동헬기인 수리온헬기에는 없는 '무장' 항목이 포함되어 있는데, 어떠한 무장이 적용되는지는 무기체계의 가장 핵심적인 부분으로서 그 내용이 유출될 경우 국가안보에 심각한 위협을 초래할 수 있음은 경험칙상 명백하다고 할 것이다.

이러한 사실과 사정들을 종합하면, 이 사건 ○○○○헬기 탐색개발 결과보고서는 군사기밀로서 실질적 보호가치가 있다는 사실이 인정된다고 할 것이므로 피고인의 이 부분 주장은 이유 없다.

마. 뇌물죄의 대가관계가 없다는 주장에 대한 판단

(생략)

바. 양형부당 주장에 대한 판단

(생략)

4. 결론

그렇다면, 피고인들의 양형부당 주장에 관한 각 항소는 이유 있으므로 군사법원법 제431조, 제414조 제12호에 의하여 원심판결을 파기하고, 같은 법 제435조에 의하여 변론을 거쳐 다시 아래와 같이 판결한다.

(이하 생략)

III. 참고 판결 : 군사기밀을 적법한 절차에 의하지 아니한 방법으로 탐지하거나 수집한 행위에 대한 처벌조항인 군사기밀 보호법 제11조가 죄형법정주의의 명확성원칙에 위배되는지 여부

헌법재판소 2020. 5. 27. 선고 2018헌바233 결정 [군사기밀 보호법 제13조 제1항 위헌소원]

【사안의 개요】

청구인(해군 대령)은 2014. 2.경부터 2014. 12.경까지 해군 □□□ – Ⅲ 협력단 ○○으로 근무하며 해군 □□□ – Ⅲ 사업과 관련하여 잠수함 설계 · 건조 등 사업 관리 및 기술 관리를 지원하고, 해군의 요구사항을 반영 · 확인하는 등의 업무를 총괄하였다.

청구인은 2014. 8.경 B 주식회사 영업팀장인 C로부터 'B에서 □□□ – Ⅲ Batch – Ⅱ 사업의 축전지를 개발하려 하는데 잠수함 요구사항을 보여달라'는 요청을 받고, 2014. 9.경 C에게 군사 Ⅲ급 비밀인 『비밀사본 배부(□□□ – Ⅲ Batch – Ⅱ 소요결정문서)』를 보여주어 C가 그 내용 중 □□□ – Ⅲ Batch – Ⅱ 사업의 주요 작전운용성능인 「톤수, 최대속력, 수중작전지속일수, 최대잠항심도, 통신장비, 수중작전지속일수(필요성), 스노클비」[16]를 수첩에 옮겨 적음으로써 업무로 인하여 알게 된 군사기밀을 타인에게 누설하였다는 내용의 공소사실로 기소되어 2017. 11. ○. 징역 3년에 집행유예 5년이 선고되었으나(국방부보통군사법원 2017고4 판결), 항소하여 2018. 7. ○. 징역 2년에 집행유예 4년이 선고되었다(고등군사법원 2017노419 판결).

청구인은 위 항소심 계속 중 업무상 군사기밀 누설행위에 관한 처벌조항인 '군사기밀 보호법' 제13조 제1항에 대하여 위헌법률심판제청신청을 하였으나 2018. 5. 24. 기각되자(고등군사법원 2018초기2), 2018. 6. 16. 이 사건 헌법소원심판을 청구하였다.

청구인은 "심판대상조항은 구성요건을 명확히 규정하고 있지 않아 '사적인 용도에 활용하기 위한 목적'이 있는 경우에도 죄가 성립하는 등 수범자로 하여금 심판대상조항에 의하여 처벌되는 행위가 무엇인지 예측할 수 없게 하므로 죄형법정주의의 명확성원칙에 위배된다"라고 주장하였으나, 헌법재판소는 군사기밀 보호법(2011. 6. 9. 법률 제10792호로 개정된 것) 제13조 제1항은 헌법에 위반되지 아니한다고 결정하였다.

---

16) 필자 주: 스노클비(Snorkel Ratio)는 재래식 잠수함의 항해에서 전체 수중 항해 시간에 대한 스노클 항해 시간의 비율을 의미한다.

【결정 중요부분 발췌(요약)】

1. 사건개요
(생략)

2. 심판대상
(생략)

3. 청구인의 주장
(생략)

4. 판단
가. 쟁점의 정리
이 사건의 쟁점은 심판대상조항 중 '업무상 군사기밀을 취급하는 사람 또는 취급하였던 사람' 부분이 죄형법정주의의 명확성원칙에 위반되는지 여부 및 심판대상조항이 책임과 형벌의 비례원칙에 위반되는지 여부이다.
청구인은 심판대상조항 중 '업무상 군사기밀을 취급하는 사람 또는 취급하였던 사람' 부분의 불명확성으로 인하여 법 집행기관의 자의적 판단에 따라 심판대상조항 또는 '군사기밀 보호법' 제13조 제2항이 선택적으로 적용되어 평등원칙에 위반된다는 주장도 하고 있으나, 이는 심판대상조항이 죄형법정주의의 명확성원칙에 위반된다는 주장과 다르지 않으므로 별도로 판단하지 않는다.
나. 죄형법정주의의 명확성원칙 위반 여부
사전적으로 '업무'는 직장 같은 곳에서 맡아서 하는 일을 뜻하고, '취급한다'는 것은 물건이나 일 따위를 대상으로 삼거나 처리하는 것을 뜻하는바, '업무상 군사기밀을 취급하는 사람 또는 취급하였던 사람'은 직업적으로 군사기밀에 관한 사무를 맡아서 처리하는 사람 또는 처리하였던 사람을 뜻한다.
심판대상조항이 업무와 관련하여 그 내용, 범위 등을 구체적으로 규정하지 않고 '업무'라는 일반적 개념을 사용하고 있고, '취급'의 경우에도 그 행위태양이 다양할 수 있으므로, 약간의 불명확성은 있을 수 있다. 그러나 대법원은 심판대상조항의 '업무'는 직업 또는 직무로서 계속적으로 행하는 일정한 사무를 통칭하고 그 직업, 직무는 법령에 의하든, 관례에 의하든, 계약에 의하든 관계없으며(대법원 2000. 1. 28. 선고

99도4022 판결, 대법원 2015. 9. 15. 선고 2015도10382 판결 등 참조), '업무상 군사기밀을 취급한 자'라는 규정은 주된 업무뿐만 아니라 보조업무상 필요로 당해 군사기밀을 열람하여 참고할 수 있는 지위에 있거나 업무에 종사하는 자도 이에 해당한다고 보아야 한다(대법원 2000. 2. 11. 선고 99도4641 판결, 대법원 2016. 8. 18. 선고 2014도13403 판결 등 참조)고 판단함으로써, '업무상 군사기밀을 취급하는 사람 또는 취급하였던 사람'의 의미, 범위, 판단기준 등에 관하여 구체화하고 있다.

또한 '업무'나 '취급'에 대해 입법자가 일일이 세분하여 규정하는 것은 입법기술상 불가능하거나 현저히 곤란하다. 군 조직 구조의 변화, 기술의 발전, 군 전문성 및 역량 강화 등으로 인하여 앞으로도 새로운 형태의 업무가 나타날 수 있고, 군사기밀을 취급하는 것 또한 군사기밀의 수집·열람·저장·가공·검색·보관 등의 행위가 모두 포함될 수 있으므로, 업무의 내용, 유형이나 취급의 범위 등을 구체적으로 특정하여 열거하도록 한다면 경우에 따라 필요한 규제를 하지 못하거나 적절한 판단을 할 수 없는 결과가 발생할 수 있다.

한편, 청구인은 '업무상 군사기밀을 취급하는 사람 또는 취급하였던 사람' 부분의 '업무'는 부진정신분범 요소이므로 '업무상 알게 되거나 점유한 군사기밀'에서의 '업무'와 구별되어야 한다고 주장한다. 청구인의 주장은 가중처벌의 근거가 되는 '업무'는 엄격하게 해석되어야 한다는 취지인 것으로 보이나, 관련 규정의 내용이나 체계 등을 통해 그러한 근거를 마련한 경우가 아니라면 형벌조항에 규정된 단어가 어떠한 구성요건에 해당하는지에 따라 의미가 달라진다고 보기는 어렵다.

따라서 심판대상조항 중 '업무상 군사기밀을 취급하는 사람 또는 취급하였던 사람' 부분이 다소 일반적·규범적 개념으로 규정되었다 하더라도, 그 구체적 내용은 군사기밀을 보호하여 국가안전보장에 기여하고자 하는 '군사기밀 보호법'의 입법목적을 고려하여 법관이 해석·적용함으로써 보완될 수 있으므로, 죄형법정주의의 명확성원칙에 위반되지 않는다.

다. 책임과 형벌의 비례원칙 위반 여부

심판대상조항은 업무상 군사기밀을 취급하는 사람 또는 취급하였던 사람이 그 업무상 알게 되거나 점유한 군사기밀을 타인에게 누설한 경우 3년 이상의 유기징역에 처하도록 규정하고 있다.

법정형의 종류와 범위를 정함에 있어서 고려해야 할 사항 중 가장 중요한 것은 당해 범죄의 보호법익과 죄질이라 할 것인데, 심판대상조항은 군사기밀의 보호를 위해 규정된 것으로서 이는 헌법 제37조 제2항에 규정된 국가안전보장을 직접적인 보호법익으로 한다. 국가의 안전보장은 독립적 주권국가로서 국가의 존립과 영토의 보전, 국민의 생명·안전의 수호를 위한 불가결한 전제조건이자 모든 국민이 자유를 행사하기 위한 기본적인 전제조건이라 할 것인바(헌법재판소 2011. 8. 30. 2008헌가22등 참조), 군사기밀은 국가의 안전보장과 직접적 관련이 있는 것으로서 그 내용이 누설되면 국익을 저해할 우려가 크고 국토의 방위에 위험을 초래할 우려가 있으므로, 군사기밀의 보호를 통해 국가의 안전을 보장하고자 하는 심판대상조항의 보호법익은 중대한 보호법익에 해당한다.

또한 군사기밀에 관련된 업무를 담당하는 사람은 기밀에 대한 접근 권한이 있어 쉽게 군사기밀을 지득하거나 입수할 수 있고, 접근·처리할 수 있는 기밀의 내용이나 양이 상당한 수준에 이를 것으로 예상되며, 업무상 군사기밀을 취급하는 것 자체로 군사기밀을 보호하고 보안을 유지해야 할 책무를 진다. 그럼에도 이를 위반하고 타인에게 누설한 것은 불법성과 죄질이 중하고 비난가능성 또한 상당히 높으므로, 무겁게 처벌할 필요가 있다.

심판대상조항이 3년 이상의 유기징역형을 규정한 것에 대하여 청구인은 실질적으로 국가의 안보에 영향을 미치지 않는 경미한 누설행위가 있을 수 있으므로 위 법정형으로는 행위에 상응하는 처벌을 할 수 없다고 주장한다. 그런데 각 행위마다 정확한 불법의 크기를 측정하여 법정형을 규정하는 것은 거의 불가능하고, 입법자가 법정형을 정할 때는 행위유형들을 일정하게 범주화하여 그렇게 유형화된 법정형이 범죄행위가 내포하는 불법성 정도의 분포 범위에 적절히 대응될 수 있다면 합리성이 있다고 보아야 한다. 이때 구체적으로 불법성의 정도가 다른 행위들을 하나로 묶어 같은 법정형을 정함으로써 생기는 문제점은 개별 사건에서 법관의 양형을 통해 책임과 형벌의 적절한 비례관계를 유지할 수 있다(헌법재판소 2006. 12. 28. 2005헌바85 참조).

심판대상조항에는 벌금형이 규정되어 있지 않아 비록 벌금형을 선택할 수는 없으나, 이는 벌금형으로 처벌해서는 업무와 관련된 군사기밀 누설행위를 예방, 방지하기에 미흡하다는 형사정책적 고려에 따른 것으로 볼 수 있고, 이러한 입법자의 입법정책적 결단은 기본적으로 존중되어야 할 필요가 있다(헌법재판소 2006. 6. 29. 2006헌가7 참조). 또한 법관은 작량감경을 하지 않더라도 집행유예를 선고할 수 있고 나아가 작량감경을 통하여 죄질과 책임에 상응하는 형을 선고할 수 있으며, 행위태양, 피해정도, 수법 등 구체적 사정은 법정형의 범위 내에서 충분히 고려될 수 있다. 심판대상조항이 규정한 누설행위의 주체 및 객체가 모두 업무와 관련된 것이라는 점에 비추어 보면 그 죄질과 정상의 폭도 그리 넓다고 보기 어려우므로, 심판대상조항이 일률적으로 3년 이상의 유기징역형을 규정하였다 하여 이를 불합리하다고 볼 수 없다.

한편, 청구인은 심판대상조항을 위반한 경우 집행유예 이상의 형을 선고받게 되어 군인 등의 신분을 상실하고 군인연금이 감액되어 지급되는 불이익을 받게 되므로 심판대상조항이 책임과 형벌의 비례원칙에 반한다고 주장하나, 위와 같은 불이익은 군인사법, 군인연금법 등 관련조항에 근거하여 발생하는 것으로 심판대상조항에 의한 것이라 볼 수 없다.

따라서 심판대상조항은 책임과 형벌의 비례원칙에 위반되지 않는다.

5. 결론

그렇다면 심판대상조항은 헌법에 위반되지 아니하므로, 관여 재판관 전원의 일치된 의견으로 주문과 같이 결정한다.

요약정리 [사안의 쟁점과 판결의 요지]

고등군사법원 2015. 6. 30. 선고 2015노38 판결 [군사기밀보호법위반, 뇌물수수]

이 사안의 쟁점은 **피고인들이 '업무상 군사기밀을 취급하는 사람 또는 취급하였던 사람'에 해당하는지 여부**였다. 즉 이 사건에서 피고인들은 군사기밀보호법 제13조 제1항의 '업무상 군사기밀을 취급하는 사람 또는 취급하였던 사람'의 범위를 해당비밀의 생산자, 해당비밀과 직접 관련 업무 종사자(비밀책임관 정·부에 임명된 자 또는 되었던 자) 등에 한정하여 해석하여야 한다는 취지로 주장하였다.

고등군사법원 2015. 6. 30. 선고 2015노38 판결은 ① 군사기밀보호법은 군사기밀을 취급하는 자에게 지정된 군사기밀에 대하여 군사기밀이라는 뜻을 표시·고지하거나 군사기밀의 보호에 필요한 조치를 취하도록 하고 있고(제5조), 군사보안업무훈령(국방부훈령 제152호)은 비밀은 비밀취급 인가를 받은 자로서 그 비밀과 '업무상 관련이 있는 자'가 취급할 수 있는 것으로 규정하고 있으며(제17조), 비밀의 생산(제23조), 비밀의 관리(제39조), 비밀취급 인가권자 및 절차(제64조) 등에 대하여는 '비밀의 취급'과는 별도의 장·절에서 규정하고 있어 결국 **군사기밀보호법 제13조 제1항의 '업무상 군사기밀을 취급하는 사람 또는 취급하였던 사람'**의 범위를 해당비밀의 생산자, 해당비밀과 직접 관련 업무 종사자(비밀책임관 정·부에 임명된 자 또는 되었던 자) 등에 한정하고 있는 것으로 볼 수는 없고, ② 피고인 A가 소속된 공군본부 기획○○참모부는 공군전략 발전 및 항공우주군 발전기반 조성을 목표로 공군의 핵심 전력체계의 전력화를 추진하고 전력 운영계획을 수립하며 관련 예산을 운영하는 부서로서 공군 전체의 방위력개선사업들과 관련된 다량의 비밀을 생산하여 보관하고 있으며, 소속 부서원들은 업무와 관련하여 수시로 방위력개선사업 관련 비밀들을 취급하고 있으며, 이 사건 범행 당시 피고인은 공군본부 기획○○참모부 ○○1과 성능개량담당으로서 과장을 제외한 부서원 중 가장 선임자의 지위에 있었고, 부서의 선임장교는 부서장을 보좌하여 나머지 부서원의 업무를 지도·감독하는 것이 통상이고 부서장의 부재시 그 직무를 대리하는 지위에 있었던 사실을 종합하여 보면, 피고인 A는 군사기밀보호법 제13조 제1항의 '업무상 군사기밀을 취급하는 사람'에 해당하고, ③ 피고인 B는 육군 항공병과 장교로서 2006. ○. 부터 방위사업청에서 근무하였고 이 사건 당시에는 KHP사업단 ○○○○헬기사업팀 팀원으로 근무하였으며, 피고인이 속한 ○○○○헬기사업팀은 ○○○○헬기 사업을 직접 담당하는 부서로서 국방과학연구소로부터 이 사건 비밀인 '○○○○헬기 탐색개발 결과보고서'를 받아 검토하는 작업을 진행하였고, 원심에 출석하여 증언한 ○○○○헬기사업 팀원 H, I 등의 증언에 의하면 이와 같은 사업 및 기술관리 자료에 대한 검토는 팀 전체의 업무로서 팀원들이 공동으로 회의 등을 통해 실시하는 것이 원칙이며, 피고인이 이 사건 비밀을 보관하게 된 이유도 자료 검토와 의견 수렴을 위한 것이었음이 인정되므로, 이러한 사실 및 사정들을 종합하여 보면 피고인 B는 군사기밀보호법 제13조 제1항의 '업무상 군사기밀을 취급하는 사람'에 해당한다고 판시하였다.

판례 14

GOP에서 '근무기피목적위계'를 하였다는 사실만으로 군형법상 '적전근무기피목적위계죄'에 해당하는지 여부

고등군사법원 2013. 4. 15. 선고 2013노260 판결 [적전근무기피목적위계(인정된 죄명 : 근무기피목적위계)]
[1심판결] 제25사단 보통군사법원 2013. 10. 25. 선고 2013고15 판결

I. 사안의 개요 [공소사실의 요지 및 사건의 경과]

1. 공소사실의 요지

피고인은 2013. 8. ○.부터 ○○ 소재 GOP 경계근무에 투입되었다. 피고인은 2013. 8. 말경 소속대 6소초에서 신체적으로 버티기 힘들다는 이유로 소속대 ○소초에서 발생한 수류탄 사망사고를 이용하여 근무를 기피하기로 마음먹었다.

그리하여 피고인은, 2013. 8. ○.경 위 6소초에서 설문조사지에 "요즘 들어 정말 GOP 생활이 힘듭니다. 정말 내려가고 싶습니다. 몸과 정신적으로 힘이 듭니다. 상담받고 싶습니다."라고 작성하는 등의 방법으로 6차례에 걸쳐 마음의 편지를 작성하거나 소속대 간부들에게 자살가능성을 호소하였다.

피고인은 이에 속은 소속대 대대장으로 하여금 피고인을 관심병사로 지정하게 한 후 GOP 경계근무에 투입되지 않는 후방지역의 ○○보직으로 피고인의 보직을 변경하게 하였다. 이로써 피고인은 적전인 GOP에서 근무를 기피할 목적으로 위계를 하였다.

2. 사건의 경과

군형법에서 규정하고 있는 일부 범죄들은 **'적전'**인 경우와 그렇지 않은 경우에 형량에서 큰 차이가 있다. 따라서 만연히 **'적전'**을 인정할 경우 구체적 타당성의 면에서 문제가 있는 형사처벌이 될 수 있다. 특히 군형법은 대체로 형량이 매우 무겁게 규정되어 있기 때문에 개별 사건의 구체적 사실관계에 따라서는 범죄와 형벌 사이의 균형이 맞지 않는 문제가 발생할 수 있다. 그러한 맥락에서 이 사안의 쟁점은 **남방한**

계선 철책에 있는 일반초소(GOP)의 경계근무에 투입되었다가 근무기피목적위계죄를 범한 경우 군형법 제41조 제2항 제1호의 '적전 근무기피 목적 위계죄'로 처벌할 수 있는지 여부였다.

1심(제25사단 보통군사법원 2013. 10. 25. 선고 2013고15 판결)은 군인인 피고인이 남방한계선 철책에 있는 일반초소(GOP)의 경계근무에 투입되었다가 근무를 기피할 목적으로 위계를 행하였다는 이 사건 공소사실에 대하여 군형법 제41조 제2항 제1호에서 정한 '적전 근무기피 목적 위계'에 해당한다고 판단하였다.

그러나 **항소심(고등군사법원 2014. 4. 15. 선고 2013노260 판결)**은 군형법 제2조 제5호의 '적전' 개념은 단순한 물리적·지역적 대치가 아닌 전술적 목적에서의 대치를 말하는 것으로 해석해야 한다고 판시하며 제1심판결을 파기하고 축소사실인 근무기피목적위계죄를 유죄로 인정하여 피고인에게 징역 6월에 집행유예 1년을 선고하였고, **대법원 2014. 9. 4. 선고 2014도5033 판결**은 원심판결 이유를 기록에 비추어 살펴보면, 원심(항소심)이 그 판시와 같은 이유로 이 사건 '적전 근무기피 목적 위계'의 공소사실에 대하여 범죄의 증거가 없는 경우에 해당한다고 하여 제1심의 유죄판결을 파기하고 무죄로 판단한 것은 정당하고, 거기에 군형법에서 규정한 '적전'의 개념에 관한 법리를 오해한 잘못이 없다고 판시하며 검찰관의 상고를 기각하였다.

II. 판결 읽어보기 [판결 중요부분 발췌(요약)] : 고등군사법원 2013. 4. 15. 선고 2013노260 판결

1. 항소이유의 요지

(생략)

2. 피고인의 사실오인 및 법리오해 주장에 대한 판단

가. 피고인의 사실오인 및 법리오해 주장

(생략)

나. 당심의 판단

군형법 제2조 제5호는 '"적전"이란 적에 대하여 공격·방어의 전투행동을 개시하기 직전과 개시 후의 상태 또는 적과 직접 대치하여 적의 습격을 경계하는 상태를 말한다.'고 규정하고 있다. 군형법은 적전인 경우에 가중처벌하는 여러 조문이 있고, 각 조문의 '적전' 개념은 군형법 제2조 제5호에 따라 동일한 기준으로 해석되어야 할 것이다.

군형법 제2조 제5호의 '적전' 개념에 ① 시간적인 제한을 가하지 않는다면 적전과 그렇지 않은 경우의 구별이 불가능하므로 시간적으로는 적에 대하여 전투행동을 개시하기 직전부터 전투행동 개시 후 종료할 때까지를 말하는 것으로 해석되고, ② 공간적 범위를 구체적으로 정의하지 않는다면 전투지역의 확대 및 공격수단의 발달 등을 고려해 볼 때 GOP뿐만 아니라 해안, 해상, 공중 등 적전의 범위가 지나치게 확대되거나 축소될 수 있으므로 단순한 물리적·지역적 대치가 아닌 전술적 목적에서의 대치를 말하는 것으로 해석된다.

만약 이러한 제한 없이 GOP 근무 자체만으로 적전임을 당연히 인정한다면 GOP의 지휘관이 직무유기를 하는 경우 반드시 사형에 처하여야 하며(군형법 제24조 제1호), GOP에서 군무이탈을 하는 경우에는 사형, 무기, 10년 이상의 징역에 처하여야 하는(군형법 제30조 제1항 제1호) 등 선뜻 납득하기 어려운 해석에 이르게 된다고 할 것이다.

따라서 검찰관으로서는 GOP에 근무한다는 사실 이외에 시간적으로, 공간적으로 적전에 해당한다는 사실을 입증할 책임이 있다고 할 것이다.

그렇다면 원심으로서는 피고인이 GOP에 근무하였다는 사실 이외에 시간적, 공간적으로 적전에 해당한다는 사실에 대한 증거를 확인하였어야 함에도 만연히 적전근무기피목적위계의 공소사실을 유죄로 인정한 것은 적전근무기피목적위계의 법리를 오해한 것이라고 할 것이고, 이는 판결 결과에 영향을 미쳤음이 명백하므로 이를 지적하는 항소논지는 이유 있다.

3. 결론

따라서 피고인의 항소는 '적전근무기피목적위계'에 대한 법리오해의 점에 관하여 이유 있으므로 당심으로서는 피고인과 검찰관의 양형부당 주장에 대하여는 나아가 판단하지 아니한 채 군사법원법 제431조, 제435조에 의하여 원심판결을 파기하고, 변론을 거쳐 다시 다음과 같이 판결한다.

(이하 생략)

고등군사법원 2013. 4. 15. 선고 2013노260 판결 [적전근무기피목적위계(인정된 죄명 : 근무기피목적위계)]

군형법에서 규정하고 있는 일부 범죄들은 **'적전'**인 경우와 그렇지 않은 경우에 형량에서 큰 차이가 있다. 따라서 만연히 **'적전'**을 인정할 경우 구체적 타당성의 면에서 문제가 있는 형사처벌이 될 수 있다. 특히 군형법은 대체로 형량이 매우 무겁게 규정되어 있기 때문에 개별 사건의 구체적 사실관계에 따라서는 범죄와 형벌 사이의 균형이 맞지 않는 문제가 발생할 수 있다. 그러한 맥락에서 이 사안의 쟁점은 **남방한계선 철책에 있는 일반초소(GOP)의 경계근무에 투입되었다가 근무기피목적위계죄를 범한 경우 군형법 제41조 제2항 제1호의 '적전 근무기피 목적 위계죄'로 처벌할 수 있는지 여부**였다.

1심(제25사단 보통군사법원 2013. 10. 25. 선고 2013고15 판결)은 군인인 피고인이 남방한계선 철책에 있는 일반초소(GOP)의 경계근무에 투입되었다가 근무를 기피할 목적으로 위계를 행하였다는 이 사건 공소사실에 대하여 군형법 제41조 제2항 제1호에서 정한 '적전 근무기피 목적 위계'에 해당한다고 판단하였다.

그러나 **항소심(고등군사법원 2014. 4. 15. 선고 2013노260 판결)**은 군형법 제2조 제5호의 '적전' 개념은 단순한 물리적·지역적 대치가 아닌 전술적 목적에서의 대치를 말하는 것으로 해석해야 한다고 판시하며 제1심판결을 파기하고 축소사실인 '근무기피 목적 위계'의 공소사실을 유죄로 인정하여 피고인에게 징역 6월에 집행유예 1년을 선고하였고, **대법원 2014. 9. 4. 선고 2014도5033 판결**은 원심판결 이유를 기록에 비추어 살펴보면, 원심(항소심)이 그 판시와 같은 이유로 이 사건 '적전 근무기피 목적 위계'의 공소사실에 대하여 범죄의 증거가 없는 경우에 해당한다고 하여 제1심의 유죄판결을 파기하고 무죄로 판단한 것은 정당하고, 거기에 군형법에서 규정한 '적전'의 개념에 관한 법리를 오해한 잘못이 없다고 판시하며 검찰관의 상고를 기각하였다.

판례 15

업무상 알게 된 다른 군인의 아이디와 비밀번호를 이용하여 군 내부전산망 등에 접속하여 타인의 명의로 지휘관에게 이메일을 보낸 것이 '정당한 접근권한 없이 정보통신망에 침입하는 행위'에 해당하는지 여부

대법원 2005. 11. 25. 선고 2005도870 판결 [정보통신망이용촉진및정보보호등에관한법률위반]

I. 사안의 개요 [공소사실의 요지 및 사건의 경과]

1. 공소사실의 요지

피고인은 피고인의 상관인 공소외 소령 B가 소관업무에 관한 보고사항을 육군본부에 대신 발송할 수 있도록 하는 등의 업무상 필요에 의해 식별부호(아이디와 비밀번호)를 사무실 간부들과 병사들에게 알려줌에 따라 피고인도 이를 알게 되었음을 기화로, 2회에 걸쳐 피고인의 컴퓨터로 소령 B의 식별부호(아이디와 비밀번호)를 입력하여 육군웹메일과 핸드오피스 시스템에 접속한 후 소령 B 명의로 소속대 지휘관에게 "○○○○ 보아라. 네놈이 감히 ○대위(피고인을 지칭)를 징계하려고 했던 것에 피가 거꾸로 솟구친다. ○○ 하나쯤 인사처리하는 것은 문제도 아니다. (이하 생략)"라는 취지의 이메일을 보냈다.

2. 사건의 경과

이 사안의 쟁점은 **업무상 알게 된 다른 군인의 아이디와 비밀번호를 이용하여 군 내부전산망 등에 접속하여 타인의 명의로 지휘관에게 이메일을 보낸 것이 '정당한 접근권한 없이 정보통신망에 침입하는 행위'에 해당하는지 여부**였다.

원심(고등군사법원 2005. 1. 11. 선고 2004노125 판결)은 타인의 식별부호(아이디와 비밀번호)를 이용하여 타인의 정보통신망에 침입하는 행위도 정당한 접근권한 없이 또는 허용된 접근권한을 초과하여 정보통신망에 침입하는 행위에 포함된다는 이유로,

이 사건 공소사실을 유죄로 인정하였다.

대법원 2005. 11. 25. 선고 2005도870 판결은 피고인이 소령 B의 식별부호(아이디와 비밀번호)를 이용하여 육군웹메일과 핸드오피스의 소령 B의 계정에 접속한 행위는 모두 정보통신망법 제48조 제1항에 규정한 정당한 접근권한 없이 정보통신망에 침입하는 행위에 해당한다고 판시하며 피고인의 상고를 기각하였다.

II. 판결요지 : 대법원 2005. 11. 25. 선고 2005도870 판결

[1] 정보통신망 이용촉진 및 정보보호 등에 관한 법률 제48조 제1항은 구 전산망 보급확장과 이용촉진 등에 관한 법률 제22조 제2항 및 구 정보통신망 이용촉진 등에 관한 법률 제19조 제3항과 달리 정보통신망에 대한 보호조치를 침해하거나 훼손할 것을 구성요건으로 하지 않고 '정당한 접근권한 없이 또는 허용된 접근권한을 초과하여 정보통신망에 침입'하는 행위를 금지하고 있으므로, 정보통신망 이용촉진 및 정보보호 등에 관한 법률은 그 보호조치에 대한 침해나 훼손이 수반되지 않더라도 부정한 방법으로 타인의 식별부호(아이디와 비밀번호)를 이용하거나 보호조치에 따른 제한을 면할 수 있게 하는 부정한 명령을 입력하는 등의 방법으로 침입하는 행위도 금지하고 있다고 보아야 한다.
[2] 정보통신망 이용촉진 및 정보보호 등에 관한 법률 제48조 제1항은 이용자의 신뢰 내지 그의 이익을 보호하기 위한 규정이 아니라 정보통신망 자체의 안정성과 그 정보의 신뢰성을 보호하기 위한 것이라고 할 것이므로, 위 규정에서 접근권한을 부여하거나 허용되는 범위를 설정하는 주체는 서비스제공자라 할 것이고, 따라서 서비스제공자로부터 권한을 부여받은 이용자가 아닌 제3자가 정보통신망에 접속한 경우 그에게 접근권한이 있는지 여부는 서비스제공자가 부여한 접근권한을 기준으로 판단하여야 한다.
[3] 이용자가 자신의 아이디와 비밀번호를 알려주며 사용을 승낙하여 제3자로 하여금 정보통신망을 사용하도록 한 경우라고 하더라도, 그 제3자의 사용이 이용자의 사자(使者) 내지 사실행위를 대행하는 자에 불과할 뿐 이용자의 의도에 따라 이용자의 이익을 위하여 사용되는 경우와 같이 사회통념상 이용자가 직접 사용하는 것에 불과하거나, 서비스제공자가 이용자에게 제3자로 하여금 사용할 수 있도록 승낙하는 권한을

부여하였다고 볼 수 있거나 또는 서비스제공자에게 제3자로 하여금 사용하도록 한 사정을 고지하였다면 서비스제공자도 동의하였으리라고 추인되는 경우 등을 제외하고는, 원칙적으로 그 제3자에게는 정당한 접근권한이 없다고 봄이 상당하다.

III. 판결 읽어보기 [판결 중요부분 발췌(요약)] : 대법원 2005. 11. 25. 선고 2005도870 판결

1. 공소사실 및 원심판단의 요지

(생략)

2. 상고이유(상고이유서 제출기간이 경과한 후에 제출된 상고이유보충서는 상고이유를 보충하는 범위 내에서)에 대한 판단

먼저 이 사건 공소사실에 대한 처벌근거규정을 살피건대, 2001. 1. 16. 법률 제6360호로 전문 개정된 정보통신망 이용촉진 및 정보보호 등에 관한 법률(이하 '정보통신망법'이라 약칭한다)의 전신인 구 전산망 보급확장과 이용촉진 등에 관한 법률 제22조 제2항 및 구 정보통신망 이용촉진 등에 관한 법률 제19조 제3항은 모두 정보통신서비스제공자가 정보통신망의 안정성 및 정보의 신뢰성을 확보하기 위한 보호조치를 강구하여야 함을 전제로 그러한 보호조치를 불법 또는 부당한 방법으로 침해하거나 훼손하는 행위를 금지하고 있었으나, 이 사건 공소사실에 적용된 정보통신망법 제48조 제1항은 그러한 보호조치를 침해하거나 훼손할 것을 구성요건으로 하지 않고 "정당한 접근권한 없이 또는 허용된 접근권한을 초과하여 정보통신망에 침입"하는 행위를 금지하고 있으므로, 정보통신망법은 그 보호조치에 대한 침해나 훼손이 수반되지 않더라도 부정한 방법으로 타인의 식별부호(아이디와 비밀번호)를 이용하거나 보호조치에 따른 제한을 면할 수 있게 하는 부정한 명령을 입력하는 등의 방법으로 침입하는 행위도 금지하고 있다고 보아야 할 것이다.

나아가 정보통신망법 제48조 제1항은 위 규정이 속한 정보통신망법 제6장의 제목이 "정보통신망의 안정성 확보 등"인 데서 나타나듯이 이용자의 신뢰 내지 그의 이익을 보호하기 위한 규정이 아니라 정보통신망 자체의 안정성과 그 정보의 신뢰성을 보호하기 위한 것이라고 할 것이므로, 위 규정에서 접근권한을 부여하거나 허용되는 범위를 설정하는 주체는 서비스제공자라 할 것이고, 따라서 서비스제공자로부터 권한

을 부여받은 이용자가 아닌 제3자가 정보통신망에 접속한 경우 그에게 접근권한이 있는지 여부는 서비스제공자가 부여한 접근권한을 기준으로 판단하여야 할 것이다.

그렇다면 실제공간과는 달리 행위자가 누구인지 명확하게 확인하기 어려운 가상공간에서 아이디와 비밀번호 등 식별부호는 그 행위자의 인격을 표상하는 것으로서, 무분별한 아이디의 공유 등 익명성의 남용으로 인한 정보통신망의 무질서 내지 상호신뢰의 저하는, 부정한 방법으로 보호조치를 물리적으로 침해하는 소위 해킹 등의 경우와 마찬가지로 정보통신망의 안정성과 그 안에 담긴 정보의 신뢰성을 해할 수 있다 할 것이므로, 비록 이용자가 자신의 아이디와 비밀번호를 알려주며 사용을 승낙하여 제3자로 하여금 정보통신망을 사용하도록 한 경우라고 하더라도, 그 제3자의 사용이 이용자의 사자(使者) 내지 사실행위를 대행하는 자에 불과할 뿐 이용자의 의도에 따라 이용자의 이익을 위하여 사용되는 경우와 같이 사회통념상 이용자가 직접 사용하는 것에 불과하거나, 서비스제공자가 이용자에게 제3자로 하여금 사용할 수 있도록 승낙하는 권한을 부여하였다고 볼 수 있거나 또는 서비스제공자에게 제3자로 하여금 사용하도록 한 사정을 고지하였다면 서비스제공자도 동의하였으리라고 추인되는 경우 등을 제외하고는, 원칙적으로 그 제3자에게는 정당한 접근권한이 없다고 봄이 상당하다.

돌이켜 이 사건 공소사실에 관하여 보건대, 피고인이 육군웹메일이나 핸드오피스 시스템에 위 공소외 소령 B의 아이디와 비밀번호로 접속하여 소령 B가 알지 못하는 사이에 그의 명의로 군사령관에게 피고인의 이익을 위한 이메일을 보낸 것은 사회통념상 서비스제공자가 소령 B에게 부여한 접근권한을 소령 B가 직접 사용한 것과 동일시할 수 있는 경우라고 할 수 없을 뿐 아니라, 군 내부전산망이나 전자결재시스템에서 서비스제공자가 이용자인 소령 B에게 자신의 식별부호를 타인으로 하여금 마음대로 사용할 수 있도록 하는 것을 승낙하는 권한을 부여하였다고 보기도 어렵고, 공소사실 기재와 같은 피고인의 사용은 별개의 인격으로 새로운 이용자가 되어야 할 피고인이 자신의 이익을 위하여 소령 B에게 부여된 접근권한을 함부로 사용한 것으로 이에 대하여 서비스제공자가 동의하였으리라고 보이지도 아니하므로, 피고인이 소령 B의 식별부호를 이용하여 육군웹메일과 핸드오피스의 소령 B의 계정에 접속한 행위는 모두 정보통신망법 제48조 제1항에 규정한 정당한 접근권한 없이 정보통신망에 침입하는 행위에 해당한다고 할 것이다.

그렇다면 정당한 접근권한 없이 정보통신망에 침입하였다는 것이 아니라 허용된 접근권한을 초과하여 정보통신망에 침입하였다는 취지의 공소사실을 그대로 유죄라고 인정한 원심판결은 그 설시에 있어서 다소 부적절한 점이 없지 아니하나, 공소사실 기재의 피고인의 각 행위가 정보통신망법 제48조 제1항에 정한 부정한 침입행위에 해당한다고 본 결론에 있어서는 정당하고, 이와 다른 전제에서 소령 B의 사용승낙이 있었으니 피고인의 행위는 죄가 되지 아니한다는 이유로 원심판결에 정보통신망법 제48조 제1항의 해석에 관한 법리를 오해한 잘못이 있다는 상고이유의 논지는 이유 없다.

3. 결론

그러므로 상고를 기각하기로 하여 관여 대법관의 일치된 의견으로 주문과 같이 판결한다.

요약정리 [사안의 쟁점과 판결의 요지]

대법원 2005. 11. 25. 선고 2005도870 판결 [정보통신망이용촉진및정보보호등에관한법률위반]

이 사건의 피고인은 피고인의 상관인 공소외 소령 B가 소관업무에 관한 보고사항을 육군본부에 대신 발송할 수 있도록 하는 등의 업무상 필요에 의해 식별부호(아이디와 비밀번호)를 사무실 간부들과 병사들에게 알려줌에 따라 피고인도 이를 알게 되었음을 기화로, 2회에 걸쳐 피고인의 컴퓨터로 소령 B의 아이디와 비밀번호를 입력하여 육군 웹메일과 핸드오피스 시스템에 접속한 후 소령 B 명의로 소속대 지휘관에게 "○○○○ 보아라. 네놈이 감히 ○대위(피고인을 지칭)를 징계하려고 했던 것에 피가 거꾸로 솟구친다. ○○ 하나쯤 인사처리하는 것은 문제도 아니다. (이하 생략)"라는 취지의 이메일을 보냈다는 내용의 공소사실로 기소되었다.

이 사안의 쟁점은 **업무상 알게 된 다른 군인의 아이디와 비밀번호를 이용하여 군 내부전산망 등에 접속하여 타인의 명의로 이메일을 보낸 것이 '정당한 접근권한 없이 정보통신망에 침입하는 행위'에 해당하는지 여부**였다.

원심(고등군사법원 2005. 1. 11. 선고 2004노125 판결)은 타인의 식별부호(아이디와 비밀번호)를 이용하여 타인의 정보통신망에 침입하는 행위도 정당한 접근권한 없이 또는 허용된 접근권한을 초과하여 정보통신망에 침입하는 행위에 포함된다는 이유로, 이 사건 공소사실을 유죄로 인정하였고, **대법원 2005. 11. 25. 선고 2005도870 판결**은 피고인이 소령 B의 식별부호(아이디와 비밀번호)를 이용하여 육군웹메일과 핸드오피스의 소령 B의 계정에 접속한 행위는 모두 정보통신망법 제48조 제1항에 규정한 **정당한 접근권한 없이 정보통신망에 침입하는 행위**에 해당한다고 판시하며 피고인의 상고를 기각하였다.

판례 16 군인복무기본법에 위반되는 영대대기명령을 받은 군인이 부대를 이탈한 경우 '무단이탈죄'로 처벌할 수 있는지 여부

고등군사법원 2018. 7. 25. 선고 2017노330 판결 [무단이탈]
[1심판결] 제3야전군사령부 보통군사법원 2017. 8. 17. 선고 2017고6 판결

I. 사안의 개요 [공소사실의 요지 및 사건의 경과]

1. 공소사실의 요지

피고인은 2016. 11. ○.부터 같은 해 12. ○.까지 특임대 비상대기 명령을 받아 지정된 장소인 제○군단 사령부 영내를 이탈하지 아니할 의무가 있었음에도 불구하고 2016. 12. ○. 22:37경 제○군단 사령부 정문을 나가 술을 마시는 등 지정장소를 이탈하고 약 3시간 26분 후인 2016. 12. ○. 01:53경 돌아옴으로써 지휘관의 허가 없이 지정장소인 제○군단 사령부 영내를 이탈하였다.

2. 사건의 경과

이 사안의 쟁점은 **군인복무기본법에 위반되는 영대대기명령을 받은 군인이 부대를 이탈한 경우 '무단이탈죄'로 처벌할 수 있는지 여부**였다.

1심(제3야전군사령부 보통군사법원 2017. 8. 17. 선고 2017고6 판결)은 ① 피고인이 비록 '비상대기 명령' 공문을 인식하지 못했다 하더라도 2016. 11. ○.부터 2016. 12. ○.까지 제○군단 사령부 영내에서 비상대기 업무를 수행하여야 한다는 것을 충분히 알았다고 인정되고, ② 상관의 명령은 반드시 문서로만 발령되는 것이 아니라 구두로도 지시될 수 있으므로 피고인에 대한 비상대기 명령은 정상적인 명령이라는 이유로 이 사건 무단이탈의 공소사실을 유죄로 인정하였다.

그러나 **고등군사법원 2018. 7. 25. 선고 2017노330 판결**은 군검사가 제출한 증거들만으로는 피고인이 적법한 절차와 규정에 따라 발령된 '영내대기 명령'을 받은

상태에서 지정된 장소를 이탈한 것이라는 점이 합리적인 의심의 여지가 없을 정도로 증명되었다고 보기 어렵고, 달리 이를 인정할 증거가 없다는 이유로 1심판결을 파기하고 무죄를 선고하였다.

II. 판결 읽어보기 [판결 중요부분 발췌(요약)] : 고등군사법원 2018. 7. 25. 선고 2017노330 판결

1. 항소이유의 요지

(생략)

2. 심판범위 판단

(생략)

3. 피고인의 사실오인 내지 법리오해 주장에 대한 판단

가. 이 부분 공소사실의 요지

(생략)

나. 원심의 판단

원심은, 적법하게 채택하여 조사한 증거들에 의하여 인정되는 다음의 사정들을 종합하여, 피고인이 비록 비상대기 명령공문을 인식하지 못했다 하더라도 2016. 11. ○.부터 2016. 12. ○.까지 제○군단 사령부 영내에서 비상대기 업무를 수행하여야 한다는 것을 충분히 알았다고 판단되고, 상관의 명령은 반드시 문서로만 발령되는 것이 아니라 구두로도 지시될 수 있으므로, 피고인에 대한 비상대기 명령은 정상적인 명령으로 보아, 피고인에게 무단이탈죄를 인정하였다.

① 2016. 11.경 ○군단 헌병대가 헌병단으로 개편되면서 특임중대가 증편되고 이로 인하여 대테러발생시 즉시 투입을 위한 대테러 초동조치팀이 필요하게 되었고 이에 당시 헌병단장인 대령 A는 헌병단 특임중대 비상대기조로 하여금 제○군단 사령부 영내에서 대기할 것을 지시하였으며 당시 특임중대장이었던 대위 B는 특임중대 결산 간 피고인을 포함한 병력들에게 이러한 헌병대장의 명령을 전파하였다.

② 이에 따라 1명의 간부와 10명의 병사들은 1주일간 제○군단 사령부 영내에서

대기하면서 비상대기 명령을 수행하였는데 간부의 경우, 일과시간에는 부대 막사에서 평상시 업무를 수행하고, 일과시간 외에는 특임대 비상대기자 숙소인 영내 구 헌병단장 관사에 대기하였다. 실제로 특임중대 1소대 1팀장인 하사 C는 2016. 11. ○.부터 2016. 11. ○.까지 자신의 숙소가 아닌, 제○군단 사령부 영내에 있는 구 헌병단장 관사에서 비상대기 명령을 수행하였고(C에 대한 비상대기 명령 공문은 2016. 11. ○. 발령되었다), 피고인 역시 자신의 숙소가 아닌, 구 헌병단장 관사에서 2016. 11. ○.부터 2016. 12. ○. 22:37경까지 제○군단 사령부 영내에서 비상대기를 하고 있었다(피고인에 대한 비상대기 명령 공문은 2016. 11. ○. 발령되었으나, 2016. 12. ○. 비상대기 기간이 정정되었다).

다. 당심의 판단

1) 무단이탈죄는 적법한 명령을 전제로 하여 근무 장소 내지 지정된 장소를 이탈한 경우에 성립하는 범죄이며, 절차와 규정에 따르지 아니한 명령으로 근무 장소 내지 지정된 장소에 머무를 것을 요구받아 이를 이탈하는 경우에는 무단이탈죄로 처벌할 수 없다고 할 것이다. 그런데 이 사건 공소사실은, 피고인이 헌병단장 대령 A로부터 비상대기 명령과 함께 영내대기 명령을 받았음에도 불구하고 일과를 마친 2016. 12. ○. 22:37경부터 다음날 01:53경까지 영내에 대기하지 아니하고 이탈하였음을 이유로 기소된 사건인바, 그렇다면 지휘관인 헌병단장 대령 A가 피고인에게 일과시간 이후 지시한 영내대기 명령이 절차와 규정에 따라 적법하게 내려진 명령에 해당하는지 여부를 살펴야 할 것이다.

그런데 군인의 지위 및 복무에 관한 기본법(이하 '군인복무기본법'이라 한) 제12조에는 근무시간 외 지휘관의 명령에 의한 영내대기를 원칙적으로 금지하면서, 영내대기를 명할 수 있는 경우로서 ① 근무시간인 경우, ② 군인복무기본법 제12조 각 호 사유로서, ㉠ 전시·사변 또는 이에 준하는 국가비상사태가 발생한 경우, ㉡ 침투 및 국지도발 상황 등 작전상황이 발생한 경우, ㉢ 경계태세의 강화가 필요한 경우, ㉣ 천재지변이나 그 밖의 재난이 발생한 경우, ㉤ 소속 부대의 교육훈련·평가·검열이 실시 중인 경우로 규정하고 있다. 위 법조항의 입법 취지가 헌법상 보장된 기본권의 제한, 의무 등에 관한 사항을 법률에 규정함으로써 군인의 기본권을 보장함에 있는 점을 고려할 때, 위 영내대기 사유는 기본권의 제한에 대한 한계를 규정한 것으로 볼 수 있어, 이에 해당하지 아니하는 영내대기는 다른 법률에 의하여 이루어지는 등 예외적인 경우를 제외하고는 원칙적으로 허용될 수 없다고 할 것이다.

2) 먼저, 피고인에게 발하여진 영내대기 명령이 군인복무기본법 제12조 제1항에 규

정된 '근무시간' 동안 지시되어진 것인지 여부에 관하여 살펴보기로 한다. 위 조항에서의 '근무시간'이라 함은 국가의 안전보장과 국토방위의 의무를 수행하는 군인의 임무를 고려할 때 통상적인 근무시간뿐만 아니라 특별근무에서의 근무시간도 당연히 포함된다고 할 것이다.

우선적으로 피고인이 지시받은 명령을 통상적인 근무시간 동안 발하여진 영내대기 명령으로 볼 수 있는지 여부를 살피건대, 제출된 증거들에 의하면 피고인은 정상적인 일과시간을 마친 이후 저녁시간 동안 비상대기 명령 및 영내대기 명령을 지시받은 것은 기록상 명백하므로, 이를 통상적인 근무시간에 지시된 영내대기 명령으로 볼 수는 없어 보인다.

다음으로, 피고인이 특별근무 시간 동안 영내대기 명령을 지시받은 것인지 여부를 살펴보기로 한다. 군인복무기본법 시행령 제37조 제1항은 특별근무를 당직근무, 영내위병근무, 그 밖의 근무(불침번근무·응급진료대기근무 및 군기순찰근무 등)로 나누고, 이에 관한 세부적 사항은 부대의 임무, 기능 및 상황에 따라 장성급 지휘관이 정할 수 있도록 규정하고 있다. 군검사는, 피고인이 속한 특임중대는 합참 작전계획에 근거한 대테러초동조치팀의 임무를 수행하고 있으며, 이를 위해 헌병단에서는 비상대기 명령을 발하고 있으므로, 위 비상대기 명령을 '특별근무'로 볼 수 있고 이에 근거한 영내대기 명령도 '특별근무' 시간 동안 내려진 적법한 명령이라는 취지로 주장하나, ① 대테러초동조치반은 30분 출동대기 부대로 상시 출동대기태세를 유지하고, 상황발생 시 총기 등이 완비된 상태로 출동준비가 완료되어 있는 상태로 준비하는 임무를 부여 받은 것일 뿐, 비상상황을 대비하여 24시간 내내 영내에서 근무할 것까지 임무를 부여 받은 것으로 보기는 어려운 점, ② 피고인 소속부대는 2016. 11.경 이루어진 부대 개편 전에도 합참 작전계획에 근거한 대테러초동조치반에 속하여 비상대기 임무를 수행하면서도, 영내대기를 하지는 아니하였던 점 등을 고려하면 군검사가 제출한 증거들만으로는 위와 같은 비상대기 명령이 '특별근무'라는 점이 합리적인 의심의 여지 없이 증명되었다고 보기 어렵다고 판단된다.

한편 위와 같은 영내대기 명령은 군인복무기본법 시행령 제37조 제1항 제3호의 특별근무인 '그 밖의 근무'로서 지시될 수는 있어 보이나, 이에 대한 세부적 사항은 장성급 지휘관에 의하여 정하여져야 하는바, 군검사가 제출한 증거들만으로는 이 사건 영내대기 명령이 장성급 지휘관의 명령에 근거하여 발하여졌다는 점에 대한 아무런 입증이 없는 이상 이 사건 영내대기 명령을 위 시행령 제37조 제1항 제3호에 규정된 '그 밖의 근무'로서 '특별근무'로 이루어진 명령에 해당한다고 볼 수는 없다고 할 것이다.

3) 나아가 이 사건 영내대기 명령이 군인복무기본법 제12조 각 호에 해당하는지 여부를 살피건대, 제출된 증거들에 의하면 피고인이 영내대기를 지시받을 당시의 상황이 ① 전시 · 사변 또는 이에 준하는 국가비상사태가 발생한 경우, ② 침투 및 국지도발 상황 등 작전상황이 발생한 경우, ③ 천재지변이나 그 밖의 재난이 발생한 경우, ④ 소속 부대의 교육훈련 · 평가 · 검열이 실시 중인 경우가 아니었음은 명백해 보이고, 한편 ⑤ 경계태세의 강화가 필요한 경우이었는지 여부가 문제될 수는 있으나, ㉠ 당시 부대 내에서 경계태세를 강화하여야 할 사건 내지 사고 등의 발생이 있었다거나 그 밖에 외부적 요인이 있었던 것은 아니었던 것으로 보이는 점, ㉡ 앞에서 본 바와 같이 이 사건 비상대기 명령은 최초로 영내대기 명령을 실시한 2016. 11. ○. 이전부터 지속적으로 실시되고 있었던 점, ㉢ 증인 C는 당심법정에서 "최초 자신이 영내대기 명령을 전달받았을 때 경계태세가 필요한 경우 등에 관한 영내대기 사유에 대하여는 전달받지는 못하였고, 당시 헌병단장이 영내대기를 지시하면서 비상대기 명령으로서의 30분 대기가 원활하게 이루어지려면 '영내대기를 하는 것이 낫지 않겠느냐'고 말하면서 영내대기를 지시하였다"라고 진술하는 점에 비추어, 비상상황 발생시 원활한 대처를 위한 의도에서 영내대기가 실시된 것으로 보이는 점 등을 종합하여 보면 제출된 증거들만으로는 이 사건 영내대기 명령이 경계태세 강화가 필요한 상황에서 발하여진 명령이라고 보기도 어렵다고 할 것이다.

4) 위와 같은 사정들을 종합하여 볼 때 군검사가 제출한 증거들만으로는 피고인이 적법한 절차와 규정에 따라 영내대기 명령을 받은 상태에서 지정된 장소를 이탈한 것이라는 점이 합리적인 의심의 여지가 없을 정도로 증명되었다고 보기 어렵고, 달리 이를 인정할 증거가 없다. 따라서 이를 지적하는 피고인 및 변호인의 주장은 이유 있다.

4. 결론

그렇다면 피고인의 항소는 이유 있으므로 군검사의 양형부당 주장에 대한 판단을 생략한 채 군사법원법 제414조 및 제431조에 의하여 원심판결을 파기하고, 같은 법 제435조에 의하여 변론을 거쳐 다음과 같이 판결한다.

[다시 쓰는 판결 이유]

이 사건 공소사실의 요지

이 사건 공소사실의 요지는 위 3.의 가항의 기재와 같다.

이 법원의 판단 및 결론

이 사건 공소사실은 위 3.의 다항과 같은 이유로 범죄의 증명이 없는 경우에 해당하므로, 군사법원법 제380조 후단에 의하여 무죄를 선고하기로 한다.

요약정리 [사안의 쟁점과 판결의 요지]

고등군사법원 2018. 7. 25. 선고 2017노330 판결 [무단이탈]

이 사건의 피고인은 2016. 11. ○.부터 같은 해 12. ○.까지 특임대 비상대기 명령을 받아 지정된 장소인 제○군단 사령부 영내를 이탈하지 아니할 의무가 있었음에도 불구하고 2016. 12. ○. 22:37경 제○군단 사령부 정문을 나가 ○○시 ○○면 소재 ○○포차 주점에서 술을 마시는 등 지정장소를 이탈하고 약 3시간 26분 후인 2016. 12. ○. 01:53경 돌아옴으로써 지휘관의 허가 없이 지정장소인 제○군단 사령부 영내를 이탈하였다는 내용의 공소사실로 기소되었다.

이 사안의 쟁점은 **군인복무기본법에 위반되는 영대대기명령을 받은 군인이 부대를 이탈한 경우 '무단이탈죄'로 처벌할 수 있는지 여부**였다.

1심(제3야전군사령부 보통군사법원 2017. 8. 17. 선고 2017고6 판결)은 ① 피고인이 비록 '비상대기 명령' 공문을 인식하지 못했다 하더라도 2016. 11. ○.부터 2016. 12. ○.까지 제○군단 사령부 영내에서 비상대기 업무를 수행하여야 한다는 것을 충분히 알았다고 인정되고, ② 상관의 명령은 반드시 문서로만 발령되는 것이 아니라 구두로도 지시될 수 있으므로 피고인에 대한 비상대기 명령은 정상적인 명령이라는 이유로 이 사건 무단이탈의 공소사실을 유죄로 인정하였다.

그러나 **고등군사법원 2018. 7. 25. 선고 2017노330 판결**은 군검사가 제출한 증거들만으로는 피고인이 적법한 절차와 규정에 따라 발령된 '영내대기 명령'을 받은 상태에서 지정된 장소를 이탈한 것이라는 점이 합리적인 의심의 여지가 없을 정도로 증명되었다고 보기 어렵고, 달리 이를 인정할 증거가 없다는 이유로 1심판결을 파기하고 무죄를 선고하였다.

판례 17 군인복무기본법 제43조에 따른 신고 등을 한 사람의 인적사항을 알려달라고 한 사람이 '군인복무기본법위반죄'의 교사범에 해당하는지 여부

고등군사법원 2018. 11. 1. 선고 2018노13 판결 [상관모욕, 군인의지위및복무에관한기본법위반(변경된 죄명 군인의지위및복무에관한기본법위반교사), 모욕]
[1심판결] 제2작전사령부 보통군사법원 2017. 12. 20. 선고 2017고65 판결

I. 사안의 개요 [공소사실의 요지 및 사건의 경과]

1. 공소사실의 요지(군인의지위및복무에관한기본법위반교사)

피고인은 2017. 4. ○.에 피고인의 폭언에 관한 설문조사가 이루어진 것을 알고, 그 설문 결과를 당시 연대과장이었던 소령 P로부터 알아내기 위하여 P에게 수차례 연락하여 '설문 내용을 알아야 후속조치를 할 것 아니냐. 설문 결과를 알려주든지 후속조치 보고를 빼 주든지 해라'고 말하여 2017. 4. 하순경 위 P로부터 위 설문 결과인 '병영갈등 설문조사 결과' 보고서를 웹메일로 전달받음으로써 P로 하여금 병영생활 중 폭언 등 사적 제재를 신고한 사람임을 미루어 알 수 있는 사실을 피고인에게 알려주도록 교사하였다.

2. 사건의 경과

이 사건 피고인은 상관모욕, 모욕, 군인의지위및복무에관한기본법위반교사의 공소사실로 기소되었는데, 이 사안의 쟁점은 **군인복무기본법 제43조에 따른 신고 등을 한 사람의 인적사항을 알려달라고 한 사람이 '군인복무기본법위반죄'의 교사범에 해당하는지 여부**였다.

1심(제2작전사령부 보통군사법원 2017. 12. 20. 선고 2017고65 판결)은 2인 이상 서로 대향된 행위의 존재를 필요로 하는 대향범에 대하여는 공범에 관한 형법 총칙 규정이 적용될 수 없고, 군인복무기본법 제44조 및 제52조 제1항은 신고자의 인적사항이

나 신고자임을 미루어 알 수 있는 사실을 다른 사람에게 알려주거나 공개 또는 보도한 사람만 처벌하고 있을 뿐 이를 전달받은 상대방을 처벌하는 규정이 없는 점에 비추어 공범에 관한 형법 총칙 규정이 적용될 수 없다는 이유로 이 부분 공소사실에 대하여 무죄를 선고하였고, **고등군사법원 2018. 11. 1. 선고 2018노13 판결**은 군인복무기본법에 신고자의 인적사항이나 신고자임을 미루어 알 수 있는 사실을 다른 사람에게 알려주거나 공개 또는 보도한 사람만 처벌하고 있을 뿐 이를 전달받은 상대방을 처벌하는 규정이 없다는 이유로 1심판결을 유지하여 군검사의 항소를 기각하였다.

II. 판결 읽어보기 [판결 중요부분 발췌(요약)] : 고등군사법원 2018. 11. 1. 선고 2018노13 판결

1. 항소이유의 요지

(생략)

2. 피고인의 사실오인 주장에 대한 판단

(생략)

3. 군검사의 법리오해 주장에 대한 판단

가. 이 부분 공소사실의 요지

피고인은 2017. 4. ○.에 피고인의 폭언에 관한 설문조사가 이루어졌고, 피고인은 이에 대한 설문 결과를 당시 연대과장이었던 소령 P로부터 알아내기 위하여 수차례 전화 연락을 하여 '설문 내용을 알아야 후속조치를 할 것 아니냐. 설문 결과를 알려주든지 후속조치 보고를 빼 주든지 해라'고 말하여 2017. 4. 하순경 위 P로부터 위 설문 결과인 '병영갈등 설문조사 결과' 보고서를 웹메일로 전달 받음으로써 P로 하여금 병영생활 중 폭언 등 사적 제재를 신고한 사람임을 미루어 알 수 있는 사실을 피고인에게 알려주도록 교사하였다.

나. 원심의 판단

원심은 2인 이상 서로 대향된 행위의 존재를 필요로 하는 대향범에 대하여는 공범에 관한 형법 총칙 규정이 적용될 수 없는바, 군인의 지위 및 복무에 관한 기본법

(이하 '군인복무기본법'이라 한다) 제44조 및 제52조 제1항은 신고자의 인적사항이나 신고자임을 미루어 알 수 있는 사실을 다른 사람에게 알려주거나 공개 또는 보도한 사람만 처벌하고 있을 뿐 이를 전달받은 상대방을 처벌하는 규정이 없는 점에 비추어 공범에 관한 형법 총칙 규정이 적용될 수 없다는 이유로 이 부분 공소사실에 대하여 무죄를 선고하였다.

다. 이 법원의 판단

1) 군검사는 대향자가 구성요건 실현에 필요한 최소한의 관여행위의 정도를 넘어서 적극적으로 본범을 교사하였거나 역할 내에서의 협력의 범위를 초과한 경우에는 교사범이 성립한다고 보아야 한다고 주장한다.

2) 군인복무기본법 제44조는 누구든지 같은 법 제43조에 따른 보고, 신고 또는 진정 등을 한 사람이라는 사정을 알면서 그의 인적사항이나 그가 신고자임을 미루어 알 수 있는 사실을 다른 사람에게 알려주거나 공개 또는 보도하여서는 아니 된다고 규정하고 있고, 같은 법 제52조 제1항은 이를 위반한 사람을 처벌하도록 규정하고 있다.

살피건대, 군인복무기본법 제43조에 따른 신고 등을 한 사람의 인적사항 또는 신고자임을 미루어 알 수 있는 사실(이하 '인적사항'이라 한다)을 다른 사람에게 누설하는 행위에 있어서는 누설하는 사람은 인적사항 등을 알려주고 상대방은 이를 전달받는다는 서로 대향적인 행위의 존재가 반드시 필요하고, 나아가 상대방은 그 누설행위에 어느 정도 관여할 것도 당연히 예상되는바, 인적사항 등에 대한 누설의 상대방이 누설에 관여하는 행위는 위 군인복무기본법위반죄가 성립하는데 당연히 예상될 뿐만 아니라 범죄의 성립에 없어서는 아니 되는 것인데도 이를 처벌하는 규정이 없는 이상, 그 입법 취지에 비추어 볼 때 인적사항 등에 대한 누설의 상대방이 그 누설에 관여한 행위가 일반적인 형법 총칙상의 공모, 교사 또는 방조에 해당한다고 하더라도 그 상대방을 누설한 사람의 공범으로 처벌할 수 없다고 할 것이다.

따라서 원심판결이 피고인을 군인의지위및복무에관한기본법위반죄의 교사범으로 처벌할 수 없다고 본 것은 위와 같은 법리에 따른 것으로서 정당하고, 거기에 군검사가 주장하는 바와 같은 법리오해의 위법이 없다.

4. 군검사의 양형부당 주장에 대한 판단

(생략)

5. 결론

따라서 피고인과 군검사의 항소는 모두 이유 없으므로 군사법원법 제430조 제1항에 따라 이를 기각하기로 하여 주문과 같이 판결한다.

III. 참고 판결 : 사단 참모장이 사단 소속 양성평등상담관으로부터 예하 연대 소속 피해자가 연대장으로부터 성희롱을 당했다는 사실과 연대장이 연대 간부들에 대한 가혹행위 등 사적 제재를 했다는 취지의 사실을 말하였다는 보고를 받고, 연대장에게 "○연대 간부들이 연대장의 지휘방식에 힘들어 한다는 이야기가 들린다."는 취지로 지휘조언을 한 것이 피해자가 신고자임을 미루어 알 수 있는 사실을 알려준 것인지 여부

국방부 보통군사법원 2021. 3. 5. 선고 2020고44 판결 [군인의지위및복무에관한법률위반]17)

【사안의 개요】

사단 참모장인 피고인이 사단 양성평등상담관 C로부터 예하 연대 소속 피해자가 연대장 대령 A로부터 성희롱을 당했다는 사실과 연대장이 연대 간부들에 대한 가혹행위 등 사적 제재를 했다는 취지의 사실을 말하였다는 보고를 받고, 연대장 대령 A에게 "○연대 간부들이 연대장의 지휘방식에 힘들어 한다는 이야기가 들린다."는 취지로 지휘조언을 한 사안에서 피고인이 피해자가 신고자임을 미루어 알 수 있는 사실을 연대장 대령 A에게 알려준 것으로 인정되지는 않는다는 이유로 피고인에 대한 군인복무기본법위반의 공소사실에 대하여 무죄를 선고한 사례.

【공소사실의 요지】

피고인은 2016. 12.경부터 2018. 1.경까지 ○사단 참모장으로 근무하였던 사람이고, 대령 A는 2016. 12.경부터 2018. 1.경까지 ○사단 ○연대 연대장으로, 피해자는 2016. 5.경부터 2017. 5.경까지 ○사단 ○연대에서 재직하였던 군인이다.

누구든지 병영생활에서 다른 군인이 구타, 폭언, 가혹행위 및 집단 따돌림 등 사적

17) 2021. 10. 14. 군검사의 항소가 기각되었다(고등군사법원 2021. 10. 14. 선고 2021노111 판결 참조).

제재를 하거나, 성추행 및 성폭력 행위를 한 사실을 알게 되어 상관, 군인권보호관 또는 군 수사기관에 보고, 신고 또는 진정을 한 사람이라는 사정을 알면서 그의 인적 사항이나 그가 신고자임을 미루어 알 수 있는 사실을 신고자의 동의 없이 다른 사람에게 알려주거나 공개 또는 보도하여서는 아니 된다. 피해자는 2017. 3. ○. 10:00 ○○시 남구에 있는 해병 제○사단의 회관인 ○○의 집에서 사단의 양성평등상담관 C와의 면담 간 연대장인 대령 A가 회식 중 피해자에게 노래를 부르게 한 일, 남군 간부 바지 지퍼 부분에 묻은 흰 자국에 대해 피해자에게 "저게 뭐냐"는 취지로 물은 일, 연대 남군 간부에게 목욕탕에서 춤을 추게 한 일, 연대 간부들에게 연병장에서 우스꽝스러운 춤을 추게 한 일 등 피해자 자신의 피해 사실과 다른 간부들의 피해 사실을 신고하였고, 피고인은 같은 날 16:00경 해병 제○사단 참모장실에서 위 C로부터 이를 보고받아 대령 A가 피해자 및 연대 간부들에 대한 가혹행위 등 사적 제재 및 성폭력 행위를 한 사실 및 피해자가 이를 신고한 자임을 알게 되었다.

그럼에도 불구하고 피고인은 2017. 3. ○. 20:45경 ○○시 소재 ○○ 식당에서 대령 A에게 피해자의 동의 없이 "유산으로 인한 어려움을 겪고 있는 여군에 대해서는 보직 조정 등 조치가 필요하다", "○연대 간부들이 연대장의 지휘방식에 힘들어 한다는 이야기가 들린다."는 취지로 지휘조언을 하였고, 피해자의 인적사항 및 피해자가 신고자임을 미루어 알 수 있는 사실이 대령 A에게 알려지게 되었다.

이로써 피고인은 병영생활에서 군인인 피해자가 다른 군인이 가혹행위 등 사적 제재 및 성폭력 행위를 한 사실을 양성평등상담관 C와의 면담을 통해 상관인 피고인에게 보고한 사람이라는 사정을 알면서 신고자의 인적사항이나 피해자가 신고자임을 미루어 알 수 있는 사실을 피해자의 동의 없이 대령 A에게 알려주었다.

【판결 중요부분 발췌(요약)】

1. 이 사건 공소사실의 요지

(생략)

2. 피고인 및 변호인의 주장

피고인은 지휘조언 차원에서 공소사실과 같은 행위를 한 사실을 모두 인정하고 있다. 다만, ① 피고인이 C를 통하여 보고받은 내용은 임신 후 유산한 피해자의 근황과 ○연대의 강압적인 부대 분위기에 관한 내용으로 군인의 지위 및 복무에 관한 법률(이하 '군인복무기본법'이라 한다) 제43조 소정의 신고의무의 대상이 아니고, ② 피고인의 지시에 의해 이루어진 피해자와 C와의 면담 과정에서 피해자가 공소사실에 기재된 내용을 진술하였다 하더라도 이는 단순한 면담에 해당하여 군인복무기본법 제43조에 따른 '보고'에 해당하지 않으며, ③ 이 사건은 피신고자인 A가 스스로 정황상 보고자의 신분을 충분히 미루어 짐작할 수 있었던 경우에 해당하여 피고인이 신고자의 인적사항을 알려주거나 신고자임을 미루어 알 수 있는 사실을 알려주었다고 볼 수 없다고 주장한다.

3. 판단

가. 신고의무와 비밀보장 등에 대한 군인복무기본법의 규정

군인복무기본법 제52조는[18] '제44조를 위반하여 신고자의 인적사항이나 신고자임을 미루어 알 수 있는 사실을 다른 사람에게 알려주거나 공개 또는 보도한 자는 3년 이하의 징역 또는 3천만 원 이하의 벌금에 처한다'고 규정하고, 동법 제44조는 '누구든지 제43조에 따른 보고, 신고 또는 진정 등(이하 "신고등"이라 한다)을 한 사람(이하 "신고자"라 한다)이라는 사정을 알면서 그의 인적사항이나 그가 신고자임을 미루어 알 수 있는 사실을 다른 사람에게 알려주거나 공개 또는 보도하여서는 아니 된다'라고 정하고 있으며, 동법 제43조 제1항은 '군인은 병영생활에서 다른 군인이 구타, 폭언, 가혹행위 및 집단 따돌림 등 사적 제재를 하거나, 성추행 및 성폭력 행위를 한 사실을 알게 된 경우에는 즉시 상관에게 보고하거나 제42조 제1항에 따른 군인권보호관 또는 군 수사기관 등에 신고하여야 한다'고 정하고 있다.

위와 같은 규정의 체계상, 피고인이 군인복무기본법 제52조를 위반하였는지를 판단하기 위해서는 피해자가 C를 통하여 피고인에게 보고한 내용이 군인복무기본법 제43조의 요건을 충족하는지, 즉 ① 보고 내용이 제43조 소정의 '다른 군인이 구타, 폭언, 가혹행위 및 집단 따돌림 등 사적 제재를 하거나 성추행 및 성폭력 행위를 한 사실'을 내용으로 하는지 여부와 ② 이를 상관에게 즉시 '보고'한 경우에 해당하는지 여부 및 ③ 군인복무기본법 제44조를 위반하여 피고인이 다른 사람에게 '신고자의 인적사항이나 신고자임을 미루어 알 수 있는 사실'을 알려주었는지 여부를 살펴보아야 한다.

나. 군인복무기본법 제43조의 요건을 갖추었는지 여부

1) 피고인이 보고받은 내용이 군인복무기본법 제43조 제1항 소정의 행위를 내용으

18) 필자 주: 군인복무기본법 제52조 제1항.

로 하는지 여부

군검사는 피해자가 군인복무기본법 제43조에 따른 보고를 하였는지에 관하여 '남군 간부 바지 지퍼 부분에 묻은 흰 자국에 대해 피해자에게 "저게 뭐냐"는 취지로 물은 일'을 성폭력 행위를 한 사실로, 그 외 사실을 가혹행위 등 사적 제재 행위를 한 사실로 보아 공소를 제기하였는데, 아래와 같이 피해자는 적어도 가혹행위에 해당하는 사람을 C를 통해 피고인에게 보고하였다고 인정되는바, 피해자가 군인복무기본법 제43조 소정의 사실을 보고하였다고 판단된다.

가) 성추행 및 성폭력 행위를 보고 받았는지 여부

죄형법정주의는 국가형벌권의 자의적인 행사로부터 개인의 자유와 권리를 보호하기 위하여 범죄와 형벌을 법률로 정할 것을 요구한다. 그러한 취지에 비추어 보면 형벌법규의 해석은 엄격하여야 하고, 명문의 형벌법규의 의미를 피고인에게 불리한 방향으로 지나치게 확장해석하거나 유추해석하는 것은 죄형법정주의의 원칙에 어긋나는 것으로서 허용되지 아니한다(대법원 2011. 8. 25. 선고 2011도7725 판결 등 참조).

군인복무기본법은 제43조 제1항에서는 신고 대상이 되는 행위를 나열하면서 '성추행 및 성폭력 행위를 한 사실을 알게 된 경우'를 명시하고 있는데, 이에 앞서 동법 제27조에서는 군기문란 행위 등의 금지에 관하여 규정하면서 제1항 제1호를 '성희롱·성추행 및 성폭력 등의 행위'를 명시하고 있으며 제41조 제2항은 '성희롱, 성폭력, 성차별 등 성관련 고충 상담을 전담하기 위하여 대통령령으로 정하는 규모 이상의 부대 또는 기관에 성고충 전문상담관을 둔다'고 하여 성추행, 성폭력과 별개로 '성희롱'이라는 개념을 사용하고 있다.

군인복무기본법이 위와 같이 성희롱과 성추행, 성폭력을 별개의 개념으로 구별하여 명시하고 있는 점, 특히 군인복무기본법의 제43조 제1항은 동법 제44조, 제52조 제1항과 연결되어 범죄의 구성요건으로 기능하는 점, '성폭력'에 관하여 규율하는 다른 법률들에서도 성폭력과 성희롱의 개념을 구별하여 사용하고 있는 점 등에 비추어 볼 때 군인복무기본법 제43조 제1항의 '성추행 및 성폭력'에 성희롱이 포함된다고 해석할 수는 없다.

그렇다면 '남군 간부 바지 지퍼 부분에 묻은 흰 자국에 대해 피해자에게 "저게 뭐냐"는 취지로 물은 일'은 언어적 성희롱에 해당할 여지가 있음은 별론으로 하더라도 '성추행 및 성폭력'에 해당할 여지가 없는바, 피고인은 언어적 성희롱에 해당할 수 있는 사실을 보고받았을 뿐 성추행 및 성폭력 행위에 관한 내용을 보고받았다고 보기 어렵다.

나) 구타, 폭언, 가혹행위 및 집단 따돌림 등 사적 제재 행위를 보고 받았는지 여부

피고인이 가혹행위 등 사적 제재 행위를 보고 받았는지 여부에 관하여 살피건대, 판례는 군형법 제62조에서 말하는 '가혹행위'라 함은 직권을 남용하거나 위력을 행사하여 사람으로서는 견디기 어려운 정신적, 육체적 고통을 가하는 경우를 말하는데, 이 경우 가혹행위에 해당하는지 여부는 행위자 및 그 피해자의 지위, 처한 상황, 그 행위의 목적, 그 행위에 이르게 된 경위와 결과 등 구체적 사정을 검토하여 판단하여야 한다(대법원 2008. 5. 29. 선고 2008도2222 판결)고 판시하고 있는바, 공소사실에 기재된 내용 중 연대장이 소속대 소위에게 옷을 전부 벗은 상태로 연대 남군 간부 목욕탕에서 춤을 추도록 한 행위는 가혹행위에 해당한다고 보이므로 공소사실에 기재된 나머지 내용들이 가혹행위에 해당하는지 여부는 별론으로 하더라도 위 사실을 소령 C를 통하여 보고받은 이상 피고인은 가혹행위에 대한 보고를 받았다고 할 것이다.

2) 피해자가 C에게 공소사실에 기재된 내용을 진술한 행위가 군인복무기본법 제43조 '보고'에 해당하는지 여부

피고인은 신고의무에 대하여 군인복무기본법과 유사한 공익신고의무 조항을 규정하고 있는 공익신고자보호법의 경우, 국민권익위원회에서 발간한 해설서에서 제한적으로 허용되는 구술신고를 제외한 단순한 전화문의·상담은 공익신고로 보기 어렵다고 해석하고 있는데, 같은 취지에서 진술 경위 등에 비추어 피고인에 대한 '보고'가 아니라 C와 피해자의 상담에 불과하다고 보이는 피해자의 진술은 군인복무기본법 제43조 소정의 '보고'에 해당하지 않는다고 주장한다.

가) 보고의 사전적 의미

'보고'의 정의는 '일에 관한 내용이나 결과를 말이나 글로 알림' 또는 '보고하는 글이나 문서'로, 이 규정에서는 전자의 의미로 사용되고 있는 것으로 보이고 '상관에게 보고'하는 행위를 규율하는 이 사건 규정의 경우, '상관에게 신고의무의 대상이 되는 사실에 관한 내용이나 결과를 말이나 글로 알리는 행위'를 의미한다고 할 것이다.

나) 군인복무기본법과 공익신고자보호법의 비교

군인복무기본법은 제43조 제1항에서 신고의무 등에 의무의 이행 방식을 ① 즉시 상관에게 보고하거나 ② 군인권보호관 또는 군 수사기관 등에 신고하는 형태로 규정하고 있고, 다만 제2항에서는 ③ 국가인권위원회 등에 진정을 할 수 있도록 하는 형태로 규정하는 한편, 보고나 신고의 방법에 대해서는 달리 정하고 있지 않다.

반면 공익신고자보호법은 제7조에서 공직자의 공익신고의무를 정하면서, 그 직무를 하면서 공익침해행위를 알게 된 때에는 이를 조사기관, 수사기관 또는 위원회(공익침

해 행위에 대한 지도, 감독, 규제 또는 조사 등의 권한을 가진 행정기관이나 감독기관)에 신고하도록 규정하고 있고, 공익신고의 방법에 대한 자세한 규정을 두고 있는데(공익신고자보호법 제8조), 이에 따르면 공익신고는 특정한 사항을 기재한 문서와 함께 증거 등을 첨부하여 제출하도록 하고 있으며, 이와 같은 신고서를 제출할 수 없는 특별한 사정이 있는 경우에 한하여 구술로 신고할 수 있도록 정하고 있고 이처럼 구술신고를 받은 경우 신고를 받은 자가 신고내용을 신고서에 적고 공익신고자에게 읽어 들려준 후 공익신고자가 서명하거나 도장을 찍도록 하여 공익신고의 방법을 매우 엄격하게 제한하고 있다.

이처럼 두 법률의 신고의무에 대한 조항이 서로 유사성을 띠고 있다 하더라도 공익신고의 방식 자체를 엄격하게 제한하는 공익신고자보호법의 규정에 비추어 볼 때 해당 방법에 의하지 않은 단순 전화문의나 상담을 공익신고로 보기 어려운 것은 당연한 결론이라고 할 것이고, 이와 달리 '신고등'의 방법에 대하여 어떠한 제한도 하고 있지 않은 군인복무기본법의 보고행위에 대하여 같은 취지의 해석을 하기는 어렵다고 할 것이다.

다) 군인복무기본법의 입법 취지

2015. 12. 29. 제정된 군인복무기본법은 군인에게 다른 군인의 가혹행위에 대한 신고의무를 부과하며, 국방부장관이 가혹행위를 신고한 군인을 보호하도록 함으로써 병영내에 잔존한 구타·가혹행위 등의 병폐를 근절하기 위하여 이 사건 각 조항들을 신설하였고, 공익신고자보호법 등과는 달리 수사기관 등에 대한 신고뿐만 아니라 상관에 대한 보고를 신고의무의 이행 방법으로 추가로 명시하였다. 한편 군의 수직적 상하관계와 엄격한 규율을 고려하면 오히려 상관의 제안이나 지시에 따른 상담이나 면담의 형태로 보고되는 병영 부조리가 매우 많을 것으로 사료되고, 상관에게 병영 부조리에 해당하는 사실을 진술하는 행위는 그 자체로 이에 대한 적절한 조치를 기대하는 마음이 내재된 경우가 일반적이라고 할 것인바, 보고의 경위나 보고자가 대화간 구체적인 조치를 요청하였는지 여부 등에 따라 군인복무기본법 제43조의 보고에 해당하는지 여부를 판단할 수는 없다고 보아야 한다.

그렇다면 비록 이 사건 보고의 경위가 피고인의 지시에 따른 소령 C와 피해자의 면담을 통하여 지시를 내린 피고인에게 전달된 형태로 피해자의 자발적이고 적극적인 보고행위에 의한 사안이 아니고, 피해자가 보고간 피고인이나 C의 구체적인 후속 조치 등을 요청한 바가 없다고 하더라도 피고인에게 보고되리라는 점을 인식하고 진술한 피해자의 행위는 군인복무기본법 제43조의 '보고'에 해당한다고 판단된다.

다. 피고인이 군인복무기본법 제44조를 위반하였는지 여부

피고인이 대령 A에게 진술한 내용은 크게 ① 유산으로 인한 어려움을 겪고 있는 여군에 대해서는 보직 조정 등 조치가 필요하다는 내용, ② ○연대 간부들이 연대장의 지휘방식에 힘들어 한다는 이야기가 들린다는 내용으로 나눌 수 있는데, ②의 내용에는 신고자임을 미루어 알 수 있는 사실이 전혀 포함되어 있지 않다. 그렇다면 군검사는 '피고인이 피해자를 특정할 수 있는 정보가 포함된 ①의 고충상담(보고)에 대한 지휘조언 내용을 ②의 내용과 동일한 기회에 이야기함으로써, ①, ②의 내용을 모두 피해자가 보고하였다고 미루어 알 수 있는 사실을 A에게 알려주었다'는 취지의 공소사실과 같이 기소한 것으로 보인다.

취지가 위와 같다면 적어도 피고인의 진술로 인하여 고충상담(보고)를 한 사람이 피해자라고 미루어 알 수 있어야 한다. 피고인이 '유산으로 인한 어려움을 겪고 있는 여군에 대해서는 보직 조정 등 조치가 필요하다'고 이야기하였고 당시 A가 지휘하는 ○연대에 유산한 사람이 피해자밖에 없어 '유산으로 인한 어려움을 겪고 있는 여군'이 피해자라는 점은 미루어 알 수 있다고 판단된다. 그러나 이는 '고충당사자가 피해자'임을 미루어 알 수 있는 사실을 진술한 것에 불과할 뿐 '고충상담(보고)을 한 사람이 피해자'임을 미루어 알 수 있는 사실을 진술한 것으로 보기 어렵다.

설사 보직 조정 등의 민감한 문제는 본인이 직접 상담할 수밖에 없는 사안으로 피고인이 '고충상담(보고)을 한 사람이 피해자'임을 미루어 알 수 있는 사실을 진술한 것으로 볼 수 있다고 하더라도, '고충상담(보고)을 한 사람이 A의 사적 제재 행위까지 보고한 사람'임을 미루어 알 수 있는 사실을 진술하였다고 볼 수는 없다.

특히 피해자의 각 수사기관 진술과 D의 카카오톡 메시지, 3. ○. 당시 상황을 녹음한 녹취록에 따르면, A는 피고인으로부터 공소사실에 기재된 사실을 들은 2017. 3. ○. 다음날인 2017. 3. ○.에 피해자를 단독으로 불러 면담을 하였으나 2017. 3. ○.에는 피해자가 불참한 상태로 진행된 아침 상황보고회의에서 다른 연대 간부들을 앞에 두고 '뒤에서 지휘관을 욕하고 다니는 것은 하지 말아야 할 행동이고 적발시 처벌하겠다'는 취지로 이야기하였으며, 3. ○. 오후에는 강당에 연대 간부 전원을 모은 후 자신의 평소 언행 등에 대해 일부 사과한 사실이 인정되는데, 이에 비추어 보면 A는 피고인과의 대화만으로는 자신의 비위행위를 보고한 사람이 누구였는지 특정하지 못했던 것으로 보인다.

그렇다면 피고인이 A에게 공소사실과 같이 진술하였다고 하더라도 '피해자가 A의 사적 제재 행위까지 보고한 사람'임을 미루어 알 수 있는 사실을 진술하였다고 보기

는 부족하고 달리 이를 인정할 증거가 없다.

4. 결론

그러므로 이 사건 공소사실은 범죄의 증명이 없는 경우에 해당하여 군사법원법 제380조 후단에 따라 무죄를 선고한다.

요약정리 [사안의 쟁점과 판결의 요지]

고등군사법원 2018. 11. 1. 선고 2018노13 판결 [상관모욕, 군인의지위및복무에관한기본법위반(변경된 죄명 : 군인의지위및복무에관한기본법위반교사), 모욕]

피고인은 2017. 4. ○.에 피고인의 폭언에 관한 설문조사가 이루어진 것을 알고, 그 설문 결과를 당시 연대과장이었던 소령 P로부터 알아내기 위하여 P에게 수차례 연락하여 '설문 내용을 알아야 후속조치를 할 것 아니냐. 설문 결과를 알려주든지 후속조치 보고를 빼 주든지 해라'고 말하여 2017. 4. 하순경 위 P로부터 위 설문 결과인 '병영갈등 설문조사 결과' 보고서를 웹메일로 전달받음으로써 P로 하여금 병영생활 중 폭언 등 사적 제재를 신고한 사람임을 미루어 알 수 있는 사실을 피고인에게 알려주도록 교사하였다는 내용의 공소사실로 기소되었다(상관모욕 및 모욕의 공소사실은 생략).

이 사안의 쟁점은 **피고인이 소령 P에게 자신의 폭언 등에 관한 설문조사결과를 알려달라고 한 것이 '군인복무기본법위반죄'의 교사에 해당하는지 여부**였는데, **1심(제2작전사령부 보통군사법원 2017. 12. 20. 선고 2017고65 판결)**은 2인 이상 서로 대향된 행위의 존재를 필요로 하는 대향범에 대하여는 공범에 관한 형법 총칙 규정이 적용될 수 없고, 군인복무기본법 제44조 및 제52조 제1항은 신고자의 인적사항이나 신고자임을 미루어 알 수 있는 사실을 다른 사람에게 알려주거나 공개 또는 보도한 사람만 처벌하고 있을 뿐 이를 전달받은 상대방을 처벌하는 규정이 없는 점에 비추어 공범에 관한 형법 총칙 규정이 적용될 수 없다는 이유로 이 부분 공소사실에 대하여 무죄를 선고하였고, **고등군사법원 2018. 11. 1. 선고 2018노13 판결**은 1심판결을 유지하여 이 부분에 대한 군검사의 항소를 기각하였다.

☞ **군인복무기본법이 제정·시행되고 있음에도 불구하고 군인복무기본법에 대한 무지 또는 이해 부족으로 구타, 폭언, 가혹행위 및 집단 따돌림 등 사적 제재와 성추행 및**

성폭력 행위를 신고한 신고자의 인적사항이나 신고자임을 미루어 알 수 있는 사실을 다른 사람에게 알려주어 처벌을 받는 경우가 발생하고 있어 각별한 유의가 필요하다.

판례 18

전투체육시간에 소프트볼 경기를 하던 타자가 배트를 놓쳐 타인에게 부상을 입힌 경우, '업무상과실치상죄'에 있어서의 '업무상과실'을 인정할 수 있는지 여부

고등군사법원 2018. 6. 21. 선고 2017노428 판결 [업무상과실치상]
[1심판결] 제1군단 보통군사법원 2017. 12. 11. 선고 2017고57 판결

I. 사안의 개요 [공소사실의 요지 및 사건의 경과]

1. 공소사실의 요지

피고인은 2017. 2. ○. 16:30경 소속 대대 연병장에서 전투체육시간 중 체력단련 활동으로 소속 대대장 주관하에 피해자를 포함한 간부 40여명과 함께 소프트볼 친선 게임을 하게 되었다.

일과시간 중 체력단련 활동으로 소프트볼 게임과 같은 운동경기를 하게 될 경우 경기에 참가하는 자는 경기의 특성상 자신의 행동으로 인하여 다른 경기자 등이 다칠 수 있으므로, 이를 방지하기 위하여 경기규칙을 준수하며 함께 경기에 참여하는 동료의 동태를 잘 살펴가면서 동료에게 위해를 가하지 않는 방법으로 서로에 대한 신체의 안전 확보 및 이를 배려할 업무상 주의의무가 있음에도 불구하고 피고인은 이를 게을리한 채 타자석에 들어선 뒤 투수가 던진 공을 치기 위해 알루미늄 배트를 휘두르다가 순간적으로 양손으로 잡고 있던 배트를 놓쳐 자신의 좌측 방향으로 약 20m 가량 날아가게 하였고, 이로 인하여 자신의 좌측 방향에서 다음 타자로 대기 및 관람을 하고 있던 피해자의 안면 부위를 배트로 충격하게 함으로써 피해자에게 함입성 치아탈구 등의 상해를 입게 하였다. 이로써 피고인은 업무상 주의의무를 게을리한 과실로 피해자가 상해를 입게 하였다.

2. 사건의 경과

이 사안의 쟁점은 **전투체육시간에 소프트볼 경기를 하던 타자가 배트를 놓쳐 타인에게 부상을 입힌 경우, '업무상과실치상죄'에 있어서의 '업무상과실'을 인정할 수 있는지 여부**였다.

고등군사법원 2018. 6. 21. 선고 2017노428 판결은 운동경기에 있어서 상해 등의 사고가 발생한 경우 운동하는 사람이 그 운동경기와 관계되지 아니한 다른 행동으로 인하여 사고를 일으켰다면 일응 그에게 과실이 있다고 할 것이지만, 그 운동경기의 규칙 등에 따라서 행동하였음에도 실력이 미숙한 등의 이유로 사고가 발생하였다면 같이 경기하는 사람과의 관계에서는 허용된 위험의 법리에 따라 과실을 인정하기 어렵다고 할 것인데, 이 사건 기록과 증거들에 의하면 피고인이 이 사건 당시 소프트볼 경기의 타자로서 경기와 전혀 무관한 행동을 했다거나 또는 그 경기규칙을 위반하여 사고를 야기했다는 사정도 발견되지 아니한 점 등을 보태어 보면 이 사건 공소사실에 대하여 무죄를 선고한 **1심(제1군단 보통군사법원 2017. 12. 11. 선고 2017고57 판결)**의 판단에 '업무상과실치상죄'에 관한 법리를 오해하여 판결에 영향을 미친 위법이 없다는 이유로 군검사의 항소를 기각하였다.

II. 판결 읽어보기 [판결 중요부분 발췌(요약)] : 고등군사법원 2018. 6. 21. 선고 2017노428 판결

1. 항소이유의 요지

(생략)

2. 판단

가. 이 사건 공소사실의 요지

(생략)

나. 원심의 판단

원심은 ① 이 사건 소프트볼 경기는 부대의 장교와 부사관간의 친선경기로 기획된 것으로 사고 발생 전후로 이루어진 적이 없는 일회적인 사무이므로 이 자체를 피고인의 업무라고 볼 수 없는 점, ② 위 소프트볼 경기를 전투체육 중의 체력단련의 일환으로 보아 이를 군인의 업무에 해당한다고 볼 수는 있으나, 체력단련 행위는 그 자체가 다른 사람의 생명·신체에 대한 위험을 초래할 우려가 있어 이를 행하는 자로 하여금 다른 사람의 생명·신체에 미칠 위험성에 대한 고도의 주의의무를 부과시킬 필요가 있는 성격의 업무라고 볼 수 없는 점 등을 이유로 이 사건 소프트볼 경기는 업무상과실치상죄의 '업무'라고 볼 수 없다고 판단하였다.

또한 원심은 ① 피고인은 단순히 경기에 선수로 참가하는 자에 불과하여, 대기석의 위치나 안전시설의 설치 여부를 결정할 권한이나 의무가 있지 아니하고, 경기 도구도 부대에서 제공한 것을 사용하는 등 개개인의 안전을 담보할 수 있는 도구, 예를 들어 타자가 사용할 미끄럼방지 장갑이나 파우더, 대기자가 착용할 안전장구 등을 마련하거나 갖추도록 해야 할 책임이 있었던 것도 아니었던 점, ② 군사법경찰관이 사고현장에서의 사고 당시 상황을 재현한 결과에 의하면, 피고인과 비슷한 체격을 가진 사람이 헛스윙을 하다가 배트를 놓친 경우 평균적으로 약 21m 정도 날아가는 것으로 조사되었는데, 이렇듯 위와 같은 상해 사고가 해당 경기에서 발생할 수 있는 통상적인 위험에 해당한다면 이는 경기를 주최하는 자가 미리 사고를 예방하기 위한 조치를 취했어야 하는 상황이거나 경기에 참가하는 다른 참가자도 기본적인 주의를 했어야 하는 상황으로 보일 뿐, 이를 들어 단순히 경기 참가자에 불과한 개개인에게 모든 결과회피의무를 지울 수 있는 사정으로는 보이지 않는 점, ③ 피고인의 손에서 미끄러진 배트가 등 뒤편 등 아무도 예상하지 못하는 방향으로 날아가는 등 피고인이 현저히 주의를 태만히 하였다는 사정도 보이지 아니하고, 배트가 날아간 방향과 거리 등 사고 당시의 모든 정황을 종합하여 볼 때, 이는 운동경기에서 경기 참가자가 통상의 주의를 다 한다고 하더라도 야기될 수 있는 자연적 의미의 실수이지 법적인 의미에서 결과회피의무를 위반한 것이라고 보기는 어려운 점, ④ 피고인이 특별히 경기 규칙을 위반한 사실이 있지도 아니한 점 등을 종합하여, 설령 피고인에게 과실이 있다고 하더라도 사회적 상당성의 범위를 벗어난 행위라고 보기 어렵다는 이유로 이 사건 공소사실을 무죄로 판단하였다.

다. 당심의 판단

형법 제268조의 업무상과실치사상죄에 있어서의 '업무'란 사람의 사회생활면에 있어서의 하나의 지위로서 계속적으로 종사하는 사무로서, 여기에는 수행하는 직무 자체가 위험성을 갖기 때문에 안전배려를 의무의 내용으로로 하는 경우는 물론 사람의 생명·신체의 위험을 방지하는 것을 의무내용으로 하는 업무도 포함된다 할 것이지만(대법원 1988. 10. 11. 선고 88도1273 판결, 대법원 2002. 5. 31. 선고 2002도1342 판결, 대법원 2007. 5. 31. 선고 2006도3493 판결 등 참조), 본죄를 형법 제266조의 단순 과실치상죄에 비하여 가중처벌하는 것은 사람의 생명·신체에 대한 위험을 초래할 우려가 있거나 이를 방지할 의무가 있는 업무에 종사하는 자에 대해서는 일반인에 비해 그러한 결과발생에 대한 고도의 주의의무가 부과되거나 그 예견가능성이 크다는 점 등의 사정을 고려한 때문이라 할 것이다(대법원 2009. 10. 29. 선고 2009도5753 판결 참조).

한편, 운동경기에 참가하는 자는 자신의 행동으로 인해 다른 사람이 다칠 수도 있으므로 경기규칙을 준수하고 주위를 살펴 상해의 결과가 발생하는 것을 미연에 방지해야 할 주의의무가 있다고 할 것이지만, 운동경기에 참가하는 자가 경기규칙을 준수하는 중에 또는 그 경기의 성격상 당연이 예상되는 정도의 경미한 규칙위반 속에 상해의 결과를 발생시킨 것으로서 사회적 상당성의 범위를 벗어나지 아니하는 행위라면 과실치상죄가 성립하지 않는다고 할 것이다(대법원 2008. 10. 23. 선고 2008도6940 판결 참조).

살피건대, 원심판결의 이유를 원심 및 당심에서 적법하게 채택하여 조사한 증거들과 위 각 법리에 비추어 면밀히 살펴보면, 원심의 위와 같은 판단은 정당한 것으로 충분히 수긍할 수 있고, 나아나 운동경기에 있어서 상해 등의 사고가 발생한 경우 운동하는 사람이 그 운동경기와 관계되지 아니한 다른 행동으로 인하여 사고를 일으켰다면 일응 그에게 과실이 있다고 할 것이지만, 그 운동경기의 규칙 등에 따라서 행동하였음에도 실력이 미숙한 등의 이유로 사고가 발생하였다면 같이 경기하는 사람과의 관계에서는 허용된 위험의 법리에 따라 과실을 인정하기 어렵다고 할 것인데, 이 사건 기록과 증거들에 의하면 피고인이 이 사건 당시 소프트볼 경기의 타자로서 경기와 전혀 무관한 행동을 했다거나 또는 그 경기규칙을 위반하여 사고를 야기했다는 사정도 발견되지 아니한 점 등을 보태어 보더라도, 거기에 군검사가 지적하는 바와 같이 '업무상과실치상죄'에 관한 법리를 오해하여 판결에 영향을 미친 위법이 있다고 볼 수는 없으므로, 군검사의 위 주장은 이유 없다.

3. 결론

결국 군검사의 이 사건 항소는 이유 없으므로 군사법원법 제430조 제1항에 의하여 이를 기각하기로 하여 주문과 같이 판결한다.

요약정리 [사안의 쟁점과 판결의 요지]

고등군사법원 2018. 6. 21. 선고 2017노428 판결 [업무상과실치상]

이 사건 피고인은 2017. 2. ○. 소속 대대 연병장에서 전투체육시간 중 체력단련 활동으로 소속 대대장 주관하에 피해자를 포함한 간부 40여명과 함께 소프트볼 친선게임을 하게 되었는데, 피고인이 타자석에 들어선 뒤 투수가 던진 공을 치기 위해 알루미늄 배트를 휘두르다가 순간적으로 양손으로 잡고 있던 배트를 놓쳤고, 그 배트는 피고인의 좌측 방향으로 약 20m 가량 날아가서 다음 타자로 대기 및 관람을 하고 있던 피해자의 안면 부위에 부딪쳐 피해자가 함입성 치아탈구 등의 상해를 입는 사고가 발생하였다. 이 사건으로 피고인은 업무상과실치상죄로 기소되었다.

이 사안의 쟁점은 **전투체육시간에 소프트볼 경기를 하던 타자가 배트를 놓쳐 타인에게 부상을 입힌 경우, '업무상과실치상죄'에 있어서의 '업무상과실'을 인정할 수 있는지 여부**였다.

고등군사법원 2018. 6. 21. 선고 2017노428 판결은 운동경기에 있어서 상해 등의 사고가 발생한 경우 운동하는 사람이 그 운동경기와 관계되지 아니한 다른 행동으로 인하여 사고를 일으켰다면 일응 그에게 과실이 있다고 할 것이지만, 그 운동경기의 규칙 등에 따라서 행동하였음에도 실력이 미숙한 등의 이유로 사고가 발생하였다면 같이 경기하는 사람과의 관계에서는 허용된 위험의 법리에 따라 과실을 인정하기 어렵다고 할 것인데, 이 사건 기록과 증거들에 의하면 피고인이 이 사건 당시 소프트볼 경기의 타자로서 경기와 전혀 무관한 행동을 했다거나 또는 그 경기규칙을 위반하여 사고를 야기했다는 사정도 발견되지 아니한 점 등을 보태어 보면 이 사건 공소사실에 대하여 무죄를 선고한 **1심(제1군단 보통군사법원 2017. 12. 11. 선고 2017고57 판결)**의 판단에 '업무상과실치상죄'에 관한 법리를 오해하여 판결에 영향을 미친 위법이 없다는 이유로 군검사의 항소를 기각하였다.

판례 19

CH-47 헬기 착륙사고에서의 헬기 조종사의 '업무상과실' 인정에 필요한 군검사의 입증의 정도

고등군사법원 2019. 12. 19. 선고 2019노164 판결 [업무상과실치상, 업무상과실군용물손괴]

[1심판결] 육군본부 보통군사법원 2019. 4. 29. 선고 2018고19 판결

I. 사안의 개요 [공소사실의 요지 및 사건의 경과]

1. 공소사실의 요지

피고인은 ○항공여단 ○○○대대 소속으로 소속대 항공기인 이 사건 항공기를 조종하는 업무에 종사하고 있는 자이다.

피고인은 2017. 11. ○. 15:45경 이 사건 항공기의 주임무조종사로서 관찰비행을 마치고 이 사건 항공기를 ○○사령부 활주로에 착륙시켰다. 이러한 경우 CH－47 항공기의 조종 업무에 종사하는 사람에게는 항공기를 활주로에 착륙시킨 이후 항공작전사령부에서 제작한 기술교범 "○○○○(LR) 대형기동헬기 CH－47D(롱레인지)"에 따라 착륙 후 필수 점검사항을 점검하여야 할 업무상 주의의무가 있었다.

그럼에도 불구하고 이 사건 항공기의 주임무조종사인 피고인은 이를 게을리하여 위 항공기의 Cyclic(조종간)을 위 교범에 따른 조종간 중립 위치보다 2.5인치 가량 전방에 위치시키고, AFCS[19] OFF 점검을 누락한 업무상과실로 활주로에 착륙한 이 사건 항공기의 후방이 부양되게 하였고 이에 따라 위 항공기의 기수가 좌편으로 회전하면서 위 항공기가 활주로에 전도되게 하였다. 결국 피고인은 위와 같은 업무상과실로 이 사건 항공기에 함께 탑승한 승무원 상병 A에게 치료일수 미상의 두개골 골절 등의 상해를 입게 하는 등 별지 범죄일람표 1 (생략) 기재와 같이 피해자 5명에게 뇌진탕 등의 상해를 각각 입게 함과 동시에, 이 사건 항공기의 날개 파손 등 위 ○○사령부 계류장에 계류되어 있던 군용물에 별지 범죄일람표 2 (생략) 기재와 같이 합계 (금액 생략) 이상의 손실액 또는 정비비가 들도록 군용물을 손괴하였다.

---

19) 필자 주: AFCS(Automatic Flight Control System).

2. 사건의 경과

형사재판에서 공소가 제기된 범죄사실에 대한 입증책임은 검사에게 있고, 유죄의 인정은 법관으로 하여금 합리적인 의심을 할 여지가 없을 정도로 공소사실이 진실한 것이라는 확신을 가지게 할 수 있는 증명력을 가진 증거에 의하여야 하며, 그와 같은 증거가 없다면 피고인이 유죄라는 의심이 간다 하더라도 피고인의 이익으로 판단할 수밖에 없는데(대법원 2001. 8. 21. 선고 2001도2823 판결 등 참조), 이 사안의 쟁점은 **CH-47 헬기 착륙사고에서의 헬기 조종사의 '업무상과실' 인정에 필요한 군검사의 입증의 정도 즉, 이 사건 공소사실이 군검사가 제출한 증거들에 의해 합리적 의심의 여지가 없을 정도로 증명이 되었는지 여부**였다.

1심(육군본부 보통군사법원 2019. 4. 29. 선고 2018고19 판결)은, 피고인이 착륙 후 조종간을 이 사건 항공기의 중립 위치보다 2.5인치 전방으로 이동시키고, AFCS를 OFF 해야 함에도 이를 게을리하여 항공기 후방이 부양되고 항공기 기수가 좌편으로 회전하면서 이 사건 항공기가 활주로에 전도되어 승무원 및 군용물이 손괴된 것이 아닌가 하는 강한 의심이 들지만, 피고인이 조종간을 이 사건 항공기의 중립 위치보다 2.5인치 가량 전방에 위치시켰다거나, 이로 인하여 항공기의 후방이 부양되어 전도되었다는 사실이 합리적 의심의 여지가 없이 증명되었다고 볼 수 없다는 이유로 이 사건 공소사실에 대하여 무죄로 판단하였고, **고등군사법원 2019. 12. 19. 선고 2019노164 판결**은 1심판결을 유지하여 군검사의 항소를 기각하였다.

II. 판결 읽어보기 [판결 중요부분 발췌(요약)] : 고등군사법원 2019. 12. 19. 선고 2019노164 판결

1. 항소이유의 요지

(생략)

2. 판단

가. 공소사실의 요지

(생략)

나. 원심의 판단

원심은, 피고인이 착륙 후 조종간을 이 사건 항공기의 중립 위치보다 2.5인치 전방으로 이동시키고, AFCS를 OFF 해야 함에도 이를 게을리하여 항공기 후방이 부양되고 항공기 기수가 좌편으로 회전하면서 이 사건 항공기가 활주로에 전도되어 승무원 및 군용물이 손괴된 것이 아닌가 하는 강한 의심이 들지만, 기록에 의하여 인정되는 다음과 같은 사정들을 살펴보면 피고인이 조종간을 이 사건 항공기의 중립 위치보다 2.5인치 가량 전방에 위치시켰다거나, 이로 인하여 항공기의 후방이 부양되어 전도되었다는 사실이 합리적 의심의 여지가 없이 증명되었다고 볼 수 없으므로 위 공소사실에 대하여 무죄로 판단하였다.

1) 9회차 착륙 당시 조종간의 위치에 관하여, ① 치누크 항공기 교관조종사인 B는 "치누크 항공기가 수직으로 착륙을 하기 위하여는 적어도 조종간을 N의 위치에 두어야 하는데 피고인은 수직으로 착륙을 하였고 조종간의 위치가 N에서는 후방이 부양되지 않으며 피고인이 조종간을 중립 위치보다 2.5인치 가량 전방에 위치시켰더라면 이 사건 항공기는 연속적으로 왼쪽으로 회전해야 함에도 불구하고 항공기 기수가 처음에는 살짝 움직이고 두번째에 급격하게 돌아가는 것을 보면 이 사건 항공기에 기계적인 문제점이 있다는 것을 배제할 수 없다."는 취지로 증언하였고, ② 피고인은 9회차 관찰비행을 마치기 위해서 제자리 비행에서 착륙을 한 것을 알 수 있는바, 이때의 모습을 보면 비교적 수직방향으로 착륙을 하였고 이 사건 항공기 내부를 촬영한 블랙박스를 보면 착륙 직후인 15:45:08부터 항공기의 기수가 다시 왼쪽으로 급격하게 돌아가는 15:46:03 전까지 피고인이 조종간을 움직이는 모습은 보이지 않음을 알 수 있는바, 그렇다면, 피고인은 B의 증언처럼 조종간을 N 위치에 둔 상태로 착륙하였고, 항공기 기수가 왼쪽으로 급격히 돌아가기 전까지 N에 위치시켰을 가능성을 배제할 수 없다.

2) 피고인의 과실과 항공기 전도로 인하여 상해 결과 또는 손해 사이에 상당인과관계가 인정되는지 여부에 관하여, 설사 군검찰의 주장처럼 피고인이 중립위치보다 2.5인치 전방에 위치시킨 상태에서 착륙을 하였다 하더라도 제○○○항공대대장의 항공기 CH−470(롱레인지) 감정촉탁 답변서를 보면 ① 조종간이 중립 위치보다 2.5인치 전방에 위치할 때 항공기 후방이 부양되거나 기수가 좌측으로 회전할 수 있는지는 검증되거나 공식적으로 보고된 사례가 없고, ② 착륙 후에 계류장으로 이동을 준비하는 과정에서 조종간이 중립 위치보다 2.5인치 전방에 위치하고 AFCS를 ON으로 하더라도 항공기 상태나 외부 환경요인 등 조건에 따라 항공기 후방이 부양하거나

기수가 좌측으로 회전할 수 있다고 회신한 점을 고려해 볼 때 피고인이 중립 위치보다 2.5인치 전방에 위치시킨 상태에서 착륙을 하였다 하더라도 다른 원인에 의하여 항공기 후방이 부양하여 항공기가 전도되었을 가능성에 대한 합리적인 의심을 배제할 정도는 아니라고 판단된다.

다. 당심의 판단

1) 과실이란 형법 제14조에 의하면 '정상의 주의를 태만히 함'으로 인하여 죄의 성립요소인 사실을 인식하지 못한 행위를 의미하고, 위와 같이 정상의 주의를 태만히 하였는지 여부에 대해서는 결과발생을 예견할 수 있었음에도 불구하고 그 결과발생을 예견하지 못하였고 그 결과발생을 회피할 수 있었음에도 불구하고 그 결과발생을 회피하지 못한 과실이 검토되어야 하고, 그 과실의 유무를 판단함에는 같은 업무와 직무에 종사하는 일반적 보통인의 주의정도를 표준으로 하여야 한다(대법원 1999. 12. 10. 선고 99도3711 판결 참조). (중략)

그리고 증거의 취사선택 및 평가와 이를 토대로 한 사실의 인정은 논리와 경험의 법칙을 위반하여 자유심증주의의 한계를 벗어나지 않는 한 사실심 법원의 전권에 속한다(대법원 2017. 4. 7. 선고 2017도2840 판결 등 참조).

2) 원심의 판단을 이 사건 기록과 증거들에 비추어 면밀히 살펴보면 이는 정당한 것으로 충분히 수긍할 수 있고, 특히 원심 및 당심이 적법하게 채택하여 조사한 증거들에 의하여 인정되는 다음과 같은 사정들을 보태어 보더라도, 원심판결에 군검사의 주장과 같은 사실오인 내지 법리오해나 논리와 경험의 법칙을 위반하여 자유심증주의의 한계를 벗어나는 등의 위법이 있다고 볼 수 없다. 따라서 군검사의 위 주장은 이유 없다.

① 이 사건 항공기내 조종사석 영상녹화 파일에 대한 감정촉탁 의뢰에 대하여, 국립과학수사연구원은 "해상도 부족 및 낮은 조도 등의 이유로 계기판을 명확하게 구분할 수 없어 LCT 계기 바늘 지시 상태 확인 및 Cyclic 위치 지시기의 상태를 판단하기 곤란함."이라고 회신하였고, ○○ 제6탐색구조비행전대 ○○○대대 소령 C는 당심법정에서 이 사건 항공기 블랙박스 영상 캡처화면 중 '시동 직후 화면'과 '9회차 비행 후 착륙 직후 화면'을 비교하는 것만으로 9회차 비행 후 착륙 직후 조종간(Cyclic)의 위치가 스틱 포지션 지시계의 "N" 위치보다 1인치 앞에 있었는지 판단하기에 제한사항이 너무 많아 한계가 있다는 취지로 진술하였다.

② 이 사건 항공기가 착륙한 후 조종간이 "N" 위치보다 1인치 전방에 위치하고 AFCS가 ON되어 있을 때 항공기의 후방이 부양하거나 기수가 좌측으로 회전할 수

있는지 여부에 대한 감정촉탁에 대하여, ○○ 제6탐색구조비행전대장은 "두 가지 조건이 모두 충족했을 경우 Pitch 반응에 민감한 상황에서 Power을 사용하면 항공기가 부양할 가능성이 있으나, 항공기 실제 운용조건 및 사용 환경에 따라 다르므로 명확한 답변을 하기 어려움"이라고 회신하였다.

③ 위 C는 당심법정에서, ㉠ 이 사건 항공기 사고의 원인이 양력 불균형에 있다는 주장에 대하여 "지상에서의 양력이라는 것은 굉장히 적기 때문에 양력 불균형이라는 것은 양력이 제로다 이렇게 말씀드릴 수는 없겠지만 이미 쓰러스트 그라운드 디텐트(Thrust ground detant)[20]에 놓은 상태라면 항공기가 지상에서 뜰 정도의 양력은 아니라고 생각합니다. 그래서 그 상황에서 양력 불균형이 생길 수 있다는 것이 일단 이해가 잘 안 됩니다."라고 진술하였고, ㉡ 조종간이 "N" 위치보다 1인치 전방에 있게 되면 항공기가 움직일 가능성이 커진다는 것인지 묻자 "제 생각에는 스틱(조종간)의 위치를 너무 터무니없이 3인치 이렇게 하지 않는 이상 1인치나 2인치 이내에서 "N"을 중심으로 해서 앞뒤로 움직이는 것은 항공기에 그렇게 크게 영향을 미치지 않습니다. 그런데 그 상태에서 만약에 쓰러스트(Thrust)를 들어버렸다 그러면 어떻게 될지는 그것은 모르는 것입니다."라고 진술하였으며, ㉢ AFCS를 OFF 하지 않았을 경우에 뒷바퀴가 들릴 확률이 있는지에 대하여 "그것은 뒷바퀴가 들릴 확률이 있다는 부분하고는 얘기가 다릅니다. 뒷바퀴가 들릴 수 있다는 것은 순전히 쓰러스트(Thrust)와 연관된 부분입니다. 즉 파워, 양력 증가와 관련된 부분입니다."라고 진술하였다.

④ 피고인은 수사단계부터 법정에 이르기까지 "당시 항공기가 회전을 하면서 쓰러스트(Thrust) 상방압이 강하게 느껴져서 올라오지 못하게 누르고 있었다."고 진술하면서 이 사건 당시 항공기 기체에 비정상적인 현상이 있었다고 주장한다.

⑤ 98-0853 녹취록에 의하면 이 사건 항공기는 15:45:27경 후방바퀴 및 전방바퀴가 지면에 접촉한 이후 약간 전방으로 전진하였으나 브레이크 작동 후 정지하였고, 15:45:30경 좌측승무원은 "Ground contact on"이라고 외쳤으며, 15:45:44경 토크(Torque) 감소 확인, 쓰러스트 다운(Thrust down) 상태에서 15:45:56경 항공기 기수가 좌로 약간 회전을 시작한 사실이 인정된다.

⑥ 이 사건 항공기사고조사위원으로 참여했던 항작사령부 안전관리실 주무관 D는 착륙을 했을 때 조종간을 어느 정도 앞쪽으로 놔야 항공기 뒷부분이 들리는지 묻는 질문에 "글쎄요. 참고로 말씀드리자면 똑같이 해도 안 들릴 수 있습니다. 그날의 기

---

20) 필자 주: 원 판결문에는 'Thrust ground detant'라고 기재되어 있으나, 'Thrust ground detent'의 오기로 보인다.

온, 온도, 바람, 습도, 여러 가지 여건이 같이 어우러져야 하는 부분이기 때문에 얼마라고 얘기하기는 어려울 것 같습니다."라고 진술하였다.

3. 결론

그렇다면 군검사의 항소는 이유 없으므로 군사법원법 제403조 제1항에 따라 이를 기각하기로 하여 주문과 같이 판결한다.

요약정리 [사안의 쟁점과 판결의 요지]

고등군사법원 2019. 12. 19. 선고 2019노164 판결 [업무상과실치상, 업무상과실군용물손괴]

피고인은 2017. 11.경 이 사건 항공기의 주임무조종사로서 관찰비행을 마치고 활주로에 착륙하는 과정에서 착륙 후 필수 점검사항의 점검을 게을리하여 위 항공기의 Cyclic(조종간)을 관련교범에 따른 조종간 중립 위치보다 2.5인치가량 전방에 위치시키고, AFCS OFF 점검을 누락한 업무상과실로 활주로에 착륙한 위 항공기의 후방이 부양되어 항공기의 기수가 좌편으로 회전하면서 항공기가 활주로에 전도되게 하여, 항공기에 탑승한 피해자 5명에게 뇌진탕 등의 상해를 입게 함과 동시에, 이 사건 항공기의 날개 파손 등 위 계류장에 계류되어 있던 군용물에 (금액 생략) 이상의 손실액 또는 정비비가 들도록 군용물을 손괴하였다는 내용의 **업무상과실치상, 업무상과실군용물손괴**의 공소사실로 기소되었다.

이 사안의 쟁점은 **CH-47 헬기 착륙사고에서의 헬기 조종사의 '업무상과실' 인정에 필요한 군검사의 입증의 정도 즉, 이 사건 공소사실이 군검사가 제출한 증거들에 의해 합리적 의심의 여지가 없을 정도로 증명이 되었는지 여부**였다.

1심(육군본부 보통군사법원 2019. 4. 29. 선고 2018고19 판결)은, 피고인이 착륙 후 조종간을 이 사건 항공기의 중립 위치보다 2.5인치 전방으로 이동시키고, AFCS를 OFF 해야 함에도 이를 게을리하여 항공기 후방이 부양되고 항공기 기수가 좌편으로 회전하면서 항공기가 활주로에 전도되어 피해자들이 부상을 입고 군용물이 손괴된 것이 아닌가 하는 강한 의심이 들지만, 피고인이 조종간을 이 사건 항공기의 중립 위치보다 2.5인치가량 전방에 위치시켰다거나, 이로 인하여 항공기의 후방이 부양되어 전도되었다는 사실이 합리적 의심의 여지가 없이 증명되었다고 볼 수 없다는 이유로 이 사건 공소사실에 대하여 무죄로 판단하였고, **고등군사법원 2019. 12. 19. 선고 2019노164 판결**은 1심판결을 유지하여 군검사의 항소를 기각하였다.

판례 20

소속대 병사로 의심되는 거동수상자가 탄약고 초소 인근에서 초병의 정지 수하에 불응하고 도주한 사건이 발생한 부대의 지휘통제실장이 소속대 병사 중 1명에게 허위로 자수하게 한 것이 허위보고죄 및 위계공무집행방해죄에 해당하는지 여부

해군본부 보통군사법원 2020. 6. 11. 선고 2019고12 판결 [위계공무집행방해, 범인도피, 허위보고]

I. 사안의 개요 [공소사실의 요지 및 사건의 경과]

1. 공소사실의 요지(유죄부분)

피고인은, 2019. 7. ○. 22:02경 제○함대사령부 합동병기탄약고 초소 인근에서 성명불상자가 초병의 정지 수하에 불응하고 도주한 사건이 발생하자, 같은 해 7. ○. 08:12경 위 사령부 지휘통제실 브리핑룸에서, A가 위 성명불상자가 아님을 알면서도 ○함대사령관인 소장 J에게 '병사 A가 전날의 거동수상자이며 이를 자백하였다'는 취지로 보고하여 군사에 관하여 거짓 보고를 하였고, 이로 인하여 ○함대사령관이 ○함대 거동수상자 발생상황 및 부대방호조치 1급을 각 해제하도록 하여 피고인은 위계로써 ○함대사령관의 부대 지휘에 관한 정당한 직무집행을 방해하였다.

2. 사건의 경과

이 사안의 쟁점은 **허위보고죄와 위계공무집행방해죄가 실체적 경합범인지 여부**였다.

1심(해군본부 보통군사법원 2020. 6. 11. 선고 2019고12 판결)은 ① 이 사건 공소사실 중 범인도피의 점에 대해서는 범인도피죄의 성립을 인정하기 위해서는 범인도피의 고의가 인정되어야 하는데 피고인은 위 성명불상자를 영내병사로 생각했고, 피고인뿐만 아니라 작전참모, 지휘부 등이 포함된 위기조치반 내에서도 대공혐의점이 없고 내부소행일 가능성이 높다고 판단하였으며, 그러한 전제하에 브리핑룸에서 부사령관과 참모장이 피고인에게 거동수상자가 자수하면 처벌하지 아니하겠다는 이야기를 하였고, 거동수상자를 최초에 발견한 초병들조차 전투복 등의 외관을 식별하지 못하여 거동수상자가 초병일 가능성을 전혀 예상하지 못한 점 등에 비추어 볼 때, 피고인이 범인도피죄의 객체인 '벌금 이상의 형에 해당하는 죄를 범한 자'를 인식하였다고 보기 어려워 범인도피죄의 고의를 인정할 수 없다는 이유로 무죄로 판단하고, ② 군형법 제38조 제1항 허위보고죄는 군사에 관하여 허위의 보고를 발함으로써 군의 기능을 마비시키고 혼란을 초래하는 행위를 벌하는 죄이며 거짓을 보고함과 동시에 허위보고죄는 성립하고, 허위보고로 인하여 구체적인 직무집행방해의 결과 발생을 요구하지는 않는 반면 위계에 의한 공무집행방해죄는 행위자의 목적을 달성하기 위하여 상대방에게 오인·착각·부지를 일으켜, 상대방이 이에 따라 그릇된 행위나 처분을 함으로써 공무원의 현실적인 직무집행이 방해되는 경우에 성립하며, 양 죄는 범죄의 성립시기, 행위의 태양이나 객체, 주체 등을 달리하는 별개의 범죄로서 서로 보호법익이 다르고, 법률상 1개의 행위로 평가되는 경우에도 해당하지 않으므로 두 죄는 실체적 경합관계로 보아야 한다는 이유로 허위보고의 점과 위계공무집행방해의 점에 대해서는 유죄로 판단하여 피고인에게 징역 2년에 집행유예 4년을 선고하였고, **고등군사법원 2020. 11. 26. 선고 2020노217 판결**은 1심판결을 유지하여 피고인과 군검사의 항소를 모두 기각하였다.

II. 판결 읽어보기 [판결 중요부분 발췌(요약)] : 해군본부 보통군사법원 2020. 6. 11. 선고 2019고12 판결

피고인 및 변호인의 주장에 대한 판단

1. 피고인 및 변호인의 주장

피고인과 변호인은 허위보고죄에 관하여는 전부 인정하나, ① 위계공무집행방해죄는 허위보고와 법조경합 관계에 있어 허위보고죄만 성립하고 위계공무집행방해죄는 성립할 수 없다는 주장한다. 설령 법조경합 관계가 아니라 하더라도 ② 위계공무집행방해죄에 관하여 피고인의 위계행위와 그 결과로 발생한 공무집행방해 사이의 인과관계를 부인한다.

2. 판단

가. 피고인의 법조경합 주장에 관한 판단

피고인 및 변호인은, 위계공무집행방해죄가 허위보고와 법조경합 관계에 있다고 주장한다. 이에 살피건대, 군형법 제38조 제1항 허위보고죄는 군사에 관하여 허위의 보고를 발함으로써 군의 기능을 마비시키고 혼란을 초래하는 행위를 벌하는 죄이며 거짓을 보고함과 동시에 허위보고죄는 성립하고, 허위보고로 인하여 구체적인 직무집행방해의 결과 발생을 요구하지는 않는다. 한편, 위계에 의한 공무집행방해죄는 행위자의 목적을 달성하기 위하여 상대방에게 오인·착각·부지를 일으켜, 상대방이 이에 따라 그릇된 행위나 처분을 함으로써 공무원의 현실적인 직무집행이 방해되는 경우에 성립한다. 이때, 위계의 주체는 제한이 없다. 위계의 상대방 역시 반드시 공무원일 필요가 없고 공무원이 아닌 제3자를 기망하여 공무를 방해하는 경우도 포함된다는 점에서, 지휘감독을 받는 자가 지휘감독을 하는 자에게 거짓을 보고하는 허위보고죄와 큰 차이가 있다.

그러므로, 양 죄는 범죄의 성립시기, 행위의 태양이나 객체, 주체 등을 달리하는 별개의 범죄로서 서로 보호법익이 다르고, 법률상 1개의 행위로 평가되는 경우에도 해당하지 않으므로 두 죄는 실체적 경합관계로 보아야 한다. 따라서 법조경합 관계를 주장하는 피고인 및 변호인의 주장은 이유 없다.

나. 피고인의 인과관계 부인에 관한 판단

피고인 및 변호인은, 함대의 상황 및 방호조치에 대한 결정이 지휘관의 재량에 따른 판단 영역이므로 피고인의 허위보고와, 거동수상자 발생상황 및 부대방호조치 1급을 해제한 사실 사이의 인과관계를 부인한다. 그러나 이는 아래와 같은 이유로 받아들이지 않는다.

함대의 상황 결정이나 방호조치의 발동 또는 해제는 지휘관의 상황평가에 따른 판단 영역이다. 일정한 상황이 존재할 때 지휘관은 참모들과 그 상황을 군사적으로 평가하여 부대의 방호조치 등급을 결정하게 된다. 그렇다면 지휘관은, 피고인이 거동수상자를 찾았다고 보고한 상황과 실제로 자수자가 나타난 상황을 토대로 군사적인 평가를 하는 것이지, 거동수상자가 자수한 상황이 거짓일 가능성까지 예견하여 상황을 심사하는 것이 아니다.

나아가, 지휘관의 위치에서 피고인의 보고내용과 허위의 자수자에 대하여 나름대로 충실한 평가를 하더라도 피고인의 보고가 허위임을 발견하지 못하여 잘못된 결론을 내리게 될 정도에 이르렀다면 이는 위계에 의하여 지휘관의 상황 판단을 적극적으로 방해한 것으로서 위계에 의한 공무집행방해죄가 성립한다고 할 것이다.

이 법원이 적법하게 채택하여 조사한 증거에 의하면, ① 피고인은 2019. 7. ○. 06:35경 ○○생활관 휴게실에서 A에게 거동수상자의 인상착의, 동선, 행위 태양에 관한 구체적인 정보를 전달한 사실, ② A는 같은 날, 09:30경 헌병대 조사를 받으면서 피고인으로부터 전달받은 내용을 그대로 진술한 사실, ③ 피고인이 2019. 7. ○. 08:12경 지휘통제실 브리핑룸으로 들어오면서 거동수상자를 찾았다고 보고하였고 그 당시, 사령관과 참모장을 포함한 위기조치반 20명이 함께 있던 자리에서 모두가 피고인의 보고를 들은 사실, ④ ○함대사령관이 그 자리에서 복장의 일치 여부, 밤에 이동하게 된 동기 등 몇 가지 사항을 확인 후 거동수상자 발생상황 및 부대방호조치 1급을 각 해제한 사실, ⑤ 피고인의 보고가 즉시 거동수상자 발생상황 종료로 이어지고 부대방호조치 1급을 해제하기까지 5분이 채 걸리지 않은 사실, ⑥ ○함대사령관은 7월 ○일 00:55경 합동참모본부와 해군작전사령부가 참여한 상황평가회의에서 대공혐의점이 없는 것으로 결론이 났으나, 신중히 처리하고자 부대방호태세 1급을 유지하여 온 사실, ⑦ 최초 거동수상자가 발견된 시각 이후 철책선을 두 번 이상 순찰하였고 해안가도 수색하였으며 항 주변 CCTV, 각 정문이나 위병소 CCTV를 확인하는 등 외부침투가능성에 대해 다방면으로 확인하고 거동수상자 색출을 위해 노력하였지만, 특이점이 없었던 사실, ⑧ 그러한 과정 속에서 피고인이 지속적으로 상황평가를 하고 수시로 보고하였던 사실, ⑨ 그 연속선상에서 피고인이 허위보고를 한 사실이 인정된다.

살피건대, 피고인은 지휘통제실장으로서 많은 양의 구체적인 정보를 알고 있었으며 이로 인하여 피고인의 보고 자체가 명확했고 ○함대사령관의 질문에도 충분한 답변이 이루어진 점, 지휘부를 포함한 위기조치반 20명 가량의 사람들 앞에서 거짓 보고를 할 것이라고 예견하기는 어려운 점, 피고인의 직책은 평소에도 사령관을 직접 대면하고 보고할 일이 많은 직책이고, 거동수상자 발생상황 이후 피고인이 지속적으로 상황평가를 하고 수시로 보고하였기 때문에 특별히 피고인의 이 사건 보고에 한하여 거짓이라고 생각하기는 더욱 어려웠던 점, 대공혐의점이나 특이점이 없음에도 불구하고 신중을 기하고자 부대방호조치 1급을 유지하던 상황에서는 거동수상자가 나타난 사실 그 자체로 상황 해제와 부대방호조치 환원으로 이어질 수 있었던 점 등에 비추어 볼 때, ○함대사령관의 입장에서 나름대로 충분히 평가하더라도 피고인의 보고가 허위임을 발견하기는 쉽지 않았을 것으로 보인다. 따라서 피고인은 판시 제1의 사실과 같이 허위보고함으로써, ○함대사령관 소장 J의 부대 지휘에 관한 정당한 직무집행을 방해하였다고 할 것이다.

무죄부분

1. 이 사건 공소사실 중 범인도피의 점의 요지

2019. 7. ○. 22:02경 ○○시 ○○읍에 있는 제○함대사령부 합동병기탄약고 초소 인근에서 성명불상자가 초병의 정지 수하에 불응하고 도주하는 사건이 발생하자, 피고인과 A는 2019. 7. ○. 06:20경 위 제○함대사령부 ○○생활관에서, 병사 A가 위 성명불상자가 아님에도 불구하고 A가 위 성명불상자라는 취지로 진술하기로 공모하였다. 이에 A는 2019. 7. ○. 09:30경 위 제○함대사령부 헌병대대 수사과 조사실에서 군사법경찰관 B에게 자신이 위 성명불상자라고 허위로 진술하였다. 이에 피고인과 A는 공모하여, 벌금 이상의 형에 해당하는 죄를 범한 자를 도피하게 하였다.

2. 판단

살피건대, 범인도피죄의 성립을 인정하기 위해서는 범인도피의 고의가 인정되어야 할 것인데, ① 피고인은 위 성명불상자를 영내병사로 생각했던 점, ② 영내병사가 생활관 인근을 배회하는 행위는 범죄가 성립하지 않는다고 생각했던 점, ③ 피고인뿐만 아니라 작전참모, 지휘부 등이 포함된 위기조치반 내에서도 대공혐의점이 없고 내부소행일 가능성이 높다고 판단했던 점, ④ 그러한 전제하에 브리핑룸에서 부사령관과 참모장이 피고인에게 자수하면[21] 처벌하지 아니하겠다는 이야기를 한 점, ⑤ 피고인은 이를 믿었고 이에 A에게 이 사건 자수행위가 문제되지 아니할 것이라고 거듭 강조한 점, ⑥ 거동수상자를 최초에 발견한 초병들조차 전투복 등의 외관을 식별하지 못하여 거동수상자가 초병일 가능성을 전혀 예상하지 못한 점, ⑦ 피고인은 초병의 정지수하에 응하지 않고 도망하는 행위는 징계처분의 대상이라고 생각했던 점 등에 비추어 볼 때, 피고인이 범인도피죄의 객체인 '벌금 이상의 형에 해당하는 죄를 범한 자'를 인식하였다고 보기 어려워 범인도피죄의 고의를 인정하기에는 부족함이 있다.

그렇다면, 군검사가 제출한 증거들만으로 피고인이 범인도피죄를 범하였다는 사실이 의심의 여지가 없을 정도로 증명되었다고 보기 부족하며 달리 이를 인정할 증거가 없다. 이는 그 범죄사실의 증명이 없는 경우에 해당하므로, 군사법원법 제380조

21) 필자 주: '피고인에게 자수하면 처벌하지 아니하겠다는 이야기를 한 점' 부분은 '피고인에게 거동수상자가 자수하면 처벌하지 아니하겠다는 이야기를 한 점' 의 의미인 것으로 보인다.

후단에 의하여 무죄를 선고한다.

(이하 생략)

요약정리 [사안의 쟁점과 판결의 요지]

해군본부 보통군사법원 2020. 6. 11. 선고 2019고12 판결 [위계공무집행방해, 범인도피, 허위보고]

피고인은, ① 2019. 7. ○. 22:02경 제○함대사령부 합동병기탄약고 초소 인근에서 성명불상자가 초병의 정지 수하에 불응하고 도주한 사건이 발생하자, 다음날 08:12경 위 사령부 지휘통제실 브리핑룸에서, A가 위 성명불상자가 아님을 알면서도 ○함대 사령관에게 '병사 A가 전날의 거동수상자이며 이를 자백하였다'는 취지로 보고하여 군사에 관하여 거짓 보고를 하였고, ② 이로 인하여 ○함대사령관이 ○함대 거동수상자 발생상황 및 부대방호조치 1급을 각 해제하도록 하여 피고인은 위계로써 ○함대사령관의 부대 지휘에 관한 정당한 직무집행을 방해하고, ③ 피고인과 A는 2019. 7. ○. 06:20경 위 제○함대사령부 ○○생활관에서, 병사 A가 위 성명불상자가 아님에도 불구하고 A가 위 성명불상자라는 취지로 진술하기로 공모하여 A는 2019. 7. ○. 09:30경 위 제○함대사령부 헌병대대 수사과 조사실에서 군사법경찰관 B에게 자신이 위 성명불상자라고 허위로 진술함으로써 피고인과 A는 공모하여, 벌금 이상의 형에 해당하는 죄를 범한 자를 도피하게 하였다는 내용의 공소사실로 기소되었다.

피고인은 허위보고의 공소사실에 대하여는 인정을 하였으나, ① 위계공무집행방해죄는 허위보고죄와 법조경합 관계에 있어 허위보고죄만 성립하고 위계공무집행방해죄는 성립할 수 없다고 주장하였고, 설령 법조경합 관계가 아니라 하더라도 ② 위계공무집행방해죄에 관하여 피고인의 위계행위와 그 결과로 발생한 공무집행방해 사이의 인과관계가 없다고 주장하였다.

이 사안의 쟁점은 **허위보고죄와 위계공무집행방해죄가 실체적 경합범인지 여부**였다.

1심(해군본부 보통군사법원 2020. 6. 11. 선고 2019고12 판결)은 ① 이 사건 공소사실 중 범인도피의 점에 대해서는 범인도피죄의 성립을 인정하기 위해서는 범인도피의

고의가 인정되어야 하는데 피고인은 위 성명불상자를 영내병사로 생각했고, 피고인뿐만 아니라 작전참모, 지휘부 등이 포함된 위기조치반 내에서도 대공혐의점이 없고 내부소행일 가능성이 높다고 판단하였으며, 그러한 전제하에 브리핑룸에서 부사령관과 참모장이 피고인에게 자수하면 처벌하지 아니하겠다는 이야기를 하였고, 거동수상자를 최초에 발견한 초병들조차 전투복 등의 외관을 식별하지 못하여 거동수상자가 초병일 가능성을 전혀 예상하지 못한 점 등에 비추어 볼 때, 피고인이 범인도피죄의 객체인 '벌금 이상의 형에 해당하는 죄를 범한 자'를 인식하였다고 보기 어려워 범인도피죄의 고의를 인정할 수 없다는 이유로 무죄로 판단하고, ② 군형법 제38조 제1항 허위보고죄는 군사에 관하여 허위의 보고를 발함으로써 군의 기능을 마비시키고 혼란을 초래하는 행위를 벌하는 죄이며 거짓을 보고함과 동시에 허위보고죄는 성립하고, 허위보고로 인하여 구체적인 직무집행방해의 결과 발생을 요구하지는 않는 반면 위계에 의한 공무집행방해죄는 행위자의 목적을 달성하기 위하여 상대방에게 오인·착각·부지를 일으켜, 상대방이 이에 따라 그릇된 행위나 처분을 함으로써 공무원의 현실적인 직무집행이 방해되는 경우에 성립하며, 양 죄는 범죄의 성립시기, 행위의 태양이나 객체, 주체 등을 달리하는 별개의 범죄로서 서로 보호법익이 다르고, 법률상 1개의 행위로 평가되는 경우에도 해당하지 않으므로 두 죄는 실체적 경합관계로 보아야 한다는 이유로 허위보고의 점과 위계공무집행방해의 점에 대해서는 유죄로 판단하여 피고인에게 징역 2년에 집행유예 4년을 선고하였고, **고등군사법원 2020. 11. 26. 선고 2020노217 판결**은 피고인과 군검사의 항소를 모두 기각하였다.

판례 21

특전사 포로체험 사망사고

고등군사법원 2015. 12. 29. 선고 2015노195 판결 [업무상과실치사, 업무상과실치상]
[1심판결] 육군본부 보통군사법원 2015. 2. 27. 선고 2014고13 판결

I. 사안의 개요 [공소사실의 요지 및 사건의 경과]

1. 공소사실의 요지(여단 작전참모 및 교육훈련계획장교에 대한 군사재판)

중사 A, 상사 B, 원사(진) C는 2014. 7. ○.부터, 상사 D는 2014. 7. ○.부터 각각 ○○공수특전여단에서 포로시 행동요령 시험훈련의 교관으로 임명되어 교관업무를 수행하여 왔다. 피고인 중령 E는 위 여단 작전참모로 근무하면서 교육훈련 발전 및 시행감독, 교육훈련 지원업무 조정, 통제·감독 등의 업무에 종사하였고, 피고인 소령 F는 위 여단 작전처의 교육훈련계획장교로 근무하면서 교육 및 훈련계획 수립, 부대별 교육훈련 통제 등의 업무에 종사하였다.

피고인 중령 E와 피고인 소령 F는 2014. 7. 초경부터 위 여단에서 시행하는 포로시 행동요령 훈련과 관련하여 위 교관들의 훈련을 원활하게 진행하기 위하여 훈련의 계획, 준비, 실시 및 지원 업무를 수행하고 있었다. 그런데 위 훈련에는 장기간 수면 및 음식물 섭취 박탈, 신체결박, 각종 고문 등이 포함되어 있었으므로, 위 훈련간에는 일반 훈련보다 높은 수준의 안전통제가 필요하였고, 특히 공기가 잘 통하지 않는 폴리에스테르 재질의 두건을 얼굴에 씌울 경우 질식의 가능성이 있었다. 따라서 만약 위 훈련과 관련된 안전통제가 미흡할 경우 피체험자들이 각종 신체적, 정신적 상해를 입거나 이를 통해 사망에 이를 가능성이 있었으므로 작전참모 및 교육훈련계획장교인 피고인 중령 E와 피고인 소령 F에게는 위 훈련이 정상적이고 안전하게 진행되도록 훈련을 계획, 준비하고 충분한 지원 및 감독을 하여 관련된 사고를 미리 방지하여야 할 주의의무가 있었다. 특히 위 훈련은 대대별로 시행하는 통상적인 특전사 훈련과 달리 피고인 중령 E와 피고인 소령 F의 제안으로 직접 작전참모처에서 TF팀을 구성하여 시행한 훈련이었으므로 주무부처의 장인 피고인 중령 E와 실무자인 피고인 F에게는 부사관인 교관들을 지도하여 위 훈련을 책임지고 안전하게 수행해야 할 업무상 주의의무가 있었다.

그럼에도 불구하고 피고인 소령 F는 위 훈련의 지원담당 실무자로서 의무대에 앰블런스 및 군의관의 배치 협조를 구하지 아니하여 현장에서의 즉각적인 응급조치가 이루어지지 않게 하고, 예산을 전혀 배정하지 아니하여 교관들의 사비로 교보재를 구매하게 하고 훈련에 대한 자료나 교보재가 전무한 가운데 모든 훈련 내용을 교관들이 스스로의 노력으로 만들어 가야 하는 상황에서 훈련을 준비할 기간이 6주로 턱없이 부족했음에도 훈련의 내용보다 글씨 크기, 색깔, 배치 등 교안의 형식에 대해서만 지속적으로 지적을 하면서 교관들의 훈련연기 요구를 무시하여 훈련준비가 미흡한 상황에서 훈련이 진행되게 되었다.

특히 사건 당일인 2014. 9. ○. 09:00경 대리 지휘관 대령 G가 직접 피고인 소령 F에게 현장에 가서 문제점, 제한사항 등을 살펴보라는 지시를 하였고, 사건 발생 직전인 같은 날 19:50경 작전참모인 피고인 중령 E가 평가장교를 통하여 현장에 가서 미흡사항을 도출하라고 지시하였음에도 불구하고 소령 F는 현장에 임하지 아니하였다. 그리고 피고인 중령 E는 위 훈련의 주무부처의 장으로서 훈련의 전반적인 내용 및 진행사항에 대하여 전혀 파악을 하지 못한 상태에서 글씨 크기, 색깔, 배치 등 교안의 형식에 대해서만 지속적으로 지적하는 등 교관들에게 안전통제나 우발상황에 대한 실질적인 조언을 해주지 않았으며, 2014. 8. ○. 대리 지휘관 대령 G로부터 2014. 8. ○. 연구강의를 직접 확인할 것을 지시받았음에도 이를 실시하지 아니하였다. 또한 피고인들은 훈련계획 작성 간 안전통제계획을 수립하지 아니하고, 교관들에게 충분한 연구강의 시간 및 여건을 보장하지 아니하고, 훈련 준비 상태(교안, 연구강의, 교보재, 임무 재확인 등)을 제대로 확인하지 아니하고, 최초 계획과 달리 안대가 아닌 두건을 사용한다는 사실을 인지하였음에도 이를 직접 확인하지 않아 질식을 예견하지 못하고, 지휘관인 여단장과 2014. 9. ○. 당시 대리 지휘관이었던 대령 G로부터 지휘관 현장 사열을 받지 아니하는 등 그 임무를 소홀히 하였다.

피고인 중령 E와 피고인 소령 F는 위와 같이 훈련 준비가 미흡한 상황에서 위 교관 4명으로 하여금 2014. 9. ○.부터 포로시 행동요령 훈련을 진행하게 한 결과, 교관들은 2014. 9. ○. 21:00경 포로시 행동요령 훈련센터 2층에서 피해자 대위 김○○ 등 10명을 대상으로 위 훈련의 2일차 고독화 과정을 진행하는 과정에서, 위 2층 9개 호실에 피체험자 8명을 각각 1명씩 수용하고 나머지 피체험자 2명은 1개 호실에 함께 수용한 후, 21:00경부터 21:18경까지 독방을 제외한 수용실 2, 수용실 1, 수용실 4, 수용실 3, 고문실 4, 고문실 3, 고문실 2, 고문실 1 순서로 각 방에 들어가, 먼저 중사 A가 피체험자들의 얼굴에 폴리에스테르 재질의 두건을 씌우고 두건의 끈을 바로묶기 방법으로 두 번 묶고, 상사 B가 피체험자들의 발목을 개목줄로 묶은 후 그 사이를 케이블타이로 한 번 더 묶고, 원사(진) C는 피체험자들의 무릎을 꿇게 하고 포승줄로 양 손목을 뒤로 묶은 다음 남은 포승줄로 개목걸이의 D형 고리에 연결하고 상사 D는 그 과정에서 랜턴을 비추면서 포박 도구를 건네주었다. 이후 각 호실에서 수용 중이던 피체험자들이 포박 완료 약 5분 후부터 "살려달라."며 비명을 지르고 욕설을 하였으나 피고인들은 피체험자들이 힘든 상황을 모면하기 위해 일부러 소리를 크게 지르는 것으로 판단하고 아무런 안전조치 없이 상황실에 위치하여 문을 닫고 통화를 하거나, 1층 현관으로 내려가 흡연을 하는 등 필요한 조치를 취하지 못하였다.

이로써 피고인 중령 E와 피고인 소령 F는 위 교관 4명과 공동하여 위와 같은 업무상과실로 수용실에 수용된 피해자 하사 1명과 고문실에 수용된 피해자 하사 1명은 호흡곤란에 의한 질식 등으로 각각 사망에 이르게 하고, 다른 장교 및 부사관 8명이 치료일수를 알 수 없는 상해를 입게 하였다.

2. 사건의 경과

교관 4명에 대한 1심 군사재판을 담당한 육군본부 보통군사법원은 2014. 1. 20. 교관 4명에게 각 벌금 2천만 원을 선고하였다. 위 1심판결에 대해 교관 4명은 모두 항소를 하지 않았고, 군검사는 교관 4명에 대한 1심의 양형이 가볍다는 이유로 항소를 하였으나, 고등군사법원은 2015. 12. 4. 양형부당을 주장하는 군검사의 항소를 기각하였다.[22]

한편 **피고인 중령** E(여단 작전참모)**와 피고인 소령** F(여단 작전처 교육훈련계획장교)**에 대한 군사재판**에서는 **통풍이 안 되는 두건을 피해자들의 얼굴에 씌우면서 숨을 쉬지 못할 정도로 두건의 끈을 지나치게 조이게 묶은 행위와 이러한 행위로 인해 고통을 호소하는 피해자들의 반응을 무시한 행위를 한 교관들뿐만 아니라 여단의 주무부서 참모로서 TF의 활동을 감독하고 지원하는 역할을 담당했던 중령** E(여단 작전참모)**와 소령** F(여단 작전처 교육훈련계획장교)**에게도 업무상과실치사상죄의 형사책임을 물을 수 있는지 여부**가 쟁점이 되었다.

22) [부사관 교관 4명에 대한 군사재판]
1심: 육군본부 보통군사법원 2014. 1. 20. 선고 2014고12 판결 [중과실치사, 중과실치상]
항소심: 고등군사법원 2015. 12. 4. 선고 2015노194, 341(병합) 판결

○○공수특전여단 작전참모 및 교육훈련계획장교에 대한 **1심(육군본부 보통군사법원 2015. 2. 27. 선고 2014고13 판결)**은 피고인들은 이 사건 훈련이 특전사의 일반 훈련과 다르다는 것을 인지하였음에도 불구하고 훈련의 구체적인 상황별 대응 계획 수립여부, 교관 및 지원 병력들의 각 상황별 임무 수립여부, 안전대책 수립여부 등을 확인하지 아니한 채 만연히 이를 방치하였고, 피고인들이 교관들에게 훈련에 대해 위임하였다고 하더라도 훈련 감독 및 지원업무의 책임자인 피고인들은 교관들에 대한 지휘, 감독을 철저히 함으로써 사고를 방지하여야 할 업무상 주의의무가 있음에도 이를 게을리하였고 피고인들의 위와 같은 업무상 주의의무 위반으로 인하여 이 사건 사망 및 상해의 결과가 발생하였다는 이유로 작전참모 및 교육훈련계획장교였던 피고인 중령 E와 소령 F에게 각각 벌금 1,500만 원을 선고하였다.

그러나 **항소심(고등군사법원 2015. 12. 29. 선고 2015노195 판결)**은 ○○공수특전여단 작전참모 및 교육훈련계획장교였던 피고인들이 이 사건 훈련을 감독하고 지원함에 있어 피고인들에게 형사책임을 지울 정도의 업무상 주의의무를 위반한 사실이 있다고 인정하기 어렵고, 이 사건 사고는 교관들이 통풍이 안 되는 두건을 피해자들의 얼굴에 씌우면서 숨을 쉬지 못할 정도로 두건의 끈을 지나치게 조이게 묶은 행위와 이러한 행위로 인해 고통을 호소하는 피해자들의 반응을 무시한 행위가 사고의 직접적인 원인이었으므로 가사 피고인들이 이 사건 훈련을 감독하고 지원하는 과정에서 일부 업무상과실이 인정된다고 하더라도, 이러한 업무상과실과 피해자들의 사상(死傷) 사이에 인과관계가 있다고 볼 수 없다는 이유로 이 사건 공소사실을 무죄로 판단하였고, 대법원은 원심판단에 업무상 주의의무와 인과관계에 관한 법리를 오해한 위법이 없다고 판시하며 군검사의 상고를 기각하여 작전참모 및 교육훈련계획장교에 대한 항소심의 무죄판결이 확정되었다.[23)]

II. 판결 읽어보기 [판결 중요부분 발췌(요약)] : 고등군사법원 2015. 12. 29. 선고 2015노195 판결

1. 공소사실의 요지

(생략)

23) 대법원 2018. 7. 24. 선고 2016도1238 판결 [업무상과실치사, 업무상과실치상]

2. 항소이유의 요지

(생략)

3. 원심의 판단 및 이 법원의 판단

가. 원심의 판단의 요지

원심은 아래와 같은 이유를 주요한 근거로 삼아 이 사건 공소사실을 유죄로 판단하였다.

1) 피고인들은 이 사건 훈련이 특전사의 일반 훈련과 다르다는 것을 인지하였음에도 불구하고 훈련의 구체적인 상황별 대응 계획 수립여부, 교관 및 지원 병력들의 각 상황별 임무 수립여부, 안전대책 수립여부, 물품 등 교보재 구매 여부 등을 확인하지 아니한 채 만연히 이를 방치하였다.

2) 피고인들이 교관들에게 훈련에 대해 위임하였다고 하더라도 훈련 감독 및 지원 업무의 책임자인 피고인들은 필요한 경우 포로 훈련시 유의사항 및 안전대책에 관한 자료를 획득하여 지휘, 감독을 철저히 함으로써 사고를 방지하여야 할 업무상 주의의무가 있음에도 이를 게을리했다.

3) 훈련과 관련된 예산, 군의관 지원 및 구급차 배치 등에 어려움이 있었더라면 이에 관하여 차상급부대인 특수전사령부에 인원, 예산과 관련된 건의를 적극적으로 하여야 함에도 이를 소홀히 하였다.

4) 교관들은 피고인들에게 훈련 준비 현황을 수시로 보고하여 피고인들로부터 연구강의 등을 통해 훈련의 내용을 통제, 확인받았으므로 피고인들과 교관들은 서로 의사 연락 하에 훈련을 준비한 사실이 인정된다.

나. 이 법원의 판단

피고인들에게 유죄를 인정한 원심의 위와 같은 판단은 아래와 같은 이유로 수긍하기 어렵다.

1) 특전사령부는 '포로시 행동요령 훈련'(이하 '이 사건 훈련'이라 한다)의 실시를 이 사건 여단에 지시하였다. 이 사건 훈련은 특전사에서 처음으로 실시되는 훈련이었으므로 여단은 훈련을 준비하기 위하여 별도의 전담 TF를 구성하였다. 피고인들은 TF의 공식적인 구성원이 아니었고, TF의 공식적인 구성원은 이 사건 훈련의 실행을 담당한 교관들이었다. 그리고 교관들은 계획하고 준비한 훈련내용을 보고서와 연구강의를 통해 여단장에게 직접 보고하였다. 이런 TF 조직과 업무진행 방식에 비추어 이 사건 훈련은 여단장의 지휘 아래 교관들이 실무적인 계획과 실행업무를 수행했고, 피

고인들은 여단의 주무부서 참모로서 TF의 활동을 감독하고 지원하는 제한적인 역할을 수행했던 것으로 판단된다.

2) 원심은 피고인 소령 F에 대해 ① 훈련 지원담당 실무자로서 의무대에 군의관 및 앰블런스 배치를 협조하지 않은 사실, ② 훈련예산을 전혀 배정하지 않아 교관들이 사비로 교보재를 구매하게 한 사실, ③ 훈련준비가 부족했음에도 훈련내용에 대해 형식적인 지적만 하면서 교관들의 훈련연기 요청을 무시한 사실, ④ 사건 당일 대령 G가 현장에 가서 문제점을 살펴보라는 지시를 하였음에도 즉시 현장에 가지 않은 사실 등을 업무상 주의의무 위반 사실로 실시하였다. 원심이 설시한 피고인 소령 F의 주의의무 위반 사실을 아래에서 차례로 살펴본다.

① 대령 G는 연구강의를 주관하면서 앰블런스를 배치하라고 지시했는데 교관들이 '교관에게 응급구조사 자격증이 있고, 훈련장과 의무대가 멀지 않아 충분히 조치를 할 수 있다'고 말하였고, 실제 영내가 500~700m 거리에 불과하여 앰블런스를 배치하기 않기로 하였다는 취지로 진술하였다. 그렇다면 실제 훈련장과 의무대 사이의 거리와 교관들의 응급처치 능력을 고려하면, 군의관과 앰블런스를 배치하지 않은 의사결정이 업무상 주의의무를 위반한 것으로 단정할 수 없다. 뿐만 아니라 앰블런스를 배치하지 않기로 결정한 것은 여단장 직무대리 역할을 수행하던 대령 G였으므로 작전참모처 실무담당자인 피고인 소령 F의 업무상 주의의무 사실을[24] 인정하기 더욱 어렵다.

② 이 사건 훈련에 예산이 충분하게 지원되지 않았던 것으로 보이긴 한다. 그러나 피고인 소령 F는 여단의 훈련장 유지보수비와 지휘관 위임 훈련비를 훈련 예산으로 사용하기로 계획을 세우기도 하였고, 예산절감을 위해 포로훈련장을 독신자숙소로 옮기도록 건의하기도 하였다. 실제 훈련 준비과정에서 예산항목 불일치 등으로 인해 예산이 지원되지 못했으나 피고인 소령 F는 이러한 예산 지원상의 문제를 피고인 중령 E에게 보고하기도 하였다. 이처럼 피고인 소령 F는 훈련에 필요한 예산을 확보하기 위해 실무자로서의 노력을 하였던 것으로 보인다. 또한 당시 훈련의 준비과정과 실시과정을 살펴보면 예산 때문에 이 사건 훈련 진행이 불가능했던 것으로 보기도 어렵다. 더욱이 피고인 소령 F에게는 다른 항목의 예산을 이 사건 훈련에 배정할 권한이 없었고 지휘관에게 참모조언이 이루어질 수 있도록 실무자로서의 역할을 한 것으로 보여지므로 이 부분 피고인 소령 F의 업무상 주의의무 위반 사실을 인정하기

24) 필자 주: '업무상 주의의무 위반 사실'의 오탈자로 보인다.

어렵다.

③ 이 사건 훈련은 특전사령부에서 처음 실시하는 훈련이었으므로 교관들이 교육준비에 어려움이 많았던 것으로 보인다. 하지만 교관들은 당시 피고인 소령 F에게 연구강의 등 훈련준비의 어려움을 토로하는 정도의 이야기만을 건넸던 것으로 보이고, 정식으로 진지하게 훈련연기를 요청했던 것으로 보이지는 않는다. 더욱이 당시 훈련준비 상태가 훈련을 진행할 수 없을 정도로 미흡했다면 교관들은 훈련 직전 대령 G 주관으로 실시된 연구강의 때 정식으로 훈련연기를 건의하였어야 함에도 그렇게 하지 않았다. 이상의 사정에 비추어 당시 훈련준비 상태가 훈련 실시가 불가능할 정도였다고 단정할 수는 없으므로, 피고인 소령 F가 훈련을 연기하도록 건의하지 않은 행위에 업무상 과실이 있다고 보기 어렵다.

④ 사건 당일 대령 G가 피고인 소령 F에게 현장에 가서 문제점 등 제한사항을 파악하라고 지시한 사실이 있다. 그러나 현장에서 훈련을 실시할 책임과 권한은 TF 구성원인 담당 교관들에게 있었다. 당시 피고인 소령 F는 훈련의 안전통제관으로 정식 임명된 바도 없고, 작전처 교육계획장교로서의 임무수행 여건상 훈련현장에 상주하며 훈련을 통제할 상황은 아니었던 것으로 보인다. 피고인은 대령 G가 '현장에 상주하며 훈련을 통제하라'고 지시한 것이 아니라, '가용한 시간 범위 내에서 훈련을 현장에서 참관하고 훈련의 문제점을 파악하여 여단장에게 보고할 수 있도록 준비하라'고 지시한 것이라는 취지로 진술하는데, 이러한 피고인의 주장은 납득할 수 있다. 이상의 사정을 종합하면, 피고인 소령 F가 대령 G의 지시를 듣고 즉시 현장에 임하지 않은 행위를 업무상 주의의무를 위반한 행위로 단정하기 어렵다.

3) 원심은 피고인 중령 E에 대해, 훈련의 전반적인 내용 및 진행상황을 전혀 파악하지 못하고 훈련의 안전통제나 우발상황에 대해 실질적인 조언을 해주지 못한 사실, 대령 G로부터 2014. 8. ○. 연구강의를 다시 주관하여 미흡사항을 확인하도록 지시받았음에도 이를 실시하지 않은 사실을 업무상 주의의무 위반 사실로 설시하였다. 그러나 여단의 지휘관은 군생활 경험이 풍부한 특전사 부사관들을 TF원으로 구성하여 이들에게 훈련의 실무적인 준비를 전담시켰다. 그렇다면 피고인 중령 E가 스스로 훈련의 세부적인 사항을 챙기지 않고 구체적인 준비사항을 교관들에게 맡긴 측면이 있더라도 이러한 피고인의 업무수행이 업무상 주의의무를 위반한 것이라고 단정할 수 없다. 또한 당시 대령 G가 피고인 중령 E에게 2014. 8. ○. 연구강의에서 발견된 일부 미흡사항을 직접 확인하고 보완토록 한 사실은 인정되나, 당시 대령 G는 피고인 중령 E로 하여금 연구강의를 다시 주관하라고 명확하게 지시한 것으로 보이지는 않

는다. 가사 피고인 중령 E가 대령 G의 지시를 다소 미흡하게 수명한 사실이 인정된다고 하더라도, 피고인 중령 E가 교관들에게 부담될 수도 있는 연구강의를 다시 실시하지 않고 교관들에게 미흡사항을 스스로 보완토록 한 것이 업무상과실범의 구성요건에 해당하는 정도의 주의의무 위반 사실이라고 단정할 수 없다.

4) 또한 원심은 안대를 사용하기로 한 훈련계획이 두건을 사용하는 것으로 변경되었음에도 피고인들이 이를 직접 확인하지 않아 사고를 예방하지 못한 과실이 있다는 취지로 설시하였다. 그러나 이 사건 사고의 원인은 두건을 사용하기로 한 훈련계획 자체에서 비롯된 것이라기보다는 잘못된 방법으로 두건을 사용한 훈련실행상의 문제에서 비롯된 것이다. 교관들은 이 사건 훈련을 직접 준비하고 연구강의 등을 통해 훈련 준비상황을 지휘관에게 직접 보고하였고, 피고인들은 지휘관의 참모로서 TF의 활동을 감독하고 지원하는 역할을 주로 수행하였다. 그렇다면 피고인들이 계획된 훈련방법을 일일이 직접 확인하지 않았다고 하여 이를 업무상 주의의무 위반 사실로 단정할 수 없다.

5) 한편, 이 사건 사고는 교관들이 통풍이 안 되는 두건을 피해자들의 얼굴에 씌우면서 숨을 쉬지 못할 정도로 두건의 끈을 지나치게 조이게 묶은 행위와 이러한 행위로 인해 고통을 호소하는 피해자들의 반응을 무시한 행위가 사고의 직접적인 원인이다. 따라서 가사 피고인들이 이 사건 훈련을 감독하고 지원하는 과정에서 일부 업무상 과실이 인정된다고 하더라도, 이러한 업무상 과실과 피해자들의 사상(死傷) 사이에 인과관계가 있다고 볼 수 없다.

6) 이상과 같은 사실과 사정을 종합하여 보면, 피고인들이 이 사건 훈련을 감독하고 지원함에 있어 피고인들에게 형사책임을 지울 정도의 업무상 주의의무를 위반한 사실이 있다고 인정하기 어렵고, 가사 피고인들이 일부 업무상 주의의무를 위반하였다고 하더라도 주의의무 위반 사실과 피해자들의 사상(死傷) 사이에 인과관계가 있다고 볼 수 없다. 따라서 원심은 업무상과실치사죄 및 업무상과실치상죄에 있어서 주의의무에 대한 법리를 오해하였거나 채증법칙을 위반하였다고 판단된다.

4. 결론

그렇다면, 사실오인을 주장하는 피고인들의 항소는 이유 있으므로 군사법원법 제414조, 제428조, 제413조에 의하여 원심판결을 파기하고, 같은 법 제435조에 의하여 변론을 거쳐 아래와 같이 판결한다.

공소사실의 요지는 앞의 제1항과 같고, 이 사건 공소사실은 앞의 제3항에서 살펴본 바와 같이 범죄의 증명이 없는 경우에 해당하므로 군사법원법 제380조 후단에 의하여 무죄를 선고한다.

요약정리 [사안의 쟁점과 판결의 요지]

고등군사법원 2015. 12. 29. 선고 2015노195 판결 [업무상과실치사, 업무상과실치상]

특수전사령부(특전사)는 '포로시 행동요령 훈련'(이하 '이 사건 훈련'이라 한다)의 실시를 ○여단에 지시하였고, ○여단은 특전사에서 처음으로 실시하는 이 사건 훈련을 준비하기 위하여 별도의 전담 TF를 구성하였는데, TF의 공식적인 구성원은 이 사건 훈련의 실행을 담당한 교관들이었고, 교관들은 계획하고 준비한 훈련내용을 보고서와 연구강의를 통해 여단장에게 직접 보고하였다.

교관들은 2014. 9. ○. 21:00경 포로시 행동요령 훈련센터 2층에서 피해자 대위 김○○ 등 10명을 대상으로 위 훈련의 2일차 고독화 과정을 진행하는 과정에서 중사 A가 피체험자들의 얼굴에 폴리에스테르 재질의 두건을 씌우고 두건의 끈을 바로묶기 방법으로 두 번 묶고, 상사 B가 피체험자들의 발목을 개목줄로 묶은 후 그 사이를 케이블타이로 한 번 더 묶고, 원사(진) C는 피체험자들의 무릎을 꿇게 하고 포승줄로 양 손목을 뒤로 묶은 다음 남은 포승줄로 개목걸이의 D형 고리에 연결하고 상사 D는 그 과정에서 랜턴을 비추면서 포박 도구를 건네주었고, 이후 각 호실에서 수용 중이던 피체험자들이 포박 완료 약 5분 후부터 "살려달라."며 비명을 지르고 욕설을 하였으나 피고인들은 피체험자들이 힘든 상황을 모면하기 위해 일부러 소리를 크게 지르는 것으로 판단하고 아무런 안전조치 없이 상황실에 위치하여 문을 닫고 통화를 하거나, 1층 현관으로 내려가 흡연을 하는 등 필요한 조치를 취하지 못하여, 결국 수용실에 수용된 피해자 하사 1명과 고문실에 수용된 피해자 하사 1명은 호흡곤란에 의한 질식 등으로 각각 사망에 이르렀고, 다른 장교 및 부사관 8명이 치료일수를 알 수 없는 상해를 입게 되었다. 이후 교관 4명은 업무상과실치사 및 업무상과실치상의 공소사실로 기소되어 군사재판을 받았고, 최종적으로 교관 4명에게 각 벌금 2천만 원이 확정되었다.

한편 **피고인 중령 E(여단 작전참모)와 피고인 소령 F(여단 작전처 교육훈련계획장교)에 대한 군사재판**에서는 **통풍이 안 되는 두건을 피해자들의 얼굴에 씌우면서 숨을 쉬지 못할 정도로 두건의 끈을 지나치게 조이게 묶은 행위와 이러한 행위로 인해 고통을 호소하는 피해자들의 반응을 무시한 행위를 한 교관들뿐만 아니라 여단의 주무부서 참**

모로서 TF의 활동을 감독하고 지원하는 역할을 담당했던 중령 E(여단 작전참모)와 소령 F(여단 작전처 교육훈련계획장교)에게도 업무상과실치사상죄의 형사책임을 물을 수 있는지 여부가 쟁점이 되었다.

1심(육군본부 보통군사법원 2015. 2. 27. 선고 2014고13 판결)은, ① 피고인들은 이 사건 훈련이 특전사의 일반 훈련과 다르다는 것을 인지하였음에도 불구하고 훈련의 구체적인 상황별 대응 계획 수립여부, 교관 및 지원 병력들의 각 상황별 임무 수립여부, 안전대책 수립여부 등을 확인하지 아니한 채 만연히 이를 방치하였고, ② 피고인들이 교관들에게 훈련에 대해 위임하였다고 하더라도 훈련 감독 및 지원업무의 책임자인 피고인들은 교관들에 대한 지휘, 감독을 철저히 함으로써 사고를 방지하여야 할 업무상 주의의무가 있음에도 이를 게을리하였다는 이유로 작전참모 및 교육훈련계획장교였던 피고인 중령 E와 소령 F에게 각각 벌금 1,500만 원을 선고하였다.

그러나 고등군사법원 2015. 12. 29. 선고 2015노195 판결은 ① ○공수특전여단 작전참모 및 교육훈련계획장교였던 피고인들은 위 TF의 공식적인 구성원이 아니라 여단의 주무부서 참모로서 TF의 활동을 감독하고 지원하는 제한적인 역할을 수행했던 것이며, ② 이 사건 훈련을 감독하고 지원함에 있어 피고인들에게 형사책임을 지울 정도의 업무상 주의의무를 위반한 사실이 있다고 인정하기 어렵고, ③ 이 사건 사고는 교관들이 통풍이 안 되는 두건을 피해자들의 얼굴에 씌우면서 숨을 쉬지 못할 정도로 두건의 끈을 지나치게 조이게 묶은 행위와 이러한 행위로 인해 고통을 호소하는 피해자들의 반응을 무시한 행위가 사고의 직접적인 원인이므로, ④ 가사 피고인들이 이 사건 훈련을 감독하고 지원하는 과정에서 일부 업무상과실이 인정된다고 하더라도, 이러한 업무상과실과 피해자들의 사상(死傷) 사이에 인과관계가 있다고 볼 수 없다는 이유로, 피고인들에 대한 이 사건 공소사실을 무죄로 판단하였고, 대법원은 원심판단에 업무상 주의의무와 인과관계에 관한 법리를 오해한 위법이 없다고 판시하며 군검사의 상고를 기각하여 작전참모 및 교육훈련계획장교에 대한 항소심의 무죄판결이 확정되었다(대법원 2018. 7. 24. 선고 2016도1238 판결).

판례 22

「보병사단」 등 야전교범이 군형법 제80조의 '군사상 기밀'에 해당하는지 여부 및 II급 군사기밀인 '작전계획 □□□□-04' 중 일부 통제선의 위치 등이 군사기밀보호법상의 '군사기밀'에 해당하는지 여부

대법원 2011. 10. 13. 선고 2011도7866 판결 [군사기밀보호법위반, 군기누설]
[원심판결] 고등군사법원 2011. 6. 1. 선고 2011노31 판결

I. 사안의 개요 [공소사실의 요지 및 사건의 경과]

1. 공소사실의 요지

1995년 국가안전기획부 대북공작원으로 채용되어 암호명 '흑금성'으로 활동하다가, 1998년 이른바 '북풍사건'으로 해고된 B는 2003. 3.경 북한 국가안전보위부 소속 공작원 C로부터 "남한의 군사정보와 자료를 구해 달라"는 요청을 받았다.

현역 육군 장성이었던 피고인 A는 과거부터 친분이 있던 B의 요청으로 B에게 「보병사단」 등 야전교범들을 주었고, B로부터 한반도 급변사태시 우리 군의 대응계획에 대한 질문을 받자 「작전계획 □□□□-04」의 일부 내용도 설명해 주었다.

B는 2003. 9.경부터 2005. 8.경까지 피고인 A로부터 입수한 「작전계획 □□□□-04」의 일부 내용과 「보병사단」 등 야전교범을 공작원 C에게 넘겨주었다.

2. 사건의 경과

이 사안의 쟁점은 **「보병사단」 등 야전교범이 군형법 제80조의 '군사상 기밀'에 해당하는지 여부 및 II급 군사기밀인 '작전계획 □□□□-04' 중 일부 통제선의 위치 등이 군사기밀보호법상의 '군사기밀'에 해당하는지 여부**였다.

원심(고등군사법원 2011. 6. 1. 선고 2011노31 판결)은 피고인에 대한 이 사건 공소사실 중 부정처사후수뢰의 점[25]에 대해서는 무죄로 판단하고, 나머지 공소사실에 대

25) 부정처사후수뢰 부분 공소사실의 요지

해서는 유죄로 판단하여 징역 2년을 선고하였다.

대법원 2011. 10. 13. 선고 2011도7866 판결은 한반도 급변사태시 우리 군의 대응계획과 관련된「작전계획 □□□□-04」의 일부 내용이 군사기밀보호법상의 군사기밀에 해당하며,「보병사단」등 야전교범이 군형법 제80조에서 규정하는 군사상 기밀에 해당한다고 판시하며 피고인의 상고를 기각하였다.

II. 판결 읽어보기 [판결 중요부분 발췌(요약)] : 대법원 2011. 10. 13. 선고 2011도7866 판결

1. 상고이유 제1점, 제5점에 관하여

가. 형사소송법 제308조의2는 "적법한 절차에 따르지 아니하고 수집한 증거는 증거로 할 수 없다"고 정하고 있다. 그리하여 수사기관이 헌법과 형사소송법이 정한 절차에 따르지 아니하고 수집한 증거는 물론, 이를 기초로 하여 획득한 2차적 증거 역시 원칙적으로 유죄 인정의 증거로 삼을 수 없다(대법원 2009. 4. 23. 선고 2009도526 판결, 대법원 2007. 11. 15. 선고 2007도3061 전원합의체 판결 등 참조).

(1) 기록에 의하면, 피고인은 2010. 6. 9. 구속영장이 발부되어 같은 날 구금되었는데, 이 사건 공소제기 전인 2010. 7. 5. 검찰관은 피고인의 건강에 이상이 있다는 군의관의 소견에 따라 피고인에 대하여 2010. 7. 19.까지 구속집행정지결정을 하였고, 그 구속집행정지기간 중에는 피고인에 대한 조사가 이루어지지 아니한 사실을 알 수 있다. 그렇다면 상고이유의 주장과 같이 공소제기 전에 피고인에 대한 구속기간 연장을 위하여 부당하게 구속집행정지결정을 하고 강압적인 수사를 하였다고 볼 수

피고인은 2002. 12.경부터 2005. 11.경까지 여러 가지 보직을 수행하면서 우리 군의 전술·작전 교육 및 연구, 사단·군단작전 계획 및 수립 등의 업무를 담당하였고, 이를 위해 다수의 군사교범과 군사기밀을 업무상 활용하던 중, 위 판시 범죄사실과 같이 B의 요청으로 군사교범 9권을 B에게 교부하고, II급 군사기밀인 작전계획 □□□□-04의 일부내용을 B에게 설명해 주는 등 그 직무상 부정한 행위를 하였다. 그 후 피고인은 위 부정행위에 대한 대가로 B로부터 자동차 매매대금을 교부받기로 하였고, 이에 B는 2005. 6. ○.경 ○○자동차 ○○중부지점에서 피고인의 처인 방○○ 명의로 그랜저 TG를 매수하는 계약을 직접 체결한 후, 2005. 7. 초순경 처인 최○○에게 위 그랜저 TG의 매매대금을 피고인에게 송금하라고 지시하였다. 이에 최○○은 2005. 7. ○.경 본인 명의의 국민은행 통장에서 피고인의 동생 김○○ 명의의 기업은행 통장으로 2,621만 원을 송금하였고, 위 김○○은 2005. 7. ○.경 위 기업은행 통장에서 방○○ 명의의 국민은행 통장으로 위 2,621만 원을 재송금하여, 피고인은 그 직무상 부정한 행위를 한 후 뇌물 2,621만 원을 수수하였다.

는 없다.

따라서 원심이 피고인의 구속 중에 수집된 2차적 증거들인 구속 피고인의 진술증거 중 일부를 유죄 인정의 증거로 사용한 것은 정당한 것으로 수긍할 수 있고, 거기에 상고이유의 주장과 같이 위법수집증거의 증거능력에 관한 법리를 오해하여 판결에 영향을 미친 위법이 있다고 할 수 없다.

(2) 한편 공무원인 수사기관이 작성하여 피압수자 등에게 교부해야 하는 압수물 목록에는 작성연월일을 기재하고, 그 내용은 사실에 부합하여야 한다. 또한 압수물 목록은 피압수자 등이 압수물에 대한 환부·가환부신청을 하거나 압수처분에 대한 준항고를 하는 등 권리행사절차를 밟는 가장 기초적인 자료가 되므로, 이러한 권리행사에 지장이 없도록 압수 직후 현장에서 바로 작성하여 교부하여야 하는 것이 원칙이다(대법원 2009. 3. 12. 선고 2008도763 판결 등 참조).

그런데 이 사건에서 B의 주거에 대한 압수수색검증영장의 발급경위, 위 주거에서 영장이 적법하게 제시되었고 B 또는 그의 처 E가 그 압수수색에 계속 참여하여 압수수색조서에 E가 참여인으로 서명·무인하고 압수목록에 간인하는 등과 같은 위 영장 집행의 과정 및 그 밖에 기록에 나타난 여러 사정에 비추어 보면, 위 압수수색 직후 현장에서 압수목록이 작성되어 E에게 교부되었다고 추단할 수 있으므로, 그 과정에서 압수된 이 사건 군사교범 9권은 적법하게 압수된 물건이라고 할 것이다. 결국 원심이 이와 같이 적법하게 압수된 이 사건 군사교범 9권을 기초로 수집된 2차적 증거들인 B와 피고인의 진술증거 중 일부를 유죄 인정의 증거로 사용한 것은 정당한 것으로 수긍할 수 있고, 거기에 상고이유의 주장과 같이 위법수집증거의 증거능력에 관한 법리를 오해하여 판결에 영향을 미친 위법이 있다고 할 수 없다.

나. 피고인과 변호인은 소송계속 중의 관계 서류 또는 증거물을 열람하거나 복사할 수 있으나(군사법원법 제64조 제1항), 검찰관은 국가안보 등 상당한 이유가 있다고 인정하면 증거로 신청할 서류 등의 열람·복사 또는 서면의 발급을 거부하거나 그 범위를 제한할 수 있다(군사법원법 제309조의3 제2항, 제1항). 한편 군사법원은 피고인이나 변호인이 검찰관으로 하여금 위 서류 등의 열람·복사 또는 서면의 발급을 허용하도록 할 것을 신청하면 열람·복사 또는 서면의 발급을 허용하는 경우에 생길 폐해의 유형·정도, 피고인의 방어 또는 재판의 신속한 진행을 위한 필요성 및 해당 서류 등의 중요성 등을 고려하여 검찰관에게 열람·복사 또는 서면의 발급을 허용할 것을 명령할 수 있고, 이 경우 열람 또는 복사의 시기와 방법을 지정하거나 조건 또는 의무를 부과할 수 있다(군사법원법 제309조의4 제1항, 제2항).

기록에 의하면, 검찰관은 II급 군사기밀에 해당하는 '작전계획 □□□□-04'의 내용이 포함된 피고인 및 B에 대한 피의자신문조서 또는 진술조서, 기타 증거서류 등에 관하여 국가안보 등을 이유로 변호인의 열람 및 복사 신청을 거부한 사실, 이에 변호인이 제1심법원에 열람 및 복사 신청을 하자 제1심법원은 그 범위를 더 축소하여 증거서류 중 '작전계획 □□□□-04'의 내용이 포함된 해당 부분만을 특정하여 복사를 불허하고 나머지 부분에 대한 복사는 허용하되, 지정된 조건 아래 복사가 불허된 부분에 대하여도 열람은 이를 허용한 사실을 알 수 있다.

위와 같이 복사가 불허된 부분은 II급 군사기밀에 해당하는 내용이 포함되어 있어서 타인에게 알려질 경우 국가안전보장상 해로운 결과를 초래할 우려가 있고, 그 불허 부분은 이 사건 전체 증거서류 중 일부분에 불과할 뿐만 아니라 변호인은 지정된 조건 아래에서 이를 열람함에 따라 복사가 불허된 부분에 포함된 내용이 무엇인지 충분히 알 수 있었다고 할 것이므로, 제1심법원이 그 부분에 대한 복사를 불허한 것은 정당한 것으로 수긍할 수 있고, 거기에 상고이유의 주장과 같이 피고인과 변호인의 방어권 및 변론권을 부당하게 침해하여 판결에 영향을 미친 위법이 있다고 할 수 없다.

2. 상고이유 제2점, 제7점에 관하여

가. 군형법 제80조에서 말하는 군사상의 기밀이란 반드시 법령에 의하여 기밀사항으로 규정되었거나 기밀로 분류명시된 사항에 한하지 아니하고 군사상의 필요에 따라 기밀로 된 사항은 물론 객관적, 일반적인 입장에서 외부에 알려지지 아니하는 것에 상당한 이익이 있는 사항도 포함한다고 할 것이나(대법원 2000. 1. 28. 선고 99도4022 판결 등 참조), 외부로 알려지지 아니하는 것에 상당한 이익이 있는지 여부는 자료의 작성 경위 및 과정, 누설된 자료의 구체적인 내용, 자료가 외부에 알려질 경우 군사목적상 위해한 결과를 초래할 가능성, 자료가 실무적으로 활용되고 있는 현황, 자료가 외부에 공개된 정도, 국민의 알 권리와의 관계 등을 종합적으로 고려하여 판단하여야 한다(대법원 2007. 12. 13. 선고 2007도3450 판결 등 참조).

위 법리를 원심판결 및 원심이 적법하게 채택한 증거들에 비추어 살펴보면, 원심이 군사교범의 경우 비밀로 등재되어 관리되지는 아니하나 일정한 절차에 의하여서만 열람, 대여, 영외 반출 및 관리가 가능한 것으로서 그 내용은 일반인에게 널리 알려진 공지의 사실이 아니며, 군사교범은 우리 군의 군사교리를 체계적으로 정리한 문헌으로서 적에게 유출될 경우 적은 우리 군의 전술을 간파하여 전투를 수행함에 있어 유리하게 되고, 우리 군의 교리보다 상대적으로 우수한 교리발전을 가져올 수 있는 여건을 제공하게 되며, 적이 우리의 교범을 바탕으로 교리를 변경할 경우 아군은 적의 변경된 교리를 알지 못하고 작전을 수행해야 되는 불리한 입장에 처하게 되는 등 그 내용이 북한군에게 알려질 경우 군사목적상 위해한 결과를 초래할 가능성이 있다는 이유로 군사교범은 군형법 제80조에서 말하는 군사상 기밀에 해당한다고 판단한 것은 수긍할 수 있다. 거기에 상고이유의 주장과 같이 군형법 제80조의 군사상 기밀에 관한 법리를 오해하여 판결에 영향을 미친 위법이 있다고 할 수 없다.

나. 군사기밀보호법 제2조는 "이 법에서 '군사기밀'이란 일반인에게 알려지지 아니한 것으로서 그 내용이 누설되면 국가안전보장에 명백한 위험을 초래할 우려가 있는 군 관련 문서, 도화, 전자기록 등 특수매체기록 또는 물건으로서 군사기밀이라는 뜻이 표시 또는 고지되거나 보호에 필요한 조치가 이루어진 것과 그 내용을 말한다"고 정하고 있고, 같은 법 제13조는 군사기밀을 타인에게 누설한 사람에 대하여 그 처벌규정을 마련하여 두고 있다. 그런데 군사기밀보호법의 입법취지상 위 소정의 군사기밀 중 일부를 누설한 자를 위 처벌규정에 의하여 처벌하기 위하여는 그 누설된 부분이 일반인에게 알려지지 아니한 것으로서 누설된 부분만으로도 국가안전보장에 명백한 위험을 초래할 우려가 있어야 한다(대법원 2002. 5. 10. 선고 2000도1956 판결 등 참조).

위 법리를 원심판결 및 원심이 적법하게 채택한 증거들에 비추어 살펴보면, 원심이 그 판시와 같은 사정을 들어 피고인이 B에게 설명한 II급 군사기밀인 '작전계획 □□□□－04' 중 일부 통제선의 위치 등은 공지의 사실이 아닐 뿐만 아니라 그러한 내용이 북한군에게 알려질 경우 군사목적상 위해한 결과를 초래할 가능성이 있다는 이유로 위 누설내용만으로 군사기밀보호법상의 군사기밀에 해당한다고 판단한 것은 수긍할 수 있고, 거기에 상고이유의 주장과 같이 군사기밀보호법상의 군사기밀에 관한 법리를 오해하여 판결에 영향을 미친 위법이 있다고 할 수 없다.

3. 상고이유 제3점, 제4점, 제6점, 제8점에 관하여

원심판결 및 원심이 적법하게 채택한 증거들에 비추어 살펴보면, 원심이 그 판시와 같은 이유를 들어 피고인이 B에게 군사상 기밀인 군사교범 9권[26]을 교부하고, II급

---

26) 「보병대대」, 「보병사단」, 「보병연대」, 「군단작전」, 「공병운용」, 「기갑/기계화보병여단」, 「지휘관 및 참모업무」, 「야전포병대포대대」, 「작전요무령」

군사기밀인 '작전계획 □□□□-04' 중 일부 통제선의 위치 등을 설명하여 군사상 기밀을 누설하였다고 판단한 것은 수긍할 수 있고, 거기에 상고이유의 주장과 같이 논리와 경험의 법칙에 위배하여 사실을 인정하거나 관련 법리를 위배하여 판결에 영향을 미친 위법이 있다고 할 수 없다.

(이하 생략)

III. 참고 판결 : '흑금성'에 대한 형사재판 판결

대법원 2011. 10. 13. 선고 2011도9094 판결 [국가보안법위반(간첩), 국가보안법위반(특수잠입·탈출), 국가보안법위반(회합·통신등), 국가보안법위반(편의제공), 군사기밀보호법위반]

【사안의 개요】

흑금성에 대한 형사재판 **1심(서울중앙지방법원 2010. 12. 23. 선고 2010고합1051 판결)**은 피고인 B(흑금성)가 탈북 연예인과 관련한 사업정보를 북에 넘겨줬다는 일부 공소사실에 대해서는 무죄를 선고하고, 나머지 공소사실[국가보안법위반(간첩), 국가보안법위반(특수잠입·탈출), 국가보안법위반(회합·통신등), 국가보안법위반(편의제공)]에 대해서는 유죄로 인정해 징역 7년에 자격정지 7년을 선고하였는데, **항소심(서울고등법원 2011. 6. 23. 선고 2011노125 판결)**은 피고인 B(흑금성)가 군인과 국가안전기획부(현 국가정보원) 직원으로서 일한 점 등을 참작해 징역 6년에 자격정지 6년으로 감형하였다. **대법원 2011. 10. 13. 선고 2011도9094 판결**은 위에서 살펴본 대법원 2011. 10. 13. 선고 2011도7866 판결과 같은 취지로 II급 군사기밀인 작전계획이 군사기밀보호법상의 군사기밀에 해당하며, 야전교범이 군형법 제80조에서 규정하는 군사상 기밀에 해당한다고 판시하며 피고인 B(흑금성)의 상고를 기각하였다.

【판결 중요부분 발췌(요약)】

1. 피고인 B의 상고이유에 관하여

가. (생략)

나. (생략)

다. 상고이유 제3점에 관하여

국가보안법 제4조 제1항 제2호 (나)목에 정해진 기밀은 정치, 경제, 사회, 문화 등 각 방면에 관하여 반국가단체에 대하여 비밀로 하거나 확인되지 아니함이 대한민국의 이익이 되는 모든 사실, 물건 또는 지식으로서 그것들이 국내에서의 적법한 절차 등을 거쳐 이미 일반인에게 널리 알려진 공지의 사실, 물건 또는 지식에 속하지 아니한 것이어야 하고, 또 그 내용이 누설되는 경우 국가의 안전에 위험을 초래할 우려가 있어 기밀로 보호할 실질가치를 갖춘 것이어야 한다. 다만, 공지된 것인지 여부는 신문, 방송 등 대중매체나 통신수단 등의 발달 정도, 독자 및 청취의 범위, 공표의 주체 등 여러 사정에 비추어 보아 반국가단체 또는 그 지령을 받은 자가 더 이상 탐지·수집이나 확인·확증의 필요가 없는 것이라고 판단되는 경우 등이 이에 해당하고, 누설할 경우 실질적 위험성이 있는지 여부는 그 기밀을 수집할 당시의 대한민국과 북한 또는 기타 반국가단체와의 대치현황과 안보사항 등이 고려되는 건전한 상식과 사회통념에 따라 판단하여야 하며, 그 기밀이 사소한 것이라 하더라도 누설되는 경우 반국가단체에는 이익이 되고 대한민국에는 불이익을 초래할 위험성이 명백하다면 이에 해당한다(대법원 2003. 6. 24. 선고 2000도5442 판결, 대법원 1998. 5. 29. 선고 98도412 판결 등 참조).

원심판결 이유에 의하면, 원심은, '보병대대'를 비롯한 원심 판시 각 군사교범이 국가기밀에 해당하지 않는다는 피고인 B의 주장에 대하여, 위 각 군사교범은 우리 국군의 조직 및 지휘체계, 교육 및 훈련의 지침, 군사작전과 전술의 원칙 등 군사력 운영의 기본원칙을 제시하는 것으로 반국가단체인 북한에게 알려질 경우 전쟁 수행에 있어서 우리 군의 작전실패와 피해를 야기할 수 있고, 위 각 교범을 근거로 한 훈련이 무의미해지는 등 국가의 안전에 명백한 위험을 초래할 우려가 있으므로, 국가기밀로 보호할 실질적인 가치를 갖춘 것이라고 판단하여, 위 주장을 배척하였다.

기록과 앞서 본 법리에 비추어 보면, 원심의 위와 같은 판단은 정당한 것으로 수긍할 수 있고, 거기에 상고이유로 주장하는 바와 같은 국가보안법상의 국가기밀에 관한 법리오해 등의 잘못이 없다.

라. 상고이유 제4점에 관하여(상고이유 제7점 중 이 부분과 중복되는 주장도 함께 판단한다)

원심판결 이유에 의하면, 원심은, 피고인 B의 다음과 같은 주장, 즉 C에게 '보병연대' 교범의 원본을 제공한 것이 아니라 '보병연대'의 표지, 목차, 책자말미의 발행인이 기재된 부분 등의 복사본만을 제공한 것이고, 피고인이 C에게 제공한 '공병운용', '기갑/기계화보병여단', '지휘관 및 참모업무', '야전포병대포대대'의 표지, 목차, 책자말미의 발행인이 기재된 부분의 복사본은 실질적인 내용이 없어 북한에 유출되더라도 대한민국의 존립·안전에 명백한 위험을 초래할 수 있는 것이 아니므로 국가기밀이 될 수 없다는 주장에 대하여, ① 그 채택 증거들을 종합하여 보면, 피고인 B가 '보병연대' 교범 원본을 그대로 C에게 전달하였다가 돌려받은 사실을 인정할 수 있고, ② 한편 '공병운용', '기갑/기계화 보병여단', '지휘관 및 참모업무', '야전포병대포대대' 등 4권의 교범의 복사본에는 교범의 표지와 목차가 포함되어 있으며, 그 목차 부분은 위 각 교범의 세부 제목을 표시하고 있어 그 목차만으로도 위 각 교범의 내용을 상당부분 유추할 수 있는 것으로 보이고, 표지 및 목차 부분도 국가기밀인 군사교범의 일부인 점 등을 종합하면, 위 각 교범의 목차 등을 복사한 부분도 반국가단체인 북한에게 알려질 경우 국가의 안전에 명백한 위험을 초래할 우려가 있는 것으로서 국가기밀로 보호할 실질적인 가치를 갖춘 것으로 보아야 한다고 판단하여, 위 주장을 배척하였다.

기록에 비추어 보면, 원심의 위와 같은 사실인정과 판단은 모두 정당한 것으로 수긍이 가고, 거기에 상고이유로 주장하는 바와 같이 논리와 경험칙에 반하여 사실을 오인하거나 국가기밀에 관한 법리를 오해한 잘못이 없다.

마. 상고이유 제5점에 관하여

원심판결 이유에 의하면, 원심은, 위 각 군사교범을 제공한 행위가 사회상규에 반하지 않는 정당행위에 해당한다는 피고인 B의 주장에 대하여, 피고인 B가 국가기밀인 위 각 군사교범을 탐지·수집·제공한 행위는 그 수단이나 방법이 상당하지 않고, 긴급성이나 보충성의 요건도 갖추었다고 할 수 없어 위법성이 조각되는 정당행위로 볼 수 없다는 이유로 이를 배척하였는바, 이러한 원심의 조치는 정당하고, 거기에 상고이유로 주장하는 바와 같은 정당행위에 관한 법리오해 등의 잘못이 없다.

바. 상고이유 제6점에 관하여

원심판결 이유에 의하면, 원심은, 피고인 B에 대한 공소사실 중 2005. 4. 중순 '작전계획 □□□□-04' 탐지의 점에 관한 피고인 B의 다음과 같은 주장, 즉 피고인 B가 C로부터 '작전계획 □□□□-04'의 내용을 탐지하라는 지령을 수수한 적이 없고, A로부터 '작전계획 □□□□-04'의 내용에 관하여 들은 적도 없다는 주장에 대하여, ① C는 피고인 B로부터 2003. 10. 군사교범인 '보병대대'를 건네받은 후에도 계속적으로 다른 군사교범들을 더 구해 줄 것을 요구하였고, 피고인 B는 이에 따라 2005. 8. '작전요무령'을 전달하기도 하는 등 반국가단체의 구성원인 C로부터 북한 군부에 필요한 정보나 자료를 구해 달라는 지령을 수수한 뒤 그 목적수행행위를

2003. 10.부터 2005. 8.까지 계속하였던 점 등에 비추어, 피고인 B는 C로부터 지령을 수수하고 이를 수행하는 일련의 과정에서 2005. 4. A로부터 '작전계획 □□□□-04'의 내용을 탐지한 것이라고 봄이 상당하고, ② 그 채택 증거들에 의하여 인정되는 피고인 B와 A의 당시 대화 내용 등을 종합하여 보면, 피고인 B는 A로부터 '작전계획 □□□□-04'의 일부 내용을 지득한 것으로 볼 수 있다고 판단하였다.

기록에 비추어 보면, 원심의 위와 같은 판단은 정당한 것으로 수긍할 수 있고, 거기에 상고이유로 주장하는 바와 같이 논리와 경험칙에 반하여 자유심증주의의 한계를 벗어나 사실을 오인한 잘못이 없다.

사. (생략)

아. (생략)

자. (생략)

차. (생략)

2. 피고인 D의 상고이유에 관하여

(생략)

3. 검사의 상고이유에 관하여

(생략)

4. 결론

그러므로 상고를 모두 기각하기로 하여, 관여 대법관의 일치된 의견으로 주문과 같이 판결한다.

요약정리 [사안의 쟁점과 판결의 요지]

대법원 2011. 10. 13. 선고 2011도7866 판결 [군사기밀보호법위반, 군기누설]

1995년 국가안전기획부 대북공작원으로 채용되어 암호명 '흑금성'으로 활동하다가, 1998년 이른바 '북풍사건'으로 해고된 B는 2003. 3.경 북한 국가안전보위부 소속 공작원 C로부터 "남한의 군사정보와 자료를 구해 달라"는 요청을 받았다. 현역 육군 장성인 피고인 A는 과거부터 친분이 있던 B의 부탁으로 B에게 「보병사단」 등 야전교범들을 주었고, B로부터 한반도 급변사태시 우리 군의 대응계획에 대한 질문을 받고 「작전계획 □□□□-04」의 일부 내용도 설명해 주었다. 결국 B는 피고인 A로부터 입수한 「작전계획 □□□□-04」의 일부 내용과 「보병사단」 등 야전교범들을 공작원 C에게 넘겨주었다.

이 사안의 쟁점은 **「보병사단」 등 야전교범이 군형법 제80조의 '군사상 기밀'에 해당하는지 여부 및 II급 군사기밀인 '작전계획 □□□□-04' 중 일부 통제선의 위치 등이 군사기밀보호법상의 '군사기밀'에 해당하는지 여부**였는데, **대법원 2011. 10. 13. 선고 2011도7866 판결**은 한반도 급변사태시 우리 군의 대응계획과 관련된 「작전계획 □□□□-04」의 일부 내용이 군사기밀보호법상의 군사기밀에 해당하며, 「보병사단」 등 야전교범들이 군형법 제80조에서 규정하는 군사상 기밀에 해당한다고 판시하였다.

☞ **대법원 2011. 10. 13. 선고 2011도7866 판결과 대법원 2011. 10. 13. 선고 2011도9094 판결**은 한반도 급변사태시 우리 군의 대응계획과 관련된 「작전계획 □□□□-04」의 일부 내용이 군사기밀보호법상의 군사기밀에 해당된다고 판시한 최초의 판결이라는 점에서 중요한 의미가 있으며, 또한 위 대법원판결들은 「보병사단」 등 야전교범들이 군형법 제80조에서 규정하는 군사상 기밀에 해당한다고 판시한 최초의 판결들이기도 하다.

판례 23

국가보안법위반(찬양 · 고무등)죄에 있어서 '이적행위의 목적'의 판단기준

대법원 2014. 4. 10. 선고 2012도9800 판결 [국가보안법위반(찬양 · 고무등)]
[원심판결] 고등군사법원 2012. 7. 17. 선고 2011노258 판결

I. 사안의 개요 [기초사실 및 사건의 경과]

1. 기초사실

피고인 K 중위는 R 종교단체 신학대학교 신학과를 졸업하고 I 종교단체 신학대학교 신학대학원 2학년 1학기를 마친 후 장교로 임관하였는데, 입대 전 I 종교단체 신학대학교의 동아리인 'J'에서 공산주의와 사회주의에 대하여 학습하고, 'K' 산하의 'L'에서 통일신학과 공동체신학을 학습하며 기존의 관점과 다른 대안적 시각에서 근현대사를 학습한 사실은 있으나, 'J', 'K', 'L'은 대학의 동아리, 신앙을 바탕으로 한 마을공동체, 기독교 청년들을 위한 교육기관일 뿐, 반국가단체나 이적단체와는 관련이 없었고, 피고인이 반국가단체나 이적단체라고 할 만한 단체를 구성하거나 그러한 단체에 가입하여 활동한 사실은 없었으며, 국가보안법 위반으로 처벌받은 전력도 없었다.

이 사건에서 피고인이 소지하고 있던 '위대한 수령 H 동지의 불멸의 혁명업적'이라는 책자는 반국가단체인 북한의 조선노동당출판사에서 출간한 것으로 주로 H를 찬양하는 내용으로 구성되어 있고, 국가의 존립 · 안전과 자유민주적 기본질서를 위협하는 적극적이고 공격적인 내용을 포함하고 있으며, 고전적인 공산주의와는 달리 주체사상으로 유지되는 일당 독재체제로서의 북한 주체사상의 근본을 설명하고 있어서 이적표현물에 해당하는데, 피고인은 2006. 8.경 중국에 여행을 간 기회에 중국 심양에 있는 서점에 들렀다가 위 책자를 구입하였다.

한편 피고인은 당직실에서 천안함 피격사건의 뉴스를 듣다가 옆에 있던 하사 M 등에게 '군 훈련 중에 사고가 났을 수도 있다. 북한의 소행이 아니다'는 발언을 하였고, 천안함 피격사건과 연평도 포격사건과 관련하여 '그와 같은 사태를 초래한 것은 남한 군 당국의 책임이다'는 취지의 내용의 글을 인터넷에 게시한 적이 있었다. 반면

피고인이 군에 입대한 시기는 위 책자를 구입한 2006. 8.경으로부터 2년 7개월이나 지난 후이고, 피고인이 군대에서 병사들에 대하여 한국 근현대사와 한국군 역사 등에 대한 세미나를 하거나 공동체 모임을 조직화하려고 시도한 사실은 없었다.

2. 사건의 경과

이 사안의 쟁점은 **피고인에게 '위대한 수령 H 동지의 불멸의 혁명업적'이라는 책자의 이적성에 대한 인식과 이적행위를 할 목적이 있었는지 여부**였다.

원심(고등군사법원 2012. 7. 17. 선고 2011노258 판결)은 피고인이 반국가단체인 북한의 활동에 동조하거나 국가변란을 선전·선동할 목적으로 2006. 8.경 중국 심양 소재 서점에서 '위대한 수령 H 동지의 불멸의 혁명업적'이라는 책자를 취득하여 소지하였다는 이 부분 공소사실에 대하여, ① 위 책자는 국가보안법 제7조 제5항에서 규정한 이적표현물에 해당하고, ② 또한 피고인이 군 입대 전부터 대학 동아리 등에서 공산주의와 사회주의 관련 학습을 하고 자본주의에 대한 비판적 시각에 입각한 대안적 시각에서 근현대사 공부를 해 온 점, 피고인이 병사들을 의식화·조직화하려는 목적을 가지고 군에 입대한 점, 피고인이 장교로 임관한 뒤에도 대한민국 군 당국의 입장이 아닌 지나치게 북한의 입장에 치우친 주장을 한 점 등에 비추어 보면 위 책자를 취득하여 소지할 당시 피고인에게는 위 책자의 이적성에 대한 인식과 이적행위를 할 목적에 대한 미필적인 고의가 있었다는 이유로 위 책자의 취득·소지에 따른 국가보안법위반의 점을 유죄로 인정하였다.[27)]

그러나 **대법원 2014. 4. 10. 선고 2012도9800 판결**은 ① '위대한 수령 H 동지의 불멸의 혁명업적'이라는 책자를 국가보안법 제7조 제5항에서 규정한 '이적표현물'에 해당한다고 본 원심의 판단은 정당하나, ② 피고인이 신학대 동아리 등에서 공산주의와 사회주의에 대해 학습하고 대안적 시각의 근현대사를 학습한 사실은 있지만,

27) 한편 이 사건에서 '마르크스의 사상', '철학에세이', '칼 맑스 프리드리히 엥겔스 저작 선집', '4장 마르크스의 방법, 5장 역사와 계급투쟁', '자본주의와 한국기독교', '청년을 위한 한국현대사', '한국 근현대사&현대 북한의 이해', '이데올로기와 이데올로기적 국가장치', '공산당선언', '자본이란 사회적 관계이다 – 칼 맑스의 자본론', '한국 근현대사와 하나님 나라운동'의 각 제작·반포·소지와 관련된 국가보안법위반의 공소사실에 대해서는 고등군사법원에서 모두 무죄로 판단하였고, 대법원도 고등군사법원의 판단이 정당하다고 인정하며 군검사의 상고를 기각하였다.

피고인이 속했던 기관들은 기독교 청년들을 위한 교육기관일뿐 반국가단체나 이적단체와는 상관이 없었으며, ③ 피고인이 신학대를 졸업한 기독교인으로서 주체사상은 우상숭배를 암암리에 강요하는 타락한 사유체계를 가진 잘못된 사상임을 주장하고 있고, ④ 피고인이 천안함 피격사건과 연평도 포격사건과 관련해 발언한 것은 정치·사회적인 현상에 대한 성향을 드러내는 것이어서 현역 장교로서 부적절할 수는 있으나, 그러한 사정만으로 북한의 활동에 동조했다고 보기 어렵고, ⑤ 피고인이 중국 여행 중에 '위대한 수령 H 동지의 불멸의 혁명업적'이라는 책자를 구입한 후 그 내용을 전파하지 않고 그대로 보관하기만 한 점 등을 살펴보면, 피고인이 위 책자의 이적성을 인식하고도 이적행위 목적을 가지고 위 책자를 소지했다고 단정하기 어렵다는 이유로 원심판결 중 유죄부분을 파기하고 사건을 고등군사법원에 환송하였다.

II. 판결 읽어보기 [판결 중요부분 발췌(요약)] : 대법원 2014. 4. 10. 선고 2012도9800 판결

상고이유(상고이유서 제출기간이 경과한 후에 제출한 상고이유보충서의 기재는 상고이유를 보충하는 범위 내에서)를 판단한다.

1. 피고인의 상고이유에 대하여

가. 북한의 반국가단체성에 관한 상고이유에 대하여

북한은 조국의 평화적 통일을 위한 대화와 협력의 동반자이기도 하지만 다른 한편 적화통일노선을 고수하면서 우리의 자유민주주의 체제를 전복하고자 획책하는 반국가단체로서의 성격도 아울러 가지고 있고, 그 때문에 반국가단체 등을 규율하는 국가보안법의 규범력도 계속 유효하다는 것이 대법원의 확립된 견해이다(대법원 2010. 7. 23. 선고 2010도1189 전원합의체 판결 등 참조).

원심이 이와 같은 취지에서 북한이 여전히 적화통일노선을 고수하면서 우리의 자유민주주의 체제를 전복하고자 획책하는 반국가단체의 성격을 가지고 있다고 보아야 한다고 판단한 것은 옳고, 거기에 상고이유의 주장과 같은 북한의 반국가단체성에 관한 법리를 오해하거나 그에 관한 판단을 하지 않아서 판결에 영향을 미친 위법이 없다. 이 부분 상고이유의 주장은 이유 없다.

나. 피고인이 소지한 표현물의 이적성에 관한 상고이유에 대하여

국가보안법상 이적표현물로 인정되기 위해서는 그 표현물의 내용이 국가보안법의 보호법익인 국가의 존립·안전과 자유민주적 기본질서를 위협하는 적극적이고 공격적인 것이어야 하고, 표현물에 이와 같은 이적성이 있는지 여부는 표현물의 전체적인 내용뿐만 아니라 그 작성의 동기는 물론 표현행위 자체의 태양 및 외부와의 관련사항, 표현행위 당시의 정황 등 제반 사정을 종합하여 결정하여야 한다(대법원 2010. 7. 23. 선고 2010도1189 전원합의체 판결 등 참조).

원심은 그 판시와 같은 사정, 즉 '위대한 수령 H 동지의 불멸의 혁명업적'은 반국가단체인 북한의 조선노동당출판사에서 출간한 것으로 주로 H를 찬양하는 내용으로 구성되고 있고, '제국주의의 우두머리인 미제와 15개 추종국가 침략군을 반대하는 조국해방전쟁', '미제 침략자들과 그 앞잡이들의 무력침공을 반대하는 조국해방전쟁' 등 국가의 존립·안전과 자유민주적 기본질서를 위협하는 적극적이고 공격적인 내용을 포함하고 있으며, 고전적인 공산주의와는 달리 주체사상으로 유지되는 일당 독재체제로서의 북한 주체사상의 근본을 설명하고 있어서 북한의 주의, 주장 그 자체에 해당하는 점 등을 종합하여 보면 이적표현물임이 인정된다고 판단하였다.

앞서 본 법리와 기록에 비추어 살펴보면, 원심의 위와 같은 판단은 옳고, 거기에 상고이유의 주장과 같은 이적표현물에 관한 법리를 오해하거나 위 책자가 이적표현물에 해당하는지에 관하여 자유심증주의의 한계를 벗어난 위법이 없다. 이 부분 상고이유의 주장은 이유 없다.

다. 이적성의 인식 및 이적행위의 목적에 관한 상고이유에 대하여

(1) 국가보안법 제7조 제5항의 죄는 제1, 3, 4항에 규정된 이적행위를 할 목적으로 문서·도화 기타의 표현물을 제작·수입·복사·소지·운반·반포·판매 또는 취득하는 것으로서 이른바 목적범임이 명백하다. 목적범에서의 목적은 범죄 성립을 위한 초과주관적 위법요소로서 고의 외에 별도로 요구되는 것이므로, 행위자가 표현물의 이적성을 인식하고 제5항의 행위를 하였다고 하더라도 이적행위를 할 목적이 인정되지 아니하면 그 구성요건은 충족되지 아니한다. 그리고 형사재판에서 공소가 제기된 범죄의 구성요건을 이루는 사실에 대한 증명책임은 검사에게 있으므로 행위자에게 이적행위를 할 목적이 있었다는 점은 검사가 증명하여야 하며, 행위자가 이적표현물임을 인식하고 제5항의 행위를 하였다는 사실만으로 그에게 이적행위를 할 목적이 있었다고 추정해서는 아니 된다. 이 경우 행위자에게 이적행위 목적이 있음을 증명할 직접증거가 없는 때에는 표현물의 이적성의 징표가 되는 여러 사정들에 더하여 피고인의 경력과 지위, 피고인이 이적표현물과 관련하여 제5항의 행위를 하게 된 경위,

피고인의 이적단체 가입 여부 및 이적표현물과 피고인이 소속한 이적단체의 실질적인 목표 및 활동과의 연관성 등 간접사실을 종합적으로 고려하여 판단할 수 있다(대법원 2010. 7. 23. 선고 2010도1189 전원합의체 판결 등 참조).

(2) 원심은, "피고인이 반국가단체인 북한의 활동에 동조하거나 국가변란을 선전·선동할 목적으로 2006. 8.경 중국 심양 소재 서점에서 위 책자를 취득·소지하였다."는 이 부분 공소사실에 대하여, 그 판시와 같은 사정을 종합하여 위 책자는 국가보안법 제7조 제5항에서 규정한 이적표현물로 피고인에게 적어도 위 책자의 이적성에 대한 미필적인 인식이 있었다고 판단하였다. 또한 피고인이 군 입대 전부터 대학 동아리 등에서 공산주의와 사회주의 관련 학습을 하고 자본주의에 대한 비판적 시각에 입각한 대안적 시각에서 근현대사 공부를 해 온 점, 피고인이 병사들을 의식화·조직화하려는 목적을 가지고 군에 입대한 점, 피고인이 장교로 임관한 뒤에도 대한민국 군 당국의 입장이 아닌 지나치게 북한의 입장에 치우친 주장을 한 점 등에 비추어 보면 위 책자를 취득·소지할 당시 피고인에게 적어도 이적행위를 할 목적에 대한 미필적인 인식이 있었다고 판단하여 위 책자의 취득·소지에 따른 국가보안법위반의 점을 유죄로 인정하였다.

(3) 그러나 피고인에게 국가보안법 제7조 제5항의 이적행위 목적을 인정한 원심의 판단은 다음과 같은 이유에서 수긍하기 어렵다.

원심판결 이유 및 적법하게 채택된 증거에 의하면 다음과 같은 사정이 인정된다.

① 피고인은 R 종교단체 신학대학교 신학과를 졸업하고 I 종교단체 신학대학교 신학대학원 2학년 1학기를 마친 후 장교로 임관하여 군 생활을 하였다. 피고인이 I 종교단체 신학대학교의 동아리인 'J'에서 공산주의와 사회주의에 대하여 학습하고, 'K' 산하의 'L'에서 통일신학과 공동체신학을 학습하며 기존의 관점과 다른 대안적 시각(현 자본주의에 내재된 모순이나 잘못된 부분을 제거하고 사회주의 사회에 내재되어 있는 장점 등을 합하여 성경에서 추구하는 세상을 만들자는 시각)에서 근현대사를 학습한 사실은 있으나, 'J', 'K', 'L'은 대학의 동아리, 신앙을 바탕으로 한 마을공동체, 기독교 청년들을 위한 교육기관일 뿐, 반국가단체나 이적단체와는 관련이 없다. 피고인이 반국가단체나 이적단체라고 할 만한 단체를 구성하거나 그러한 단체에 가입하여 활동한 사실이 전혀 없고, 국가보안법 위반죄 등으로 처벌받은 전력도 없다.

② 피고인은 수사기관에서부터 일관하여 이적행위를 할 목적으로 위 책자를 취득·소지하였다는 공소사실을 부인하면서, 신학대학교를 졸업한 기독교인으로서 주체사상은 우상숭배(수령)를 암암리에 강요하는 타락한 사유체계를 가진 잘못된 사상이

고, 피고인은 자유민주주의와 대한민국의 정통성을 부정하지 않는다고 주장하고 있다.

③ 피고인은 2006. 8.경 중국에 여행간 기회에 중국 심양에 있는 서점에 들렀다가 위 책자를 구입하였는데, 그 후 위 책자를 활용하여 문건을 작성하거나 위 책자를 다른 사람에게 빌려주는 등으로 그 내용을 전파하였다고 볼 증거가 없으며, 이 사건으로 압수될 때까지 4년 8개월이 지나도록 자신의 집에 그대로 가지고 있었다.

④ 피고인이 군에 입대하기 전에 '군 내무반과 군 교회를 중심으로 한국 근현대사와 한국군 역사 등에 대한 세미나를 하고', '군 교회나 작은 부대에서 조직화하는 것이 유리하다'는 내용의 글을 인터넷에 게시한 적이 있으나, 피고인이 군에 입대한 시기는 위 책자를 구입한 2006. 8.경으로부터 2년 7개월이나 지난 후이고, 실제로 피고인이 군대에서 병사들에 대하여 한국 근현대사와 한국군 역사 등에 대한 세미나를 하거나 공동체 모임을 조직화하려고 시도한 사실이 없다.

⑤ 피고인이 당직실에서 천안함 피격사건의 뉴스를 듣다가 옆에 있던 하사 M 등에게 '군 훈련 중에 사고가 났을 수도 있다. 북한의 소행이 아니다'는 발언을 하고, 천안함 피격사건과 연평도 포격사건과 관련하여 '그와 같은 사태를 초래한 것은 남한군 당국의 책임이다'는 취지의 내용의 글을 인터넷에 게시한 적이 있는데, 그러한 행위가 정치·사회적인 현상에 대한 피고인의 성향을 드러내는 것이어서 현역 장교로서 부적절할 수는 있으나, 그 내용은 진보적인 언론에 게재된 정도로서 그것을 두고 북한의 활동에 동조하였다고 보기는 어렵다.

위와 같이 피고인이 반국가단체에 가입·활동하거나 국가보안법 위반죄 등으로 처벌받은 전력이 전혀 없는 점, 피고인이 중국 여행 중에 서점에서 위 책자를 구입한 후 그 내용을 활용·전파하지 않고 집에 그대로 보관해 온 점, 피고인이 실제 군대에서 병사들을 대상으로 의식화·조직화를 시도한 적이 없는 점, 피고인이 수사과정과 법정에서 보인 북한에 대한 입장과 태도 등의 사정을 앞서 본 법리에 비추어 살펴보면, 피고인이 북한의 활동에 동조하려는 이적행위의 목적을 가지고 위 책자를 취득·소지하였다고 단정하기는 어렵다.

(4) 그럼에도 원심은, 피고인이 북한의 활동에 동조하려는 이적행위의 목적을 가지고 위 책자를 취득·소지하였다고 보아 이 부분 공소사실을 유죄로 인정하고 말았으니, 이러한 원심의 판단은 이적행위의 목적에 관한 법리를 오해하고 그 목적의 존부에 관하여 논리와 경험의 법칙에 위배하여 자유심증주의의 한계를 벗어남으로써 판결에 영향을 미친 잘못이 있다. 이 점을 지적하는 상고이유의 주장은 이유 있다.

2. 검찰관의 상고이유에 대하여

원심판결 이유를 기록에 비추어 살펴보면, 원심이 그 판시와 같은 이유를 들어 '마르크스의 사상'의 소지에 대한, '철학에세이'의 소지에 대한, '칼 맑스 프리드리히 엥겔스 저작 선집'의 소지에 대한, '4장 마르크스의 방법, 5장 역사와 계급투쟁'의 소지에 대한, '자본주의와 한국 기독교'의 취득·소지에 대한, '청년을 위한 한국현대사'의 취득·소지에 대한, '한국 근현대사 & 현대 북한의 이해'의 취득·소지에 대한, '이데올로기와 이데올로기적 국가장치'의 복사·소지에 대한, '공산당선언'의 취득·소지·반포에 대한, '자본이란 사회적 관계이다 – 칼 맑스의 자본론'의 취득·소지에 대한, '한국 근현대사와 하나님 나라운동'의 제작·반포·소지에 대한 국가보안법위반의 점을 모두 무죄로 판단한 것은 옳고, 거기에 상고이유의 주장과 같은 이적표현물에 관한 법리오해의 위법이 없다. 상고이유의 주장은 이유 없다.

3. 결론

그러므로 원심판결 중 유죄부분을 파기하고, 이 부분 사건을 다시 심리·판단하게 하기 위하여 원심법원에 환송하고, 검찰관의 상고를 기각하기로 하여, 관여 대법관의 일치된 의견으로 주문과 같이 판결한다.

요약정리 [사안의 쟁점과 판결의 요지]

대법원 2014. 4. 10. 선고 2012도9800 판결 [국가보안법위반(찬양·고무등)]

피고인 K 중위는 신학대학교 신학대학원 2학년 1학기를 마친 후 장교로 임관하였는데, 입대 전 신학대학교의 동아리인 'J'에서 공산주의와 사회주의에 대하여 학습하는 등 대안적 시각에서 근현대사를 학습한 사실은 있으나, 피고인이 반국가단체나 이적단체라고 할 만한 단체를 구성하거나 그러한 단체에 가입하여 활동한 사실은 없었고, 국가보안법 위반으로 처벌받은 전력도 없었다. 피고인이 소지하고 있던 '위대한 수령 H 동지의 불멸의 혁명업적'은 반국가단체인 북한의 조선노동당출판사에서 출간한 것으로 주로 ○○○을 찬양하는 내용으로 구성되고 있고, 국가의 존립·안전과 자유민주적 기본질서를 위협하는 적극적이고 공격적인 내용을 포함하고 있으며, 고전적인 공산주의와는 달리 주체사상으로 유지되는 일당 독재체제로서의 북한 주체사상의 근본을 설명하고 있어서 이적표현물에 해당하는데, 피고인은 2006. 8.경 중국에 여행간 기회에 중국 심양에 있는 서점에 들렀다가 위 책자를 구입하였다.

한편 피고인은 당직실에서 천안함 피격사건의 뉴스를 듣다가 옆에 있던 하사 M 등에게 '군 훈련 중에 사고가 났을 수도 있다. 북한의 소행이 아니다'는 발언을 하였고, 천안함 피격사건과 연평도 포격사건과 관련하여 '그와 같은 사태를 초래한 것은 남한군 당국의 책임이다'는 취지의 내용의 글을 인터넷에 게시한 적이 있었다. 반면 피고인이 군에 입대한 시기는 위 책자를 구입한 2006. 8.경으로부터 2년 7개월이나 지난 후였고, 피고인이 군대에서 병사들에 대하여 한국 근현대사와 한국군 역사 등에 대한 세미나를 하거나 공동체 모임을 조직화하려고 시도한 사실은 없었다.

이 사안의 쟁점은 **피고인에게 '위대한 수령 H 동지의 불멸의 혁명업적'이라는 책자의 이적성에 대한 인식과 이적행위의 목적이 있었는지 여부**였다.

대법원 2014. 4. 10. 선고 2012도9800 판결은 ① 피고인이 신학대 동아리 등에서 공산주의와 사회주의에 대해 학습하고 대안적 시각의 근현대사를 학습한 사실은 있지만, 피고인이 속했던 기관들은 기독교 청년들을 위한 교육기관일뿐 반국가단체나 이적단체와는 상관이 없었으며, ② 피고인은 주체사상은 우상숭배를 암암리에 강요하는 타락한 사유체계를 가진 잘못된 사상으로 보고 있고, ③ 피고인이 천안함 피격사건과 연평도 포격사건과 관련해 발언한 것은 정치·사회적인 현상에 대한 성향을 드러내는 것이어서 현역 장교로서 부적절할 수는 있으나, 그러한 사정만으로 북한의 활동에 동조했다고 보기는 어려우며, ④ 피고인이 중국 여행 중에 책자를 구입한 후 그대로 보관만 한 점 등을 살펴보면, 피고인이 이적행위 목적을 가지고 책자를 소지했다고 단정하기 어렵다는 이유로 이 부분 공소사실에 대하여 유죄를 인정한 원심판결을 파기하고 사건을 고등군사법원에 환송하였다.

판례 24

군형법상 상관모욕죄의 객체인 '상관'에 대통령이 포함되는지 여부

고등군사법원 2013. 4. 12. 선고 2012노244 판결 [상관모욕]

[1심판결] 특수전사령부 보통군사법원 2012. 11. 1. 선고 2012고7 판결

I. 사안의 개요 [공소사실의 요지 및 사건의 경과]

1. 공소사실의 요지

피고인은 2011. 12. ○.경 퇴근 후 자신의 집에서 피고인 소유의 스마트폰을 이용하여, 자신의 트위터 계정에 '(아이디 생략)'이라는 아이디로 접속한 후, '쥐새끼 사대강으로 총알 장전해서 신공항, KTX, 수돗물까지 다 해쳐먹으려는 듯! 총알이 좀 부족한지 내년엔 14조원 들여서 무기구입까지!'라는 글을 올리는 등 위와 같은 방법으로 2011. 12. ○.경부터 2012. 4. ○.경까지 피고인의 스마트폰 또는 PC를 이용하여 별지 범죄일람표(생략)의 기재와 같이 총 9회에 걸쳐 상관인 대통령을 욕하는 글을 올려 상관을 모욕하였다.

2. 사건의 경과

이 사안의 쟁점은 죄형법정주의와 관련하여, **군형법에 '상관'이라는 개념에 대통령이 포함되는지에 대한 명시적인 규정은 없더라도, 헌법, 국군조직법, 군인복무규율 등 법규범의 체계적 구조를 종합적으로 고찰하여 대통령이 군형법상의 상관에 해당한다고 해석할 수 있는지 여부**였다.

1심(특수전사령부 보통군사법원 2012. 11. 1. 선고 2012고7 판결)은 이 사건 공소사실 중 2012. 1. ○. 상관모욕의 점에 대해서는 무죄로 판단하였고,[28] 나머지 공소사실에

28) 이 사건 공소사실 중 2012. 1. ○. 상관모욕의 점의 요지는 "피고인은 2012. 1. ○.경 자신의 집인 (주소 생략)에서 피고인 소유의 스마트폰을 이용하여 자신의 트위터 계정에 접속한 후 "최악의 범죄자!! 어떻게 인간이 이런 일을? 회개하면 다 용서 되는건가?"라는 글을 게재하여 대통령인 상관을 모욕하였다"는 것이다. 살피건대, 상관모욕죄가 성립하려면 모욕의 대상인 상관이 특정되어야 하는바, 트위터 게재내용 출력물의 기재에 의할 때 피고인이 위와 같은 글을 작성하고 그 뒤에 인터넷 주소를 링크해 놓은 사실이 인정되나 그 링크된 인터넷 주소의 기재내용은 드러나지 않는바, 위 증거의 기재만으로는 피고인

대해서는 유죄로 인정하여 피고인에게 징역 6월에 집행유예 1년을 선고하였다.

항소심(고등군사법원 2013. 4. 12. 선고 2012노244 판결)은 상관모욕죄의 보호법익, 입법연혁, 법규범의 체계적 해석을 종합적으로 고려할 때 상관모욕죄의 상관은 대통령을 포함하는 것으로 해석하여야 한다는 이유로 1심판결을 유지하여 피고인과 검찰관의 항소를 모두 기각하였다.

대법원 2013. 12. 12. 선고 2013도4555 판결은 ① 헌법 제74조, 국군조직법 제6조는 대통령은 국군을 통수한다고 규정하고 있고, 국군조직법 제8조는 국방부장관은 대통령의 명을 받아 군사에 관한 사항을 관장한다고 규정하고 있으며, 국군조직법 제9조, 제10조는 합동참모의장과 각 군 참모총장은 국방부장관의 명을 받는다고 규정하고 있는 등 대통령과 국군의 명령복종관계를 규정하고 있고, 한편 군인사법 제47조의2의 위임에 의한 군인복무규율 제2조 제4호는 2009. 9. 29. 대통령령 제21750호로 개정되면서 '상관이란 명령복종관계에 있는 사람 사이에서 명령권을 가진 사람으로서 국군통수권자부터 바로 위 상급자까지를 말한다'고 규정함으로써 대통령이 상관이라고 명시하고 있으며, ② 군형법상 상관모욕죄는 상관에 대한 사회적 평가, 즉 외부적 명예 외에 군 조직의 질서 및 통수체계 유지 역시 보호법익으로 하는 점, 상관모욕죄의 입법 취지, 헌법과 국군조직법 등 법규범의 체계적 구조 등을 종합하면, 상관모욕죄에서의 '상관'에 대통령이 포함된다고 판시하며 피고인의 상고를 기각하였다.

II. 판결 읽어보기 [판결 중요부분 발췌(요약)] : 고등군사법원 2013. 4. 12. 선고 2012노244 판결

1. 이 사건 심판의 범위

(생략)

2. 항소이유의 요지

(생략)

의 위 글이 합리적인 일반인의 관점에서 누구를 지칭하는지 알 수가 없어 모욕의 대상이 대통령으로 특정되었다고 보기에 부족하고, 달리 이를 인정할 만한 증거가 없다. 따라서 위 공소사실은 범죄의 증명이 없는 경우에 해당하여 군사법원법 제380조 후단에 의하여 무죄를 선고한다.

3. 피고인의 항소이유에 대한 판단

가. 대통령이 상관모욕죄의 상관에 해당하는지 여부

1) 원심의 판단

원심은 대한민국 헌법 제74조, 국군조직법 제6조 및 제8조, 정부조직법(법률 제11690호, 2013. 3. 23. 전부개정되기 전의 것) 제28조에 의해 대통령은 국군통수권자이고, 국방부장관은 대통령의 명을 받아 군사에 관한 사항을 관장한다고 규정하고 있으며, 대통령령인 군인복무규율 제2조 제4호는 '상관'이란 명령복종관계에 있는 사람 사이에서 명령권을 가진 사람으로서 국군통수권자부터 바로 위 상급자까지를 말한다고 규정하고 있는 점, 군인을 지휘 감독하는 권한을 가진 대통령 및 국방부장관에 대해서는 비록 군인이 아니라고 하더라도 그 권한의 원활한 행사를 가능하도록 하여 군 내부의 위계질서 또는 지휘계통의 확립을 도모하도록 하는 것이 상관모욕죄의 입법취지에 부합하는 점, 상관모욕죄는 상관 개인의 사회적 평가나 명예감정을 보호법익으로 할 뿐만 아니라 군의 질서문란이나 통수계통의 문란을 방지하고자 하는 국가적 법익을 그 보호법익으로 하는 점 등을 종합적으로 고려하면, 군인 상호간의 관계가 아닌 군인과 군인 이외의 공무원과의 관계에 있어서 대통령 및 국방부장관은 민간인 중 유일하게 군형법상 상관에 포함된다고 봄이 상당하다고 판시한 바 있다.

2) 이 법원의 판단

가) 군형법상 상관모욕죄의 보호법익

군형법상 상관모욕죄는 상관에 대한 사회적 평가 즉 외부적 명예를 보호법익으로 하면서, 군 조직의 질서 및 통수체계 유지 역시 보호법익으로 하고 있다.

나) 입법연혁

군형법은 1962. 1. 20. 법률 제1003호로 제정되었고, 군형법 제정 이전에는 국방경비법이 시행되고 있었다. 국방경비법 제14조에서는 '상관에 대한 불경죄'를 규정하고, 국방경비법 제13조에서는 '정부수석, 부수석, 통위부장에 대한 불경죄'를 규정하고 있었다. 당시 국방경비법 제2조 제2호에서 "상관이라는 용어는 명령관계에 있어서 명령권을 요하는 장교를 의미함, 단 명령권이 없어도 계급상 또는 서열상 선임인 장교는 상관에 준함"이라고 정하고 있었다.

1962년 군형법이 제정되면서, 상관에 대하여 '상관이라 함은 명령복종관계에 있는 자간에서 명령권을 가진 자를 말한다. 명령복종관계가 없는 자간에서의 상계급자와 상서열자는 상관에 준한다.'라고 용어의 정의를 하였고(군형법 제2조 제2호), 이후 이러한 용어 정의는 변함없이 현재에 이르고 있다. 군형법이 제정되면서, '정부수석, 부수석, 통위부장에 대한 불경죄'와 같은 처벌규정은 없어졌고, 상관모욕죄에 대한 처벌규정이 남아 있었다.

다) 상관모욕죄의 상관에 대통령이 포함되는지 여부

피고인은, 과거 국방경비법은 상관에 대한 불경죄(14조)와는 별도로 '정부수석, 부수석, 통위부장에 대한 불경죄(13조)'를 별도로 두었으나, 1962년 군형법에서는 상관에 대한 모욕죄만 남겨두고 '정부수석, 부수석, 통위부장에 대한 불경죄'는 삭제되었는바, 이는 문민상관은 상관모욕으로 처벌하지 않겠다는 입법취지를 나타낸다고 주장한다.

이에 살피건대, 군형법 제정이래 현재까지 상관은 '…명령권을 가진 자'라고만 규정하여 상관을 민간인이든, 군인이든 불문하고 있다. 이에 반해 국방경비법에서 상관은 '…장교'에 한정하고 있었고, 이로 인하여 별도로 '정부수석, 부수석, 통위부장에 대한 불경죄' 조항이 필요했던 것으로 판단된다. 따라서 군형법이 제정되면서 민간인 상관에 대한 모욕죄는 형사처벌을 하지 않고자 하는 것이 당시 입법취지라고 보기는 힘들고, 도리어 민간인·군인을 불문하고 상관은 명령복종관계에서의 명령권이 있는지 여부 등을 구체적으로 살펴보아서 해석해야 하는 것으로 판단된다.

이에 따라 대통령이 군형법상 상관인지 살펴보면, 군형법 제2조 제1호는 '상관이란 명령복종관계에서 명령권을 가진 사람을 말한다. 명령복종 관계가 없는 경우의 상위 계급자와 상위 서열자는 상관에 준한다'라고 하여, 여기서 상관은 명령복종관계가 있거나 상계급자·상서열자를 모두 포함하고 있다(대법원 1976. 2. 10. 선고 75도3608 판결 참조). 헌법 제74조, 국군조직법 제6조에 의하면 대통령은 국군을 통수한다라고 정하고 있고, 국군조직법 제8조는 국방부장관은 대통령의 명을 받아 군사에 관한 사항을 관장한다라고 하고 있고, 국군조직법 제9조와 제10조에 의하면 합동참모의장과 각 군 참모총장은 국방부장관의 명을 받는다고 하는 등 대통령과 국군의 명령관계를 구체적으로 규율하고 있다. 따라서 군형법상 상관에 대통령이 포함된다고 판단된다.

이와 더불어 군인복무규율 제2조 제4호에서는 '상관이란 명령복종관계에 있는 사람 사이에서 명령권을 가진 사람으로서 국군통수권자부터 바로 위 상급자까지를 말한다'라고 하여, 대통령을 상관이라고 명시하고 있다. 군인복무규율은 군인사법 제47조의2에 근거한 대통령령으로서, 2009. 9. 29. 일부개정(대통령령 제21750호)되면서 상관에 대한 정의에 '국군통수권자부터 바로 위 상급자까지'라고 상관의 범위를 구체적으로 명시하였다. 이러한 군인복무규율 제2조 제4호는 대통령이 병영생활 전반에 걸쳐서 상관임을 나타내고 있다. 이에 대해 피고인은 군인복무규율이 군형법 해석에 보충할

해석규정이 될 수 없다고 주장하고 있는바, 이에 살펴보면, 군형법 제2조 제1호의 상관을 해석하기 위해서는 명령복종관계나 상위 계급자와 상위 서열자의 의미에 대한 해석이 우선할 수밖에 없는데, 이를 해석하기 위해서는 상위법인 대한민국 헌법과 국군조직법, 정부조직법, 군인사법 등 관련 법률을 체계적으로 해석할 필요가 있는 것이고, 군인사법에 근거한 대통령령인 군인복무규율도 군형법상의 범죄 구성요건을 해석하는 데 당연히 고려할 수 있다 할 것이므로, 피고인의 위 주장은 이유가 없다.

이상과 같이 상관모욕죄의 보호법익, 입법연혁, 법규범의 체계적 해석을 종합적으로 고려할 때, 상관모욕죄의 상관은 대통령을 포함하는 것으로 해석할 수밖에 없으므로, 상관모욕죄의 상관은 군인만을 의미한다는 피고인의 주장은 이유가 없다 할 것이다.

따라서 원심이 대통령을 상관모욕죄의 상관에 해당한다고 판단한 것은 정당하고, 거기에 항소이유에서 지적하는 바와 같이 법리를 오해하여 판결에 영향을 미친 위법이 없다.

다. 모욕인지 여부 및 사회상규에 위배되는지 여부

1) 관련 법리

모욕죄에서 말하는 모욕은 사실을 적시하지 아니하고 사람의 사회적 평가를 저하시킬 만한 추상적 판단이나 경멸적 감정을 표현하는 것으로, 어떤 글이 특히 모욕적인 표현을 포함하는 판단 또는 의견의 표현을 담고 있는 경우에도 그 시대의 건전한 사회통념에 비추어 그 표현이 사회상규에 위배되지 않는 행위로 볼 수 있는 때에는 형법 제20조에 의하여 예외적으로 위법성이 조각된다(대법원 2008. 7. 10. 선고 2008도1433 판결 참조). 그리고 사회상규에 위반되지 아니하는 행위라 함은 법질서 전체의 정신이나 그의 배후에 놓여 있는 사회윤리, 도의적 감정 내지 사회통념에 비추어 용인될 수 있는 행위를 말하는 것이어서 어떠한 행위가 사회상규에 위배되지 아니하는가는 구체적 사정 아래에서 합목적적 합리적으로 고찰하여 개별적으로 판단되어야 한다(대법원 2004. 6. 10. 선고 2001도5380 판결 참조).

2) 이 법원의 판단

원심 및 당심이 적법하게 채택·조사한 증거들을 종합하면, 2012. 1. ○. 상관모욕의 공소사실 중 "가카 새끼", 2012. 1. ○. 상관모욕의 공소사실 중 "아 씨발 ○○이", 2012. 1. ○. 상관모욕의 공소사실 중 "○○이 저식새끼"라는 표현은 대통령을 지칭하는 것으로 보이고, 그 외 공소사실에서 "쥐새끼"라는 표현도 문장 전체를 보면 이○○ 대통령을 지칭하는 것으로 판단된다. 이러한 발언은 단순히 불손하고 무례한 표현이 아니라, 대통령에 대한 경멸적 의사를 표현하여 상관인 대통령의 지위와 평가를 훼손하기 위한 것으로 판단된다.

이와 더불어 피고인의 이러한 트위터 게재글이 사회상규에 반하는지 살펴보면, 피고인의 모욕적인 표현이 일시적인 발언이 아니고 지속적이고 반복적으로 행하고 있다는 점, 정책비판이라기보다는 오로지 대통령의 지위와 평가를 훼손하기 위한 의도로 모욕적인 발언을 했다는 점, 피고인이 표현한 '쥐새끼', '저식새끼', '가카새끼', '아 씨발 ○○이' 등은 비속어로서 그 자체가 경멸의 수준이 높은 점, 현역 군인인 피고인의 소행은 대통령 개인에 대한 모욕이 아닌 군형법상 상관에 대한 모욕에도 해당한다는 점에서 일반인들과 같이 평가할 수 없다는 점, 상관모욕죄는 상관에 대한 사회적 평가 즉 외부적 명예를 보호법익으로 하면서, 군 조직의 질서 및 통수체계 유지 역시 보호법익으로 하고 있다는 점, 상관모욕죄는 직무상 발언임을 요하지 않고 사석에서의 발언도 포함되는 점(대법원 1967. 9. 26. 선고 67도1019 판결 등 참조) 등을 종합할 때, 피고인의 행위는 법질서의 기본 정신, 건전한 사회통념에 비추어 용인될 수 없는 것이라 할 것이다.

따라서 피고인의 트위터 게재글이 대통령을 지칭한 것이 아니고, 모욕으로 볼 수 없고, 사회상규에도 반하지 않는다는 피고인의 항소는 이유 없다.

라. 위법성 인식 여부

피고인은, 트위터 내용에 언급된 대통령은 군통수권자로서의 대통령이 아니라, 문민통치자로서 국정운영전반의 책임자이자 선출직 최고 권력자로서의 대통령을 의미하는 것으로서, 군통수권자로서 대통령을 비난한 것이 아니고, 군형법상 상관은 국방부장관까지라고 판단하여 군형법상 처벌받을 것이라고는 인식하지 못했다고 주장한다.

상관모욕죄의 상관은 앞서 살펴본 바와 같이 대통령이 포함되는 것이고, 군과 관련된 직무상 모욕만을 처벌하는 것이 아니고 상관에 대한 사적인 사안이나 공적인 사안을 불문하고 모욕을 주는 행위를 처벌하므로(대법원 1967. 9. 26. 선고 67도1019 판결 등 참조), 상관인 대통령에 대하여 군통수와 관련 없는 내용으로 발언을 하더라도 이것이 모욕적인 방법으로 이루어졌다면 상관모욕죄로 의율될 수 있고, 이러한 범죄의 성립에 있어서 위법의 인식은 그 범죄사실이 사회정의와 조리에 어긋난다는 것을 인식하는 것으로서 족하고 구체적인 해당 법조문까지 인식할 것을 요하는 것은 아니다(대법원 1987. 3. 24. 선고 86도2673 판결 등 참조).

이에 원심과 당심에서 적법하게 채택한 증거에 의하여 판단해보면, 피고인은 대통령이 군통수권자라는 것은 인식하고 있었던 점, 피고인의 연령, 신분, 경력 등에 비추어 모욕적 발언이 일반 형법의 모욕죄, 명예훼손죄가 되거나, 정치적 중립의무에 위반되는 등 사회정의와 조리에 어긋난다는 것은 인식하고 있었다고 봄이 상당하다는 점을 종합할 때, 피고인의 위 주장은 이유가 없다 할 것이다.

설령, 피고인의 군형법의 상관에 대통령이 포함된다거나 자신의 행위가 군형법에 의하여 처벌될 수 있다는 것을 몰랐다고 하더라도 이는 단순한 법률의 부지에 불과하여 이것이 형법 제16조(법률의 착오)에 해당하는 경우라고 볼 수는 없을 것이다(대법원 1990. 10. 30. 선고 90도1126, 대법원 1995. 12. 12. 선고 95도1891 판결 등 참조).

따라서 피고인은 자신의 행위에 대한 위법성을 인식하지 못했다는 주장은 이유가 없다.

4. 검찰관의 항소이유에 대한 판단

(생략)

5. 결론

그렇다면, 피고인과 검찰관의 항소는 위와 같이 그 이유 없음이 명백하므로 군사법원법 제430조 제1항에 따라 변론을 거쳐 이를 모두 기각한다.

이상의 이유로 주문과 같이 판결한다.

요약정리 [사안의 쟁점과 판결의 요지]

고등군사법원 2013. 4. 12. 선고 2012노244 판결 [상관모욕]

이 사건 당시의 군형법에는 '상관'에 대통령이 포함되는지에 관해서 명문 규정을 두고 있지 않았다. 현행 군형법 제2조(용어의 정의) 제1호도 "상관이란 명령복종 관계에서 명령권을 가진 사람을 말한다. 명령복종 관계가 없는 경우의 상위 계급자와 상위 서열자는 상관에 준한다."라고 규정하고 있다.

이 사안의 쟁점은 죄형법정주의와 관련하여, **군형법에 '상관'이라는 개념에 대통령이 포함되는지에 대한 명시적인 규정은 없더라도, 헌법, 국군조직법, 군인복무규율 등 법규범의 체계적 구조를 종합적으로 고찰하여 대통령이 군형법상의 상관에 해당한다고 해석할 수 있는지 여부**였다.

죄형법정주의는 국가형벌권의 자의적인 행사로부터 개인의 자유와 권리를 보호하기 위하여 범죄와 형벌을 법률로 정할 것을 요구한다. 그러한 취지에 비추어 보면 형벌법규의 해석은 엄격하여야 하고, 명문의 형벌법규의 의미를 피고인에게 불리한 방향으로 지나치게 확장해석하거나 유추해석하는 것은 죄형법정주의의 원칙에 어긋나는 것으로서 허용되지 아니한다(대법원 2017. 11. 14. 선고 2017도13421 판결 등 참조). 이러한 죄형법정주의의 관점에서 군형법상의 상관폭행, 상관상해, 상관모욕, 상관명예훼손 등을 해석한다면, '상관'이란 군조직 내에서 사용되는 용어이므로 비록 헌법과 국군조직법 등의 법규정에 근거하여 대통령이 국군을 통수하고, 국방부장관이 대통령의 명을 받아 군사에 관한 사항을 관장한다고 하더라도, 대통령과 국방부장관은 군조직 구성원이 아니므로 대통령, 국방부장관을 군형법상의 '상관'이라고 해석하는 것은 죄형법정주의에 위배된다는 주장이 있을 수 있다. 그러나 헌법 제74조, 국군조직법 제6조는 대통령은 국군을 통수한다고 규정하고 있고, 국군조직법 제8조는 국방부장관은 대통령의 명을 받아 군사에 관한 사항을 관장한다고 규정하고 있으며, 이 사건 당시의 대통령령인 군인복무규율 제2조 제4호에는 "상관이란 명령복종관계에 있는 사람 사이에서 명령권을 가진 사람으로서 국군통수권자부터 바로 위 상급자까지를 말한다."고 규정함으로써 대통령이 상관이라고 명시하고 있었다. 2015. 12. 29. 제정된 군인의 지위 및 복무에 관한 기본법 제2조(정의) 제3호도 "상관"이란 명령복종관계에 있는 사람 사이에서 명령권을 가진 사람으로서 국군통수권자부터 당사자의 바로 위 상급자까지를 말한다고 규정하고 있다.

따라서 군형법상 상관모욕죄는 상관에 대한 사회적 평가, 즉 외부적 명예 외에 군조직의 질서 및 통수체계 유지 역시 보호법익으로 하는 점, 상관모욕죄의 입법 취지, 군형법 제2조 제1호, 제64조 제2항 및 헌법 제74조, 국군조직법 제6조, 제8조, 제9조, 제10조의 체계적 구조 등을 종합하여 보면, 상관모욕죄의 '상관'에 대통령이 포함된다고 보아야 한다. **그러나 이 사안과 같은 논란을 없애기 위해서라도 군형법 제2조 제1호의 '상관' 부분의 개정이 필요하다고 생각된다.**

☞ **대법원 2013. 12. 12. 선고 2013도4555 판결**은 대통령이 군형법상 상관모욕죄에 있어서의 상관에 해당한다고 판시한 최초의 대법원판결이다. 위 대법원판결 이후에 제3군단 보통군사법원 2021. 2. 25. 선고 2020고54 판결, 제2작전사령부 보통군사법원 2021. 5. 26. 선고 2021고37 판결, 제7군단 보통군사법원 2021. 8. 10. 선고 2021고10 판결 등에서 대통령에 대한 상관모욕 공소사실에 대하여 유죄판결을 하고 있다.

PART 2

군인사법 등 군 관련 행정소송 판결

판례 1

철책절단 월북사고에 대한 사단장의 지휘책임

대전고등법원 2012. 8. 30. 선고 2011누2208 판결 [징계처분취소]
[1심판결] 대전지방법원 2011. 10. 19. 선고 2010구합3154 판결

I. 사안의 개요 [기초사실 및 사건의 경과]

1. 기초사실

2009. 10. ○.경 민간인 K가 원고가 사단장으로 근무하던 ○○사단 GOP ○소초 지역에서 철책선을 절단(철책 약 30cm×40cm)하고 월북하는 사고가 발생하였다.

이 사건 월북사고와 관련하여 육군참모총장은 2009. 12. ○. 육군 중앙징계심사위원회의 의결을 거쳐 2009. 12. ○. '원고가 보병 제○○사단장으로서 GP/GOP 경계작전 등 부대운용과 작전활동에 대한 지휘·감독 책임이 있음에도 불구하고, 소초간 협조점 지역에 대한 교차순찰 및 동초패운용, 책임지역에 대한 주·야간 순찰 실시, 저녁 근무 투입 및 아침 근무 철수시 철책 정밀점검 등이 실질적으로 이루어져야 함에도 상급부대 지시사항에 대한 미온적인 조치와 취약지역 분석 및 통제대책, 인원 보안사고 방지대책, GP/GOP 경계작전시 규정 준수의 행동화 확인 등 부대운용과 작전활동에 대한 지휘·감독 조치를 소홀히 하여, 2009. 10. ○.경 민간인 K가 제○○사단 경계구역내 GOP의 DMZ 철책선을 절단하고 월북하는 것을 차단하지 못함으로써 군의 작전기강 및 경계태세 전반에 걸쳐 대국민 불신을 초래하여 성실의무를 위반하였다'는 이유로 군인사법 제56조에 의하여 원고에 대하여 견책처분(이하 '이 사건 처분'이라 한다)을 하였고, 원고가 2010. 1. 이 사건 처분에 불복하여 항고하였으나, 항고는 기각되었다.

한편 육군참모총장은 이 사건 처분과 별도로 2009. 10. 원고에 대하여 '제○○사단 GOP의 민간인 월북사건과 관련하여, 가. GOP지역의 전반적인 작전기강 확립 부실로 민간인 K가 GOP지역까지 접근하여 GOP철책을 절단하고 월북하는 사고가 발생하였음. 나. 제○○사단 제○○연대 제○○대대는 2009. ○.○. 투입 후 경계근무에 임하고 있었고, 민간인 K가 경계병의 감시를 피해 철책에 접근한 뒤 철조망을 자르고 월북한 후, 2009. 10. 북한의 조선 중앙통신 보도가 될 때까지 월북 사실을 미

인지하였음. 다. 민간인 K가 절단한 철책을 확인한 결과 급경사 지역에 대해 간부순찰 및 철책 정밀점검이 형식적으로 실시되고, 취약지역에 대한 경계력 보강 노력 등이 저조하였음. 라. 특히 소초간 협조점 지역에 대한 교차순찰 및 동초패 운용, 책임지역에 대한 주·야간 순찰 실시, 저녁 근무 투입 및 아침 근무 철수시 철책 정밀점검 등이 실질적으로 이루어져야 함에도 이러한 행위들의 행동화가 미흡한 것에 대한 확인·감독 노력이 소홀하였음. 마. 이로 인하여 군의 작전기강 및 경계태세 전반에 걸쳐 대국민 불신을 초래하였음'을 이유로 지휘·감독 소홀의 책임을 물어 2009. 10. ○. 보직해임처분을 하였다.

2. 사건의 경과

이 사안의 쟁점은 GOP **소초 지역에서 발생한 철책절단 월북사고에 관하여 소대장을 기준으로 4차 지휘관에 해당하는 사단장에게까지 지휘책임을 물을 수 있는지 여부**였다.

1심(대전지방법원 2011. 10. 19. 선고 2010구합3154 판결)은 ① ○○사단의 경우 약 30km에 이르는 GOP 경계와 약 70km에 이르는 동해안 해안선경계를 담당하고 있고, 이 사건 월북사고가 발생한 소초 외에 ○○사단의 다른 소초에서는 특별한 문제가 없었던 점에 비추어 소대장을 기준으로 4차 지휘관에 해당하는 원고에 대해서까지 경계근무실태와 관련한 미비점을 사전에 발견하여 조치할 것을 기대하는 것은 사실상 불가능한 것을 요구하는 것이고, ② 이 사건 월북사고의 발생을 이유로 사단장인 원고에 대하여 이 사건 처분을 하는 것은 결과책임을 묻는 것과 다름없으며, ③ ○소초는 1,700m에 이르는 철책선에 대하여 야간에는 2곳의 상주초소와 2곳의 대기초소를 두고 주간에는 1곳의 고가초소를 운영하면서 2시간마다 근무병사가 근무 투입시나 철수시에 다음 초소까지의 철책순찰을 겸하여 점검하는 방식으로 경계근무를 하게 되어, 원칙적으로 근무를 선다고 하더라도 이 사건 월북사고 발생지점의 경우 적어도 주간에는 1시간 30분, 야간에는 1시간 20분 정도의 감시공백시간이 발생하는데, 민간인 K가 이 사건 월북사고 발생지점을 통하여 월북하는 데에는 길어도 5분 정도의 시간밖에는 소요되지 않은 점에 비추어 볼 때 이 사건 월북사고의 발생이 원고의 부대운용과 작전활동에 대한 지휘·감독 조치 소홀이나 장병들의 경계근무규정 위반으로 인한 것이라고 보기도 어렵다는 등의 이유로 원고가 부대운용과 작전활동에 대한 지휘·감독 조치를 소홀히 하였음을 전제로 한 피고의 이 사건 처분은 위법하다고 판단하여 피고의 원고에 대한 견책처분을 취소하였다.

그러나 **항소심(대전고등법원 2012. 8. 30. 선고 2011누2208 판결)**은 1심의 판단과는 반대로 ① 원고는 사단장으로서 경계작전 전반에 관한 조정통제 권한을 보유하고 있었고, 소속된 인적·물적 자원에 대하여도 실질적인 최상위의 지휘 권한을 가지고 있었던바, 이러한 권한의 범위 및 영향력에 비추어 보면 원고가 이 사건 월북사고를 막아야 하고 막을 수도 있었던 지위에 있었다는 점에서 이 사건 처분은 충분히 수긍이 가고, 군 당국의 위와 같은 판단은 그 특수성에 비추어 존중되어야 하며, ② 교육훈련 등 적극적인 활동 과정에서 일어난 사고에 있어 지휘관의 지휘책임을 폭넓게 인정할 경우에는 만일의 사고에 대한 책임을 우려한 나머지 그 활동이 위축되거나 미시행될 가능성이 있으므로, 위와 같은 활동의 경우에는 그것이 정상적인 활동의 시행 중 일어난 사고라면 그에 대한 지휘책임을 완화하는 것을 적극적으로 고려할 수 있다고 할 것인 반면, 이 사건 월북사고와 같이 경계작전에 관련된 사항의 경우에는 지휘책임을 폭넓게 인정하더라도 위와 같은 부작용의 우려가 없을 뿐 아니라 오히려 그 중요성에 비추어 지휘책임을 폭넓게 인정함이 마땅하며, ③ 이 사건 월북사고와 관련하여 여러 지휘관들이 이미 징계처분을 받았으며, 이 사건과 유사한 사례에서 원고와 같은 지위에 있거나 더 상위에 있는 지휘관을 징계한 사실도 인정할 수 있는 등의 제반 사정을 고려하여 보면 이 사건 처분이 비례의 원칙이나 평등 원칙에 위배되었다고 보기는 어렵다는 이유로 원고에 대한 견책처분은 정당하다고 판단하여 1심판결을 취소하였다.

「**경계작전 실패시 지휘책임**」에 관한 1심과 항소심의 판단이 정반대로 나뉘었는데, 항소심에서 패소한 원고가 대법원의 판단을 받아보는 것을 포기하여 재판이 마무리되고 말았고, 결국 원고에 대한 견책처분이 확정되었다.

II. 판결 읽어보기 [판결 중요부분 발췌(요약)] : 대전고등법원 2012. 8. 30. 선고 2011누2208 판결

1. 처분의 경위

(생략)

2. 이 사건 처분의 적법 여부

가. 원고의 주장

1) 징계사유의 부존재

가) 원고는 사단장으로서 부대운용과 작전활동에 관한 지휘·감독을 소홀히 한 적이 없는바, 오히려 제○○사단의 사단장으로 부임한 이후 경계시설 보강, 경계시스템 개선, 경계근무 노하우집 제작 배포 등 교육 강화, 경계근무 행동화 정착을 위한 프로그램 시행, 즉각조치훈련 실시 등 경계강화를 위하여 지대한 노력을 하였고, 그 결과 제○○사단은 2008년도 합참 통합방위태세 점검결과에서 우수부대로 선정되었으며, 이 사건 월북사고가 발생한 ○○연대 ○○대대는 사고 발생 직전인 2009. 10. 초경 군단으로부터 초기경계대응태세 우수부대로 표창을 받기도 하였다.

나) 이 사건 월북사고는 근본적으로 아래와 같은 경계시스템 자체의 문제 및 상급부대의 정책실패에서 비롯된 것이다.

① 제○○사단은 GP 경계와 약 30㎞에 달하는 GOP 철책선 경계 및 약 70㎞에 달하는 해안경계를 동시에 담당하는 가장 긴 경계 전면을 가지고 있는 부대인데, 한정된 자원만으로는 가상의 선인 민간인 출입통제선(이하 '민통선'이라 한다)을 넘어오는 민간인들에 대한 실질적 통제가 어렵고, 이 사건 월북사고 당시 운용되던 경계시스템에 의하더라도 사고 지점의 경우 주간에는 최소 1시간 30분, 야간에는 최소 1시간 20분의 경계공백이 발생할 수밖에 없었으므로, 위 사고를 사전에 완벽하게 예방한다는 것은 애초부터 거의 불가능에 가까운 일이었다.

② 제○○사단의 상급부대인 제○군단은 2006년경 위 사고 지역의 경계 병력을 2개 소대에서 1개 소대로 감축하고 9소초를 폐쇄하였으며 DMZ 내에 운용되던 GP도 비상주 GP로 전환시킴으로써 경계의 공백이 발생하게 하였다.

다) 설령, 경계작전의 잘못이 있다고 하더라도, GOP 부대의 경계작전 목적은 북쪽에서 남쪽으로 침투하는 북한군의 침투를 막는 것이지 민간인의 월북을 방지하는 것이 아니며, 이 사건 월북사고는 정보 분야의 인원보안사고에 해당할 뿐이다. 이러한 경우 부대관리훈령(국방부 훈령 제1239호, 이하 '훈령'이라 한다)과 육군규정 941 사고예방 및 처리 규정에 의하더라도 사고자인 경계근무 초병으로부터 6단계 상급지휘관인 원고에게까지 지휘책임을 물을 수는 없는 것이다.

2) 재량권의 일탈·남용

이 사건 처분은 유사한 사례들과 비교해 볼 때 제재의 정도가 무거워 평등의 원칙에 반하고, 근무환경의 열악한 조건에도 불구 특정 소초의 잘못을 사단장에게까지 묻는 점, 보직해임에 대한 소명 기회의 보장이 없었던 점, 보직해임 되었음에도 재차 징계처분을 한 점 등에 비추어 비례의 원칙에도 반하는 등 재량권의 한계를 일탈·남용한 위법이 있다.

나. 관계 법령

(생략)

다. 인정사실

1) 제○○사단은 군사분계선 이남 강원도 지역의 최북단에 위치한 사단으로서, 북으로는 GP 경계 및 약 30㎞에 달하는 GOP 경계를, 동으로는 약 70㎞에 달하는 동해안 해안선 경계를 동시에 담당하는 가장 긴 경계 전면을 가지고 있는 사단이다.

2) 원고는 이 사건 월북사고 당시 제○○사단의 사단장으로서, 상급부대인 제○군단 경계작전지침서(이하 '이 사건 지침'이라 한다)에 의하여 경계작전 활동 전반을 조정·통제할 수 있는 권한을 부여받았던바, 그 권한을 부여받은 경계작전에는 민통선 이북 지역에의 민간인 출입을 통제하고 그 불법활동을 차단하며 GOP 철책으로 침투하였거나 북으로 복귀 및 도주하는 적을 차단하는 것도 당연히 포함되어 있었다.

3) 한편 살인미수죄로 지명수배 중이던 K는 2001. 9. ○.부터 2003. 11. ○.까지 제○○사단 제○○연대 제○대대 제○중대 제○소대에서 복무하면서 2001. 9.경부터 2002. 4.경까지 이 사건 월북사고 발생지역인 ○소초에서 GOP 근무를 하였던 자로서, 2009. 10.말 일자불상경(○○일 주간 06:17경부터 15:29까지 사이로 추정) 강원 ○○군 △△읍 △△리 소재 제○○사단 제○○연대 제○대대의 GOP 철책을 절단(남쪽 철책 30㎝×40㎝, 북쪽 철책 30㎝×60㎝)하고 월북하였는데, 제○○사단에서는 2009. 10. ○. 15:29 북한의 조선중앙통신이 위와 같은 사실을 보도하고 난 후 같은 날 16:00경 합동참모본부로부터 하달된 전방사단 전 GOP 철책 정밀진단 지시에 의하여 일체 순찰을 실시한 결과 같은 날 17:40경에야 ○소초 ○초소 지역에서 절단된 철책을 발견하였다.

4) 이 사건 월북사고 당시 ○소초가 담당하는 경계구역은 철책선 길이가 약 1,780m로 주간근무를 위한 고가초소 1개(15초소)를 포함하여 모두 15개 초소가 있었는데, 그중 철책이 절단된 곳은 ○소초의 ○초소와 ○초소 사이에 있는 ○초소 앞에 위치한다. 원칙적으로 ○소초의 주간 경계근무는 2개조로 후번 근무자가 ○소초에서부터 투입로를 통하여 ○초소로 투입되어 좌측 끝에 있는 ○소초와의 협조점까지 순찰로를 따라 철책을 점검하며 순찰한 후 돌아서 다시 순찰로를 따라 철책을 점검하며 우측 끝에 있는 고가초소인 ○초소까지 순찰한 다음 전번 근무자와 교대하고, 전

번 근무자는 우측 협조점까지 순찰한 후 복귀하는 체계이고, 야간 경계근무는 전반야와 후반야 각 4개조로 편성하여 ○번, ○번 초소는 고정 근무하고, ○번, ○번 초소는 밀어내기 근무를 하는데, 밀어내기 후번 근무자들이 투입로를 통하여 ○번, ○번 초소로 투입되면 전번 근무자들이 순찰로를 따라 철책을 점검하며 경계지역 좌우 끝에 있는 옆 소초와의 협조점까지 순찰한 후 휴대하고 있던 동초패를 동초패함에 투입하고(위 동초패들은 간부들이 순찰하며 수거한다), 돌아서 다시 순찰로를 따라 다시 철책을 점검하며 돌아와 합동근무를 한 후 투입로를 통하여 복귀하는 체계이다.

5) 그런데, 위와 같은 원칙적인 경계근무지침에 따르더라도 주간에는 약 1시간 30분, 야간에는 약 1시간 20분의 경계공백이 발생하고, ○○○에 의하여 철책이 절단된 지역을 경계하는데 필요한 ○초소는 병사들이 근무를 서는 초소에서 배제되어 있었다. 또한 과거에는 위 철책절단지역에 ○소초가 있었고 DMZ 내 '○○○ 계곡' 부근에는 GP도 존재하였으나, 위 GP는 2006. ○.경 비상주 GP로 전환되어 병력과 장비가 철수되었고, ○소초도 2006. 9. ○.경 폐쇄된 상태였다. 위 철책절단지역은 경사도가 약 60도에 이르는 매우 심한 급경사 지역으로 흙길 위에 철제 계단이 넓은 간격으로 설치되어 있어 시계가 제한된 곳이고, 더구나 산악지형의 특성상 경계구역에 사각이 많음에도 불구하고 주간근무를 위한 고가초소인 ○초소는 ○소초의 경계구역 오른쪽 끝에 치우쳐 있어 주간에도 고가초소인 ○초소에서 위 철책절단지역이 보이지 않았다.

6) 이처럼 ○소초는 담당하는 경계구역이 넓고 경사가 험준한 산악지형으로 급경사가 많아 원칙적인 경계근무지침에 따른 경계순찰 등 경계근무 작전을 수행하는데 매우 어려움이 많았다. 전체 철책선을 순찰하는데 약 2시간이 소요될 정도임에도 근무인원이 약 30명에 불과하여 경계근무자들이 원칙대로 좌우 협조점까지 철책을 점검하여 순찰한 뒤 다시 순찰로를 따라 철책을 점검하며 돌아와 원래의 투입로를 통하여 복귀한다면 예정된 시간에 맞추기 어려웠고, 근무의 강도도 지나치게 과중하였다. 결국 경계근무자들이 원칙적인 경계근무지침에 따르지 아니하고 일부 구역만을 순찰하거나 순찰을 하지 아니하고 소초로 바로 이어지는 보급로로 복귀하는 경우가 많았고, 간부들도 그 수가 적어 원칙적인 경계근무가 어렵고 다른 업무들도 과중하다는 이유로 순찰하지 않거나 하는 경우에도 일부 구역만 순찰하는 등 근무를 소홀히 하였다. 심지어 일부 근무자들의 경우에는 원칙적인 경계근무지침대로 철책을 순찰하면서 투입로를 통하여 복귀한다면 길게는 2시간 정도까지 예정복귀 시간보다 늦어져 정상적인 식사조차 할 수 없는 상황이었고, 그로 인하여 수면이나 휴식도 어려워지게

되자 ○소초의 간부들이 일부 경계근무 병사들에게 보급로로 바로 복귀할 것을 지시하기도 하였다. 이로 인하여 주간 및 야간 경계근무에 상당한 시간 동안 경계공백이 발생하였고, 그럼에도 불구하고 이를 방지하고 통제하기 위한 동초패나 순찰일지도 제대로 운용되지 않고 있었을 뿐 아니라, ○초소에 설치된 CCTV도 장기간 고장난 상태로 방치되어 있었다.

7) 이 사건 월북사고와 관련하여 (관련자들에 대한 징계처분 내용 생략)을 하였다.

라. 판단

1) 징계사유의 존재 여부

가) 원고의 지휘감독의무 위반

이 사건 월북사고 발생 지역은 험준한 산악지형으로 시계가 제한되고 경사가 매우 급하여 원칙적인 경계근무 작전을 수행하는데 어려움이 많은 곳임에도 불구하고 원고가 사단장으로 부임하기 전 이미 인근 GP와 GOP 경계부대의 규모 등이 축소된 상태였고, 이러한 상황에서 앞서 인정한 바와 같은 가혹한 근무환경 및 열악한 지원으로 인하여 위 ○소초 경계근무자들은 정상적인 경계근무 작전을 수행하기 어려웠으며, 당시의 원칙적인 경계근무지침에 의하더라도 위 사고 발생 지역은 상당한 정도의 경계공백을 피할 수 없는 상태였던 것으로 보이기는 한다.

그러나 훈령 제18조 제2항에 의하면 '지휘책임'이란 사건·사고와 관련되어 있는 부하직원의 비위사실 등 과오·위법행위를 예방하기 위해 적절한 조치를 하지 않는 등 구체적인 감독의무위반 행위에 대한 책임을 말하는바, 원고는 제○○사단의 사단장으로서 상급부대인 제○군단으로부터 경계작전 활동 전반을 조정통제할 수 있는 권한을 부여받았으므로 그에 따른 지휘·감독 책임도 있다고 할 것이고, 이러한 원고로서는 2007. 11.경 사단장으로 부임하였으면 ① 이 사건 월북사고 발생 지역과 같은 취약지역을 파악함은 물론 상급부대에서도 그 취약성을 인식할 수 있는 시스템을 마련하고, ② 확인된 취약지역에 대하여는 상급부대에서 직접 또는 인근 경계부대를 통하여 적절한 지원을 하도록 하며, ③ 제○○사단 자체적으로 경계작전 형태 및 물적 자원 활용방식을 변경하고 필요한 경우에는 상급부대에 보고하여 추가적인 지원을 받는 등의 조치를 취할 수 있었다고 할 것임에도, 제○○사단에서는 이 사건 월북사고 발생 지역을 취약지역으로 분류하지 아니하였고 추가적인 지원 등도 전혀 없이 실제 GOP 경계근무를 하는 병사들이나 하급 지휘관들에게 현실적으로 수행하기 어려운 경계작전을 부여한 상태로 방치하여 위와 같은 경계공백이 발생하게 하였다. 그 결과 민간인 K는 이러한 경계공백을 이용하여 민통선 경계를 무단으로 통과하고

GOP 철책을 절단하고 넘었으며 DMZ 지역 내의 GP의 경계를 벗어나 월북하였고, 제○○사단은 철책이 절단된 사실조차도 자체적으로 발견하지 못한 상태에서 북한의 방송을 통하여 이를 인식하고 사후 조사과정에서 이 사건 월북사고 발생 지점을 발견하게 되었다.

상황이 이러하다면 사단장으로 부임 후 약 2년이 경과하기까지도 이 사건 월북사고 발생 지역의 근무실태 및 취약성을 파악하지 못하였고 그 결과 해당 부대의 경계근무를 지원하는 등 적절한 조치를 취하지 못하여 위 사고를 막지 못한 원고에게는 위 사고와 관련하여 구체적인 지휘·감독의무의 위반이 인정된다고 봄이 상당하고, 원고가 사단장 부임 이후 경계강화를 위하여 많은 노력을 기울였다거나 우수부대로 선정되고 표창을 받은 등의 사정만으로는 위와 같은 지휘·감독의 소홀이 정당화될 수 없으며, 설령 상급부대의 정책실패가 위 사고에 기여한 바 있다고 하더라도 이러한 정책실패를 위 사고의 전적인 원인이라 볼 수 없는 이상 원고의 지휘·감독의무가 인정됨은 마찬가지라고 할 것이다.

나) 지휘책임의 근거 및 한계

이 사건 월북사고는 당해 GOP 지역에서 군복무한 경력이 있는 민간인이 군사보호구역인 GOP 경계지역에 침입하여 철책을 절단하고 월북한 사건으로서, 훈령 제252조 제1항 제2호 다목 관련 별표4 <사고규모 분류>의 극히 중한 사고 중 기타 중요하다고 판단되는 사고 또는 육군규정 941 사고예방 및 처리 규정 제90조 소정의 국방부장관 지휘보고 사건에 해당하며, 이러한 경우에는 훈령 제252조 제1항 제2호 및 육군규정 180 징계규정 붙임3 <사고처리 관련 지휘·감독자등 문책대상 범위 및 기준>에 따라 3차 이상의 지휘·감독자 및 관련 참모까지 문책대상이 된다고 할 것이므로, 원고에 대한 이 사건 처분은 충분한 근거가 있다고 할 것이다.

원고는 이 사건 월북사고가 작전 관련 사고가 아닌 정보 분야의 인원보안사고에 불과하다면서 그 지휘책임을 원고에게까지 확장할 수 없다는 취지로 주장하나, 위에서 인정한 바와 같이 경계작전에는 민통선 이북 지역에의 민간인 출입을 통제하고 그 불법활동을 차단하며 GOP 철책으로 침투하였거나 북으로 복귀 및 도주하는 적을 차단하는 것도 당연히 포함되어 있는 이상 위 사고는 경계작전의 실패로 인한 민간인 월북사고라 할 것이므로, 월북자가 민간인이라거나 그 진행 방향이 남쪽에서 북쪽임을 이유로 한 원고의 위 주장은 받아들일 수 없다.

2) 재량권의 일탈·남용 여부

군은 국가의 안보와 국민의 생명·신체보장을 직접적으로 수호하는 조직으로 다른 특별권력관계와는 구별되는 고도로 엄정한 기강과 규율을 필요로 하고, 이를 위하여는 각 직책과 역할별로 정해진 임무가 철저하게 수행되어야 하며, 군에서의 징계제도는 이러한 엄정한 군조직 내부질서의 유지에 기여하여야 할 것인바, 아래와 같은 사정들을 고려하여 보면 이 사건 처분은 정당한 재량권 범위 내에서 이루어진 것으로 봄이 상당하므로, 원고의 이 부분 주장도 받아들이지 아니한다.

가) 원고는 사단장으로서 경계작전 전반에 관한 조정·통제 권한을 보유하고 있었고, 소속된 인적·물적 자원에 대하여도 실질적인 최상위의 지휘 권한을 가지고 있었던바, 이러한 권한의 범위 및 영향력에 비추어 보면 원고가 이 사건 월북사고를 막아야 하고 막을 수도 있었던 지위에 있었다는 점에서 이 사건 처분은 충분히 수긍이 가고, 군 당국의 위와 같은 판단은 그 특수성에 비추어 존중되어야 한다.

나) 교육훈련 등 적극적인 활동 과정에서 일어난 사고에 있어 지휘관의 지휘책임을 폭넓게 인정할 경우에는 만일의 사고에 대한 책임을 우려한 나머지 그 활동이 위축되거나 미시행될 가능성이 있으므로, 위와 같은 활동의 경우에는 그것이 정상적인 활동의 시행 중 일어난 사고라면 그에 대한 지휘책임을 완화하는 것을 적극적으로 고려할 수 있다고 할 것이다. 반면 이 사건 월북사고와 같이 경계작전에 관련된 사항의 경우에는 지휘책임을 폭넓게 인정하더라도 위와 같은 부작용의 우려가 없을 뿐 아니라 오히려 그 중요성에 비추어 지휘책임을 폭넓게 인정함이 마땅하다고 할 것이다('작전에 실패한 지휘관은 용서받을 수 있으나, 경계에 실패한 지휘관은 용서받을 수 없다'는 격언은 이러한 견해의 정당성을 뒷받침한다).

다) 견책은 군인사법 제57조에서 정한 징계양정 중 가장 가벼운 것이고, 이 사건 월북사고와 관련하여 여러 지휘관들이 이미 징계처분을 받았으며, 증거(생략)의 기재에 의하면 위 사고와 유사한 사례에서 원고와 같은 지위에 있거나 더 상위에 있는 지휘관을 징계한 사실도 인정할 수 있는바, 여기에 위 사고의 중요성과 이 사건 처분으로 인하여 원고의 진급이 불가능하게 된 것은 아닌 점, 보직해임으로 인하여 원고에게 상당한 불이익이 발생하였다고 하더라도 이는 징계처분과는 별개의 것이고 더구나 현재는 원고가 보직을 받아 근무하고 있는 점 등 제반 사정을 고려하여 보면 이 사건 처분이 비례의 원칙이나 평등 원칙에 위배되었다고 보기는 어렵다.

3. 결론

그렇다면, 원고의 이 사건 청구는 이유 없으므로 이를 기각할 것인바, 이와 결론을 달리한 제1심 판결은 부당하므로 이를 취소하고 원고의 청구를 기각하기로 하여 주문과 같이 판결한다.

요약정리 [사안의 쟁점과 판결의 요지]

대전고등법원 2012. 8. 30. 선고 2011누2208 판결 [징계처분취소]

2009. 10.경 민간인 K가 원고가 사단장으로 근무하던 사단 GOP ○소초 지역에서 철책선을 절단하고 월북하는 사고가 발생하였고, 이 사건 월북사고와 관련하여 육군참모총장은 2009. 12.경 육군 중앙징계심사위원회의 의결에 따라 원고가 부대운용과 작전활동에 대한 지휘·감독 조치를 소홀히 하여, 2009. 10.경 민간인 K가 ○사단 경계구역내 GOP의 DMZ 철책선을 절단하고 월북하는 것을 차단하지 못함으로써 군의 작전기강 및 경계태세 전반에 걸쳐 대국민 불신을 초래하여 성실의무를 위반하였다'는 이유로 군인사법 제56조에 의하여 원고에 대하여 견책처분(이하 '이 사건 처분'이라 한다)을 하였고, 원고가 2010. 1. 이 사건 처분에 불복하여 항고하였으나, 항고는 기각되었다.

이에 원고가 징계의 취소를 구하는 행정소송을 제기하였는데, 소송의 쟁점은 **GOP 소초 지역에서 발생한 철책절단 월북사고에 관하여 소대장을 기준으로 4차 지휘관에 해당하는 사단장에게까지 지휘책임을 물을 수 있는지 여부**였다.

1심(대전지방법원 2011. 10. 19. 선고 2010구합3154 판결)은 ○○사단의 경우 약 30km에 이르는 GOP 경계와 약 70km에 이르는 동해안 해안선경계를 담당하고 있고, 이 사건 월북사고가 발생한 소초 외에 ○○사단의 다른 소초에서는 특별한 문제가 없었던 점에 비추어 소대장을 기준으로 4차 지휘관에 해당하는 원고에 대해서까지 경계근무실태와 관련한 미비점을 사전에 발견하여 조치할 것을 기대하는 것은 사실상 불가능한 것을 요구하는 것으로 보이는바, 이 사건 월북사고의 발생을 이유로 사단장인 원고에 대하여 이 사건 처분을 하는 것은 결과책임을 묻는 것과 다름없는 점 등을 고려할 때 이 사건 월북사고의 발생이 원고의 부대운용과 작전활동에 대한 지휘·감독 조치 소홀이나 장병들의 경계근무규정위반으로 인한 것이라고 보기도 어렵다는 등의 이유로 피고의 원고에 대한 견책처분을 취소하였다.

그러나 **항소심(대전고등법원 2012. 8. 30. 선고 2011누2208 판결)**은 1심의 판단과는 반대로 ① 원고는 사단장으로서 경계작전 전반에 관한 조정통제 권한을 보유하고 있었고, 소속된 인적·물적 자원에 대하여도 실질적인 최상위의 지휘 권한을 가지고 있었던바, 이러한 권한의 범위 및 영향력에 비추어 보면 원고가 이 사건 월북사고를 막아야 하고 막을 수도 있었던 지위에 있었다는 점에서 이 사건 처분은 충분히 수긍이 가고, 군 당국의 위와 같은 판단은 그 특수성에 비추어 존중되어야 하며, ② 교육훈련 등 적극적인 활동 과정에서 일어난 사고에 있어 지휘관의 지휘책임을 폭넓게 인정할 경우에는 만일의 사고에 대한 책임을 우려한 나머지 그 활동이 위축되거나 미시행될 가능성이 있으므로, 위와 같은 활동의 경우에는 그것이 정상적인 활동의 시행 중 일어난 사고라면 그에 대한 지휘책임을 완화하는 것을 적극적으로 고려할 수 있다고 할 것인 반면, 이 사건 월북사고와 같이 경계작전에 관련된 사항의 경우에는 지휘책임을 폭넓게 인정하더라도 위와 같은 부작용의 우려가 없을 뿐 아니라 오히려 그 중요성에 비추어 지휘책임을 폭넓게 인정함이 마땅하며, ③ 이 사건 월북사고와 관련하여 여러 지휘관들이 이미 징계처분을 받았으며, 이 사건과 유사한 사례에서 원고와 같은 지위에 있거나 더 상위에 있는 지휘관을 징계한 사실도 인정할 수 있는 등의 제반 사정을 고려하여 보면 이 사건 처분이 비례의 원칙이나 평등 원칙에 위배되었다고 보기는 어렵다는 이유로 원고에 대한 견책처분은 정당하다고 판단하여 1심판결을 취소하였다.

「경계작전 실패시 지휘책임」에 관한 1심과 항소심의 판단이 정반대로 나뉘었는데, 항소심에서 패소한 원고가 대법원의 판단을 받아보는 것을 포기하여 재판이 마무리되고 말았고, 원고에 대한 견책처분이 확정되었다.

판례 2

징계 항고심사의결서 비공개결정의 적법 여부

서울고등법원 춘천제2행정부 2020. 1. 20. 선고 (춘천)2019누1437 판결 [정보공개거부처분취소]

[1심판결] 춘천지방법원 2019. 8. 27. 선고 2019구합51015 판결

I. 사안의 개요 [기초사실 및 사건의 경과]

1. 기초사실

이 사건의 원고는 소속대 ○중대장으로 근무하던 중, 2018. 11. ○.경 제○보병사단장으로부터 성실의무위반(지휘감독소홀)을 이유로 '견책'처분을 받았다. 원고는 위 처분에 대하여 피고(○군단장)에게 항고를 하였으나, 피고는 제○군단 항고심사위원회의 심사를 거쳐 2019. 3. ○○. 원고의 항고를 기각하였다.

원고는 2019. 4. ○. 피고에게 '원고에 대한 제○군단사령부 2019 징계항심 제○호 사건의 항고심사의결서(단, 성명 등 항고심사위원의 개인정보와 관련된 부분은 제외)'(이하 '이 사건 의결서'라 한다)에 대한 정보공개청구를 하였다. 그러나 피고는 2019. 4. ○. 위 청구에 대하여 아래와 같은 이유로 비공개결정을 하였다(이하 '이 사건 처분'이라 한다).

> ○ 관련 근거: 「공공기관의 정보공개에 관한 법률」(이하 '정보공개법'이라 한다) 제9조 제1항 제1호, 「군인 징계령」 제14조 제4항, 「공무원 징계령」 제20조 제3항, 「국방 정보공개운영 훈령」 제10조 제1항, [별표1] 제1호
> ○ 귀하가 청구하신 항고심사의결서에 대하여 「군인 징계령」 제14조 제4항, 「공무원 징계령」 제20조 제3항에서 비공개로 규정하고 있으며, 「국방 정보공개운영 훈령」 제10조 및 같은 훈령 [별표1] 제1호에서도 징계위원회의 회의 내용은 비공개로 하도록 규정하고 있으므로, 정보공개법 제9조 제1항 제1호에 따라 비공개합니다.

2. 사건의 경과

이 사안에서의 쟁점은 **항고심사의결서(단, 성명 등 항고심사위원의 개인정보와 관련된 부분은 제외)에 대한 비공개 결정이 적법한지 여부**였다.

1심(춘천지방법원 2019. 8. 27. 선고 2019구합51015 판결)은 이 사건 의결서는 정보공개법 제9조 제1항 제1호에 의한 비공개 대상 정보에 해당하지 않는다는 이유로, 이 사건 처분은 적법한 처분사유를 갖추지 못한 것으로 위법하다고 판단하여 피고의 이 사건 의결서에 대한 비공개결정을 취소하였다.

항소심(서울고등법원 춘천제2행정부 2020. 1. 20. 선고 (춘천)2019누1437 판결)은 제1심의 사실인정과 판단은 정당하다고 판시하며 피고의 항소를 기각하였고, 피고의 상고도 심리불속행기각되었다.

II. 판결 읽어보기 [판결 중요부분 발췌(요약)] : 서울고등법원 춘천제2행정부 2020. 1. 20. 선고 (춘천)2019누1437 판결

1. 제1심판결의 인용

(생략)

2. 추가 판단

가. 피고는, 이 사건 정보에 관한 원고의 정보공개청구에 대하여 군인사법 및 관련 하위 법령을 근거로 이 사건 처분을 할 수 있다는 취지로 주장한다.

나. 정보공개법 제3조는 '정보공개의 원칙'이라는 표제하에 공공기관이 보유·관리하는 정보는 국민의 알권리 보장 등을 위하여 위 법에서 정하는 바에 따라 적극적으로 공개하여야 한다고 정하고, 같은 법 제4조는 정보의 공개에 관하여 다른 법률에 특별한 규정이 있는 경우를 제외하고는 정보공개법이 정하는 바에 따른다고 정하고 있다.

한편 군인사법은 제61조에서 징계위원회 및 항고심사위원회의 구성·운영과 징계절차, 징계부가금 부과절차 및 항고 절차, 그 밖에 징계처분 등의 시행 등을 위하여 필요한 사항을 대통령령으로 정하도록 위임하고 있으나, 군이 징계절차 또는 항고절차에서 직무상 작성 또는 취득하여 관리하고 있는 문서 등의 공개에 관하여는 별도의 규정을 두고 있지 않다.

다. 앞서 본 바와 같이 정보공개법 제3조가 정하는 정보공개의 원칙에 비추어 보면, 정보의 공개에 관하여 다른 법률에 특별한 규정이 있다고 보아 정보공개법의 적용을 배제하기 위해서는, 공공기관의 정보공개에 관하여 정보공개법이 아니라 별도의 법률규정에 의하도록 한다는 입법자의 의사가 그러한 특별규정을 통하여 명확히 표출된 경우에 한정된다고 엄격히 해석하여야 한다.

그런데 앞서 본 바와 같이 군인사법 제61조는 징계위원회 및 항고심사위원회의 구성·운영, 징계 및 항고 등의 절차, 징계처분 등의 시행 등을 위하여 필요한 사항을 대통령령으로 정하도록 위임하고 있을 뿐이고 정보공개에 관하여 군인사법 또는 그 위임에 의한 하위입법에 의하도록 한다는 뜻을 정하고 있지 않으므로, 대통령령이 위 조항의 위임에 근거하여 징계위원회 및 항고심사위원회를 운영하는 과정에서 위원회 자체의 비공개를 규정할 수 있는지 여부는 별론으로 하더라도, 위 조항을 정보공개법 제4조에서 정하는 '정보[1]의 공개에 관한 다른 법률의 특별한 규정'에 해당한다고 할 수 없다.

따라서 피고가 이 사건 처분의 근거법령으로 적시한 하위 법령들은 원고의 정보공개청구에 관하여 정보공개법의 적용 배제를 주장할 수 있는 근거가 되지 못하므로, 피고의 위 주장은 이유 없다.

3. 결론

그렇다면 제1심판결은 정당하고 피고의 항소는 이유 없으므로, 이를 기각하기로 하여 주문과 같이 판결한다.

요약정리 [사안의 쟁점과 판결의 요지]

서울고등법원 춘천제2행정부 2020. 1. 20. 선고 (춘천)2019누1437 판결 [정보공개거부처분취소]

원고는 소속대 중대장으로 근무하던 중, 2018. 11. O.경 사단장으로부터 성실의무위

1) 공공기관이 직무상 작성 또는 취득하여 관리하고 있는 문서(전자문서를 포함한다)·도면·사진·필름·테이프·슬라이드 및 그 밖에 이에 준하는 매체 등에 기록된 사항을 말한다(정보공개법 제2조 제1항).

반(지휘감독소홀)을 이유로 '견책'처분을 받았다. 원고는 위 처분에 대하여 피고(○군단장)에게 항고를 하였으나, 피고는 제○군단 항고심사위원회의 심사를 거쳐 2019. 3. ○○. 원고의 항고를 기각하였다. 원고는 2019. 4.경 피고에게 '원고에 대한 제○군단사령부 2019 징계항심 제○호 사건의 항고심사의결서(단, 성명 등 항고심사위원의 개인정보와 관련된 부분은 제외)'(이하 '이 사건 의결서'라 한다)에 대한 정보공개청구를 하였으나 피고는 2019. 4.경 원고의 위 청구에 대하여 비공개결정을 하였다.

이 사안에서의 쟁점은 **항고심사의결서(단, 성명 등 항고심사위원의 개인정보와 관련된 부분은 제외)에 대한 비공개 결정이 적법한지 여부**였다.

1심(춘천지방법원 2019. 8. 27. 선고 2019구합51015 판결)은 이 사건 의결서는 정보공개법 제9조 제1항 제1호에 의한 비공개 대상 정보에 해당하지 않는다는 이유로, 이 사건 처분은 적법한 처분사유를 갖추지 못한 것으로 위법하다고 판단하여 피고의 이 사건 의결서에 대한 비공개결정을 취소하였고, **항소심(서울고등법원 춘천제2행정부 2020. 1. 20. 선고 (춘천)2019누1437 판결)**은 제1심의 사실인정과 판단은 정당하다고 판시하며 피고의 항소를 기각하였으며, 피고의 상고도 심리불속행 기각되었다.

☞ **서울고등법원 춘천제2행정부 2020. 1. 20. 선고 (춘천)2019누1437 판결은 군에서 징계를 받은 사람은 징계의결서 또는 징계항고심사의결서(단, 성명 등 항고심사위원의 개인정보와 관련된 부분은 제외)에 대한 정보공개청구를 할 수 있는 권리가 있다는 것을 인정한 최초의 판례라는 의미가 있다.**

판례 3

음주운전을 한 후 군인 등 신분을 속이고 민간법원에서 형사재판을 받은 자에 대한 징계의 적법성

의정부지방법원 2020. 9. 24. 선고 2020구합10109 판결 [징계처분취소]

I. 사안의 개요 [기초사실 및 사건의 경과]

1. 기초사실

원고는 현역 군인신분인데도 불구하고 2009. 6.경 음주운전을 하다가 음주운전 단속을 당하여 2009. 7.경 의정부지방법원에서 자영업자라고 직업을 허위로 진술한 상태에서 벌금 70만 원의 약식명령을 발령받았다.

원고의 지휘관인 군단장은 2019. 12.경 원고에 대하여 '군인은 군인의 지위 및 복무에 관한 기본법 제22조에 따라 명령의 하달이나 전달, 보고 및 통보를 할 때 정직하여야 하며, 육군규정 111 준사관인사관리규정 제47조, 육군규정 110 장교인사관리규정 제241조(형사처분 사실 보고의무) 및 2009년부터 2019년까지 매년 발령되는 진급지시에 의하면 민간검찰 및 법원에서 형사처분을 받은 경우에 징계권을 가진 직속 지휘관에게 즉시 보고하여야 할 의무가 매년 발생함에도 불구하고, 위와 같이 민간법원에서 약식명령을 받았음에도 이를 지휘관에게 보고하지 아니함으로써 인사와 법무계통의 각종 조치와 관련한 불이익을 면탈할 수 있는 상황을 초래하여 복종의무를 위반(지시불이행)하였다.'라는 징계사유로 견책의 징계처분을 하였다.

2. 사건의 경과

원고는 이 사건 관련 규정 및 지시는 헌법상 진술거부권 침해 및 양심의 자유의 침해에 해당하고, 징계시효도 완성되었다는 등의 이유로 징계의 무효 또는 취소를 주장하였다.

이 사안의 쟁점은 **군인 등의 신분을 속이고 민간법원에서 형사재판을 받은 사실이 있는 경우 이를 보고하도록 하는 이 사건 관련 규정 및 지시가 헌법상 진술거부**

권 침해 및 양심의 자유의 침해에 해당하는지 여부였다.

의정부지방법원 2020. 9. 24. 선고 2020구합10109 판결은 ① 이 사건 규정 및 지시는 원고에게 민간법원에서 형사처분을 받은 사실 자체에 대한 보고의무를 부과하고 있을 뿐 그 형사처분의 내용이 된 범죄사실의 진위를 밝히도록 요구하는 것은 아닐 뿐만 아니라 이를 보고하도록 하는 것이 수사의 단서로 삼기 위한 것도 아닌 점 등을 고려하면 원고의 진술거부권의 침해에 해당하지 않고, ② 이 사건 규정 및 지시는 민간법원에서 형사처분을 받은 사실을 보고하게 하는 것으로, 가치적·윤리적 판단이 개입될 여지가 없는 단순한 사실관계의 확인과 관련된 것에 불과하므로, 헌법 제19조에 의하여 보장되는 양심의 자유의 침해에 해당하지 않으며, ③ 징계시효의 완성과 소급효금지 원칙 위반 등에 관한 원고의 주장도 이유가 없다고 판단하여, 원고에 대한 이 사건 징계처분은 적법하다고 판시하며 원고의 청구를 기각하였고, **항소심(서울고등법원 2021. 9. 9. 선고 2020누59392 판결)**은 1심판결을 유지하여 원고의 항소를 기각하였다.[2)]

---

2) 서울고등법원 2021. 9. 9. 선고 2020누59392 판결 중요부분 발췌(요약)
[고치는 부분]
○ 제1심판결문 7쪽 13행부터 9쪽 밑에서 5행까지를 다음과 같이 고친다.
『라. 징계시효의 완성 여부
1) 이 사건 규정 위반의 징계사유에 관하여
이 사건 처분의 징계사유는 ① 이 사건 규정을 위반한 것과 ② 이 사건 지시를 위반한 것인데, 먼저 전자에 관한 징계시효가 도과하였는지 본다.
구 군인사법(2014. 6. 11. 법률 제12747호로 개정되기 전의 것, 이하 같다) 제60조의3은 '징계의결 등의 요구는 징계사유가 발생한 날부터 2년이 경과한 때에는 이를 행할 수 없다.'고 규정하고, 위 인정사실에 의하면 피고는 원고가 약식명령을 고지받은 2009년 7월경으로부터 10년 정도가 지난 2019년 12월경 원고에 대한 징계의결을 요구하였음을 알 수 있다. 그런데 아래와 같은 이 사건 규정이 요구하는 보고의 성질, 목적, 미이행 시의 결과 등을 종합하여 보면, 이 사건 규정에 따른 보고가 이루어지거나 인사권자가 형사처벌 사실을 인지하기 전까지는 이 사건 규정에 대한 위반행위는 종료되지 않고 계속되어 징계시효가 진행하지 않는다고 보아야 하므로, 피고의 징계의결 요구 당시 이 사건 규정 위반의 징계사유에 관한 징계시효는 도과하지 아니하였다. 이와 다른 전제에 선 원고의 주장은 이유 없다.
① 이 사건 규정은 장교인사관리규정 '제8장 처벌기록 인사관리' 편에 기재되어 있고 진급에 관해서는 위 규정 '제5장 진급관리'에서 별도로 다루고 있는 점에서 알 수 있듯이, 이 사건 규정은 준사관의 형사처벌 전력을 승진뿐 아니라 선발성 인사를 포함한 보직 부여, 파견, 상훈, 징계 등 상시적인 인사권 행사의 기초 자료로 삼기 위해 마련된 조항이다. 따라서 이 사건 규정이 요구하는 보고가 이루어지지 않는 동안에는 적정하고 공정하게 이루어져야 할 인사 업무가 계속 방해되거나 그러한 위험이 계속 존재하게 되고, 그러한 이상, 보고의 필요성도 소멸하지 않고 계속하여 병존하게 된다.
② 이 사건 규정은 '즉시' 보고할 의무를 규정하고 있지만, 앞서 본 보고 목적 등에 비추어 즉시 보고하지 않고 장기간 지체하였다고 하여 위 보고의무가 소멸하는 것이 아니라, 미보고 상태가 지속되는 한 위 보고의무는 존속한다고 보아야 하므로, 즉시 보고가 되지 않은 때, 즉 원고가 약식명령 발령 사실을 안 때(또는 안 때로부터 보고하는 데에 필요한 상당한 기간이 경과한 때)가 징계시효의 기산점이 되는 것은 아니다.
③ 형사처벌을 받은 사실이 제때 인사에 반영되지 않음으로 인하여 해당 준사관이 누리는 인사상 이

II. 판결 읽어보기 [판결 중요부분 발췌(요약)] : 의정부지방법원 2020. 9. 24. 선고 2020구합10109 판결

1.처분의 경위

(생략)

2. 불안전항변에 대한 판단

(생략)

익은 일회성에 그치지 않고, 미보고 상태가 존속하는 동안 계속적·누적적으로 발생한다.

④ 이 사건 규정은 진급 선발 대상자에게만 적용되는 규정이 아니라, 앞서 본 바와 같이 준사관 전체를 수범자로 하여 통상적인 인사관리를 위해 필요한 사항을 규정한 것이다. 따라서 원고가 준사관으로서 진급 선발 대상자에 해당하지 않는다고 하더라도, 원고는 여전히 이 사건 규정에 따른 보고의무를 부담하는 것이다.

⑤ 원고는, 피고가 민간 사법기관의 형사처벌 전력을 쉽게 조회할 수 있음에도 이를 게을리함으로써 원고에게 징계가 없을 것이라는 기대를 가지게 한 상태에서 새삼스럽게 이 사건 처분을 한 것은 신의칙에 반하고 징계시효 제도의 취지에도 반한다고 주장한다. 그러나 음주운전을 적발 당하였을 때 원고가 군인 신분임을 사실대로 밝히고 군 수사기관 및 군사법원에서 수사와 재판을 받았다면 인사 관련 규정에 따라 그 처분 사실이 인사권자에게 자동적으로 통보되는데, 원고가 음주운전 사실을 인사권자에게 숨기기 위하여 담당 경찰관에게 신분을 속였기 때문에 피고가 이러한 사실을 인지하지 못하였던 것이므로, 피고가 장기간 징계권을 행사하지 않은 것이 신의칙에 반한다고 볼 수 없다.

⑥ 또한 원고는, 국방부장관이 정한 「국방부 군인·군무원 징계업무처리 훈령」(2018. 7. 31. 국방부훈령 제2185호로 개정된 것, 이하 '이 사건 훈령'이라 한다) 부칙 제4조, 제1조에 따르면, 이 사건 훈령 제3조의2에 의한 형사처분 사실 보고의무는 2018. 8. 1. 이후 민간사법기관에서 형사처벌을 받은 사람부터 적용되고, 육군참모총장이 정하는 이 사건 규정은 이 사건 훈령을 위반하여서는 아니 되므로, 2018. 8. 1. 이전에 민간사법기관에서 형사처벌을 받은 원고에게는 이 사건 규정에 따른 형사처분 사실 보고의무가 존재하지 않는다고 주장한다.

그러나 이 사건 훈령 제3조의2는 '군인 또는 군무원은 민간사법기관에서 형사처분을 받은 경우에는 징계권을 가진 직속 지휘관에게 즉시 보고하여야 하며, 보고 받은 지휘관은 국방부(인사복지실 및 법무관리관실) 및 각군본부(인사 및 법무계통)로 보고하고 징계 등 적절한 조치를 취하여야 한다.'라고 규정하고, 그 부칙 제4조는 '제3조의2의 개정 규정은 이 훈령 시행 후 민간사법기관에서 형사처벌을 받은 사람부터 적용한다.'라고 정하면서, 부칙 제1조는 2018. 8. 1.부터 위 훈령을 시행한다고 정하고 있는데, 위와 같은 훈령 규정의 내용 및 체계 등에 비추어 볼 때, 위 부칙 제4조, 제1조는 이 사건 훈령 제3조의2에서 형사처분 사실 보고의무를 새로이 규정하면서 그 새로운 규정의 적용 범위를 정한 것에 불과하다고 해석되므로, 육군참모총장이 정하여 기존부터 시행하여 오던 이 사건 규정이 2018. 8. 1. 이전에 민간사법기관에서 형사처벌을 받은 사람에 대하여 형사처분 사실 보고의무를 부과하여 오고 있었다고 하더라도, 이를 이 사건 훈령 규정에 위배되는 것이라 보기 어렵고, 나아가 이 사건 훈령 규정이 2018. 8. 1. 이전에 민간 사법기관에서 형사처벌을 받은 사람에게 이 사건 규정에 따른 형사처분 사실 보고의무를 면제하는 취지라고 보기도 어렵다.

2) 이 사건 지시 위반의 징계사유에 관하여

원고는 1985. 10. 26. 육군 준위로 임관하여 현재까지 근무하고 있으므로, 진급선발 대상자가 아닌 원고는 이 사건 지시의 수범자에 해당하지 아니한다. 그렇다면 이 사건 지시는 원고에게 적용되지 않아 그 위반을 원고에 대한 징계사유로 삼을 수 없다. 이 부분 원고 주장은 이유 있다.』

3. 이 사건 처분의 적법 여부에 관한 판단

가. 원고의 주장

(생략)

나. 관계법령

(생략)

다. 징계사유의 부존재 주장에 대한 판단

1) 헌법상 진술거부권 침해 여부

진술거부권에 있어서 진술이란 형사상 자신에게 불이익이 될 수 있는 진술이므로 범죄의 성립과 양형에서의 불리한 사실 등을 말하는 것이고, 그 진술 내용이 자기의 형사책임에 관련되는 것임을 전제로 한다(헌법재판소 2014. 9. 25. 선고 2013헌마11 결정 참조). 그런데 이 사건 규정 및 지시는 원고에게 민간법원에서 형사처분을 받은 사실 자체에 대한 보고의무를 부과하고 있을 뿐 그 형사처분의 내용이 된 범죄사실의 진위를 밝히도록 요구하는 것은 아닐 뿐만 아니라 이를 보고하도록 하는 것이 수사의 단서로 삼기 위한 것도 아닌 점, 군사법원법에 의하여 일반법원에는 신분적 재판권이 없는 사람에 대하여 일반법원에서 이루어진 재판은 비상상고의 대상이 될 뿐 당연무효라고 볼 수는 없는 점(대법원 1991. 3. 27. 선고 90오1 판결 참조) 등을 고려하면, 이 사건 규정 및 지시가 원고에 대하여 범죄사실에 관한 범죄의 성립과 양형에서의 불리한 사실 등을 말하는 것을 강요함으로 원고의 진술거부권을 침해하였다고 보기는 어렵다.

가) 헌법 제19조에서 말하는 '양심'은 옳고 그른 것에 대한 판단을 추구하는 가치적·도덕적 마음가짐으로 세계관·인생관·주의·신조 등은 물론 이에 이르지 아니하여도 보다 널리 개인의 인격형성에 관계되는 내심에 있어서의 가치적·윤리적 판단도 포함될 수 있으나, 단순한 사실관계의 확인과 같이 가치적·윤리적 판단이 개입될 여지가 없는 경우에는 양심의 자유의 보호대상에 해당하지 아니 한다(헌법재판소 2014. 9. 25. 선고 2013헌마11 결정 참조).

나) 이 사건 규정 및 지시는 민간법원에서 형사처분을 받은 사실을 보고하게 하는 것으로, 가치적·윤리적 판단이 개입될 여지가 없는 단순한 사실관계의 확인과 관련된 것에 불과하므로, 헌법 제19조에 의하여 보장되는 양심의 영역에 포함되지 않는다.

다) 따라서 원고의 이 부분 주장을 받아들이지 아니한다.

라. 징계시효의 완성과 소급효금지 원칙 위반 또는 위임입법의 한계 일탈 여부

1) 군인사법 제60조의3 제1항은 '징계의결의 요구는 징계사유가 발생한 날부터 3

년이 지났을 때에는 할 수 없다'라고 규정하고 있다. 그런데 앞서 든 증거의 각 기재 및 변론 전체의 취지를 더하면, 육군참모총장이 2009년부터 2019까지 매년 '민간 검찰 및 법원에서 형사처분을 받은 경우에는 징계권을 가진 직속 지휘관에게 즉시 보고하여야 하고, 진급선발 대상자 중 현재까지 보고하지 않은 민간기관 처분 사실이 있는 자는 계급별 진급심사 개최 전까지 해당부대와 진급선발위원회에 동시 자진신고 할 것'이라는 내용의 장교·준사관 진급지시를 발령한 사실을 인정할 수 있다. 이로써 원고에게 이 사건 형사처분 사실에 관하여 보고할 의무가 새로이 발생하였으므로 피고가 원고의 위 보고의무 발생일부터 3년이 경과하기 전인 2019. 12. 30 이 사건 처분을 한 이상 이 사건 처분이 징계시효가 도과된 후에 이루어진 처분이라고 볼 수 없다.

2) 또한, 다음과 같은 사정을 고려하면 이 사건 지시가 소급효금지원칙을 위반하였다거나 위임입법의 한계를 일탈 또는 법률유보의 원칙에 반한다고 보기도 어렵다

① 이 사건 지시는 민간법원에서 형사처분을 받은 사실에 대한 보고의무를 정하고 있을 뿐 징계시효에 관하여는 아무런 규정을 두고 있지 않다.

② 이 사건 지시는 민간법원에서 형사처분을 받은 사실에 대한 보고의무를 정하고 있을 뿐이므로, 그로써 형사처분의 대상이 된 범죄사실 자체나 형사처분을 받은 사실 자체에 대한 징계시효가 연장되는 것은 아니다. 또한 이 사건 지시를 위반한 경우 징계의 대상이 되는 행위는 '형사처분 사실에 대한 보고의무'를 이행하지 않은 행위이지, '형사처분의 대상이 된 범죄사실' 자체나 '형사처분을 받은 사실' 자체가 아니므로 위 각 사실에 대한 징계시효가 완성되었음에도 이 사건 지시를 근거로 그 각 사실 사체에 대해 징계를 할 수 있는 것도 아니다.

③ 이 사건 지시는 군 사법기관에서 처벌을 받은 자와 민간사법기관에서 처벌을 받은 후 이를 보고하지 않고 숨긴 자 사이에 발생하는 인사상 불균형 등을 방지하여 인사관리의 형평성을 도모하고자 하는데 그 취지가 있고, 진급심사대상자에 대해 진급심사를 하기 위하여 그 진급심사대상자에게 진급심사에 필요한 유효기간을 정하여 보고의무를 부과하는 것이므로 징계시효가 무한정 확정된다고 볼 수 없다.

④ 징계시효 제도의 취지는 징계대상자에 대한 징계사유가 발생하여 징계권자가 일방적으로 징계대상자를 징계할 수 있었음에도 행사 여부를 확정하지 아니함으로써 징계대상자로 하여금 상당 기간 불안정한 지위에 있게 하는 것을 방지하고, 아울러 징계권자가 비교적 장기간에 걸쳐 징계권 행사를 게을리하여 징계대상자로서도 이제는 징계권자가 징계권을 행사하지 않으리라는 기대를 하게 된 상태에서 새삼스럽게

징계권을 행사하는 것은 신의칙에 반하는 것이 되므로 위 기간의 경과를 이유로 사용자의 징계권 행사에 제한을 가하려는 것이다(대법원 2008. 7. 10. 선고 2008두2484 판결 등 참조). 그런데 이 사건에서 피고는 2019년 감사원의 통보를 받고 비로소 원고가 형사처분을 받은 사실을 알게 된 것이므로 그때부터 피고는 원고를 징계 할 수 있었을 것이어서 같은 해에 행해진 이 사건 처분이 위 징계시효 제도의 취지에 반한다고 볼 수도 없다.

3) 설령 원고의 주장대로 민간법원에서의 형사처분 사실 보고의무가 그러한 보고의무 대상이 된 '형사처분을 받은 사실'의 성립으로 이 사건은 규정에 따라 즉시 발생한다고 보더라도, 이 사건 처분에서 징계의 대상이 되는 행위는 위 보고의무를 이행하지 않았다는 부작위이므로, 위 보고의무를 이행해야 할 작위의무의 존재나 이를 이행하지 않은 부작위상태가 해소되지 않는 한 위반상태가 지속된다고 볼 수 있다. 따라서 형사처분을 받은 사실의 성립만으로 바로 이를 보고하지 않은 위반상태가 되어 그때부터 징계시효가 진행된다고 보기 어려우므로, 이 사건 지시가 소급효금지원칙을 위반하였다고 볼 수도 없다.

4) 따라서 원고의 이 부분 주장도 받아들이지 아니한다.

마. 형실효법 위반 여부

증거(생략)에 의하면 2019. 3. 28.부터 2019. 5. 8.까지 실시된 감사원의 국방부 기관운영감사에서 원고가 이 사건 형사처분을 받은 사실이 밝혀진 사실은 인정되나, 제출된 증거들만으로는 감사원이 형실효법 제6조를 위반하여 원고의 범죄경력자료를 조회하였다고 보기 어렵다. 따라서 이 부분 주장도 받아들이기 어렵다.

바. 재량권 일탈·남용 여부

(생략)

사. 소결론

따라서 이 사건 처분에 원고가 주장하는 위법이 있다고 볼 수 없으므로, 이 사건 처분이 위법하여 무효거나 취소되어야 한다는 원고의 주위적 및 예비적 청구는 모두 받아들이지 않는다.

4. 결론

원고의 주위적, 예비적 청구는 이유 없으므로 이를 모두 기각하기로 하여 주문과 같이 판결한다.

III. 참고 판결 : 육군 장교가 민간법원에서 약식명령을 받아 확정되면 자진신고할 의무를 규정한, '20년도 육군지시 자진신고조항'과 '21년도 육군지시 자진신고조항'이 법률유보원칙에 반하여 일반적 행동의 자유를 침해하는지 여부에 관한 헌법재판소 결정

헌법재판소 2021. 8. 31. 선고 2020헌마12, 589(병합) 전원재판부 결정 [국방부 군인·군무원 징계업무처리 훈령 제4조 등 위헌확인

【판시사항】

가. '국방부 군인 · 군무원 징계업무처리 훈령' 제4조(이하 '국방부훈령 조항'이라 한다), '장교 인사관리규정' 제241조 제1항(이하 '육군규정 조항'이라 한다), '2020년도 장교 진급 지시' Ⅳ. 제3장 3. 라. 1) 바) (1) 및 Ⅳ. 제4장 5. 가. 2) 가)(이하 위 두 부분을 합하여 '20년도 육군지시 보고조항'이라 한다), '2021년도 장교 진급 지시' 제20조 제1항 제2호 가목(이하 '21년도 육군지시 보고조항'이라 한다)에 대한 심판청구가 적법한지 여부(소극)

나. 육군 장교가 민간법원에서 약식명령을 받아 확정되면 자진신고할 의무를 규정한, '2020년도 장교 진급 지시' Ⅳ. 제4장 5. 가. 2) 나) 중 '민간법원에서 약식명령을 받아 확정된 사실이 있는 자'에 관한 부분(이하 '20년도 육군지시 자진신고조항'이라 한다) 및 '2021년도 장교 진급 지시' 제20조 제1항 제2호 나목 중 '민간법원에서 약식명령을 받아 확정된 사실이 있는 자'에 관한 부분(이하 '21년도 육군지시 자진신고조항'이라 한다)이 법률유보원칙에 반하여 일반적 행동의 자유를 침해하는지 여부

【결정요지】

가. 국방부훈령 조항은 2018. 8. 1. 이후 형사처벌을 받은 사람에게만 적용되는데, 청구인들은 모두 그 전에 형사처벌을 받았으므로 자기관련성이 없다. 육군규정 조항은 2015. 3. 30. 현재와 같이 개정되어 시행되었고, 청구인들은 모두 그 전에 형사처벌을 받았음에도 시행일로부터 1년이 경과한 후에 심판청구를 하였으므로, 청구기간을 도과하였다. 20년도 육군지시 보고조항 및 21년도 육군지시 보고조항은 육군규정 조항과 실질적 내용이 동일하여 기본권을 새로이 제한한다고 볼 수 없으므로, 공권력행사에 해당하지 않는다. 이 부분 심판청구는 모두 부적법하다.

나. ‘군인의 지위 및 복무에 관한 기본법’ 제24조 제1항, 제36조 제2항 및 제4항에 근거하여, 육군참모총장은 직무와 관계가 있고 권한 내의 사항이라면 육군 장교를 지휘·감독하는 내용의 명령을 할 수 있다. 군인사법 제25조 제1항 등에서는 육군참모총장에게 육군 장교 중 진급대상자 추천 권한을 부여하면서, 같은 법 시행령 제33조 제1항 제2호 다목에서 그 평가항목 중 하나로 ‘상벌사항’을 규정하고 있다. 따라서 육군참모총장이 상벌사항을 파악하는 일환으로 육군 장교에게 민간법원에서 약식명령을 받아 확정된 사실을 자진신고 하도록 명령하는 것은 법률에 근거가 있다. 20년도 육군지시 자진신고조항 및 21년도 육군지시 자진신고조항은 법률유보원칙에 반하여 일반적 행동의 자유를 침해하지 않는다.

다. 형사사법정보시스템과 육군 장교 관련 데이터베이스를 연동하여 신분을 확인하는 방법 또는 범죄경력자료를 조회하는 방법 등은, 군사보안 및 기술상의 한계가 존재하고 파악할 수 있는 약식명령의 범위도 한정되므로, 자진신고의무를 부과하는 방법과 같은 정도로 입법목적을 달성하기 어렵다. 청구인들이 자진신고의무를 부담하는 것은 수사 및 재판 단계에서 의도적으로 신분을 밝히지 않은 행위에서 비롯된 것으로서 이미 예상가능한 불이익인 반면, ‘군사법원에서 약식명령을 받아 확정된 경우’와 그 신분을 밝히지 않아 ‘민간법원에서 약식명령을 받아 확정된 경우’ 사이에 발생하는 인사상 불균형을 방지함으로써 군 조직의 내부 기강 및 질서를 유지하고자 하는 공익은 매우 중대하다. 20년도 육군지시 자진신고조항 및 21년도 육군지시 자진신고조항은 과잉금지원칙에 반하여 일반적 행동의 자유를 침해하지 않는다.

요약정리 [사안의 쟁점과 판결의 요지]

의정부지방법원 2020. 9. 24. 선고 2020구합10109 판결 [징계처분취소]

원고는 현역 군인신분인데도 불구하고 2009. 6.경 음주운전을 하여 2009. 7.경 의정부지방법원에서 자영업자라고 직업을 허위로 진술한 상태에서 벌금 70만 원의 약식명령을 발령받았다. 이에 원고의 지휘관인 군단장은 2019. 12.경 원고에 대하여 ‘군인은 군인의 지위 및 복무에 관한 기본법 제22조에 따라 명령의 하달이나 전달, 보고 및 통보를 할 때 정직하여야 하며, 육군규정 111 준사관인사관리규정 제47조, 육군규정 110 장교인사관리규정 제241조(형사처분 사실 보고의무) 및 2009년부터 2019년까지 매년 발령되는 진급지시에 의하면 민간검찰 및 법원에서 형사처분을 받은 경우에 징계권을 가진 직속 지휘관에게 즉시 보고하여야 할 의무가 매년 발생함에도 불구하고, 위와 같이 민간법원에서 약식명령을 받았음에도 이를 지휘관에게 보고하지 아니함으로써 인사와 법무 계통의 각종 조치와 관련한 불이익을 면탈할 수 있는 상황을 초래하여 복종의무를 위반(지시불이행)하였다.'라는 징계사유로 견책의 징계처분을 하였다. 이에 원고는 이 사건 관련 규정 및 지시는 헌법상 진술거부권 침해 및 양심의 자유의 침해에 해당하고, 징계시효도 완성되었다는 등의 이유로 징계의 무효 또는 취소를 주장하며 소를 제기하였다.

이 사안의 쟁점은 **군인 등의 신분을 속이고 민간법원에서 형사재판을 받은 사실이 있는 경우 이를 보고하도록 하는 이 사건 관련 규정 및 지시가 헌법상 진술거부권 침해 및 양심의 자유의 침해에 해당하는지 여부**였다.

의정부지방법원 2020. 9. 24. 선고 2020구합10109 판결은 ① 이 사건 규정 및 지시는 원고에게 민간법원에서 형사처분을 받은 사실 자체에 대한 보고의무를 부과하고 있을 뿐 그 형사처분의 내용이 된 범죄사실의 진위를 밝히도록 요구하는 것은 아닐 뿐만 아니라 이를 보고하도록 하는 것이 수사의 단서로 삼기 위한 것도 아닌 점 등을 고려하면 원고의 진술거부권의 침해에 해당하지 않고, ② 이 사건 규정 및 지시는 민간법원에서 형사처분을 받은 사실을 보고하게 하는 것으로, 가치적·윤리적 판단이 개입될 여지가 없는 단순한 사실관계의 확인과 관련된 것에 불과하므로, 헌법 제19조에 의하여 보장되는 양심의 자유의 침해에 해당하지 않으며, ③ 징계시효의 완성과 소급효금지 원칙 위반 등에 관한 원고의 주장도 이유가 없다고 판단하여, 원고에 대한 이 사건 징계처분은 적법하다고 판시하며 원고의 청구를 기각하였고, **항소심(서울고등법원 2021. 9. 9. 선고 2020누59392 판결)**은 1심판결을 유지하여 원고의 항소를 기각하였다.

판례 4

내부공익신고자에 대한 징계가 적법한지 여부

대전고등법원 2013. 5. 9. 선고 2012누2403 판결 [징계처분취소]

[1심판결] 대전지방법원 2012. 9. 19. 선고 2012구합319 판결

I. 사안의 개요 [기초사실 및 사건의 경과]

1. 기초사실

원고는 ○○병과에서 2006년 중령으로 진급하여 2009. 12.경부터는 ○군사령부 ○○대 ○○과장으로, 2011. 1.경부터는 제○○보병사단 ○○대 ○○대장으로 각 근무하였다.

피고(육군참모총장)는 2011. 8.경 원고에 대하여 다음과 같은 징계사유로 감봉 3월의 징계처분(이하 '이 사건 원징계처분'이라 한다)을 하였다.

> 1. 법령준수의무위반(기타 직무수행관련 의무위반)
> 군에 유익하거나 정당한 의견이 있는 경우 지휘계통에 따라 단독으로 상관에게 건의할 수 있고, 타인의 비위사실은 감찰부서 내지 군검찰에 정상적으로 제보하거나 신고할 수 있음에도 불구하고, 단지 특정인의 인사에 영향을 미쳐 장군으로서의 진급을 막고 군에서 퇴출시킬 목적으로,
> 가. 2010. 11. ○. ○군사령부 ○○대 ○○과장실에서 개인 노트북을 이용하여 전 육군 ○○단장 L의 ○○사령부 ○○단장 재직시절 공금횡령 의혹 등 비위내용이 담긴 A4 용지 5매 분량의 "존경하는 병과장님께"라는 제목의 편지를 작성한 후 편지봉투에는 "국회 예산정책처 서기관 ○○○"라고 기재하여 2010. 11. 서울 ○○우체국 앞 우체통에 넣어 투서(1차 투서)하고,
> 나. 2010. 12. 1차 투서 내용에 추가하여, 국방부 ○○본부장 S가 L을 비호하고, 직무유기를 하고 있다는 등의 내용이 담긴 A4 7장 분량의 "충성! 진심으로 존경하는 장관님!"이라는 제목의 편지를 작성한 후 편지봉투에는 "서초구청장 진○○"이라는 이름을 기재한 채 같은 달 25. 고교동창 김○○으로 하여금 편지를 발송케 함(2차 투서)으로써,
> 각 군인복무규율(제24조-의견건의) 및 인사군기를 문란케 하고,

2. 품위유지의무위반(기타 품위유지의무위반 관련사실)

가. 군인은 군의 위신과 군인으로서의 명예를 손상시키는 행동을 하여서는 아니됨에도 불구하고, 1차 투서와 2차 투서의 편지 봉투에 위 제1의 가항 및 나항과 같이 타인의 이름을 각 기재하여 마치 각 편지가 봉투에 기재된 사람들로부터 보내진 것처럼 투서함으로써 ○○병과장 및 국방부장관으로 하여금 봉투에 기재된 사람이 보낸 것으로 오인케 하는 행동을 함으로써 군인으로서의 명예를 손상시키는 행동을 하고,

나. 군인은 타인의 명예를 존중하여야 하며 이를 손상하는 행위를 하여서는 아니됨에도 불구하고, 2차 투서 편지에서 혐의가 확정되지 않은 당시 상관인 대령 L에 대해서는 "도둑놈 L, 막가파 앵벌이 L"이라고 표현을 하고, 당시 병과장이며 상관인 준장 S에 대해서는 "정신나간 S"라고 모욕적인 표현을 함으로써 타인의 명예를 손상케 하는 행위를 하여

각 군인복무규율(제9조-품위유지와 명예존중의 의무)을 위반하고,

3. 비밀엄수의무위반(그 밖의 보안관계 법령위반)

등록되지 않은 개인 소유의 컴퓨터는 부대에 반입할 수 없음에도 불구하고 2010. 11. 및 같은 해 12. 1차와 2차 투서 편지 작성을 위해 등록되지 않은 개인 소유 노트북을 무단으로 ○군사령부 ○○대 ○○과장실에 반입하여 1차와 2차 투서 편지를 작성함으로써 군사보안업무훈령(제140조 제2항) 및 군사보안규정(육규200 군사보안규정 제140조 제2항)을 위반하고,

4. 복종의무위반(기타 지시불이행)

가. 지시 위반

2010. 11. 및 같은 해 12. 1., 2차 투서를 작성하여 병과장 및 국방부장관에게 보냄으로써 2010. 10. 월간상황 평가회의 시 참모총장이 지시한 "육군 진급심사 시기에 진급청탁, 유언비어 유포, 경쟁자에 대한 부정적 여론조성 등 공정한 심사를 저해하는 언행 금지지시"를 위반하고,

나. 군인복무규율 및 국방홍보훈령 위반

군인은 군인의 신분으로 대외활동을 하고자 할 때에는 국방부장관의 허가를 받거나 취재기자가 유·무선 통신을 이용하여 질의한 경우에는 취재기자에게 홍보부서를 경유하도록 안내하여야 함에도 불구하고, 자신의 신분이 언론에 노출될 것을 우려하여,

1) 2011. 4. ○○일보 D 기자에게 "왜 이니셜로 안하고 ○중령으로 내보냈냐"라는 문자를 보내고, J 기자가 "미안하다"라는 답변문자를 보내오자 전화를 걸어 "괜찮다"

라고 말하고,
2) 같은 달 8. □BC E 기자에게 전화를 걸어 "어차피 기사를 쓸 거면 이니셜에 대한 부분을 배려해 달라", "장관님이 고민할 것이 뭐가 있어요. 제가 잘못한 것이 있으면 제가 처벌받으면 되는 것이고, 내가 잘했으면 절차대로 하면 된다"라는 말을 하여 자신의 입장을 진술하여
각 군인복무규율(제17조 제1항-대외발표 및 활동) 및 국방홍보훈령(제20조-전화취재 협조, 제22조 제1항-언론인터뷰 및 방송출연)을 위반하였다.

원고는 이 사건 원징계처분에 대하여 항고를 제기하였고, 국방부 항고심사위원회는 2011. 10.경 감봉 3월을 견책으로 변경하는 결정을 하였다(이하 견책으로 변경된 피고(육군참모총장)의 2011. 8. 24.자 징계처분을 '이 사건 처분'이라고 한다).

2. 사건의 경과

이 사안에서의 쟁점은 **내부공익신고자에 대하여 공익신고와 관련하여, 제보편지에서 부적절한 표현 사용(품위유지의무 위반), 미등록 노트북의 영내 반입(보안규정 위반), 언론과의 접촉(국방홍보훈령 위반) 등을 사유로 징계를 하는 것이 적법한지 여부**였다.

1심(대전지방법원 2012. 9. 19. 선고 2012구합319 판결)은 원고에 대한 견책처분이 적법하다고 판단하여 원고의 청구를 기각하였다.

그러나 **항소심(대전고등법원 2013. 5. 9. 선고 2012누2403 판결)**은 ① 원고가 제보한 L의 횡령 범죄는 2년여에 걸쳐 지속적으로 이루어졌고, 지시복종의무가 있는 부하 장교들을 횡령 범죄의 실행에 동원하여 그들로 하여금 정신적인 고통을 받게 하였으며, 그 횡령액이 5천만 원에 이르는 거액인 점, ② 국방부로서는 L의 횡령 사건 수사를 통해 ○○병과 쇄신안을 마련하고 예산사용의 투명성을 확보할 수 있는 계기를 마련하였으므로, 원고의 1, 2차 제보행위는 중대한 공익 기여를 한 것으로 볼 수 있는 점, ③ 한편 원고가 2차 제보편지에서 부적절한 표현을 사용하여 품위유지의무를 위반하였으나, 그러한 표현을 하게 된 경위에 참작할 만한 점이 있고 부적절한 단어들이 전체 편지내용에서 차지하는 비중은 미미하며 표현된 단어를 개별적으로 보더

라도 군지휘관에게 요구되는 고도의 청렴성과 윤리성을 위반한 횡령범죄자를 향하여 사용되는 일반의 언어습관의 범위를 크게 벗어났다고 비난하기가 어려운 면도 있는 점, ④ 또한 원고가 미등록 노트북을 영내에 반입하여 보안규정을 위반하였지만 징계의 필요성이 검토될 수 있는 정도의 위반행위인 것으로 평가되기에는 비교적 경미한 위반으로 보일 뿐만 아니라 그로 인하여 네트워크 장애를 일으키지도 않은 이상 위 징계사유의 법익침해 정도 및 그 징계 필요성의 정도가 전체적으로 보아 원고가 기여한 공익에 비하여 미미하다고 평가할 수 있는 점, ⑤ 부패방지법은 부패행위신고자가 신고를 함으로써 그와 관련된 자신의 범죄가 발견된 경우 그 신고자에 대하여 형을 감경 또는 면제할 수 있다고 규정하고 있으며, 부패방지훈령은 신고자의 소속기관은 신고나 이와 관련한 진술 그 밖에 자료제출 등을 이유로 신고자등에게 징계조치 등 어떠한 신분상의 불이익을 하여서는 아니 된다고 규정하고 있는 점, ⑥ 피고(육군참모총장)의 징계처분이 비례와 형평의 원칙에 부합하는지를 판단하기 위해서는 제보행위로 촉발된 원고에 대한 징계와 비위행위자들에 대한 처분을 포함하여 사안의 전체적인 경과를 보아야 하는데, 횡령 범죄자인 L은 징계 회부되지 않고 국방부 검찰단의 수사 이전에 의원전역하였고, 횡령 사실의 제보를 받고도 수사에 나아가지 않은 S의 경우 징계회부되었으나 아무런 징계를 받지 않은데 비하여 원고는 공익을 위하여 불가피하게 선택한 경미한 규정 위반을 이유로 견책처분을 받아 실질적으로 인사상 불이익을 받게 되는 처지에 놓이게 되었는바, 전체적인 처분에 있어서 관련자들 사이의 균형을 현저히 상실한 것으로 보이는 점 등에 비추어 보면, 피고(육군참모총장)의 이 사건 처분은 부패방지법 제66조 및 부패방지훈령 제13조의 취지에 저촉되고, 비례와 형평의 원칙에 부합하지 않는 위법한 처분이라고 판단하여, 1심판결을 취소하고, 피고(육군참모총장)의 원고에 대한 견책처분을 취소하였다.

피고(육군참모총장)의 상고가 2013. 9. 26. 심리불속행기각되어 원심(항소심)판결이 확정되었다.[3]

---

3) 대법원 2013. 9. 26. 선고 2013두10441 판결.

II. 판결 읽어보기 [판결 중요부분 발췌(요약)] : 대전고등법원 2013. 5. 9. 선고 2012누2403 판결

1. 처분의 경위

(생략)

2. 이 사건 처분의 적법 여부

가. 원고 주장의 요지

(생략)

나. 관계 법령

(생략)

다. 인정사실

1) 1차 제보편지의 발송 경위

소외 소령 B는 2008. 말경 평소 친하게 지내던 선배인 원고에게 당시 상관이었던 대령 L의 지시로 횡령 행위의 심부름을 하면서 느껴왔던 정신적인 고통을 토로하였는데, 대령 L은 부하 장교들을 시켜서 사건처리비, 군기순찰증식비 및 진지공사증식비, 민수용차량 및 MC(모터싸이카) 정비유지·부품구매비, 격별보수비, 사무기기유지비, 상급부대 격려금 등 수사·인사·군수 제 분야에 걸쳐 월·분기·반기 단위로 꾸준히 공금을 횡령·유용하고 있으며, 자신은 지휘관의 명을 거스를 수 없는 군인의 의무와 도덕적인 양심 사이에서 크게 갈등하고 있다는 내용이었다.

원고는 소령 B의 고백을 듣고 분개하였으나 문제제기를 하지 않고 있다가 2010. 5.경 대령 L의 횡령 등 부정행위 사실을 구체적으로 적시한 1차 제보편지를 작성하여 ○○병과에서 같이 근무하던 준위 C에게 보여주었고, 준위 C는 1차 제보편지를 정리 및 보강한 후 원고에게 조금 기다려 보자고 하였다. 이에 원고는 대령 L이 스스로 물러나기를 기다렸으나, 대령 L이 장군으로 진급될 것이 유력하다는 소문이 나자 횡령 범죄자가 병과장이 되면 병과가 썩어버린다는 생각 끝에 2010. 11.경 병과장 준장 S에게 1차 제보편지를 보냈다.

원고는 1차 제보편지의 봉투 겉면에 ○○병과장을 수신인으로, 국회 예산정책처 서기관 ○○○를 발신인으로 기재하고, 편지 본문에는 편지 작성자가 병과의 일원이나 이름을 밝히지 않고 편지를 올리게 되어 죄송하다는 언급과 함께 당시 ○○○○ 처장이었던 대령 L의 공금 횡령의 내역과 관련자들의 구체적인 정보를 제보하였다.

2) 2차 제보편지의 발송 경위

1차 제보편지 발송 이후, ○○병과장이 대령 L의 횡령 혐의에 대한 수사보다 오히려 1차 제보편지 작성자를 색출하는 수사에 전력하자, 원고는 2010. 12.경 국방부장관에게 2차 제보편지를 발송하였다.

원고는 2차 제보편지의 봉투 겉면에 국방부장관을 수신인으로, 서초구청장 진○○을 발신인으로 기재하고, 편지 본문에는 편지 작성자가 육군의 일원임을 밝히면서 L의 횡령 사실과 ○○병과장인 준장 S가 횡령 사실을 제보받고도 대령 L을 부당하게 비호하였으니 엄벌해달라는 취지를 기재하였다.

3) 원고가 투서자로 밝혀진 경위

국방부장관은 2차 제보편지를 받아본 후, 국방부 ○○본부장에게 군기강 확립차원에서 투서자를 색출하여 처벌하라고 지시하는 한편 준장 S가 대령 L의 진급을 도와주기 위해 부실수사를 했다고 하였다. 이에 따라 국방부 조사본부에서는 제보편지 작성자 색출을 위해 수사하던 중 준위 C의 노트북 포렌식 결과 원고의 1차 제보편지와 비슷한 자료를 발견하여 추궁한 끝에 원고로부터 받은 자료라는 진술을 확보하였고, 원고를 투서자로 판단하여 추궁한 끝에 원고로부터 2011. 1.경 1, 2차 제보편지를 작성하였다는 진술을 받아냈다.

4) 국방부 조사본부의 수사 결과 발표

국방부 조사본부는 원고가 제보편지 작성자라는 사실을 밝혀낸 후 L의 횡령 혐의에 대한 수사에 착수하여 관련자 및 증거 조사를 수행한 결과 L이 5천만 원 상당의 공금을 횡령하는 등 원고의 제보 내용 대부분이 사실임을 확인하였고, 2011. 6.경 수사결과에 대한 공식 보도자료를 발표하였다. 위 보도자료의 주요 내용은 다음과 같다.

> ○ 2차례 투서 행위로 군기강 문란케한 H모 중령은 군인복무규율 위반으로 징계의뢰.
> ○ L모 장군이 수하 장교들에게 부당한 지시를 하여 ○○단 예산 중 증식비, 비품구매비, 격별보수비, 격려금, 사건처리비 등을 횡령하였음. L모 장군은 업무상 횡령 등 혐의로 민간 검찰로 이첩.
> ○ 수사책임자 S모 장군은 L모 장군의 범죄혐의를 인지하고도 적시 수사에 착수하는 등 적절한 조치를 취하지 않고, 국방부장관에게 범죄혐의 대상자를 의원전역시키도록 부적절한 건의를 함. 수사책임자 S모 장군은 법령준수의무 위반으로 징계의뢰.

5) 이 사건 원징계처분의 경위

국방부장관은 2011. 4.경 원고의 경우를 사례로 하여 국민권익위원회에 '부패방지법에서 정한 신고절차를 위반하여 투서를 한 경우 부패방지법에 따른 신분보장을 하여야 하는지' 등에 관한 법령해석 질의를 하였다.

이에 대하여 국민권익위원회는 2011. 6.경 국방부장관에게 '부패방지법 제67조는 피신고자가 소속된 공공기관에 부패행위를 신고한 경우 제62조부터 제66조까지를 준용하면서 기명의 문서 등 신고방법을 규정한 제58조를 준용하지 않고 있으므로, 소속기관은 신고내용 등을 판단하여 익명의 신고도 접수할 수 있고, 이러한 경우에도 제62조의 신분보장의 대상이 된다'는 취지의 답변을 하였다.

이에 따라 국방부장관은 2011. 6.경 피고 및 해군참모총장, 공군참모총장에게 '익명 신고자도 보호 대상이 된다는 취지의 국민권익위원회의 회신이 통보되었으니 향후 징계업무에 참고하라'는 취지의 통보를 하였고, 국방부 검찰단은 2011. 6.경 피고에게 '원고는 내부고발자로서 신분보장을 받을 수 없다고 판단하여 징계를 의뢰하나, 국민권익위원회에서는 신분보장이 되는 신고자로서 보호받아야 한다는 의견을 회신하였음을 참고하여 후속 조치 후 적의 처리하기 바란다'는 취지의 징계의뢰서를 보냈다.

피고는 2011. 8.경 원고의 1, 2차 투서는 단순 무기명 신고가 아니고 타인의 이름을 도용한 신고이므로 보호대상이 될 수 없다고 판단하여 징계의결을 요구하기로 하는 내부 결정을 하였다. 피고의 징계의결 요구에 따라 2011. 8.경 개최된 육군본부 징계위원회의 의결기록상 당시 부패방지법의 적용 여부에 대한 논의는 이루어지지 않았고, 국민권익위원회의 위와 같은 법령해석 의견도 제시되지 않았다. 한편 위 징계위원회에 원고가 작성한 1, 2차 제보편지와 원고가 작성한 확인서는 증거자료로 제출되어 있었고, 원고는 위원회에 참석하여 직접 진술을 하였다.

피고는 2011. 8.경 원고에 대하여 이 사건 원징계처분을 하였다.

6) 이 사건 처분의 경위

원고는 2011. 8.경 국방부장관에게 부패방지법에 따른 신분보장 조치를 요구하였고, 국방부장관은 2011. 9. ○.경 피고에게 '징계사유 중 법령준수의무 위반과 지시위반 관련 사항은 신고(투서) 행위를 문제삼은 것으로써 부패방지법 제62조와 부패방지훈령 제12조에 저촉되는 것으로 판단되고, 이외의 징계사유는 신고(투서) 행위 자체를 이유로 하지 않아 신분보장 대상에는 해당하지 않지만 신고(투서) 행위와 관련성은 있으므로 부패방지법 제66조와 부패방지훈령 제13조에 따라 징계처분을 감경 또는 면제할 수 있는 것으로 판단된다'는 취지의 통보를 하였다.

원고가 이 사건 원징계처분에 대하여 항고함에 따라 2011. 10.경 개최된 국방부 항고심사위원회에서는 국민권익위원회의 법령해석과 국방부장관의 2011. 9. ○.자 통보가 증거자료로 제시되었고, 원고에게 부패방지법의 신분보장 등 규정이 적용되는지 여부에 대해서 본격적으로 논의되었다. 그 결과 '고충처리 절차를 위반한 점과 인사군기문란행위 금지지시를 위반한 점에 대해서는 내부 공익신고에 해당하는 것으로 이를 처벌할 경우 부패방지법 제62조에 저촉될 수 있어 혐의를 인정할 수 없다'는 점에 의견이 일치되었고, 나머지 징계사유에 대해서는 책임이 있다는 의견과 책임을 물을 수 없다는 의견이 대립되었으나 결국 책임은 인정된다는 의견이 우세하여 원징계처분감경(견책) 의견 4명, 원징계처분취소(혐의없음) 의견 1명으로 이 사건 원징계처분을 견책으로 감경하기로 의결하였다.

7) 이에 따라 피고는 2011. 10.경 이 사건 원징계처분을 견책으로 변경하는 처분을 하였다.

한편 대령 L은 2011. 1.경 준장으로 승진한 직후 의원전역하였는데, 검찰은 L의 업무상횡령 혐의에 대하여 증거불충분으로 내사종결하였다. 준장 S은 횡령 범죄에 대한 부실수사 등을 이유로 징계에 회부되었으나 아무런 징계를 받지 않았다.

라. 판단

1) 절차적 하자 주장에 대하여

살피건대 제2. 다항의 인정사실에 의하면, 2011. 8.경 개최된 징계위원회에서 부패방지법의 적용 여부에 대한 논의가 이루어지지 않았고, 국민권익위원회의 법령해석 의견도 제시되지 않았던 점은 인정된다. 그러나 한편 위 인정사실에 의해 알 수 있는 다음과 같은 사정, 즉 ① 위 징계위원회에 원고 작성의 1, 2차 제보편지와 원고 작성의 확인서가 증거자료로 제출되어 있었고, 원고가 징계위원회에 참석하여 직접 진술을 한 점, ② 2011. 10. ○.자 국방부 항고심사위원회에서는 국민권익위원회의 법령해석과 국방부장관의 2011. 9. ○.자 통보가 증거자료로 제시되었고, 원고에게 부패방지법의 신분보장 등 규정이 적용되는지 여부에 대해서 충분히 논의되었던 점 등에 비추어 볼 때 이 사건 처분에 이르는 과정에서 원고의 방어권이 침해되었다고 보기 어렵고, 달리 이 사건 처분 과정에 어떠한 절차적 위법이 있음을 인정할 증거도 없다. 따라서 원고의 절차적 하자 주장은 이유 없다.

2) 실체적 하자 주장에 대하여

가) 징계사유 제1항 및 제4의 가항에 관하여

(1) 부패방지법 제62조 제1항은 '누구든지 이 법에 따른 신고나 이와 관련한 진

술 그 밖에 자료 제출 등을 한 이유로 소속기관·단체·기업 등으로부터 징계조치 등 어떠한 신분상 불이익이나 근무조건상의 차별을 받지 아니한다'고 규정하고 있으며, 제67조는 피신고자가 소속된 공공기관에 부패행위를 신고한 경우 위 신분보장 규정을 준용하고 있고, 부패방지훈령 제12조 제1항은 '신고자의 소속기관(부대)은 신고나 이와 관련한 진술 그 밖에 자료제출 등을 이유로 신고자 또는 협조자(이하 '신고자 등'이라 한다)에게 징계조치 등 어떠한 신분상의 불이익이나 근무조건상의 차별을 하여서는 아니 된다. 다만, 음해·무고·허위 등의 신고를 한 경우에는 그러하지 아니하다'고 규정하고 있다.

(2) 이 사건에 관하여 보건대, 징계사유 제1항은 원고가 1, 2차 제보편지를 보냄으로써 의견건의 절차에 관한 군인복무규율 제24조를 위반하여 인사군기를 문란하게 하였다는 것이고, 징계사유 제4의 가항은 원고가 1, 2차 제보편지를 보냄으로써 피고의 지시사항을 위반하였다는 것인바, 이들은 모두 원고의 1, 2차 제보행위 그 자체를 문제삼고 있는 것이다.

그런데 만약 원고의 1, 2차 제보행위가 부패방지법 제62조 제1항에 따른 신분보장의 대상이 되는 신고행위로 해석되는 경우에는 위 각 징계사유는 적법한 징계사유가 될 수 없는바, 제2. 다항의 인정사실 및 증거(생략)의 각 기재에 의하여 알 수 있는 다음과 같은 사정, 즉 ① 원고가 제보한 L의 횡령 행위는 국방부 조사본부 및 검찰단 조사결과 대부분 사실로 확인된 점, ② L의 횡령 사건 수사를 계기로 육군이 ○○병과 쇄신안과 예산사용의 투명성 확보를 위한 대책을 수립하게 되었으므로, 원고는 1, 2차 제보편지를 통해 군쇄신을 자극하는 공익적 기여를 하였다고 볼 수 있는 점, ③ 원고는 L의 진급심사 당시 장군 승진 대상자가 아니고 장군 승진 대상자들과 결탁하여 제보편지를 작성한 것도 아니었으며, 다만 횡령 범죄자가 장군이 되어서는 안 된다는 정의감의 발로에서 1, 2차 제보편지를 작성한 것으로 보이는 점 등에 비추어 보면, 원고의 1, 2차 제보행위는 부패방지법 제62조에 따른 신분보장의 대상이 되는 신고에 해당한다고 봄이 상당하다.

따라서 징계사유 제1항 및 제4의 가항은 적법한 징계사유가 될 수 없다.

나) 징계사유 제4의 나항에 관하여

징계사유 제4의 나항은 원고가 국방부장관의 허가 없이 신문기자, 방송기자들과 전화 등으로 직접 접촉하고 국방부 수사 사건에 관하여 원고 개인의 의사를 표명하여 대외발표 및 활동 등에 관한 군인복무규율 제17조 제1항[4] 및 국방홍보훈령 제20조, 제22조 제1항[5]을 위반하였다는 것이다.

살피건대, 제1항 및 제2. 다항에서 든 증거에 의하여 알 수 있는 다음과 같은 사정, 즉 ① 부패방지법 제64조 제1항은 '국민권익위원회 및 제59조 제3항에 따라 신고사항을 이첩받은 조사기관의 종사자는 신고자의 동의없이 그 신분을 밝히거나 암시하여서는 아니 된다'고 규정하고 있고, 부패방지훈령 제14조 역시 동일한 취지로 규정하고 있는 점, ② 위 규정들의 취지에 반하여 국방부 조사본부가 L의 횡령 사건 수사 결과를 언론에 공식보도하는 과정에서 제보자를 ○○병과의 H모 중령, 또는 ○모중령이라고 공개하였고, ○○병과에는 ○중령이 두 명 뿐이어서 결국 기자들이 원고가 제보자인 것을 알게 되어 지속적으로 원고에게 접촉을 시도하게 된 점, ③ 원고는 기자들의 전화 질문에 답할 수 있는 입장이 아니라고 밝히고 인터뷰를 거절해왔고, 다만 아직 원고와 관련된 수사 사건에 대하여 알지 못하는 부모를 염려하여 기자들에게 기사 작성 시 원고가 특정될 수 있는 H모 중령 등의 이니셜 사용을 자제해달라고 부탁한 점, ④ 원고는 □BC 기자의 전화 질문을 수차례 거절하였다가 이왕 기사를 쓸 것이면 이니셜 사용을 자제해달라는 부탁을 하였고, □BC 기자가 '장관님이 ○중령님 때문에 고민이 많다'는 말을 하자 그에 대한 대꾸로 "장관님이 고민할 것이 뭐가 있어요, 제가 잘못한 것이 있으면 제가 처벌받으면 되는 것이고, 제가 잘했으면 절차대로 하면 된다"라고 말하였는데, □BC 기자가 원고의 동의없이 그 발언을 뉴스에 내보낸 점, ⑤ 위와 같이 원고가 기자들과 접촉한 경위를 전체적으로 보면 원고는 뜻하지 않게 언론의 취재 대상이 되자 기자들에게 자신의 신분이 노출되지 않도록 조심해달라는 개인적인 부탁을 한 것으로 보이며, □BC 기자에게 한 발언 역시 뉴스에 보도될 것을 예상치 못한 수동적인 응답으로서 적극적인 의견이나 공식적인 입장을 표명한 것이라고는 보기 어려운 점 등에 비추어 원고가 군인복무규율 제17조 및 국방홍보훈령 제20조, 22조를 위반하여 국방 및 군사에 관한 사항을 군외부에 발표하였다거나 인터뷰 및 방송출연에 응한 것이라고 평가하기는 어렵다.

따라서 징계사유 제4의 나항은 적법한 징계사유가 될 수 없다.

---

4) 군인복무규율 제17조(대외발표 및 활동) ① 군인이 국방 및 군사에 관한 사항을 군외부에 발표하거나, 군을 대표하여 또는 군인의 신분으로 대외활동을 하고자 할 때에는 국방부장관의 허가를 받아야 한다. 그러나 순수한 학술·문화·체육등의 분야에서 개인적으로 대외활동을 하는 경우로서 일과에 지장이 없는 때에는 예외로 한다.

5) 국방홍보훈령 제20조(전화 취재협조) 장관급 장교, 고위공무원은 취재기자가 유무선통신을 이용하여 질의한 경우 국익과 군사보안 등을 고려하여 담당분야에 대해 설명할 수 있으며, 그 외 직원 및 장병은 취재기자에게 홍보부서를 경유하도록 안내하여야 한다.
제22조(언론 인터뷰 및 방송출연) ① 모든 직원 및 장병은 언론으로부터 인터뷰 및 방송출연을 요청받은 경우, 홍보담당부서를 경유하도록 안내하여야 한다.

다) 징계사유 제2항 및 제3항에 관하여

(1) 징계사유 제2항은 원고가 1, 2차 제보편지를 작성하여 보내는 과정에서 타인의 직위와 성명을 모용하고 2차 제보편지를 작성하면서 상관들에게 모욕적인 표현을 사용함으로써 품위유지와 명예존중의 의무에 관한 군인복무규율 제9조[6]를 위반하였다는 것이다.

살피건대, 원고가 2차 제보편지에서 L을 '도둑놈', '막가파 앵벌이'로, S를 '정신나간 S'로 표현한 사실은 당사자 사이에 다툼이 없고, 이러한 표현은 타인의 명예를 존중하고, 공직의 체면·위신·신용을 손상시키는 언행을 삼가야 할 군인의 본분에 어긋난 것이어서 품위유지의무위반으로 평가될 여지가 있으며, 일응 징계사유에 해당하는 것으로 보인다.

(2) 징계사유 제3항은 1, 2차 제보편지를 작성하기 위하여 개인 소유의 노트북을 무단으로 반입하여 군사보안업무훈령 제140조 제2항[7]을 위반하였다는 것이다.

살피건대 위 규정에 의하면 개인소유의 컴퓨터는 무단으로 부대에 반입할 수 없도록 되어 있음에도 원고가 자신의 미등록노트북을 영내에 반입한 사실은 당사자 사이에 다툼이 없으므로, 징계사유 제3항은 일응 징계사유에 해당하는 것으로 보인다.

(3) 그러나 비록 원고의 위 행위들이 관련 규정을 위반하여 징계사유에 해당한다고 하더라도 다음과 같은 사정에 비추어 피고가 원고에 대하여 징계사유 제2항 및 제3항을 이유로 견책처분에 나아간 것은 재량권의 일탈·남용으로서 위법하다.

(가) 부패방지법 제66조 및 부패방지훈령 제13조는 부패행위신고자가 신고를

---

6) 군인복무규율 제9조(품위유지와 명예존중의 의무) ① 군인은 군의 위신과 군인으로서의 명예를 손상시키는 행동을 하여서는 아니 되며 항상 용모와 복장을 단정히 하여 품위를 유지하여야 한다.
② 군인은 타인의 명예를 존중하여야 하며 이를 손상하는 행위를 하여서는 아니 된다. 정보통신망을 이용하는 경우에도 또한 같다.

7) 군사보안업무훈령(국방부훈령 제1275호) 제140조(컴퓨터 및 주변장치 반입·반출) ② 개인 소유의 컴퓨터 및 주변장치는 부대에 반입할 수 없다.
제190조(보안사고자 및 위반자 처리) ① 보안사고자가 국가보안법, 군사기밀보호법, 군형법 등에 의하여 형사처리되는 경우를 제외한 인원(이하 '보안위반자'라 한다)에 대해서는 별표5 '보안사고(위반)자 처리기준'에 의거 처리하여야 하며, 세부절차는 징계업무처리 훈령에 의한다.
[별표5] 보안사고(위반)자 처리 기준
3. 경징계 대상
가. 정의: 보안위반으로 인한 피해정도가 경미하나 군사비밀(자료) 보호 및 유사 보안 위반 재발방지를 위한 처벌
나. 주요 대상: 정보처리시스템관리위반; 미승인 PC를 단말기로 사용하여 침해사고 원인 제공
다. 조치: 보안사고 조사결과, 해당행위 발생 시 경징계를 원칙으로 하되, 고의성·피해정도·평시 보안활동 등을 종합적으로 고려하여 처리(가중·감경 처벌)

함으로써 그와 관련된 자신의 범죄가 발견된 경우 그 신고자에 대하여 형을 감경 또는 면제할 수 있다고 규정하고 있다. 이 규정은 부패사건의 발각과 규명을 위해서는 내부정보의 제공이 불가결하기 때문에 내부공익신고와 관련된 범죄나 징계사유에 대하여 그 처벌의 감경 또는 면제를 약속함으로써 내부공익신고를 유도하는 역할을 한다. 부패범죄는 장기간에 걸쳐 여러 사람이 연루되기 쉽고 직접적인 피해자가 없어 사건이 은폐되기 쉬운 반면 그로 인해 발생하는 손해는 공적 자금의 막대한 손실, 나아가 국가의 신뢰성과 신인도 상실로 이어진다. 따라서 위 규정은 내부공익신고를 통해 지켜낸 공익과 내부공익신고자 자신이 침해한 법익을 비교형량하여 신고자가 기여한 공익이 그가 침해한 법익에 비해 현저히 크다면 신고자에 대한 처벌 내지 징계는 감경할 뿐만 아니라 면제할 수도 있도록 정한 것이다. 그러므로 내부공익신고를 함으로써 신고자의 과거 범죄가 발견된 경우뿐만 아니라 신고의 과정에서 발생하여 발견된 범죄 혹은 징계사유에 대하여도 위 규정에 따라 처벌이 감경·면제될 수 있다고 보는 것이 위 규정의 취지에 부합한다.

(나) 군인사법과 그 하위 법령인 군인징계령은 군인의 징계에 필요한 일반적인 사항을 규정하고 있는 반면 부패방지법과 그 하위 법령인 부패방지훈령은 징계대상인 군인이 부패행위 신고자인 경우의 특별한 징계 감면 조치를 규정하고 있으므로, 부패행위 신고자인 군인의 징계에 있어서 부패방지훈령은 군인징계령에 대하여 특별법의 지위에 있다고 볼 수 있다. 따라서 군인징계령에 징계의 면제에 관한 별도의 규정이 없다고 하더라도 부패방지훈령에 의해 내부공익신고자로 보호되는 군인에 대하여, 징계권자는 내부공익신고자의 공익 기여도가 신고자 자신의 징계사유보다 현저히 큰 경우 징계처분을 면제해 줄 수 있는 재량권을 갖는다.

(다) 한편 피징계자에게 징계사유가 있어서 징계처분을 하는 경우, 어떠한 처분을 할 것인가 하는 것은 징계권자의 재량에 맡겨진 것이고, 다만 징계권자가 재량권의 행사로서 한 징계처분이 사회통념상 현저하게 타당성을 잃어 징계권자에게 맡겨진 재량권을 남용한 것이라고 인정되는 경우에 한하여 그 처분은 위법하게 되는데, 재량권의 일탈·남용 여부를 판단하기 위해서는 구체적인 사례에 따라 징계의 원인이 된 비위사실의 내용과 성질, 징계에 의하여 달성하려고 하는 목적, 징계양정의 기준 등 여러 요소를 종합하여 판단해야 하고, 재량권의 행사는 비례의 원칙과 형평에 부합해야 한다(대법원 2002. 8. 23. 선고 2000다60890, 60906 판결 등 참조).

(라) 이 사건에 관하여 보건대, 제1항 및 제2. 다항에서 든 증거 및 인정사실에 의하여 알 수 있는 다음과 같은 사정, 즉 ① 원고가 제보한 L의 횡령 범죄는 2년여

에 걸쳐 지속적으로 이루어졌고, 지시복종의무가 있는 부하 장교들을 횡령 범죄의 실행에 동원하여 그들로 하여금 정신적인 고통을 받게 하였으며, 그 횡령액이 5천만 원에 이르는 거액인 점, ② 국방부로서는 L의 횡령 사건 수사를 통해 ○○병과 쇄신안을 마련하고 예산사용의 투명성을 확보할 수 있는 계기를 마련하였으므로, 원고의 1, 2차 제보행위는 중대한 공익 기여를 한 것으로 볼 수 있는 점, ③ 한편 원고가 2차 제보편지에서 부적절한 표현을 사용하여 품위유지의무를 위반하였으나, 그러한 표현을 하게 된 경위에 참작할 만한 점이 있고 부적절한 단어들이 전체 편지내용에서 차지하는 비중은 미미하며 표현된 단어를 개별적으로 보더라도 군지휘자에게 요구되는 고도의 청렴성과 윤리성을 위반한 횡령범죄자를 향하여 사용되는 일반의 언어습관의 범위를 크게 벗어났다고 비난하기가 어려운 면도 있는 점, ④ 또한 원고가 미등록 노트북을 영내에 반입하여 보안규정을 위반하였지만 그것이 보안위반 재발방지를 위한 징계의 필요성이 검토될 수 있는 정도의 위반행위인 것으로 평가되기에는 비교적 경미한 것으로 보일 뿐만 아니라 그로 인하여 네트워크 장애를 일으키지도 않은 이상 위 징계사유의 법익침해 정도 및 그 징계 필요성의 정도가 전체적으로 보아 원고가 기여한 공익에 비하여 미미하다고 평가할 수 있는 점, ⑤ 부패방지법은 부패행위 신고자가 신고를 함으로써 그와 관련된 자신의 범죄가 발견된 경우 그 신고자에 대하여 형을 감경 또는 면제할 수 있다고 규정하고 있으며, 부패방지훈령은 신고자의 소속기관은 신고나 이와 관련한 진술 그 밖에 자료제출 등을 이유로 신고자등에게 징계조치 등 어떠한 신분상의 불이익을 하여서는 아니 된다고 규정하고 있는 점, ⑥ 피고의 징계처분이 비례와 형평의 원칙에 부합하는지를 판단하기 위해서는 제보행위로 촉발된 원고에 대한 징계와 비위행위자들에 대한 처분을 포함하여 사안의 전체적인 경과를 보아야 하는데, 횡령 범죄자인 L은 징계 회부되지 않고 국방부 검찰단의 수사 이전에 의원전역하였고, 횡령 사실의 제보를 받고도 수사에 나아가지 않은 S의 경우 징계회부되었으나 아무런 징계를 받지 않은데 비하여 원고는 공익을 위하여 불가피하게 선택한 경미한 규정 위반을 이유로 견책처분을 받아 실질적으로 인사상 불이익을 받게 되는 처지에 놓이게 되었는바, 전체적인 처분에 있어서 관련자들 사이의 균형을 현저히 상실한 것으로 보이는 점 등에 비추어 보면, 피고의 이 사건 처분은 부패방지법 제66조 및 부패방지훈령 제13조의 취지에 저촉되고, 비례와 형평의 원칙에 부합하지 않는 위법한 처분이라고 할 것이다.

3. 결론

그렇다면, 원고의 이 사건 청구는 이유 있어 이를 인용할 것인바, 이와 결론을 달리한 제1심 판결은 부당하므로 이를 취소하고, 이 사건 처분을 취소하기로 하여 주문과 같이 판결한다.

요약정리 [사안의 쟁점과 판결의 요지]

대전고등법원 2013. 5. 9. 선고 2012누2403 판결 [징계처분취소]

원고는 ○○병과 중령으로서 ○○병과 병과장과 국방부 ○○본부장의 비위사실에 대한 내부공익신고를 하였다. 이에 피고(육군참모총장)는 2011. 8.경 원고에 대하여 감봉 3월의 징계처분을 하였고, 국방부 항고심사위원회는 2011. 10.경 감봉 3월을 견책으로 변경하는 결정을 하였다.

이 사안에서의 쟁점은 **내부공익신고자에 대하여 공익신고와 관련하여, 제보편지에서 부적절한 표현 사용(품위유지의무 위반), 미등록 노트북의 영내 반입(보안규정 위반), 언론과의 접촉(국방홍보훈령 위반) 등을 사유로 징계를 하는 것이 적법한지 여부**였다.

1심(대전지방법원 2012. 9. 19. 선고 2012구합319 판결)은 원고에 대한 견책처분이 적법하다고 판단하여 원고의 청구를 기각하였으나, **항소심(대전고등법원 2013. 5. 9. 선고 2012누2403 판결)**은 ① 원고가 제보한 L의 횡령 범죄는 2년여에 걸쳐 지속적으로 이루어졌고, 지시복종의무가 있는 부하 장교들을 횡령 범죄의 실행에 동원하여 그들로 하여금 정신적인 고통을 받게 하였으며, 그 횡령액이 5천만 원에 이르는 거액인 점, ② 국방부로서는 L의 횡령 사건 수사를 통해 ○○병과 쇄신안을 마련하고 예산사용의 투명성을 확보할 수 있는 계기를 마련하였으므로, 원고의 1, 2차 제보행위는 중대한 공익 기여를 한 것으로 볼 수 있는 점, ③ 한편 원고가 2차 제보편지에서 부적절한 표현을 사용하여 품위유지의무를 위반하였으나, 그러한 표현을 하게 된 경위에 참작할 만한 점이 있고 부적절한 단어들이 전체 편지내용에서 차지하는 비중은 미미하며 표현된 단어를 개별적으로 보더라도 군지휘자에게 요구되는 고도의 청렴성과 윤리성을 위반한 횡령범죄자를 향하여 사용되는 일반의 언어습관의 범위를 크게 벗어났다고 비난하기가 어려운 면도 있는 점, ④ 또한 원고가 미등록 노트북을 영내에 반입하여 보안규정을 위반하였지만 그것이 보안위반 재발방지를 위한 징계의 필요성이 검토될 수 있는 정도의 위반행위인 것으로 평가되기에는 비교적 경미한 것으로 보일 뿐만 아니라 그로 인하여 네트워크 장애를 일으키지도 않은 이상 위 징계사유의 법익침해 정도 및 그 징계 필요성의 정도가 전체적으로 보아 원고가 기여한 공익에 비하여 미미하다고 평가할 수 있는 점, ⑤ 부패방지법은 부패행위신고자가 신고를 함으로써 그와 관련된 자신의 범죄가 발견된 경우 그 신고자에 대하여 형을 감경 또는 면제할 수 있다고 규정하고 있으며, 부패방지훈령은 신고자의 소속기관은 신고나 이와 관련한 진술 그 밖에 자료제출 등을 이유로 신고자등에게 징계조치 등 어떠한 신분상의 불이익을 하여서는 아니 된다고 규정하고 있는 점, ⑥ 피고(육군참모총장)의 징계처분이 비례와 형평의 원칙에 부합하는지를 판단하기 위해서는 제보행위로 촉발된 원고에 대한 징계와 비위행위자들에 대한 처분을 포함하여 사안의 전체적인 경과를 보아야 하는데, 횡령 범죄자인 L은 징계 회부되지 않고 국방부 검찰단의 수사 이전에 의원전역하였고, 횡령 사실의 제보를 받고도 수사에 나아가지 않은 S의 경우 징계회부되었으나 아무런 징계를 받지 않은데 비하여 원고는 공익을 위하여 불가피하게 선택한 경미한 규정 위반을 이유로 견책처분을 받아 실질적으로 인사상 불이익을 받게 되는 처지에 놓이게 되었는바, 전체적인 처분에 있어서 관련자들 사이의 균형을 현저히 상실한 것으로 보이는 점 등에 비추어 보면, 피고(육군참모총장)의 이 사건 처분은 부패방지법 제66조 및 부패방지훈령 제13조의 취지에 저촉되고, 비례와 형평의 원칙에 부합하지 않는 위법한 처분이라고 판단하여 1심판결을 취소하고, 피고(육군참모총장)의 원고에 대한 견책처분을 취소하였고, 2013. 9. 26. 피고의 상고가 심리불속행기각되었다.

판례 5

보직해임 관련 절차에 군인사법령 이외에 행정절차법도 적용되는지 여부

의정부지방법원 2016. 3. 29. 선고 2015구합8881 판결 [보직해임무효확인][8]

I. 사안의 개요 [기초사실 및 사건의 경과]

1. 기초사실

원고는 육군 대위로서 2014. 6.경 ○연대 1대대 2중대장으로 보직되어 복무하여 오던 중 "2014. 7. ○. 19:00경 군 전투지휘검열 중 1소대장 D 소위가 검열관으로부터 불량판정을 받은 것에 불만을 갖고 다른 소대원들이 보고 있는 상황에서 그에게 폭언과 욕설을 하였고, 1소대 3분대장 E 하사에게 폭언과 욕설을 수차례 하였다"라는 등의 사유로 2014. 8. ○. 보직해임처분(이하 '이 사건 처분'이라고 한다)을 받았다. 그 후 원고는 2014. 8. ○. 품위유지의무위반 및 성실의무위반을 이유로 감봉 1월의 징계처분을 받고, 2014. 9. ○. 사단 보충중대로 전속되었다가 2014. 9. ○. ○연대 인사장교로 전속 및 보직되었다.

2. 사건의 경과

이 사건 소송에서 원고측은 이 사건 보직해임의 절차가 행정절차법에 위반되고, 또한 군인사법령에 위반되어 무효라는 주장을 하였다.

이 사안에서의 쟁점은 **보직해임 절차에 군인사법령 이외에 행정절차법도 적용이 되는지와 보직해임 절차에 관련 법령의 위반이 있는 경우 무효사유인지 아니면 취소사유에 불과한지 여부**였다.

의정부지방법원 2016. 3. 29. 선고 2015구합8881 판결은 ① 군인사법상의 보직해임처분은 행정절차법 제3조 제2항 제9호, 같은 법 시행령 제2조 제3호에 의하여

---

8) 위 판결은 원고가 항소를 제기하지 않아 2016. 4. 15. 확정되었다.

당해 행정작용의 성질상 행정절차를 거치기 곤란하거나 불필요하다고 인정되는 사항 또는 행정절차에 준하는 절차를 거친 사항에 해당하므로, 행정절차법의 규정이 별도로 적용되지 아니한다고 봄이 상당하고, ② 따라서 보직해임 절차에는 군인사법령만이 적용되는데, 보직해임심의위원회의 의결은 피고 행정청 내부의 심의절차에 불과한 점과 피고가 보직해임심의위원회의 의결 직후에 육군규정에 따라 인사발령 형식으로 이 사건 처분을 하였고, 그 내용을 원고에게 구두로 통지하였으므로 원고로서는 보직해임심의위원회의 의결 내용을 충분히 인식할 수 있었을 것으로 보이는 점 등을 보태어 보면, 피고가 구 군인사법 시행령 제17조의5 제3항을 위반하여 이 사건 처분에 앞서 개최된 보직해임심의위원회의 의결 내용을 심의대상자인 원고에게 서면으로 통보하지 않은 절차상의 하자가 중대·명백하여 당연히 무효인 사유에 해당한다고 보기는 어렵다고 판시하였다.

II. 판결 읽어보기 [판결 중요부분 발췌(요약)] : 의정부지방법원 2016. 3. 29. 선고 2015구합8881 판결

1. 항소이유의 요지

(생략)

2. 피고의 본안전 항변에 관한 판단

가. 본안전 항변의 요지

원고는 위와 같은 현재 재보직되어 복무 중이므로 이 사건 처분으로 인한 불이익은 이미 회복되었다고 할 것인바, 원고에게는 이 사건 처분의 무효확인을 구할 이익이 없다.

나. 판단

이 사건 처분 이후에 원고가 다시 보직되어 복무 중에 있음은 본 바와 같지만, 다음과 같은 사정들(인정 근거: 생략) 즉 ① 구 군인사법 시행령(2016. 1. 12. 대통령령 제26880호로 개정되기 전의 것, 이하 같다) 제17조의 2 및 육군규정 110호 제58조의 6 제2항에 따르면 임기 전에 보직에서 해임된 장교로서 같은 계급에서 2회 이상 보직해임될 경우에는 현역복무부적합자 조사위원회로부터 조사를 받게 되는 점 [피고는 구 군인사법 시행규칙(2016. 2. 4. 국방부령 제881호로 개정되기 전의 것) 제57조 제2호를 들어, 보직해임처분은 적어도 경징계 처분을 예정하고 있어 '2회 이상 보직해임'이라는 조건은 '2회 이상 징계처분'이라는 조건과 사실상 같으므로 앞서 본 구 군인사법 시행령 및 육군규정상의 규정은 독자적인 의미가 없는 것이라고 주장하나, 위 규정은 장교가 경징계 처분을 2회 이상 받지 않은 상태라도 2회째 보직해임처분을 받으면 곧바로 징계 여부와 무관하게 그를 현역복무부적합 조사 대상으로 삼고 있다는 점에서 위 군인사법 시행규칙상의 규정과 다른 독자적인 의미가 있다], ② 원고는 육군규정 110호 제58조의5에 따른 육본심의에서 '중대장 재보직 불가'결정을 받았고 이 사건 처분일로부터 1년 이상이 경과한 현재까지 기본직 지휘관인 중대장 직위에 보직되지 못하였는바, 이와 같은 상황이 지속될 경우 향후 받게 될 진급심사에서 '기본직 지휘관 미필자'로서 '하'의 평가를 받게 될 가능성이 상당히 높아 보이는 점 등을 종합하여 보면, 이 사건 처분으로 인한 신분상의 불이익이 잔존하고 있다고 할 것이므로 원고는 여전히 이 사건 처분의 무효확인을 구할 이익이 있다고 봄이 상당하다.

따라서 피고의 본안전 항변은 이유 없다.

3. 처분의 적법 여부

가. 원고의 주장

1) 피고(○○연대장)는 이 사건 처분을 하면서 문서로 하지 않았고 원고에게 행정심판 및 행정소송을 제기할 수 있는지 여부 등을 알리지 않았다(행정절차법 제24조 및 제26조 위반).

2) 피고는 이 사건 처분 이전에 미리 의견제출 방법 등을 원고에게 통지하지 않았고, 보직해임심의위원회를 개최한 적이 없어 원고가 그 회의에 출석하여 진술한 바도 없으며, 설사 보직해임심의위원회가 개최되었다고 하더라도 사전에 그 심사위원회의 개최와 관련하여 어떠한 통지도 없었다(행정절차법 제21조 및 구 군인사법 시행령 제17조의5, 육군규정 110호 제58조의 3 위반).

3) 이와 같은 절차상의 하자는 중대하고 명백하므로 이 사건 처분은 무효이다.

나. 관계 법령

(생략)

다. 판단

1) 행정절차법 위반 주장에 대하여

행정절차법 제3조 제2항은 "이 법은 다음 각 호의 1에 해당하는 사항에 대하여는 적용하지 아니한다"라고 규정하면서 같은 조항 제9호에서 '병역법에 의한 징집, 소집, 외국인의 출입국, 난민인정, 귀화, 공무원 인사관계 법령에 의한 징계 기타 처분 또는 이해조정을 목적으로 법령에 의한 알선, 조정, 중재, 재정 기타 처분 등 당해 행정작용의 성질상 행정절차를 거치기 곤란하거나 불필요하다고 인정되는 사항과 행정절차에 준하는 절차를 거친 사항으로서 대통령령으로 정하는 사항'을 행정절차법의 적용이 제외되는 경우로 규정하고 있고, 그 위임에 기한 행정절차법 시행령 제2조는 "법 제3조 제2항 제9호"에서 '대통령령으로 정하는 사항'이라 함은 다음 각 호의 1에 해당하는 사항을 말한다"고 규정하면서 그 제3호에서 '공무원 인사관계 법령에 의한 징계 기타 처분에 관한 사항'을 규정하고 있다.

한편 구 군인사법(2015. 9. 1. 법률 제13505호로 개정되기 전의 것, 이하 같다) 제17조에 규정한 보직해임은 일반적으로 장교가 심신장애로 인하여 직무를 수행하지 못하게 되었을 경우, 당해 직무를 수행할 능력이 없다고 인정되었을 경우 등에 있어서 당해 장교가 장래에 있어서 계속 직무를 담당하게 될 경우 예상되는 업무상의 장애, 군 공무집행 및 행정의 공정성과 그에 대한 국민의 신뢰저해 등을 예방하기 위하여 인사권자에게 적시적인 인사조치를 보장하는 수단으로서 당해 장교에게 직위를 부여하지 아니함으로써 직무에 종사하지 못하도록 하는 잠정적이고 가처분적인 성격을 가진 조치이다. 따라서 그 성격상 군인의 비위행위에 대한 공직질서 유지를 목적으로 행하여지는 징벌적 제재로서의 징계 등에서 요구되는 것과 같은 동일한 절차적 보장을 요구할 수는 없는바(대법원 2003. 10. 10. 선고 2003두5945 판결, 대법원 2014. 5. 16. 선고 2012두26180 판결 등 참조), 보직해임에 관한 구 군인사법 제17조 제3항에서 장교를 보직해임할 때에는 보직해임심의위원회의 의결을 거치도록 하며, 구 군인사법 시행령 제17조의5 제1항, 제3항에서 보직해임심의위원회는 회의개최 전에 회의일시, 장소 및 심의사유 등을 심의대상자에게 통보하여야 하고, 심의대상자는 보직해임심의위원회에 출석하여 소명하거나 소명에 관한 의견서를 제출할 수 있으며, 보직해임심의위원회가 의결을 한 경우에는 그 내용을 심의대상자에게 서면으로 통보하도록 함으로써 심의대상자에게 방어의 준비 및 불복의 기회를 보장하고 인사권자의 판단에 신중함과 합리성을 담보하게 하고 있다.

그렇다면 구 군인사법 보직해임처분은 행정절차법 제3조 제2항 제9호, 같은 법 시행령 제2조 제3호에 의하여 당해 행정작용의 성질상 행정절차를 거치기 곤란하거나 불필요하다고 인정되는 사항 또는 행정절차에 준하는 절차를 거친 사항에 해당하므로, 행정절차법의 규정이 별도로 적용되지 아니한다고 봄이 상당하다(대법원 2014. 10. 15. 선고 2012두5756 판결 참조).

따라서 행정절차법 제21조, 제24조, 제26조의 적용을 전제로 한 원고의 이 부분 주장은 이유 없다.

2) 구 군인사법 시행령 등 관계 법령 위반 주장에 대하여

가) 위반 여부

피고가 이 사건 처분을 하면서 구 군인사법 및 같은 법 시행령에서 정한 절차를 준수하였는지 여부에 관하여 살피건대, 피고가 이 사건 처분에 앞서 개최된 보직해임심의위원회의 의결 내용을 심의대상자인 원고에게 서면으로 통보하지 않은 사실은 당사자 사이에 다툼이 없으므로 피고가 구 군인사법 시행령 제17조의5 제2항을 위반하였음은 인정된다. 나아가 원고는 보직해임심의위원회 이전에 그 회의 개최와 관련하여 아무런 통지를 받지 못하였고 그 심의위원회에 출석하여 소명할 기회도 갖지 못하였다고 주장하나, 증거(생략)의 각 기재 및 변론 전체의 취지에 의하면 피고가 징계위원회를 개최하면서 보직해임심의위원회도 함께 개최하였고, 그 회의 개최 전에 그와 관련된 사항을 원고에게 사전통지 하였으며, 그 후 원고가 보직해임심의위원회에 출석하여 자신의 의견을 개진한 사실을 인정할 수 있으므로, 위 주장은 이유 없다.

한편, 앞서 든 증거들에 의하면 피고가 이 사건 처분을 문서로 하지 않고 구두로만 원고에게 통보한 사실은 인정되나, 인사권자가 인사조치의 하나인 보직해임명령을 함에 있어 그 명령의 상대방에게 반드시 문서로써 통보하도록 하는 등 그 방식에 제한을 두고 있는 어떠한 규정이 없고, 오히려 군인복무규율 제21조 제1항, 육군규정 제110호 제58조의 4 제2항, 육군규정 151호 제74조 제11호의 규정들을 종합하여 보면, 보직해임 명령을 보직해임을 명하는 부대장의 인사명령 형태로 발령하고 이를 문서 또는 구술 등으로 보직해임 대상자에게 알리면 충분한 것으로 봄이 상당하므로, 피고가 원고에게 구두로 이 사건 처분을 통보한 방식에 절차상 하자가 있다고 볼 수 없어 이를 지적하는 원고의 주장 역시 이유 없다.

나) 중대·명백한 하자인지 여부

행정처분이 당연무효라고 하기 위하여는 처분에 위법사유가 있다는 것만으로는 부족하고, 그 하자가 법규의 중요한 부분을 위반한 중대한 것으로서 객관적으로 명백한 것이어야 한다. 하자가 중대하고 명백한 것인지를 판별할 경우 그 법규의 목적, 의미, 기능 등을 목적론적으로 고찰함과 동시에 구체적 사안 자체의 특수성에 관하여도 합리적으로 고찰하여야 한다(대법원 2012. 2. 23. 선고 2011두5001 판결 등 참조).

피고가 구 군인사법 시행령 제17조의5 제3항을 위반하여 이 사건 처분에 앞서 개최된 보직해임심의위원회의 의결 내용을 심의대상자인 원고에게 서면으로 통보하지

않은 절차상의 하자를 중대·명백한 것으로 보아 이 사건 처분을 무효라고 할 수 있을지에 관하여 살피건대, 행정청의 주체 또는 내용상의 하자와 달리 절차·형식상의 하자의 경우에는 특별한 사정이 없는 한 중대·명백한 하자로 볼 수 없어 취소사유에 불과하다고 해석하는 것이 일반적이고 여기에 앞서 든 증거들과 관계 법령의 내용을 통해 인정되는 다음과 같은 사정들 즉 ① 보직해임심의위원회의 의결은 피고 행정청 내부의 심의절차에 불과한 점, ② 피고가 보직해임심의위원회의 의결직후에 육군규정에 따라 인사발령 형식으로 이 사건 처분을 하였고, 그 내용을 원고에게 구두로 통지하였으므로 원고로서는 보직해임심의위원회의 의결 내용을 충분히 인식할 수 있었을 것으로 보이는 점 등을 보태어 보면, 위와 같은 절차상의 하자가 중대·명백하여 당연히 무효인 사유에 해당한다고 보기는 어렵다.

(이하 생략)

요약정리 [사안의 쟁점과 판결의 요지]

의정부지방법원 2016. 3. 29. 선고 2015구합8881 판결 [보직해임무효확인]

원고는 중대장으로 보직되어 복무하여 오던 중 폭언과 욕설을 수차례 하였다는 등의 사유로 2014. 8. ○. 보직해임처분을 받게 되자, 이 사건 소송에서 이 사건 보직해임의 절차가 행정절차법에 위반되고, 또한 군인사법령에 위반되어 무효라는 주장을 하였다.

이 사안에서의 쟁점은 **보직해임 절차에 군인사법령 이외에 행정절차법도 적용이 되는지와 보직해임 절차에 관련 법령의 위반이 있는 경우 무효사유인지 아니면 취소사유에 불과한지 여부**였다.

의정부지방법원 2016. 3. 29. 선고 2015구합8881 판결은 ① 보직해임처분은 행정절차법 제3조 제2항 제9호, 같은 법 시행령 제2조 제3호에 의하여 당해 행정작용의 성질상 행정절차를 거치기 곤란하거나 불필요하다고 인정되는 사항 또는 행정절차에 준하는 절차를 거친 사항에 해당하므로, 행정절차법의 규정이 별도로 적용되지 아니한다고 봄이 상당하고, ② 따라서 보직해임 절차에는 군인사법령만이 적용되는데, 보직해임심의위원회의 의결은 피고 행정청 내부의 심의절차에 불과한 점과 피고가 보직해임심의위원회의 의결 직후에 육군규정에 따라 인사발령 형식으로 이 사건 처분을 하였고, 그 내용을 원고에게 구두로 통지하였으므로 원고로서는 보직해임심의위원회의 의결 내용을 충분히 인식할 수 있었을 것으로 보이는 점 등을 보태어 보면, 피고가 구 군인사법 시행령 제17조의5 제3항을 위반하여 이 사건 처분에 앞서 개최된 보직해임심의위원회의 의결 내용을 심의대상자인 원고에게 서면으로 통보하지 않은 절차상의 하자가 중대·명백하여 당연히 무효인 사유에 해당한다고 보기는 어렵다고 판시하였다.

<참고: 보직해임>

보직해임은 군인(장교, 준사관, 부사관)이 심신장애로 인하여 직무를 수행하지 못하게 되었을 경우, 당해 직무를 수행할 능력이 없다고 인정되었을 경우 등에 있어서 당해 군인이 장래에 있어서 계속 직무를 담당하게 될 경우 예상되는 업무상의 장애, 군공무집행 및 행정의 공정성과 그에 대한 국민의 신뢰저해 등을 예방하기 위하여 인사권자에게 적시적인 인사조치를 보장하는 수단으로서 당해 군인에게 직위를 부여하지 아니함으로써 직무에 종사하지 못하도록 하는 잠정적이고 가처분적인 성격을 가진 조치이다. 따라서 보직해임은 (군인의 비위행위에 대한 공직질서 유지를 목적으로 행하여지는 징벌적 제재로서의) 징계와는 별개의 처분이다.

군인에 대한 보직해임은 공무원 또는 군무원의 직위해제와 유사하기는 하지만, 보직해임과 직위해제의 사유와 절차 등이 반드시 같지는 않다. 참고로 군무원의 경우 직무수행 능력이 부족하거나 근무성적이 극히 나쁘거나, 파면·해임·강등 또는 정직에 해당하는 징계의결이 요구 중이거나, 형사사건으로 기소되었거나(약식명령이 청구된 사람은 제외한다), 「국가공무원법」 제73조의3 제1항 제6호에 해당하는 군무원에 대하여는 임용권자가 직위를 해제할 수 있다(군무원인사법 제29조).

보직해임이 법적으로 다투어지는 대부분의 경우는 해당 직무를 수행할 능력이 없다고 인정되는 경우의 보직해임이다. 해당 직무를 수행할 능력이 없다고 인정되는 경우(군인사법 제17조 제1항 제3호)의 보직해임은 '사고 관련 보직해임'과 '개인 비위 관련 보직해임'으로 크게 나뉘며 구체적 내용은 국방 인사관리훈령, 육군규정 등에서 규정하고 있다.

보직해임처분은 행정절차법 제3조 제2항 제9호, 같은 법 시행령 제2조 제3호에 의하여 당해 행정작용의 성질상 행정절차를 거치기 곤란하거나 불필요하다고 인정되는 사항 또는 행정절차에 준하는 절차를 거친 사항에 해당하므로, 행정절차법의 규정이 별도로 적용되지 않고(대법원 2014. 10. 15. 선고 2012두5756 판결 참조), 군인사법령상의 절차규정이 적용된다. 즉 군인사법 제17조 제3항에서 군인을 보직해임할 때에는 보직해임심의위원회의 의결을 거치도록 하며, 군인사법 시행령 제17조의5 제1항, 제3항에서 보직해임심의위원회는 회의개최 전에 회의일시, 장소 및 심의사유 등을 심의대상자에게 통보하여야 하고, 심의대상자는 보직해임심의위원회에 출석하여 소명하거나 소명에 관한 의견서를 제출할 수 있으며, 보직해임심의위원회가 의결을 한 경우에는 그 내용을 심의대상자에게 서면으로 통보하도록 함으로써 심의대상자에게 방어의 준비 및 불복의 기회를 보장하고 인사권자의 판단에 신중함과 합리성을 담보하게 하고 있다.

보직해임 관련 인사소청 또는 행정소송에서는 통상 위에서 살펴본 군인사법령에 규정된 절차의 위반이 쟁점이 되는데, 행정청의 주체 또는 내용상의 하자와 달리 절차·형식상의 하자의 경우에는 특별한 사정이 없는 한 중대·명백한 하자로 볼 수 없어 취소사유에 불과하다고 해석하는 것이 일반적인 점과 보직해임은 군인이 심신장애로 인하여 직무를 수행하지 못하게 되었을 경우 또는 당해 직무를 수행할 능력이 없다고 인정되었을 경우 등에 있어서 당해 군인이 장래에 있어서 계속 직무를 담당하게 될 경우 예상되는 업무상의 장애, 군공무집행 및 행정의 공정성과 그에 대한 국민의 신뢰저해 등을 예방하기 위하여 인사권자에게 적시적인 인사조치를 보장하는 수단으로서 당해 군인에게 직위를 부여하지 아니함으로써 직무에 종사하지 못하도록 하는 잠정적이고 가처분적인 성격을 가진 조치이므로 그 성격상 군인의 비위행위에 대한 공직질서 유지를 목적으로 행하여지는 징벌적 제재로서의 징계 등에서 요구되는 것과 같은 동일한 절차적 보장을 요구할 수는 없는 점(대법원 2003. 10. 10. 선고 2003두5945 판결, 대법원 2014. 5. 16. 선고 2012두26180 판결 등 참조) 등을 고려하여, 판례의 태도는 인사권자가 보직해임을 하면서 위와 같은 군인사법상의 절차규정을 위반한 경우에도, 특별한 사정이 없다면 보직해임처분의 **'취소사유'**에 해당할 뿐, 절차상의 하자를 당연히 **'무효사유'**에 해당한다고 보지는 않고 있는 것으로 이해된다.

따라서 보직해임을 받은 군인이 본인의 보직해임에 대한 절차상 하자를 이유로 불복하고자 하는 경우에는 인사소청이나 행정소송을 제기할 수 있는 기간을 반드시 준수하여야 한다.

판례 6

불륜행위를 한 군간부의 현역복무부적합자 전역처분에 있어서 '군의 특수성을 고려한 군 조직 운영의 효율성이라는 공익'과 '군인의 신분보장 등 사익'간의 비례의 원칙

대전지방법원 2018. 9. 12. 선고 2018구합100716 판결 [전역처분취소]

I. 사안의 개요 [기초사실 및 사건의 경과]

1. 기초사실

원고는 2001. 5.경 육군 하사로 임관한 후 2009. 4.경부터 2017. 8.경까지 ○보병사단 ○○연대에서 교육훈련부사관으로 근무하였다.

원고는 2017. 6. ○. 육군 제○보병사단장으로부터 다음과 같은 내용의 품위유지의무위반(성폭력등)으로 정직 3월의 징계처분을 받았다.

> A(원고)는 2016. 소셜네트워크서비스 ○○ 밴드에서 B의 처 C를 만나 대화를 하다가 2017. 2. 중순경 처음으로 직접 만났다. 그 후 A는 C에게 남편 및 자녀들이 있음을 알면서도 수차례 만남을 가졌고, C와 교제를 약속하였다. A는 C와 주 1~2회 ○○일대 모텔 등에서 만나 성관계를 가졌고, 2017. 5.경 C의 남편 B에게 교제 사실을 발각당했음에도 불구하고 C와 연락을 계속하여 2017. 5.경 ○○에 있는 ○○나이트에서 C와 만나는 장면을 다시 한번 B에게 발각당하였다. 이로써 A는 군인으로서의 품위유지의무를 위반하였다.

제○보병사단 현역복무부적합 조사위원회는 원고를 육군본부 전역심사위원회에 회부하였고, 육군본부 전역심사위원회는 2017. 8.경 원고가 군인사법 시행령 제49조, 군인사법 시행규칙 제56조 제1항 제2호 '판단력이 부족한 사람', 제2항 제1호 '사생활이 방종하여 근무에 지장을 주거나 군의 위신을 손상시키는 사람', 제2항 제2호 '배타적이며 화목하지 못하고, 군의 단결을 파괴하는 사람'에 해당하여 현역복무에 부적합하다는 이유로 원고의 전역을 의결하였다.

피고(육군참모총장)는 육군본부 전역심사위원회의 의결에 따라 A에게 현역복무부적합자 전역처분을 하였다.

2. 사건의 경과

원고는 이 사건 처분에 불복하여 육군본부 군인사소청심사위원회에 소청심사를 청구하였으나 인사소청이 기각되자, 전역처분의 취소를 구하는 이 사건 행정소송을 제기하였다.

이 사안의 쟁점은 **불륜행위를 한 군간부의 현역복무부적합자 전역처분에 있어서 '군의 특수성을 고려한 군 조직 운영의 효율성이라는 공익'과 '군인의 신분보장 등 사익'간의 비례의 원칙**에 관한 것이었다.

1심(대전지방법원 2018. 9. 12. 선고 2018구합100716 판결)은 ① 원고가 불륜행위를 저질렀다고 하더라도 그 사정만으로 원고를 '판단력이 부족한 사람'에 해당한다고 단정할 수는 없고, ② 원고는 군 생활면이나 직무수행능력 등에 있어 긍정적인 평가를 받아온 것으로 보이므로 원고에 대해 '배타적이며, 화목하지 못하다'고 인정하기 어려우며, ③ 원고가 불륜행위를 하여 군의 위신을 손상시킨 것은 사실이나 원고의 군복무기간과 그 내용 등을 살펴보면 원고가 손상시킨 군의 위신의 정도가 원고를 군인의 신분에서 완전히 배제할 만한 정도에 이르렀다고 보기는 어려우므로, 이 사건 현역복무부적합자 전역처분으로 인해 달성하고자 하는 공익에 비해 원고가 입을 불이익이 지나치게 커서 비례의 원칙에 반하여 재량권을 일탈·남용하였다고 봄이 타당하다는 이유로 원고의 청구를 인용하였다.

항소심(대전고등법원 2019. 1. 16. 선고 2018누12457 판결)도 1심판결을 유지하여 피고의 항소를 기각하였으며, 피고의 상고가 심리불속행 기각되었다(대법원 2019. 5. 16. 선고 2019두34772 판결).

II. 판결 읽어보기 [판결 중요부분 발췌(요약)] : 대전지방법원 2018. 9. 12. 선고 2018구합100716 판결

1. 이 사건 처분의 경위

(생략)

2. 이 사건 처분의 적법 여부

가. 원고의 주장

(생략)

나. 관계 법령

(생략)

다. 판단

1) 군인사법상 현역복무부적합 제도는 군인의 직무를 수행할 적격을 갖추지 못한 자를 직무수행에서 배제함으로써 군 조직 운영의 효율성을 높이고자 하는 인사상의 제도로서 군인사법상 현역복무부적합 여부에 관한 결정은 재량행위이고(대법원 2004. 4. 27. 선고 2004두107 판결 등 참조), 그 재량권 일탈·남용 여부를 심사함에 있어서 위에서 본 제도의 취지 등에 비추어 군의 특수성도 충분히 고려하여 판단해야 한다.

그런데 이와 같이 군의 특수성을 고려하더라도, 군인사법 제44조에서 이 법에 따른 경우 외에는 그 의사에 반하여 현역에서 제외되거나 제적되지 아니하도록 규정하여 군인의 신분을 보장하고 있고, 군인사법 제37조 제1항 제4호가 정한 '현역복무부적합처분'은 군인의 신분을 그 의사에 반하여 박탈하는 처분으로서 비록 그 규정 내용이 추상적이기는 하나 군인사법 시행령 제49조 제1항, 군인사법 시행규칙 제56조에서 개별적인 현역복무부적합 사유를 규정하고 있으므로, 군인에 대하여 현역복무부적합처분을 하기 위하여는 합리적으로 보아 법령이 정한 현역복무부적합 사유에 해당함을 뒷받침할 수 있는 구체적인 사정이 증명되어야 하고, 그 주장·증명책임은 처분청인 피고에게 있다.

2) 먼저 원고가 군인사법 시행규칙 제56조 제1항 제2호의 '판단력이 부족한 사람'에 해당하는지를 살피건대, 앞서 본 바와 같이 현역복무부적합 제도는 군인의 직무를 수행할 적격을 갖추지 못한 자를 직무수행에서 배제함으로써 군 조직 운영의 효율성을 높이고자 하는 인사상의 제도이므로 위 규정의 '판단력이 부족한 사람'의 의미는 위 제도의 취지에 부합하도록 해석할 필요가 있다. 그리고 현역복무부적합 처분은 군

인의 신분을 그 의사에 반하여 강제로 박탈하는 불이익한 처분인 점과 '판단력 부족'의 문언 자체도 추상적이어서 그 범위와 한계가 설정되지 않으면 행정청의 자의적인 해석이 가능하여 과잉금지원칙이나 명확성원칙에도 위반될 소지가 있는 점까지 아울러 고려하면, 위 '판단력이 부족한 사람'이란 '군인의 직무를 정상적으로 수행할 수 있을 정도의 판단력을 갖추지 못한 사람'이라고 해석함이 타당하다. 이 사건을 보건대, 원고가 군인의 직무를 정상적으로 수행할 수 있을 정도의 판단력을 갖추지 못한 사람이라고 볼 만한 구체적인 사정은 찾기 어렵고, 오히려 증거(생략)의 각 기재에 변론 전체의 취지를 더하면, 원고는 사단장, 연대장 등으로부터 약 47회에 걸쳐 표창을 받았고, 육군본부에서 육군 포병의 교육자료로 발간한 '○○전술 야전교범'의 심의위원으로 참여하기도 하였으며, 원고의 직속 상관인 연대장은 지휘관 의견으로 '원고가 지금까지 매우 성실하게 근무하여 온 점, 부대 발전을 위한 기여도와 임무수행능력, 현재 자신의 행동에 대한 군인으로서 또 한 가정의 가장으로서 뉘우침을 고려할 때 한 번 더 군 복무의 기회를 부여하는 것이 좋을 것으로 사료됨'이라고 밝히고 있고, 원고의 상관, 동료, 부하 등도 '원고가 성실하게 군 생활을 해왔고 직무수행능력도 우수하다'라고 하는 등 긍정적으로 평가한 사실이 인정될 뿐이다. 따라서 원고가 불륜행위를 저질렀다고 하더라도 그 사정만으로 위 '판단력이 부족한 사람'에 해당한다고 단정할 수는 없다.

3) 군인사법 시행규칙 제56조 제2항 제2호는 '① 배타적이며, ② 화목하지 못하고, ③ 군의 단결을 파괴하는 사람'이라고 규정하고 있는바, 위 규정의 문언과 내용 등에 비추어 이에 해당하기 위하여는 ① 내지 ③의 각 항목을 모두 갖추어야 한다고 봄이 타당하다. 그런데 원고가 지휘관, 상관, 부하 등의 관계에서 군 생활을 원만하게 영위하지 못할 정도로 '배타적이며, 화목하지 못하다'고 볼 만한 사정은 찾아보기 어렵고, 오히려 앞서 본 바와 같이 원고는 군 생활면이나 직무수행능력 등에 있어 긍정적인 평가를 받아온 것으로 보인다. 따라서 원고에 대해 '배타적이며, 화목하지 못하다'고 인정하기 어려운 이상, 원고의 불륜행위가 군의 단결을 파괴하는 것인지 더 살필 필요 없이 위 사유에 해당한다고 보기 어렵다.

4) 군인사법 시행규칙 제56조 제2항 제1호는 '사생활이 방종하여 근무에 지장을 주거나 군의 위신을 손상시키는 사람'이라고 규정하고 있다. '방종'의 사전적 의미는 '제멋대로 행동하여 거리낌이 없다'는 것인데, 원고가 C와 불륜행위를 하기 이전에 여자 문제 등 사생활 면에서 제멋대로 행동하여 거리낌이 없어 방종하다고 평가를 받을 만한 행위를 하였다는 점은 확인하기 어렵고, 아래와 같이 불륜행위를 하게 된

경위 및 내용, 기간 등에 비추어 위 불륜행위만으로 곧바로 사생활이 방종하다고 평가할 수 있을지 다소 의문이 들기는 하나, 원고가 서로 배우자 있는 상태에서 C와 일회적인 관계가 아닌 2~3개월 동안 주 1~2회 성관계를 하는 등 부적절한 만남을 가져왔고, 간통에 대한 사회적 비난가능성이 여전히 있는 점에 비추어 사생활이 방종하다고 본 피고의 판단이 명백하게 잘못되었다고 보기는 어렵다. 그리고 증거들에 의하면, 원고는 축구장 등 공개된 장소에서 C를 만나다가 남편인 B에게 발각되었고 B가 국민신문고에 원고의 불륜행위에 관한 글을 올리면서 처벌을 요구하기도 한 사실이 인정되며, 군인의 간통행위는 군 조직에 부정적인 영향을 미칠 수 있으므로, 원고가 불륜행위를 하여 군의 위신을 손상시킨 것으로 본 피고의 판단 또한 명백하게 잘못되었다고 보기 어렵다(한편 이 사건 기록을 살펴보아도 원고가 불륜행위로 인해 군 생활을 지속할 수 없을 정도로 근무에 지장을 주었다고 볼 만한 구체적인 사정은 확인하기 어려우므로, 이하 '근무에 지장을 주었다는 점'은 논의하지 않기로 한다).

그러나 증거(생략)의 각 기재에 변론 전체의 취지를 더하여 인정되는 아래와 같은 사정들 즉, ① 원고의 아내는 탄원서에서 '부부 관계에서 여러 가지 갈등이 심화되면서 2017년 이혼에 대한 구두 합의 후에 원고가 집을 나가 별거하였다'는 취지로 진술하고 있고, 원고는 C와 이야기를 나누다가 서로 이혼 준비 중이라는 비슷한 처지를 공유하면서 만남을 유지하였다고 일관되게 주장하며, 원고에 대한 조사결과 보고서에도 'C는 보험직 종사자로 현 남편과 이혼을 생각하던 중임(과거 이혼 숙려기간 경험 有)'라고 기재되어 있는 점에 비추어, 원고와 C가 서로 이혼에 대한 생각을 가지고 만남을 가진 것으로 볼 여지가 있어 그 경위에 일부나마 참작할 사정이 있는 점, ② 원고는 군 업무와 무관하게 C를 사적으로 만난 것이고 실제 만나서 불륜행위를 한 기간은 약 2~3개월 정도로 그리 길지 않다고 보이는 점[원고는 C의 남편에게 발각된 후 C와 관계를 정리하였는데 C의 지인으로부터 'C가 매일 굶고 술만 마시며 죽고 싶다는 말을 한다'는 것을 전해 듣고 이를 만류하기 위하여 2017. 5.경 만난 것일 뿐, 불륜관계를 지속하기 위한 목적으로 다시 만난 것이 아니라고 주장하고 있고, 원고에 대한 조사결과 보고서에도 그에 대한 내용이 기재되어 있는 점에 비추어 원고의 위 주장이 신빙성이 전혀 없다고 볼 수는 없음], ③ 간통행위는 헌법재판소의 간통죄에 대한 위헌 결정으로 인해 윤리 위반의 문제일 뿐, 더는 형사처벌의 대상이 아니라는 점에서 그 비위의 정도가 약화되었다고 볼 수 있는 점, ④ 부대 지휘관의 경우는 지휘체계를 확립하고 전투력을 보존·발휘하기 위하여 엄격한 규율을 유지하는 데 솔선수범하여야 할 임무가 부여되고 그 직무의 성질상 강한 도덕성과 윤리성이 요구된다고 볼 수 있으나, 부사관으로서 중간 관리자의 지위에 있는 원고에 대해서까지 군인의 특수성을 고려하더라도 위와 같은 강한 도덕성과 윤리성이 요구된다고 보기 어렵고, 또한 군대 내에서 지휘계통하에 있는 상사, 부하 등과의 불륜은 지휘체계와 군의 기강과 규율을 흐트러뜨림으로써 군의 임무 수행에 중대한 지장을 초래하므로 그로 인한 군의 위신을 손상시키는 정도가 중하다고 볼 수 있으나, 원고는 군 업무와 무관하게 사적 만남을 통해 불륜행위를 한 것이어서 군의 위신을 손상시켰다고 하더라도 그 정도가 군인 신분을 박탈할 정도로 중하다고 보기는 어려운 점, ⑤ 피고는 성군기 사건에 대해 '원스트라이크 아웃제'를 실시하고 있고 불륜도 이에 해당하므로 이를 고려하여야 한다고 주장하나, 위 제도는 성추행 이상 성군기 위반자를 강하게 제재하기 위하여 마련된 것인 것으로 보이고, 육군규정 180 징계규정에서 '성폭력등 처리기준' 항목하에 불륜행위를 다른 성범죄(강제추행, 추행, 성희롱, 성매매 등)와 같이 규정하고 있기는 하나 더 이상 형사처벌의 대상이 아닌 불륜행위를 성범죄와 같이 취급하는 것은 형평에 맞지 않다고 보이므로, 불륜행위가 위 '원스트라이크 아웃제'의 성군기 사건에 포함된다고 단정하기 어려운 점, ⑥ 원고는 약 16년간 복무하면서 이 사건 징계처분을 제외하고는 일체의 비행을 저지르거나 징계를 받은 사실이 없었고, 앞서 본 바와 같이 약 47회 걸쳐 표창을 받았으며 육군본부가 육군 포병의 교육자료로 발간한 '○○전술 야전교범'의 심의위원으로 참여하기도 하는 등 책임감을 가지고 성실하게 군 생활을 한 것으로 보이는 점 등을 종합하면, 위 사유가 인정된다고 하더라도 원고를 군인의 신분에서 완전히 배제할 만한 정도에 이르렀다고 보기 어려우므로, 이 사건 처분으로 인해 달성하고자 하는 공익에 비해 원고가 입을 불이익이 지나치게 커서 비례의 원칙에 반하여 재량권을 일탈·남용하였다고 봄이 타당하다. 따라서 원고의 위 주장은 이유 있다(이 사건 징계처분은 원고가 다투지 아니하여 확정되었고 원고가 주장하는 사정만으로 이 사건 징계처분 자체에 재량권 일탈·남용의 위법이 있다거나 그 하자가 중대·명백하여 무효라고 할 수 없으므로 원고의 이에 관한 주장은 받아들이지 않는다).

3. 결론

그렇다면 원고의 이 사건 청구는 이유 있으므로 이를 인용하기로 하여 주문과 같이 판결한다.

III. 참고 판결 : 동료 여군 장교와 부적절한 관계를 가진 장교에 대한 현역복무부적합자 전역처분의 적법성

대전고등법원 2019. 12. 19. 선고 2019누11260 판결 [전역처분취소]

【사안의 개요】

원고는 국군○○사령부에서 ○○장교로 근무하던 중 2016. 2.~10.경 같은 부대의 여군 대위 B와 부적절한 관계를 가졌다.

원고의 지휘관은 유부남인 원고가 자신이 혼자 생활하는 독신자 숙소에 여군 대위 B를 출입하게 하는 등 품위유지의무를 위반했다는 사유로 정직 1개월의 징계처분을 하였고, 이후 원고는 현역복무부적합 조사위원회에서 판단력이 부족하고 사생활이 방종해 근무에 지장을 주거나 군 위신을 훼손해 현역복무에 적합하지 않다는 이유로 현역복무부적합 판정을 받았고 이어 전역심사위원회는 원고에 대한 전역을 의결하여, 결국 원고는 본인의 의사에 반하여 전역하였다.

【사건의 경과 등】

1심(대전지방법원 2019. 5. 23. 선고 2018구합103296 판결)은 ① 군인사법상 현역복무부적합자 전역제도는 군인의 직무를 수행할 적격을 갖추지 못한 사람을 직무수행에서 배제함으로써 군 조직 운영의 효율성을 높이고자 하는 인사상의 제도로서 군인사법상 현역복무부적합 여부에 관한 결정은 재량행위이고, 그 재량권의 일탈·남용 여부를 심사함에 있어서 군의 특수성이 충분히 고려되어 판단되어야 하지만, 이러한 군의 특수성을 고려하더라도, 군인사법 제44조에서 이 법에 따른 경우 외에는 그 의사에 반하여 현역에서 제외되거나 제적되지 아니하도록 규정하여 군인의 신분을 보장하고 있고, ② 군인사법 제37조 제1항 제4호가 정한 '현역복무부적합처분'은 군인의 신분을 그 의사에 반하여 박탈하는 처분으로서 비록 그 규정 내용이 추상적이기는 하나 군인사법 시행령 제49조 제1항, 군인사법 시행규칙 제56조에서 개별적인 현역복무부적합 사유를 규정하고 있으므로, 군인에 대하여 현역복무부적합자 전역처분을 하려면 합리적으로 보아 법령이 정한 현역복무부적합 사유에 해당함을 뒷받침할 수 있는 구체적인 사정이 있어야 하는데, ③ 원고가 동료 여군과 불륜을 저질렀다는 사정만으로 직무를 정상적으로 수행할 수 없을 정도로 판단력이 부족한 사람에 해당한다고 단정할 수 없고, 같은 부대 동료 여군과의 불륜은 상관·부하 사이의 불륜보다는 군의 위신을 훼손하는 정도가 크지 않으며, 제출된 증거만으로 원고의 불륜 행위가 근무에 지장을 줬다고 볼만한 사정을 찾아볼 수 없고, ④ 이 사건에서 원고의 일부 성관계 장소가 독신자 숙소였다는 사실만으로 손상된 군의 대외적 위신의 정도가 원고의 군인 신분을 박탈해야 할 만큼 중하다고 단정하기 어려우며, ⑤ 가사 사생활이 방종해 군의 위신을 훼손했다는 점이 인정된다고 하더라도 그 이유만으로 원고를 전역시키는 것은 비례의 원칙에 반하다는 이유로, 피고의 이 사건 처분은 재량권 범위를 현저히 일탈했거나 재량권을 남용하여 위법하다고 판단하였다.

항소심(대전고등법원 2019. 12. 19. 선고 2019누11260 판결)은 ① 군인사법 시행령 제49조 제1항 제1호에서 규정한 '능력 부족으로 해당 계급에 해당하는 직무를 수행할 수 없는 사람'에는 당해 직무를 수행함에 있어 갖추어야 할 도덕적 자질에 결함이 있는 사람도 포함될 여지가 있고, 특히 부대 지휘관이나 고위 장교일수록 지휘체계를 확립하고 전투력을 보존·발휘하기 위하여 엄격한 기율을 유지하는 데 솔선수범하여야 할 임무가 부여되므로 그 직무의 성질상 강한 도덕성과 윤리성이 요구된다고 볼 수 있으나, ② 이 사건에서 육군 ○○병과 대위로 국군○○사령부에서 ○○업무를 수행하던 원고가 불륜을 저질렀다는 이유만으로 다른 부가적 사정의 증명 없이 곧바로 위와 같은 고위 장교에게 요구되는 강한 도덕성과 윤리성을 결여하여 '능력 부족으로 해당 계급에 해당하는 직무를 수행할 수 없는 사람'에 해당한다고 단정할 수는 없다는 이유로 1심판결을 유지하였고, 항소심 판결은 2020. 1. 7. 확정되었다.

【판결 중요부분 발췌(요약)】

1. 제1심판결의 인용

피고의 항소이유는 제1심에서의 주장과 크게 다르지 않고, 제1심에서 제출된 증거에다가 이 법원에 제출된 증거들을 보태어 함께 살펴보더라도 제1심의 사실인정과 판단은 정당한 것으로 인정된다.

이에 이 법원의 판결이유는 제1심판결의 이유 중 일부를 아래 제2항과 같이 고치는 것 이외에는 제1심판결 이유 기재와 같으므로, 행정소송법 제8조 제2항, 민사소송법 제420조 본문에 의하여 이를 그대로 인용한다.

2. 고쳐 쓰는 부분

○ 제5면 제5행의 "받아들이기 어렵다" 다음에 아래의 내용을 추가한다.

『(군인사법 시행령 제49조 제1항 제1호에서 규정한 '능력 부족으로 해당 계급에 해당하는 직무를 수행할 수 없는 사람'에는 당해 직무를 수행함에 있어 갖추어야 할 도덕적 자질에 결함이 있는 사람도 포함될 여지가 있고, 특히 부대 지휘관이나 고위 장교일수록 지휘체계를 확립하고 전투력을 보존·발휘하기 위하여 엄격한 기율을 유지하는 데 솔선수범하여야 할 임무가 부여되므로 그 직무의 성질상 강한 도덕성과 윤리성이 요구된다고 볼 수는 있다. 그러나 이 사건에서 육군 ○○병과 대위로 국군○○사령부에서 ○○업무를 수행하던 원고에 대하여 불륜을 저질렀다는 이유만으로 다른 부가적 사정의 증명 없이 곧바로 위와 같은 고위 장교에게 요구되는 강한 도덕성과 윤리성을 결여하여 '능력 부족으로 해당 계급에 해당하는 직무를 수행할 수 없는 사람'에 해당한다고 단정할 수는 없다)』

○ 제6면 밑에서부터 제1행의 "증거도 없다" 다음에 아래의 내용을 추가한다.

『[증거(생략)의 각 기재 및 변론 전체의 취지에 의하면 육군은 성군기위반 행위를 엄정하게 처벌하고자 2014. 4. 1.부터 '성군기사고·음주운전 징계 엄정 처리 지시'(육본지시 제14-1007호) 및 2014. 7. 1.부터 '성군기사고·음주운전 위반 One-Out 인사관리제도'를 시행한 사실은 인정된다.

그러나 위 육본지시 및 One-Out 인사관리제도는 헌법재판소의 형법 제241조 간통죄 위헌 결정(헌법재판소 2015. 2. 26. 선고 2009헌바17 등 결정) 이전의 것인 점, 형사처벌의 대상이 아닌 불륜행위를 형사처벌 대상인 성범죄와 같이 취급하는 것은 형평에 맞지 않는 점{이에 피고도 불륜에 대한 징계건명을 '품위유지의무위반(성폭력 등)'에서 '품위유지의무위반(기타)'로 변경하여 징계양정을 변경하는 등 관계 규정을 정비하였다} 등을 고려할 때, 불륜행위가 여전히 위 육본지시 및 One-Out 인사관리제도에 의해 엄중하게 규율되는 성군기위반 행위에 포함된다고 단정하기는 어렵다. 따라서 원고가 불륜을 저질렀다는 이유만으로 곧바로 상관의 직무에 관한 구체적 지시를 수행하지 않았다고 볼 수 없다]』

○ (생략)

○ 제7면 밑에서부터 제1행의 "발견되지 않는다" 다음에 "(피고도 당심에서, 원고의 사생활 방종으로 인하여 근무에 지장을 주었다거나, 군의 위신을 손상시키는 내·외부적인 사건이나 보도가 있었다는 등의 사정은 이 사건 처분 당시에는 없었다는 취지로 진술하였다)"를 추가한다.

3. 결론

따라서 원고의 청구는 이유 있으므로 인용할 것인바, 이와 결론이 같은 제1심판결은 정당하고, 피고의 항소는 이유 없으므로 기각하기로 하여 주문과 같이 판결한다.

요약정리 [사안의 쟁점과 판결의 요지]

대전지방법원 2018. 9. 12. 선고 2018구합100716 판결 [전역처분취소]

이 사건은 소셜네트워크서비스(SNS)를 통해 만난 유부녀와 부적절한 관계(불륜)를 가졌던 원고가 현역복무부적합자 전역제도를 통해 강제전역(본인의 의사에 따르지 아니한 전역)된 건에 관한 행정소송이었다.

이 사안의 쟁점은 **불륜행위를 한 군간부의 현역복무부적합자 전역처분에 있어서 '군의 특수성을 고려한 군 조직 운영의 효율성이라는 공익'과 '군인의 신분보장 등 사익'간의 비례의 원칙**에 관한 것이었다.

1심(대전지방법원 2018. 9. 12. 선고 2018구합100716 판결)은 ① 원고가 불륜행위를 저질렀다고 하더라도 그 사정만으로 원고를 '판단력이 부족한 사람'에 해당한다고 단정할 수는 없고, ② 원고는 군 생활면이나 직무수행능력 등에 있어 긍정적인 평가를 받아온 것으로 보이므로 원고에 대해 '배타적이며, 화목하지 못하다'고 인정하기 어려우며, ③ 원고가 불륜행위를 하여 군의 위신을 손상시킨 것은 사실이나 원고의 군복무기간과 그 내용 등을 살펴보면 원고가 손상시킨 군의 위신의 정도가 원고를 군인의 신분에서 완전히 배제할 만한 정도에 이르렀다고 보기는 어려우므로, 이 사건 현역복무부적합 전역처분으로 인해 달성하고자 하는 공익에 비해 원고가 입을 불이익이 지나치게 커서 비례의 원칙에 반하여 재량권을 일탈·남용하였다고 봄이 타당하다는 이유로 원고의 청구를 인용하였고, **항소심(대전고등법원 2019. 1. 16. 선고 2018누12457 판결)**도 1심판결을 유지하여 피고의 항소를 기각하였으며, 2019. 5. 16. 피고의 상고가 심리불속행 기각되었다(대법원 2019두34772 판결).

<참고: 현역복무부적합자 전역제도>

현역복무부적합자 전역제도는 능력의 부족으로 당해 계급에 해당하는 직무를 수행할 수 없는 자와 같이 대통령령으로 정하는 일정한 사유로 인하여 현역복무에 적합하지 아니한 자를 전역심사위원회의 심의를 거쳐 현역에서 전역시키는 제도를 말한다(군인사

법 제37조 제1항 제4호). 이 제도는 군인의 직무를 수행할 적격을 갖추지 못한 자를 직무수행에서 배제함으로써 군 조직 운영의 효율성을 높이고자 하는 행정처분(인사조치)이다.

군인에 대한 **징계처분**은 군인으로서 군율에 위배하여 군 풍기를 문란하게 하거나 그 본분에 위배되는 행위를 한 자에 대하여 부과되는 처분임에 비하여, **현역복무부적합자 전역처분**은 심신장애, 능력의 부족, 성격상의 결함, 기타 군 발전에 저해가 되는 능력 또는 도덕상의 결함이 있는 자를 군 조직에서 배제하는 인사조치로서 징계절차에서와 같은 비위행위를 전제로 하지 않는 등 그 목적, 절차, 처분 내용 등을 달리하는 별개의 제도로서 징계처분을 받은 자에 대하여 현역복무부적합자 전역처분을 하는 것은 이중처벌에 해당하지 않는다.

현역복무부적합자 전역처분을 받은 군인은 인사소청(군인사법 제51조)과 행정소송을 통해 권리구제를 받을 수 있는데, 행정소송을 제기하기 위해서는 사전에 반드시 인사소청을 거쳐야 한다(군인사법 제51조의2).

현역복무부적합자 전역처분과 관련된 행정소송에서의 쟁점은 현역복무부적합사유의 존재여부, 재량권의 일탈과 남용, 비례의 원칙 위배 등이다.

☞ 최근의 판례 경향은 지휘관과 부하간의 불륜과 같이 군기강 또는 지휘체계 등에 직접적인 영향을 미칠 가능성이 많은 경우가 아니라면 불륜 행위자에 대한 군 당국의 징계에 대해서는 징계 양정이 현저히 부당한 경우 등이 아니면 군 당국의 판단을 존중하나, 전역처분에 대해서는 군인의 신분보장, 비례의 원칙 등에 입각하여 엄격한 사법심사를 하고 있는 것으로 보인다.

판례 7

군종법사가 조계종 종헌에 위반되는 결혼을 하고 군종법사 자격을 유지하기 위해 조계종에서 태고종으로 전종한 경우에 현역복무부적합 사유가 되는지 여부

대법원 2019. 12. 27. 선고 2019두37073 판결 [장교현역복무부적합자전역처분취소청구의소]

[원심판결] 서울고등법원 2019. 2. 21. 선고 2018누45697 판결

I. 사안의 개요 [기초사실 및 사건의 경과]

1. 기초사실

원고는 1998. 3.경 대한불교 조계종(이하 '조계종'이라고 한다) 승적을 취득하여 승려가 되었고, 2005. 7. 해군 군종장교(군법사)로 임관하였으며, 2014. 12.경 소외인과 혼인신고를 하였다(한편, 원고는 2014. 12.경 소외인과 혼인신고를 하였지만, 개정 조계종 종헌 시행 이전에 이미 소외인과 사실혼 관계였다고 주장하였다).

구 조계종 종헌(2009. 3. 18. 개정되기 전의 것, 이하 '구 조계종 종헌'이라고 한다) 제9조 제2항은 군종장교로 복무하는 승려에 한하여 예외적으로 혼인을 허용하였으나, 2009. 3. 18. 종헌을 개정하면서 제9조 제2항을 삭제하여 군종장교로 복무하는 승려의 혼인도 금지하였다. 다만 부칙(2009. 3. 18. 불기 2553년) 제2조 제1항에 의해 개정된 조계종 종헌 시행일인 2009. 5. 16. 이전에 혼인한 군종장교들은 승려 지위를 유지할 수 있게 되었다. 한편, 조계종이 2015. 3. ○. 원고에게 조계종 종헌을 위반하여 혼인을 하였다는 이유로 승적 제적처분을 할 예정임을 통보하자, 원고는 2015. 3. ○. 한국불교 태고종(이하 '태고종'이라고 한다) 승적을 취득하였고, 조계종은 2015. 3. ○. 원고에 대하여 승적제적처분을 하였다.

2017. 4. ○. 개최된 해군본부 현역복무부적합 조사위원회는 '원고가 조계종 계율 위반으로 승적이 박탈되어 더 이상 군종장교 업무를 수행할 수 없다'는 이유로 원고에 대하여 현역복무부적합 의결을 하였다. 2017. 7. ○. 개최된 해군본부 전역심사위원회도 같은 이유로 원고에 대하여 현역복무부적합 의결을 하였다. 피고(국방부장관)는 위 각 의결에 따라 2017. 7. ○. 원고에 대하여 군인사법 제37조 제1항 제4호,

군인사법 시행령 제49조 제1항 제1호, 제4호에 근거하여 현역복무부적합자자 전역처분을 하였다.

2. 사건의 경과

이 사안의 쟁점은 **군종법사가 조계종 종헌에 위반되는 결혼을 하고 군종법사 자격을 유지하기 위해 조계종에서 태고종으로 전종한 경우에 현역복무부적합 사유가 되는지 여부**였다.

원심(서울고등법원 2019. 2. 21. 선고 2018누45697 판결)은 ① 개정 조계종 종헌 부칙 제2조 제1항, 구 조계종 종헌 제9조 제2항에 의해 허용되는 군종장교의 혼인에 사실혼도 포함되며, 원고가 개정 종헌 시행 이전에 사실혼 관계를 형성하였으므로 원고가 조계종 규율을 어겼다고 볼 수 없고, ② 원고가 태고종으로 전종을 했다고 하더라도 원고가 군 내에서 법회 주관 등 종교활동을 수행할 수 있고, 그렇지 않더라도 교육활동과 선도활동 및 대민활동 등을 통해 군종장교 본연의 업무를 충분히 수행할 수 있으므로, 군 당국이 원고가 군인사법 시행령 제49조 제1항 제1호에서 규정하고 있는 '군 발전에 방해가 되는 도덕적 결함이 있는 사람'에 해당한다고 판단한 것도 위법하다는 이유로, 결국 피고가 원고에 대하여 현역복무부적합자 전역처분을 한 것은 위법한 처분이라고 판단하였다.

그러나 **대법원 2019. 12. 27. 선고 2019두37073 판결**은 ① 개정 조계종 종헌 부칙 제2조 제1항, 구 조계종 종헌 제9조 제2항에 의해 허용되는 군종장교의 혼인에 사실혼도 포함되며, 원고가 개정 종헌 시행 이전에 사실혼 관계를 형성하였으므로 조계종 규율을 어겼다고 볼 수는 없으나, ② 군종장교는 종교활동을 통하여 장병의 사생관을 확립하고 필승의 신념을 배양하며, 장병의 국가관과 병영생활에 대한 가치관 및 윤리관을 확립하고, 건전한 병영생활과 정신전력의 극대화에 기여하는 등 군 내 영적 지도자로서의 역할을 담당하므로, 군종장교에게는 일반적으로 타 병과 장교보다 더 높은 도덕성과 책임이 요구된다고 할 수 있고, 군종장교는 소속 종단으로부터 파송된 성직자 신분을 유지하면서 소속 종단의 규율을 준수하여야 함에도 불구하고 원고는 조계종 승적 제적처분을 받게 될 가능성이 있음을 알게 된 후 태고종 승적을 취득하고, 태고종으로 전종하고도 조계종이 피고에게 승적 제적 처분자에 대한 협조

요청을 보내 이러한 사실을 알릴 때까지 군 내에서 2년여 간 조계종 복식을 사용하여 조계종 법회를 주관하였으므로, 군의 특수성 및 군종장교의 성직자로서의 특수성에 비추어 볼 때 군 당국이 원고가 '군 발전에 방해가 되는 도덕적 결함이 있는 사람'에 해당한다고 판단한 것은 수긍할 수 있으므로, 군 당국이 원고에 대하여 현역복무부적합자 전역처분을 한 것이 군의 특수성에 비추어 명백한 법규위반에 해당하거나 재량권을 일탈·남용한 것이라고 볼 수는 없다고 판시하며 원심판결을 파기하고, 사건을 다시 심리·판단하게 하기 위하여 원심법원에 환송하였다.

II. 판결 읽어보기 [판결 중요부분 발췌(요약)] : 대법원 2019. 12. 27. 선고 2019두37073 판결

1. 사건의 개요(기초사실 및 사건의 경과)와 쟁점

가. 원심판결 이유에 의하면 다음과 같은 사정들을 알 수 있다.

(중략)

나. 이 사건의 쟁점은 원고가 군인사법 시행령 제49조 제1항 제1호에서 정한 현역복무부적합 사유인 "능력 부족으로 해당 계급에 해당하는 직무를 수행할 수 없는 사람" 또는 같은 항 제4호에서 정한 현역복무부적합 사유인 "그 밖에 군 발전에 방해가 되는 능력 또는 도덕적 결함이 있는 사람"에 해당하는지 여부이다.

다. 군인사법 제37조, 군인사법 시행령 제49조에 의한 현역복무부적합자 전역제도란 대통령령으로 정하는 일정한 사유로 인하여 현역복무에 적합하지 아니한 자를 전역심사위원회 심의를 거쳐 현역에서 전역시키는 제도로서 징계제도와는 규정 취지와 사유, 위원회의 구성 및 주체 등에 차이가 있다(대법원 2012. 1. 12. 선고 2011두18649 판결 참조). 군인사법상 현역복무부적합 여부 판단에 관해서는 참모총장이나 전역심사위원회 등 관계기관에 폭넓은 재량이 주어져 있으므로, 군의 특수성에 비추어 명백한 법규위반이 없는 이상 군 당국의 판단을 존중하여야 한다(대법원 1998. 10. 13. 선고 98두12253 판결 등 참조).

2. 군인사법 시행령 제49조 제1항 제1호에 해당하는지 여부

가. 군인사법 제37조 제1항 제4호 및 그 위임에 따른 군인사법 시행령 제49조 제1

항 제1호는 "능력 부족으로 해당 계급에 해당하는 직무를 수행할 수 없는 사람"은 현역복무에 적합하지 아니한 사람에 해당하여 전역시킬 수 있다고 규정하고 있다.

나. 아래에서 살펴보는 관련 규정의 내용과 그 밖의 사정을 종합하여 보면, 군 당국이 원고에게 군인사법 시행령 제49조 제1항 제1호에 해당하는 사유가 있다고 판단한 것이 군의 특수성에 비추어 명백한 법규위반에 해당하거나 재량권을 일탈·남용한 것이라고 볼 수는 없다.

(1) 「군인의 지위 및 복무에 관한 기본법」 제15조(종교생활의 보장)의 시행과 기타 군종업무 전반에 대하여 필요한 사항을 정한 구 「군종업무에 관한 훈령」(2018. 5. 11. 국방부훈령 제2160호로 개정되기 전의 것, 이하 '구 훈령'이라고 한다)에 의하면, 군종업무란 군종장교가 행하는 종교활동·교육활동·선도활동·대민활동 및 그 밖의 활동을 말하고(제2조 제1호), 그중 종교활동이란 장병의 신앙심 함양과 신앙전력화를 위하여 행하는 활동을 말한다(제2조 제2호). 종교활동 중 가장 큰 비중을 차지하는 종교행사는 종교별로 행하는 각종 종교집회를 말하고(제2조 제6호), 정기 종교행사는 일·수요일 종교행사와 각 종단의 절기행사를 말한다(제11조 제1항).

(2) 병역법 시행령 제118조의3 제3항 및 제119조의 위임에 따라 군종 분야 현역장교 및 군종사관후보생의 선발·병적편입 등에 관하여 필요한 사항을 규정한 「군종장교 등의 선발에 관한 규칙」(국방부령)에 의하면, 국방부장관은 해당 종교단체에 선발대상자의 추천을 의뢰하고 그 종교단체의 추천을 받은 사람을 대상으로 서류심사·면접시험·신체검사·인성검사 및 신원조사를 거쳐 군종장교를 선발한다(제3조 제1항). 구 훈령에 의하면, 군종장교는 국군장교단의 일원으로 참모장교로서의 신분과 소속 종단으로부터 파송된 성직자로서의 신분을 함께 가지고(제7조 제1항), 군종장교는 소속 종단의 규율을 준수하여야 한다(제9조 제6항 제1호).

(3) 병역법 제58조 제1항, 제7항, 같은 법 시행령 제118조의2, 제119조의2 제4항 제1호에 의하면, 국방부 소속 군종장교운영심사위원회는 선정기준에 따라 군종 분야 병적편입 대상 종교의 선정 등에 관한 사항을 심의한다. 국방부는 기독교, 천주교, 불교, 원불교를 군종 분야 병적편입 대상 종교로 선정하였고, 기독교의 경우는 통합, 장로, 감리, 침례 등 10여 개 교단이 편입 가능한 반면, 불교는 조계종만 편입되어 있다. 병역법 제58조 제1항 제3호에 의하면, 현역병 입영 대상자로서 학사 이상의 학위를 가진 목사·신부·승려 또는 그 밖에 이와 동등한 직무를 수행하는 사람으로서 위 각 소속 종교단체에서 자격을 인정한 사람이 군종 분야의 현역장교 병적에 편입할 수 있다.

조계종 외 불교의 다른 종단도 관련 법령상의 요건을 충족하면 군종 분야 병적편입 대상 종교로 선정될 수 있도록 군종장교 제도를 운영하는 것이 바람직하다는 점은 별론으로 하고, 원고는 군종 분야 병적편입 대상 종교로 선정되지 않은 태고종으로 전종(轉宗)함에 따라 군 내에서 태고종 의식에 따른 종교집회를 주관할 수도, 조계종 의식에 따른 종교집회를 주관할 수도 없게 되었다. 태고종이 군종 분야 병적편입 대상종교로 선정된다 하더라도 태고종단의 자격 인정 및 추천 등 절차를 거치지 않은 채 바로 원고를 태고종 소속 군종장교로 인정할 수는 없다.

(4) 그렇다면 군 당국이 '원고가 소속 종단을 변경함으로써 군종업무의 가장 주된 업무인 종교활동을 할 수 없는 이상, 나머지 활동만으로는 군종장교로서의 업무를 제대로 수행할 수 없다'고 판단한 것은 수긍할 수 있으며, 이러한 판단에 명백한 법규 위반은 없다.

다. 그런데도 원심은 태고종 승적을 가지고 있는 원고가 군 내에서 법회 주관 등 종교활동을 수행할 수 있고, 그렇지 않더라도 교육활동과 선도활동 및 대민활동 등을 통해 군종장교 본연의 업무를 충분히 수행할 수 있으므로, 피고가 군인사법 시행령 제49조 제1항 제1호를 처분사유로 삼은 것이 위법하다고 판단하였다. 이러한 원심판단에는 군인사법 시행령 제49조 제1항 제1호에 관한 법리 등을 오해하여 판결에 영향을 미친 잘못이 있다. 이 점을 지적하는 상고이유 주장은 이유 있다.

3. 군인사법 시행령 제49조 제1항 제4호에 해당하는지 여부

가. 군인사법 제37조 제1항 제4호 및 그 위임에 따른 군인사법 시행령 제49조 제1항 제4호는 "그 밖에 군 발전에 방해가 되는 능력 또는 도덕적 결함이 있는 사람"은 현역복무에 적합하지 아니한 사람에 해당하여 전역시킬 수 있다고 규정하고 있다.

나. 한편 구 조계종 종헌은 제9조 제1항에서 "승려는 출가 독신자라야 한다."라고 규정하면서, 제2항에서 "군법사에 한하여 독신 규정이 적용되지 아니한다."라고 규정하여 군법사에 한하여 군복무기간 중 혼인을 예외적으로 허용하였다. 조계종은 2009. 3. 18. 조계종 종헌을 개정하면서 위 종헌 제9조 제2항을 삭제하였는데, 부칙 제2조 제1항은 "이 종헌 시행일(2009. 5. 16.) 이전에 군승으로서 혼인을 한 자는 종헌 제9조 제2항의 삭제에도 불구하고 군승의 자격을 유지한다."라고 규정하였다. 그런데 조계종 승려법 제34조의7 제3항은 "총무원장은 승려분한 심사[9]에서 혼인 사실이 확인

9) 필자 주: '승려분한'이란 조계종 승적을 취적한 후 출가 독신으로 청정 수행가풍과 계율 및 청규를 지키고 있음을 확인하는 절차다.

된 때에는 해당 승려를 직권 제적한다."라고 규정하고, 제54조의3 제1항 제1호 (다)목은 "승려가 법률혼이나 사실혼을 할 경우 승적을 제적한다."라고 규정하여 '혼인'의 개념을 '법률혼'에 한정하고 있지 않다. 이러한 규정을 종합하여 보면, 개정 종헌 부칙 제2조 제1항, 구 조계종 종헌 제9조 제2항에 의해 허용되는 군종장교의 혼인에는 법률혼뿐만 아니라 사실혼도 포함된다 할 것이어서, 원고가 개정 종헌 시행 이전에 사실혼 관계를 형성하였다고 하더라도 그 사정만으로 조계종 규율을 어겼다고 볼 수는 없다.

다. 그러나 아래에서 살펴보는 군인사법령 규정의 내용과 그 밖의 사정을 종합하여 보면, 결국 군 당국이 원고에게 군인사법 시행령 제49조 제1항 제4호에 해당하는 사유가 있다고 판단한 것이 군의 특수성에 비추어 명백한 법규위반에 해당하거나 재량권을 일탈·남용한 것이라고 볼 수는 없다.

(1) 군종장교는 종교활동을 통하여 장병의 사생관을 확립하고 필승의 신념을 배양하며, 장병의 국가관과 병영생활에 대한 가치관 및 윤리관을 확립하고, 건전한 병영생활과 정신전력의 극대화에 기여하는 등 군 내 영적 지도자로서의 역할을 담당한다(구 훈령 5조). 따라서 군종장교에게는 일반적으로 타 병과 장교보다 더 높은 도덕성과 책임이 요구된다고 할 수 있다.

(2) 또한, 군종장교는 앞서 본 바와 같이 소속 종단으로부터 파송된 성직자 신분을 유지하면서 소속 종단의 규율을 준수하여야 한다.

(3) 그럼에도 원고는 조계종 승적 제적처분을 받게 될 가능성이 있음을 알게 된 후 태고종 승적을 취득하고, 태고종으로 전종하고도 조계종이 피고에게 승적 제적 처분자에 대한 협조 요청을 보내 이러한 사실을 알릴 때까지 군 내에서 2년여 간 조계종 복식을 사용하여 조계종 법회를 주관하였다.

(4) 그렇다면 군의 특수성 및 군종장교의 성직자로서의 특수성에 비추어 볼 때 군 당국이 '원고가 군 발전에 방해가 되는 도덕적 결함이 있는 사람에 해당한다'고 판단한 것은 수긍할 수 있고, 이러한 판단에 명백한 법규위반은 없다.

라. 원심은, 개정 종헌 부칙 제2조 제1항, 구 조계종 종헌 제9조 제2항에 의해 허용되는 군종장교의 혼인에 사실혼도 포함되며, 원고가 개정 종헌 시행 이전에 사실혼 관계를 형성하였으므로 조계종 규율을 어겼다고 볼 수 없어, 피고가 군인사법 시행령 제49조 제1항 제4호를 처분사유로 삼은 것이 위법하다고 판단하였다.

원심판단 중 개정 종헌 부칙 제2조 제1항, 구 조계종 종헌 제9조 제2항에 의해 허용되는 군종장교의 혼인에 사실혼도 포함된다는 판단 부분에 상고이유 주장과 같이 위 종헌 규정들에 관한 법리를 오해한 잘못은 없다. '원고가 개정 조계종 종헌 시행 이전에 사실혼 관계를 형성하지 않았다'는 취지의 상고이유 주장은 원심의 증거취사와 사실인정을 다투는 것에 불과하여 적법한 상고이유로 볼 수 없다.

그러나 위와 같은 원심판단에는 군인사법 시행령 제49조 제1항 제4호에 관한 법리를 오해하여 원고의 사실혼 관계 형성 시점 이외의 다른 사정은 고려하지 아니함으로써 판결에 영향을 미친 잘못이 있다. 이 점을 지적하는 상고이유 주장은 이유 있다.

4. 결론

그러므로 원심판결을 파기하고, 사건을 다시 심리·판단하게 하기 위하여 원심법원에 환송하기로 하여, 관여 대법관의 일치된 의견으로 주문과 같이 판결한다.

요약정리 [사안의 쟁점과 판결의 요지]

대법원 2019. 12. 27. 선고 2019두37073 판결 [장교현역복무부적합자전역처분취소청구의소]

구 조계종 종헌 제9조 제2항은 군종장교로 복무하는 승려에 한하여 예외적으로 혼인을 허용하였으나, 2009. 3. 18. 종헌을 개정하면서 제9조 제2항을 삭제하여 군종장교로 복무하는 승려의 혼인도 금지하였다. 다만 부칙 제2조 제1항에 의해 개정된 조계종 종헌 시행일인 2009. 5. 16. 이전에 혼인한 군종장교들은 승려 지위를 유지할 수 있게 되었다. 한편 조계종이 원고에게 조계종 종헌을 위반하여 혼인을 하였다는 이유로 승적 제적처분을 할 예정임을 통보하자, 원고는 2015. 3. ○. 태고종 승적을 취득하였고, 조계종은 2015. 3. ○. 원고에 대하여 승적제적처분을 하였다.

이에 해군본부 현역복무부적합 조사위원회는 '원고가 조계종 계율 위반으로 승적이 박탈되어 더 이상 군종장교 업무를 수행할 수 없다'는 이유로 원고에 대하여 현역복무부적합 의결을 하였고, 해군본부 전역심사위원회도 같은 이유로 원고에 대하여 현역복무부적합 의결을 하였다. 결국 피고(국방부장관)는 위 각 의결에 따라 2017. 7. ○. 원고에 대하여 군인사법 제37조 제1항 제4호, 군인사법 시행령 제49조 제1항 제1호, 제4호에 근거하여 현역복무부적합자 전역처분을 하였다.

이 사안의 쟁점은 **군종법사가 조계종 종헌에 위반되는 결혼을 하고 군종법사 자격을**

유지하기 위해 조계종에서 태고종으로 전종한 경우에 현역복무부적합 사유가 되는지 여부였다.

대법원 2019. 12. 27. 선고 2019두37073 판결은 ① 조계종 종헌 등에 의해 허용되는 군종장교의 혼인에 사실혼도 포함되며, 원고가 개정 종헌 시행 이전에 사실혼 관계를 형성하였으므로 조계종 규율을 어겼다고 볼 수는 없으나, ② 군종장교는 종교활동을 통하여 장병의 사생관을 확립하고 필승의 신념을 배양하며, 장병의 국가관과 병영생활에 대한 가치관 및 윤리관을 확립하고, 건전한 병영생활과 정신전력의 극대화에 기여하는 등 군 내 영적 지도자로서의 역할을 담당하므로, 군종장교에게는 일반적으로 타 병과 장교보다 더 높은 도덕성과 책임이 요구된다고 할 수 있고, 군종장교는 소속 종단으로부터 파송된 성직자 신분을 유지하면서 소속 종단의 규율을 준수하여야 함에도 불구하고 원고는 조계종 승적 제적처분을 받게 될 가능성이 있음을 알게 된 후 태고종 승적을 취득하고, 태고종으로 전종하고도 조계종이 피고에게 승적 제적 처분자에 대한 협조 요청을 보내 이러한 사실을 알릴 때까지 군 내에서 2년여 간 조계종 복식을 사용하여 조계종 법회를 주관하였으므로, 군의 특수성 및 군종장교의 성직자로서의 특수성에 비추어 볼 때 군 당국이 원고가 '군 발전에 방해가 되는 도덕적 결함이 있는 사람'에 해당한다고 판단한 것은 수긍할 수 있으므로, 군 당국이 원고에 대하여 현역복무부적합자 전역처분을 한 것이 군의 특수성에 비추어 명백한 법규위반에 해당하거나 재량권을 일탈·남용한 것이라고 볼 수는 없다고 판시하였다.

판례 8

군인사법상 진급낙천 처분의 제한

대법원 2007. 9. 20. 선고 2005두13971 판결 [진급낙천처분취소]
[원심판결] 서울고등법원 2005. 9. 28. 선고 2005누3532 판결

I. 사안의 개요 [기초사실 및 사건의 경과]

1. 기초사실

원고는 2003. 7. ○. 혈중알콜농도 0.17%의 음주운전을 한 사실이 있었는데, 그 음주운전사실이 알려지지 아니한 상태에서 원고에 대한 진급심사가 이루어졌고, 원고는 2003. 9. ○. 대령진급예정자로 선발·공표되었다.

피고(육군참모총장)는 이 사건 대령진급 선발 이후인 2003. 12. 30. 군인사법 제31조와 법 시행령 제38조, 제39조 등을 관련 근거로 '진급심사 전의 음주운전 사실 은폐로 부정선발'을 처분의 사유로 하여 원고를 진급낙천자로 결정하는 처분을 하였다.

한편 원고는 위 처분 이후 업무상 횡령 등으로 군사법원에 기소되어 2004. 9. ○. 벌금 5,000,000원을 선고받았고 이후 그 판결은 확정되었다.

2. 사건의 경과

원고는 이 사건 진급낙천처분은 군인사법 제31조 제2항, 시행령 제38조 제1항이 규정하는 '진급발령 전에 진급시킬 수 없는 사유'에 해당하지 않는다고 주장하면서 진급낙천처분의 취소를 구하는 행정소송을 제기하였다.

이 사안의 쟁점은 ① **군인사법 시행령 제38조 제1항 소정의 사유가 있어야만 이를 이유로 진급선발을 취소할 수 있는 것인지 여부와 ② 진급선발을 취소하여야 할 공익상의 필요와 그 취소로 인하여 진급낙천자가 입을 불이익을 비교·교량한 후 공익상의 필요가 진급낙천자가 입을 불이익을 정당화할 만큼 강한 경우에만 진급선발을 취소할 수 있는지 여부**였다.

대법원 2007. 9. 20. 선고 2005두13971 판결은 이 사안에서 ① '진급심사 전의 음주운전 사실 은폐로 부정선발'을 이유로 대령진급 선발을 취소하는 처분을 하였다 하여 그 자체로 위법하다고는 할 수 없다고 설시한 후, ② 진급낙천 처분은 수익적 행정처분의 직권취소에 해당하므로 진급선발을 취소하여야 할 공익상의 필요와 그 취소로 인하여 진급낙천자가 입을 불이익을 비교·교량한 후 공익상의 필요가 진급낙천자가 입을 불이익을 정당화할 만큼 강한 경우에 한하여 취소할 수 있는데, 원고와 같이 진급예정자명단에 포함된 자는 진급예정자명단에서 삭제되거나 진급선발이 취소되지 않는 한 진급예정자명단 순위에 따라 진급되게 되므로 진급예정자명단 공표 이후의 진급선발취소는 실질적으로 중징계의 일종인 강등과 유사한 효과가 있는 점 및 원고가 이 사건 음주운전사실이 진급심사과정에 반영되지 않도록 부정한 방법으로 이를 은폐하였다고 보기 어려운 점, 음주운전을 하였다는 사정만으로 언제나 진급대상에서 제외된다고 할 수 없고 이 사건 음주운전사실이 진급심사 과정에 반영되었다고 하더라도 원고의 진급이 불가능하였다고 단정하기는 어려운 점, 이 사건 대령진급 선발 이후 원고는 이 사건 음주운전을 이유로 법 시행령 제38조 제1항 소정의 진급시킬 수 없는 사유에 해당하지 아니하는 약식명령 및 징계유예 결정을 받음으로써 원고에게는 자신에 대한 진급선발이 취소되지 아니하리라는 신뢰가 형성된 점 등의 사정에 비추어 보면, 군 진급인사의 적정성 등 이 사건 대령진급 선발을 취소하여야 할 공익상의 필요가 원고가 입게 될 기득권과 신뢰 및 법률생활 안정의 침해 등 불이익을 정당화할 만큼 강한 경우에 해당한다고 보기 어렵다고 보아 피고(육군참모총장)의 이 사건 처분은 위법하다고 판단하였다.

II. 판결 읽어보기 [판결 중요부분 발췌(요약)] : 대법원 2007. 9. 20. 선고 2005두13971 판결

상고이유를 판단한다.

1. 상고이유 제1, 3점 부분

원심판결 이유에 의하면, 원고는 2003. 7. ○. 혈중알콜농도 0.17%의 음주운전을 한 바가 있는 사실(이하 '이 사건 음주운전사실'이라 한다), 그런데 이 사건 음주운전사실이 알려지지 아니한 상태에서 원고에 대한 진급심사가 이루어졌고, 원고는 2003.

9. ○. 대령진급예정자로 선발·공표된 사실(이하 '이 사건 대령진급 선발'이라 한다), 이 사건 대령진급 선발 이후인 2003. 12. ○. 피고는 군인사법(이하 '법'이라 한다) 제31조와 법 시행령 제38조, 제39조 등을 관련 근거로 적고 '진급심사 전의 음주운전 사실 은폐로 부정선발'을 처분의 사유로 하여 원고를 진급낙천자로 결정하는 이 사건 처분을 한 사실, 원고는 이 사건 처분 이후 업무상 횡령 등으로 군사법원에 기소되어 2004. 9. ○. 벌금 5,000,000원을 선고받아 확정된 사실 등을 알 수 있고, 한편 법 제31조 제2항은 진급예정자로 공표된 자라 할지라도 진급발령 전에 진급시킬 수 없는 사유가 발생하였을 때에는 진급권자가 진급예정자 명단에서 삭제할 수 있도록 하고 있고 그에 터잡은 법 시행령 제38조 제1항 제1호는 '군사법원에 기소되었을 경우'를 '진급발령 전에 진급시킬 수 없는 사유'의 하나로 규정하고 있다.

피고는 이 사건 처분 이후 원고가 위와 같이 군사법원에 기소되어 유죄의 확정판결까지 받은 이상, 이 사건 처분이 취소되더라도 법 제31조 제2항 및 법 시행령 제38조 제1항 제1호에 따라 진급예정자 명단에서 삭제될 수밖에 없으므로, 결국 원고에게는 이 사건 처분의 취소로 인하여 회복할 수 있는 법률상 이익이 없을 뿐만 아니라 설령 이 사건 처분에 하자가 있다고 하더라도 행정행위의 무용한 반복을 피한다는 취지에서 그 하자가 치유되었다는 주장을 하고 있다.

그러나 법 제31조 제2항은 진급예정자로 선발·공표된 자에게 '진급발령 전에 진급시킬 수 없는 사유'가 발생한 경우 진급권자로 하여금 진급예정자 명단에서 '삭제할 수 있도록' 규정하고 있을 뿐이므로, 비록 이 사건 처분 이후 원고가 업무상 횡령 등으로 군사법원에 기소되어 원고에게 법 제31조 제2항의 '진급발령 전에 진급시킬 수 없는 사유'가 발생하였다고 하더라도 진급권자가 반드시 진급예정자 명단에서 원고를 삭제하여야 하는 것은 아니고, 설령 진급권자가 위와 같은 이유로 진급예정자 명단에서 원고를 삭제하는 내용의 새로운 처분을 한다고 하더라도 원고가 그 새로운 처분에 대하여 취소를 구하는 소를 제기하여 그 소송에서 처분이 취소될 수도 있는 것이므로 이 사건 처분의 취소로 인하여 원고에게 회복할 수 있는 법률상 이익이 없다거나 이 사건 처분의 하자가 치유되었다고 할 수는 없다.

같은 취지의 이 부분 원심판단은 정당하고, 거기에 소의 이익 및 하자의 치유에 관한 법리오해의 위법이 없으므로, 이 부분 상고이유는 이유 없다.

2. 상고이유 제2점 부분

법 제31조 제2항이 진급예정자로 공표된 자라 할지라도 진급발령 전에 '진급시킬 수 없는 사유'가 발생하였을 때에는 진급권자가 진급예정자 명단에서 삭제할 수 있도록 하고 있고 그에 터 잡은 법 시행령 제38조 제1항이 '진급시킬 수 없는 사유'에 해당하는 경우에 대하여 규정하고 있는바, 군 진급인사의 적정성 및 중요성 등에 비추어 볼 때, 비록 진급예정자 명단이 공표되었다고 하더라도 그 명단 공표 이전 내지 이후에 발생한 사정이 진급선발을 유지할 수 없게 하는 사정에 해당하거나 중대한 공익상 필요가 생긴 경우에는 그 진급선발을 취소할 수 있는 것이지 법 시행령 제38조 제1항 소정의 사유가 있어야만 이를 이유로 진급선발을 취소할 수 있는 것은 아니라 할 것이므로, 피고가 진급예정자 명단 공표 이후 법 시행령 제38조 제1항 소정의 사유가 아닌 '진급심사 전의 음주운전 사실 은폐로 부정선발'을 이유로 이 사건 대령진급 선발을 취소하는 이 사건 처분을 하였다 하여 그 자체로 위법하다고 할 수 없다.

한편, 수익적 행정처분을 취소할 때에는 이를 취소하여야 할 공익상의 필요와 그 취소로 인하여 당사자가 입게 될 기득권과 신뢰보호 및 법률생활 안정의 침해 등 불이익을 비교·교량한 후 공익상의 필요가 당사자가 입을 불이익을 정당화할 만큼 강한 경우에 한하여 취소할 수 있는바(대법원 2006. 5. 25. 선고 2003두4669 판결 등 참조), 법 및 법 시행령의 관계 규정에 따르면, 원고와 같이 진급예정자명단에 포함된 자는 진급예정자명단에서 삭제되거나 진급선발이 취소되지 않는 한 진급예정자명단 순위에 따라 진급하게 되므로 이 사건 처분은 진급예정자로서 가지는 원고의 이익을 침해하는 수익적 행정행위의 직권취소의 경우에 해당하고, 따라서 위 법리에 따라 이 사건 대령진급 선발을 취소하여야 할 공익상 필요와 그 취소로 인하여 원고가 입을 기득권과 신뢰보호 및 법률생활 안정의 침해 등 불이익을 비교·교량한 후 공익상 필요가 원고의 기득권 침해 등 불이익을 정당화할 수 있을 만큼 강한 경우라야만 이 사건 처분이 적법하다고 할 수 있을 것이다.

그런데 원고와 같이 진급예정자명단에 포함된 자는 진급예정자명단에서 삭제되거나 진급선발이 취소되지 않는 한 진급예정자명단 순위에 따라 진급되게 되므로 진급예정자명단 공표 이후의 진급선발취소는 실질적으로 중징계의 일종인 강등과 유사한 효과가 있는 점 및 기록에 의하여 나타난 다음과 같은 사정, 즉 원고가 이 사건 음주운전사실이 진급심사과정에 반영되지 않도록 부정한 방법으로 이를 은폐하였다고 보기 어려운 점, 음주운전을 하였다는 사정만으로 언제나 진급대상에서 제외된다고 할 수 없고 이 사건 음주운전사실이 진급심사 과정에 반영되었다고 하더라도 원고의 진급이 불가능하였다고 단정하기는 어려운 점, 이 사건 대령진급 선발 이후 원고는 이 사건 음주운전을 이유로 법 시행령 제38조 제1항 소정의 진급시킬 수 없는 사유에 해당하지 아니하는 약식명령 및 징계유예 결정을 받음으로써 원고에게는 자신에 대한 진급선발이 취소되지 아니하리라는 신뢰가 형성된 점 등에 비추어 보면, 군 진급인사의 적정성 등 이 사건 대령진급 선발을 취소하여야 할 공익상의 필요가 원고가 입게 될 기득권과 신뢰 및 법률생활 안정의 침해 등 불이익을 정당화할 만큼 강한 경우에 해당한다고 보기 어렵다고 할 것이므로 결국 이 사건 처분은 위법하다고 할 것이다.

따라서 원심판단은 그 이유 설시에 다소 미흡한 점은 있으나 이 사건 처분이 위법하다고 본 결론에 있어서는 정당하고, 거기에 상고이유에서 주장하는 바와 같은 수익적 행정행위의 직권취소에 관한 법리오해로 인하여 판결 결과에 영향을 미친 위법이 없으므로 이 부분 상고이유 역시 이유 없다.

3. 결론

그러므로 상고를 기각하고, 상고비용은 패소자인 피고가 부담하기로 하여 관여 대법관의 일치된 의견으로 주문과 같이 판결한다.

요약정리 [사안의 쟁점과 판결의 요지]

대법원 2007. 9. 20. 선고 2005두13971 판결 [진급낙천처분취소]

이 사안의 쟁점은 **① 군인사법 시행령 제38조 제1항 소정의 사유가 있어야만 이를 이유로 진급선발을 취소할 수 있는 것인지 여부와 ② 진급선발을 취소하여야 할 공익상의 필요와 그 취소로 인하여 진급낙천자가 입을 불이익을 비교·교량한 후 공익상의 필요가 진급낙천자가 입을 불이익을 정당화할 만큼 강한 경우에만 진급선발을 취소할 수 있는지 여부**였다.

대법원 2007. 9. 20. 선고 2005두13971 판결은 ① '진급심사 전의 음주운전 사실 은폐로 부정선발'을 이유로 대령진급 선발을 취소하는 처분을 하였다 하여 그 자체로 위법하다고는 할 수 없다고 설시한 후, ② 진급낙천 처분은 수익적 행정처분의 직권취소에 해당하므로 진급선발을 취소하여야 할 공익상의 필요와 그 취소로 인하여 진급낙천자가 입을 불이익을 비교·교량한 후 공익상의 필요가 진급낙천자가 입을 불이익을 정당화할 만큼 강한 경우에 한하여 취소할 수 있는데, 원고와 같이 진급예정자명단에 포함된 자는 진급예정자명단에서 삭제되거나 진급선발이 취소되지 않는 한 진급예정자 명단 순위에 따라 진급되게 되므로 진급예정자명단 공표 이후의 진급선발취소는 실질적으로 중징계의 일종인 강등과 유사한 효과가 있는 점 및 원고가 이 사건 음주운전사실이 진급심사과정에 반영되지 않도록 부정한 방법으로 이를 은폐하였다고 보기 어려운 점, 음주운전을 하였다는 사정만으로 언제나 진급대상에서 제외된다고 할 수 없고 이 사건 음주운전사실이 진급심사 과정에 반영되었다고 하더라도 원고의 진급이 불가능하였다고 단정하기는 어려운 점, 이 사건 대령진급 선발 이후 원고는 이 사건 음주운전을 이유로 법 시행령 제38조 제1항 소정의 진급시킬 수 없는 사유에 해당하지 아니하는 약식명령 및 징계유예 결정을 받음으로써 원고에게는 자신에 대한 진급선발이 취소되지 아니하리라는 신뢰가 형성된 점 등의 사정에 비추어 보면, 군 진급인사의 적정성 등 이 사건 대령진급 선발을 취소하여야 할 공익상의 필요가 원고가 입게 될 기득권과 신뢰 및 법률생활 안정의 침해 등 불이익을 정당화할 만큼 강한 경우에 해당한다고 보기 어렵다고 보아 피고(육군참모총장)의 이 사건 처분은 위법하다고 판시하였다.

☞ **대법원 2007. 9. 20. 선고 2005두13971 판결**에 의하면, ① 군 진급인사의 적정성 및 중요성 등에 비추어 볼 때, 비록 진급예정자 명단이 공표되었다고 하더라도 그 명단 공표 이전 내지 이후에 발생한 사정이 진급선발을 유지할 수 없게 하는 사정에 해당하거나 중대한 공익상 필요가 생긴 경우에는 그 진급선발을 취소할 수 있는 것이고, 군인사법 시행령 제38조 제1항 소정의 사유가 있어야만 이를 이유로 진급선발을 취소할 수 있는 것은 아니라 할 것이므로, 진급예정자 명단 공표 이후 군인사법 시행령 제38조 제1항 소정의 사유가 아닌 '진급심사 전의 음주운전 사실 은폐로 부정선발'을 이유로 진급 선발을 취소하는 처분을 하더라도 그 자체로 위법하다고 할 수는 없으나, ② 다만, 진급낙천 처분은 수익적 행정처분의 직권취소에 해당하므로 진급선발을 취소하여야 할 공익상의 필요와 그 취소로 인하여 진급낙천자가 입을 불이익을 비교·교량한 후 공익상의 필요가 진급낙천자가 입을 불이익을 정당화할 만큼 강한 경우라면 진급선발을 취소할 수 있다.

한편 ① 사회적으로 음주운전에 대해 무관용 원칙하에서 엄정한 대응이 요청되고 있고, ② '장교인사관리규정'(육군규정 110호), '장교 진급지시' 등의 규정들에 진급낙천 사유가 규정되어 있으며[예, 육지시 제21-1007호인 2022년도 장교 진급지시에는 진급예정자 명단에 공표된 자라 할지라도 진급발령 전에 '진급시킬 수 없는 사유' 발생 시 절차에 따라 진급예정자 명단에서 삭제할 수 있다고 규정하면서 '진급 시킬 수 없는 사유'로 군사법원에 기소되었을 경우(약식명령이 청구된 경우는 제외), <u>중징계의 처분을</u>

받았을 경우 등을 규정하고 있다], ③ 국방부 군인·군무원 징계업무처리 훈령 등에는 음주운전에 대한 징계양정이 혈중알콜농도 0.08% 이상인 경우에는 정직-강등으로 규정되어 있고,[10] ④ 음주운전을 한 지휘관 등에 대해서는 사안에 따라 보직해임처분이 내려지기도 하는 점 등을 고려할 때, 진급심사 전의 음주운전 사실이 진급선발 이후에 발견된 경우 진급 선발을 취소하여야 할 공익상 필요와 그 취소로 인하여 진급낙천이 되는 군인이 입을 기득권과 신뢰보호 및 법률생활 안정의 침해 등 불이익에 대한 비교·교량에 있어 앞으로는 개별 사건의 구체적 사정에 따라 법원의 결론이 달라질 가능성이 크다고 할 것이다.

10) 현행 규정상 음주운전의 경우에는 징계권자는 반드시 징계의결요구를 하여야 하고, 징계유예가 불가능할 뿐만 아니라, 징계위원회에서 결정된 징계벌목에 대한 징계권자의 감경도 불가능하다.

판례 9

사적 생활에서의 음주까지 금지하는 사관학교의 금주조항이 사관생도의 일반적 행동자유권, 사생활의 비밀과 자유 등 기본권을 과도하게 제한하는 것으로서 무효인지 여부

대법원 2018. 8. 30. 선고 2016두60591 판결 [퇴학처분취소]
[원심판결] 대구고등법원 2016. 11. 11. 선고 2016누4806 판결

I. 사안의 개요 [기초사실 및 사건의 경과]

1. 기초사실

원고는 2014. 1.경 육군○사관학교에 입교한 사관생도로서, 원고는 2014. 11. 중순 외박 중 B와 함께 소주 1병을 나누어 마셨고, 2015. 4.경 가족과 함께 저녁 식사를 하면서 부모의 권유로 소주 2~4잔 정도를 마셨으며, 2015. 8. 하계휴가기간 중 친구인 C와 함께 소주 4~5잔 정도를 마셨고, 2015. 9.경 추석 연휴에 집에서 차례를 지내고 정종 2잔을 음복하였다.

피고 육군○사관학교 교장은 품행이 매우 불량한 생도, 군기를 문란하게 하는 등 사관생도로서 지켜야 할 규칙을 준수하지 아니한 생도, 학업성적이 불량하여 졸업할 가능성이 없는 생도, 질병이나 그 밖의 심신의 장애로 인하여 정해진 과정을 이수할 수 없는 생도, 학칙을 위반한 생도에 해당하는 사관생도를 퇴학시킬 수 있다(육군3사관학교 설치법 시행령 제18조 제1항).

육군○사관학교 학칙의 하위문서인 「사관생도 행정예규」(이하 2015. 5. 19. 개정되기 전의 것을 '구 예규'라고 하고, 2015. 5. 19. 개정되고 2016. 3. 3. 개정되기 전의 것을 '예규'라고 한다)에 의하면, "생도는 음주를 할 수 없다."라거나(구 예규 제12조, 품위유지의무) "생도는 음주를 할 수 없다. 단, 부득이한 부모님 상/기일 등으로 본인이 음주를 하여야 할 경우 훈육대장의 승인을 받아야 한다."라고 규정하고 있다(예규 제12조, 이하 구 예규의 해당 규정까지 통틀어 '이 사건 금주조항'이라고 한다). 품위유지의무위반은 '1급사고'로서 이를 2회 이상 반복하여 범한 경우 원칙으로 퇴학 조치하도록 되어 있다(구 예규 및 예규 제61조 제1호 가목).

육군○사관학교 교육운영위원회는 2015. 11. 생도대 위원회가 회부한 원고에 대

한 품위유지의무위반(음주)에 대하여 심의한 결과 원고에 대하여 퇴학을 의결하였다. 이에 따라 피고는 2015. 11.경 원고를 퇴학에 처하는 이 사건 처분을 하였다.

2. 사건의 경과

이 사안의 쟁점은 **사적 생활에서의 음주까지 금지하는 사관학교의 금주조항이 사관생도의 일반적 행동자유권, 사생활의 비밀과 자유 등 기본권을 과도하게 제한하는 것으로서 무효인지 여부**였다.

1심(대구지방법원 2016. 3. 23. 선고 2015구합24132 판결)과 원심(대구고등법원 2016. 11. 11. 선고 2016누4806 판결)은 ① 육군○사관학교는 올바른 가치관 및 도덕적 품성을 바탕으로 한 리더십을 갖추고 군사전문가로서의 기초 자질을 겸비한 정예장교 양성을 목표로 설립된 교육기관이며, 육군○사관학교는 사관생도가 올바른 가치관 및 도덕적 품성과 극기, 절제의 자세를 갖춘 장교로서의 자질을 겸비할 것을 무엇보다도 중요시하여 이를 위하여 사관학교에 특유한 3금제도(금주, 금연, 금혼)를 유지하고 있는데, 이 사건 금주조항은 사관학교의 설립목적이나 교육목적, 기타 법령의 위임취지 등에 비추어 헌법이나 법률에 합치되지 아니하거나 현저히 부당한 것으로는 보이지 않으므로, 사관생도가 품위유지의무를 위반한 때에는 이 사건 금주조항에 따라 퇴학시킬 수 있고, ② 원고는 사관학교 특유의 3금제도가 있음을 인식하고 이로 인하여 원고의 기본권이 일부 제한된다는 사실을 잘 알면서도 이를 모두 수용하기로 하고 육군○사관학교에 입학하였음에도 불구하고 원고는 이 사건 금주조항을 명백하게 위반하였으며, ③ 사관생도 행정예규에서 정한 각 사고 유형과 징계처분기준이 그 자체로 헌법이나 법률에 합치되지 아니하거나 위 처분기준에 따른 징계처분이 그 처분사유가 된 위반행위의 내용 및 관계 법령의 규정 내용과 취지에 비추어 현저히 부당하다고 인정할 만한 합리적인 이유가 없는 한 기준에 따른 징계처분은 원칙적으로 재량권의 범위 내에서 이루어졌다고 보는 것이 타당하므로, 원고가 이 사건 금주조항을 위반한 사정에 더하여, 육군○사관학교에서 퇴학처분을 받은 사람도 본인이 원하면 현역의 부사관으로 임용될 수 있는 점, 현역병으로 복무할 경우에는 퇴학 전에 받은 군사훈련기간이 복무기간에 포함되도록 하여 사관생도가 퇴학처분으로 인하여 입게 되는 불이익을 완화하고 있는 점 등을 종합하여 보면, 원고가 이 사건 퇴학처분으로 인하여 받게 될 불이익이 피고가 달성하고자 하는 공공목적보다 현저하게 크다고 할 수 없으므로 이 사건 퇴학처분이 재량권을 일탈·남용하였다고 볼 수 없다는 이유로 이 사건 퇴학처분이 적법하다고 판단하였다.

그러나 **대법원 2018. 8. 30. 선고 2016두60591 판결**은 ① 사관생도는 군 장교를 배출하기 위하여 국가가 모든 재정을 부담하는 특수교육기관인 육군○사관학교의 구성원으로서, 사관학교에 입학한 날에 육군 사관생도의 병적에 편입하고 준사관에 준하는 대우를 받는 특수한 신분관계에 있으므로(육군3사관학교 설치법 시행령 제3조), 그 존립 목적을 달성하기 위하여 필요한 한도 내에서 일반 국민보다 상대적으로 기본권이 더 제한될 수 있으나, 그러한 경우에도 법률유보원칙, 과잉금지원칙 등 기본권 제한의 헌법상 원칙들이 지켜져야 하며, ② 육군3사관학교 설치법 및 시행령, 육군3사관학교 학칙 및 사관생도 행정예규 등에서 육군○사관학교의 설치 목적과 교육목표를 달성하기 위하여 사관생도가 준수하여야 할 사항을 정하고 이를 위반한 행위에 대하여는 징계를 규정할 수 있고 이러한 규율은 가능한 한 존중되어야 하나, 사관학교의 설치 목적과 교육 목표를 달성하기 위하여 사관학교는 사관생도에게 교내 음주 행위, 교육·훈련 및 공무 수행 중의 음주 행위, 사적 활동이더라도 신분을 나타내는 생도 복장을 착용한 상태에서 음주하는 행위, 생도 복장을 착용하지 않은 상태에서 사적 활동을 하는 때에도 이로 인하여 사회적 물의를 일으킴으로써 품위를 손상한 경우 등에는 이러한 행위들을 금지하거나 제한할 필요가 있으나 여기에 그치지 않고 나아가 사관생도의 모든 사적 생활에서까지 예외 없이 금주의무를 이행할 것을 요구하는 것은 사관생도의 일반적 행동자유권은 물론 사생활의 비밀과 자유를 지나치게 제한하는 것이고, ③ 구 예규 및 예규 제12조에서 사관생도의 모든 사적 생활에서까지 예외 없이 금주의무를 이행할 것을 요구하면서 제61조에서 사관생도의 음주가 교육 및 훈련 중에 이루어졌는지 여부나 음주량, 음주 장소, 음주 행위에 이르게 된 경위 등을 묻지 않고 일률적으로 2회 위반 시 원칙으로 퇴학 조치하도록 정한 것은 사관학교가 금주제도를 시행하는 취지에 비추어 보더라도 사관생도의 기본권을 지나치게 침해하는 것이므로, 위 금주조항은 사관생도의 일반적 행동자유권, 사생활의 비밀과 자유 등 기본권을 과도하게 제한하는 것으로서 무효라고 판시하며 원심판결을 파기환송하였다.

II. 판결 읽어보기 [판결 중요부분 발췌(요약)] : 대법원 2018. 8. 30. 선고 2016두60591 판결

1. 사건의 경위

(생략)

2. 원심 판단

(생략)

3. 대법원의 판단

가. 헌법 제10조는 행복추구권과 여기서 파생된 일반적 행동자유권을 보장하고 있고, 헌법 제17조는 사생활의 비밀과 자유를 기본권으로 보장하고 있다. 이들 기본권은 헌법 제37조 제2항에 따라 국가안전보장·질서유지 또는 공공복리를 위하여 필요한 경우에 한하여 법률로써 제한할 수 있으나, 제한하는 경우에도 자유와 권리의 본질적인 내용을 침해할 수 없다.

한편 사관생도는 군 장교를 배출하기 위하여 국가가 모든 재정을 부담하는 특수교육기관인 육군○사관학교의 구성원으로서, 학교에 입학한 날에 육군 사관생도의 병적에 편입하고 준사관에 준하는 대우를 받는 특수한 신분관계에 있다(육군3사관학교 설치법 시행령 제3조). 따라서 그 존립 목적을 달성하기 위하여 필요한 한도 내에서 일반 국민보다 상대적으로 기본권이 더 제한될 수 있으나, 그러한 경우에도 법률유보원칙, 과잉금지원칙 등 기본권제한의 헌법상 원칙들을 지켜야 한다(대법원 2018. 3. 22. 선고 2012두26401 전원합의체 판결 참조).

나. 육군3사관학교 설치법 및 시행령, 그 위임에 따른 육군○사관학교 학칙 및 사관생도 행정예규 등에서 육군○사관학교의 설치 목적과 교육 목표를 달성하기 위하여 사관생도가 준수하여야 할 사항을 정하고 이를 위반한 행위에 대하여는 징계를 규정할 수 있고 이러한 규율은 가능한 한 존중되어야 한다. 이러한 전제에서 이 사건 금주조항이 기본권제한의 헌법상 원칙인 과잉금지원칙에 위반되는지 살펴보기로 한다.

첫째, 구 예규 제12조 제1호는 "생도는 음주를 할 수 없다."라고 규정함으로써 사관생도에게 예외 없는 금주의무를 부과하고 있고, 예규 제12조 제1호는 "생도는 음주를 할 수 없다. 단, 부득이한 부모님 상/기일 등으로 본인이 음주를 하여야 할 경우 훈육대장의 승인을 받아야 한다."라고 규정함으로써 사관생도에게 원칙적으로 금주의무를 부과하면서 부모님 상/기일과 같은 부득이한 사정이 있는 경우에만 훈육대장의 승인을 얻어 음주를 허용하고 있다. 사관학교의 설치 목적과 교육 목표를 달성하기 위하여 사관학교는 사관생도에게 교내 음주 행위, 교육·훈련 및 공무 수행 중의 음주 행위, 사적 활동이라 하더라도 신분을 나타내는 생도 복장을 착용한 상태에서 음주하는 행위, 생도 복장을 착용하지 않은 상태에서 사적 활동을 하는 때에도 이로 인하여 사회적 물의를 일으킴으로써 품위를 손상한 경우 등에는 이러한 행위들을 금지하거나 제한할 필요가 있음은 물론이다. 그러나 여기에 그치지 않고 나아가 사관생도의 모든 사적 생활에서까지 예외 없이 금주의무를 이행할 것을 요구하는 것은 사관생도의 일반적 행동자유권은 물론 사생활의 비밀과 자유를 지나치게 제한하는 것이다.

둘째, 퇴학은 학적을 박탈하여 사관생도의 신분 관계를 소멸시킨다는 점에서 징계 중 가장 가혹한 처분에 해당하므로, 적어도 교육상 필요 또는 학내 질서유지라는 징계 목적에 비추어 중한 징계 사유가 있는 경우에 예외적으로 행해져야 한다. 그런데 사관생도 행정예규 제61조에 의하면, 음주는 품위유지의무 위반으로 1급사고이고, 이를 2회 이상 반복하여 범한 경우에는 퇴학 조치가 원칙이다. 그런데 구 예규 및 예규 제12조에서 사관생도의 모든 사적 생활에서까지 예외 없이 금주의무를 이행할 것을 요구하면서, 그 제61조에서 사관생도의 음주가 교육 및 훈련 중에 이루어졌는지 여부나 음주량, 음주 장소, 음주 행위에 이르게 된 경위 등을 묻지 않고 일률적으로 2회 위반 시 원칙으로 퇴학조치하도록 정한 것은 사관학교가 금주제도를 시행하는 취지에 비추어 보더라도 사관생도의 기본권을 지나치게 침해하는 것이다.

결국 이 사건 금주조항은 사관생도 교육의 특수성을 고려하더라도 기본권제한을 최소화하는 방안을 전혀 강구하지 아니함으로써 사관생도의 일반적 행동자유권, 사생활의 비밀과 자유 등 기본권을 과도하게 제한하는 것으로서 무효라고 보아야 한다.

그런데도 원심은 이와 달리, 원고에 대하여 이 사건 금주조항을 적용하여 한 이 사건 퇴학처분이 적법하다고 판단하였다. 이러한 원심판결에는 이 사건 금주조항의 위헌성 및 해석·적용 등에 관한 법리를 오해하여 판결에 영향을 미친 잘못이 있다. 이 점을 지적하는 상고이유 주장은 이유 있다.

4. 결론

그러므로 나머지 상고이유에 대한 판단을 생략한 채 원심판결을 파기하고, 사건을 다시 심리·판단하게 하기 위하여 원심법원에 환송하기로 하여, 관여 대법관의 일치된 의견으로 주문과 같이 판결한다.

요약정리 [사안의 쟁점과 판결의 요지]

대법원 2018. 8. 30. 선고 2016두60591 판결 [퇴학처분취소]

이 사안의 쟁점은 **사적 생활에서의 음주까지 금지하는 사관학교의 금주조항이 사관생도의 일반적 행동자유권, 사생활의 비밀과 자유 등 기본권을 과도하게 제한하는 것으로서 무효인지 여부**였다.

대법원 2018. 8. 30. 선고 2016두60591 판결은 ① 사관생도는 육군○사관학교의 구성원으로서 사관학교의 존립 목적을 달성하기 위하여 필요한 한도 내에서 일반 국민보다 상대적으로 기본권이 더 제한될 수 있으나, 그러한 경우에도 법률유보원칙, 과잉금지원칙 등 기본권 제한의 헌법상 원칙들을 지켜야 하며, ② 육군3사관학교 설치법 및 시행령, 그 위임에 따른 육군○사관학교 학칙 및 사관생도 행정예규 등에서 육군○사관학교의 설치 목적과 교육 목표를 달성하기 위하여 사관생도가 준수하여야 할 사항을 정하고 이를 위반한 행위에 대하여는 징계를 규정할 수 있고 이러한 규율은 가능한 한 존중되어야 하나, ③ 이 사건에서 사관생도의 모든 사적 생활에서까지 예외 없이 금주의무를 이행할 것을 요구하는 것은 사관생도의 일반적 행동자유권은 물론 사생활의 비밀과 자유를 지나치게 제한하는 것이고, 구 예규 및 예규 제12조에서 사관생도의 모든 사적 생활에서까지 예외 없이 금주의무를 이행할 것을 요구하면서 제61조에서 사관생도의 음주가 교육 및 훈련 중에 이루어졌는지 여부나 음주량, 음주 장소, 음주 행위에 이르게 된 경위 등을 묻지 않고 일률적으로 2회 위반 시 원칙으로 퇴학 조치하도록 정한 것은 사관학교가 금주제도를 시행하는 취지에 비추어 보더라도 사관생도의 기본권을 지나치게 침해하는 것이므로, 위 금주조항은 사관생도의 일반적 행동자유권, 사생활의 비밀과 자유 등 기본권을 과도하게 제한하는 것으로서 무효라고 판시하였다.

판례 10

전공사망심사위원회의 순직비해당결정이 행정처분인지 여부

대법원 2017. 9. 21. 선고 2017두42514 판결 [순직비해당결정처분취소]
[원심판결] 대전고등법원 2017. 4. 6. 선고 2016누10976 판결

I. 사안의 개요 [기초사실 및 사건의 경과]

1. 기초사실

군의문사진상규명위원회는 군 복무 중 사망한 원고의 동생인 망소외인(이하 '망인'이라고 한다)의 사망구분에 관하여 재심의할 것을 국방부에 요청하였다.

이에 국방부 중앙전공사망심사위원회가 재심의를 거쳐 망인이 전공사상자 처리훈령 [별표 1]의 전공사상분류기준표의 순직요건에 해당하지 않는다고 의결을 하였고, 피고(육군참모총장)는 2015. 1.경 유족 A에게 위 의결 결과를 통보하였다.

원고는 국방부 중앙전공사망심사위원회로부터 통보받은 의결 결과에 불복하여 이 사건 소를 제기하였다.

2. 사건의 경과

이 사안의 쟁점은 **전공사망심사위원회의 순직비해당결정이 행정처분인지 여부**였다.

원심(대전고등법원 2017. 4. 6. 선고 2016누10976 판결)은 심사위원회의 '순직해당결정'을 받으면 사망일로부터 5년이 경과하여 소멸시효가 완성되었더라도 국방부가 사실상 사망보상금을 지급하고 있다거나, 실무상 별도의 심사 없이 국립묘지 안장대상자 또는 특별진급 대상자로 인정된다는 등의 이유로, 이 사건 통보가 항고소송의 대상인 처분에 해당한다고 판단하였다.

그러나 **대법원 2017. 9. 21. 선고 2017두42514 판결**은 이 사건 통보는 망인의 사망에 관한 사실관계를 확인해 주는 것에 불과하고 그 자체로 망인의 유족인 원고의 권리의무에 직접적으로 영향을 미치는 행위라고 볼 수 없다는 이유로 항고소송의

대상이 되는 행정처분에 해당하지 않는다고 판시하였다.

II. 판결 읽어보기 [판결 중요부분 발췌(요약)] : 대법원 2017. 9. 21. 선고 2017두42514 판결

1. 행정청의 어떤 행위가 항고소송의 대상이 될 수 있는지 아닌지는 추상적·일반적으로 결정할 수 없고, 행정처분은 행정청이 공권력의 주체로서 행하는 구체적 사실에 관한 법집행으로서 국민의 권리의무에 직접적으로 영향을 미치는 행위라는 점을 염두에 두고, 관련 법령의 내용과 취지, 그 행위의 주체·내용·형식·절차, 그 행위와 상대방 등 이해관계인이 입는 불이익과의 실질적 견련성, 그리고 법치행정의 원리와 당해 행위에 관련한 행정청 및 이해관계인의 태도 등을 참작하여 구체적·개별적으로 결정하여야 한다(대법원 2010. 11. 18. 선고 2008두167 전원합의체 판결 참조).

2. (1) 원심이 인용한 제1심판결 이유에 의하면, 다음과 같은 사실을 알 수 있다.

① 원고의 동생인 망 소외인(이하 '망인'이라고 한다)은 1987. 9. ○. 육군에 입대하여 근무하던 중 1988. 8. ○. 00:15경 155mm 자주포 포신에 나일론 끈으로 목을 맨 상태로 발견되어 병원으로 후송되었으나 사망하였다.

② 군의문사진상규명위원회는 2008. 1. ○. '망인은 소속대 전입 이후 보호·관심사병으로 지정되었으나 선임병들로부터 수시로 폭행을 당하거나 각종 얼차려와 갈굼, 무시를 당하여 적응장애 현상을 나타내다가 점차 우울 상태가 심화되었고, 적절한 치료관리를 받지 못한 결과 그 정신병적 증상이 발현되어 사망에 이르게 되었다고 인정한다'는 내용의 진상규명결정을 하면서 국방부장관에게 망인의 사망구분에 관하여 재심의할 것을 요청하였다.

③ 국방부 중앙전공사망심사위원회는 2015. 1. ○. 망인이 전공사상자 처리 훈령(2014. 8. 28.자 국방부훈령 제1691호, 이하 '이 사건 훈령'이라고 한다) [별표 1]의 전공사상분류기준표의 순직요건에 해당하지 아니한다고 의결하였고, 피고는 2015. 1. ○. 원고에게 위 의결 결과를 통보(이하 '이 사건 통보'라고 한다)하였다.

(2) 원심은 위 인정사실을 기초로, 심사위원회의 '순직해당결정'을 받으면 사망일로부터 5년이 경과하여 소멸시효가 완성되었더라도 국방부가 사실상 사망보상금을 지급하고 있다거나, 실무상 별도의 심사 없이 국립묘지 안장대상자 또는 특별진급 대상

자로 인정된다는 등의 이유를 들어, 이 사건 통보가 항고소송의 대상인 처분에 해당한다고 판단하였다.

3. 그러나 원심의 판단은 아래와 같은 이유로 받아들일 수 없다.

(1) 이 사건 훈령은 군의 전·공사상자의 구분과 확인 등에 관한 사항을 규정함을 목적으로 하고(제1조), 사망을 전사, 순직, 일반사망으로 구분하고 있으며(제3조), 각 군 참모총장이 보통전공사망심사위원회의 심사를 거쳐 제3조에 따른 사망구분을 하고, 유족의 심사요청 등 일정한 경우에는 국방부장관이 중앙전공사망심사위원회의 심사를 거쳐 제3조에 따른 사망구분을 하며(제6조), 각 군 참모총장은 사망이 확인되거나 구분된 때에는 일정한 경우 국가보훈처, 유족 등에게 통지하도록 정하고 있다(제8조). 그리고 2015. 6. 22. 개정된 군인사법에서는 전사자를 전사자, 순직자, 일반사망자로 구분하면서 구체적 구분기준, 방법 등에 필요한 사항을 대통령령에 위임하고 있고(제54조의2), 전공사망심사위원회에 대한 근거 규정(제54조의3)이 신설되었다.

한편 국가유공자 등 예우 및 지원에 관한 법률, 보훈보상대상자 지원에 관한 법률, 군인사법, 군인연금법, 국립묘지의 설치 및 운영에 관한 법률 등 사망구분과 관련된 법령에는 심사위원회의 심사에 따라 결정한다는 취지의 규정이 존재하지 아니한다.

(2) 위와 같은 사실관계와 관련 법령의 내용 등을 앞서 본 법리에 따라 살펴보면, 망인이 국가유공자나 보훈보상대상자, 사망보상금 지급 대상자, 국립묘지 안장대상자에 해당하는지 등은 각 관련 법령에 따라 관할 행정청이 독자적인 심사 및 판단과정을 거쳐 결정하고, 참고자료에 불과한 심사위원회의 사망구분에 기속되어야 한다고 볼 법적 근거가 없다. 따라서 이 사건 통보는 망인의 사망에 관한 사실관계를 확인해 주는 것에 불과하고, 그 자체로 망인의 유족인 원고의 권리의무에 직접적으로 영향을 미치는 행위라고 볼 수 없으므로, 항고소송의 대상이 되는 행정처분에 해당하지 아니한다(대법원 1995. 10. 12. 선고 95누7505 판결, 대법원 2015. 12. 10. 선고 2015두2390 판결 참조).

(3) 따라서 원심판결에는 항고소송의 대상이 되는 행정처분에 관한 법리를 오해하여 판결에 영향을 미친 잘못이 있다.

4. 그러므로 나머지 상고이유에 대한 판단을 생략한 채, 원심판결을 파기하되, 이 사건은 대법원이 직접 재판하기에 충분하므로 자판하기로 한다. 원고 A의 이 사건 소는 부적법하여 각하하여야 할 것인데, 제1심판결은 이와 결론이 같아 정당하므로, 원고 A의 항소를 기각하고, 항소제기 이후의 소송비용은 패소자가 부담하도록 하여, 관

여 대법관의 일치된 의견으로 주문과 같이 판결한다.

요약정리 [사안의 쟁점과 판결의 요지]

대법원 2017. 9. 21. 선고 2017두42514 판결 [순직비해당결정처분취소]

이 사안의 쟁점은 **국방부 중앙전공사망심사위원회가 원고의 동생인 망인이 전공사상자 처리 훈령 [별표 1]의 전공사상분류기준표의 순직요건에 해당하지 않는다고 의결한 후 원고에게 그 의결 결과를 통보한 것이 행정처분에 해당하는지 여부**였다.

원심(대전고등법원 2017. 4. 6. 선고 2016누10976 판결)은 심사위원회의 '순직해당결정'을 받으면 사망일로부터 5년이 경과하여 소멸시효가 완성되었더라도 국방부가 사실상 사망보상금을 지급하고 있다거나, 실무상 별도의 심사 없이 국립묘지 안장대상자 또는 특별진급 대상자로 인정된다는 등의 이유로, 이 사건 통보가 항고소송의 대상인 처분에 해당한다고 판단하였다.

그러나 **대법원 2017. 9. 21. 선고 2017두42514 판결**은 이 사건 통보는 망인의 사망에 관한 사실관계를 확인해 주는 것에 불과하고 그 자체로 망인의 유족인 원고의 권리 의무에 직접적으로 영향을 미치는 행위라고 볼 수 없다는 이유로 항고소송의 대상이 되는 행정처분에 해당하지 않는다고 판시하였다.

☞ **군 복무 중 사망한 군인이 국가유공자나 보훈보상대상자, 사망보상금 지급 대상자, 국립묘지 안장대상자에 해당하는지 등은 각 관련 법령에 따라 관할 행정청이 독자적인 심사 및 판단과정을 거쳐 결정되고, 전공사망심사위원회의 사망구분은 그러한 심사 및 판단과정의 참고자료에 불과하다.**

판례 11

군인 등이 복무 중 자살한 경우에도 직무수행 또는 교육훈련과 사망 사이에 상당인과관계가 인정된다면 보훈보상대상자에 해당하는지 여부

대법원 2020. 2. 13. 선고 2017두47885 판결 [국가유공자및보훈보상대상자비대상결정취소]

[원심판결] 대구고등법원 2017. 5. 26. 선고 2016누5168 판결

I. 사안의 개요 [기초사실 및 사건의 경과]

1. 기초사실

2014. 6.경 육군에 입대하여 전차대대 화포 정비병으로 복무하던 망인은 혹한기 훈련 포상휴가를 나왔다가 부대복귀일인 2015. 5.경 열차에 뛰어들어 자살하였는데, 망인은 자살 직전 극심한 직무상 스트레스와 정신적인 고통으로 우울증세가 악화되어 정상적인 인식능력이나 행위선택능력, 정신적 억제력이 현저히 저하된 상태에서 자살에 이르게 된 것으로 추단되었다.

2. 사건의 경과

이 사안의 쟁점은 **군에 입대하여 복무하던 망인이 자살 직전 극심한 직무상 스트레스와 정신적인 고통으로 우울증세가 악화되어 정상적인 인식능력이나 행위선택능력, 정신적 억제력이 현저히 저하된 상태에서 자살을 한 경우, 자살을 하였다는 이유로 망인이 국가유공자 또는 보훈보상대상자가 될 수 없는지 여부**였다.

원심(대구고등법원 2017. 5. 26. 선고 2016누5168 판결)은, ① 군인이 군 복무 중 자살로 인하여 사망한 경우에도 국가유공자 등 예우 및 지원에 관한 법률 제4조 제1항 제5호의 순직군경 또는 보훈보상대상자 지원에 관한 법률 제2조 제1항 제1호의 재해사망군경에 해당하는지 여부는 교육훈련 또는 직무수행과 사망 사이에 상당인과관계가 있는지 여부에 따라 판단하여야 하고, ② 군 복무 중의 교육훈련 또는 직무수행

과 자살 사이에 상당인과관계가 있는지 여부는 자살자의 나이와 성행 및 직위, 직무수행으로 인한 스트레스가 자살자에게 가한 긴장도 내지 중압감의 정도와 지속시간, 자살자의 신체적·정신적 상황과 자살자를 둘러싼 주위 상황, 우울증의 발병과 자살행위의 시기, 기타 자살에 이르게 된 경위, 기존 정신질환의 유무 및 가족력 등을 종합적으로 고려하여 신중히 판단하여야 하고, 이에 대하여는 이를 주장하는 측에서 증명하여야 하는데, ③ 망인이 상관으로부터 각종 장비 및 훈련지시, 위험지역에 있었다는 이유로 수회에 질책을 받은 적이 있어 그로 인하여 스트레스를 받았던 것으로 보이는 사실과 적성적응도 검사결과에서 즉각적인 지원 및 도움이 필요한 것으로 밝혀졌음에도, 소속부대에서 전문 상담관과의 면담을 실시하지 않고, 가족과 연계한 관리도 하지 않은 사실이 인정되나, 이러한 사실 및 원고가 제출한 증거만으로는 군 복무생활로 인하여 망인의 정신질환이 발병하였거나 자연경과 이상으로 악화된 우울증으로 인하여 자유로운 의지가 완전히 배제된 상태에서 자살을 하게 된 것으로 보기는 어렵고, 망인의 자살은 주로 망인의 개인적인 사정과 정신적 어려움 등으로 그의 자유로운 의지에 따라 행하여진 것으로 보이므로 이 사건 처분은 적법하다고 판단한 1심판결(대구지방법원 2016. 4. 29. 선고 2016구단10010 판결)을 유지하여, 망인의 사망과 직무수행 사이의 인과관계를 부정하였다.

그러나 **대법원 2020. 2. 13. 선고 2017두47885 판결**은 ① 망인이 자살 직전 극심한 직무상 스트레스와 정신적인 고통으로 우울증세가 악화되어 정상적인 인식능력이나 행위선택능력, 정신적 억제력이 현저히 저하된 상태에서 자살에 이르게 된 것으로 추단된다면 망인의 직무수행과 사망 사이에 상당인과관계를 인정할 수 있고, ② 망인의 성격 등 개인적인 취약성이 자살을 결의하게 된 데에 일부 영향을 미쳤을 가능성이 있다고 하여 달리 볼 것은 아니나, ③ 망인의 사망이 국가의 수호 등과 직접 관련이 있는 직무수행이나 교육훈련을 직접적인 주된 원인으로 하여 발생한 것은 아니므로 망인은 국가유공자에는 해당하지 않으나, 보훈보상대상자에는 해당한다고 판시하며 원심판결을 파기하고 사건을 원심법원에 환송하였다.

II. 판결요지 : 대법원 2020. 2. 13. 선고 2017두47885 판결

[1] 국가유공자 등 예우 및 지원에 관한 법률 제4조 제1항 제5호에 의하여 순직군경

으로 인정되기 위하여 필요한 '직접적인 원인관계'는 단순히 직무수행이나 교육훈련과 사망 사이에 상당인과관계가 있는 것만으로는 부족하고, 그 사망이 국가의 수호 등과 직접 관련이 있는 직무수행이나 교육훈련을 직접적인 주된 원인으로 하여 발생한 것이어야 한다.

[2] 보훈보상대상자 지원에 관한 법률(이하 '보훈보상자법'이라 한다) 제2조 제1항은 "다음 각 호의 어느 하나에 해당하는 보훈보상대상자, 그 유족 또는 가족(다른 법률에서 이 법에 규정된 지원 등을 받도록 규정된 사람을 포함한다)은 이 법에 따른 지원을 받는다."라고 규정하고, 제1호로 "재해사망군경: 군인이나 경찰·소방 공무원으로서 국가의 수호·안전보장 또는 국민의 생명·재산 보호와 직접적인 관련이 없는 직무수행이나 교육훈련 중 사망한 사람(질병으로 사망한 사람을 포함한다)"을 들고 있다. 여기서 보훈보상대상자의 '직무수행이나 교육훈련 중 사망'은 직무수행 또는 교육훈련과 사망 사이에 상당인과관계가 있는 경우를 말하고, 이는 군인 등의 사망이 자살로 인한 경우에도 마찬가지이다. 그리고 보훈보상자법 제2조 제3항은 "제1항 각 호에 따른 요건에 해당되는 사람이 다음 각 호의 어느 하나에 해당되는 원인으로 사망하거나 상이(질병을 포함한다)를 입으면 제1항 및 제4조에 따라 등록되는 보훈보상대상자, 그 유족 또는 가족에서 제외한다."라고 하면서 제1호로 "불가피한 사유 없이 본인의 고의 또는 중대한 과실로 인한 것이거나 관련 법령 또는 소속 상관의 명령을 현저히 위반하여 발생한 경우"를 들고 있으나, 이는 교육훈련 또는 직무수행과 사망 등과의 사이에 상당인과관계를 인정하기 어려운 경우를 예시하여 교육훈련 또는 직무수행과 사망 등과의 사이에 상당인과관계가 없는 경우에는 보훈보상대상자에서 제외된다는 취지를 주의적·확인적으로 규정한 것이라고 보아야 한다. 따라서 군인 등이 복무 중 자살로 사망한 경우에도 보훈보상자법 제2조 제1항의 '직무수행이나 교육훈련 중 사망'에 해당하는지 여부는 직무수행 또는 교육훈련과 사망 사이에 상당인과관계가 있는지 여부에 따라 판단하여야 하고, 직무수행 또는 교육훈련과 사망 사이에 상당인과관계가 인정되는데도 그 사망이 자살로 인한 것이라는 이유만으로, 또는 자유로운 의지가 완전히 배제된 상태에서의 자살이 아니라는 이유로 보훈보상자에서 제외되어서는 안 된다. 또한 직무수행과 자살로 인한 사망 사이의 상당인과관계는 이를 주장하는 측에서 증명하여야 하지만, 반드시 의학적·자연과학적으로 명백히 증명되어야 하는 것이 아니며 규범적 관점에서 상당인과관계가 인정되는 경우에는 증명이 된 것으로 보아야 한다.

[3] 군인 등이 직무상 과로나 스트레스로 우울증 등 질병이 발생하거나 직무상 과로

나 스트레스가 우울증 등 질병의 주된 발생원인과 겹쳐서 질병이 유발 또는 악화되고, 그러한 질병으로 정상적인 인식능력이나 행위선택능력, 정신적 억제력이 현저히 저하되어 합리적인 판단을 기대할 수 없을 정도의 상황에서 자살에 이르게 된 것이라고 추단할 수 있는 때에는 직무수행과 사망 사이에 상당인과관계를 인정할 수 있다. 그리고 이와 같은 상당인과관계를 인정하기 위하여는 자살자가 담당한 직무의 내용·성질·업무의 양과 강도, 우울증 등 질병의 발병 경위 및 일반적인 증상, 자살자의 연령, 신체적·심리적 상황 및 자살자를 에워싸고 있는 주위상황, 자살에 이르게 된 경위 등 제반 사정을 종합적으로 고려하여야 한다.

III. 판결 읽어보기 [판결 중요부분 발췌(요약)] : 대법원 2020. 2. 13. 선고 2017두47885 판결

상고이유를 판단한다.

1. 주위적 청구(국가유공자 비해당결정 취소청구) 부분에 관한 상고이유에 대하여

가. 「국가유공자 등 예우 및 지원에 관한 법률」(이하 '국가유공자법'이라 한다) 제4조 제1항 제5호에 의하여 순직군경으로 인정되기 위하여 필요한 '직접적인 원인관계'는 단순히 직무수행이나 교육훈련과 사망 사이에 상당인과관계가 있는 것만으로는 부족하고, 그 사망이 국가의 수호 등과 직접 관련이 있는 직무수행이나 교육훈련을 직접적인 주된 원인으로 하여 발생한 것이어야 한다(대법원 2016. 8. 18. 선고 2014두42896 판결 참조).

나. 원심판결 이유를 이러한 법리에 비추어 살펴보면, 망인이 국가유공자법상 순직군경에 해당하지 않는다는 원심의 판단은 수긍할 수 있고, 거기에 국가유공자법상 순직군경의 요건에 관한 법리를 오해하여 판결에 영향을 미친 잘못이 없다.

2. 예비적 청구(보훈보상대상자 비해당결정 취소청구) 부분에 관한 상고이유에 대하여

가. 「보훈보상대상자 지원에 관한 법률」(이하 '보훈보상자법'이라 한다) 제2조 제1항은 "다음 각 호의 어느 하나에 해당하는 보훈보상대상자, 그 유족 또는 가족(다른 법률에서 이 법에 규정된 지원 등을 받도록 규정된 사람을 포함한다)은 이 법에 따른 지원을 받는다."라고 규정하고, 그 제1호로 "재해사망군경: 군인이나 경찰·소방 공무원으로서

국가의 수호·안전보장 또는 국민의 생명·재산 보호와 직접적인 관련이 없는 직무수행이나 교육훈련 중 사망한 사람(질병으로 사망한 사람을 포함한다)"을 들고 있다.

여기서 보훈보상대상자의 '직무수행이나 교육훈련 중 사망'은 직무수행 또는 교육훈련과 사망 사이에 상당인과관계가 있는 경우를 말하고, 이는 군인 등의 사망이 자살로 인한 경우에도 마찬가지이다.

그리고 보훈보상자법 제2조 제3항은 "제1항 각 호에 따른 요건에 해당되는 사람이 다음 각 호의 어느 하나에 해당되는 원인으로 사망하거나 상이(질병을 포함한다)를 입으면 제1항 및 제4조에 따라 등록되는 보훈보상대상자, 그 유족 또는 가족에서 제외한다."라고 하면서 그 제1호로 "불가피한 사유 없이 본인의 고의 또는 중대한 과실로 인한 것이거나 관련 법령 또는 소속 상관의 명령을 현저히 위반하여 발생한 경우"를 들고 있으나, 이는 교육훈련 또는 직무수행과 사망 등과의 사이에 상당인과관계를 인정하기 어려운 경우를 예시하여 교육훈련 또는 직무수행과 사망 등과의 사이에 상당인과관계가 없는 경우에는 보훈보상대상자에서 제외된다는 취지를 주의적·확인적으로 규정한 것이라고 보아야 한다.

따라서 군인 등이 복무 중 자살로 인하여 사망한 경우에도 보훈보상자법 제2조 제1항의 '직무수행이나 교육훈련 중 사망'에 해당하는지 여부는 직무수행 또는 교육훈련과 사망 사이에 상당인과관계가 있는지 여부에 따라 판단하여야 하고, 직무수행 또는 교육훈련과 사망 사이에 상당인과관계가 인정되는데도 그 사망이 자살로 인한 것이라는 이유만으로, 또는 자유로운 의지가 완전히 배제된 상태에서의 자살이 아니라는 이유로 보훈보상자에서 제외되어서는 안 된다(대법원 2012. 6. 18. 선고 2010두27363 전원합의체 판결 참조).

또한 직무수행과 자살로 인한 사망 사이의 상당인과관계는 이를 주장하는 측에서 증명하여야 하지만, 반드시 의학적·자연과학적으로 명백히 증명되어야 하는 것이 아니며 규범적 관점에서 상당인과관계가 인정되는 경우에는 증명이 된 것으로 보아야 한다.

군인 등이 직무상 과로나 스트레스로 인하여 우울증 등 질병이 발생하거나 직무상 과로나 스트레스가 우울증 등 질병의 주된 발생원인과 겹쳐서 질병이 유발 또는 악화되고, 그러한 질병으로 인하여 정상적인 인식능력이나 행위선택능력, 정신적 억제력이 현저히 저하되어 합리적인 판단을 기대할 수 없을 정도의 상황에서 자살에 이르게 된 것이라고 추단할 수 있는 때에는 직무수행과 사망 사이에 상당인과관계를 인정할 수 있다. 그리고 이와 같은 상당인과관계를 인정하기 위하여는 자살자가 담당한 직무의 내용·성질·업무의 양과 강도, 우울증 등 질병의 발병 경위 및 일반적인 증상, 자살자의 연령, 신체적·심리적 상황 및 자살자를 에워싸고 있는 주위상황, 자살에 이르게 된 경위 등 제반 사정을 종합적으로 고려하여야 한다(대법원 2015. 7. 9. 선고 2012두25637 판결 등 참조).

나. 원심판결 이유에 의하면 다음과 같은 사정들을 알 수 있다.

1) 망 소외인(이하 '망인'이라 한다)은 2014. 6. ○. 육군에 입대하여 전차대대 화포정비병으로 복무하였고, 2015. 5. ○. 혹한기훈련 포상휴가를 나왔다가 부대복귀일인 2015. 5. ○. 11:25경 열차에 뛰어들어 자살하였다.

2) 망인은 내성적이고 소극적인 성격으로서 중학교 2학년 때 단체생활 부적응, 대인기피 성향으로 약 1개월 사이에 3회에 걸쳐 정신과 치료를 받은 적이 있고, 고등학교 3학년 때 학업문제로 부모와 마찰 후 순간 자살생각을 하였으나 구체적인 계획과 행동으로 옮기지 않았다고 진술하였다.

3) 망인은 입대 직후인 2014. 6. ○. 실시된 육군훈련소 복무적합도 검사에서 '정신질환 관련 문제가 시사되므로 정밀진단이 요구되며, 군 복무 중 사고로 인한 조기전역이 예측된다. 사고예측 위험 유형: 자살 및 정신장애'라는 판정을 받았으나, 2014. 6. ○. 및 2014. 7. ○. 실시된 육군훈련소 군생활 적응검사에서는 '현재 군생활 적응에서 특별한 어려움 없다. 양호' 판정을 받은 뒤 소속 부대로 전입하여 C급 배려병사(신병 전입 시 일정기간 배려병사로 지정)로 관리되었다.

4) 망인은 2015. 5. ○. 실시된 적성적응도 검사결과에서 '군생활에 부적응이나 사고 가능성이 예측되며 즉각적인 전문가 지원 및 도움이 필요하다. 자살, 군탈, 적응장애가 예측된다. 자살생각, 학교생활문제, 품행문제, 가족관계 갈등, 대인관계문제에 대하여 면담이 필요하다'는 판정을 받았으나, 소속 부대에서는 망인이 중학교 때 정신과 치료 트라우마가 있어 병영생활전문상담관과의 면담을 거부하였다는 이유로 상담관 상담과 정신건강의학과 전문의 진료를 받지 않도록 하였고, 가족과 연계하여 관리하지도 않았다.

5) 망인이 사망하기 전 남긴 유서에는 "군생활한지 거의 1년이 다 되가는데 너무 힘들다. 나의 행동 하나하나에 한심하게 보고, 답답하게 보고, 그동안 참을대로 참았고, 울기도 울었고, 어쩌다가 내가 이렇게까지 왔는지 모르겠다. 이제는 지쳤다. 겉으로 괜찮은 척 좋은 척 하는데 이젠 한계다. 초반에 어리버리해서 욕도 많이 먹었다. 그래 간부나 위 선임들이 하라는 대로 해서 여기까지 왔다. 더 이상은 못하겠다. 정비관의 변덕스러운 성격도 싫고 다른 정비 간부들에게 피해 주고 그러는 것도 싫다.

절이 싫으면 중이 떠나라고 했듯이 피해 줄 바엔 내가 떠나야지 가족들한테 죄송합니다. 먼저 가게 돼서 ……"라고 기재되어 있다.

6) 육군본부 심사표에 기재된 의학적 소견은 '망인은 중학교 시절부터 지속적으로 낮은 자존감, 감정표현 및 자기주장의 어려움, 사회불안 및 대인관계의 어려움, 만성적인 우울감, 간헐적인 자살생각이 있고 타인과 정서적인 교류가 적은 고립된 생활을 하였을 것으로 추정됨. 이러한 정신적 성격적 취약성으로 인해 병영생활의 부적응적 양상 및 정신적 스트레스가 있었고 우울감이 커지고 이로 인해 자살 시도하여 사망한 것으로 추정된다. 소속 부대에서는 사망자의 과거 병력 및 인성 검사상 이상 소견이 있었으나 적절한 대처를 취하지 아니하였고, 따라서 망인의 자살사망은 개인적 취약성 및 병영생활 자체로 인한 정신적 스트레스, 소속 부대에서의 부적절한 대처가 복합되어 발생한 것으로 판단된다.'는 것이다.

다. 이러한 사실관계를 앞서 본 법리에 비추어 살펴보면, 망인이 자살 직전 극심한 직무상 스트레스와 정신적인 고통으로 우울증세가 악화되어 정상적인 인식능력이나 행위선택능력, 정신적 억제력이 현저히 저하된 상태에서 자살에 이르게 된 것으로 추단할 여지가 충분하므로, 망인의 직무수행과 사망 사이에 상당인과관계를 인정할 수 있을 것으로 보인다. 망인의 성격 등 개인적인 취약성이 자살을 결의하게 된 데에 일부 영향을 미쳤을 가능성이 있다고 하여 달리 볼 것은 아니다.

라. 그런데도 원심은 망인이 자살에 이르게 된 경위와 동기 등에 관하여 좀 더 면밀하게 따져보지 아니하고, 그 판시와 같은 이유만을 들어 망인의 사망과 직무수행 사이의 인과관계를 부정하였다. 이러한 원심판단에는 보훈보상자법상 직무수행과 사망 사이의 상당인과관계 등에 관한 법리를 오해하여 필요한 심리를 다하지 아니함으로써 판결에 영향을 미친 잘못이 있다.

3. 결론

그러므로 원심판결 중 예비적 청구에 관한 부분을 파기하고, 이 부분 사건을 다시 심리·판단하도록 원심법원에 환송하며, 나머지 상고를 기각하기로 하여, 관여 대법관의 일치된 의견으로 주문과 같이 판결한다.

대법원 2020. 2. 13. 선고 2017두47885 판결 [국가유공자및보훈보상대상자비대상결정취소]

이 사안의 쟁점은 **군에 입대하여 복무하던 망인이 자살 직전 극심한 직무상 스트레스와 정신적인 고통으로 우울증세가 악화되어 정상적인 인식능력이나 행위선택능력, 정신적 억제력이 현저히 저하된 상태에서 자살을 한 경우, 자살을 하였다는 이유로 망인이 국가유공자 또는 보훈보상대상자가 될 수 없는지 여부**였다.

대법원 2020. 2. 13. 선고 2017두47885 판결은 이 사건에서 ① 망인이 자살 직전 극심한 직무상 스트레스와 정신적인 고통으로 우울증세가 악화되어 정상적인 인식능력이나 행위선택능력, 정신적 억제력이 현저히 저하된 상태에서 자살에 이르게 된 것으로 추단된다면 망인의 직무수행과 사망 사이에 상당인과관계를 인정할 수 있고, ② 망인의 성격 등 개인적인 취약성이 자살을 결의하게 된 데에 일부 영향을 미쳤을 가능성이 있다고 하여 달리 볼 것은 아니나, ③ 망인의 사망이 국가의 수호 등과 직접 관련이 있는 직무수행이나 교육훈련을 직접적인 주된 원인으로 하여 발생한 것은 아니므로 **망인은 국가유공자에는 해당하지 않으나, 보훈보상대상자에는 해당**한다고 판시하였다.

☞ 군에 입대하여 복무하던 군인이 극심한 직무상 스트레스와 정신적인 고통으로 우울증세가 악화되어 정상적인 인식능력이나 행위선택능력, 정신적 억제력이 현저히 저하된 상태에서 자살을 한 경우에는 ① 비록 망인의 성격 등 개인적인 취약성이 자살을 결의하게 된 데에 일부 영향을 미쳤더라도 망인의 직무수행과 사망 사이에 상당인과관계를 인정할 수 있으며, ② 망인의 사망이 국가의 수호 등과 직접 관련이 있는 직무수행이나 교육훈련을 직접적인 주된 원인으로 하여 발생한 것은 아니므로 국가유공자에는 해당하지 않으나 보훈보상대상자에는 해당한다.

판례 12 **명예전역 대상자가 명예전역을 한 후에도 '감사기관 또는 수사기관에서 비위 조사나 수사 중'을 사유로 명예전역 선발취소처분을 할 수 있는지 여부**

대법원 2019. 5. 30. 선고 2016두49808 판결 [명예전역선발취소무효확인]
[원심판결] 서울고등법원 2016. 8. 18. 선고 2016누40179 판결

I. 사안의 개요 [기초사실 및 사건의 경과]

1. 기초사실

피고(국방부장관)는 2015. 3.경 원고에 대하여 전역일자를 2015. 3. 31.로 하는 명예전역인사명령을 발령하였다. 그런데 명예전역 선발취소 심사위원회는 2015. 3. 27. 원고가 명예전역 선발취소 사유인 '감사원 등 감사기관과 검찰, 경찰 등 수사기관에서 비위 조사나 수사 중에 있는 자'에 해당한다는 이유로 원고에 대한 명예전역 선발을 취소하기로 의결하고 피고(국방부장관)에게 이를 건의하였다.

피고(국방부장관)는 2015. 3. 30.에 원고에 대한 명예전역 선발을 2015. 3. 30.자로 취소한다는 내용의 이 사건 처분을 하였고, 육군참모총장은 2015. 3. 31. 원고 소속 부대장에게 이 사건 처분 관련 인사명령을 하달하였으며, 원고는 2015. 4. 3.에 2015. 3. 30.자로 명예전역 선발이 취소되었다는 처분통지서를 송달받았다.

2. 사건의 경과

이 사안의 쟁점은 **명예전역 대상자가 명예전역을 한 후에도 '감사기관 또는 수사기관에서 비위 조사나 수사 중'을 사유로 명예전역 선발취소처분을 할 수 있는지 여부**였다.

원심(서울고등법원 2016. 8. 18. 선고 2016두40179) 판결은 이 사건 처분이 원고에 대한 전역명령이 효력을 발생한 이후에 원고에게 도달하여 그 효력이 발생하였으므로, 더 이상 명예전역 선발을 취소할 수 없는 시점에 이루어진 것으로서 위법하

다고 판단하였다.

대법원 2019. 5. 30. 선고 2016두49808 판결은 ① 명예전역 대상자로 확정된 사람이 단순히 조사·수사를 받게 되었다는 사정만으로 명예전역 선발이 취소된다면, 대상자가 실제로는 어떠한 비위나 범죄를 저지르지 않은 경우에 그가 입게 될 손해는 단순히 명예전역 선발제도의 효율적 운용이라는 공익과 비교하더라도 훨씬 더 클 수 있고, 이미 명예전역한 군인에 대해서도 명예전역 선발취소결정을 할 수 있다면, 명예전역수당을 지급받는 것을 전제로 정년 이전에 전역한 군인의 기득권과 신뢰를 한층 더 크게 침해할 수 있으므로, '수사나 조사 진행 중'이라는 잠정적 사유를 이유로 한 명예전역 선발취소 관련 규정의 해석에는 엄격해석 원칙이 적용되어야 하고, ② 전역일 이후에 무혐의 처분 등을 받은 사람에 대해서는 명예전역수당 재지급 신청이 한정적으로 허용될 뿐이므로, 이러한 엄격해석 원칙을 관철할 필요성이 더욱 크다는 이유로 명예전역 관련 훈령 규정들의 문언과 체계와 취지를 종합하여 보면, 단순히 감사기관이나 수사기관 등의 조사·수사를 받고 있다는 잠정적 사유가 있음을 이유로 한 명예전역 선발취소결정은 명예전역 대상자가 명예전역이나 전역을 하기 이전에만 가능하다고 보아야 하는데, ③ 이 사건 처분이 원고에 대한 전역명령이 효력을 발생한 이후에야 비로소 원고에게 도달하여 그 효력이 발생하였으므로, 더 이상 명예전역 선발을 취소할 수 없는 시점에 이루어진 것으로서 위법하다고 판시하며 피고(국방부장관)의 상고를 기각하였다.

II. 판결 읽어보기 [판결 중요부분 발췌(요약)] : 대법원 2019. 5. 30. 선고 2016두49808 판결

상고이유를 판단한다.

1. 군인의 명예전역 선발취소 처분에 대한 행정절차법 제24조의 적용 여부(상고이유 제1점)

가. 행정청이 처분을 할 때에는 다른 법령 등에 특별한 규정이 있는 경우를 제외하고는 문서로 하여야 하고, 해당 문서가 송달받을 자에게 도달됨으로써 그 효력이 발

생한다. 다만 신속히 처리할 필요가 있거나 사안이 경미한 경우에는 말 또는 그 밖의 방법으로 할 수 있다(행정절차법 제15조 제1항, 제24조 제1항). 공무원을 임용할 때에는 임용일자까지 그 임용장 또는 임용통지서가 임용될 사람에게 도달할 수 있도록 발령하여야 한다(공무원임용령 제6조 제3항). 또한 소속 기관의 장은 시보로 채용되거나 전직, 전보, 강임, 면직, 징계, 직위해제, 휴직, 복직, 호봉 재산정, 승급되거나 위원으로 임명, 해임, 위촉 또는 위촉 해제된 공무원에게 인사발령 통지서를 주어야 한다(공무원 인사기록·통계 및 인사사무 처리 규정 제26조 제1항).

위와 같은 관련 법령의 규정에 따르면, 명예전역 선발을 취소하는 처분은 당사자의 의사에 반하여 예정되어 있던 전역을 취소하고 명예전역수당의 지급 결정 역시 취소하는 것으로서 임용에 준하는 처분으로 볼 수 있으므로, 행정절차법 제24조 제1항에 따라 문서로 해야 한다고 봄이 타당하다.

나. 원심은, 이 사건 처분에 대하여 행정절차법 제24조 제1항의 원칙에 따라 문서로 해야 하고, 구 군인사법(2015. 12. 29. 법률 제13631호로 개정되기 전의 것) 제47조의2, 구 군인복무규율(2016. 6. 28. 대통령령 제27263호로 폐지되기 전의 것) 제19조, 제20조, 제21조 제1항 등의 규정에 따른 명령 '하달'의 방식으로 할 수는 없다고 판단하였다. 그 이유로 이 사건 처분이 원고의 의사에 반하여 군인 신분을 회복시키고 지급이 예정된 명예전역수당의 지급을 취소하는 것으로 원고의 신분과 재산적 권리에 크게 영향을 미치는 처분이라는 점을 들었다.

다. 원심판결 이유에 다소 적절하지 않은 부분이 있기는 하나, 이 사건 처분은 문서로 해야 한다는 원심판단은 정당하다. 원심판단에 행정절차법 제24조 제1항의 적용 여부에 관한 법리를 오해하여 판결에 영향을 미친 잘못이 없다.

2. 전역의 효력이 발생한 다음에도 명예전역 선발취소 처분이 가능한지 여부(상고이유 제2점)

가. 군인으로서 20년 이상 근속한 사람이 정년 전에 스스로 명예롭게 전역하는 경우에는 예산의 범위에서 명예전역수당을 지급할 수 있고, 명예전역수당의 지급 대상 범위, 지급액, 지급 절차에 필요한 사항은 대통령령으로 정한다(군인사법 제53조의2 제1항, 제6항).

그 위임에 따라 군인 명예전역수당지급 규정 제6조는 각 군 참모총장이 신청을 받아 각 계급별 인력운영의 현황, 상위계급, 장기근속, 예비역편입지원 여부와 명예로운 전역 여부 등을 고려하여 수당지급대상자를 심사·선정하여 국방부장관에게 추천하고, 국방부장관은 그 추천을 받아 예산과 각 군간의 균형을 고려하여 수당지급대상자를 최종적으로 심사·결정한다고 정하고 있다. 나아가 위 규정 제12조는 명예로운 전역의 기준, 수당지급대상자의 선정과 심사방법 등 그 밖에 이 영의 시행에 필요한 세부사항을 국방부장관이 정하도록 하고 있다.

국방 인사관리훈령(이하 '훈령'이라 한다)은 위 규정 제12조의 위임에 따라 명예전역수당 지급대상자 결정 절차를 상세히 정하고 있다. 특히 제96조 제2항은 명예전역 심사일 현재 감사원 등 감사기관과 검찰, 경찰 등 수사기관에서 비위 조사나 수사 중인 자(제3호) 등에 해당하는 경우 명예전역수당 지급대상자 선발에서 제외하도록 하고 있다. 제99조 제1항 제1호는 명예전역 대상자로 확정된 후 선발 대상자가 "제96조 제2항의 명예전역수당지급 선발 제외대상에 해당하게 된 경우(선발취소)"에 추천권자가 상신할 경우 사안별로 국방부장관이 그 취소를 결정하도록 하고 있다. 같은 조 제2항은 명예전역수당 지급대상자로 선발된 자 중에서 제96조 제2항 제3호의 경우에 해당되어 선발이 취소되었다가 감사원 등 감사기관과 검찰·경찰 등 수사기관에서 무혐의 처분을 받은 경우 전역일 이전에 명예전역수당 재지급 신청을 하여야 하며, 각 군은 전역희망일자를 기준으로 명예전역수당 지급액을 재산정하여 명예전역심사위원회의 심사를 생략하고 국방부로 선발 추천할 수 있으나, 다만 전역일 이후에는 인사소청 및 법원 등의 지급 처분명령이 있을 경우에 한하여 이에 준하여 처리할 수 있다고 정하고 있다.

한편 군인사법 제53조의2 제4항은 '명예전역수당 환수'에 관하여 정하고 있다. 명예전역 이후에 발생하는 환수 사유를 보면, 현역복무 중의 사유로 금고 이상의 형을 받은 경우(제1호), 현역복무 중에 형법 제129조부터 제132조까지 규정된 죄를 범하여 금고 이상의 형의 선고유예를 받은 경우(제1호의2), 현역복무 중에 직무와 관련하여 형법 제355조 또는 제356조에 규정된 죄를 범하여 300만 원 이상의 벌금형을 선고받고 그 형이 확정되거나 금고 이상의 형의 선고유예를 받은 경우(제1호의3) 등이다. 이는 명예전역 선발취소 사유와 비교하여 환수 사유를 엄격하게 한정한 것이다.

나. 위와 같은 관련 법령과 훈령의 문언, 체계와 취지 등을 종합하면, 감사기관과 수사기관에서 비위 조사나 수사 중임을 사유로 한 명예전역 선발취소결정은 특별한 사정이 없는 한 아직 명예전역이나 전역을 하지 않은 상태에 있는 명예전역 대상자가 그 처분 대상임을 전제한다고 봄이 타당하다. 그 이유는 다음과 같다.

(1) 훈령 제3조는 훈령의 적용대상을 현역 군인으로 한정하고 있고, 제99조 제1항 제1호, 제96조 제2항 제3호는 명예전역 대상자로 확정된 사람이 대상자 확정 후부터

‘전역 전’까지 사이에 단순히 감사원의 비위 조사나 수사기관의 수사를 받게 된 사정만 발생해도 명예로운 전역에 장애가 될 가능성이 있다고 보아, 그 혐의 유무에 관한 결론이 나지 않은 잠정적인 상태인데도 전역처분과 함께 명예전역 수당지급 결정을 일단 취소할 수 있도록 하고 있다. 또한 전역처분과 명예전역 수당지급 결정이 취소된 이후에 명예전역 대상자였던 사람이 무혐의 처분을 받은 경우에는 전역일 이전에 명예전역수당 재지급 신청을 받아 간이한 절차를 거쳐 명예전역 지급대상자로 다시 선발될 수 있다(위 훈령 제99조 제2항).

이러한 규정들의 문언과 체계에 비추어 명예전역 선발취소결정은 현역 군인 신분을 유지하고 있는 사람을 대상으로 하고 있다고 볼 수 있다.

(2) 명예전역 대상자로 확정된 사람이 단순히 조사·수사를 받게 되었다는 사정만으로 명예전역 선발이 취소된다면, 대상자가 실제로는 어떠한 비위나 범죄를 저지르지 않은 경우에 그가 입게 될 손해는 단순히 명예전역 선발제도의 효율적 운용이라는 공익과 비교하더라도 훨씬 더 클 수 있다. 여기에서 한 걸음 더 나아가 이미 명예전역한 군인에 대해서도 명예전역 선발취소결정을 할 수 있다면, 명예전역수당을 지급받는 것을 전제로 정년 이전에 전역한 군인의 기득권과 신뢰를 한층 더 크게 침해할 수 있다.

따라서 ‘수사나 조사 진행 중’이라는 잠정적 사유를 이유로 한 명예전역 선발취소 관련 규정의 해석에는 엄격해석 원칙이 적용되어야 한다. 전역일 이후에 무혐의 처분 등을 받은 사람에 대해서는 명예전역수당 재지급 신청이 한정적으로 허용될 뿐이므로, 이러한 엄격해석 원칙을 관철할 필요성이 더욱 크다.

(3) 훈령 규정이 한정된 명예전역수당 자원을 효율적이고 형평성에 맞게 운용하고, 명예로운 전역이 되도록 하려는 취지에서 수사나 조사 중이라는 잠정적 사유까지 명예전역 선발취소 사유로 규정한 데에 합리성이 없지는 않다. 그러나 그 제도적 취지는 명예전역의 효력이 발생하기 이전 단계에서 전역을 보류한 다음 최종적으로 비위나 범죄사실이 없음이 밝혀질 경우에는 다시 구제될 수 있음을 전제한다. 따라서 종국적으로 명예전역의 효력이 발생한 다음에는 위 훈령 제99조 제1항 제1호, 제96조 제2항 제3호가 적용될 여지가 없다. 국방부장관이 군인 명예전역수당지급 규정 제12조를 근거로 위와 같은 명시적 규정을 둔 이상 이와 별개로 명예전역 대상자가 전역한 다음에도 같은 사유를 들어 명예전역 선발을 직권 취소할 수는 없다고 봄이 타당하다.

(4) 요컨대, 위와 같은 훈령 규정들의 문언과 체계와 취지를 종합하면, 단순히 감

사기관이나 수사기관 등의 조사·수사를 받고 있다는 잠정적 사유가 있음을 이유로 한 명예전역 선발취소결정은 명예전역 대상자가 명예전역이나 전역 이전에 있는 경우에 한정된다고 보아야 한다.

다. 원심은 제1심판결 이유를 인용하여 다음과 같은 사실을 인정하였다.

(1) 피고는 2015. 3. 6. 원고에 대하여 전역일자를 2015. 3. 31.로 하는 명예전역인사명령을 발령하였다.

(2) 명예전역 선발취소 심사위원회는 2015. 3. 27. 원고가 명예전역 선발취소 사유인 '감사원 등 감사기관과 검찰, 경찰 등 수사기관에서 비위 조사나 수사 중에 있는 자'에 해당한다는 이유로 원고에 대한 명예전역 선발을 취소하기로 의결하고 피고에게 이를 건의하였다.

(3) 피고는 2015. 3. 30. 원고에 대한 명예전역 선발을 2015. 3. 30.자로 취소한다는 내용의 이 사건 처분[2015 국방부 인사명령(장교) 제○호을 하였고, 육군참모총장은 2015. 3. 31. 이를 원고 소속 부대장인 △△△사령관에게 하달하였으며, 원고는 2015. 4. 3.에 이르러 2015. 3. 30.자로 명예전역 선발이 취소되었다는 처분통지서를 송달받았다.

라. 원심은 이러한 사실관계를 바탕으로, 이 사건 처분이 원고에 대한 전역명령이 효력을 발생한 이후인 2015. 4. 3.에야 비로소 원고에게 도달하여 그 효력이 발생하였으므로, 더 이상 명예전역 선발을 취소할 수 없는 시점에 이루어진 것으로서 위법하다고 판단하였다.

위에서 본 관련 규정과 법리에 비추어 보면, 원심의 이러한 판단은 정당하다. 원심판단에 상고이유 주장과 같이 명예전역 선발취소의 요건 등에 관한 법리를 오해한 잘못이 없다.

3. 결론

피고의 상고는 이유 없어 이를 기각하고, 상고비용은 패소자가 부담하도록 하여, 대법관의 일치된 의견으로 주문과 같이 판결한다.

요약정리 [사안의 쟁점과 판결의 요지]

대법원 2019. 5. 30. 선고 2016두49808 판결 [명예전역선발취소무효확인]

이 사안의 쟁점은 **명예전역 대상자가 명예전역을 한 후에도 '감사기관 또는 수사기관에서 비위 조사나 수사 중'을 사유로 명예전역 선발취소처분을 할 수 있는지 여부**였다.

대법원 2019. 5. 30. 선고 2016두49808 판결은 ① 명예전역 대상자로 확정된 사람이 단순히 조사·수사를 받게 되었다는 사정만으로 명예전역 선발이 취소된다면, 대상자가 실제로는 어떠한 비위나 범죄를 저지르지 않은 경우에 그가 입게 될 손해는 단순히 명예전역 선발제도의 효율적 운용이라는 공익과 비교하더라도 훨씬 더 클 수 있고, 이미 명예전역한 군인에 대해서도 명예전역 선발취소결정을 할 수 있다면, 명예전역수당을 지급받는 것을 전제로 정년 이전에 전역한 군인의 기득권과 신뢰를 한층 더 크게 침해할 수 있으므로, '수사나 조사 진행 중'이라는 잠정적 사유를 이유로 한 명예전역 선발취소 관련 규정의 해석에는 엄격해석 원칙이 적용되어야 하고, ② 전역일 이후에 무혐의 처분 등을 받은 사람에 대해서는 명예전역수당 재지급 신청이 한정적으로 허용될 뿐이므로, 이러한 엄격해석 원칙을 관철할 필요성이 더욱 크다는 이유로 ③ 명예전역 관련 훈령 규정들의 문언과 체계와 취지를 종합하여 보면, 단순히 감사기관이나 수사기관 등의 조사·수사를 받고 있다는 잠정적 사유가 있음을 이유로 한 명예전역 선발취소결정은 명예전역 대상자가 명예전역이나 전역을 하기 이전에만 가능하다고 보아야 하는데, 이 사건 처분이 원고에 대한 전역명령이 효력을 발생한 이후에야 비로소 원고에게 도달하여 그 효력이 발생하였으므로, 더 이상 명예전역 선발을 취소할 수 없는 시점에 이루어진 것으로서 위법하다고 판시하며 피고(국방부장관)의 상고를 기각하였다.

☞ **명예전역 대상자가 이미 명예전역을 한 후에는 감사기관 또는 수사기관에서 비위 조사나 수사 중임을 사유로 명예전역 선발취소를 할 수 없다.**

판례 13

군인이 업무로 인한 과로에 시달리다 부대 회식에 참석했다가 쓰러져 결국 숨진 경우, 망인의 유족이 군인연금법상 유족연금을 받을 수 있는지 여부

서울행정법원 2021. 5. 14. 선고 2020구합52801 판결 [유족연금지급거부처분취소][11)]

I. 사안의 개요 [기초사실 및 사건의 경과]

1. 기초사실

공군 부사관 A는 2018. 10. 부대 회식에 참석했다가 코피를 흘리며 의식을 잃고 쓰러져 응급실로 이송되었다가 결국 숨졌는데, 부검 결과 사망원인은 급성 심근경색, 부정맥, 급사 등을 일으키는 '관상동맥박리증'으로 밝혀졌다.

공군본부 보통전공사망심사위원회는 2018. 12.경 망인 A에게 순직 결정을 하였고, 이에 망인 A의 배우자인 원고 B는 군인연금법상의 유족연금을 청구하였는데, 피고(국방부장관)는 2019. 4. 군인연금급여심사위원회의 심의결과에 따라 A의 질병과 공무 사이의 인과관계가 인정되지 않는다는 이유로 유족연금지급거부처분을 하였다.

2. 사건의 경과

원고 B는 군인연금급여재심위원회에 재심을 청구하였으나 청구가 기각되자 유족연금지급거부처분의 취소를 구하는 소를 제기하였다.

이 사안의 쟁점은 **군인이 업무로 인한 과로에 시달리다 부대 회식에 참석했다가 쓰러져 결국 숨진 경우, 망인의 유족이 군인연금법상 유족연금을 받을 수 있는지 여부**였다.

서울행정법원 2021. 5. 14. 선고 2020구합52801 판결은 A가 숨지기 전 1주일

11) 위 판결은 2021. 6. 8. 확정되었다.

동안의 근무시간이 60시간에 달했고, 사망 전 12주 동안에도 매주 평균 51시간을 근무했던 점, A가 사망에 근접한 시점인 추석 연휴기간 내내 출근을 했던 점, 진급심사를 위해 휴무일에도 관련 자격증 시험에 응시했던 점, 보직 특성상 평소 자유롭게 휴가를 쓰기도 어려웠던 상황으로 보이는 점, 그 밖에 망인의 근무 내용 및 근무 여건 등을 고려할 때 A는 단기적·만성적 과로로 인해 적지 않은 육체적·정신적 스트레스를 받았을 것으로 보이고, A의 과로와 스트레스 등 업무상 부담으로 관상동맥박리증이 발생하거나 기존 질병이 현저하게 악화되어 상병이 발생했다고 봄이 상당하므로 A의 사망과 공무수행 사이에 상당인과관계가 인정된다는 이유로 피고의 이 사건 처분을 취소하였다. 피고가 항소를 하지 않아 위 판결은 2021. 6. 8. 확정되었다.

II. 판결 읽어보기 [판결 중요부분 발췌(요약)] : 서울행정법원 2021. 5. 14. 선고 2020구합52801 판결

1. 처분의 경위

가. 원고의 배우자인 망 A(이하 '망인'이라 한다)은 1994. 12. ○. 공군 하사로 임관하여 2012. 7. ○. 상사로 진급하였고, 2017. 9. ○.부터 공군 D여단 본부 기지대 운영반 운영담당으로 근무하였다.

나. 망인은 2018. 10. ○. 18:10경 소속 부대 회식에 참석하였다가 같은 날 19:55경 코피를 흘리면서 의식을 잃었고, 곧바로 응급실로 이송되었으나 결국 20:10경 사망선고를 받았다. 그 후 망인에 대한 부검이 실시된 결과, 망인의 사망원인은 '관상동맥박리증'(이하 '이 사건 상병'이라 한다)으로 확인되었다.

다. 공군본부 보통전공사상심사위원회는 2018. 12. ○. 망인의 사망에 대하여 심사한 뒤, 구 인사법 시행령(2020. 8. 4. 대통령령 제30891호로 일부 개정되기 전의 전) 제60조의23 제1항 제2호에 의거하여 순직(순직III형, 2-3-6)에 해당한다는 결정을 하였다.

라. 원고는 구 군인연금법(2019. 12. 10. 법률 제16760호로 전부 개정되기 전의 것, 이하 같다) 제26조 제1항 제3호에 따라 피고에게 유족연금을 청구하였으나, 피고는 2019. 4. ○. 원고에 대하여 군인연금급여심의회의 심의결과에 따라 공무와 이 사건 상병 사이의 인과관계가 인정되지 않는다는 이유로 유족연금을 지급하지 아니하는 처분(이하 '이 사건 처분'이라 한다)을 하였다.

마. 원고는 이 사건 처분에 불복하여 재심을 청구하였으나, 군인연금급여재심위원회

는 2019. 12. ○. 원고의 재심사 청구를 기각하는 결정을 하였다.

2. 이 사건 처분의 적법 여부

가. 원고 주장의 요지

망인의 과중한 공무와 스트레스로 인하여 이 사건 상병이 발생하였거나 기존 질환인 이상지질혈증이 자연경과 이상으로 급격히 악화되어 이 사건 상병이 발생하였고, 이로 인해 망인이 사망하였다. 따라서 망인의 사망과 공무수행 사이에는 상당인과관계가 인정된다고 할 것이므로 이와 다른 전제에 선 이 사건 처분은 위법하다.

나. 관계 법령

(생략)

다. 인정사실

1) 망인의 근무내용 및 근무환경

가) 망인은 2017. 9. ○.부터 공군 D여단 본부 기지대 주임원사로 근무하였는데, 망인이 수행한 주요 업무는 다음과 같다. (중략)

나) 망인의 정규 근무시간은 08:30부터 17:30까지 하루 8시간(점심시간 1시간 제외)으로 정해져 있으나, 망인은 보직 특성상 위와 같이 다양한 업무를 처리하여야 하는 탓에 조기 출근과 늦게까지 야근을 하는 경우가 빈번하였다. 또한 망인은 평소 영내 독신자 숙소에 거주하면서 주말에 ○○시 H 소재 자택으로 귀가하였다가 복귀하는 주말부부 생활을 해왔다.

다) 망인의 2016년부터 2018년까지 전산상 확인되는 각 월별 시간 외 근무현황은 다음과 같다(다만, 2018년 10월의 경우에는 2018. 10. 1.~2018. 10. 16.까지 근무에 한한다). (생략)

라) 망인이 사용하던 사무실 컴퓨터의 로그인/로그아웃 시간을 기준으로 한 망인의 사망 전 1주일 동안의 근무시간은 총 60시간(=정규 근무시간 40시간+초과 근무시간 20시간)이고, 사망 전 4주 동안의 1주 평균 근무시간은 49.725시간(=정규 근무시간 40시간+평균 초과근무시간 9.725시간)이며, 사망 전 12주 동안의 1주 평균 근무시간은 51.480시간(=정규 근무시간 40시간+평균 초과근무시간 11.480시간)이다.

마) 망인은 2018. 7.부터 2018. 10.까지 총 844건의 병사 가·감점체계 입력을 한 것으로 기록상 나타나는데, 그 중 상당수가 21:00 이후 또는 08:00 이전에 입력되었다. 또한, 망인은 2018. 7. ○.부터 2018. 10. ○.까지 총 16건의 병사 면담을 실시한 것으로 기록상 나타나는데, 그 중 2018. 7. 31. 실시된 2건의 경우에는 23:00 이후에

면담기록이 작성되었다.

바) 망인은 2018년에 2. ○.~2. ○.(2일), 8. ○.~8. ○.(3일), 10. ○.~10. ○.(3일) 등 총 8일의 휴가를 사용하였다. 그런데 그 중 평일 휴가사용일은 5일이고, 그마저도 2018. 2. ○.에는 09:17까지, 2018. 8. ○.에는 17:50부터 21:24까지, 2018. 10. ○.에는 07:53부터 17:34까지 망인의 컴퓨터 사용기록이 확인되므로, 망인의 실제 휴가사용일수는 2일에 불과하다.

2) 사망 무렵의 경과

가) 망인은 2018. 9. 24.~9. 26. 추석 연휴기간 동안 부대 체육행사로 인하여 2018. 9. 24.에는 08:09부터 18:04까지, 2018. 9. 25.에는 12:45부터 18:40까지, 2018. 9. 26.에는 12:54부터 18:10까지 시간 외 근무를 하였다.

나) 망인은 2018. 10. ○.(토) I 고등학교에서 실시된 통신설비기능장 필기시험에 응시하였는데, 위 자격증은 2018년도 공군 부사관 진급추천 지침상 해당 특기 진급점수에 가점으로 반영된다.

다) 망인은 2018. 10. ○. 대한적십자사 대전·세종·충남혈액원에서 실시한 군 장병 헌혈행사에 참여하였고, 사망 전날인 2018. 10. ○. E기지 부대 나눔 바자회 행사에 참석하고 그 준비 및 뒷정리까지 수행하였는데, 위 행사의 준비를 위해 약 1~2일이 소요되었다.

라) 망인은 사망 당일인 2018. 10. ○. 18:10경 참모장 J가 주관하는 주임원사단 격려 회식에 참석하였는데(총 참석자 7명), 19:40~19:50경 식체 증상을 호소하며 손가락을 따고 소화제를 복용하였으며, 19:56경 앉은 자리에서 갑자기 코피를 흘리며 옆으로 쓰러졌다. 이에 부대 동료들이 즉각 심폐소생술을 실시하고 119에 신고하여 망인을 K병원 응급실로 후송하였으나, 위 병원 응급의학과 전문의는 2018. 10. ○. 20:47경 망인이 같은 날 20:10경 '심실빈맥'에 의한 심정지로 사망하였다고 선고를 하였다.

3) 망인의 평소 건강상태

가) 망인의 2014년부터 2017년까지의 개인건강검진 결과는 다음과 같다. (중략)

나) 망인은 2018. 2. ○.경부터 L 내과에서 이상지질혈증에 대한 치료를 시작하였고, 2018. 3. ○., 2018. 6. ○., 2018. 9. ○. 총 3회에 걸쳐 위 병원에서 이상지질혈증 치료제인 '로수젯정'을 각 30일, 60일, 60일분을 처방받아 복용 중이었다.

4) 의학적 소견

가) 국방부조사본부 과학수사연구소의 부검결과

○ 내부 장기 검사상, 심장의 관상동맥검사상 이 사건 상병(급성) 및 죽상경화증(만성)에 의한 내강의 고도 협착이 관찰되는 점, 사망자가 식사 도중 원인불상 의식을 잃고 쓰러져 사망한 정황 등을 고려할 때, 사인은 이 사건 상병으로 판단됨
○ 참고사항: 이 사건 상병은 급성 심근경색, 치명적 부정맥, 급사 등을 유발할 수 있음. 흡연이나 고혈압, 당뇨 등 흔히 알려진 심장질환의 위험인자가 없는 경우에도 발생할 수 있음. 급격한 운동이나 과로 등으로 인한 과도한 신체적 스트레스, 혹은 우울감, 상실감으로 인한 심각한 정신적 스트레스 등이 발생에 영향을 줄 수 있음

나) 공군 D여단 군의관(대위 M)의 소견서

○ 망인의 경우 기존의 진료기록과 신체검사상 고지혈증 소견 확인되나 군 진료기록 부재로 사망 당시 질환의 상태를 판단하기 불가함
○ 최근 3년여의 기간 동안 월 평균 30시간 이상의 추가근무를 하였으나, 이 정도의 업무량이 이 사건 상병의 직접적인 원인으로 작용했다고 판단하기에는 현재까지 부족함
○ 다만, 부대 전체의 업무를 전반적으로 관장하는 기지대 주임원사의 직책 특성상, 순수한 업무시간만으로 그 업무 강도를 판단하기는 어려우며, 업무로 인해 발생하는 스트레스의 경우 그 정도를 객관화하기 어렵고 개인마다 대처방식이 달라 명확한 인과관계를 가늠하기 어려운 측면은 있겠으나, 망인의 사인에 간접적으로 영향을 끼칠 수는 있었을 것으로 판단함

다) N병원 순환기내과의 진료기록 감정결과

○ 관상동맥 자연박리의 원인에 대해서는 확실히 밝혀지지 않았으나 고지혈증, 임신이나 경구 피임약 복용, 과도한 신체활동이나 코카인 등의 연관성은 보고된 바 있음
○ 망인의 경우, LDL 콜레스테롤 수치가 ○○○~○○○까지 측정되어 고지혈증 약물복용이 필요한 상태로 생각되고, 그 외 다른 위험인자는 기록상 관찰되지 않음
○ 망인의 매우 높은 LDL 콜레스테롤 수치 및 부검에서 관상동맥 박리 및 협착 소견에 미루어 추정할 때 기 존재하던 관상동맥 협착상태에서 관상동맥 박리가 자연발생하면서 심장혈류가 제한되어 심실빈맥에 의한 급성심장사로 생각됨
○ 관상동맥 박리는 특정한 원인 없이 자연발생할 수도 있으며 망인은 고지혈증에 대한 관리가 잘 되지 않고 있었던 상태로 보임. 망인의 사망에 있어 업무상의 스트레

스 및 과로가 다소간 기여했을 가능성을 배제할 수 없지만 직접적인 인과관계가 있다 고 보기 어려우며, 그것보다는 망인의 기저 건강상태에서 자연발생한 것으로 추정하는 것이 더 합당해 보임

라. 판단

1) 구 군인연금법 제16조 제1항 제3호는 '군인 또는 군인이었던 사람이 복무 중 공무를 수행하다가 사망하거나 공무상 질병 또는 부상으로 인하여 사망한 경우 유족에게 유족연금을 지급한다.'라고 규정하고, 구 군인연금법 제4조 제8호는 공무상 질병의 인정기준에 관하여 '공무수행 중 업무량 증가, 초과근무 등으로 육체적·정신적 과로가 유발되어 발생하거나 현저하게 악화된 질병의 발생·악화 사유와 공무수행과의 사이에 상당인과관계가 있는 경우'를 규정하고 있다.

공무상 질병 또는 부상으로 인한 사망이라 함은 공무수행과 관련하여 발생한 재해를 뜻하는 것이므로 공무와 질병 사이에 인과관계가 있어야 하고 그 인과관계는 이를 주장하는 측에서 입증하여야 한다. 그 입증의 방법 및 정도는 반드시 직접증거에 의하여 의학적·자연과학적으로 명백히 증명되어야 하는 것은 아니고, 당해 공무원의 건강과 신체조건을 기준으로 하여 취업 당시의 건강상태, 기존 질병의 유무, 종사한 업무의 실질 및 근무환경, 같은 작업장에서 근무한 다른 공무원의 동종 질병에의 이환 여부 등의 간접사실에 의하여 공무와 질병 사이의 상당인과관계가 추단될 정도로는 증명이 되어야 한다(대법원 2012. 7. 12. 선고 2011두22518 판결 등 참조).

2) 앞서 인정한 사실에 앞서 든 증거들, 증거(생략)의 기재 및 변론 전체의 취지에 의하여 할 수 있는 다음과 같은 사실 및 사정들을 더하여 보면, 망인의 과로 및 스트레스 등 업무상 부담으로 인하여 이 사건 상병이 발생하거나 기존 질병이 현저하게 악화되어 이 사건 상병이 발생하였다고 봄이 상당하고, 따라서 망인의 사망과 공무수행 사이에 상당인과관계가 인정된다. 따라서 이와 다른 전제에 선 이 사건 처분은 위법하다.

① 망인의 전산상 시간 외 근무현황을 기준으로 망인의 근무시간을 산정할 경우, 망인의 사망 전 1주일간의 근무시간은 55시간 11분(=정규 근무시간 40시간+초과근무시간 15시간 11분)이고, 사망 전 12주 동안의 1주 평균 근무시간은 48.4시간(=정규 근무시간 40시간+평균 초과근무시간 8.4시간)이다.

그러나 망인이 속한 부대의 경우 월 40시간 이상의 시간 외 근무를 신청하려면 사유서를 제출하여야 하는 점(실제 망인이 최근 3년간 월 40시간에 근접하는 시간 외 근무를 자주 신청하였음에도 월 40시간을 초과하여서는 신청한 사실이 없다), 망인이 수행하던 업무가 매우 다양하고, 망인의 컴퓨터 접속시간을 기준으로 망인의 근무시간을 산정하는 것이 보다 적정하다고 판단된다. 이 경우 망인의 근무시간은 사망 전 1주일간 총 60시간, 사망 전 12주 동안 1주 평균 51.480시간에 해당하여 결코 적다고 보기 어렵다. 여기에 망인이 사망에 근접한 시점인 추석 연휴기간 내내 출근하였고 진급심사를 위하여 휴무일에도 관련 자격증 시험에 응시하였던 점, 보직 특성상 평소 자유롭게 휴가를 쓰기도 어려웠던 상황으로 보이는 점, 그 밖에 망인의 근무 내용 및 근무 여건 등을 더하여 보면, 망인은 단기적·만성적 과로로 인하여 적지 않은 육체적·정신적 스트레스를 받았을 것으로 보인다.

② 망인과 관련된 각 의학적 소견들은 망인의 공무상 과로 및 스트레스가 이 사건 상병에 간접적인 영향을 미쳤을 가능성을 배제하지 않고 있다. 또한 위 각 소견들은 망인의 시간 외 근무현황을 기초로 산정한 근무시간을 전제로 공무상 과로 여부 및 이 사건 상병과의 상당인과관계를 판단한 것으로 보이는데, 위와 같이 추가로 인정되는 망인의 근무시간까지 포함할 경우 그 의학적 판단이 달라질 가능성을 배제하기 어렵다.

③ 비록 망인이 기존 질환으로 이상지질혈증을 가지고 있었던 것은 사실이나, 이상지질혈증이 공군본부 신체검사 재검기준에서 제외되어 망인이 매 건강검진마다 합격 판정을 받아온 점, 망인이 2018. 2.경부터 이상지질혈증에 대한 치료를 시작하여 꾸준히 치료제를 복용해오고 있었던 점, 망인이 위 질환 외에 평소 특별한 지병이나 건강상 이상 징후를 보였다는 사정도 찾기 어려운 점 등에 비추어 보면, 망인의 이상지질혈증이 이 사건 상병과 공무상 과로 등과의 상당인과관계를 배제시킬 정도로 심각하였다거나 위 질환에 대한 적절한 관리가 이루어지지 않았다고 단정하기 어렵다.

3. 결론

원고의 청구는 이유 있으므로 이를 인용하기로 하여 주문과 같이 판결한다.

요약정리 [사안의 쟁점과 판결의 요지]

서울행정법원 2021. 5. 14. 선고 2020구합52801 판결 [유족연금지급거부처분취소]

공군 부사관 A는 2018. 10. 부대 회식에 참석했다가 코피를 흘리며 의식을 잃고 쓰러져 응급실로 이송되었다가 결국 숨졌는데, 부검 결과 사망원인은 급성 심근경색, 부정맥, 급사 등을 일으키는 '관상동맥박리증'으로 밝혀졌다. 이에 공군본부 보통전공사망심사위원회는 2018. 12.경 망인 A에게 순직 결정을 하였고, 이에 망인 A의 배우자인 원고 B는 군인연금법상의 유족연금을 청구하였는데, 피고(국방부장관)는 2019. 4. 군인연금급여심사위원회의 심의결과에 따라 A의 질병과 공무 사이의 인과관계가 인정되지 않는다는 이유로 유족연금지급거부처분을 하였고, 원고 B는 군인연금급여재심위원회에 재심을 청구하였으나 청구가 기각되자 유족연금지급거부처분의 취소를 구하는 소를 제기하였다.

이 사안의 쟁점은 **군인이 업무로 인한 과로에 시달리다 부대 회식에 참석했다가 쓰러져 결국 숨진 경우, 망인의 유족이 군인연금법상 유족연금을 받을 수 있는지 여부**였다.

서울행정법원 2021. 5. 14. 선고 2020구합52801 판결은 A가 숨지기 전 1주일 동안의 근무시간이 60시간에 달했고, 사망 전 12주 동안에도 매주 평균 51시간을 근무했던 점, A가 사망에 근접한 시점인 추석 연휴기간 내내 출근을 했던 점, 진급심사를 위해 휴무일에도 관련 자격증 시험에 응시했던 점, 보직 특성상 평소 자유롭게 휴가를 쓰기도 어려웠던 상황으로 보이는 점, 그 밖에 망인의 근무 내용 및 근무 여건 등을 고려할 때 A는 단기적·만성적 과로로 인해 적지 않은 육체적·정신적 스트레스를 받았을 것으로 보이고, A의 과로와 스트레스 등 업무상 부담으로 관상동맥박리증이 발생하거나 기존 질병이 현저하게 악화되어 상병이 발생했다고 봄이 상당하므로 A의 사망과 공무수행 사이에 상당인과관계가 인정된다는 이유로 피고의 이 사건 처분을 취소하였고, 피고가 항소를 하지 않아 위 판결은 2021. 6. 8. 확정되었다.

판례 14

형법 제355조 및 제356조에 규정된 죄와 그 밖의 범죄가 형법 제37조 전단의 경합범 관계에 있어 하나의 벌금형이 선고되어 확정된 경우, 구 군무원인사법 제10조 제3호, 제27조 본문, 구 국가공무원법 제33조 제6의2호에서 정한 당연퇴직사유에 해당하는지 여부

대법원 2016. 12. 29. 선고 2014두43806 판결 [군무원지위확인]
[원심판결] 대전고등법원 2014. 10. 2. 선고 2014누10941 판결
[파기환송심] 대전고등법원 2017. 4. 6. 선고 2017누10263 판결

I. 사안의 개요 [기초사실 및 사건의 경과]

1. 기초사실

원고는 2012. 1. ○. 해군 제1해병사단 보통군사법원에서 '원고가 해군 ○○병원 소유의 시가 110,960원 상당의 부스타 크리너 20리터 10통 등 합계 1,519,300원 상당의 재물을 임의로 처분하여 이를 횡령하였다'는 업무상횡령죄와 폭행죄 등의 경합범으로 벌금 500만 원의 약식명령을 받고, 그 약식명령이 2012. 1. ○.경 그대로 확정되었다.

피고(대한민국)는 이 사건 약식명령이 확정됨으로써 원고는 군무원인사법이 정한 당연퇴직사유에 해당하게 되었다고 판단하여 원고에 대한 퇴직조치를 하였다. 이에 원고는 군무원지위의 확인을 구하는 이 사건 소송을 제기하였다.

2. 사건의 경과

이 사건에 적용된 구 군무원인사법은 국가공무원법 제33조 각 호의 어느 하나에 해당하는 사람은 군무원에 임용될 수 없다고 규정하면서(제10조 제3호), 군무원이 제10조에 따른 결격사유에 해당하게 된 경우에는 당연히 퇴직한다고 규정하고 있었다(제27조 본문). 그리고 이 사건에 적용된 구 국가공무원법 제33조 제6의2호는 '공무원으로 재직기간 중 직무와 관련하여 형법 제355조 및 제356조에 규정된 죄(이하 '횡령죄 등'

이라고 한다)를 범한 자로서 300만 원 이상의 벌금형을 선고받고 그 형이 확정된 후 2년이 지나지 아니한 자'는 공무원으로 임용될 수 없다고 규정하고 있었다. 한편 국가공무원법에 벌금형의 분리 선고에 관한 규정이 신설된 것은 2014. 1. 7.이었다.[12)]

따라서 이 사건에 적용될 구 군무원인사법과 구 국가공무원법을 종합하여 보면 군무원이 횡령죄 등을 범하여 300만 원 이상의 벌금형을 선고받고 그 판결이 확정되는 경우에는 임용결격사유에 해당하게 되지만, 횡령죄 등의 범죄와 그 밖의 범죄가 형법 제37조 전단의 경합범인 관계에 있는 형사재판에서 분리 선고를 할 수 있는 법적 근거는 없는 상태였다.

결국 이 사안의 쟁점은 **형법 제355조 및 제356조에 규정된 죄와 그 밖의 범죄가 형법 제37조 전단의 경합범 관계에 있어 하나의 벌금형이 선고되어 확정된 경우, 구 군무원인사법 제10조 제3호, 제27조 본문, 구 국가공무원법 제33조 제6의2호에서 정한 당연퇴직사유에 해당하는지 여부**였다.

원심(대전고등법원 2014. 10. 2. 선고 2014누10941 판결)은 ① 원고가 2012. 1. ○. 해군 제1해병사단 보통군사법원에서 '원고가 해군 ○○병원 소유의 시가 110,960원 상당의 부스타 크리너 20리터 10통 등 합계 1,519,300원 상당의 재물을 임의로 처분하여 이를 횡령하였다'는 업무상횡령죄와 폭행죄 등의 경합범으로 벌금 500만 원의 약식명령을 받고, 그 약식명령이 2012. 1. ○.경 그대로 확정되었고(이하 '이 사건 약식명령'이라고 한다), ② 이 사건 각 조항에서 정하고 있는 당연퇴직사유를 횡령 관련 범죄만으로 300만 원 이상의 벌금형을 선고받은 경우로 한정하여 해석하여야 할 이유가 없으며, ③ 이 사건 약식명령의 범죄사실 중 업무상횡령의 범죄행위만으로 양형을 정하였더라도 300만 원 미만의 벌금형이 선고되었을 것이라고 단정하기는 어려운 점 등에 비추어 볼 때, 원고는 이 사건 약식명령이 확정됨으로써 법이 정한 당연퇴직사유에 해당하게 되었다고 판단하여, 업무상횡령죄, 폭행죄 등의 실체적 경합범으로 500만 원의 벌금형을 선고받은 원고는 이 사건 각 규정에서 정한 '재직기간 중 그 직무와 관련하여 업무상횡령죄를 범한 자로서 300만 원 이상의 벌금형을 선고받고

---

12) 국가공무원법 제33조의2(벌금형의 분리 선고) 「형법」 제38조에도 불구하고 제33조 제6호의2 또는 제6호의3에 규정된 죄와 다른 죄의 경합범(競合犯)에 대하여 벌금형을 선고하는 경우에는 이를 분리 선고하여야 한다. <개정 2015. 12. 24.> [본조신설 2014. 1. 7.]

그 형이 확정된 자'에 해당하지 아니하여 원고에게는 당연퇴직 사유가 없으므로 원고는 여전히 군무원으로서의 지위에 있다고 판단한 **1심판결(대전지방법원 2014. 6. 19. 선고 2014구합61 판결)**을 취소하고 원고의 청구를 기각하였다.

그러나 **대법원 2016. 12. 29. 선고 2014두43806 판결**은 ① 공무원 당연퇴직제도는 결격사유가 발생하는 것 자체에 의해 임용권자의 의사표시 없이 결격사유에 해당하게 된 시점에 법률상 당연히 퇴직하는 것이고, 공무원관계를 소멸시키기 위한 별도의 행정처분을 요하지 아니하므로, 당연퇴직사유의 존재는 객관적으로 명확하여야 하고, ② 또한 당연퇴직사유에 해당하면 곧바로 공무원 신분의 박탈이 수반되므로 공무원의 법적 지위에 중대한 영향을 미치고, 헌법 제25조가 규정한 공무담임권의 보호영역에는 공직 취임 기회의 보장뿐만 아니라 공무원 신분의 부당한 박탈도 포함되므로, 구 군무원인사법 제10조 제3호, 제27조 본문, 구 국가공무원법 제33조 제6의2호(이하 '각 조항'이라고 한다)로 인하여 공무담임권이 부당하게 제한되지 않도록 해석하여야 하며, ③ 각 조항은 공무원의 금품 관련 비리를 근절·예방하기 위하여 공무원으로 재직 중 직무와 관련하여 형법 제355조 및 제356조에 규정된 죄(이하 '횡령죄 등'이라고 한다)로 일정한 형벌을 받은 경우를 공무원의 임용결격 및 당연퇴직사유로 규정한 것이므로, 임용결격 및 당연퇴직사유 해당 여부는 횡령죄 등만에 대한 선고형량이 분명하게 구분될 수 있을 때에만 적용되는데, 횡령죄 등이 다른 일반 범죄와 형법 제37조 전단의 경합범으로 공소제기된 경우 형법 제38조의 적용을 배제하는 예외를 인정한 명문의 규정이 없는 이상 경합범 중 횡령죄 등만을 분리 심리하여 그에 대해서만 형을 따로 선고할 수는 없으며, 또한 형사재판에서 횡령죄 등과 형법 제37조 전단의 경합범으로 공소제기된 다른 범죄행위에 대하여 하나의 벌금형이 선고되어 확정된 경우, 사후적으로 횡령죄 등으로 300만 원 이상의 벌금형이 선고된 경우에 해당하는지를 따져 당연퇴직 여부를 판단하는 것은, 이미 확정된 형을 임의로 분리하는 것과 마찬가지여서 원칙적으로 허용되지 않으므로, ④ 이와 같은 공무원 당연퇴직의 법적 성질과 공무원 지위에 미치는 효과, 각 조항을 합헌적으로 엄격하게 해석하여야 할 필요성 등을 종합적으로 고려할 때, 횡령죄 등과 그 밖의 범죄가 형법 제37조 전단의 경합범 관계에 있어 하나의 벌금형이 선고되어 확정된 경우는 각 조항에서 정한 당연퇴직사유에 해당한다고 할 수 없다고 판시하며 원심판결을 파기환송하였고, **파기환송심(대전고등법원 2017. 4. 6. 선고 2017누10263 판결)**은 업무상횡령죄, 폭행죄 등의 실체적 경합범으로 500만 원의 벌금형을 선고받은 원고는 이 사건 각 규정에서 정한 '재직기간 중 그 직무와 관련하여 업무상횡령죄를 범한 자로서 300만 원 이상의 벌금형을 선고받고 그 형이 확정된 자'에 해당하지 아니하여 원고에게는 당연퇴직 사유가 없으므로 원고는 여전히 군무원으로서의 지위에 있다는 이유로 제1심판결을 정당하다고 판시하며 피고(대한민국)의 항소를 기각하였고, 결국 원고는 군무원지위를 유지하게 되었다.

II. 판결 읽어보기 [판결 중요부분 발췌(요약)] : 대법원 2016. 12. 29. 선고 2014두43806 판결

상고이유를 판단한다.

1. 구 군무원인사법(2014. 10. 15. 법률 제12785호로 개정되기 전의 것, 이하 '구 군무원인사법'이라고 한다)은 국가공무원법 제33조 각 호의 어느 하나에 해당하는 사람은 군무원에 임용될 수 없다고 규정하면서(제10조 제3호), 군무원이 제10조에 따른 결격사유에 해당하게 된 경우에는 당연히 퇴직한다고 규정하고 있다(제27조 본문). 그리고 구 국가공무원법(2013. 8. 6. 법률 제11992호로 개정되기 전의 것, 이하 '구 국가공무원법'이라고 한다) 제33조 제6의2호는 '공무원으로 재직기간 중 직무와 관련하여 형법 제355조 및 제356조에 규정된 죄(이하 '횡령죄 등'이라고 한다)를 범한 자로서 300만 원 이상의 벌금형을 선고받고 그 형이 확정된 후 2년이 지나지 아니한 자'는 공무원으로 임용될 수 없다고 규정하고 있다(이하 구 군무원인사법 제10조 제3호, 제27조 본문, 구 국가공무원법 제33조 제6의2호를 합하여 '이 사건 각 조항'이라고 한다).

2. 원심은, ① 원고가 2012. 1. ○. 해군 제1해병사단 보통군사법원에서 '원고가 해군 ○○병원 소유의 시가 110,960원 상당의 부스타 크리너 20리터 10통 등 합계 1,519,300원 상당의 재물을 임의로 처분하여 이를 횡령하였다'는 업무상횡령죄와 폭행죄 등의 경합범으로 벌금 500만 원의 약식명령을 받고, 그 약식명령이 2012. 1. ○.경 그대로 확정되었고(이하 '이 사건 약식명령'이라고 한다), ② 이 사건 각 조항에서 정하고 있는 당연퇴직사유를 횡령 관련 범죄만으로 300만 원 이상의 벌금형을 선고받은 경우로 한정하여 해석하여야 할 이유가 없으며, ③ 이 사건 약식명령의 범죄사실 중 업무상횡령의 범죄행위만으로 양형을 정하였더라도 300만 원 미만의 벌금형이

선고되었을 것이라고 단정하기는 어려운 점 등에 비추어 볼 때, 원고는 이 사건 약식명령이 확정됨으로써 법이 정한 당연퇴직사유에 해당하게 되었다고 판단하였다.

3. 그러나 원심의 위와 같은 판단은 아래 이유로 받아들이기 어렵다.

공무원 당연퇴직제도는 결격사유가 발생하는 것 자체에 의해 임용권자의 의사표시 없이 결격사유에 해당하게 된 시점에 법률상 당연히 퇴직하는 것이고, 공무원관계를 소멸시키기 위한 별도의 행정처분을 요하지 아니하므로(대법원 2011. 3. 24. 선고 2008다92022 판결 참조), 당연퇴직사유의 존재는 객관적으로 명확하여야 한다.

또한 당연퇴직사유에 해당하면 곧바로 공무원 신분의 박탈이 수반되므로 공무원의 법적 지위에 중대한 영향을 미치고, 헌법 제25조가 규정한 공무담임권의 보호영역에는 공직 취임 기회의 보장뿐만 아니라 공무원 신분의 부당한 박탈도 포함되므로(헌법재판소 2013. 7. 25. 선고 2012헌바409 전원재판부 결정 참조), 이 사건 각 조항으로 인하여 공무담임권이 부당하게 제한되지 않도록 해석하여야 한다.

이 사건 각 조항은 공무원의 금품 관련 비리를 근절·예방하기 위하여 공무원으로 재직 중 직무와 관련하여 횡령죄 등으로 일정한 형벌을 받은 경우를 공무원의 임용결격 및 당연퇴직사유로 규정한 것이므로, 임용결격 및 당연퇴직사유 해당 여부는 횡령죄 등만에 대한 선고 형량이 분명하게 구분될 수 있을 때에만 적용된다고 보아야 한다. 그런데 횡령죄 등이 다른 일반 범죄와 형법 제37조 전단의 경합범으로 공소제기된 경우 형법 제38조의 적용을 배제하는 예외를 인정한 명문의 규정이 없는 이상 경합범 중 횡령죄 등만을 분리 심리하여 그에 대해서만 형을 따로 선고할 수는 없다(대법원 2004. 4. 9. 선고 2004도606 판결 등 참조). 또한 형사재판에서 횡령죄 등과 형법 제37조 전단의 경합범으로 공소제기된 다른 범죄행위에 대하여 하나의 벌금형이 선고되어 확정된 경우, 사후적으로 횡령죄 등으로 300만 원 이상의 벌금형이 선고된 경우에 해당하는지를 따져 당연퇴직 여부를 판단하는 것은, 이미 확정된 형을 임의로 분리하는 것과 마찬가지여서 원칙적으로 허용되지 않는다고 보아야 한다(대법원 2016. 1. 28. 선고 2013두35129 판결 참조).

이와 같은 공무원 당연퇴직의 법적 성질과 공무원 지위에 미치는 효과, 이 사건 각 조항을 합헌적으로 엄격하게 해석하여야 할 필요성 등을 종합적으로 고려할 때, 횡령죄 등과 그 밖의 범죄가 형법 제37조 전단의 경합범 관계에 있어 하나의 벌금형이 선고되어 확정된 경우는 이 사건 각 조항에서 정한 당연퇴직사유에 해당한다고 할 수 없다. 이러한 경우 이 사건 각 조항이 추구하는 입법 목적인 공무원의 청렴성 확보는 징계절차 등에 의하여야 할 것이다.

그럼에도 원심은 위와 같은 경우도 당연퇴직사유에 해당한다고 판단하였으므로, 이러한 원심의 판단에는 이 사건 각 조항의 해석 및 공무원 당연퇴직에 관한 법리를 오해하여 판결에 영향을 미친 잘못이 있다.

4. 이에 나머지 상고이유에 대한 판단을 생략하고 원심판결을 파기하며, 사건을 다시 심리·판단하도록 원심법원에 환송하기로 하여, 관여 대법관의 일치된 의견으로 주문과 같이 판결한다.

요약정리 [사안의 쟁점과 판결의 요지]

대법원 2016. 12. 29. 선고 2014두43806 판결 [군무원지위확인]

이 사건에 적용될 구 군무원인사법과 구 국가공무원법을 종합하여 보면 군무원이 횡령죄 등을 범하여 300만 원 이상의 벌금형을 선고받고 그 판결이 확정되는 경우에는 임용결격사유에 해당하게 되지만, 횡령죄 등의 범죄와 그 밖의 범죄가 형법 제37조 전단의 경합범인 관계에 있는 형사재판에서 분리 선고를 할 수 있는 법적 근거는 없는 상태였는데, 이 사안의 쟁점은 **형법 제355조 및 제356조에 규정된 죄와 그 밖의 범죄가 형법 제37조 전단의 경합범 관계에 있어 하나의 벌금형이 선고되어 확정된 경우, 구 군무원인사법 제10조 제3호, 제27조 본문, 구 국가공무원법 제33조 제6의2호에서 정한 당연퇴직사유에 해당하는지 여부**였다.

대법원 2016. 12. 29. 선고 2014두43806 판결은 공무원 당연퇴직의 법적 성질과 공무원 지위에 미치는 효과, 구 군무원인사법 제10조 제3호, 제27조 본문, 구 국가공무원법 제33조 제6의2호를 합헌적으로 엄격하게 해석하여야 할 필요성 등을 종합적으로 고려할 때, 횡령죄 등과 그 밖의 범죄가 형법 제37조 전단의 경합범 관계에 있어 하나의 벌금형이 선고되어 확정된 경우는 각 조항에서 정한 당연퇴직사유에 해당한다고 할 수 없다고 판시하며, 이 사건 약식명령이 확정됨으로써 원고는 당연퇴직사유에 해당되었다고 판단한 원심판결을 파기환송하였다.

파기환송심(대전고등법원 2017. 4. 6. 선고 2017누10263 판결)은 업무상횡령죄, 폭행죄 등의 실체적 경합범으로 500만 원의 벌금형을 선고받은 원고는 이 사건 각 규정에서 정한 '재직기간 중 그 직무와 관련하여 업무상횡령죄를 범한 자로서 300만 원 이상의 벌금형을 선고받고 그 형이 확정된 자'에 해당하지 아니하여 원고에게는 당연퇴직 사유가 없으므로 원고는 여전히 군무원으로서의 지위에 있다는 이유로 제1심판결을 정당하다고 판시하며 피고(대한민국)의 항소를 기각하였고, 결국 원고는 군무원지위를 유지하게 되었다.

<참고: 분리 선고 제도>

군인사법 제10조의2(벌금형의 분리 선고)는 형법 제38조(경합법과 처벌례)에도 불구하고 제10조 제2항 제6호의2(공무원 재직기간 중 직무와 관련하여 형법 제355조(횡령, 배임) 또는 제356조(업무상의 횡령과 배임)에 규정된 죄를 범한 사람으로서 300만원 이상의 벌금형을 선고받고 그 형이 확정된 후 2년이 지나지 아니한 사람) 또는 제6호의3(성폭력범죄의 처벌 등에 관한 특례법 제2조에 따른 성폭력범죄로 100만 원 이상의 벌금형을 선고받고 그 형이 확정된 후 3년이 지나지 아니한 사람)에 규정된 죄와 다른 죄의 경합범(競合犯)에 대하여 벌금형을 선고하는 경우에는 이를 분리 선고하여야 한다고 규정하고 있는데, 이 규정은 2018. 1. 16.에 신설되었고, 이 규정 신설 시의 부칙 제3조(벌금형의 분리 선고에 관한 적용례)는 군인사법 제10조의2의 개정규정은 이 법 시행 후 발생한 범죄행위로 형벌을 받는 경우부터 적용한다고 규정하고 있다.

한편 군무원인사법에는 군인사법 제10조의2(벌금형의 분리 선고)와 같은 명문규정은 없으나, 국가공무원법 제33조의2(벌금형의 분리 선고)가 보충적으로 적용된다.

따라서 현재에는 **대법원 2016. 12. 29. 선고 2014두43806 판결**에서와 같은 문제가 발생할 가능성이 거의 없으나, 군인 또는 군무원의 횡령, 배임죄 또는 성폭력범죄와 그 밖의 범죄가 형법 제37조 전단의 경합범인 관계에 있는 사건의 군사재판(또는 형사재판)에서 착오로 분리 선고가 되지 않고 그 판결(또는 약식명령)이 확정되는 경우에는 **대법원 2016. 12. 29. 선고 2014두43806 판결**에서와 같은 문제가 발생할 수 있다.

PART 3

군 관련 일반 민사소송 판결

판례 1

자살우려자 관리에 관한 군부대의 책임

대법원 2020. 5. 28. 선고 2017다211559 판결 [손해배상(기)]
[원심판결] 서울고등법원 2017. 1. 20. 선고 2015나2049505 판결

I. 사안의 개요 [기초사실 및 사건의 경과]

1. 기초사실

A는 2012. 7. ○. 해군 기초군사교육단에 입소하여 교육을 받은 다음 2012. 9. ○. 하사로 임관하여 해군교육사령부(이하 '교육사'라 한다) ○○통신학교에서 주특기로 부여받은 음탐사(音探士)에 관한 후반기 교육을 받았고, 2013. 1. ○.경부터 해군 제2함대 ○○○함에서 부사관으로 근무하던 중 2013. 5. ○. ○○○함 안에서 목을 매어 사망하였다. 이 사건의 원고들은 A의 아버지, 어머니, 누나, 형이다.

A는 2012. 9. ○. 교육사에서 인성검사를 받았는데, '부적응, 관심(앞으로 군 생활에서 부적응이나 사고 가능성이 예측되지만, 적극적인 관심이나 도움을 통해 극복할 가능성이 높습니다), 자살예측'이라는 결과가 나왔다. 이 검사에서 A는 '적응척도' 중 '조직적합성' 항목에서 "매우 낮음", "기본적인 능력이 부족하여 임무수행에 곤란을 겪거나 상관이나 동기로부터 지적을 받을 가능성이 있습니다."라는 판정을 받고, '특수척도' 항목에서 가족관계 갈등, 대인관계 문제가 있어 구체적인 면담이 필요하다는 판정을 받았다. A의 소속 부대 생활관 당직소대장인 하사 B는 검사 당일 A와 면담하였는데, 위와 같은 검사 결과와 달리 A에게 특이사항이 없다고 판단하여 누구에게도 검사 결과를 통보하지 않았다. 담임 교관으로서 1차 신상관리 책임자인 상사 C는 인성검사 결과를 알지 못한 채 A와 2차례에 걸쳐 면담을 하며 A에게 특별한 특이사항이나 문제가 없다고 기록하였고, A의 소속 부대는 A의 신상등급을 B급(보호가 필요한 병사 등)으로 분류하여 관리하다가 2012. 11.경 C급(신상에 문제점이 없는 자)으로 변경하였다.

A는 ○○○함에 전입한 다음 2013. 1. ○. 실시된 인성검사를 비롯한 수차례의 면담과 검사에서 모두 문제없이 업무에 적응하고 있고 특이사항이 없다는 판정을 받았다. ○○○함은 A의 신상등급을 신규 전입 당시에는 B급으로 관리하다가 2013. 4.경 C급으로 변경하였다.

○○○함은 1년 중 2회의 부사관 능력평가, 2회의 음탐사 기량 경연대회, 2회의 통합대잠전 수행능력평가를 실시하고 있다. A는 ○○○함으로 전입한 이후 2차례 부사관 능력평가를 치러 좋은 성적을 받았고 2013. 5. ○.로 예정된 음탐사 기량 경연대회를 준비하고 있었다. 음탐사 기량 경연대회는 ○○○함을 비롯한 1·2급 전투함의 음탐사 총원을 대상으로 하는 것으로, 최우수 음탐사를 시상하고 작전사 경연대회에 참가할 기회를 부여받을 장병을 선발하는 대회이다. ○○○함의 음탐직별 분대장은 음탐사 기량 경연대회에서 좋은 성적을 내기 위해 구체적인 준비계획을 세워 실시하였다. A는 이 사건 사고 전날인 2013. 5. ○. 실시한 모의평가에서 응시한 3명 중 가장 낮은 점수인 60점을 받아 상사로부터 질책을 받았고, 다음 모의평가를 준비하던 중에 이 사건 사고가 발생하였다.

A는 입대 전까지 학교생활에서 특별한 문제 상황은 없었고, 우울증 등 정신질환으로 치료받은 적도 없다. A에 대한 심리부검을 한 법원 감정인은 A의 일기를 비롯하여 재판기록, 주변인에 대한 인터뷰 등을 토대로 이 사건 사고의 원인을 다음과 같이 분석하였다.

① A는 의존적인 성향과 스스로에 대하여 자책을 하는 내향적인 경향이 있었고, 자신의 감정을 표현하지 않고 억압하여 주변의 긍정적인 반응을 얻어 자존감을 유지해 왔다.

② ○○○함으로 전입하기 전에는 A에게 고위험 자살요인을 발견할 수 없었다. A가 ○○○함으로 전입한 다음 업무로 인한 스트레스를 내적으로 억압하는 경향이 더 강해져 점차 자존감이 낮아지고, 이를 해소할 방법이 없어 적응장애를 거쳐 우울증으로 진행했을 것으로 보인다.

③ A는 자신의 감정을 억압했기에 자신의 어려움을 의식적으로 느끼지 못하여 주변에 도움을 요청하지 않았고 죽음 직전까지 의연한 태도를 유지했던 것으로 보인다. A의 주변에서도 우울이나 불안, 죄책감 같은 자살과 연관된 감정을 느낄 수 없었던 것으로 보인다. A에게 주어진 각각의 스트레스 상황이 극단적이지는 않았으나, 스트레스 상황이 연속적으로 발생한 것이 A에게는 주관적으로 극단적인 스트레스가 되었을 것으로 추정된다.

④ A가 사망 전에 위와 같은 적응문제와 우울증상이 있었다고 추정되므로, 입대 후 조기 평가를 통해 스트레스 상황이나 고립감을 조절하는 것이 필요하였고, 조기 치료 역시 필요한 상황이었을 것으로 보인다.

⑤ 인성검사에서 자살예측이라는 판정이 나온 것은 매우 불안하거나 우울한 심

리상태가 지속되어 있었다는 것을 의미하고, A의 성격상 인성검사에서 어려움을 과장할 확률은 낮다. 2012. 9. ○. 실시된 인성검사 결과는 당시 A의 자살예측성이 높았다고 추정할 수 있고 임무수행에 곤란을 겪을 가능성을 충분히 나타낸 것이다. 2013. 1. ○. 실시된 인성검사는 군대 내 적응 후 두번째 이루어진 검사로서 이미 익숙한 질문에 답하는 것이라 이전 검사보다 신뢰도가 낮으며, 일반적으로 자살예측이 나오고 적응에 어려움을 겪는 사람이 환경 변화가 없는 상황에서 쉽게 호전되지는 않는다. A의 성향상 부대 지휘관과의 면담은 별다른 도움이 될 수 없는 반면, 접근기회를 많이 주고 비밀보장에 대한 확신을 주는 전제에서 외부 심리상담 전문가와 상담을 하였다면 자신의 어려움을 토로했을 가능성이 크고 그것을 통하여 부대 적응에 큰 도움이 되었을 것이라 추정한다.

2. 사건의 경과

이 사안의 쟁점은 ① **A가 해군교육사령부에서 받은 인성검사에서 자살이 예측되는 결과가 나타난 이상 당시 A에게 자살 가능성이 있음을 충분히 예견할 수 있는 사정이 있었는데도 위 인성검사 결과를 제대로 반영하지 아니한 것이 자살우려자 식별과 신상파악 · 관리 · 처리의 책임이 있는 교관, 지휘관 등 관계자가 자살예방 및 생명존중문화 조성을 위한 법률 및 장병의 자살을 예방하기 위해 마련된 관련 규정들에 따른 조치 등 A의 자살을 방지하기 위해 필요한 조치를 할 직무상 의무를 과실로 위반한 것인지 여부, ② 그와 같은 직무상 의무위반과 위 자살 사고 사이에 상당인과관계가 있는지 여부, ③ 따라서 국가에게 A의 자살에 대한 배상책임이 인정되는지 여부**였다.

1심(서울중앙지방법원 2015. 8. 21. 선고 2013가합551353 판결)과 항소심(서울고등법원 2017. 1. 20. 선고 2015나2049505 판결)은 ① A가 자신의 어려움을 주변에 토로하지 않았고, 주변으로부터 따돌림을 받지도 않았으며, 군에서 A에 대한 여러 차례 면담이 이루어졌으며, ② 1차 인성검사 결과가 누락되어 A가 'A급 관심장병' 관리를 받지 못한 측면은 있지만, 그것만이 A의 죽음의 원인이라 보기는 어렵고, ③ 자살우려자에 대한 세심한 조치를 취하지 않았다는 사정만으로 A의 자살에 대하여 군에 책임을 물을 수는 없고, ④ 강화된 관리 기준을 적용했어도 A의 자살을 막기는 어려웠을 것으로 보인다는 등의 이유로 원고의 청구를 기각하였다.

그러나 **대법원 2020. 5. 28. 선고 2017다211559 판결**은 입대 후 인성검사에서 '자살예측' 결과가 나온 장병의 관리가 소홀했다면, 그 장병의 극단적 선택에 대하여 군에 배상책임이 있다고 판시하였다. 즉 ① 가장 신뢰할 수 있는 첫번째 인성검사에서 A에게 '자살예측' 판정이 나왔다면 군에서 A를 즉시 정신과 군의관에게 진단토록 하거나, 필요시 입원 또는 외래치료를 시켜야 했으며, ② 군은 자살이 예상되는 장병의 자살을 방지할 의무가 있으며 자살 사고가 예측가능했고 그 결과를 막을 수 있었다면 특별한 사정이 없는 한 국가는 배상책임을 진다는 이유로 원심판결을 파기하고 사건을 원심법원에 환송하였다.

II. 판결 읽어보기 [판결 중요부분 발췌(요약)] : 대법원 2020. 5. 28. 선고 2017다211559 판결

1. 사건 개요

(생략)

2. 원심 판단

원심은 다음과 같은 이유로 이 사건 사고와 관련하여 A의 소속 부대 담당자들이 직무수행 과정에서 요구되는 통상의 주의의무를 게을리한 과실이 있다고 단정하기 어렵다고 판단하여 원고들의 국가배상 청구를 기각하였다.

가. 하사 B가 교육사에서 실시된 인성검사를 토대로 A와 면담하였을 때 A는 "누구나 한 번쯤은 힘든 일이 있을 때 자살을 생각할 수 있겠으나, 저는 지금 심각하게 자살을 생각한 것은 없다."라고 답하였다. 상사 C가 두 차례 A를 면담하고 교육사 생활에 특별한 문제점이 없다고 판단하였다. 법원감정인도 ○○○함 전입 전까지 고위험 자살요인을 발견할 수 없다고 보았고, 달리 교육사 과정에서 자살의 징후를 보였다고 볼 근거가 없다. 이러한 사정에 비추어 B가 인성검사 결과를 인계하지 않은 것이나 A를 관심병사로 분류·관리하지 않은 것이 이 사건 사고에 대한 귀책사유가 있다고 볼 정도의 과실이라고 보기 어렵다.

나. A가 음탐사 기량 경연대회 준비 과정 등에서 극심한 스트레스를 받은 것으로 보이기는 하나, 그러한 상황이 통상적인 범주를 벗어나 과도한 스트레스를 유발한 것이라고 보기 어려워 A가 주관적으로 극단적인 스트레스를 받고 우울증상을 겪고 있

었다고 해서 소속 부대 담당자들에게 책임이 있다고 보기는 어렵다. A가 ○○○함 생활에서 받은 스트레스로 인한 내적인 고통을 외부로 표현한 것으로 볼 수 있는 징후는 있으나 그것만으로 소속 부대 담당자들에게 이 사건 사고에 관한 예견가능성이 있었다고 보기 어렵다.

다. ○○○함 전입 후 이 사건 사고 직전까지 면담 관찰 기록에서 A의 자살 징후 기타 특이사항을 발견할 수 없고, A가 자신의 감정을 억압하고 외부에 고민을 드러내지 않는 성향을 가진 점 등에 비추어 교육사에서 실시된 인성검사 결과가 ○○○함에 인계되어 담당자들이 이를 토대로 A를 강화된 기준에 따라 관리하였다고 하더라도 A의 적응문제나 우울증상을 쉽게 파악할 수 있었다거나 이 사건 사고를 막을 수 있었을 것으로 보기는 어렵다.

3. 대법원 판단

가. 공무원의 부작위로 인한 국가배상책임을 인정하기 위해서는 공무원의 작위로 인한 국가배상책임을 인정하는 경우와 마찬가지로 '공무원이 직무를 집행하면서 고의 또는 과실로 법령을 위반하여 타인에게 손해를 입힌 때'라는 국가배상법 제2조 제1항의 요건이 충족되어야 한다. 여기서 '법령 위반'이란 엄격하게 형식적 의미의 법령에 명시적으로 공무원의 작위의무가 규정되어 있는데도 이를 위반하는 경우만을 의미하는 것은 아니고, 인권존중·권력남용금지·신의성실과 같이 공무원으로서 마땅히 지켜야 할 준칙이나 규범을 지키지 않고 위반한 경우를 포함하여 널리 객관적인 정당성이 없는 행위를 한 경우를 포함한다(대법원 2008. 6. 12. 선고 2007다64365 판결 등 참조). 국민의 생명·신체·재산 등에 관하여 절박하고 중대한 위험상태가 발생하였거나 발생할 우려가 있어서 국민의 생명·신체·재산 등을 보호하는 것을 본래적 사명으로 하는 국가가 초법규적, 일차적으로 그 위험 배제에 나서지 않으면 국민의 생명·신체·재산 등을 보호할 수 없는 경우에는 형식적 의미의 법령에 근거가 없더라도 국가나 관련 공무원에 대하여 그러한 위험을 배제할 작위의무를 인정할 수 있다. 그러나 그와 같이 절박하고 중대한 위험상태가 발생하였거나 발생할 우려가 없는 경우에는 원칙적으로 공무원이 관련 법령을 준수하여 직무를 수행하였다면 공무원의 부작위를 가지고 '고의 또는 과실로 법령을 위반'하였다고 할 수는 없다. 따라서 공무원의 부작위로 인한 국가배상책임을 인정할 것인지 여부가 문제되는 경우에 관련 공무원에 대하여 작위의무를 명하는 법령 규정이 없다면 공무원의 부작위로 인하여 침해된 국민의 법익 또는 국민에게 발생한 손해가 어느 정도 심각하고 절박한 것인지, 관련 공

무원이 그와 같은 결과를 예견하여 결과를 회피하기 위한 조치를 취할 가능성이 있는지 등을 종합적으로 고려하여 판단하여야 한다(대법원 1998. 10. 13. 선고 98다18520 판결 등 참조).

상급행정기관이 소속 공무원이나 하급행정기관에 대하여 업무처리지침이나 법령의 해석·적용 기준을 정해 주는 행정규칙은 일반적으로 행정조직 내부에서만 효력을 가질 뿐 대외적으로 국민이나 법원을 구속하는 효력이 없다. 공무원의 조치가 행정규칙을 위반하였다고 해서 그러한 사정만으로 곧바로 위법하게 되는 것은 아니고, 공무원의 조치가 행정규칙을 따른 것이라고 해서 적법성이 보장되는 것도 아니다. 공무원의 조치가 적법한지는 행정규칙에 적합한지 여부가 아니라 상위법령의 규정과 입법목적 등에 적합한지 여부에 따라 판단해야 한다(대법원 2019. 7. 11. 선고 2017두38874 판결 등 참조).

나. 「자살예방 및 생명존중문화 조성을 위한 법률」(이하 '자살예방법'이라 한다)은 국민의 소중한 생명을 보호하여야 하는 국가적 사명을 다하기 위하여 국가에게 자살위험자를 위험으로부터 적극 구조하기 위하여 필요한 정책을 수립하고, 자살의 사전예방, 자살 발생 위기에 대한 대응 및 사후 대응의 각 단계에 따른 정책을 수립·시행할 책무가 있다고 정하고 있다(제4조). 특히 군대는 그 특성상 엄격한 규율에 따라 행동이 통제되며 집단행동이 중시되고 업무가 신체적·정신적으로 힘든 경우가 많아 상대적으로 자살 위험에 노출될 가능성이 크다. 이에 국방부훈령인 부대관리훈령, 해군규정, 해군작전사령부 및 ○○○함의 신상파악 운영에 관한 예규 등은 장병의 자살예방 대책을 구체적으로 정하고 있다.

구 「부대관리훈령」(2012. 12. 31. 국방부훈령 제1483호로 개정되기 전의 것, 이하 '부대관리훈령'이라 한다)은 제4편 제4장 제237조 이하에서 군인의 자살을 감소·예방하기 위하여 징병검사·신병교육·자대복무 단계별로 자살우려자를 식별·관리·처리하는 절차를 상세히 정하고 있다. 교육기간 중 교관은 신상기록, 인성검사 결과, 면담을 통하여 자살우려자 식별활동을 하여야 하고, 조교는 교육 및 병영생활 간 일일관찰, 상향식 일일결산보고 등을 통해 자살우려자 식별활동을 꾸준히 실시하여야 한다. 지휘관은 교육기간 중 자살우려자 식별 즉시 정신과 군의관의 진단 등을 받도록 하고, 진단 결과에 따라 입원 또는 외래치료를 실시하는 등의 관리를 하며, 치료 중 의무조사대상자로 판정되는 사람을 전역심사위원회에 회부하는 등으로 처리하여야 한다(제240조부터 제242조까지의 규정). 자대복무 이후에는 부대의 지휘관이 전입신병에 대하여 전입기간 단계별로 집중관리하면서 자살우려자와 보호·관심병사를 선정하여 자살우려자로 식별된 사람에 대해 정신과 군의관 상담 등을 받도록 하는 등 관리·처리하여야 한다(제243조부터 제245조까지의 규정).

해군의 「군 사고예방규정」(2012. 2. 24. 해군규정 제1797호)은 장병의 자살예방을 위하여 전입기간 단계별로 자살우려자를 포함한 보호·관심병사 선정(식별), 자살우려자로 식별 시 정신과 군의관 상담 및 진단, 군병원 입원 치료, 필요시 상급부대로 분리하여 상담 및 관찰보호(관리), 현역복무부적합 절차 의거 조치(분리)의 단계로 조치하여야 한다고 정하고 있다(제26조). 해군, 해군작전사령부, 제2함대도 각 부대별로 신상파악 책임자를 정하여 이들로 하여금 면접, 대인관계, 관찰, 기록 등을 통해 장병의 신상을 파악하여 기준에 따라 장병의 신상을 분류하도록 하고, A급(자살우려자)으로 분류된 자는 부지휘관 또는 지휘관이 월 2회 이상 면담하고 이를 기록하는 등 신상파악 책임자부터 지휘관까지 전 계통이 해당 장병의 신상을 파악하고 교육, 지도, 전문가(심리학자) 또는 병영생활전문상담관과의 상담 등의 선도를 실시하고 그에 대한 해결책을 강구해야 하며, 신상기록부 관리프로그램에 반드시 인성검사 결과를 파악하여 기록하도록 하는 내용의 신상파악 운영에 관한 규정을 두고 있다. 각급 부대 소속 지휘관과 담당자들은 이러한 부대관리훈령 등의 규정들을 준수할 의무가 있다.

이와 같은 자살예방법과 장병의 자살예방 대책과 관련한 부대관리훈령 등의 규정 내용을 종합하면, 자살우려자 식별과 신상파악·관리·처리의 책임이 있는 각급 부대의 지휘관 등 관계자는 장병의 자살을 예방하기 위해 마련된 부대관리훈령 등의 관련규정을 준수하여 자살이 우려되는 장병을 식별하고 장병의 신상을 파악하려고 노력하고, 자살의 가능성이 확인된 장병에 대해서는 정신과 군의관의 진단 등을 거쳐 그 결과에 따라 해당 장병을 적절하게 관리하는 등의 조치를 취하여 자살 등의 사고를 미리 방지하고 그가 신체적·정신적 건강을 회복할 수 있도록 할 의무가 있다. 각급 부대의 관계자가 위와 같은 자살예방 관련 규정에 따라 필요한 조치를 취하지 않은 상황에서 소속 장병의 자살 사고가 발생한 경우, 자살 사고가 발생할 수 있음을 예견할 수 있었고 그러한 조치를 취했을 경우 자살사고의 결과를 회피할 수 있었다면, 특별한 사정이 없는 한 해당 관계자의 직무상 의무 위반과 이에 대한 과실이 인정되고, 국가는 국가배상법 제2조 제1항에 따라 배상책임을 진다.

다. 위에서 본 사실관계를 이러한 법리에 비추어 살펴본다.

(1) 군부대에서 실시되는 인성검사는 장병 중 자살우려자를 식별하기 위한 검사이므로, 인성검사에서 '부적응', '자살예측' 결과가 나왔다는 사정은 해당 장병이 군부대 적응에 상당한 어려움을 겪고 자살할 가능성이 있다고 판단할 수 있는 중요한 근거

이다. 따라서 자살우려자의 식별과 신상파악·관리·처리의 책임이 있는 소속 부대 지휘관 등 관계자는 부대관리훈령 등 관련 규정에서 정한 절차에 따라 인성검사 결과를 확인하고 이를 활용하여 해당 장병을 자살우려자로 식별할지 여부를 결정하고 해당 장병의 등급을 분류하며, 자살우려자로 식별된 장병을 즉시 전문가인 정신과 군의관의 진단 등을 받도록 하고 그 결과에 따른 후속조치를 취해야 한다.

(2) 하사 B는 A에 대한 인성검사에서 '부적응, 관심, 자살예측' 결과가 나타났음을 확인하고 A와 면담을 한 다음, 임의로 그 검사 결과를 자살우려자 식별과 신상파악 책임이 있는 교육사 관계자 누구에게도 보고하지 않았다. 당시 A의 신상파악 1차 책임자인 상사 C는 인성검사 결과를 확인하지 않은 채 A와 두 차례 면담을 하고 A의 신상등급을 C급으로 조정하였고, 그 밖에 인성검사 결과에 대한 전문가의 진단 등 후속조치를 한 적이 없다. 이후 A에 대한 신상관리에도 인성검사 결과가 반영되었다고 볼 만한 정황이 없다.

이후 면담, 인성검사 등에서 A의 자살 징후 등 특이사항이 발견되지 않았고 A에게 자신의 감정을 표현하지 않고 억압하는 성향이 있었다는 사정은 오히려 A가 군 입대 후 스트레스를 많이 받는 환경에 노출되어 감정을 억압하려는 경향이 강해졌다는 것을 의미한다. A는 입대 후 조기 평가를 통해 스트레스 상황이나 고립감을 조절하고 조기 치료가 필요한 상황이었다. 또한 교육사에서 실시된 인성검사 결과에도 A는 적극적인 관심이나 도움을 통해 극복할 가능성이 높다는 점이 기재되어 있고, A의 성향상 부대 지휘관과의 면담은 도움이 되지 않고, 비밀이 보장된 외부 심리상담 전문가의 상담을 받거나 상담을 받을 수 있다는 사실을 고지하는 것으로도 부대 적응에 큰 도움을 받을 수 있었다. 결국 A는 교육사에서 실시된 인성검사 결과에서 추정할 수 있는 성향이나 기질로 인해 통상적인 범주를 크게 벗어나지 않는 정도의 업무 스트레스를 극복하지 못하고 적응장애와 우울증을 앓다가 이 사건 사고에 이른 것으로 보인다.

따라서 자살우려자 식별과 신상파악의 책임이 있는 지휘관 등 관계자가 교육사에서 실시된 인성검사 결과를 파악하였더라면 이를 중요하게 고려하여 교육 단계에서 자살우려자 식별 여부와 신상등급 분류를 결정하였을 것이고, 실제 A를 자살우려자로 식별하거나 A급으로 분류하여 관리하였을 개연성이 크다. 자살우려자 식별과 신상파악의 책임이 있는 사람이 위와 같은 검사 결과를 알지 못한 상태로 실시한 면담에서 A에게 특이사항이 없다고 판단하였고, 다른 자살 징후가 없었다는 사정만으로는 그와 같은 개연성을 부인하기 어렵다. 나아가 A가 자살우려자로 식별되거나 A급으로 분류되었다면 신상관리·처리의 책임이 있는 사람은 부대관리훈령 등 관련 규정에 마련된 절차에 따라 A에게 정신과 군의관의 진단 등을 받도록 하고 진단 결과에 따라 입원 또는 외래치료를 실시하거나 전문가의 상담을 받도록 하며, 필요시 상급부대로 분리하여 상담과 관찰을 하거나 전역심사위원회에 회부하는 등의 조치를 취했어야 한다. 설령 자살우려자 식별과 신상파악의 책임이 있는 사람이 인성검사 결과를 확인하고도 다른 사정을 고려하여 A를 자살우려자로 식별하거나 A급으로 분류하지 않았더라도, 적어도 A가 업무로 인한 스트레스 상황을 극복할 수 있도록 조기에 외부 전문가의 상담을 받도록 하거나 인성검사 결과를 반영한 면담·교육·관찰·지도 등의 방법으로 A에 대한 신상관리를 달리 했어야 한다. 즉, 자살우려자 식별과 신상파악·관리·처리의 책임이 있는 지휘관 등 관계자가 교육사에서의 인성검사 결과를 반영하여 A에 대하여 부대관리훈령 등 관련 규정에 따른 조치를 포함한 A의 자살을 방지하기 위해 필요한 조치를 취했다면 이 사건 사고를 막을 수 있었을 것이다.

(3) 결국 교육사에서 실시된 인성검사에서 자살예측의 결과가 나타난 이상 당시 A에게 자살 가능성이 있음을 충분히 예견할 수 있는 사정이 있었는데도 A에 대한 신상관리에 인성검사 결과를 제대로 반영하지 않은 것은 자살우려자 식별과 신상파악·관리·처리의 책임이 있는 관계자가 인성검사 결과를 체계적으로 관리하고 그 결과를 활용하여 후속조치를 할 직무상 의무를 과실로 위반한 것이고, 그와 같은 직무상 의무 위반과 이 사건 사고 사이에 상당인과관계가 있다고 보아야 한다.

라. 원심으로서는 자살예방법과 장병의 자살예방 대책 관련 규정을 상세히 살펴 인성검사에서 자살예측 결과가 나온 경우 자살우려자 식별과 신상파악·관리·처리의 책임이 있는 관계자가 취해야 할 구체적인 조치에 관한 직무상 의무를 확인하고, 교육사에서 실시된 인성검사 결과의 관리와 그에 따른 후속조치가 적절하게 이루어졌는지, 적절하지 않다면 적절한 조치를 취했을 경우 이 사건 사고를 예방할 가능성이 있었는지 등을 신중하게 살펴보았어야 한다.

그런데도 원심은 위와 같은 사정을 제대로 심리하지 않은 채 피고에게 이 사건 사고에 관한 배상책임이 없다고 판단하였다. 원심판단에는 장병의 자살예방 등에 관한 법리를 오해하여 필요한 심리를 다하지 않아 판결 결과에 영향을 미친 잘못이 있다.

4. 결론

원고들의 상고는 이유 있어 원심판결을 파기하고, 사건을 다시 심리·판단하도록 원심법원에 환송하기로 하여, 대법관의 일치된 의견으로 주문과 같이 판결한다.

요약정리 [사안의 쟁점과 판결의 요지]

대법원 2020. 5. 28. 선고 2017다211559 판결 [손해배상(기)]

하사로 임관한 A가 임관교육 과정에서 받은 인성검사에서 '부적응, 관심, 자살예측'이라는 결과가 나왔는데도 A에 대한 관리를 담당하는 관계자들에 의해 그 결과가 제대로 보고되지 않았고, A는 그 후 실시된 면담 및 검사에서 특이사항이 없다는 판정을 받고 함선 근무 중 자살을 하였다.

이 사안의 쟁점은 **① A가 해군교육사령부에서 받은 인성검사에서 자살이 예측되는 결과가 나타난 이상 당시 A에게 자살 가능성이 있음을 충분히 예견할 수 있는 사정이 있었는데도 위 인성검사 결과를 제대로 반영하지 아니한 것이 자살우려자 식별과 신상파악·관리·처리의 책임이 있는 교관, 지휘관 등 관계자가 자살예방 및 생명존중문화 조성을 위한 법률 및 장병의 자살을 예방하기 위해 마련된 관련 규정들에 따른 조치 등 A의 자살을 방지하기 위해 필요한 조치를 할 직무상 의무를 과실로 위반한 것인지 여부, ② 그와 같은 직무상 의무위반과 위 자살 사고 사이에 상당인과관계가 있는지 여부, ③ 따라서 국가에게 A의 자살에 대한 배상책임이 인정되는지 여부**였다.

대법원 2020. 5. 28. 선고 2017다211559 판결은 ① 자살예방 및 생명존중문화 조성을 위한 법률과 장병의 자살예방 대책과 관련한 부대관리훈령 등의 규정 내용을 종합하여 보면, 자살우려자 식별과 신상파악·관리·처리의 책임이 있는 각급 부대의 지휘관 등 관계자는 장병의 자살을 예방하기 위해 마련된 부대관리훈령 등의 관련 규정을 준수하여 자살이 우려되는 장병을 식별하고 장병의 신상을 파악하려고 노력하고, 자살의 가능성이 확인된 장병에 대해서는 정신과 군의관의 진단 등을 거쳐 그 결과에 따라 해당 장병을 적절하게 관리하는 등의 조치를 취하여 자살 등의 사고를 미리 방지하고 그가 신체적·정신적 건강을 회복할 수 있도록 할 의무가 있고, ② 각급 부대의 관계자가 위와 같은 자살예방 관련 규정에 따라 필요한 조치를 취하지 않은 상황에서 소속 장병의 자살 사고가 발생한 경우, 자살 사고가 발생할 수 있음을 예견할 수 있었고 그러한 조치를 취했을 경우 자살 사고의 결과를 회피할 수 있었다면, 특별한 사정이 없는 한 해당 관계자의 직무상 의무위반과 이에 대한 과실이 인정되고, ③ 따라서 국가는 국가배상법 제2조 제1항에 따라 배상책임을 진다고 판시하였다.

☞ **대법원 2020. 5. 28. 선고 2017다211559 판결은 자살 고위험군 장병에 대한 군**

의 철저한 관리를 주문한 것으로 보이고, 향후 군부대의 장병 관리에 큰 파급효과가 있을 것으로 예상된다.

판례 2

허원근 일병 사망사건

대법원 2015. 9. 10. 선고 2013다73957 판결 [손해배상(기)]
[원심판결] 서울고등법원 2013. 8. 22. 선고 2010나30166 판결

I. 사안의 개요 [기초사실 및 사건의 경과]

1. 기초사실

H 일병은 1983. 9.경 육군 제○보충대대로 입대하여 1983. 11.경 제○사단 ○연대 ○대대 ○중대에 배속되어, 처음에는 화기소대에 배치되어 탄약수로 근무하였으나 1984. 2. ○.부터 중대본부에서 중대장의 전령 업무를 수행하게 되었는데, 1984. 4. ○. 10:50경 H 일병은 중대본부 내무반에서 남쪽으로 약 50m 떨어진 폐유류고 뒤에서 가슴에 2발, 머리에 1발의 총상을 입고 숨진 채 발견되었다.

육군 제○군단 헌병대는 1984. 4. ○., 제○사단 헌병대는 1984. 4. ○., ○군사령부 헌병대는 1984. 5. ○. 각 H 일병이 자살하였다고 결론을 내렸고, 그 후로도 육군 범죄수사단이 1990. 2.경, 육군본부 법무감실이 1995. 3.경 이 사건 사고를 다시 조사하였으나 모두 H 일병이 자살하였다고 판단하였다.

의문사진상규명위원회는 2000. 12. ○. 망인의 아버지로부터 이 사건 사고의 진상규명에 관한 진정(진정 제32호)을 접수하고 조사를 개시하여, 2002. 8. ○. 망인이 타살된 것이라고 중간조사 결과를 발표하였고, 2002. 9. ○. 다시 이 사건 사고가 타살이라는 최종조사 결과를 발표하였다. 다만, 의문사위는 망인이 위법한 공권력의 행사로 인하여 사망한 것은 인정되나 민주화운동과 관련하여 사망하였다고 인정하기는 어렵다는 이유로 망인의 아버지의 진정은 기각하였고, 아울러 군의문사 사건에 대한 수사를 전담할 독립적이고 중립적인 기구를 설치할 것을 국가에 권고하였다.

국방부는 의문사위의 중간조사 결과를 접하고 2002. 8. ○. 육군 중장을 단장으로 하여 특별조사단(이하 '특조단'이라고 한다)을 구성하고 이 사건 사고에 대한 재조사에 착수하였고, 2002. 10. ○. 중대본부 내무반에서 총기오발 사고는 없었다고 중간조사 결과를 발표하였고, 2002. 11. ○. 다시 H 일병이 자살하였다는 내용으로 최종조사 결과를 발표하였다.

특조단의 조사 결과가 발표된 후 이 사건의 진상을 놓고 의문사위와 특조단 사이에 갈등이 격화되기 시작하였고, 감사원이 이에 대한 확인 조사를 벌이는 등 이 사건의 진상을 놓고 다툼이 계속되었다.

이에 의문사위는 망인의 아버지가 2003. 9. ○. 제1기 의문사위 결정에 대해 이의제기를 하자 2003. 10. ○. 이 사건 사고에 대한 조사를 재개하기로 결정하고(조사재개 제35호), 새롭게 조사팀을 구성하여 사건을 재조사하였다. 의문사위는 2004. 6. ○. 다시 H 일병이 제1기 의문사위의 조사 결과와 같은 경위로 타살된 것이라고 발표하면서, 다만 H 일병의 사망이 민주화운동과 관련되었는지 여부는 판단할 수 없다는 이유로 진상규명 불능으로 결정하였다.

원고들(고 H 일병의 부모와 형제들)은 망인은 어떤 경위이든 부대 내에서 자살이 아니라 타인으로 인하여 사망(피고 소속 군인에 의한 타살 또는 피고 소속 군인의 과실에 의한 사고사)하였으므로 피고(대한민국)는 공무원의 위법한 직무집행행위로 인하여 발생한 손해에 대하여 불법행위 책임을 부담하고, 또한 중대장, 대대장 등이 망인의 사망 경위를 상부에 허위로 보고하는 등 소속 부대원들은 사건을 은폐하였고, 헌병대 등 군수사기관과 특조단도 이 사건 사고에 관한 수사 과정에서 고의로 그 진상을 은폐, 조작하여 자살 사건으로 처리하였는바, 이러한 사인 은폐 및 조작은 불법행위를 구성하므로 피고(대한민국)는 이로 인하여 원고들이 입은 손해를 배상할 의무가 있다고 주장하며 이 사건 소를 제기하였다.

2. 사건의 경과

이 사안의 쟁점은 ① **허원근 일병의 사인(死因) 즉, 허원근 일병이 자살한 것인지 아니면 타살된 것인지, ② 허원근 일병의 사망시점으로부터 상당한 시간이 지난 시점에, 남아있는 기록 및 생존해 있는 관련자들의 진술 등에 기초해서 법원이 허원근 일병의 사인을 명확하게 판단하는 것이 가능하지 여부**였다.

1심(서울중앙지방법원 2010. 2. 3. **선고** 2007**가합**31728 **판결)**은 H 일병의 사인을 타살로 판단하였다. 그러나 **항소심(서울고등법원** 2013. 8. 22. **선고** 2010**나**30166 **판결)**은 1심과는 달리 H 일병의 사인을 자살로 판단하였다.

1심과 항소심의 결론이 정반대로 갈렸기 때문에 대법원이 H 일병의 사인에 대해 어떤 판단을 할지에 관심이 집중되었는데, **대법원 2015. 9. 10. 선고 2013다73957 판결**은 군 수사당국이 사건 발생 직후 철저히 현장을 보존하고 이 사건 사고의 내용과 원인을 면밀히 조사하여 실체적 진실을 규명하지 못하였기 때문에, 허원근 일병의 사인에 관해 타살인지 자살인지에 관해 명확하게 결론을 내릴 수 없다는 취지로 판시하며, H 일병의 부모의 정신적 손해에 대하여 국가가 위자료로 총 3억 원을 지급하라는 취지의 원고 일부 승소 판결을 확정하였다.

위 대법원판결이 선고된 이후, 2017. 2.경 국민권익위원회는 1980년대 대표적 군의문사 사건으로서 끝내 사망원인이 밝혀지지 않은 허원근 일병 사망사건과 관련하여 고인의 사망에 공무 관련성이 있다고 판단하여 국방부장관에게 순직 인정을 권고하였다. 이에 따라 2017. 4. 28. 국방부 중앙전공사망심사위원회는 허원근 일병의 사망구분을 순직II형으로 결정하였다.

II. 판결 읽어보기 [판결 중요부분 발췌(요약)] : 대법원 2015. 9. 10. 선고 2013다73957 판결

1. 피고의 원고 3, 원고 4, 원고 5에 대한 상고를 본다.

(생략)

2. 원고들의 상고이유를 판단한다.

가. 구 국가배상법(2005. 7. 13. 법률 제7584호로 개정되기 전의 것) 제2조 제1항 본문에 의하면 국가는 공무원이 직무를 집행하면서 고의 또는 과실로 법령을 위반하여 타인에게 손해를 입힌 때에는 그 손해를 배상하여야 하고, 이에 대한 증명책임은 국가에 대하여 공무원의 불법행위로 인한 손해배상을 청구하는 당사자에게 있다. 따라서 원고들이 피고에 대하여 H 일병의 사망으로 인한 손해배상을 청구하기 위하여는 H 일병이 소속 부대원 등 다른 공무원의 위법한 직무집행으로 인하여 사망에 이르게 되었다는 사실이 증명되어야 한다.

나. H 일병이 이 사건 사고 발생일 새벽 중대본부 내무반에서 다른 부대원에 의하여 오른쪽 가슴에 총상을 입고 오전에 폐유류고로 옮겨진 후 왼쪽 가슴과 머리에 다

시 총상을 입어 사망하였다는 사실이 증명되었는지에 관하여 본다.

(1) 이에 부합하는 듯한 직접적인 증거로는 H 일병 소속 부대원인 B, C, D의 진술들이 있다.

B는 의문사진상규명위원회(이하 '의문사위'라 한다)에서 위와 같은 H 일병의 타살사실에 부합하는 듯한 진술을 하였으나 의문사위의 여러 번에 걸친 조사에서 B는 조사관이 추리한 사실을 들려주거나 다른 부대원들이 진술한 내용을 들려준 다음 그에 관하여 확인하는 질문을 하면 그때 비로소 그럴 것 같다는 취지로 답변하면서 조금씩 상황을 추가하여 진술하다가 제12회 조사에 이르러 이와 같은 진술을 하였다. 또한 B는 의문사위에서는 사고 발생 직후의 상황에 관하여 상당히 구체적으로 진술하다가 원심에서는 이와 달리 사고 발생 직후의 상황에 관하여 기억나지 아니한다고 진술하는 등 그 진술이 일관되지 아니한다. B가 실제 그 진술과 같이 중대본부 내무반에서 부대원이 총에 맞아 주변에 있던 다른 부대원들의 옷에 피가 튈 정도로 강렬하게 인상에 남을 사건을 목격하였다면 그 목격사실이 기억에 선명하게 각인되었을 것이다. 그럼에도 B는 의문사위 조사관의 유도심문에 답변하면서 조금씩 상황을 추가하여 진술하다가 갑자기 양심선언을 한다면서 사고 발생 경위와 상황에 관한 구체적인 진술을 하였음에도 그 후에는 다른 내용의 진술을 함으로써 진술이 일관되지 아니하는 등 진술 내용과 과정이 납득하기 어렵다. 특히 B는 의문사위의 제1회 조사에서 H 일병이 이 사건 사고 발생일 오전에 살아있었다는 취지로 명백히 진술하기도 하였는데 사고 발생 경위를 분명하게 기억하고 있었다는 B가 일부러 그 기억에 반하는 진술을 하였다는 것도 수긍하기 어렵다. 따라서 이 사건 사고 발생 경위에 관한 B의 진술을 근거로 위와 같은 H 일병의 타살사실을 인정하기는 어렵다.

C도 의문사위의 조사에서 위와 같은 H 일병의 타살사실에 부합하는 듯한 진술을 하였으나, C는 제1심에서 의문사위의 조사에서 다른 부대원들의 진술을 인용한 조사관의 유도심문에 따라 이와 같은 진술을 하게 되었다고 증언하였고, 기록에 의하면 조사관이 H 일병이 Y의 총에 맞았다는 추측을 가지고 C에게 사고 경위에 관한 질문을 하자 C도 단순한 추측에 근거하여 이러한 진술을 하였다가 국방부 특별조사단의 조사에서는 진술을 번복하기도 하였음을 알 수 있다. 이러한 점들에 비추어 보면 C의 사고 발생 경위에 관한 진술도 믿기 어렵다.

또한 D도 의문사위의 조사에서 위와 같은 H 일병의 타살사실에 부합하는 취지의 진술을 하였으나, 이는 부대원들이 H 일병이 M16 소총으로 3발이나 쏘아 자살하였다는 것을 수긍하지 못하고 타살이나 사고사를 의심하고 있던 상황에서 다른 사람으로부터 들었다는 말을 그대로 진술한 것에 불과하므로, 그 신빙성을 인정하기 어렵다.

(2) 법의학자들의 대체적인 의견에 의하면 양쪽 가슴의 총상 사이의 색깔 차이는 그 발생시기의 차이로 인한 것이라기보다는, 오른쪽 가슴 총상은 접사에 의한 것으로서 화약과 매연이 탄두와 함께 옷을 뚫고 지나가면서 사입구 주위 피부에 검게 침착되었기 때문에 검붉은 색을 띠게 되었고, 왼쪽 가슴 총상은 사입구와 총구 사이에 약간의 간격이 있는 근접사에 의한 것으로서 화약은 옷에 침착되고 사입구 주위 피부에는 옷을 뚫고 나온 나머지 일부 매연만이 침착되었기 때문에 선홍색을 띠게 되었다는 것이다. 오히려 양쪽 가슴 총상 흉벽의 근육 출혈량이나 생활반응 흔적이 비슷한 점에 비추어 보면, 양쪽 가슴의 총상은 가까운 시간 내에 발생한 것으로 보이기도 한다. 따라서 H 일병의 양쪽 가슴의 총상 색깔의 차이가 위와 같은 H 일병의 타살사실을 뒷받침한다고 보기 어렵다.

(3) 다수의 부대원들이 이 사건 사고 발생일 오전에 2발의 총성만을 들었다고 진술하고 있는 사정도 위와 같은 H 일병의 타살사실에 부합하는 듯하다. 그러나 의문사위에서 실시한 총성실험에 의하면 돼지고기에 군복 등을 씌운 채 접사를 한 경우에는 다른 곳에 있는 사람들이 총성을 듣지 못하였다는 결과가 나왔으므로, H 일병이 3발의 총을 쏘아 자살하면서 그중 1발은 접사를 함으로써 2발의 총성만이 들렸을 가능성을 배제할 수 없다. 이와 같은 총성 횟수도 위와 같은 H 일병의 타살사실을 뒷받침한다고 볼 수 없다.

(4) 결국 위와 같은 H 일병의 타살사실이 증명되었다고 보기 어렵다.

다. H 일병이 이 사건 사고 발생일 새벽 중대본부 내무반에서 다른 부대원에 의하여 머리에 총상을 입어 사망하고 오전에 폐유류고로 옮겨진 후 H 일병의 사체에 양쪽 가슴의 총상이 생겼다는 사실이 증명되었는지에 관하여 본다.

(1) 헌병대의 조사기록에 첨부된 현장사진에는 H 일병의 사체 주위에 비산된 혈흔이나 골편 등이 보이지 아니하므로, H 일병이 다른 곳에서 머리에 총상을 입은 다음 폐유류고로 옮겨진 것은 아닌가 하는 의문이 들 수 있다. 그러나 헌병대의 조사기록에는 '사망자의 두부 좌전방 30㎝~1m 이내에 골편이 산재하여 있다'고 기재되어 있고, Z는 의문사위 조사에서 '현장 주변에 크고 작은 대여섯 개의 골편이 사체 왼쪽 언덕 부위에 흩어져 있던 것을 본 기억이 나고 피는 별로 없었다'고 진술하였다. 가슴 쪽의 총상이 먼저 생겼다면 머리의 총상으로 인한 출혈량이 줄어들 가능성이 있고, 머리를 관통하는 총창이 발생하는 경우 탄환의 강한 회전력으로 혈액이나 골편 등이 사체로부터 일정 거리 떨어진 곳으로 비산되어 작은 핏방울과 조각으로 산재하

게 될 수 있는데다가 H 일병의 사체가 발견된 장소는 개활지로서 마사토가 깔려 있었기 때문에 혈흔이나 골편 등이 눈에 잘 띠지 아니하였을 가능성도 배제할 수 없다. 이러한 점들에 비추어 보면 헌병대의 조사기록에 첨부된 해상도가 높지 아니한 현장사진에 혈흔이나 골편 등이 보이지 아니한다는 사정만으로 실제 H 일병의 사체 주변에 혈흔이나 골편 등이 없었다고 단정할 수는 없다.

(2) 더욱이 H 일병의 머리의 총상부위뿐만 아니라 양쪽 가슴의 총상부위에도 생활반응이 존재하는 것으로 보이고 부검의 박의우가 'H 일병의 사체의 왼쪽 흉강 내에는 300cc~400cc의 피가 고여 있는 것을 보았는데 이는 꽤 많은 양으로서 심장이 정지된 후에는 흐를 수 없는 양이다'고 진술한 점도 위와 같은 H 일병의 타살사실에 배치된다. 또한 다수의 부대원들이 이 사건 사고 발생일 오전에 2발의 총성만을 들었다고 진술하고 있는 사정도 앞서 본 바와 같은 이유로 위와 같은 H 일병의 타살사실을 뒷받침하지 못한다고 보아야 한다.

(3) 따라서 위와 같은 H 일병의 타살사실도 증명되었다고 보기 어렵다.

(4) 나아가 앞서 본 바와 같이 헌병대의 조사기록에 첨부된 현장사진을 근거로 하여서는 H 일병이 머리에 총상을 입은 후 그 사체가 폐유류고로 옮겨졌다고 보기 어렵고, 다수의 부대원들이 이 사건 사고 발생일 오전에 2발의 총성만을 들었다고 진술하고 있는 점에 비추어 보면, H 일병이 중대본부 막사에서 이미 양쪽 가슴과 머리에 총상을 입어 사망한 후 폐유류고로 옮겨져서 누군가가 자살로 위장하기 위하여 3발의 총을 발사하였다는 사실도 인정하기 어렵다.

라. 그 밖의 정황들은 다음과 같은 이유로 이를 근거로 하여서는 H 일병이 타살되었음을 인정할 수 없다고 보아야 한다.

(1) 중대본부에서 H 일병의 사체나 피를 보았다는 취지의 L, M, N, O, P 등의 진술은 폐유류고와의 장소적 혼동이나 다른 부대원들의 진술을 인용한 조사관의 유도신문 등에 따라 이루어지고 그 진술이 서로 일치하지 아니하거나 나중에 번복되기도 하였던 점을 종합하여 보면 이를 믿기 어렵다.

(2) H 일병 소속 중대의 상급부대 간부와 병사들 가운데 의문사위에서 이 사건 사고 발생일 새벽부터 출근시간 이전에 총기사고에 관한 상황보고를 받았다는 등의 진술을 한 사람들도 있으므로, H 일병이 이 사건 사고 발생일 새벽이나 아침에 이미 총상을 입었던 것은 아닌가 하는 의문이 들 수 있다. 그러나 이러한 진술들은 헌병대장의 사단장에 대한 중요사건 보고와 헌병대장의 헌병감에 대한 주요사건 보고 및 헌병대가 오후에야 출동한 것과 배치된다. 이러한 진술자들은 대대본부 또는 연대본

부 소속으로 이 사건 사고를 현장에서 경험하지 아니하였고, 의문사위에서 조사를 받으면서 십수 년 전의 기억을 되살려 진술한 것이어서 그 보고시각에 관한 진술이 정확한 기억에 기초한 것이라고 보기 어려우며, 이 사건 사고가 발생한 후 헌병대에서 한 사건조사보고나 자살사건보고와 혼동하였을 가능성도 있고, 그 후 진술을 번복하기도 하였다. 따라서 이와 같은 진술들만으로는 H 일병이 이 사건 사고 발생일 새벽이나 아침에 총상을 입었다고 보기 어렵다.

(3) H 일병의 왼손 엄지와 검지 사이에 피부가 파열된 상처가 있고 그 주위에 다량의 매연이 묻어있음을 알 수 있다. 그러나 H 일병의 이와 같은 상처가 어떠한 경위로 발생하였는지 알 수 없으므로, H 일병의 타살사실을 뒷받침한다고 볼 수 없다.

(4) 나아가 X의 수상한 행적과 헌병대의 탄피 발견 경위에 관한 조사보고서상의 의문점 및 총기와 탄피에 관한 감정의뢰서상의 총번 부분이 수기로 수정된 상황 등은 H 일병이 이 사건 사고 발생일 새벽이나 아침에 이미 총상을 입었음에도 폐유류고 뒤에서 자살한 것으로 사건을 조작한 것은 아닌가 하는 의심의 근거가 될 여지가 있다.

그러나 실제 총성이 발생한 시각에 GOP 경계근무 상황에 관한 순찰을 함으로써 거짓 알리바이를 만들어 내려고 하였다는 X가 순찰시간대가 아닌 13:00경에 총성이 난 것으로 허위 진술을 하도록 한다는 것은 앞뒤가 맞지 아니하고, 총상을 입은 사실을 은폐하고자 현장을 조작하는 자가 총상의 수를 잘못 알고 부족한 것으로 보이는 총알 1발을 현장에 묻어 놓는다는 것도 자연스럽지 아니하며, X의 이와 같은 사실관계의 조작시도는 곧바로 헌병대 조사에 의하여 밝혀지기도 하였다. 이러한 점들에 비추어 보면 X는 H 일병의 타살사실을 은폐하려고 하였다기보다는 단지 상황보고의 지체와 총기 휴대에 관련된 규정 위반에 대한 문책을 피하기 위하여 이와 같은 시도를 하였을 여지가 있다. 그리고 이 사건 사고 발생일에 X의 지시로 중대본부에 대한 물청소를 하였더라도, 이와 같은 사정들에다가 위에서 본 바와 같이 중대본부에서 H 일병의 사체나 피를 보았다는 L, M, N, O, P 등의 진술을 믿기 어려운 점 등을 종합하여 보면, H 일병이 중대본부에서 총에 맞은 것을 은폐하려고 하였다기보다는 이 사건 사고 발생으로 인한 상급자들의 방문에 대비하여 중대본부에 대한 물청소를 하도록 하였을 가능성도 있다.

또한 헌병대가 이 사건 사고 발생 경위를 조작하려고 하였다면 X의 사실관계 조작시도를 밝히거나 헌병대 조사기록에 당초에 탄피가 2개만 발견된 것을 의문점으로 명시하지는 아니하였을 것으로 보이는 점, 헌병대가 작성한 다른 총기감정의뢰서에도 타자로 작성하였다가 오타가 발생하면 문서를 새로 작성하지 아니하고 수기로 수정하는 식으로 처리한 것이 보이는 점 등에 비추어 보아도, H 일병의 타살사실을 은폐하려고 하였다고 단정할 수 없다.

마. 한편 다음과 같은 사정들에 비추어 보면 H 일병이 이 사건 사고 발생일 오전에 폐유류고에서 스스로 소총 3발을 발사하여 자살하였다고 단정하기도 어렵다.

(1) H 일병의 총상부위 세 군데 모두 생활반응이 존재하는 것으로 보이는 점을 근거로 H 일병이 자신에게 3발의 총을 쏘아 자살하였다는 사실을 인정할 여지는 있다. 그러나 사체에 총을 쏜 경우에도 혈액이 응고될 때까지는 출혈이 있을 수 있음을 들어 채취한 조직에 대한 현미경검사도 하지 아니한 채 총상부위에 생활반응이 있다고 단정할 수 없다는 의견도 있으므로, H 일병의 총상부위들에 모두 생활반응이 있음을 근거로 H 일병이 살아 있을 때 3발의 총을 쏘아 자살하였다고 단정할 수 있을지 의문이다.

(2) 대부분의 법의학자들은 스스로 M16 소총으로 가슴에 2발과 머리에 1발의 총을 쏘아 자살하는 것이 불가능하지는 아니하다는 의견을 제시하고 있다. 그러나 H 일병의 양쪽 가슴의 총상은 가슴을 앞과 뒤로 관통하면서 양쪽 폐의 하단과 간의 중앙 상부를 파열시키는 중상에 해당하는 것이어서 H 일병이 이러한 중상을 입고도 머리에 다시 총을 쏠 수 있었는지 의문이고, 이것이 가능하더라도 그 자세가 부자연스럽다는 것을 부정할 수 없으므로 H 일병이 과연 이러한 자세로 자살을 감행하였는지에 관한 의심을 거두기 어렵다. 또한 H 일병이 상체를 앞으로 깊이 숙이지 아니하고는 양쪽 가슴의 총상이 그 사출구가 사입구보다 높게 형성될 수밖에 없다고 할 수 있는데, 이 사건에서 양쪽 가슴 총상의 사입구와 사출구가 거의 수평으로 형성되어 있는 점에 비추어 보아도 H 일병이 가슴에 첫번째 총을 맞은 상황에서 다시 상체를 깊이 숙여 두번째 총을 쏠 수 있었을 것인지 의문이다.

(3) 나아가 H 일병이 스스로 소총을 3발이나 발사하여 자살할 만큼 강력한 자살동기가 있었다고 볼 수 있는지도 의문이다. H 일병이 X의 전령으로 근무한지 겨우 2개월도 되기 전에 이 사건 사고가 발생한 점, H 일병은 다음날 휴가가 예정되어 있었고 H 일병이 이 사건 사고 발생일 오전에 휴가복을 빌리는 등 휴가를 준비하고 있었다는 부대원들의 진술도 있었던 점, H 일병이 작성한 유서도 발견되지 아니한 점 등에 비추어 보면, H 일병이 다음날의 휴가를 준비하다가 X로부터 야단을 맞았다는 등의 이유로 갑자기 M16 소총을 양쪽 가슴에 쏘고 다시 머리에 쏘는 방법으로 자살을 감행하였다는 것이 선뜻 수긍되지 아니하는 면이 있다.

(4) 그리고 X의 수상한 행적과 헌병대의 탄피 발견 경위에 관한 조사보고서상의 의문점 및 총기와 탄피에 관한 감정의뢰서상의 총번 부분이 수기로 수정된 상황 등은 위에서 본 바와 같은 이유로 H 일병이 이 사건 사고 발생일 새벽이나 아침에 이미 총상을 입었다는 사실을 인정할 근거는 될 수 없으나, H 일병이 폐유류고 뒤에서 3발의 총을 쏘아 자살한 것이 사실인지 의심을 품을 사정은 될 수 있다.

바. 결국 H 일병이 타살되었다는 점에 부합하는 듯한 증거들과 이를 의심하게 하는 정황들만으로는 H 일병이 소속 부대원 등 다른 공무원의 위법한 직무집행으로 인하여 사망에 이르게 되었다는 사실이 증명되었다고 보기 어렵고, 그렇다고 하여 H 일병이 이 사건 사고 발생일 오전에 폐유류고에서 스스로 소총 3발을 발사하여 자살하였다고 단정하여 H 일병의 타살 가능성을 전적으로 배제할 수도 없다. 특히 이 사건 사고 발생 당시 H 일병의 사체가 발견된 폐유류고 부근에 혈흔과 골편 등이 산재하여 있었는지, 그 밖에 H 일병의 사체 옆에 놓여 있던 총기에 혈흔이나 흙 등 H 일병의 사망원인을 판별할 단서가 있었는지, H 일병의 왼손에 있던 발적흔에 대한 절개 결과 판명될 수 있는 발생원인 및 부검 당시 H 일병의 위장 내에 남아 있었다는 700cc 가량의 내용물을 근거로 추정할 수 있는 H 일병의 사망시각과 그 밖의 정황사실 등에 관하여 군수사기관의 면밀한 조사가 이루어지지 아니한 상황에서는, H 일병이 다른 부대원이 쏜 총에 맞아 사망하였다는 사실을 인정하기 어렵고 그 반대로 H 일병이 자살한 사실을 인정하기도 어렵다.

사. 원심의 판시에 부적절한 부분은 있으나, 원심이 원고들의 청구 중 H 일병의 사망으로 인한 손해배상 부분을 기각한 조치는 결론에 있어 정당하고, 거기에 상고이유의 주장과 같이 논리와 경험의 법칙을 위반하고 자유심증주의의 한계를 벗어나거나 필요한 심리를 다하지 아니함으로써 판결 결과에 영향을 미친 위법이 있다고 할 수 없다.

3. 피고의 상고이유를 판단한다.

가. 상고이유 제1점, 제2점에 대하여

(1) 자연사에 의하지 아니하고 사망한 사체가 발견된 경우에 수사 개시에 앞서 이루어지는 조사활동과 그에 따른 수사 개시 여부에 관한 수사기관의 판단을 위법하다고 평가하기 위하여는 수사기관에 이러한 권한을 부여한 형사소송법 등 관련 법령의 취지와 목적에 비추어 볼 때 구체적인 사정에 따라 수사기관이 그 권한을 행사하여 필요한 조치를 취하지 아니한 것이 현저히 불합리하다거나 또는 경험칙이나 논리

칙상 도저히 합리성을 인정할 수 없는 정도에 이르러야 한다(대법원 2006. 12. 7. 선고 2004다14932 판결 등 참조).

(2) 원심은 원고 허○○, 임○○의 청구에는 군대 내에서 사망한 H 일병의 사망 원인과 경위에 관하여 충분히 조사하지 못하여 H 일병이 타살되었는지 아니면 자살하였는지에 관한 의혹을 그대로 남긴 군수사기관의 현저히 부실한 조사에 대한 책임을 묻는 것도 포함되어 있다고 보았다.

원심은 이를 전제로, ① 이 사건 사고 발생일 새벽 음주가 금지된 중대본부 막사에서 음주·소란행위가 있었으므로 이 사건 사고와의 연관성에 대한 조사가 필요하였음에도 헌병대는 그에 대한 일체의 조사를 하지 아니한 사실, ② 사체가 발견된 현장에 비산된 혈흔이나 골편, 뇌실질 등이 있는지는 H 일병이 현장에서 사망한 것인지를 알 수 있는 핵심적인 요소임에도, 헌병대의 조사기록에는 H 일병의 두부 좌전방 30㎝~1m 일대에 골편이 산재되어 있다고만 기재되어 있을 뿐 현장에 있는 골편 등을 찍은 사진이 첨부되어 있지 아니하고, 조사기록에 첨부된 현장사진만으로는 사체 주위에 골편 등이 비산되어 있는지 알 수 없는 사실, ③ H 일병에 대한 부검을 실시하면서 H 일병의 왼손에 있는 발적흔 부분을 절개하여 피하출혈이 있는지 확인하지 아니함으로써 발적흔이 개머리판에 맞아서 생긴 타박상인지 또는 총이 발사되었을 때 분출된 화염과 매연에 의한 것인지 알 수 없게 되었고, H 일병의 위장에 있는 내용물에 대한 분석을 통하여 사망추정시각에 관한 조사를 하지도 아니한 사실, ④ 총기로 인한 사망사고에서는 총기에 혈흔이나 흙과 같이 단서가 될 만한 것들이 묻어 있는지 확인하여 보아야 할 것임에도, 헌병대는 그러한 조사를 하거나 그 결과를 조사기록에 남기지 아니하여 현재로서는 현장사진을 통하여 추정해 볼 수밖에 없는 사실, ⑤ 헌병대 조사기록에 H 일병의 사체에 세 군데 총상이 있음에도 현장에서 당초 탄피가 2개만 발견된 것을 의문점으로 기재하였으면서도 추가로 탄피 1개를 발견한 일시와 경위 등에 관하여 아무런 설명도 없이 현장 부근에서 정밀수색으로 발견하였다고만 기재한 사실, ⑥ 총기감정의뢰서 중 현장에 있던 소총의 총기번호 부분이 타자로 작성되었다가 손으로 쓴 굵은 글씨로 수정되었으나 그에 대한 설명이 부기되어 있지 아니하고, 소총과 탄피 3개의 발사흔이 동일하다고 감정되었지만 총기감정서에는 그중 탄피 1개의 사진만이 첨부되어 있어 그 진위를 검증할 수 없는 사실 등을 인정한 다음, 피고 산하 군수사기관인 헌병대가 철저히 현장을 보존하고 이 사건 사고의 내용과 원인을 면밀히 조사하여 실체적 진실을 규명하여야 할 직무상 의무를 위반하였으므로, 피고는 이러한 위법행위로 인한 손해를 배상할 책임이 있다고 판단하였다.

(3) 원심판결 이유를 앞서 본 법리와 기록에 비추어 살펴보면, H 일병의 타살 가능성을 전적으로 배제하기 어려운 정황사실이 분명히 존재하는 이 사건에서, 헌병대가 군수사기관으로서 H 일병의 사망원인 및 경위에 관한 조사를 함에 있어서 원심 판시와 같이 필요한 조치를 취하지 아니한 것은 현저히 불합리하거나 경험칙이나 논리칙상 도저히 합리성을 인정할 수 없는 정도에 이르렀다고 볼 수 있다. 따라서 헌병대가 필요한 조치를 취하였다면 이 사건 사고에 관한 실체적 진실을 파악할 수 있었음에도 그 직무상 의무 위반행위로 인하여 현재까지도 H 일병의 사망이 타살에 의한 것인지 또는 자살에 의한 것인지 명확한 결론을 내릴 수 없게 되었다고 할 수 있으므로, 피고는 원고 허○○, 임○○에게 이로 인한 손해를 배상할 책임이 있고, 위 원고들의 청구에는 이로 인한 정신적 고통에 대한 손해배상을 구한다는 취지까지 포함되어 있다고 볼 수 있다.

원심이 같은 취지에서 피고의 원고 허○○, 임○○에 대한 손해배상책임을 인정한 조치는 정당한 것으로 수긍할 수 있고, 거기에 상고이유의 주장과 같은 변론주의위반, 수사기관의 판단의 위법성이나 인과관계에 관한 법리오해 등의 위법이 없다.

나. 상고이유 제3점에 대하여

(1) 소멸시효는 객관적으로 권리가 발생하여 그 권리를 행사할 수 있는 때부터 진행하고 그 권리를 행사할 수 없는 동안은 진행하지 아니한다. 여기서 '권리를 행사할 수 없는'경우란 그 권리행사에 법률상의 장애사유, 예컨대 기간의 미도래나 조건불성취 등이 있는 경우를 말하는 것이고, 권리행사를 하는 것이 사실상 곤란하였다는 등의 사유는 이에 해당하지 아니한다. 다만 소멸시효를 이유로 한 항변권의 행사도 민법의 대원칙인 신의성실의 원칙과 권리남용금지의 원칙의 지배를 받는 것이어서, 시효완성 전에 객관적으로 권리를 행사할 수 없는 사실상의 장애사유가 있어 권리행사를 기대할 수 없는 특별한 사정이 있는 경우에는 채무자가 소멸시효의 완성을 주장하는 것은 신의성실의 원칙에 반하는 권리남용으로서 허용될 수 없다.

한편 위와 같이 채권자에게 권리의 행사를 기대할 수 없는 객관적인 장애사유가 있었던 경우에도 그러한 장애가 해소된 때는 그때부터 상당한 기간 내에 권리를 행사하여야만 채무자의 소멸시효의 항변을 저지할 수 있다. 이때 권리를 '상당한 기간' 내에 행사한 것으로 볼 수 있는지는 채권자와 채무자 사이의 관계, 손해배상청구권의 발생원인, 채권자의 권리행사가 지연된 사유 및 손해배상청구의 소를 제기하기까지의 경과 등 여러 사정을 종합적으로 고려하여 판단하여야 할 것이다. 다만 소멸시효 제도는 법적 안정성의 달성 및 증명곤란의 구제 등을 이념으로 하는 것이므로 그 적용 요건에 해당함에도 신의성실의 원칙을 들어 시효완성의 효력을 부정하는 것은 매우 예외적인 제한에 그쳐야 한다. 따라서 권리행사의 '상당한 기간'은 특별한 사정이 없는 한 민법상 시효정지의 경우에 준하여 단기간으로 제한되어야 하고, 특히 불법행위로 인한 손해배상청구 사건에서는 매우 특수한 개별 사정이 있어 그 기간을 연장하여 인정하는 것이 부득이한 경우에도 민법 제766조 제1항이 규정한 단기소멸시효기간인 3년을 넘어서는 아니 된다고 할 것이다(대법원 2014. 1. 16. 선고 2013다205341 판결 등 참조).

(2) 원심판결 이유와 기록에 의하면, 이 사건 사고가 1984. 4. ○. 발생한 직후 헌병대는 H 일병이 자살하였다는 조사결과를 발표한 사실, 「의문사 진상규명에 관한 특별법」에 의하여 설치된 대통령 소속 의문사위가 2000년경부터 이 사건 사고에 대한 광범위한 조사를 하면서 헌병대의 조사내용에 대한 검토를 하였고, 2002. 8. ○. H 일병이 타살되었다는 중간조사결과와 2002. 9. ○. 같은 내용의 최종조사결과를 발표한 사실, 피고 산하 국방부는 2002. 8. ○. 의문사위의 조사가 진행 중인 상황에서 특별조사단을 구성하고 재조사에 착수하여 2002. 11. ○. H 일병이 자살하였다는 조사결과를 발표한 사실, 의문사위가 2003. 10. ○. 이 사건 사고에 대한 조사를 재개하기로 결정하고 추가 조사를 한 다음 2004. 6. ○. H 일병이 타살되었다는 조사결과를 발표한 사실, H 일병의 유족들인 원고 허○○, 임○○은 조사결과에 따른 후속조치를 기다리다가 특별법의 제정이나 재조사의 실시 등 별다른 진전이 없자 약 2년 10개월이 지난 2007. 4. 16. 피고를 상대로 이 사건 손해배상청구의 소를 제기한 사실을 알 수 있다.

이러한 사실관계를 앞서 본 법리에 비추어 살펴보면, 피고 산하 기관들의 중복된 조사와 상반된 조사결과 발표로 인하여 2004. 6. 28. 의문사위의 최종 조사결과가 발표될 때까지 위 원고들에게는 권리의 행사를 기대할 수 없는 객관적인 장애사유가 있었고, 위 원고들은 그러한 장애가 해소된 때부터 상당한 기간 내에 이 사건 손해배상청구의 소를 제기하였다고 할 것이므로, 위 원고들의 손해배상청구에 대하여 피고가 소멸시효의 완성을 주장하는 것은 신의성실의 원칙에 반하는 권리남용에 해당하여 허용될 수 없다고 할 것이다. (생략)

다. 상고이유 제4점에 대하여

(1) 불법행위로 입은 정신적 고통에 대한 위자료 액수에 관하여는 사실심법원이 여러 사정을 참작하여 그 직권에 속하는 재량에 의하여 이를 확정할 수 있다. 다만

그것이 위자료의 산정에 법관의 자의가 허용됨을 의미하는 것은 아니고, 그 시대와 일반적인 법 감정에 부합할 수 있는 액수를 산정하여야 하므로, 사실심법원이 가지는 재량에는 손해의 공평한 분담이라는 이념과 형평의 원칙에 현저히 반하는 위자료를 산정하여서는 아니 된다는 한계가 있다(대법원 2013. 5. 16. 선고 2012다202819 전원합의체 판결 등 참조).

(2) 원심은 이 사건에서 원고 허○○, 임○○이 입은 정신적 고통에 대한 위자료의 액수를 군수사기관의 현저히 부실한 조사로 인하여 사망사고의 진상을 규명할 기회나 그에 대한 합리적인 기대가 사실상 박탈된 다른 군의문사 사건에서 인정된 위자료보다 상당히 많은 금액으로 정하였다. 원심이 위자료 산정의 참작사유로 들고 있는 사유인 군대 내 사고에 대한 조사과정에 이해관계인의 참여나 감시가 보장되기 힘든 점, 그에 관한 증거나 목격자들에 대한 접근이 군대의 협조 없이는 불가능한 점 등은 다른 군의문사 사건과 비교하여 위자료 액수를 증액할 특별한 사정으로 보기 어려우므로 위와 같은 원심의 위자료 산정은 다소 적절하지 아니하다고 볼 여지가 있다.

그런데 원심판결 이유와 기록에 의하면, ① 이 사건 사고 당시 군수사기관인 헌병대가 직무상 의무를 위반하여 필요한 조치를 취하지 아니한 채 성급하게 H 일병이 자살하였다는 결론을 내렸고, H 일병의 유족들이 수회에 걸쳐 H 일병의 사망 원인과 경위에 관한 재조사를 요청하였으나, 육군 범죄수사단과 육군본부 법무감실은 형식적인 재조사만을 거쳐 헌병대의 위와 같은 결론을 유지한 점, ② 이로 인하여 2000년에 의문사위의 조사가 개시될 때까지 16년여 동안이나 H 일병의 유족들이 진상을 알 수 있는 기회가 사실상 봉쇄된 점, ③ 국가기관인 의문사위와 국방부 특별조사단이 상반된 조사결과를 발표하면서 H 일병의 사망 원인과 경위에 관하여 논란이 벌어지게 된 주된 원인도 헌병대의 직무상 의무 위반에 있는 점, ④ 국가기관들이 장기간에 걸쳐 중복하여 조사를 실시하고 상반된 조사결과를 발표하는 과정에서 H 일병의 유족들이 입은 정신적 고통의 정도는 다른 일반적인 군의문사 사건에 비하여 더 컸을 것으로 보이는 점, ⑤ H 일병이 타살되었다고 의심하게 하는 정황이 적지 아니함에도 헌병대의 그와 같은 직무상 의무 위반으로 인하여 원고들로서는 H 일병의 사망 원인과 경위에 관한 추가적인 증명을 할 수 없게 된 점 등의 사정을 알 수 있다.

이러한 사정을 앞서 본 법리에 비추어 살펴보면 원심이 손해의 공평한 분담이라는 이념과 형평의 원칙에 현저히 반하는 위자료를 산정하여 사실심법원의 재량의 한계를 일탈하는 정도에 이르렀다고 할 것은 아니므로, 거기에 상고이유의 주장과 같이 위자료 산정에 관한 사실심법원의 재량의 한계를 일탈한 위법이 있다고 할 수 없다.

4. 결론

그러므로 피고의 원고 3, 원고 4, 원고 5에 대한 상고를 모두 각하하고, 원고들의 상고 및 피고의 원고 1, 원고 2에 대한 상고를 모두 기각하며, 상고비용은 각자 부담하도록 하여 관여 대법관의 일치된 의견으로 주문과 같이 판결한다.

요약정리 [사안의 쟁점과 판결의 요지]

대법원 2015. 9. 10. 선고 2013다73957 판결 [손해배상(기)]

이 사안의 쟁점은 ① **허원근 일병의 사인(死因) 즉, 허원근 일병이 자살한 것인지 아니면 타살된 것인지, ② 허원근 일병의 사망시점으로부터 상당한 시간이 경과한 시점에, 남아있는 기록 및 생존해 있는 관련자들의 진술 등에 기초해서 법원이 허원근 일병의 사인을 명확하게 판단하는 것이 가능하지 여부**였다.

1심(서울중앙지방법원 2010. 2. 3. 선고 2007가합31728 판결)은 허원근 일병의 사인을 타살로 판단하였으나, **항소심(서울고등법원 2013. 8. 22. 선고 2010나30166 판결)**은 1심과는 달리 허원근 일병의 사인을 자살로 판단하였다.

1심과 항소심의 결론이 정반대로 갈렸기 때문에 대법원이 허원근 일병의 사인에 대해 어떤 판단을 할지에 관심이 집중되었는데, **대법원 2015. 9. 10. 선고 2013다73957 판결**은 군 수사당국이 사건 발생 직후 철저히 현장을 보존하고 이 사건 사고의 내용과 원인을 면밀히 조사하여 실체적 진실을 규명하지 못하였기 때문에, 상당한 시간이 지난 후에 법원이 허원근 일병의 사인에 관해 타살인지 자살인지에 관해 명확하게 결론을 내릴 수 없다는 취지로 판시하며, 허원근 일병 유가족의 정신적 손해에 대하여 국가가 위자료를 지급하여야 한다는 취지의 원고 일부 승소 판결을 확정하였다.

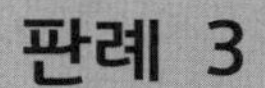

육군 군용헬기(CH-47) 올림픽대교 추락 사고

서울중앙지방법원 2002. 12. 12. 선고 2002가합14438 판결 [손해배상(기)]

I. 사안의 개요 [기초사실 및 사건의 경과]

1. 기초사실

피고 서울시(이하 '피고')는 2000. 6. ○. 수립한 '한강교량 경관 제고 계획'에 따라 올림픽대교 주탑 위에 설치할 조형물에 관하여 현상공모를 실시한 후, 2000. 10. ○. 그 당선자인 P학교 교수 C 외 2개 업체와, 횃불 모양으로 된 직경 9.5m, 높이 13m, 중량 9.5t의 스테인레스 파이프 및 H-beam 기념조형물(이하 '이 사건 조형물') 제작·설치 계약을 체결하였다.

경기도 송추 작업장에서 제작된 이 사건 조형물은 당초 민간 헬기로 올림픽대교에 운반될 예정이었으나 유일하게 위 작업이 가능했던 민간 헬기가 고장이 나자, 피고는 2001. 5. ○. 육군본부에 위 조형물 운반·설치 작업을 위한 군용 헬기의 지원을 요청하였고, 육군본부는 피고와의 사전실무협의, 현지정찰 등을 실시하고 피고측 실무자 건설안전관리본부 1팀장인 소외 B로부터 '피고는 군용 헬기 비행중의 제반사고로 인한 일체의 대민 피해 및 조형물에 대한 물질적 손해의 책임을 원고에게 묻지 않는다'는 취지의 서약서를 받는 등 그 지원 여부를 검토한 후 2001. 5. ○. 항공작전사령부에 군용 헬기 지원을 지시하였다.

이에 군용 헬기를 지원하여 이 사건 조형물을 운반·설치하는 작업(이하 '이 사건 작업'이라 한다)의 임무를 부여받은 제○항공여단 제○항공대대는 기존의 사전실무협의와 현지정찰 결과를 토대로, CH-47 기종의 헬기 2대를 이용하여 경기도 송추 작업장에 있는 위 조형물을 상부와 하부구조물로 분리, □□대학교 축구장으로 운반한 후 다시 한강둔치로 운반하였다가 최종적으로 올림픽대교에 설치하는 것을 그 주요 내용으로 하고 이에 따른 상세한 세부계획을 포함한 '올림픽대교 조형물 화물공수'계획을 수립한 후 이를 피고에게 통보하였다. 이후 위 항공대대는 2001. 5. ○. CH-47 기종의 834호와 835호 헬기로 이 사건 조형물 중 하부구조물 설치작업을 완료하였으나, 상부구조물을 한강둔치에서 올림픽대교 주탑 위로 운반·설치하는데는 실패하였고, 다음날인 2001. 5. ○. 오전 위 834호 헬기로 다시 상부구조물을 설치하려 하였으나 위 구조물이 회전함에 따라 구조물을 매달고 있던 인양 스링의 꼬임현상이 발생하여 중단한 후, 오후에는 위와 같은 기종의 838호 헬기(이하 '이 사건 헬기')로 교체하고 추가적으로 보조 스링을 장치하여 설치작업을 재실시하였는데, 3차 시도 중 역시 위와 같은 구조물 회전, 꼬임현상으로 인한 카고훅과 스링의 끼임현상이 발생함으로써 위 헬기는 주탑 위에 착지한 조형물로부터 분리·이탈하지 못하게 되었고 이에 손으로 분리시키기 위하여 하강 중에 조형물과 부딪쳐 추락하고 말았고, 대한민국(육군)은 서울시를 상대로 손해배상을 청구하는 이 사건 소를 제기하였다.

2. 사건의 경과

이 사안의 쟁점은 **서울시가 이 사건 군용헬기 추락사고에 대한 법적 책임을 져야 하는지 여부**였다.

1심(서울중앙지방법원 2002. 12. 12. 선고 2002가합14438 판결)은 ① 원고측(육군본부와 항작사)이 피고(서울시)의 군용 헬기 지원 요청에 대하여 사전 검토작업을 거친 후 스스로 이를 지원하기로 결정하였고, 그에 따라 구체적인 작업과정에 대한 계획과 그 시행은 원고측이 전적으로 행하였으며, 피고는 헬기 지원을 요청하였으나 위 작업 자체에 대하여는 원고측의 요구에 따라 단순한 협조 또는 참가만 하였을 뿐 그 계획 수립에 대하여 어떠한 영향도 끼치지 아니하였으므로, 피고는 행정응원을 요청함으로써 단순히 원고측에게 이 사건 작업의 사무처리를 위임한 위임인의 지위에 있었다고 봄이 상당하므로, 피고가 원고측을 지휘·감독함으로써 고용계약 또는 근로계약상 보호의무를 지는 사용자와 유사한 지위에 있었음을 전제로 하는 (피고가 보호의무를 위반하였다는) 원고의 주장은 이유 없고, ② 피고가 민법 제688조 제3항의 손해배상의무를 진다는 주장에 관하여, 수임인이 위 조항에 따른 배상을 청구할 수 있는 손해는 그가 '위임사무의 처리를 위하여 과실 없이' 받은 것이어야 하는데, 원고는 사고 당일 원고측이 수립한 세부계획에 따른 작업 수행이 용이하지 아니함에도 특별한 대책 없이 헬기를 교체하는 등의 조치만을 취한 후 오후에도 계속 같은 방법으로 작업을 강행하였고 결국 오전에 발생한 것과 같은 현상으로 이 사건 헬기가 추락에 이르게 된 점과 이 사건 변론에 나타난 제반 사정을 종합하여 보면 이 사건 작업에 있어 원고에게 아무런 과실이 없었다고 단정하기는 어려우므로, 원고가 과실 없이 손해를 받았음을 전제로 한 위 주장은 이유 없고, ③ 원고는, 원고측에게 일부 과실이 있다 하더라도 피고의 요청에 따라 전적으로 피고를 위하여 위 작업을 수행하던 과정에서 손해를 입게 된 원고로서는 손해배상법의 기본원리인 공평한 손해분담의 원칙에 따라 피고에게 그 손해배상을 구할 수 있다는 취지로 주장하나, 원고 주장의 위 사유만으로 피고의 손해배상책임을 인정할 수는 없으며, ④ 피고가 이 사건 조형물을 운반·설치할 기술과 장비를 갖추지 못한 C와 위 조형물의 제작·설치 계약을 체결한 것이 위법한 행위라고 할 수 없을 뿐만 아니라 이 사건 헬기의 추락으로 인한 원고의 손해가 위 행위로 인한 상당인과관계 있는 손해라고 할 수도 없으므로, 불법행위로 인한 손해배상 청구 주장도 이유 없다고 판단하여 원고의 청구를 기각하였다.

항소심(서울고등법원 2003. 8. 21. 선고 2003나3272 판결)은 원고(대한민국)의 항소를 기각하였고, 2003. 12. 12. 원고(대한민국)의 상고가 심리불속행기각되었다(대법원 2003. 12. 12. 선고 2003다51644 판결).

II. 판결 읽어보기 [판결 중요부분(발췌)] : 서울중앙지방법원 2002. 12. 12. 선고 2002가합14438 판결

1. 기초사실

(생략)

2. 원고의 주장

원고는 선택적으로 다음과 같이 주장한다.

첫째, 피고는 육군본부(이하 육군본부 및 그 예하의 항공작전사령부, 제○항공여단 제○대대 등을 통틀어 '원고측'이라 한다)에 이 사건 작업에 관한 행정절차법상의 행정응원을 요청하고 원고측이 이에 응함으로써 이 사건 작업에 있어 원고측을 지휘·감독하는 사용자의 지위에 있던 자로서, 그 과정에서 원고측에게 발생할 수 있는 위험을 방지하여 줄 보호의무 또는 안전배려의무를 지고 있음에도 불구하고 이를 위반하여 이 사건 헬기가 파손되게 하는 손해를 끼쳤으므로, 원고에게 이로 인한 손해를 배상할 의무가 있다.

둘째, 원고측은 이 사건 작업의 사무처리 위임계약에 있어 피고의 수임인이라 할 것인데 그 사무처리를 위하여 아무런 과실 없이 위 헬기가 파손되는 손해를 받았으므로, 피고는 민법 제688조 제3항의 규정에 따라 원고가 입은 손해를 배상하여야 한다.

셋째, 피고는 C와 이 사건 조형물의 제작·설치 계약을 체결할 때 그가 사업자등록증을 교부받았는지와 조형물의 운반·설치에 필요한 기술과 장비를 갖추었는지를 검토하여 만약 그렇지 않다면 그 운반·설치에 대하여는 다른 업체와 계약을 체결하는 등의 조치를 취했어야 함에도 위 C와 전체에 관하여 계약을 체결하는 등 안이하게 업무를 처리함으로써 불가피하게 원고측에게 헬기지원 요청을 하게 되었던바, 결국 피고는 위와 같은 불법행위를 저지름으로써 이 사건 헬기가 파손되게 하였으므로 이로 인하여 원고가 입은 손해를 배상할 의무가 있다.

3. 판단

가. 먼저, 피고가 보호의무를 위반하였다는 주장에 관하여 살피건대, 앞서 본 바와 같은 사실 즉, 원고측이 피고의 군용 헬기 지원 요청에 대하여 사전 검토작업을 거친 후 스스로 이를 지원하기로 결정한 사실, 그에 따라 구체적인 작업과정에 대한 계획과 그 시행은 원고측이 전적으로 행하였던 사실과 피고는 헬기 지원을 요청하였으나 위 작업 자체에 대하여는 원고측의 요구에 따라 단순한 협조 또는 참가만 하였을 뿐 그 계획 수립에 대하여 어떠한 영향도 끼치지 아니한 것으로 보이는 점 등에 비추어 보면, 피고는 행정응원을 요청함으로써 단순히 원고측에게 이 사건 작업의 사무처리를 위임한 위임인의 지위에 있었다고 봄이 상당하므로, 피고가 원고측을 지휘·감독함으로써 고용계약 또는 근로계약상 보호의무를 지는 사용자와 유사한 지위에 있었음을 전제로 하는 원고의 위 주장은 더 나아가 살필 필요 없이 이유 없다(단순한 위임인에게 위와 같은 보호의무를 인정할 수도 없다).

나. 다음으로, 피고가 민법 제688조 제3항의 손해배상의무를 진다는 주장에 관하여 보건대, 피고가 이 사건 작업에 관한 위임인의 지위에 있음은 위에서 본 바와 같으나, 수임인이 위 조항에 따른 배상을 청구할 수 있는 손해는 그가 '위임사무의 처리를 위하여 과실 없이' 받은 것이어야 하는바, 과연 이 사건 헬기가 추락·파손된 손해에 대하여 원고측의 과실이 없었는지에 관하여 본다.

살피건대, 비록 증거(생략)의 각 기재 및 변론 전체의 취지를 종합하면, 이 사건 헬기를 조종한 준위 D와 준위 E는 대대 최고자격으로 경험이 풍부한 조종사였고, 위 헬기 기체와 엔진은 사고 직전까지 정상적으로 작동하였을 것으로 추정되는 사실, 위 헬기가 과다하게 하강함으로써 조형물과 충돌하게 된 직접적인 원인은 명확하지는 않으나 당시의 바람과 하강기류로 인한 것일 가능성도 존재하는 것으로 분석된 사실을 인정할 수 있고 반증이 없기는 하나, 한편 원고측은 사고 당일 자신이 수립한 세부계획에 따른 작업 수행이 용이하지 아니함에도 특별한 대책 없이 헬기를 교체하는 등의 조치만을 취한 후 오후에도 계속 같은 방법으로 작업을 강행하였고 결국 오전에 발생한 것과 같은 현상으로 이 사건 헬기를 추락에 이르게 한 사실은 위에서 본 바와 같고, 증거(생략)의 기재에 의하면, 항공작전사령부는 스스로 작성한 이 사건 헬기 추락사고 조사 결과 중간보고에, 위 D, E 등이 당일 이 사건 헬기와 함께 교체 투입되어 임무의 형태나 성격 파악에 대한 시간이 부족하였을 가능성도 배제할 수 없다는 취지로 분석한 사실을 인정할 수 있고 반증이 없는바, 이러한 인정사실에 이 사건 변론에 나타난 제반 사정을 종합하여 보면 이 사건 작업에 있어 원고측에게 아무런 과실이 없었다고 단정하기는 어려우므로, 결국 원고측이 과실 없이 손해를 받았음을 전제로 한 위 주장은 이유 없다.

원고는 위 주장과 관련하여 예비적으로, 원고측에게 일부 과실이 있다 하더라도 피고의 요청에 따라 전적으로 피고를 위하여 위 작업을 수행하던 과정에서 손해를 입게 된 원고측으로서는 손해배상법의 기본원리인 공평한 손해분담의 원칙에 따라 피고에게 그 손해배상을 구할 수 있다는 취지로 주장하나, 원고 주장의 위 사유만으로 피고의 손해배상책임을 인정할 수는 없다 할 것이므로 위 주장 역시 이유 없다.

다. 마지막으로, 피고의 불법행위로 인한 손해배상 청구 주장에 관하여 살피건대, 피고가 이 사건 조형물을 운반·설치할 기술과 장비를 갖추지 못한 C와 위 조형물의 제작·설치 계약을 체결한 것이 위법한 행위라고 할 수 없을 뿐만 아니라 이 사건 헬기의 추락으로 인한 원고의 손해가 위 행위로 인한 상당인과관계 있는 손해라고 할 수도 없으므로, 원고의 위 주장은 더 나아가 살필 필요 없이 이유 없다.

4. 결론

그렇다면, 원고의 청구는 이유 없어 기각하기로 하여 주문과 같이 판결한다.

요약정리 [사안의 쟁점과 판결의 요지]

서울중앙지방법원 2002. 12. 12. 선고 2002가합14438 판결 [손해배상(기)]

서울시는 올림픽대교 주탑 위에 이 사건 조형물을 설치하기로 하였고, 당초 민간 헬기로 조형물을 올림픽대교에 운반할 예정이었으나 유일하게 위 작업이 가능했던 민간 헬기가 고장이 나자, 2001. 5.경 육군본부에 위 조형물 운반·설치 작업을 위한 군용 헬기의 지원을 요청하였고, 육군본부는 지원 여부를 검토한 후 항공작전사령부에 군용 헬기 지원을 지시하였다.

이에 원고(육군측)가 군용 헬기를 지원하여 이 사건 조형물을 운반·설치하는 작업이 진행되어, 2001. 5. ○. CH-47 기종의 834호와 835호 헬기로 이 사건 조형물 중 하부구조물 설치작업을 완료하였으나, 상부구조물을 한강둔치에서 올림픽대교 주탑 위로 운반·설치하는데는 실패하였고, 다음날인 2001. 5. ○. 오전 위 834호 헬기로 다시 상부구조물을 설치하려 하였으나 위 구조물이 회전함에 따라 구조물을 매달고 있던 인양 스링의 꼬임현상이 발생하여 중단한 후, 오후에는 위와 같은 기종의 838호 헬기로 교체하고 추가적으로 보조 스링을 장치하여 설치작업을 재실시하였는데, 3차 시도 중 역시 위와 같은 구조물 회전, 꼬임현상으로 인한 카고훅과 스링의 끼임현상이 발생함으로써 위 헬기는 주탑 위에 착지한 조형물로부터 분리·이탈하지 못하게 되었고 이에 손으로 분리시키기 위하여 하강 중에 조형물과 부딪쳐 추락하고 말았다. 이에 육군은 서울시를 상대로 손해배상을 청구하는 이 사건 소를 제기하였다.

이 사안의 쟁점은 **서울시가 이 사건 군용헬기 추락사고에 대한 법적 책임을 져야 하는지 여부**였다.

서울중앙지방법원 2002. 12. 12. 선고 2002가합14438 판결은 ① 원고측(육군본부와 항작사)이 피고(서울시)의 군용 헬기 지원 요청에 대하여 사전 검토작업을 거친 후 스스로 이를 지원하기로 결정하였고, 그에 따라 구체적인 작업과정에 대한 계획과 그 시행은 원고측이 전적으로 행하였으며, 피고는 헬기 지원을 요청하였으나 위 작업 자체에 대하여는 원고측의 요구에 따라 단순한 협조 또는 참가만 하였을 뿐 그 계획 수립에 대하여 어떠한 영향도 끼치지 아니하였으므로, 피고는 행정응원을 요청함으로써 단순히 원고측에게 이 사건 작업의 사무처리를 위임한 위임인의 지위에 있었다고 봄이 상당하므로, 피고가 원고측을 지휘·감독함으로써 고용계약 또는 근로계약상 보호의무를 지는 사용자와 유사한 지위에 있지 않으며, ② 수임인이 위임인에게 민법 제688조 제3항에 따른 배상을 청구할 수 있는 손해는 수임인이 '위임사무의 처리를 위하여 과실 없이' 받은 것이어야 하는바, 원고는 사고 당일 원고측이 수립한 세부계획에 따른 작업 수행이 용이하지 아니함에도 특별한 대책 없이 헬기를 교체하는 등의 조치만을 취한 후 오후에도 계속 같은 방법으로 작업을 강행하였고 결국 오전에 발생한 것과 같은 현상으로 이 사건 헬기가 추락에 이르게 된 점 등을 종합하여 보면 이 사건 작업에 있어 원고측이 아무런 과실 없이 손해를 입었다고 볼 수 없고, ③ 원고는, 원고측에게 일부 과실이 있다 하더라도 피고의 요청에 따라 전적으로 피고를 위하여 위 작업을 수행하던 과정에서 손해를 입게 된 원고로서는 손해배상법의 기본원리인 공평한 손해분담의 원칙에 따라 피고에게 그 손해배상을 구할 수 있다는 취지로 주장하나, 원고 주장의 위 사유만으로 피고의 손해배상책임을 인정할 수는 없으며, ④ 피고가 이 사건 조형물을 운반·설치할 기술과 장비를 갖추지 못한 이 사건 조형물 제작자와 위 조형물의 제작·설치 계약을 체결한 것이 위법한 행위라고 할 수 없을 뿐만 아니라 이 사건 헬기의 추락으로 인한 원고의 손해가 위 행위로 인한 상당인과관계 있는 손해라고 할 수도 없으므로 불법행위로 인한 손해배상 청구 주장도 이유 없다고 판시하며 원고의 청구를 기각하였다.

판례 4

해군 홈페이지 자유게시판에 집단적으로 게시된 제주 해군기지 건설사업에 반대하는 취지의 항의글을 해군 담당자가 삭제한 것이 객관적 정당성을 상실한 위법한 직무집행인지 여부

대법원 2020. 6. 4. 선고 2015다233807 판결 [손해배상(기)]
[원심판결] 서울중앙지방법원 2015. 8. 12. 선고 2014나63734 판결

I. 사안의 개요 [기초사실 및 사건의 경과]

1. 기초사실

제주해군기지 건설사업(이하 '이 사건 사업'이라고 한다)은 제주남방해역과 해상교통로에 대한 효율적인 감시와 보호활동을 위하여 제주특별자치도 서귀포시 강정마을 일대에 기동전단 전력수용을 위한 부두와 지휘·지원시설을 건설하는 내용의 공익사업이었는데, 인근 주민들 450명이 2009. 4. 20. 이 사건 사업의 실시계획 승인처분에 대해 항고소송을 제기하였으나, 최종적으로 실시계획 승인처분에 주민들이 주장하는 절차상·실체상 하자는 없는 것으로 판단하여 주민들의 청구를 기각하는 판결이 선고·확정되었다.

원고 1은 2011. 6. ○. 자신의 트위터(twitter)에 해군 홈페이지 자유게시판에 이 사건 사업에 대한 항의글, 공사 중단 요청글을 남겨 달라는 내용의 글을 게시하였고, 이에 원고들을 포함하여 원고 1의 의견에 동조하는 여러 사람들이 같은 날 해군 홈페이지 자유게시판에 이 사건 사업에 반대한다는 취지의 항의글을 100여 건 게시하였다. 해군본부는 2011. 6. ○. 해군 홈페이지 자유게시판에 이 사건 사업에 반대하는 취지의 항의글 100여 건이 집단적으로 게시되자, 원고들이 게시한 항의글을 포함하여 100여 건의 항의글을 자유게시판에서 삭제하는 조치를 취하고(이하 '이 사건 삭제 조치'라고 한다), 자유게시판에 '이 사건 사업은 국가안보를 위해 필요하며 적법하게 추진되고 있는 국책사업으로서 일부 시민단체가 반대한다는 이유만으로 중단할 수 없으며, 이 사건 사업에 반대하는 막연하고 일방적인 주장이 포함된 100여 건의 게시글을 삭제 조치한다'는 입장문을 게시하였다.

이에 원고들은, 원고들이 2011. 6. ○. 해군 홈페이지 자유게시판에 게시한 항의글은 이 사건 운영규정에서 정한 삭제 사유에 해당하지 않으므로, 해군본부가 임의로 해

군 홈페이지 자유게시판에서 원고들의 항의글을 삭제한 조치는 위법한 직무수행에 해당하며 이를 통해 원고들의 표현의 자유와 행복추구권이 침해되었다고 주장하면서, 해군본부가 속한 법인격주체인 피고 대한민국을 상대로 이 사건 국가배상 청구를 하였다.

2. 사건의 경과

이 사안의 주된 쟁점은 해군본부의 **이 사건 삭제 조치가 객관적 정당성을 상실한 위법한 직무집행인지 여부**였다.

원심(**서울중앙지방법원** 2015. 8. 12. **선고** 2014**나**63734 **판결**)은 100여 건의 항의글에는 이 사건 운영규정과 이 사건 게시판 운영원칙에서 정한 삭제 사유가 없으며, 이 사건 삭제 조치가 원고들의 표현의 자유를 침해하는 위법한 직무집행에 해당한다고 판단하였다.

그러나 **대법원** 2020. 6. 4. **선고** 2015**다**233807 **판결**은 해군 홈페이지 자유게시판이 정치적 논쟁의 장이 되어서는 안 되는 점, 위와 같은 항의글을 게시한 행위는 정부정책에 대한 반대의사 표시이므로 '해군 인터넷 홈페이지 운영규정'에서 정한 게시글 삭제사유인 '정치적 목적이나 성향이 있는 경우'에 해당하는 점, 해군본부가 집단적 항의글이 위 운영규정 등에서 정한 삭제 사유에 해당한다고 판단한 것이 사회통념상 합리성이 없다고 단정하기 어려운 점, 반대의견을 표출하는 항의 시위의 1차적 목적은 달성되었고 현행법상 국가기관으로 하여금 인터넷 공간에서의 항의 시위의 결과물인 게시글을 영구히 또는 일정 기간 보존하여야 할 의무를 부과하는 규정은 없는 점 등에 비추어 위 삭제 조치가 객관적 정당성을 상실한 위법한 직무집행에 해당한다고 보기 어려운데도, 이와 달리 본 원심판단에 법리오해의 잘못이 있다고 판시하며 원심판결을 파기환송하였다.

II. 판결 읽어보기 [판결 중요부분 발췌(요약)] : 대법원 2020. 6. 4. 선고 2015다233807 판결

상고이유를 판단한다.

1. 사건의 개요(기초사실 및 사건의 경과)와 쟁점

가. 원심판결의 이유와 원심이 적법하게 채택한 증거 등에 의하면, 다음과 같은 사정들을 알 수 있다.

(1) 제주해군기지 건설사업(이하 '이 사건 사업'이라고 한다)은 제주남방해역과 해상교통로에 대한 효율적인 감시와 보호활동을 위하여 제주특별자치도 서귀포시 강정마을 일대에 기동전단 전력수용을 위한 부두와 지휘·지원시설을 건설하는 내용의 공익사업이다. 1995. 12.경 국방부가 수립한 '1997~2001 국방사업계획'에 포함되었고, 국방부장관이 2009. 1. 21. 「국방·군사시설사업에 관한 법률」제4조에 따라 실시계획 승인처분을 하였으며, 2012. 2. 29. 국가정책조정회의(의장은 국무총리이다)에서 정부적 차원에서 추진하기로 정책결정이 이루어졌다. 인근 주민들 450명이 2009. 4. 20. 이 사건 사업의 실시계획 승인처분에 대해 항고소송을 제기하였으나, 최종적으로 실시계획 승인처분에 주민들이 주장하는 절차상·실체상 하자는 없는 것으로 판단하여 주민들의 청구를 기각하는 판결이 선고·확정되었다(대법원 2012. 7. 5. 선고 2011두19239 전원합의체 판결 및 그 환송 후 원심인 서울고등법원 2012. 12. 13. 선고 2012누21170 판결 참조).

(2) 민주당은 2011. 6. 8. 정부에 대하여 합리적인 갈등해소 방안이 마련될 때까지 이 사건 사업을 일시 중단하라는 성명서를 발표하였고, 여러 사람들과 단체들이 이 사건 사업의 중단을 촉구하는 기자회견을 열었다.

(3) 원고 1은 위 기자회견에 참석하였으며, 2011. 6. 9. 자신의 트위터(twitter)에 해군 홈페이지 자유게시판에 이 사건 사업에 대한 항의글, 공사 중단 요청글을 남겨 달라는 내용의 글을 게시하였다. 이에 원고들을 포함하여 원고 1의 의견에 동조하는 여러 사람들이 같은 날 해군 홈페이지 자유게시판에 이 사건 사업에 반대한다는 취지의 항의글을 100여 건 게시하였다.

(4) 해군본부는 해군의 정책과 활동을 홍보하고 해군 관련 정보를 공개하려는 목적에서 해군 홈페이지를 개설·운영하고 있다. 해군 홈페이지에는 홈페이지를 방문한 일반인이 자유롭게 글을 게시할 수 있는 자유게시판이 있는데, 하루 평균 약 4건의 글이 게시되고 있다. 주로 해군 입대나 복지 관련 정보를 문의하는 글이 게시되어 해군본부에서 답변글을 게시하기도 하고, 그 밖에 일반인이 자신의 해군 복무 경험을 기술하는 글, 해군 복무 중인 가족의 안전을 기원하는 글이 게시되고 있다.

(5) 해군본부는 2011. 6. 9. 해군 홈페이지 자유게시판에 이 사건 사업에 반대하는 취지의 항의글 100여 건이 집단적으로 게시되자, 원고들이 게시한 항의글을 포함하여 100여 건의 항의글을 자유게시판에서 삭제하는 조치를 취하고(이하 '이 사건 삭제 조

치'라고 한다), 자유게시판에 '이 사건 사업은 국가안보를 위해 필요하며 적법하게 추진되고 있는 국책사업으로서 일부 시민단체가 반대한다는 이유만으로 중단할 수 없으며, 이 사건 사업에 반대하는 막연하고 일방적인 주장이 포함된 100여 건의 게시글을 삭제 조치한다'는 입장문을 게시하였다.

(6) 해군본부가 작성한 '해군 인터넷 홈페이지 운영규정' 제9조 제2호는 홈페이지에 게시된 이용자의 게시물은 삭제하지 않는 것을 원칙으로 하나, 홈페이지 관리책임자는 홈페이지의 건전한 운영을 위하여 이용자가 게시한 자료가 '국가안전을 해할 수 있거나 보안 관련 규정에 위배되는 경우', '정치적 목적이나 성향이 있는 경우', '특정 기관, 단체, 부서를 근거 없이 비난하는 경우', '동일인 또는 동일인이라고 인정되는 자가 똑같은 내용을 주 2회 이상 게시하거나 유사한 내용을 1일 2회 이상 게시하는 경우', '기타 오류, 장난성의 내용 등 기타 본 호의 규정에 비추어 삭제가 필요하다고 판단되는 경우'에는 삭제할 수 있고, 필요시 그 사유를 해당 게시판에 공지하거나 게시자(전화번호나 전자우편주소가 명확할 경우)에게 통보할 수 있다고 규정하고 있다(이하 '이 사건 운영규정'이라고 한다).

해군 홈페이지 자유게시판에는 "건전한 토론문화의 정착을 위해 특정 개인·단체에 대한 비방·욕설 등 명예훼손, 음란·저속한 표현, 상업적 광고, 유언비어나 선동하는 글, 동일내용 중복게시, 특정 개인의 정보유출, 반정부선동, 이적행위, 특정 종교 찬양 및 비방 등 게시판의 취지에 어긋나는 글을 올리는 경우 사전 예고 없이 삭제될 수 있음을 알려드립니다."라는 안내 문구가 게시되어 있다(이하 '이 사건 게시판 운영원칙'이라고 한다).

(7) 원고들은, 원고들이 2011. 6. 9. 해군 홈페이지 자유게시판에 게시한 항의글은 이 사건 운영규정에서 정한 삭제 사유에 해당하지 않으므로, 해군본부가 임의로 해군 홈페이지 자유게시판에서 원고들의 항의글을 삭제한 조치는 위법한 직무수행에 해당하며 이를 통해 원고들의 표현의 자유와 행복추구권이 침해되었다고 주장하면서, 해군본부가 속한 법인격주체인 피고 대한민국을 상대로 이 사건 국가배상 청구를 하였다.

나. 이 사건의 주된 쟁점은 이 사건 삭제 조치가 객관적 정당성을 상실한 위법한 직무집행인지 여부이다.

2. 대법원의 판단

가. 정부의 정책에 대하여 정치적인 반대의사를 표시하는 것은 헌법이 보장하는 정치적 자유의 가장 핵심적인 부분이다. 자신의 정치적 생각을 집회와 시위를 통해 설

파하거나 서명운동 등을 통해 자신과 의견이 같은 세력을 규합해 나가는 것은 국가의 안전에 대한 위협이 아니라, 우리 헌법의 근본이념인 '자유민주적 기본질서'의 핵심적인 보장 영역에 속한다. 정부에 대한 비판에 대하여 합리적인 홍보와 설득으로 대처하는 것이 아니라, 비판 자체를 원천적으로 배제하려는 공권력의 행사는 대한민국 헌법이 예정하고 있는 자유민주적 기본질서에 부합하지 아니하므로 그 정당성을 인정할 수 없다(헌법재판소 2013. 3. 21. 선고 2010헌바70, 132, 170 전원재판부 결정 참조).

그러나 공무원의 행위를 원인으로 한 국가배상책임을 인정하려면 '공무원이 직무를 집행하면서 고의 또는 과실로 법령을 위반하여 타인에게 손해를 입힌 때'라고 하는 국가배상법 제2조 제1항의 요건이 충족되어야 한다. 여기서 '법령을 위반하여'라고 함은 엄격하게 형식적 의미의 법령에 명시적으로 공무원의 행위의무가 정하여져 있음에도 이를 위반하는 경우만을 의미하는 것은 아니고, 인권존중·권력남용금지·신의성실과 같이 공무원으로서 마땅히 지켜야 할 준칙이나 규범을 지키지 아니하고 위반한 경우를 비롯하여 널리 그 행위가 객관적인 정당성을 결여하고 있는 경우를 포함한다(대법원 2015. 8. 27. 선고 2012다204587 판결 등 참조).

나. 이러한 법리에 비추어 살펴본다.

일반적으로 국가기관이 자신이 관리·운영하는 홈페이지에 게시된 글에 대하여 정부의 정책에 찬성하는 내용인지, 반대하는 내용인지에 따라 선별적으로 삭제 여부를 결정하는 것은 특별한 사정이 없는 한 국민의 기본권인 표현의 자유와 자유민주적 기본질서에 배치되므로 허용되지 않는다. 그러나 이 사건 삭제 조치의 경우에는 객관적 정당성을 상실한 위법한 직무집행에 해당한다고 보기 어렵다. 구체적인 이유는 다음과 같다.

(1) 헌법 제5조 제2항에서 "국군은 국가의 안전보장과 국토방위의 신성한 의무를 수행함을 사명으로 하며, 그 정치적 중립성은 준수된다."라고 명시함으로써 군인은 국가공동체와 국민의 생명을 지키는 것을 사명으로 하고 있으며, 이를 수행하기 위해서는 필연적으로 군인의 정치적 중립성 유지가 요청된다. 이는 우리의 헌정사에서 다시는 군의 정치개입을 되풀이하지 않겠다는 의지의 표현으로, 국군은 정치에 개입하거나 특정 정당을 지원하는 등 정치적 활동을 해서는 안 되며, 정치권도 국군에 영향력을 행사하려고 시도해서는 안 된다. 이처럼 정당이나 정치적 세력으로부터의 영향력 배제와 중립은 효과적인 국방정책을 실현하기 위한 필수적인 요건이기도 하다(헌법재판소 2016. 2. 25. 선고 2013헌바111 전원재판부 결정 참조).

해군본부는 국방부장관의 명을 받아 해군을 지휘·감독하기 위하여 설치된 군부대이다(국군조직법 제10조, 제14조 참조). 비록 인터넷 공간이라고 하더라도 해군본부에서 관리·운영하는 공간에서 정치적 찬반 논쟁이 벌어지는 것은 헌법이 강조한 국군의 정치적 중립성 요청에 배치된다. 이 사건 운영규정이 '정치적 목적이나 성향이 있는 경우'를 게시글 삭제 사유로 규정한 것은 국군의 정치적 중립성 요청을 구체화한 것으로, 해군 홈페이지 자유게시판이 정치적 논쟁의 장이 되어서는 안 된다는 점을 분명히 한 것이다.

(2) 원고들을 포함한 여러 사람들이 2011. 6. 9. 해군 홈페이지 자유게시판에 이 사건 사업에 반대한다는 취지의 항의글을 100여 건 게시한 행위는 정부정책에 대한 반대의사 표시이므로 이 사건 운영규정에서 정한 게시글 삭제 사유인 '정치적 목적이나 성향이 있는 경우'에 해당한다. 따라서 이 사건 삭제 조치는 이 사건 운영규정에 따른 조치이다.

이 사건 사업의 시행 여부를 결정할 권한은 국방부장관에게 있다. 국방부장관은 2009. 1. 21. 이 사건 사업에 관하여 실시계획 승인처분을 하였고, 해군본부의 장인 해군참모총장은 국방부 소속 기관장으로서 이 사건 사업의 시행자가 되었다(국방·군사시설사업에 관한 법률 제3조 제2호, 제4조 참조). 또한 이 사건 사업은 국가정책조정회의에서 정부적 차원에서 추진하기로 정책결정이 이루어졌다. 따라서 이 사건 사업의 시행에 대해 항의를 하더라도 결정권자인 국방부장관이나 국무총리 또는 대한민국 정부를 대표하는 대통령에게 하는 것이 적절하지, 국방부 소속기관으로서 결정권이 없는 해군본부나 그 기관장인 해군참모총장에게 하는 것은 적절하지 않다.

(3) 통상 인터넷 홈페이지 게시판은 새로운 글이 게시되면 과거의 글은 목록에서 후순위로 밀려 눈에 띄기 어려운 특성이 있다. 홈페이지 이용자들은 게시판의 첫 화면에 게시되어 있는 최신 글을 위주로 읽으며, 화면을 넘겨 가면서 여러 쪽 뒤에 게시되어 있는 과거의 글을 일일이 찾아 읽지 않는 것이 보통이다. 따라서 게시판에 동일한 내용의 글을 반복적으로 게시하면 이용자들이 다른 게시글을 읽는 것을 방해하는 효과가 발생한다.

이 사건 운영규정과 이 사건 게시판 운영원칙이 '동일인 또는 동일인이라고 인정되는 자가 똑같은 내용을 주 2회 이상 게시하거나 유사한 내용을 1일 2회 이상 게시하는 경우' 또는 '동일내용 중복게시'를 해군 홈페이지 자유게시판 게시글 삭제 사유로 예시하고 있는 것도 이러한 방해 효과를 차단하기 위한 것이라고 보인다.

평소 하루에 약 4건의 글이 게시되는 해군 홈페이지 자유게시판에 2011. 6. 9. 하루 만에 이 사건 사업에 반대하는 취지의 항의글 100여 건을 게시한 행위는 그 주장에 동의하지 않거나 관심이 없는 이용자들이 다른 게시글을 읽는 것을 방해하는 부정적 효과가 있을 뿐만 아니라, 해군 홈페이지 자유게시판의 존재 목적·기능에 관한 해군본부의 기대에서 벗어나는 것이다. 따라서 해군본부가 집단적 항의글이 이 사건 운영규정과 이 사건 게시판 운영원칙에서 정한 삭제 사유에 해당한다고 판단한 것이 사회통념상 합리성이 없다고 단정하기 어렵다.

(4) 원고 1의 의견에 동조하는 여러 사람들이 해군 홈페이지 자유게시판에 이 사건 사업에 반대하는 취지의 항의글 100여 건을 게시한 행위는 해군본부에 대한 '인터넷 공간에서의 항의 시위'로서의 성격이 있다. 그들이 해군 홈페이지 자유게시판에 집단적으로 항의글 100여 건을 게시함으로써 자신들의 반대의견을 표출하는 항의 시위의 1차적 목적은 달성되었다. 현행법상 국가기관으로 하여금 인터넷 공간에서의 항의 시위의 '결과물'인 100여 건의 게시글을 영구히 또는 일정 기간 보존하여야 할 의무를 부과하는 규정은 없다.

이 사건 삭제 조치는 인터넷 공간에서의 항의 시위의 '결과물'을 삭제한 것일 뿐, 자유게시판에 반대의견을 표출하는 행위 자체를 금지하거나 제재하는 것이 아니다. 또한 해군본부는 이 사건 삭제 조치를 하면서 해군 홈페이지 자유게시판에 이 사건 삭제 조치를 하는 이유를 밝히는 입장문을 게시하였다. 이 사건 삭제 조치는 공개적으로 이루어진 조치로서 국가기관이 인터넷 공간에서 반대의견 표명을 억압하거나 일반 국민의 여론을 호도·조작하려는 시도라고 보기 어렵다.

다. 그런데도 원심은, 그 판시와 같은 사정을 들어 100여 건의 항의글에는 이 사건 운영규정과 이 사건 게시판 운영원칙에서 정한 삭제 사유가 없으며, 이 사건 삭제 조치가 원고들의 표현의 자유를 침해하는 위법한 직무집행에 해당한다고 판단하였다. 이러한 원심판단에는 국가배상법 제2조에서 정한 국가배상책임과 국가기관 홈페이지 자유게시판 이용관계 등에 관한 법리를 오해하여 판결에 영향을 미친 잘못이 있다. 이 점을 지적하는 상고이유 주장은 이유 있다.

3. 결론

그러므로 나머지 상고이유에 대한 판단을 생략한 채 원심판결을 파기하고, 사건을 다시 심리·판단하게 하기 위하여 원심법원에 환송하기로 하여, 관여 대법관의 일치된 의견으로 주문과 같이 판결한다.

요약정리 [사안의 쟁점과 판결의 요지]

대법원 2020. 6. 4. 선고 2015다233807 판결 [손해배상(기)]

이 사안의 쟁점은 **해군본부가 해군 홈페이지 자유게시판에 집단적으로 게시된 '제주 해군기지 건설사업에 반대하는 취지의 항의글' 100여 건을 삭제한 조치가 객관적 정당성을 상실한 위법한 직무수행에 해당하여 원고들의 표현의 자유 등의 침해에 해당하는지 여부**였다.

대법원 2020. 6. 4. 선고 2015다233807 판결은 해군 홈페이지 자유게시판이 정치적 논쟁의 장이 되어서는 안 되는 점, 위와 같은 항의글을 게시한 행위는 정부정책에 대한 반대의사 표시이므로 '해군 인터넷 홈페이지 운영규정'에서 정한 게시글 삭제사유인 '정치적 목적이나 성향이 있는 경우'에 해당하는 점, 해군본부가 집단적 항의글이 위 운영규정 등에서 정한 삭제 사유에 해당한다고 판단한 것이 사회통념상 합리성이 없다고 단정하기 어려운 점, 반대의견을 표출하는 항의 시위의 1차적 목적은 달성되었고 현행법상 국가기관으로 하여금 인터넷 공간에서의 항의 시위의 결과물인 게시글을 영구히 또는 일정 기간 보존하여야 할 의무를 부과하는 규정은 없는 점 등에 비추어 위 삭제 조치가 객관적 정당성을 상실한 위법한 직무집행에 해당한다고 보기 어렵다고 판시하였다.

판례 5

철도파업에 대응하기 위한 정부 차원의 대책으로 국방부장관이 군 인력을 투입한 것이 공무원의 직무상 불법행위에 해당하여 국가배상법 제2조 제1항에 규정된 국가배상책임이 성립하는지 여부

서울중앙지방법원 2019. 3. 26. 선고 2017가단5169927 판결 [손해배상(국)][1]

I. 사안의 개요 [기초사실 및 사건의 경과]

1. 기초사실

원고(전국철도노동조합)와 피고 보조참가인(한국철도공사)은 개별교섭을 통하여 2015. 5.경 단체협약을 체결하였는데, 기획재정부가 2016. 1.경 '공공기관 성과연봉제 확대도입 권고안'을 발표하자, 한국철도공사는 2016. 4.경 원고에게 성과연봉제 도입 관련 노사협의를 제의하였다. 그러나 원고는 2016. 4. ○. '성과연봉제 도입은 임금체계가 변경되는 것이어서 단체교섭 사항에 해당하고, 아직 2015년 단체협약의 유효기간 내에 있어 위 협약의 효력이 유지되고 있다'는 이유로 이를 거부하였다.

원고와 한국철도공사간에 '성과연봉제 확대도입문제'가 해결되지 못하던 중, 원고는 노동위원회에 노동쟁의 조정신청을 한 후 조합원 찬반투표를 거쳐 2016. 9. ○. 부터 2016. 12. ○.까지 원고 소속 조합원 7,000여 명의 참여 아래 노무제공을 거부하는 방법으로 쟁의행위를 하였고, 한국철도공사는 2016. 9. ○. 피고(대한민국) 소속의 주무관청인 국토교통부장관에게 이 사건 쟁의행위에 대비하여 군 인력지원을 요청하였다. 이에 국토교통부장관은 2016. 9. ○. 국방부장관에게 군 인력 파견을 요청하였고, 국방부장관은 2016. 9. ○. 474명의 군 인력 투입을 결정하여 국토교통부와 한국철도공사에게 통지하였고, 그 관련근거로 재난 및 안전관리기본법 제39조 등을 들었다.

한편, 원고는 이 사건 쟁의행위 기간 동안 필수유지인력 8,565명으로 하여금 노무를 계속 제공하도록 하였고, 한국철도공사가 노무현장에 투입한 대체인력은 민간 부분 대체인력과 이 사건 군 인력 지원결정에 따른 군 인력(447명)으로 나눌 수 있었다.

---

1) 위 판결은 2019. 4. 11. 확정되었다.

원고는 2016. 12. ○. 한국철도공사와 열차운행을 정상화하기로 합의하고, 2016. 12. ○. 이 사건 쟁의행위를 종료한 후, 2017. 9. ○. 피고(대한민국)를 상대로 이 사건 쟁의행위는 원고의 근로조건 결정에 관한 정당한 단체행동권 행사로서 실체적 및 절차적 요건을 갖춘 적법한 쟁의행위에 해당함에도 불구하고, 피고(대한민국) 소속 국방부장관은 아무런 법적 근거 없이 이 사건 군 인력 지원결정을 하였고, 이로 인하여 원고의 이 사건 쟁의행위를 통한 단체행동권은 사실상 형해화되었고, 이러한 불법행위를 한 피고는 국가배상법 제2조 제1항에 따라 피해자인 원고에게 위자료로 30,000,100원을 지급할 의무가 있다고 주장하며 이 사건 소를 제기하였다.

2. 사건의 경과

이 사안의 쟁점은 **철도파업에 대응하기 위한 정부 차원의 대책으로 국방부장관이 군 인력을 투입한 것이 공무원의 직무상 불법행위에 해당하여 국가배상법 제2조 제1항에 규정된 국가배상책임이 성립하는지 여부**였다.

서울중앙지방법원 2019. 3. 26. 선고 2017가단5169927 판결은 ① 이 사건 쟁의행위가 노동조합법 제42조의2에 따른 필수유지업무를 준수한 상태에서 진행된 이상, 달리 특별한 사정이 없는 한 이 사건 쟁의행위로 인하여 발생한 철도 수송기능의 일부 정지 또는 제한 상태가 재난안전법 제3조 제1호의 국가기반체계의 마비 등 사회재난이나 철도산업법 제36조의 비상사태에 해당한다고 볼 수는 없으므로 재난안전법 제15조의2, 철도산업법 제36조는 이 사건 군 인력 지원결정의 정당한 법적 근거가 되지 못하지만, ② 위 각 법조항에서 사용하고 있는 '사회재난'이나 '비상사태'와 같은 불확정 개념은 그 의미를 해석하고 적용하는 과정이 필요한데, 현재까지는 이 부분에 관하여 대법원의 판단으로 그 의미에 관한 해석이 확립되고 그 확립된 해석의 내용을 충분히 인식할 수 있게 된 상태에 이르렀다는 점을 인정할 아무런 자료가 없으므로, 국방부장관 등의 이 사건 군 인력 지원결정이 공무원의 과실로 인한 것이라고 평가하기는 어렵다는 등의 이유로, 국방부장관의 이 사건 군 인력 지원결정 및 그로 인한 인력지원 행위로 인하여 국가배상법 제2조 제1항에 규정된 국가배상책임이 성립한다고는 할 수 없다고 판시하였다.

II. 판결 읽어보기 [판결 중요부분 발췌(요약)] : 서울중앙지방법원 2019. 3. 26. 선고 2017가단5169927 판결

1. 인정사실

가. 당사자의 지위

원고(전국철도노동조합)는 피고 보조참가인(한국철도공사)(이하 '참가인'이라 한다) 소속 근로자 18,496명이 가입한 노동조합이고 그 상급단체는 민주노총 공공운수연맹 전국운수산업노동조합이며, 참가인은 철도산업발전기본법(이하 '철도산업법'이라 한다) 제21조 제3항에 근거한 특별법인 한국철도공사법에 의하여 설립된 법인이다.

나. 이 사건 쟁의행위의 경과

1) 원고와 참가인은 개별교섭을 통하여 2015. 5. ○. 단체협약(유효기간: 2015. 5. 13.~2017. 5. 12.)을 체결하였는데, 기획재정부가 2016. 1. 28. '공공기관 성과연봉제 확대도입 권고안'을 발표하자, 참가인은 2016. 4. ○. 원고에게 성과연봉제 도입 관련 노사협의를 제의하였으나 원고는 2016. 4. ○. '성과연봉제 도입은 임금체계가 변경되는 것이어서 단체교섭 사항에 해당하고, 아직 2015년 단체협약의 유효기간 내에 있어 위 협약의 효력이 유지되고 있다'는 이유로 이를 거부하였다.

2) 그 후 원고와 참가인은 성과연봉제 도입에 관한 교섭을 벌였으나 합의에 이르지 못한 상태에서, 참가인은 2016. 5. ○. 이사회를 개최하여 보수규정에 '성과연봉제 확대에 따른 보수규정 개정 계획'이 포함되도록 하는 보수규정 개정안을 의결하였고, 참가인은 2016. 7. ○. 이를 반영하여 보수규정 시행세칙을 개정하였다(이하 개정된 보수규정과 보수규정 시행세칙을 총칭하여 '이 사건 취업규칙'이라 한다).

3) 원고는 노동위원회에 대하여 노동쟁의 조정신청을 한 후 조합원 찬반투표에서 재적 조합원의 70.2% 찬성으로 쟁의행위가 가결되자, 2016. 9. 27.부터 2016. 12. 7.까지 원고 소속 조합원 7,000여 명의 참여 아래 노무제공을 거부하는 방법으로 쟁의행위를 하였다(이하 '이 사건 쟁의행위'라 한다). 다만, 원고는 노동조합 및 노동관계조정법(이하 '노동조합법'이라 한다) 제42조의2에 따른 필수유지업무를 준수하기 위하여 충남지방노동위원회가 2008. 7. 2. 결정한 필수유지업무 유지·운영 수준(평상시 대비 고속철도차량 64.9%, 일반철도차량 68.6%, 도시철도차량 67.5%)에 필요한 인력을 제외하고 노무제공을 거부하였다.

4) 그런데 참가인은 2016. 9. ○. 피고 소속의 주무관청인 국토교통부장관에게 이 사건 쟁의행위에 대비하여 군 인력지원을 요청하였고, 이에 국토교통부장관은 2016.

9. ○. 국방부장관에게 군 인력 파견을 요청하였다. 국방부장관은 2016. 9. ○. 474명의 군 인력 투입을 결정하여 국토교통부와 참가인에게 통지하였는데(이하 '이 사건 군 인력 지원결정'이라 한다), 그 관련근거로 재난 및 안전관리기본법(이하 '재난안전법'이라 한다) 제39조 등을 들었다.

5) 한편, 원고는 이 사건 쟁의행위 기간 동안 필수유지인력 8,565명으로 하여금 노무를 계속 제공하도록 하였고, 참가인이 노무현장에 투입한 대체인력은 민간 부분 대체인력과 이 사건 군 인력 지원결정에 따른 군 인력(447명)으로 나눌 수 있다.

6) 원고는 2016. 12. ○. 참가인과 열차운행을 정상화하기로 합의하고 2016. 12. ○. 이 사건 쟁의행위를 종료하였다.

다. 관련 구제명령 신청사건의 경과 및 그 결과

1) 원고와 그 소속 근로자들은 노동위원회에 부당해고 및 부당노동행위 구제신청을 하였는데, 그 지방노동위원회의 초심판정과 중앙노동위원회의 재심판정 결과는 다음과 같다. (생략)

2) 참가인은 서울행정법원 2018구합50864호로 중앙노동위원회 위원장을 상대로 위 재심판정의 취소를 구하는 소를 제기하였다가 재판부의 조정권고에 따라 2018. 9. ○. 소를 취하하였다.

2. 당사자의 주장

(생략)

3. 판단

가. 이 사건 군 인력 지원결정의 법적 근거 존재 여부

우선, 이 사건에서 쟁점이 되고 있는 재난안전법 제15조의2, 철도산업법 제36조 등이 이 사건 군 인력 지원결정의 법적 근거가 될 수 있는지에 관하여 본다.

1) 헌법 제33조 제1항은 근로자는 근로조건의 향상을 위하여 자주적인 단결권·단체교섭권 및 단체행동권을 가진다고 천명하고 있고, 이러한 헌법상 권리를 구체화하기 위하여 제정된 노동조합법은 제4장(쟁의행위)에서 쟁의행위의 기본원칙, 구체적 방법, 제한과 금지 등에 관하여 규정하고 있다(제37조 내지 제46조). 특히 노동조합법 제43조에 따르면, 사용자는 쟁의행위 기간 중 그 쟁의행위로 중단된 업무의 수행을 위하여 당해 사업과 관계없는 자를 채용 또는 대체할 수 없고(제1항), 그 쟁의행위로 중단된 업무를 도급 또는 하도급 줄 수도 없는데(제2항), 이러한 규정은 사용자의 쟁의

행위 대항수단이 아무런 제한 없이 허용될 경우에는 근로자 쟁의권의 본질적인 내용이 침해받게 되므로 이를 합리적인 범위 내에서 제한함으로써 근로자의 쟁의권을 실질적으로 보장하려는 데 그 입법취지가 있다.[2)]

그런데 노동조합법이 2006. 12. 30. 법률 제8158호로 일부 개정(시행 2007. 7. 1.)되면서, 종전의 직권중재제도를 폐지하고 필수유지업무에 대한 쟁의행위 제한에 관한 규정을 신설하였는데, 그 구체적 내용은 ① 철도사업 등 필수공익사업의 업무 중 그 업무가 정지되거나 폐지되는 경우 공중의 생명·건강 또는 신체의 안전이나 공중의 일상생활을 현저히 위태롭게 하는 업무를 필수유지업무로 정의하고, ② 이러한 필수유지업무의 정당한 유지·운영을 정지·폐지 또는 방해하는 행위는 쟁의행위로서 이를 행할 수 없도록 금지하며(제42조의2), ③ 노동관계 당사자 사이에 체결된 필수유지업무협정을 준수하거나 그와 같은 협정이 체결되지 아니한 때에 협정내용을 정한 노동위원회의 결정에 따라 쟁의행위를 한 때에는 필수유지업무를 정당하게 유지·운영하면서 쟁의행위를 한 것으로 본다(제42조의4,5)는 등이다. 이와 같은 필수유지업무에 대한 쟁의행위 제한에 관한 규정은, 공익사업 중 그 업무의 정지 또는 폐지가 공중의 일상생활을 현저히 위태롭게 하거나 국민경제를 현저히 저해하고 그 업무의 대체가 용이하지 아니한 필수공익사업에 한하여, 전면적인 쟁의행위를 제한하면서도 일정한 수준의 쟁의행위를 허용함으로써 공익과 근로기본권을 조화롭게 보장하려는 데 그 제도적 취지가 있다.

2) 재난안전법 제3조 제1호에 따르면, 재난이란 국민의 생명·신체·재산과 국가에 피해를 주거나 줄 수 있는 것으로서 자연재난과 사회재난으로 나뉘고, 사회재난이란 화재·붕괴·폭발·교통사고(항공사고 및 해상사고를 포함한다)·화생방사고·환경오염사고 등으로 인하여 발생하는 대통령령으로 정하는 규모 이상의 피해와 에너지·통신·교통·금융·의료·수도 등 국가기반체계(이하 '국가기반체계'라 한다)의 마비 등을 의미한다. 재난안전법 제15조의2는, 재난관리주관기관의 장은 재난이 발생하거나 발생할 우려가 있는 경우에는 재난상황을 효율적으로 관리하고 재난을 수습하기 위한 중앙사고수습본부(이하 '수습본부'라 한다)를 신속하게 설치·운영하여야 하고(제1항), 수습본부장은 재난을 수습하기 위하여 필요하면 관계 재난관리책임기관의 장에게 행정상 및 재정상의 조치, 소속 직원의 파견, 그 밖에 필요한 지원을 요청할 수 있다(제2항)고 규정한다.

---

2) 같은 취지에서 파견근로자 보호 등에 관한 법률 제16조 제1항은 파견사업주는 쟁의행위 중인 사업장에 그 쟁의행위로 중단된 업무의 수행을 위하여 근로자를 파견하여서는 아니 된다고 규정하고 있다.

철도산업법 제36조에 따르면, 국토교통부장관은 천재·지변·전시·사변, 철도교통의 심각한 장애 그 밖에 이에 준하는 사태의 발생으로 인하여 철도서비스에 중대한 차질이 발생하거나 발생할 우려가 있다고 인정하는 경우에는 필요한 범위 안에서 철도시설관리자(관리청, 한국철도시설공단 등)·철도운영자(참가인 등) 또는 철도이용자에게 '지역별·노선별·수송대상별 수송 우선순위 부여 등 수송통제, 철도시설·철도차량 또는 설비의 가동 및 조업, 대체수송수단 및 수송로의 확보' 등의 사항에 관한 조정·명령 그 밖의 필요한 조치를 할 수 있고(제1항), 국토교통부장관은 제1항의 규정에 의한 조치의 시행을 위하여 관계행정기관의 장에게 필요한 협조를 요청할 수 있으며, 관계행정기관의 장은 이에 협조하여야 한다(제2항).

3) 법해석의 목표는 어디까지나 법적 안정성을 저해하지 않는 범위 내에서 구체적 타당성을 찾는 데 두어야 한다. 나아가 그러기 위해서는 가능한 한 법률에 사용된 문언의 통상적인 의미에 충실하게 해석하는 것을 원칙으로 하면서, 법률의 입법 취지와 목적, 제·개정 연혁, 법질서 전체와의 조화, 다른 법령과의 관계 등을 고려하는 체계적·논리적 해석방법을 추가적으로 동원함으로써, 위와 같은 법해석의 요청에 부응하는 타당한 해석을 하여야 한다(대법원 2018. 6. 21. 선고 2011다112391 전원합의체 판결 등 참조).

앞서 본 것과 같이 노동조합법은 근로자의 쟁의권을 실질적으로 보장하기 위하여 원칙적으로 쟁의행위 기간 중 사용자의 채용·대체, 도급·하도급을 금지하면서도, 필수유지업무에 대한 쟁의행위 제한규정을 통하여 필수공익사업의 경우에는 쟁의행위 기간 중에도 일정한 수준의 업무 수행을 강제하고 있다. 그런데 이와 같이 필수유지업무에 대한 쟁의행위 제한규정을 준수하는 쟁의행위를, 재난안전법 제3조 제1호에 규정된 국가기반체계의 마비라는 사회재난에 해당한다고 보거나 철도산업법 제36조에 규정된 천재·지변·전시·사변, 철도교통의 심각한 장애 그 밖에 이에 준하는 사태(이하 '비상사태'라 한다)에 해당한다고 보아 관계 재난관리책임기관의 장이나 관계행정기관의 장에게 대체인력의 파견 등 필요한 지원이나 협조를 요청할 수 있다고 해석하게 되면, 사용자의 근로자 대체 금지를 통하여 근로자의 쟁의권을 실질적으로 보장하고 필수유지업무에 대한 쟁의행위 제한규정을 통하여 공익과 근로기본권을 조화롭게 보장하려는 노동조합법 해당 규정의 입법 취지를 전혀 달성할 수 없게 된다.[3)]

---

3) 같은 취지에서 재난안전법 제36조 제1항, 같은 법 시행령 제44조는, 노동조합법 제4장에 따른 쟁의행위로 인하여 '국가기반시설의 일시 정지'라는 상황이 발생하더라도 행정안전부장관이 재난사태를 선포할 수 없도록 규정하고 있다.

이와 같은 관계 법률의 규정 내용과 그 입법 취지 등을 앞서 본 법리에 비추어 보면, 이 사건 쟁의행위가 노동조합법 제42조의2에 따른 필수유지업무를 준수한 상태에서 진행된 이상, 달리 특별한 사정이 없는 한 이 사건 쟁의행위로 인하여 발생한 철도 수송기능의 일부 정지 또는 제한 상태가 재난안전법 제3조 제1호의 국가기반체계의 마비 등 사회재난이나 철도산업법 제36조의 비상사태에 해당한다고 볼 수는 없다. 따라서 재난안전법 제15조의2, 철도산업법 제36조는 이 사건 군 인력 지원결정의 정당한 법적 근거가 되지 못한다.

나. 국가배상책임의 성립 여부

1) 정당한 쟁의행위라고 하기 위해서는 우선 주체가 단체교섭의 주체로 될 수 있는 자이어야 하고, 또 단체교섭과 관련하여 근로조건의 유지, 개선 등을 목적으로 하는 것으로서 목적이 정당하여야 하며, 시기와 절차가 법령의 규정에 따른 것으로서 정당하여야 할 뿐 아니라, 방법과 태양이 폭력이나 파괴행위를 수반하는 등 반사회성을 띤 행위가 아닌 정당한 범위 내의 것이어야 한다(대법원 2011. 3. 24. 선고 2009다29366 판결 등 참조). 그런데 앞서 채택한 증거에 의하여 인정되는 아래와 같은 이 사건 취업규칙의 내용, 이 사건 쟁의행위의 발생 경위나 그 동기, 관련 노동쟁의 사건의 결과 등을 고려할 때, 원고가 이 사건 쟁의행위의 목적이 성과연봉제 중단, 철회, 폐기에 있다고 밝혔다는 등의 피고 등 주장과 같은 사정(을나 제19 내지 28, 34호증의 각 기재)만으로는 이 사건 쟁의행위가 실체적 요건을 갖추지 못한 불법파업에 해당한다고 보기에 충분하지 않다.

가) 이 사건 취업규칙은 일부 근로자들의 임금 체계를 호봉제에서 연봉제로 변경하는 등 임금체계 자체에 본질적인 변경을 가지고 오는 것일 뿐만 아니라 저성과자로 평가된 근로자들의 경우 개정 전 취업규칙에 의할 때보다 임금액이나 임금 상승률에서 불이익을 받을 가능성이 있다.

나) 참가인이 원고와 성과연봉제 확대를 위한 교섭을 벌이다가 근로자의 과반수로 조직된 원고의 동의를 얻지 아니한 채 보수규정 등의 개정을 하여 성과연봉제 확대를 추진하는 바람에 이 사건 쟁의행위가 시작되었다. 노동조합법 제2조 제5호에 따르면, '노동쟁의'란 노동조합과 사용자 또는 사용자단체간에 임금·근로시간·복지·해고 기타 대우 등 근로조건의 결정에 관한 주장의 불일치로 인하여 발생한 분쟁상태를 말하므로, 근로조건을 규율하는 규범인 법령, 단체협약 및 근로계약 등에 의하여 이미 정해진 근로자의 권리에 관한 해석·적용에 관한 사항으로서 사법적 구제절차에 의하여 해결할 수 있는 이른바 순수한 권리분쟁에 해당하는 사항을 관철하기 위해서

는 쟁의행위를 할 수 없다고 보아야 하지만, 이 사건과 같이 근로조건의 결정에 관하여 노사교섭을 진행하다가 사용자가 일방적으로 근로조건의 효력을 갖는 취업규칙을 개정하였다면 이로 인하여 발생한 분쟁상태도 전체적으로 보아 노동쟁의, 근로조건의 결정에 관한 주장의 불일치로 인하여 발생한 분쟁상태에 해당한다고 봄이 타당하다.

다) 참가인은, '이 사건 쟁의행위가 노사 당사자간에 임금 등 근로조건의 결정에 관한 주장의 불일치로 인하여 발생하였으므로 그 목적이 정당하고 절차적 정당성도 인정된다고 보아 참가인이 이 사건 쟁의행위를 한 것을 이유로 하여 근로자들을 징계한 것은 노동조합법 제81조 제1호에 따른 부당노동행위에 해당한다.'는 중앙노동위원회의 재심판정을 사실상 받아들이면서 그 취소를 구한 행정소송을 취하하였다. 노동조합법 제82조 이하의 구제절차에 따른 구제명령은 사용자에게 이에 복종하여야 할 공법상의 의무를 부담시킬 뿐 직접 노사간의 사법상의 법률관계를 발생 또는 변경시키는 것은 아니지만(대법원 2010. 7. 22. 선고 2010두5479 판결 등 참조), 참가인이 그 구제명령을 받아들이기로 한 사정을 함께 고려할 때, 위 재심판정은 증거자료로서 상당한 수준의 증명력을 갖는다고 봄이 옳다.

2) 그러나 이 사건 쟁의행위가 적법하였다고 보더라도, 다음과 같은 이유로 국방부장관이나 그 담당공무원이 이 사건 군 인력 지원결정을 한 행위가 공무원의 직무상 불법행위에 해당하여 국가배상법 제2조 제1항에 규정된 국가배상책임이 성립하지는 않는다고 판단된다.

가) 공무원의 행위로 인한 배상책임을 인정하기 위하여는 "공무원이 그 직무를 집행함에 당하여 고의 또는 과실로 법령에 위반하여 타인에게 손해를 가한 때"라고 하는 국가배상법 제2조 제1항의 요건이 충족되어야 한다. 여기서 '법령에 위반하여'란 엄격하게 형식적 의미의 법령에 명시적으로 공무원의 작위 또는 부작위의무가 정하여져 있음에도 이를 위반하는 경우만을 의미하는 것은 아니고, 인권존중·권력남용금지·신의성실과 같이 공무원으로서 마땅히 지켜야 할 준칙이나 규범을 지키지 아니하고 위반한 경우를 포함하여 널리 그 행위가 객관적인 정당성을 결여하고 있는 경우도 포함한다(대법원 2015. 8. 19. 선고 2013다210091 판결 등 참조).

그리고 공무원의 어느 행위가 후에 법적 근거가 없음이 밝혀졌다고 하더라도 그것만으로는 그 행위가 공무원의 고의나 과실에 의한 불법행위라고 단정할 수는 없고, 그러한 행위가 보통 일반의 공무원을 표준으로 하여 볼 때 담당공무원이 객관적 주의의무를 소홀히 함으로써 객관적 정당성을 상실하였다고 볼 수 있어야만 공무원의 과실에 의한 불법행위가 성립한다. 여기에서 그 행위가 객관적 정당성을 상실하였는지 여부는 그 행위의 태양과 목적, 피해자의 관여 여부 및 관여의 정도, 침해된 이익의 종류와 손해의 정도, 손해의 전보책임을 국가 또는 지방자치단체가 부담할 만한 실질적 이유가 있는지 여부 등 여러 사정을 종합하여 합리적으로 판단하여야 한다.

나) 앞서 채택한 증거(생략)에 의하여 알 수 있는 다음과 같은 여러 사정을 위 법리에 비추어 보면, 국방부장관이나 담당공무원의 이 사건 군 인력 지원결정과 이에 따른 인력지원이 보통 일반의 공무원을 표준으로 하여 볼 때 객관적 주의의무를 소홀히 함으로써 객관적 정당성을 상실하였다고 보기는 어렵다.

① 이 사건 군 인력 지원결정에 따라 지원된 군 인력 447명은 기관사 147명, 전철차장 300명으로 구성되어 있는데, 국방부장관 등은 다음 표(생략) 기재와 같이 이 사건 쟁의행위로 인하여 열차 운행률 및 일일 수송량이 현저히 떨어져 국민 불편이 가중되고 안전사고가 발생할 우려가 있다고 예측됨에 따라 이 사건 군 인력 지원결정을 하게 된 것이었다. 이와 같은 목적의 인력지원은 그 성질상 원고의 단체행동권 행사의 실효성을 사실상 제약하는 결과가 수반될 수밖에 없는 측면이 있다.

② 앞서 본 것처럼 노동조합법 제43조에 따르면, 사용자는 쟁의행위 기간 중 그 쟁의행위로 중단된 업무의 수행을 위하여 당해 사업과 관계없는 자를 채용 또는 대체할 수 없고(제1항), 그 쟁의행위로 중단된 업무를 도급 또는 하도급 줄 수도 없다(제2항). 그러나 이러한 규정은 참가인과 같은 필수공익사업의 사용자가 쟁의행위 기간 중에 한하여 당해 사업 또는 사업장 파업참가자의 100분의 50을 초과하지 않는 범위 안에서 당해 사업과 관계없는 자를 채용 또는 대체하거나 그 업무를 도급 또는 하도급 주는 경우에는 적용하지 아니한다(제3, 4항). 이와 같이 노동조합법은 필수공익사업의 경우에는 일정한 제한 아래 당해 사업과 관계없는 자를 채용 또는 대체하여 쟁의행위로 중단된 업무를 수행할 수 있도록 허용하고 있다. 그리고 이 사건 군 인력 지원결정에 따른 인력 대체로 인해 '당해 사업 또는 사업장 파업참가자의 100분의 50을 초과하지 않는 범위 안에서'라는 제한 규정을 위반하였음을 인정할 아무런 자료가 없다. 따라서 이 사건 군 인력 지원결정에 의하여 이루어진 인력지원 그 자체는 헌법상 단체행동권을 구체화한 노동조합법에 의하여 금지되는 행위가 아니라 오히려 노동조합법 제43조 제3, 4항에 의하여 적극적으로 허용되는 행위라고 볼 수밖에 없다.

③ 행정청이 관계 법령의 해석이 확립되기 전에 어느 한 견해를 취하여 업무를 처리한 것이 결과적으로 위법하게 되어 그 법령의 부당 집행이라는 결과를 빚었다고 하더라도 행위 당시 그와 같은 처리 방법 이상의 것을 성실한 평균적 공무원에게 기

대하기 어려웠던 경우라면 특단의 사정이 없는 한 이를 두고 공무원의 과실로 인한 것이라고는 할 수 없다(대법원 1999. 9. 17. 선고 96다53413 판결 등 참조). 앞서 본 것처럼 재난안전법 제15조의2, 철도산업법 제36조가 이 사건 군 인력 지원결정의 법적 근거가 될 수는 없다. 그러나 위 각 법조항에서 사용하고 있는 '사회재난'이나 '비상사태'와 같은 불확정 개념은 그 의미를 해석하고 적용하는 과정이 필요한데, 현재까지는 이 부분에 관하여 대법원의 판단으로 그 의미에 관한 해석이 확립되고 그 확립된 해석의 내용을 충분히 인식할 수 있게 된 상태에 이르렀다는 점을 인정할 아무런 자료가 없으므로, 국방부장관 등의 이 사건 군 인력 지원결정이 공무원의 과실로 인한 것이라고 평가하기는 어렵다.

④ 그 밖에 원고가 이 사건 군 인력 지원결정 등으로 인하여 침해된 권리나 이익을 단체행동권이라고 주장하면서도 배상을 구하는 손해의 종류를 정신적 손해로 인한 위자료만을 들고 있고, 이 사건 쟁의행위 이후에 원고와 참가인이 합의하여 서로 손해배상책임을 묻지 않기로 하였다고 보이는 점에 비추어 그 과정에서 이루어진 이 사건 군 인력 지원결정 등을 지목하여 피고에게만 손해의 전보책임을 별도로 부담시켜야 할 실질적 이유가 있는지도 분명하지 않다.

다. 소결

따라서 피고 소속 공무원의 이 사건 군 인력 지원결정 및 그로 인한 인력지원 행위로 인하여 국가배상법 제2조 제1항에 규정된 국가배상책임이 성립한다는 점을 전제로 한 원고의 주장은 이유 없다.

4. 결론

그렇다면 원고의 주장은 이유 없으므로 이를 기각한다.

요약정리 [사안의 쟁점과 판결의 요지]

서울중앙지방법원 2019. 3. 26. 선고 2017가단5169927 판결 [손해배상(국)]

이 사안의 쟁점은 **철도파업에 대응하기 위한 정부 차원의 대책으로 국방부장관이 군 인력을 투입한 것이 공무원의 직무상 불법행위에 해당하여 국가배상법 제2조 제1항에 규정된 국가배상책임이 성립하는지 여부**였다.

서울중앙지방법원 2019. 3. 26. 선고 2017가단5169927 판결은 ① 이 사건 쟁의행위가 노동조합법 제42조의2에 따른 필수유지업무를 준수한 상태에서 진행된 이상, 달리 특별한 사정이 없는 한 이 사건 쟁의행위로 인하여 발생한 철도 수송기능의 일부 정지 또는 제한 상태가 재난안전법 제3조 제1호의 국가기반체계의 마비 등 사회재난이나 철도산업법 제36조의 비상사태에 해당한다고 볼 수는 없으므로 재난안전법 제15조의2, 철도산업법 제36조는 국방부장관의 이 사건 군 인력 지원결정의 정당한 법적 근거가 되지 못하지만, ② 위 각 법조항에서 사용하고 있는 '사회재난'이나 '비상사태'와 같은 불확정 개념은 그 의미를 해석하고 적용하는 과정이 필요한데, 현재까지는 이 부분에 관하여 대법원의 판단으로 그 의미에 관한 해석이 확립되고 그 확립된 해석의 내용을 충분히 인식할 수 있게 된 상태에 이르렀다는 점을 인정하기 어려워 국방부장관의 이 사건 군 인력 지원결정이 '공무원의 과실'로 인한 것이라고 평가하기는 어렵다는 이유로, 국방부장관의 이 사건 군 인력 지원결정 및 그로 인한 인력지원 행위로 인하여 국가배상법 제2조 제1항에 규정된 국가배상책임이 성립하지 않는다고 판시하였다.

판례 6

국방부장관이 노암 촘스키의 〈미국이 진정으로 원하는 것〉, 장하준의 〈나쁜 사마리아인들〉을 포함한 총 23종의 서적들을 불온도서로 지정하여 군부대 내에 반입을 차단하라는 취지의 지시공문을 하달한 사안에서, 구 군인복무규율이 규정하는 불온도서에 해당하지 않는 서적들까지 일괄하여 '불온도서'로 지정한 조치가 위법한지 여부

서울고등법원 2019. 12. 19. 선고 2018나10625 판결 [손해배상]

I. 사안의 개요 [기초사실 및 사건의 경과]

1. 기초 사실

이 사건 당시의 구 군인복무규율 제16조의2(불온표현물 소지·전파 등의 금지)는 "군인은 불온유인물·도서·도화 기타 표현물을 제작·복사·소지·운반·전파 또는 취득하여서는 아니 되며, 이를 취득한 때에는 즉시 신고하여야 한다."고 규정하고 있었고, 현행 군인의 지위 및 복무에 관한 기본법 제32조도 '불온표현물 소지·전파 등의 금지'라는 제목으로 "군인은 불온 유인물·도서·도화, 그 밖의 표현물을 제작·복사·소지·운반·전파 또는 취득하여서는 아니 되며, 이를 취득한 때에는 즉시 상관 또는 수사기관 등에 신고하여야 한다."고 규정하고 있다.

국방부장관은 2008. 7. ○. 이 사건 원고들이 저작하거나 출판한 이 사건 서적들을 포함한 총 23종의 서적들[4]을 불온도서로 지정한 다음 각 군 참모총장 및 직할 부

4) 현기영 저, <지상에 숟가락 하나(출판인: 주식회사 실천문학)>, 허영철 저, <역사는 한 번도 나를 비껴가지 않았다(출판인: 주식회사 도서출판보리)>, 김진숙 저, <소금꽃나무(출판인: 하마니타스 주식회사)>, 한홍구 저, <대한민국 1, 2, 3, 4권(출판인: 한겨레출판사)>, 최한욱 저, <핵과 한반도(출판사: 육일오(615))>, 최한욱, 곽동기(필명: 전영호) 공저, <북한의 미사일전략(출판사: 육일오(615))>, 곽동기(필명: 전영호) 저, <북한의 경제발전 전략(출판사: 육일오(615))>, 박준성 등 공저, <왜 80이 20에게 지배당하는가(출판사: 철수와 영희)>, 노암 촘스키 저, <501년 정복은 계속된다(출판사: 도서출판 이후)>, 권정생 저, <우리들의 하느님(출판사: 녹색평론사)>, 조성오 저, <우리역사이야기 1, 2, 3권(출판사: 도서출판 돌베개)>, 주강현 저, <북한의 우리식 문화(출판사: 도서출판 당대)>, 주한미군범죄근절운동본부 저, <미군범죄와 한미 SOFA(출판사: 도서출판 두리미디어)>, 장하준 저, <나쁜 사마리아인들(출판사: 부키)>, 김남주 저, <꽃 속에 피가 흐른다(출판사: 창작과 비평사)>, 강대석 저, <김남주 평전(출판사: 한얼미디어)>, 전상봉 저, <통일, 우리 민족의 마지막 블루오션(출판사: 시대의 창)>, 한스 피터 마르틴 저, <세계화의 덫(출판사: 영림카디널)>, 손문상 저, <삼성왕국의 게일라들(출판사: 프레시안북)>, 노암 촘스키 저, <미국이 진정으로 원하는 것(출판사: 한울)>, 21세

대장에게 군부대 내에 반입을 차단하라는 취지의 지시 공문을 하달하고, 육군참모총장 등은 예하 부대의 지휘관들에게 같은 내용의 지시 공문을 하달하였다.

그런데 국방부장관이 불온도서로 지정한 서적들 중에는 정부기관, 대표적인 학술단체, 언론기관 등으로부터 우수·추천도서로 선정되어 권장도서 목록에 포함되거나 국가예산의 지원을 통하여 공공도서관에 비치된 양질의 도서들이 포함되어 있었다. 결국 국방부장관에 의해 불온도서로 지정된 이 사건 서적들의 출판사, 출판업자 또는 저자 혹은 공동저자들인 원고들은 법원에 국방부장관의 위법한 행위로 원고들이 입은 정신적 고통에 대한 손해배상으로서 위자료와 원고들의 명예회복을 위하여 이 사건 판결결과에 대한 신문광고 게재 및 국방부장관이 신문광고 게재의무를 위반할 경우의 이행강제금의 지급을 청구하였다.

2. 참고 사실

한편 일부 군법무관들은 국방부장관의 위 지시가 자신들의 표현의 자유와 학문의 자유 등을 침해하고, 나아가 위 지시의 근거가 된 군인사법 제47조의2, 군인복무규율 제16조의2의 경우 헌법상의 포괄위임금지 원칙 및 명확성의 원칙에 위배된다는 이유로 2008. 10. 22. 헌법재판소에 헌법소원심판을 청구하였고(2008헌마638호 군인사법 제47조의2 위헌확인 등), 헌법재판소는 2010. 10. 28. 군인사법 제47조의2의 경우 기본권 침해에 관하여 아무런 규율도 하지 아니한 채 이를 대통령령에 위임하고 있으므로 그 내용이 국민의 권리관계를 직접 규율하는 것이라고 보기 어렵고, 나아가 국방부장관 등의 위 지시 역시 그 지시를 받은 하급 부대장이 일반 장병을 대상으로 하여 그에 따른 구체적인 집행행위를 함으로써 비로소 청구인들을 비롯한 일반 장병들의 기본권제한의 효과가 발생한다 할 것이어서 직접적인 공권력의 행사라고 볼 수 없다는 이유로, 위 법률조항 및 지시는 기본권 침해의 직접성이 인정되지 아니한다고 보아 이 부분 청구를 각하함과 아울러, 군인복무규율 제16조의2의 경우 명확성의 원칙, 과잉금지원칙 및 법률유보원칙에 위배되지 아니하여 청구인들의 기본권을 침해하지 아니한다는 이유로 이 부분 청구를 기각하였다.

또한 헌법소원심판을 청구한 법무관들은 2009. 3. 18. 지휘계통을 통한 건의 절차를 거치지 않고 이 사건 지시에 대한 헌법소원심판을 청구하여 군 기강을 문란케

기 코리아 연구소 저, <21세기 철학이야기(출판사: 코리아미디어)>, 백남룡 저, <벗(출판사: 살림터)>, 허문길 저, <대학시절(출판사: 개마고원)>

하였다는 등의 사유로 징계처분을 받았고, 그중 헌법소원 제기에 주도적 역할을 한 법무관 J는 파면처분을 받고 제적 및 보충역편입이 되었는데, 이들이 2009. 4. 15. 제기한 징계처분 취소소송에서 법무관 J에 대한 파면처분이 재량권 일탈·남용의 위법이 있다는 이유로 취소되었고(서울행정법원 2009구합14781 판결), 항소심에서도 법무관 J가 승소하였다(서울고등법원 2010누15614 판결). 이에 피고 육군참모총장은 2011. 10. 20. 법무관 J에게 동일한 징계사유로 정직 1월의 징계처분을 하였고, 피고 국방부장관은 2012. 1. 18. 법무관 J에 대하여 군인사법 제37조 제1항 제4호에 따라 현역복무부적합자 조사를 거쳐 '본인의 의사에 따르지 아니한 전역'을 명하는 처분을 하였다.

법무관 J가 제기한 행정소송의 **원심(서울고등법원 2012. 11. 6. 선고 2012누20658 판결)**은 ① 군인은 상관의 지시나 명령이 있는 경우 이에 대하여 다른 의견이 있다 하더라도 지휘계통을 통하여 상관에게 이를 건의하여야 하고 그러한 지휘계통을 통하지 아니하고 군 외부에 그 해결을 요청하는 것은 특별한 사정이 없는 한 금지되어 있다고 봄이 상당함에도 불구하고, 법무관 J 등이 헌법소원심판 청구를 하기에 앞서 이 사건 지시의 위헌성에 관하여 상관에게 건의를 하여 그에 대한 논의와 시정이 이루어질 수 있도록 진지한 노력을 기울이지 않고 곧바로 군 외부 기관인 헌법재판소에 이 사건 헌법소원심판을 청구한 것은 군인복무규율 제4조, 제24조 제1항 위반에 해당하며(첫번째 징계사유), ② 법무관 J 등이 공동으로 이 사건 헌법소원심판을 청구한 것은 군인으로서 군복무에 관한 기강을 저해하는 특정 목적을 위한 다수인의 행위로서 '군무 외의 일을 위한 집단행위'를 금지하는 군인복무규율 제13조 제1항 위반에 해당하고(두번째 징계사유), ③ 법무관 J는 피고 국방부장관의 허가를 받지 않고, 헌법소원 청구를 위하여 선임한 소송대리인으로 하여금 이 사건 헌법소원과 관련한 언론 인터뷰를 하도록 하여 군에 대한 일반 국민의 신뢰를 손상시켰는데, 이는 군인이 국방 및 군사에 관한 사항을 군 외부에 발표하거나, 군을 대표하여 또는 군인의 신분으로 대외활동을 하고자 할 때에는 국방부장관의 허가를 받아야 한다는 군인복무규율 제17조와 구 국방홍보훈령 제22조 위반 및 군인의 품위유지의무를 규정한 군인복무규율 제9조 위반에 해당하므로(세번째 징계사유), 법무관 J에 대한 이 사건 징계처분과 이를 전제로 한 전역처분이 모두 적법하다고 판단하였다.

그러나 **대법원 2018. 3. 22. 선고 2012두26401 전원합의체 판결**은 ① 군인이 상관의 지시나 명령에 대하여 재판청구권을 행사하는 경우에 그것이 위법·위헌인 지시와 명령을 시정하려는 데 목적이 있을 뿐, 군 내부의 상명하복관계를 파괴하고 명령불복종 수단으로서 재판청구권의 외형만을 빌리거나 그 밖에 다른 불순한 의도가 있지 않다면, 정당한 기본권의 행사이므로 군인의 복종의무를 위반하였다고 볼 수 없고, ② 구 군인사법의 위임에 따라 제정된 구 군인복무규율에서 규정하고 있는 건의 제도를 군인의 재판청구권 행사에 앞서 반드시 거쳐야 하는 군 내 사전절차로서의 의미를 갖는다고 보기 어려우며, ③ 군인으로서 허용된 권리행사를 함부로 집단행위에 해당하는 것이라고 단정하여서는 아니 된다는 이유로 원심판결을 파기하고 사건을 서울고등법원으로 환송하였다.

3. 사건의 경과

이 사안의 쟁점은 **국방부장관이 노암 촘스키의 〈미국이 진정으로 원하는 것〉, 장하준의 〈나쁜 사마리아인들〉을 포함한 총 23종의 서적들을 불온도서로 지정하여 군부대 내에 반입을 차단하라는 취지의 지시공문을 하달한 사안에서, 구 군인복무규율이 규정하는 불온도서에 해당하지 않는 서적들까지 일괄하여 '불온도서'로 지정한 조치가 위법한지 여부**였다.

원심(서울고등법원 2013. 5. 3. 선고 2012나56520 판결)은 이 사건 서적들을 불온도서로 지정하여 군부대 내에 반입하지 못하도록 한 국방부장관 등의 이 사건 지시가 비례의 원칙을 위반하여 원고들의 언론·출판의 자유, 학문의 자유, 양심의 자유, 저작물의 배포권 등을 과도하게 제한하였거나 그 본질적인 내용을 침해하였다고 볼 수 없다는 이유로, 원고들의 청구를 기각한 **1심판결(서울중앙지방법원 2012. 5. 31. 선고 2008가합104890 판결)**을 유지하여 원고의 항소를 기각하였다.

그러나 **대법원 2018. 10. 25. 선고 2013다44720 판결**은 ① 국방부장관이 불온도서로 지정한 서적들 중에는 정부기관, 대표적인 학술단체, 언론기관 등으로부터 우수·추천도서로 선정되어 권장도서 목록에 포함되거나 국가예산의 지원을 통하여 공공도서관에 비치된 양질의 도서들이 다수 포함되어 있으므로, ② 원심이 이 사건 서적들 중 '국가의 존립·안전이나 자유민주주의체제를 해하거나, 반국가단체를 이롭게 할 내용으로서, 군인의 정신전력을 심각하게 저해하는 도서'라는 의미의 '불온도서'에 해당하지 않는 서적이 있는지, 불온도서라고 지정됨으로써 작가 또는 출판사로서 원고들의 외적 명예가 침해되었는지 등의 사정을 심리한 다음 이 사건 지시가 객관적인 정당성을 결여함으로써 법령을 위반한 공무원의 불법행위에 해당하여 그로 인한 국가배상책임이 성립하는지를 가려보았어야 한다는 이유로, 원심의 판단에는 비례의 원칙을 위반하여 기본권을 침해한 국가작용으로 인한 국가배상책임의 성립에 관한 법리를 오해하여 필요한 심리를 다하지 아니함으로써 판결에 영향을 미친 잘못이 있다고 판시하며, 원심판결을 파기하고 사건을 다시 심리·판단하도록 원심법원에 환송하였다.

파기환송심(서울고등법원 2019. 12. 19. 선고 2018나10625 판결)은 ① BL 등 3권[5]의 경우에는, 비록 이 사건 지시 이후의 사정이기는 하지만 위 각 도서가 이적표현물에 해당한다는 판결이 확정되기까지 한 점에 비추어 보면, 국방부장관이 위 도서들이 현역 장병의 정신전력에 방해가 될 수 있다고 판단하고, 군인복무규율 제16조의2 등을 근거로 이를 불온도서로 분류한 행위는 관련 법령에 따라 국방부장관의 직무권한 범위 내에서 이루어진 것으로 볼 수 있으므로, 이 사건 지시 중 위 도서들에 대한 부분을 들어 객관적인 정당성을 결여한 위법한 행위라고 할 수는 없으나, ② 이 사건 나머지 서적들에 관하여 보면, 국방부장관은 이 사건 지시를 통해 나머지 서적들까지 '불온서적'으로 지정함으로써 위 도서들의 저자 내지 출판자업들이 국가의 존립·안전이나 자유민주주의체제를 해하거나, 반국가단체를 이롭게 하는 글을 쓰거나 출판한 자들임을 드러낸 것으로 볼 수 있고, 이는 대상의 사회적 평가를 저하시킬 만한 내용이므로, 이 사건 지시 중 위 나머지 서적들에 대한 부분은 그 저자 내지 출판업자들의 외적 명예를 침해한 위법한 행위로 볼 수 있고, 나아가 국방부장관이 이 사건 지시를 함에 있어서 이 사건 나머지 서적들이 국군의 정신전력을 해칠만한 내용을 담고 있는지에 관하여 충분히 심사하였음을 인정할 자료가 없는 이상 위 행위의 위법성이 조각된다고 볼 수도 없으므로, ③ 이 사건 지시 중 BL 등 3권을 제외한 나머지 서적들에 관한 부분은 해당 도서의 저자나 출판업자들의 표현의 자유 등을 침해하고, 나아가 이들의 명예를 훼손하였다고 할 것이므로, 피고는 객관적인 정당성을 결여한 이 사건 지시로 말미암아 위 저자 내지 출판업자들인 원고들이 입은 정신적 고통을 위자할 의무가 있고, ④ 원고들은 명예회복을 위한 적당한 조치로서 피고에게 별지 1 기재(생략)와 같은 광고를 게재할 것과 함께 이를 이행하지 않을 경우 각 지연일수 1일 당 500,000원의 비율로 계산한 돈을 지급할 것을 구하고 있으나, 이 사건 지시가 내려진 때로부터 이미 10년 이상 경과하였고, 이 사건 지시가 더 이상 효력을 갖

5) 615출판사에서 출간한 <핵과 한반도>, <북한의 미사일 전략>, <북한의 경제발전 전략>

지도 않는 점, 피고가 국가인권위원회의 권고 등을 받아들여 이 사건 지시의 근거 법령을 개정하는 등 자정 노력을 계속해 온 점, 이 법원이 피고에게 위자료 지급을 명함으로써 원고들의 명예가 어느 정도 회복될 것으로 보이는 점, 이 사건 지시로부터 이미 상당한 시간이 흐르면서 일반 국민의 인식과 국가안보를 둘러싼 환경의 변화에 따라 불온서적에 관한 논의가 폭넓고 충분하게 진행되고 있다고 보이는 점 등을 종합적으로 고려하여 이 부분 청구는 기각하였다.

II. 판결 읽어보기 [판결 중요부분 발췌(요약)] : 서울고등법원 2019. 12. 19. 선고 2018나10625 판결

1. 기초사실

가. 원고 주식회사 B, C 주식회사, D 주식회사는 도서 출판업 등을 목적으로 하는 회사로서 별지 2(생략)의 각 해당 '출판서적 제목'란 기재 서적을 출판하였다. 원고 E, F, H, J은 별지 2(생략)의 각 해당 '출판사 상호'란 기재 명칭의 상호로 도서 출판업을 경영하는 자영업자로서 각 해당 '출판서적 제목'란 기재 서적을 출판하였다. 원고 M, N, O, P, Q, R, S, T, U, V는 별지 2의 각 해당 '출판서적 제목'란 기재 서적들의 저자 혹은 공동저자들이다(별지 2 기재 서적들을 통틀어 이하 '이 사건 서적들'이라 한다).

나. 국방부장관은 2008. 7. ○. 국군기무사령부로부터 AB단체(이하 'AB단체'이라 한다)이 군 장병들에 대한 반정부·반미 의식화 사업을 강화하기 위하여 현역 장병에게 교양도서 23종을 보내는 운동을 추진한다는 내용의 정보를 보고받았다. 국방부장관은 이미 대법원에서 이적단체라고 판단한 AB단체가 현역 장병에게 도서 보내기 운동을 벌이는 것은 국군의 정신전력을 해칠 위험이 있다고 판단하고 이를 차단하기 위하여, 2008. 7. 22. 구 군인사법(2011. 5. 24. 법률 제10703호로 개정되기 전의 것, 이하 '군인사법'이라 한다) 제47조의2, 구 군인복무규율(2016. 6. 28. 대통령령 제27263호로 폐지, 이하 '군인복무규율'이라 한다) 제16조의2 등에 근거하여 이 사건 서적들이 포함된 별지 3(생략)의 불온서적 목록 기재 서적들 총 23종을 불온도서로 지정한 후 국방부장관의 지휘를 받는 각 군 참모총장에게 위 불온도서의 반입을 차단하라는 취지의 별지 3(생략) 기재 '군내 불온서적 차단대책 강구(지시)' 공문을 하달하였다. 그리고 이를 받은 각 군 참모총장은 국방부장관의 위 지시 내용과 같은 내용의 지시 공문을 예하 부대

의 지휘관들에게 하달하였다(국방부장관과 각 군 참모총장을 이하 '국방부장관 등'이라 하고, 국방부장관과 각 군 참모총장이 하달한 위 각 지시를 통틀어 이하 '이 사건 지시'라 한다).

2. 원고들 주장의 요지

국방부장관 등은 이 사건 지시에 의하여 이 사건 서적들을 저작하거나 출판한 원고들의 언론·출판의 자유, 학문의 자유, 양심의 자유, 저작물의 배포권 등 헌법상의 기본권 또는 법률로 보호받는 권리를 과도하게 제한하거나 그 본질적인 내용을 침해하였고(더구나 이 사건 지시는 헌법이 금지하는 검열에 해당하므로 그 자체로 위헌이다), 아울러 국방부장관 등이 이 사건 지시를 통하여 이 사건 서적들을 이른바 '불온도서'로 명명한 것은 원고들에 대한 명예훼손 또는 모욕에 해당한다. 따라서 피고는 국가배상법 제2조 제1항에 따라 공무원인 국방부장관 등의 위와 같은 불법행위로 인하여 원고들이 입은 손해를 배상하고, 국가배상법 제8조, 민법 제764조에 따라 원고들의 명예회복을 위한 적당한 조치로서 별지 1 기재(생략)와 같은 광고를 게재할 의무가 있다.

3. 국가배상 책임의 성립 요건

국가배상법 제2조 제1항에 의한 국가배상 책임은 "공무원이 직무를 집행하면서 고의 또는 과실로 법령을 위반하여 타인에게 손해를 입힌 때"에 인정되고, 여기서 법령 위반이라 함은 엄격한 의미의 법령위반뿐만 아니라 인권존중, 권력남용금지, 신의성실, 공서양속 등의 위반도 포함하여 널리 그 행위가 객관적인 정당성을 결여하고 있음을 의미하는 것이므로(대법원 2002. 5. 17. 선고 2000다22607 판결, 대법원 2012. 7. 26. 선고 2010다95666 판결 등 참조), 공무원이 고의 또는 과실로 헌법에서 보장하는 국민의 기본권이나 법률로 보장되는 사인의 권리를 침해하여 손해를 발생시킨 경우 국가 또는 지방자치단체는 공무원의 그러한 위법행위로 피해를 본 자에 대하여 그 손해를 배상하여야 한다.

4. 이 사건 지시의 내용과 불온도서의 개념

가. 이 사건 지시의 내용

이 사건 지시는 이 사건 서적들을 포함한 23종의 서적들을 각각 '북한찬양', '반정부, 반미', '반자본주의'로 유형화하여 군인복무규율 제16조의2 소정의 불온도서로 규정하면서, 구체적으로는 장병들의 정신교육, 불온서적 반입 여부 일제점검, 개인별 부대 반입 통제 등을 통하여 위 서적들이 군부대로 반입되지 않게 차단하도록 하고 있다.

나. 이 사건 지시의 근거

이 사건 지시는 군인이 불온도서를 소지하는 행위 등을 금지한 군인복무규율 제16조의2를 그 근거로 명시하고 있는데 구체적인 내용은 아래와 같다.

다. 불온도서의 개념

'불온'이란 개념은 사전적으로 '사상이나 태도 따위가 통치 권력이나 체제에 순응하지 않고 맞서는 성질'이라는 의미로서 그 자체만으로는 구체적이고 객관적인 의미를 표방하고 있다고 보기 어려운 측면이 있다.

그러나 이 사건 지시가 불온도서의 군부대내 반입을 금지하는 근거로서 군인복무규율 제16조의2를 명시하고 있고, 군인사법 제47조의2에 따라 군인의 복무 기타 병영 생활에 관한 기본사항을 규정하기 위하여 제정된 군인복무규율은 국가를 방위하고 자유민주주의를 수호하며 조국의 통일에 이바지함을 국군의 이념으로 하고(제4조 제1호), 대한민국의 자유와 독립을 보전하고 국토를 방위하며 국민의 생명과 재산을 보호하고 나아가 국제평화의 유지에 이바지함을 국군의 사명으로 규정하고 있는 점(제2호) 등을 종합하여 볼 때, 이 사건 지시에서 말하는 불온도서는 '국가의 존립·안전이나 자유민주주의 체제를 해하거나, 반국가단체를 이롭게 할 내용으로서, 군인의 정신전력을 심각하게 저해하는 도서'를 의미하는 것으로 해석할 수 있다(헌법재판소 2010. 10. 28. 선고 2008헌마638 결정 참조).

5. 원고들의 기본권 침해 여부

가. 이 사건 지시가 헌법이 금지하는 검열에 해당하는지

1) 헌법 제21조 제2항은 "언론·출판에 대한 허가나 검열과 집회·결사의 자유에 대한 허가는 인정되지 아니한다."라고 하여 검열금지의 원칙을 명시하고 있다. 헌법 제21조 제2항의 검열은 원칙적으로 행정권이 주체가 되어 사상이나 의견 등이 발표되기 이전에 예방적 조치로서 그 내용을 심사, 선별하여 발표를 사전에 억제하는, 즉 허가받지 아니한 것의 발표를 금지하는 제도를 뜻하는 것이고, 일반적으로 허가를 받기 위한 표현물의 제출의무, 행정권이 주체가 된 사전심사절차, 허가를 받지 아니한 의사 표현의 금지 및 심사절차를 관철할 수 있는 강제수단 등의 요건을 갖춘 경우에 해당하면 이를 헌법 제21조 제2항에서 금지되는 검열에 해당한다고 볼 수 있다[헌법재판소 1996. 10. 4. 선고 93헌가13, 91헌바10(병합) 결정 등 참조].

그러나 사전검열뿐만 아니라 사후검열이라 하더라도 그것이 사실상 사전검열과 같은 효과를 나타낼 경우에는 그와 같은 사후검열도 헌법 제21조 제2항에 의하여 금지되는 것으로 보아야 한다.

2) 이 사건에서 국방부장관은 이 사건 지시를 통하여 전투력을 저해할 우려가 있는 서적들을 불온도서로 지정하고 그 서적들을 군부대로 반입하거나, 군부대 내에서 소지하거나 읽는 것을 금지하였으므로, 이 사건 지시는 사상이나 의견 등을 그 내용을 기준으로 심사·선별한 행정권의 조치에 해당한다고 할 수 있다. 그러나 이 사건 지시에도 불구하고 원고들이 이 사건 서적들을 출판하여 군부대 밖에서 유통하는 데에는 아무런 제약이 없기 때문에 이 사건 지시로 인하여 사상이나 의견 등을 발표하는 행위가 일반적으로 금지된다고 볼 수는 없다.

국방부장관 등의 위와 같은 행위는 사실상으로 또는 간접적으로 이 사건 서적들을 저작하거나 출판한 원고들의 표현의 자유를 제한하는 효과가 있다. 설령 그렇더라도 이 사건 지시는 현역 장병의 정신전력을 강화한다는 목적으로 군부대라는 특수한 성격을 가지는 장소에서 사상이나 의견 등의 발표 또는 전파를 제한하는 경우로서, 표현행위자인 원고들이나 표현행위의 상대방 중 영내 생활을 하는 현역 장병이 아닌 일반 국민들을 구속하는 규범력을 가지고 있지 아니한 점을 고려할 때, 학교 또는 도서관 등 일반 국민들이 이용하는 공공장소에서 사상이나 의견 등의 발표 또는 전파를 제한하는 경우와는 달리 원고들의 사상이나 의견 등의 발표가 일반적으로 억제되는 사실상의 효과, 즉 사전검열과 같은 효과가 있다고 인정되지 아니한다.

3) 그렇다면 이 사건 지시가 헌법 제21조 제2항에서 금지하고 있는 검열에 해당한다고 볼 수 없으므로, 원고들의 이 부분 주장은 이유 없다.

나. 이 사건 지시가 원고들의 언론·출판의 자유, 학문의 자유, 양심의 자유, 저작물의 배포권 등을 침해하는지

1) 기본권 제한 여부

가) 헌법 제21조 제1항은 "모든 국민은 언론·출판의 자유와 집회·결사의 자유를 가진다."라고 규정하고 있고, 사상이나 의견을 표명하고 전달할 자유는 언론·출판의 자유의 기본적인 내용이다. 언론·출판의 자유는 집회·결사의 자유와 함께 개인의 인격의 자유로운 형성과 전개의 필수적인 전제가 되고, 민주주의 존립과 발전의 기초가 되며, 진리의 추구 및 사회 안정과 변화 사이의 균형을 도모하는 역할과 기능이 있으므로 다른 자유권에 비하여 우월적 지위를 보장받고 있다. 따라서 언론·출판의 영역에서 국가는 단순히 어떤 표현의 내용이 가치가 없다거나 유해하다는 주장만으

로 그 표현에 대한 규제를 정당화시킬 수는 없고, 대립되는 다양한 의견과 사상의 경쟁메커니즘에 의하더라도 그 표현의 해악이 처음부터 전혀 해소될 수 없는 성질의 것이거나 또는 다른 사상이나 표현을 기다려 해소되기에는 너무나 심대한 해악을 지닌 표현인 경우에 언론·출판의 자유에 의한 보장을 받을 수 없고 국가에 의한 내용규제가 허용되는 것이다. 또한, 민주사회에서 표현의 자유가 수행하는 역할과 기능에 비추어 볼 때, 공권력 작용의 직접적인 대상이 표현행위 그 자체가 아니고 표현행위를 한 자에 대하여 형사처벌 등 법적 제재가 수반되지 않더라도, 만일 해당 공권력의 행사가 사실상 표현의 자유를 위축시켜 상대방으로 하여금 스스로 표현행위를 자제하게 만든다면, 그러한 공권력 작용은 그 정도에 따라 표현의 자유를 제한하는 것이라고 볼 수 있다.

그리고 헌법 제22조 제1항은 "모든 국민은 학문과 예술의 자유를 가진다."라고 규정하고 있으며, 학문의 자유는 진리를 탐구하는 자유를 의미하지만, 단순히 진리탐구에 그치지 않고 탐구한 결과에 대한 발표의 자유를 포함한다. 한편, 헌법 제19조는 "모든 국민은 양심의 자유를 가진다."라고 규정하고 있는데, 여기의 양심이란 세계관·인생관·주의·신조 등이 포함되므로, 거기에 사상의 자유가 내포되어 있다 할 것이고, 양심의 자유는 양심 형성의 자유와 양심상 결정을 외부로 표현하고 실현할 수 있는 자유를 포함한다. 특히 학문연구결과를 발표하는 자유나 사상의 외부표현이나 전달은 학문의 결과나 양심이 외부로 표현되었다는 점에서 표현의 자유로 귀결된다고 할 수 있다. 또한, 헌법 제22조 제2항은 "저작자·발명가·과학기술자와 예술가의 권리는 법률로써 보호한다."라고 규정함으로써 저작자 등의 지적재산권을 보호대상으로 삼고 있고, 이에 따라 저작권법 제20조 본문은 "저작자는 저작물의 원본이나 그 복제물을 배포할 권리를 가진다."라고 규정하여 보호대상인 지적재산권의 일종으로서 저작물의 배포권을 규정하고 있다.

나) 이 사건 지시는 현역 장병이 이 사건 서적들을 군부대로 반입하거나, 군부대 내에서 소지·독서하는 행위를 규율할 뿐 원고들이 이 사건 서적들을 출판하거나 배포하는 행위를 직접 규율하지 않는다. 그러나 우선, 현역 장병이 이 사건 지시가 규율하는 바에 따라 이 사건 서적들을 군부대로 반입하지 않아 군부대 내에서 이 사건 서적들을 소지하거나 읽지 못함에 따라 반사적으로 이 사건 서적들의 저작자 또는 출판인인 원고들이 사상이나 의견 등을 전파할 자유 또는 이 사건 서적들을 배포할 자유도 그 범위에서 일정한 제한을 받게 됨은 부인할 수 없다.

더구나 국방부장관 등은 이 사건 서적들에 표현된 사상이나 의견 등이 현역장병들의 정신전력에 해롭다는 이유로 그러한 사상이나 의견 등이 표현된 이 사건 서적들을 군부대로 반입하는 행위 등을 금지하였는데, 이 사건 서적들에 나타난 사상이나 의견 등의 내용을 문제 삼아 이를 이유로 이 사건 서적들의 반입행위 등을 금지하는 공권력 행사는 설사 이 사건 지시의 직접적인 규율 대상이 현역 장병에 국한된다 하더라도 사실상으로 또는 간접적으로 이 사건 서적들을 저작하거나 출판한 원고들의 표현의 자유를 제약한다고 볼 수 있다. 또한 이 사건 지시는 이 사건 서적들을 저작하거나 출판한 원고들의 사상이나 의견 등이 국가의 안전을 위태롭게 하는 내용이라는 의미에서 불온한 것이라는 낙인이 찍히도록 만들거나, 원고들로 하여금 사상이나 의견 등을 발표하거나 전파하는 행위로 인하여 제재나 처벌을 받을지도 모른다는 불안감에 스스로 표현행위를 자제하게 만드는 위축효과를 가진다고 볼 수 있다.

2) 헌법 제37조 제2항 준수 여부

가) 이 사건 지시가 원고들의 언론·출판의 자유, 학문의 자유, 양심의 자유, 저작물의 배포권 등을 제한함은 위에서 인정한 바와 같으나, 위와 같은 기본권 등도 절대적인 것은 아니므로 헌법 제37조 제2항에 따라 국가안전보장, 질서유지 또는 공공복리를 위하여 필요한 경우에는 법률로써 제한할 수 있고, 다만 제한하는 경우에도 그 본질적인 내용은 침해할 수 없다. 따라서 이 사건 지시가 그와 같은 요건을 갖추었는지에 관하여 본다.

나) 비례의 원칙에 따른 심사

(1) 목적의 정당성 및 수단의 적합성

이 사건 지시는 군의 정신전력을 보존하는 것을 목적으로 하고 있고, 정신전력이 국가안전보장을 확보하는 군사력의 중요한 일부분인 점은 분명하므로, 그 목적의 정당성은 인정할 수 있다.

또한 북한과 군사적으로 대치하고 있는 우리의 국가안보상황에서, 국가안전보장과 직결되는 위치에 있는 군의 정신전력을 보호하기 위해서는 국가의 존립·안전이나 자유민주주의체제를 해하는 도서로서 군인의 정신전력을 심각하게 저해하는 불온도서에 대한 군인의 접근을 차단할 필요가 있고, 이를 위하여 해당 도서의 소지 및 취득 등을 금지하는 것은 목적 달성에 일정 부분 기여하는 수단이 될 수 있음은 부정할 수 없다.

원고들은, 이 사건 서적들은 시중에 판매되고 있어 누구나 접근 가능한 서적이므로, 군 내외 모두에서 읽는 것 자체를 금하지 아니하는 이상 단순히 불온도서로 지정하여 군내 반입을 금지하는 것만으로는 위 서적들을 읽음으로써 초래되는 영향력을 배제하는 의미가 거의 없다고 주장한다. 그러나 공권력 행사가 국민의 기본권을 침해하는지 여부를 심사하는 단계에서 수단의 적합성이란 입법목적 달성을 위하여 사용된 수단이 반드시 유일하거나 최적의 수단일 것을 요구하는 것은 아니므로 원고들의 이 부분 주장은 받아들일 수 없다.

(2) 침해의 최소성 및 법익의 균형성

이 사건 지시는 이 사건 서적들을 군부대로 반입하거나, 군부대 내에서 소지하거나 읽는 행위만을 금지하고 있을 뿐 일반 국민이나 군부대 밖의 장소에서 이 사건 서적들을 소지하거나 열람하는 행위를 금지하고 있지 아니하고, 아울러 현역 장병이 이 사건 지시에 의하여 금지되는 행위를 한 경우 그 위반자인 현역 장병만이 징계처분 등 불이익을 받게 될 뿐 이 사건 서적들을 저작하거나 출판한 원고들에게 직접적인 제재가 가해지지는 않는다. 또한 이미 출판되어 시중에서 자유롭게 유통되고 있었던 이 사건 서적들은 이 사건 지시에도 불구하고 여전히 군부대 밖에서 이를 소지하거나 취득하는 데 아무런 제한이 없으므로 이 사건 서적들이 오로지 현역 장병들을 독자층으로 삼았다는 등의 특별한 사정이 없는 한 위와 같은 기본권 또는 법률상의 권리의 제한이 필요한 범위를 넘거나 지나치게 광범위하다고 보기는 어렵다.

한편, 이 사건 서적들이 국방부장관이 작성한 불온도서 목록에 포함되었다는 사실이 알려지더라도, 이 사건 불온도서 목록이 군부대 내부의 지시사항에 포함되어 있다는 사정과 우리의 특수한 안보 현실에 비추어 일반 국민들은 이 사건 지시를 현역장병들에게 가하여진 특별한 제한으로 인식할 것으로 보인다. 따라서 일반 국민들이 이 사건 서적들에 표현된 사상이나 의견 등이 불온하다고 인식하여 이 사건 서적들을 소지하거나 열람하는 행위를 꺼리게 된다거나, 이 사건 서적들을 저작하거나 출판한 원고들이 이 사건 서적들에 표현된 사상이나 의견 등을 발표(출판)하거나 전파(배포)하는 행위로 인하여 제재를 받을지도 모른다는 불안감에 스스로 표현행위를 자제하도록 만드는 위축효과가 크게 우려할 정도에 이른다고 보기는 곤란하다. 또한, 이 사건 지시가 달성하고자 하는 군의 정신전력 보존과 이를 통한 군의 국가안전보장 및 국토방위의무의 효과적인 수행이라는 공익은 이 사건 지시에 의하여 제한될 수 있는 원고들의 표현의 자유 등에 비하여 결코 작다고 할 수도 없다.

(3) 다만 위와 같은 논의는 어디까지나 이 사건 지시의 불온서적 목록에 포함된 도서들이 앞에서 살핀 '불온서적'의 개념에 온전히 포섭되는 때에만 타당하다. 국가의 존립·안전이나 자유민주주의 체제를 해하는 내용 혹은 반국가단체를 이롭게 할 내용을 담고 있지 않거나 그렇다고 하더라도 군인의 정신전력을 심각하게 저해하는

정도에 이르지 못하는 도서들까지 이 사건 지시에 포함되어 있다면, 그 부분은 군의 정신전력 보존·강화에 어떠한 기여도 하지 못할 것임이 분명하므로, 그러한 경우에 대해서까지 헌법 제37조 제2항의 요건을 갖추었다고 볼 수는 없다. 이 사건 지시의 불온서적 목록에 포함된 도서들이 불온서적에 해당하지 않는다면, 그러한 지시는 비례의 원칙에 반하는 것은 물론이고, 그러한 지시를 정당화할 법령상의 근거도 없게 되어(군인복무규율 제16조의2는 '불온한 도서' 등의 소지 등을 금지하고 있을 뿐이다) 위법하게 된다.

3) 구체적 검토

(1) BL, BM, BO(이하 'BL 등 3권'[6]이라 하고, 위 도서들의 저자 및 출판업자인 원고들을 '원고 O 등'이라 한다)에 관한 판단

서울중앙지방법원이 2009. 4. 21. 선고 2008고합1165, 1458(병합), 2009고합78(병합) 판결에서 BL 등 3권이 이적표현물에 해당한다고 판단한 사실은 당사자들 사이에 다툼이 없고, 이와 같은 판단이 항소심과 상고심에서도 그대로 유지되었음은 이 법원에 현저하다.

위와 같은 판결 경과 및 이 사건 증거들에 의하여 인정되는 위 도서들의 내용에 비추어 보면, BL 등 3권이 북한의 군사전략과 체제를 옹호하고, 북한의 주장에 동조하며 이를 선동하는 내용을 담고 있음을 인정할 수 있으므로, 위 도서들은 반국가단체를 이롭게 하는 내용으로서 군인의 정신전력을 심각하게 저해할 수 있는 도서에 해당한다고 할 수 있다. 따라서 이 사건 지시 내용 중 위 도서들에 관한 부분은 위 도서들의 저자 내지 출판업자들의 기본권을 침해한다고 볼 수 없다.

(2) 나머지 서적에 관한 판단(이하 나머지 서적들의 저자 및 출판업자인 원고들을 '이 사건 나머지 원고들'이라 한다)

이 사건 소송과정에서 제출된 자료들만으로 위 나머지 서적들이 불온서적에 해당하는 내용을 담고 있다는 점을 인정하기 부족하고 달리 이를 인정할 증거가 없다. 오히려 증거(생략)의 각 기재에 의하면 위 도서들을 포함한 별지 2 기재 각 도서 중 일부는 정부기관, 학술단체, 언론기관 등으로부터 우수·추천도서로 선정되어 권장도서 목록에 포함되어 있는 도서들인 사실을 인정할 수 있고, 위 도서들 중 일부는 국가예산의 지원을 받아 공공도서관에도 비치되어 있다. 정부·학계·문화계 전문가들로부터 높은 평가를 받아 우수도서로 추천되고 양질의 교양·학술도서로서 평가받는 이들 도

---

6) 필자 주: 615출판사에서 출간한 <핵과 한반도>, <북한의 미사일 전략>, <북한의 경제발전 전략>

서들이 국가의 존립·안전이나 자유민주주의체제를 해하는 도서로서 군인의 정신전력을 심각하게 저해하는 도서에 해당한다고는 볼 수 없다.

나아가 어떤 도서가 불온도서에 해당한다고 판단하기 위해서는 엄격하고 신중한 심사절차를 거쳐야 하고, 그와 같은 심의과정 없이 불온도서 판정이 이루어진다면 해당 판단이 자의적으로 이루어질 위험을 피하기 어렵다. 국방부장관은 이 사건 불온도서 목록을 지정함에 있어 별다른 사전심의 절차를 거치지 않았던 것으로 보이고, 피고의 주장에 따르더라도 이 사건 지시 발령 후에 비로소 정훈문화자료심의위원회의 심의절차를 거쳤다는 취지에 불과하다(이 사건 소송 진행 중 '장병 정신교육 부적합 도서 내용 분석'이라는 이름의 참고자료가 제출되기는 하였으나, 이는 각 도서의 주요 내용을 요약하고 부적합한 일부 표현 내지 문구 등을 뽑아 놓은 것에 불과하여 심의·판단의 구체적인 기준과 근거를 확인하기는 어렵다). 그렇다면 이 사건 지시가 충분한 심사를 거치지도 않은 채 위 나머지 서적들까지 불온서적으로 지정하여 군대 내 반입을 금지한 부분은 위 도서들의 저자나 출판업자들의 표현의 자유 등을 침해하였다고 할 것이다.

6. 이 사건 지시로 원고들의 명예가 훼손되었는지

가. 이 사건 지시 중에 이 사건 서적들을 '불온도서'라고 표현한 부분이 있고, 이 사건 지시에서 말하는 불온도서가 '국가의 존립·안전이나 자유민주주의체제를 해하거나, 반국가단체를 이롭게 할 내용으로서, 군인의 정신전력을 심각하게 저해하는 도서'를 의미함은 앞서 본 바와 같다. 따라서 이 사건 지시에서 이 사건 서적들을 '불온도서'라고 표현한 부분은 특별한 사정이 없는 한 이 사건 서적들을 저작하거나 출판한 원고들에 대한 명예훼손적 또는 모욕적 표현에 해당한다고 볼 수 있다.

나. 다만, 국가나 지방자치단체의 정책을 수립하여 시행하는 직무를 담당하는 공무원이 내부적으로 내린 결정이나 하급기관에 내린 행정상의 지시에 타인의 명예를 훼손하거나 타인에게 모욕이 될 만한 내용이 포함되어 있다 하더라도, 거기에 나타난 명예훼손 또는 모욕적인 표현이 관련 법령에 근거하여 직무수행의 일환으로서 또는 직무수행에 수반하여 그 권한 범위 내에서 이루어진 경우라면, 이는 법령에 의한 행위로서 위법하다고 볼 수 없다.

다. BL 등 3권의 경우에는, 비록 이 사건 지시 이후의 사정이기는 하지만 위 각 도서가 이적표현물에 해당한다는 판결이 확정되기까지 한 점에 비추어 보면, 국방부장관이 위 도서들이 현역 장병의 정신전력에 방해가 될 수 있다고 판단하고, 군인복무규율 제16조의2 등을 근거로 이를 불온도서로 분류한 행위는 관련 법령에 따라 국방부장관의 직무권한 범위 내에서 이루어진 것으로 볼 수 있으므로, 이 사건 지시 중 위 도서들에 대한 부분을 들어 객관적인 정당성을 결여한 위법한 행위라고 할 수는 없다.

라. 그러나 이 사건 나머지 서적들에 관하여 보면, 국방부장관은 이 사건 지시를 통해 나머지 서적들까지 '불온서적'으로 지정함으로써 위 도서들의 저자 내지 출판자업들이 국가의 존립·안전이나 자유민주주의체제를 해하거나, 반국가단체를 이롭게 하는 글을 쓰거나 출판한 자들임을 드러낸 것으로 볼 수 있고, 이는 대상의 사회적 평가를 저하시킬 만한 내용이므로, 이 사건 지시 중 위 나머지 서적들에 대한 부분은 그 저자 내지 출판업자들의 외적 명예를 침해한 위법한 행위로 볼 수 있다. 나아가 국방부장관이 이 사건 지시를 함에 있어서 이 사건 나머지 서적들이 국군의 정신전력을 해칠만한 내용을 담고 있는지에 관하여 충분히 심사하였음을 인정할 자료가 없는 이상 위 행위의 위법성이 조각된다고 볼 수도 없다.

7. 피고의 손해배상책임

이 사건 지시 중 BL 등 3권을 제외한 나머지 서적들에 관한 부분은 해당 도서의 저자나 출판업자들의 표현의 자유 등을 침해하고, 나아가 이들의 명예를 훼손하였다고 할 것이므로, 피고는 객관적인 정당성을 결여한 이 사건 지시로 말미암아 위 저자 내지 출판업자들인 원고들이 입은 정신적 고통을 위자할 의무가 있고, 그 위자료 액수는 이 사건 변론 전체에 나타난 제반 사정을 종합하여 위 나머지 서적들의 단독저자와 출판업자인 원고들에게는 각 5,000,000원씩, 'BQ'의 공동저자인 원고들에게는 각 2,000,000원씩을 인정한다(피고는 군인복무규율 제16조의2는 공공 일반의 이익을 위한 것일 뿐 개인의 이익을 보호하기 위한 규정이 아니므로 위 규정에 따른 이 사건 지시와 원고들의 손해 사이에 인과관계가 없고, 국방부장관 등의 고의·과실도 인정되지 않는다는 취지로 주장한다. 그러나 상당인과관계에 관한 위와 같은 논의는 근거규정에 위배된 공무원의 행위로 인하여 해당 규정이 부수적으로 보호하거나 또는 보호대상으로 의도하지 않은 개인의 이익이 침해된 경우에 대한 논의로서, 이 사건과 같이 근거규정에 따른 공무원의 행위로 인하여 헌법과 법률에 의하여 보호되는 개인의 기본권 등이 침해된 경우에 대하여는 적용하기 적절치 않다. 또한 국방부장관 등이 이 사건 지시에 앞서 충분한 심사를 거쳤다고 볼 수 없는 이상 위 나머지 서적들에 대한 충분한 검토 없이 이를 모두 불온도서로 지정한 행위에 과실이 없다고 볼 수도 없다.).

그렇다면 피고는 원고 주식회사 B, C 주식회사, D 주식회사, F, H, J, M, N에게 각 5,000,000원, 원고 Q, R, S, T, U, V에게 각 2,000,000원 및 위 각 돈에 대하여 국방부장관이 이 사건 지시를 하달한 날 이후로서 원고들이 구하는 2008. 8. 1.부터 피고가 이 사건 이행의무의 존재 여부나 범위에 관하여 다투는 것이 타당하다고 인정되는 이 판결 선고일인 2019. 12. 19.까지는 민법에 따른 연 5%의, 그 다음날인 2019. 12. 20.부터 다 갚는 날까지는 소송촉진 등에 관한 특례법에 따른 연 20%의 각 비율로 계산한 지연손해금을 지급할 의무가 있다(이 사건 지시 중 BL 등 3권에 관한 부분이 위법하다고 볼 수 없음은 앞서 본 바와 같으므로, 원고 O 등의 청구는 이유 없다).

8. 원고들의 나머지 청구에 대한 판단

원고들은 명예회복을 위한 적당한 조치로서 피고에게 별지 1 기재(생략)와 같은 광고를 게재할 것과 함께 이를 이행하지 않을 경우 각 지연일수 1일 당 500,000원의 비율로 계산한 돈을 지급할 것을 구하고 있다.

그러나 이 사건 지시가 내려진 때로부터 이미 10년 이상 경과하였고, 이 사건 지시가 더 이상 효력을 갖지도 않는 점, 피고가 국가인권위원회의 권고 등을 받아들여 이 사건 지시의 근거 법령을 개정하는 등 자정 노력을 계속해 온 점, 이 법원이 피고에게 위자료 지급을 명함으로써 원고들의 명예가 어느 정도 회복될 것으로 보이는 점, 이 사건 지시로부터 이미 상당한 시간이 흐르면서 일반 국민의 인식과 국가안보를 둘러싼 환경의 변화에 따라 불온서적에 관한 논의가 폭넓고 충분하게 진행되고 있다고 보이는 점 등을 종합적으로 고려하여 이 부분 청구는 기각하기로 한다.

9. 결론

그렇다면 이 사건 나머지 원고들의 이 사건 청구는 위 인정범위 내에서 이유 있어 인용하고 나머지 청구는 기각하여야 하며, 원고 O 등의 청구는 모두 이유 없어 기각하여야 한다. 제1심판결은 이와 일부 결론을 달리하여 부당하므로 이 사건 나머지 원고들의 일부 항소를 받아들이고 위 원고들의 나머지 항소 및 원고 O 등의 항소를 모두 기각하기로 하여 주문과 같이 판결한다.

요약정리 [사안의 쟁점과 판결의 요지]

서울고등법원 2019. 12. 19. 선고 2018나10625 판결 [손해배상]

국방부장관은 2008. 7. ○. 이 사건 원고들이 저작하거나 출판한 이 사건 서적들을 포함한 총 23종의 서적들을 불온도서로 지정한 다음 각 군 참모총장 및 직할 부대장에게 군부대 내에 반입을 차단하라는 취지의 지시 공문을 하달하는 등의 조치를 시행하였는데, 국방부장관에 의해 불온도서로 지정된 이 사건 서적들의 출판사, 출판업자 또는 저자 혹은 공동저자들인 원고들은 법원에 국방부장관의 위법한 행위로 원고들이 입은 정신적 고통에 대한 손해배상으로서 위자료와 원고들의 명예회복을 위하여 이 사건 판결결과에 대한 신문광고 게재 및 국방부장관이 신문광고 게재의무를 위반할 경우의 이행강제금의 지급을 청구하였다.

이 사안의 쟁점은 **국방부장관이 노암 촘스키의 <미국이 진정으로 원하는 것>, 장하준의 <나쁜 사마리아인들>을 포함한 총 23종의 서적들을 불온도서로 지정하여 군부대 내에 반입을 차단하라는 취지의 지시공문을 하달한 사안에서, 구 군인복무규율이 규정하는 불온도서에 해당하지 않는 서적들까지 일괄하여 '불온도서'로 지정한 조치가 위법한지 여부**였다.

대법원 2018. 10. 25. 선고 2013다44720 판결은 ① 국방부장관이 불온도서로 지정한 서적들 중에는 정부기관, 대표적인 학술단체, 언론기관 등으로부터 우수·추천도서로 선정되어 권장도서 목록에 포함되거나 국가예산의 지원을 통하여 공공도서관에 비치된 양질의 도서들이 다수 포함되어 있으므로, ② 원심이 이 사건 서적들 중 '국가의 존립·안전이나 자유민주주의체제를 해하거나, 반국가단체를 이롭게 할 내용으로서, 군인의 정신전력을 심각하게 저해하는 도서'라는 의미의 '불온도서'에 해당하지 않는 서적이 있는지, 불온도서라고 지정됨으로써 작가 또는 출판사로서 원고들의 외적 명예가 침해되었는지 등의 사정을 심리한 다음 이 사건 지시가 객관적인 정당성을 결여함으로써 법령을 위반한 공무원의 불법행위에 해당하여 그로 인한 국가배상책임이 성립하는지를 가려보았어야 한다는 이유로, 원심판결을 파기환송하였다.

파기환송심(서울고등법원 2019. 12. 19. 선고 2018나10625 판결)은 ① BL 등 3권(615출판사에서 출간한 <핵과 한반도>, <북한의 미사일 전략>, <북한의 경제발전 전략>)의 경우에는, 비록 이 사건 지시 이후의 사정이기는 하지만 위 각 도서가 이적표현물에 해당한다는 판결이 확정되기까지 한 점에 비추어 보면, 국방부장관이 위 도서들이 현역 장병의 정신전력에 방해가 될 수 있다고 판단하고, 군인복무규율 제16조의2 등을 근거로 이를 불온도서로 분류한 행위는 관련 법령에 따라 국방부장관의 직무권한 범위 내에서 이루어진 것으로 볼 수 있으므로, 이 사건 지시 중 위 도서들에 대한 부분을 들어 객관적인 정당성을 결여한 위법한 행위라고 할 수는 없으나, ② 이 사건 나머지 서적들에 관하여 보면, 국방부장관은 이 사건 지시를 통해 나머지 서적들까지 '불온서적'으로 지정함으로써 위 도서들의 저자 내지 출판자업들이 국가의 존립·안전이나 자유민주주의체제를 해하거나, 반국가단체를 이롭게 하는 글을 쓰거나 출판한 자들임을 드러낸 것으로 볼 수 있고, 이는 대상의 사회적 평가를 저하시킬 만한 내용이므로, 이 사건 지시 중 위 나머지 서적들에 대한 부분은 그 저자 내지 출판업자들의 외적 명예를 침해한 위법한 행위로 볼 수 있고, 나아가 국방부장관이 이 사건 지시를 함에 있어서 이 사건 나머지 서적들이 국군의 정신전력을 해칠만한 내용을 담고 있는지에 관하여 충분히 심사하였음을 인정할 자료가 없는 이상 위 행위의 위법성이 조각된다고 볼 수도 없으므로, ③ 이 사건 지시 중 BL 등 3권을 제외한 나머지 서적들에 관한 부분은 해당 도서의 저자나 출판업자들의 표현의 자유 등을 침해하고, 나아가 이들의 명예를 훼손하였다고 할 것이므로, 피고는 객관적인 정당성을 결여한 이 사건 지시로 말미암아 위 저자 내지 출판업자들인 원고들이 입은 정신적 고통을 위자할 의무가 있다고 판시하였다.

판례 7

군종목사가 참모총장의 지시를 받아 이단(異端) 종교에 관한 교육책자를 집필하고, 이단종교를 비판하는 설교를 한 것이 이단단체로 묘사된 교회와 그 창시자에 대한 관계에서 위법한 명예훼손 행위인지 여부

대법원 2007. 4. 26. 선고 2006다87903 판결 [손해배상(기)]

[원심판결] 서울고등법원 2006. 11. 16. 선고 2006나21639 판결

I. 사안의 개요 [기초사실 및 사건의 경과]

1. 기초사실

원고 1 교회(이하 '원고 교회'라고 한다)는 기독교계에서 일반적으로 이단교회로 평가받는 교회이고, 원고 1은 원고 교회의 창시자로서 원고 교회를 운영하고 있는 자이며, 피고 A는 공군본부 군종감실 군종감(군종신부)이고, 피고 B는 공군본부 ○○사령부 근무지원단 군종실 군종장교(예장합동 소속 군종목사)이며, 피고 C는 공군 제○○전투비행단 군종실 군종장교(감리교 소속 군종목사)이다.

피고 대한민국 산하 공군참모총장은 공군 내에서 원고 교회 소속 신자가 기존 기독교를 믿거나 신앙이 없는 장병들을 대상으로 한 전도의 과정에서 강요를 하는 등으로 물의를 빚는 사건을 일으키자, 2003. 7. ○. 군종감인 피고 A에게 공군 내 이단종교 신봉자를 파악하여 그에 대한 대책을 강구하라는 지시를 하였다. 군종감실의 조사 결과, 2003. 7. 말 현재 공군 내에는 장교 ○명, 부사관 ○명, 병 ○명, 군무원 ○명, 총 ○○명의 원고 교회 소속 신자가 있음이 확인되었다. 이에 공군본부 군종감실은 2003. 9. 30.과 2003. 10. 30. 모두 2회에 걸쳐 군내 사이비 이단종교 확산 방지를 위한 대책회의를 거쳐, 공군참모총장의 지시를 이행하는 차원에서 이단종교에 대한 예방대책의 일환으로 피고 B로 하여금 교육책자를 집필하게 한 결과, 2003. 12. ○. "이단, 사이비란 무엇인가?"라는 총 75면의 교육책자(이하 '이 사건 책자'이라고 한다)를 발행하였다. 이 사건 책자에는 '이단의 의의, 이단이 군에 미치는 영향, 2003년도 현재 공군 내에서 활동하고 있는 ○○파 등 18개 사이비 종교단체의 폐해와 실상, 그 교리에 대한 비판' 등의 내용이 담겨져 있는데, 그중 원고 교회와 관련된 부

분은 모두 3면인데, 이 사건 책자는 총 3,000부가 발행되어 2004. 2. ○.부터 2004. 2. ○.까지 사이에 공군본부에 ○부, 작전사령부에 ○부, ○○사관학교에 ○부, 군수사령부에 ○부, 제1전투비행단에 ○부 등의 방식으로 나누어 공군 전 예하부대에 배포됨으로써 각 부대 군종실을 통하여 지휘관 및 참모 그리고 부대 내 사무실에 적절하게 배부될 수 있도록 하였다.

한편, 피고 C는 그 무렵 공군참모총장으로부터 사이비 이단종교들에 대한 대책과 지침이 하달된 상황에서 기지교회 교인들로부터 원고 교회의 신자들이 기존 기독교인들을 상대로 적극적인 포교활동을 벌이는 바람에 원고 교회의 교리에 현혹되어 폐해가 발생되고 있다는 정보를 접하고, 이에 대응하여 2003. 12.경 공군 제○○전투비행단 내 기지교회에서 약 500여 명의 교인들을 상대로 원고 교회의 이단성에 관하여 주일 설교(이하 '이 사건 설교'라 한다)를 하였다.

2. 사건의 경과

원고들은 피고 A, B, 대한민국은 연대하여 각 금 50,000,000원, 피고 C, 대한민국은 연대하여 각 금 50,000,000원 및 각 이에 대하여 이 사건 소장 부본 최종 송달 다음날부터 다 갚는 날까지 연 20%의 비율에 의한 금원을 각 지급하라는 소를 제기하였다.

이 사안의 쟁점은 **공군 참모총장과 군종장교들이 기독교계에서 이단으로 평가받는 종교단체에 대한 비판내용을 담은 책자를 발간하고, 군종목사가 군교회에서 위 종교단체를 비판하는 내용의 설교를 한 것이 정교분리의 원칙에 위반되는지 및 위 종교단체의 명예를 훼손하는 불법행위인지 여부**였다.

1심(서울중앙지방법원 2006. 1. 18. 선고 2005가합10864 판결)은 ① **이 사건 책자의 발행·배포**에 관하여, 이 사건 책자가 공군참모총장의 지시에 의하여 발행·배포된 점, 그 발행 계기가 원고 교회 소속 신자가 물의를 빚는 사건으로 말미암은 점, 이 사건 책자의 배포범위를 기독교 신자 여부를 불문하고 ○○부대 내 모든 군인으로 한 점 등에 비추어 볼 때 이 사건 책자의 발행·배포가 기존 기독교 신자들의 신앙상 혼란을 방지하기 위한 것을 주된 목적으로 하여 행하여졌다고 보기는 어렵다고 할 것이고, 피고측 군종장교 A, B가 신앙상 혼란을 방지하기 위한 목적에서 공군참모총장의 지시에 따라 이 사건 책자를 발행 및 배포하였다고 할지라도 그 신앙적 목적을 실현하기 위하여 다른 종교를 비판하는 방법을 사용함으로써 상당성이 결여되어 이 사건 책자의 발행 및 배포가 종교적 비판의 자유 범위 내에 속한다고 보기는 어렵고, 원고 1을 이단 교회의 창시자로 설명하는 이 사건 책자를 피고 대한민국 소속 공군참모총장의 지시에 의하여 군종감 명의로 발행하여 ○○부대 내 전체 군인에게 이를 배포한 것은 국교부인이라는 헌법적 원칙을 준수해야 할 피고 대한민국이 특정 종교만을 특별히 비판하는 행위로서 그 자체로 위법하다고 보아야 한다고 판단하였으나, ② **이 사건 설교**에 관하여 군종목사 C가 이 사건 설교를 한 목적은 원고들을 이단으로 몰아서 비방하고 명예를 훼손하기 위한 것이라기보다는 기존 교회들과 달리 원고들이 '회개' 및 '구원'의 의미를 독창적으로 해석하면서 기존 교회에서 행하여지는 회개기도를 통하여서는 구원을 받기 어렵다는 등의 우월적·배타적인 태도를 취하여 기존 교회와 잦은 마찰을 빚고 그 교세가 급격히 팽창하면서 기존 교회 소속 신도들에게 생길 수 있는 교리상의 혼란으로부터 기존 기독교의 교리를 보호하고 신자들의 신앙상의 혼란을 방지하여 신앙생활을 보호하기 위한 것이어서 이 사건 설교가 행하여진 목적의 정당성이 인정되며, 원고 교회를 ○○파로 분류하는 것은 일반적으로 기독교 단체 내에서 통용되고 있으므로, 피고측 군종목사의 입장에서 이 사건 설교는 진실하거나, 진실에 부합한다고 믿은 데 상당한 이유가 있다고 할 것이고, 기존 교회의 입장에서 원고 교회가 기존 교회의 성경 해석과 다른 교리적 입장을 보이면서 기존 교회의 교리해석에 대한 우월성·배타성을 주장하는 데 대항하기 위하여 '구원'과 '회개'의 개념을 독창적으로 해석하는 데 따른 문제점을 교리적으로 지적하는 것은 종교비판의 자유에 속하는 행위로서 충분히 가능한 것이고, 또한 피고 군종목사가 원고들을 비판한 내용은 모두 신앙교리에 관한 것이고 포교방식, 신앙성향 등을 비판하며 같은 종파에 속하는 신도들에게 원고 교회에 피고 군종목사의 신앙차원에서 볼 때 이단적 요소가 있다는 이유로 주의를 촉구하는 것에 불과하고 더 나아가 원고들을 모욕하는 등 그 이상의 것을 담고 있지 아니하여 그 명예침해의 정도가 비교적 크지 아니한 점 등을 종합하여 보면, 비록 이 사건 설교의 내용 중 원고들의 교리와 주장을 비판하고 그 명예를 침해하는 내용이 다소 포함되어 있다고 할지라도, 이는 신앙의 본질적 내용으로서 최대한 보장받아야 할 종교적 비판의 표현행위에 포섭된다고 봄이 상당하므로, 군종목사 C의 행위로 인하여 결과적으로 원고들이 정신적 고통을 당하였다고 하더라도 그 사유만으로 군종목사 C의 이 사건 설교가 불법행위를 구성한다고 볼 수는 없다고 판단하여, 원고들의 피고 대한민국에 대한 청구의 일부만을 인용하여 피고 대한민국은 원고 교회에게 15,000,000원, 원고 1에게 5,000,000원을 지급하라고 판결하고, 원고들의 군종목사들에 대한 청구는 모두 기각하였다.

그러나 **항소심(서울고등법원 2006. 11. 16. 선고 2006나21639 판결)**은 ① 군종장교인 피고 A, B가 **이 사건 책자의 발행**에 관여한 것은 장병들에게 이단에 대한 객관적 정보를 제공함으로써 장병들의 올바른 신앙생활을 인도하려는 목적에서 이루어진 점, 이 사건 책자의 발행 무렵에 원고 교회의 신자들이 무리하게 포교를 함으로써 군내에 갈등이 야기되고 화합을 해치는 등의 폐해가 있었던 점, 위 피고들이 이 사건 책자에서 원고들을 비판한 내용의 상당 부분은 신앙교리에 관한 것으로서 ○○파의 유래와 계보, 원고 교회를 ○○파로 분류하고 있는 부분 등은 일반적으로 기존 기독교 단체 내에서 통상적으로 인용되고 있는 점 등을 종합하여 보면, 비록 이 사건 책자의 내용 중에 원고들의 교리와 주장을 비판하고 그 명예 등 인격권을 침해하는 내용이 포함되어 있다 할지라도, 이는 신앙의 본질적인 내용으로서 최대한 보장받아야 할 종교적 비판의 표현행위로서 그 안에 다소 과장되거나 부적절한 표현이 있다 하더라도 중요한 부분에 있어서 진실에 합치할 뿐 아니라 장병들의 신앙 보호와 교리상의 혼란을 방지하기 위하여 주로 그들을 상대로 객관적 정보를 제공하여 경각심을 불러일으키기 위한 취지에서 발행한 것이므로 위법성이 없으며, ② **이 사건 설교**는 원고들을 이단으로 몰아 비방하고 명예를 훼손하기 위한 것이라기보다는 원고 교회가 기존 교회들과 다른 교리를 펼치면서 우월적·배타적인 태도를 취하기 때문에 기존 기독교의 교리를 보호하고 신자들의 신앙상의 혼란을 방지함으로써 장병들의 신앙생활을 보호하기 위한 것으로 보이는 점, 원고 교회를 ○○파로 분류하는 것은 일반적으로 기독교 단체 내에서 통용되고 있어 피고 C로서는 이 사건 설교의 내용이 진실하다고 믿었거나 그와 같이 믿은 데에 상당한 이유가 있다고 볼 수 있는 점, 이 사건 설교가 기지교회 내에서 신자들을 상대로만 한정적으로 행하여진 점, 이 사건 설교는 신앙차원에서 원고들이 이단적 요소가 있다는 이유로 주의를 촉구하는 것에 불과하여 명예훼손의 정도가 비교적 크지 아니한 점 등을 종합하여 보면, 비록 이 사건 설교의 내용 중 원고들의 교리와 주장을 비판하고 그 명예를 침해하는 내용이 다소 포함되어 있다고 할지라도, 이는 신앙의 본질적 내용으로서 최대한 보장받아야 할 종교적 비판의 표현행위에 해당되므로 그 목적과 취지 등에 비추어 볼 때 위법성이 없으며, ③ 비록 국가기관인 공군참모총장의 지시에 따라 공군본부 군종감실의 주관하에 원고측 교리를 비판하고 거기에 빠질 것을 경계하는 내용의 이 사건 책자를 발행함으로써 원고 교회 및 그 실질적인 지도자인 원고 1의 명예 등 인격권을 침해하는 결과를 가져왔다고 할지라도, 원고측이 그동안 군대 내부에서 주로 기존 정통 종파를 신봉하는 기독교들을 대상으로 신앙의 본질적 요소인 '구원'의 확신을 흔든 다음 자신들의 믿음을 강요하는 포교활동을 적극적으로 벌여왔고, 그로 인하여 적지 않은 장병들이 기존의 안정된 신앙생활에서 벗어나 가정생활에 어려움을 겪는 등의 피해사례가 속출하였으며, 원고측이 신앙체계의 계보상 사회적으로 물의를 일으킨 전력이 있는 다른 종교집단과 연계를 가지고 있어 기존 정통 기독교 교단으로부터 경계의 대상이 되어온 이상, 공군참모총장으로서는 원고측의 포교로 인하여 조직의 안정감이나 단결심이 해쳐지지 않도록 장병들을 상대로 군종목사로 하여금 교계에 널리 알려진 원고 교회에 대한 비판적 정보를 제공할 필요가 있었다고 보이고, 이는 공군이라는 조직의 유지·관리를 위하여 공군참모총장이 군종조직을 통하여 취한 부득이한 조치로서 특별한 사정이 없는 한 정당하다고 할 것이며, 이를 두고 **정교분리의 원칙에 위반하는 위법한 직무집행이라고 보기는 어렵다**고 할 것이므로, 공군참모총장의 행위가 위법한 직무집행에 해당함을 전제로 하는 원고들의 주장 역시 받아들이기 어렵다고 판단하여, 제1심판결 중 피고 대한민국의 패소 부분을 취소하고, 그 취소 부분에 해당하는 원고들의 피고 대한민국에 대한 청구를 모두 기각하였다.

대법원 2007. 4. 26. 선고 2006다87903 판결은 항소심의 판단을 정당하다고 판시하면서 원고들의 상고를 기각하였다. 이로써 원고들의 피고 A, B, C, 대한민국에 대한 손해배상 청구는 모두 기각되었다.

II. 판결요지 : 대법원 2007. 4. 26. 선고 2006다87903 판결

[1] 군대 내에서 군종장교는 국가공무원인 참모장교로서의 신분뿐 아니라 성직자로서의 신분을 함께 가지고 소속 종단으로부터 부여된 권한에 따라 설교·강론 또는 설법을 행하거나 종교의식 및 성례를 할 수 있는 종교의 자유를 가지는 것이므로, 군종장교가 최소한 성직자의 신분에서 주재하는 종교활동을 수행함에 있어 소속종단의 종교를 선전하거나 다른 종교를 비판하였다고 할지라도 그것만으로 종교적 중립을 준수할 의무를 위반한 직무상의 위법이 있다고 할 수 없다.

[2] 우리 헌법 제20조 제1항은 "모든 국민은 종교의 자유를 가진다."고 규정하고 있

는데, 종교의 자유에는 자기가 신봉하는 종교를 선전하고 새로운 신자를 규합하기 위한 선교의 자유가 포함되고, 선교의 자유에는 다른 종교를 비판하거나 다른 종교의 신자에 대하여 개종을 권고하는 자유도 포함되는바, 종교적 선전과 타 종교에 대한 비판 등은 동시에 표현의 자유의 보호대상이 되는 것이나, 그 경우 종교의 자유에 관한 헌법 제20조 제1항은 표현의 자유에 관한 헌법 제21조 제1항에 대하여 특별규정의 성격을 갖는다 할 것이므로 종교적 목적을 위한 언론·출판의 경우에는 그 밖의 일반적인 언론·출판에 비하여 고도의 보장을 받게 되고, 특히 그 언론·출판의 목적이 다른 종교나 종교집단에 대한 신앙교리 논쟁으로서 같은 종파에 속하는 신자들에게 비판하고자 하는 내용을 알리고 아울러 다른 종파에 속하는 사람들에게도 자신의 신앙교리 내용과 반대종파에 대한 비판의 내용을 알리기 위한 것이라면 그와 같은 비판할 권리는 최대한 보장받아야 할 것인바, 그로 인하여 타인의 명예 등 인격권을 침해하는 경우에 종교의 자유 보장과 개인의 명예 보호라는 두 법익을 어떻게 조정할 것인지는 그 비판행위로 얻어지는 이익, 가치와 공표가 이루어진 범위의 광협, 그 표현방법 등 그 비판행위 자체에 관한 제반 사정을 감안함과 동시에 그 비판에 의하여 훼손되거나 훼손될 수 있는 타인의 명예 침해의 정도를 비교 고려하여 결정하여야 한다.

[3] 공군참모총장이 전 공군을 지휘·감독할 지위에서 수하의 장병들을 상대로 단결심의 함양과 조직의 유지·관리를 위하여 계몽적인 차원에서 군종장교로 하여금 교계에 널리 알려진 특정 종교에 대한 비판적 정보를 담은 책자를 발행·배포하게 한 행위는 특별한 사정이 없는 한 정교분리의 원칙에 위반하는 위법한 직무집행에 해당하지 않는다.

III. 판결 읽어보기 [판결 중요부분 발췌(요약)] : 대법원 2007. 4. 26. 선고 2006다87903 판결

1. 상고이유 제1, 2, 3점에 대하여

군대 내에서 군종장교는 국가공무원인 참모장교로서의 신분뿐 아니라 성직자로서의 신분을 함께 가지고 소속 종단으로부터 부여된 권한에 따라 설교·강론 또는 설법을 행하거나 종교의식 및 성례를 할 수 있는 종교의 자유를 가지는 것이므로, 군종장교가 최소한 성직자의 신분에서 주재하는 종교활동을 수행함에 있어 소속종단의 종교를 선전하거나 다른 종교를 비판하였다고 할지라도 그것만으로 종교적 중립을 준수할 의무를 위반한 직무상의 위법이 있다고 할 수 없다.

한편, 우리헌법 제20조 제1항은 "모든 국민은 종교의 자유를 가진다."고 규정하고 있는데, 종교의 자유에는 자기가 신봉하는 종교를 선전하고 새로운 신자를 규합하기 위한 선교의 자유가 포함되고 선교의 자유에는 다른 종교를 비판하거나 다른 종교의 신자에 대하여 개종을 권고하는 자유도 포함되는바, 종교적 선전과 타 종교에 대한 비판 등은 동시에 표현의 자유의 보호대상이 되는 것이나, 그 경우 종교의 자유에 관한 헌법 제20조 제1항은 표현의 자유에 관한 헌법 제21조 제1항에 대하여 특별규정의 성격을 갖는다 할 것이므로 종교적 목적을 위한 언론·출판의 경우에는 그 밖의 일반적인 언론·출판에 비하여 고도의 보장을 받게 되고, 특히 그 언론·출판의 목적이 다른 종교나 종교집단에 대한 신앙교리 논쟁으로서 같은 종파에 속하는 신자들에게 비판하고자 하는 내용을 알리고 아울러 다른 종파에 속하는 사람들에게도 자신의 신앙교리 내용과 반대종파에 대한 비판의 내용을 알리기 위한 것이라면 그와 같은 비판할 권리는 최대한 보장받아야 할 것인바, 그로 인하여 타인의 명예 등 인격권을 침해하는 경우에 종교의 자유 보장과 개인의 명예 보호라는 두 법익을 어떻게 조정할 것인지는 그 비판행위로 얻어지는 이익, 가치와 공표가 이루어진 범위의 광협, 그 표현방법 등 그 비판행위 자체에 관한 제반 사정을 감안함과 동시에 그 비판에 의하여 훼손되거나 훼손될 수 있는 타인의 명예 침해의 정도를 비교 고려하여 결정하여야 할 것이다(대법원 1996. 9. 6. 선고 96다19246, 19253 판결 참조).

원심판결의 이유를 위 법리와 기록에 비추어 살펴보면, 원심이 비록 이 사건 책자와 설교의 내용 중에 원고들의 교리와 주장을 비판하고 그 명예 등 인격권을 침해하는 내용이 포함되어 있다 할지라도, 이는 신앙의 본질적인 내용으로서 최대한 보장받아야 할 종교적 비판의 표현행위로서 그 안에 다소 과장되거나 부적절한 표현이 있다 하더라도 중요한 부분에 있어서 진실에 합치할 뿐 아니라 장병들의 신앙 보호와 교리상의 혼란을 방지하기 위하여 주로 그들을 상대로 객관적 정보를 제공하여 경각심을 불러일으키기 위한 취지에서 이 사건 책자를 발행·배포하거나 이 사건 설교를 행한 것이므로, 위법성이 없다고 판단한 것은 정당하고, 거기에 상고이유에서 주장하는 바와 같은 법리오해, 채증법칙 위반 및 심리미진 등의 위법이 있다고 할 수 없다.

2. 상고이유 제4점에 대하여

우리 헌법 제20조 제2항이 "국교는 인정되지 아니하며, 종교와 정치는 분리된다."고 규정하고 있으므로, 국가가 특정 종교를 특별히 보호하기 위하여 특혜를 가하거나 억압하기 위하여 부당한 대우를 하는 것은 원칙적으로 금지된다고 할 것이다.

그러나 원심이 인정한 그 판시와 같은 사정을 위와 같은 법리와 기록에 비추어 살펴보면, 피고 대한민국 산하 공군참모총장이 전 공군을 지휘·감독할 지위에서 수하의 장병들을 상대로 단결심의 함양과 조직의 유지·관리를 위하여 계몽적인 차원에서 군종장교로 하여금 교계에 널리 알려진 특정 종교에 대한 비판적 정보를 담은 책자를 발행·배포하게 하였더라도, 특별한 사정이 없는 한 이러한 행위가 정교분리의 원칙에 반하는 위법한 직무집행에 해당된다고 보기 어렵다고 할 것이다. 따라서 원심이 같은 취지에서 이에 관한 원고들의 주장을 배척한 것은 정당하고, 거기에 채증법칙 위반 또는 심리미진 등의 위법이 없다.

3. 상고이유 제5점에 대하여

원심이 그 판결에서 채용하고 있는 증거들을 종합하여 피고들의 행위는 모두 종교적 비판의 표현행위로서 그 목적과 취지 등에 비추어 볼 때 위법성이 없다고 판단한 것은 정당하고, 거기에 원고들의 명예를 침해한 정도에 관한 심리미진의 위법이 있다고 할 수 없다.

4. 결론

그러므로 상고를 모두 기각하고, 상고비용은 패소자들이 부담하기로 하여 관여 대법관의 일치된 의견으로 주문과 같이 판결한다.

요약정리 [사안의 쟁점과 판결의 요지]

대법원 2007. 4. 26. 선고 2006다87903 판결 [손해배상(기)]

이 사안의 쟁점은 공군 참모총장과 군종장교들이 기독교계에서 이단으로 평가받는 종교단체에 대한 비판내용을 담은 책자를 발간하고, 군종목사가 군교회에서 위 종교단체를 비판하는 내용의 설교를 한 것이 정교분리의 원칙에 위반되는지 및 위 종교단체의 명예를 훼손하는 불법행위인지 여부였다.

대법원 2007. 4. 26. 선고 2006다87903 판결은 ① 이 사건 책자의 내용 중에 원고들의 교리와 주장을 비판하고 그 명예 등 인격권을 침해하는 내용이 포함되어 있다 할지라도, 이는 신앙의 본질적인 내용으로서 최대한 보장받아야 할 종교적 비판의 표현행위로서 그 안에 다소 과장되거나 부적절한 표현이 있다 하더라도 중요한 부분에 있어서 진실에 합치할 뿐 아니라 장병들의 신앙 보호와 교리상의 혼란을 방지하기 위하여 주로 그들을 상대로 객관적 정보를 제공하여 경각심을 불러일으키기 위한 취지에서 발행한 것이므로 위법성이 없으며, ② 이 사건 설교의 내용 중 원고들의 교리와 주장을 비판하고 그 명예를 침해하는 내용이 다소 포함되어 있다고 할지라도, 이는 신앙의 본질적 내용으로서 최대한 보장받아야 할 종교적 비판의 표현행위에 해당되므로 그 목적과 취지 등에 비추어 볼 때 위법성이 없으며, ③ 비록 국가기관인 공군참모총장의 지시에 따라 공군본부 군종감실의 주관하에 원고측 교리를 비판하고 거기에 빠질 것을 경계하는 내용의 이 사건 책자를 발행함으로써 원고 교회 및 그 실질적인 지도자인 원고1의 명예 등 인격권을 침해하는 결과를 가져왔다고 할지라도, 원고측이 그동안 군대 내부에서 주로 기존 정통 종파를 신봉하는 기독교들을 대상으로 신앙의 본질적 요소인 '구원'의 확신을 흔든 다음 자신들의 믿음을 강요하는 포교활동을 적극적으로 벌여왔고, 그로 인하여 적지 않은 장병들이 기존의 안정된 신앙생활에서 벗어나 가정생활에 어려움을 겪는 등의 피해사례가 속출하였던 사정 등을 고려하면 전 공군을 지휘·감독할 지위에 있는 공군참모총장으로서는 원고측의 포교로 인하여 조직의 안정감이나 단결심이 해쳐지지 않도록 장병들을 상대로 군종장교로 하여금 교계에 널리 알려진 원고 교회에 대한 비판적 정보를 제공할 필요가 있었다고 보이고, 이는 공군이라는 조직의 유지·관리를 위하여 공군참모총장이 군종조직을 통하여 취한 부득이한 조치로서 특별한 사정이 없는 한 정당하다고 할 것이며, 이를 두고 정교분리의 원칙에 위반하는 위법한 직무집행이라고 보기는 어렵다고 판시하였다.

판례 8

공군 전투기 비행훈련장으로 설치·사용하고 있는 공군기지의 활주로 부근에 위치한 양돈장에서 모돈이 유산하는 손해가 발생한 경우에 공군기지의 소음배출행위가 양돈업자의 수인한도를 넘는 위법행위에 해당하는지를 판단하는 기준

대법원 2010. 7. 15. 선고 2006다84126 판결 [채무부존재확인]
[원심판결] 대전고등법원 2006. 11. 10. 선고 2005나2279 판결

I. 사안의 개요 [기초사실 및 사건의 경과]

1. 기초사실

원고(대한민국)는 1997년경 ○○시 ○○면 신○리, 석○리 일원에 공군 제○○전투비행단 공군비행장(이하 '이 사건 공군기지'라고 한다)을 설치하여 공군의 F16 전투기 비행훈련장으로 사용하고 있었다. 한편 피고 1을 중심으로 피고 2는 그의 처, 피고 3은 그의 동생인데, 피고들은 1991년경부터 이 사건 공군기지 활주로 북쪽 끝으로부터 약 4.5㎞ 떨어진 ○○시 ○○면 (이하 생략) 소재 그들의 양돈장에서 모돈 약 100두, 육성돈 약 900두를 사육하면서 양돈업에 종사하여 왔다.

피고들은 2000. 11. ○. 원고(대한민국)를 상대로 중앙환경분쟁조정위원회에 이 사건 공군기지에서 발생하는 항공기 소음으로 인하여 2000년 5월부터 같은 해 10월까지 사이에 걸쳐 그들의 양돈장에서 기르던 모돈 19두가 유산하는 재산피해를 입었고, 피고들도 수면방해 등 정신적 고통을 겪었다는 이유로 환경분쟁조정법 제16조에 의한 분쟁조정신청을 하였는데, 중앙환경분쟁조정위원회는 현지조사, 당사자 진술, 전문가 의견 등을 종합하여 다음과 같은 사실을 인정하여, 2001. 7. 20. 아래 인정사실을 토대로 항공기 소음으로 인하여 피고들 농장에서 모돈 유산 피해가 발생하였음을 인정하고 손해배상으로 15,490,000원(19두×815,000원) 및 이에 대한 지연손해금을 가산하여 지급하라는 내용의 재정을 하였다(피고들의 정신적 고통에 대한 손해배상청구 부분에 대해서는 그 소음도가 수인한도를 초과하지 않는다는 이유로 인정하지 아니하였다).

① 이 사건 공군기지에는 수 개의 비행대대가 편성되어 매일 수십 회에 걸쳐 비행훈련을 하고 있는데, 전투기가 정상이륙할 때에는 이 사건 양돈장 상공을 1,800 내

지 2,000m의 고도로 비행하고 전술이륙할 때에는 이보다 낮은 고도로 비행하고 있다.

② 위 양돈장의 소음도에 대한 현지조사 결과 순간최대소음도가 항공기 이륙시에는 76 내지 96dB, 착륙시에는 74 내지 84dB, 선회시에는 73 내지 83dB에 이르렀고, 항공기 소음평가 추정치는 75WECPNL에 이르렀다.

③ 이 사건 공군기지에는 소음방지벽과 방음정비고가 설치되어 있으나 지역 및 거리특성상 위 양돈장에는 방음효과가 없는 것으로 나타났다.

④ 위원회가 1997년에 발간한 '소음으로 인한 피해의 인과관계 검토기준 및 피해액 산정 방법에 관한 연구' 보고서에 의하면, 모돈은 순간최대소음도 84 내지 96dB 정도의 소음 스트레스를 받을 경우 20~30% 정도 유산을 일으킬 가능성이 있는 것으로 나타나 있다.

⑤ 한편 대전·충남 양돈축협 동물병원의 2000. 10. 10.자 '피고 1 양돈농가의 유산피해 농장의 질병검사 및 역학조사 결과'에 의하면, 위 양돈장에서 발생한 유산의 원인은 질병이 아닌 환경요인에서 오는 스트레스성 초기유산으로 추정되는 것으로 나타났으며, 위 양돈장 주변에는 모돈에게 스트레스를 줄만한 다른 요인의 존재는 확인되지 않고 있다.

2. 사건의 경과

이 사건에서는 국가가 채무부존재확인의 소를 제기하였는데, 이 사안의 쟁점은 **공군 전투기 비행훈련장으로 설치·사용하고 있는 공군기지의 활주로 부근에 위치한 양돈장에서 모돈이 유산하는 손해가 발생한 경우에 공군기지의 소음배출행위가 양돈업자의 수인한도를 넘는 위법행위에 해당하는지 여부**였다.

원심(대전고등법원 2006. 11. 10. 선고 2005나2279 판결)은 위와 같은 사실관계에 따라 피고들이 입은 위 재산상 손해는 이 사건 공군기지에서 발생하는 소음으로 인한 것으로 이 사건 당시의 공군기지의 소음배출행위는 피고들의 수인한도를 넘는 위법행위에 해당한다고 판시하며 원고(대한민국)의 청구를 기각하였다.

대법원 2010. 7. 15. 선고 2006다84126 판결은 ① 불법행위 성립요건으로서의 위법성은 관련 행위 전체를 일체로만 판단하여 결정하여야 하는 것은 아니고, 문제가 되는 행위마다 개별적·상대적으로 판단하여야 할 것이므로 어느 시설을 적법하게 가동하거나 공용에 제공하는 경우에도 그로부터 발생하는 유해배출물로 인하여 제3자가 손해를 입은 경우에는 그 위법성을 별도로 판단하여야 하며, ② 이러한 경우의 판단기준은 그 유해의 정도가 사회생활상 통상의 수인한도를 넘는 것인지 여부인데, 그 수인한도의 기준을 결정함에 있어서는 일반적으로 침해되는 권리나 이익의 성질과 침해의 정도뿐만 아니라 침해행위가 갖는 공공성의 내용과 정도, 그 지역환경의 특수성, 공법적인 규제에 의하여 확보하려는 환경기준, 침해를 방지 또는 경감시키거나 손해를 회피할 방안의 유무 및 그 난이 정도 등 여러 사정을 종합적으로 고려하여 구체적 사건에 따라 개별적으로 결정하여야 한다고 판시하며 원고(대한민국)의 상고를 기각하였다.

II. 판결 읽어보기 [판결 중요부분 발췌(요약)] : 대법원 2010. 7. 15. 선고 2006다84126 판결

상고이유를 판단한다.

불법행위 성립요건으로서의 위법성은 관련 행위 전체를 일체로만 판단하여 결정하여야 하는 것은 아니고, 문제가 되는 행위마다 개별적·상대적으로 판단하여야 할 것이므로 어느 시설을 적법하게 가동하거나 공용에 제공하는 경우에도 그로부터 발생하는 유해배출물로 인하여 제3자가 손해를 입은 경우에는 그 위법성을 별도로 판단하여야 하며, 이러한 경우의 판단기준은 그 유해의 정도가 사회생활상 통상의 수인한도를 넘는 것인지 여부라고 할 것인바(대법원 2001. 2. 9. 선고 99다55434 판결, 대법원 2003. 6. 27. 선고 2001다734 판결 등 참조), 그 수인한도의 기준을 결정함에 있어서는 일반적으로 침해되는 권리나 이익의 성질과 침해의 정도뿐만 아니라 침해행위가 갖는 공공성의 내용과 정도, 그 지역환경의 특수성, 공법적인 규제에 의하여 확보하려는 환경기준, 침해를 방지 또는 경감시키거나 손해를 회피할 방안의 유무 및 그 난이 정도 등 여러 사정을 종합적으로 고려하여 구체적 사건에 따라 개별적으로 결정하여야 한다(대법원 2005. 1. 27. 선고 2003다49566 판결 등 참조).

원심판결 이유에 의하면, 원심은 그 채용 증거들을 종합하여, 원고는 공군의 F16 전투기 비행훈련장으로 이 사건 공군기지를 설치하여 사용하고 있고, 피고들은 활주로 북쪽 끝으로부터 약 4.5km 떨어진 곳에서 양돈업에 종사하여 온 사실, 이 사건 공군기지에서는 수 개의 비행대대가 편성되어 매일 수십 회에 걸쳐 이착륙 및 선회

훈련을 하는데, 그 과정에서 발생하는 소음의 순간 최대치가 피고들의 양돈장 근처에서 모돈에 20~30% 정도의 유산을 일으킬 가능성이 있는 수치인 84 내지 96dB로 측정된 사실, 원고가 소음저감을 위해 소음방지벽, 방음정비고 등을 시설하였으나 지역 및 거리특성상 위 양돈장에는 방음효과가 없었고, 피고들이 위 양돈장에서 기르는 모돈 19두가 2000. 5.부터 2000. 10.까지 사이에 유산을 한 사실, 수의학 전문가의 역학조사 결과 모돈의 유산원인은 질병이 아닌 환경요인에서 오는 스트레스로 추정되며, 위 소음 외에는 위 양돈장에서 모돈에 스트레스를 줄 만한 다른 요인이 확인되지 않는다는 사실을 인정한 다음, 피고들이 입은 위 재산상 손해는 이 사건 공군기지에서 발생하는 소음으로 인한 것으로 이 사건 당시의 소음배출행위와 그 결과가 피고들의 수인한도를 넘는 위법행위라고 판단하였다.

위 법리에 기초하여 원심판결 이유를 살펴보면, 원심의 위와 같은 판단은 수긍할 수 있고, 원심판결에 소음으로 인한 손해배상책임의 위법성 판단과 관련하여 상고이유에서 주장하는 바와 같은 법리오해의 위법이 있다고 할 수 없다.

그 밖에 유산한 모돈의 개체수나 소음의 정도에 대한 원심의 사실인정에 채증법칙을 위배한 심리미진의 위법이 있다는 상고이유의 주장은 사실심인 원심의 전권에 속하는 증거의 취사선택과 사실인정을 다투는 취지에 불과하여 적법한 상고이유라 할 수 없고, 인과관계에 관한 증명책임의 법리를 오해하였다는 상고이유의 주장도 원심이 인정한 소음의 정도에 대한 증명이 없는 것을 전제로 한 것이므로, 상고이유의 주장은 모두 받아들일 수 없다.

그러므로 상고를 모두 기각하고 상고비용은 패소자인 원고가 부담하기로 하여, 관여 대법관의 일치된 의견으로 주문과 같이 판결한다.

요약정리 [사안의 쟁점과 판결의 요지]

대법원 2010. 7. 15. 선고 2006다84126 판결 [채무부존재확인]

이 사안에서 국가가 공군 전투기 비행훈련장으로 설치·사용하고 있는 공군기지의 활주로 북쪽 끝으로부터 4.5km 떨어진 곳에 위치한 양돈장에서 모돈(母豚)이 유산하는 손해가 발생하였다.

이 사안의 쟁점은 **공군 전투기 비행훈련장으로 설치·사용하고 있는 공군기지의 활주로 부근에 위치한 양돈장에서 모돈이 유산하는 손해가 발생한 경우에 공군기지의 소음배출행위가 양돈업자의 수인한도를 넘는 위법행위에 해당하는지 여부**였다.

대법원 2010. 7. 15. 선고 2006다84126 판결은 위 공군기지에서 발생하는 소음의 순간 최대치가 양돈장 근처에서 모돈에 20~30% 정도의 유산을 일으킬 가능성이 있는 수치인 84 내지 94dB로 측정된 점, 역학조사 결과 모돈의 유산 원인은 질병이 아닌 환경요인에서 오는 스트레스로 추정되는데 위 소음 외에 양돈장에서 모돈에 스트레스를 줄 만한 다른 요인이 확인되지 않는 점 등에 비추어 위 손해는 공군기지에서 발생한 소음으로 인한 것으로, 공군기지의 소음배출행위가 양돈업자의 수인한도를 넘는 위법행위라고 판단한 **원심(대전고등법원 2006. 11. 10. 선고 2005나2279 판결)**의 판단을 수긍하여 원고(대한민국)의 상고를 기각하였다.

PART 4

방위사업 등 국가계약 관련 판결

판례 1

전력지원체계 연구개발사업의 개발업체가 연구개발사업을 성공적으로 수행한 경우, 관련 국방예산을 배정받지 못했다거나 또는 해당 품목이 군수품 양산 우선순위에서 밀려 곧바로 수의계약을 체결하지는 않을 예정이라고 하더라도 개발업체가 국방전력발전업무훈령에서 정한 발급 요건을 충족한다면 연구개발확인서를 발급하여야 하는지 여부

대전고등법원 2021. 1. 14. 선고 2020누10690 판결 [연구개발확인서발급절차이행청구의 소]

I. 사안의 개요 [기초사실 및 사건의 경과]

1. 기초사실

육군본부 B사업단은 2013년경 ① 2013년부터 2016년까지 트럭에 D장비를 적재하여 일체형으로 운용할 수 있는 'C' 시제품 1대를 생산하여, 운용시험평가 등을 거쳐, ② 2016년부터 2021년까지 전방 전투부대에 ○○○대를 보급한다는 내용의 사업계획을 수립하였다. 이에 국군중앙계약관은 2013. 11. ○. 사업관리기관인 육군본부 B사업단이 작성한 '제안요청서'를 첨부하여 위 사업계획 중 ① 연구개발 부분에 관하여 용역계약 경쟁입찰 공고를 하였고, 입찰에 응한 각 업체들의 제안서를 평가하여, 원고를 개발업체로 선정하였다. 국군중앙계약관은 2013. 12. ○. 원고와 이 사건 용역계약을 체결하였는데, 그에 따르면 관련 연구개발은 '정부투자연구개발' 방식으로 진행되며, 계약금액 1원(원고가 연구개발에 소요되는 전체 비용 중에서 1원을 육군본부 B사업단으로부터 지급받고, 나머지 비용은 원고가 스스로 부담함을 의미한다), 계약기간은 2013. 12. ○.부터 2016. 11. ○.까지였다.

이 사건 용역계약에 따라 원고는 2016. 8.경 C 시제품을 개발하였고, 전력지원체계 시험평가를 거쳐 2016. 10. ○. 군사용 적합판정을 받았으며, 2016. 11. ○. C에 관한 국방규격(표준화)이 제정되었고, 2016. 12. ○. 육군참모총장으로부터 최종적으로 'C의 정부투자연구개발사업이 종결되었음'을 통보받았다. 이후 원고는 육군본부 B사업단에 구 국방전력발전업무훈령 제114조의2 제1항에 의하여 이 사건 용역계약에 따라 개발된 C에 관하여 연구개발확인서를 발급해 줄 것을 신청하였다. 이에 육군본부

B사업단장이 2018. 5. ○. '연구개발확인서의 발급은 행정처분에 해당하고, C에 관한 국방규격 제정 당시에 시행된 현행 국방전력발전업무훈령 제113조의5 제1항에 의하여 정부투자연구개발 방식으로 개발된 품목에 관해서는 연구개발확인서를 발급할 수 없다'는 이유로 이 사건 거부회신을 하자, 원고는 2018. 6. ○. 육군본부 B사업단장이 속한 법인격주체인 피고 대한민국을 상대로 '피고(대한민국)는 원고에게 이 사건 용역계약에 따라 구 국방전력발전업무훈령 제114조의2 제1항에 의한 연구개발확인서의 발급절차를 이행하라'고 청구하는 소를 제기하였다.

2. 사건의 경과

이 사안의 쟁점은 **전력지원체계 연구개발사업의 개발업체가 연구개발사업을 성공적으로 수행한 경우, 관련 국방예산을 배정받지 못했다거나 또는 해당 품목이 군수품 양산 우선순위에서 밀려 곧바로 수의계약을 체결하지는 않을 예정이라고 하더라도 개발업체가 국방전력발전업무훈령에서 정한 발급 요건을 충족한다면 연구개발확인서를 발급하여야 하는지 여부**였다.

제1심(대전지방법원 2019. 1. 9. 선고 2018가합104065 판결)은 원고와 대한민국 사이에 구 국방전력발전업무훈령 제114조의2 제1항을 이 사건 용역계약의 내용으로 편입하기로 한다는 의사의 합치가 있었다고 보기 어렵다는 이유에서 원고의 청구를 기각하는 판결을 선고하였고, 그 항소심인 **환송 전 판결(대전고등법원 2019. 8. 22. 선고 2019나10352 판결)**도 같은 이유에서 원고의 항소를 기각하는 판결을 선고하였다.

그런데 상고심인 **대법원 2020. 1. 16. 선고 2019다264700 판결**은, 대한민국 산하의 B사업단장이 원고의 연구개발확인서 발급신청을 거부한 것은 항고소송의 대상인 '거부처분'에 해당하므로, 원고는 처분청을 상대로 거부처분의 취소나 무효확인을 구하는 항고소송을 제기하였어야 한다고 판단하여 위 환송 전 판결을 파기환송하였고, 원고는 환송 후 소송절차에서 피고를 B사업단장으로 하여 '연구개발확인서 발급신청에 대한 거부처분의 취소'를 구하는 것으로 소를 교환적 변경하였다.

파기환송심(대전고등법원 2021. 1. 14. 선고 2020누10690 판결)은 ① ⓐ 항고소송에서 처분의 위법 여부는 특별한 사정이 없는 한 그 처분 당시를 기준으로 판단하여야 하고, 다만 개정 전 법령의 존속에 대한 국민의 신뢰가 개정 법령의 적용에 관한 공익상의 요구보다 더 보호가치가 있다고 인정되는 경우에 그러한 국민의 신뢰를 보호하기 위하여 그 적용이 제한될 수 있는 여지가 있는데, 원고는 구 국방전력발전업무훈령 제114조의2 제1항에 따라 '정부투자연구개발' 방식으로 진행된 이 사건 용역계약에도 연구개발확인서의 발급이 가능하리라는 점을 신뢰하여 이 사건 용역계약을 체결한 것으로 보이므로 이 사건에는 구 국방전력발전업무훈령이 적용된다고 보아야 하고, ⓑ 구 국방전력발전업무훈령 제114조의3에서는 연구개발비용 투자자가 누구인지에 따라 '수의계약 가능기간'을 규정하고 있을 뿐이고, 구 국방전력발전업무훈령 제114조의2 제1항에서는 연구개발비용 투자자의 구분 없이 연구개발확인서의 발급이 가능하다고만 규정하고 있으므로, 수의계약 가능기간과 관계 없이 모든 경우에 연구개발확인서의 발급이 가능한 것으로 해석함이 상당하며(또한, 이 사건 연구개발이 '정부투자연구개발' 방식임에도 원고가 이 사건 용역계약금액을 1원으로 하여 계약을 체결하였고, 이에 따라 원고가 사실상 약 9억 원 상당의 모든 개발비를 부담하였는바, 이는 형식은 '정부투자연구개발' 방식이지만 사실상 '업체투자연구개발' 방식과 같다고 볼 수 있다), ② 사업관리기관에 의한 연구개발확인서 발급 여부 결정은 수의계약 체결 여부를 결정하기 전에 행해지는 별개의 확인적 행정행위이므로, 개발업체가 구 국방전력발전업무훈령에서 정한 발급 요건을 충족한다면 연구개발확인서를 발급하여야 하며, 관련 국방예산을 배정받지 못했다거나 또는 해당 품목이 군수품 양산 우선순위에서 밀려 곧바로 수의계약을 체결하지는 않을 예정이라는 이유만으로 연구개발확인서 발급조차 거부하여서는 안 되며, ③ 원고는 구 국방전력발전업무훈령 제114조의2 제1항에서 정한 발급 요건을 모두 충족하였다고 봄이 상당하므로 피고는 원고에게 연구개발확인서를 발급하여야 할 의무가 있고, 달리 이를 거부할 법적 근거나 사유를 찾을 수 없음에도 원고에게 연구개발확인서를 발급하여 주지 않은 피고의 이 사건 거부처분은 위법하다는 이유로 피고가 원고에게 한 연구개발확인서 발급신청에 대한 거부처분을 취소하였고, 피고(육군본부 B사업단장)가 상고를 하였으나 2021. 6. 3. 심리불속행 기각되어 2021. 6. 8. 확정되었다(대법원 2021두33180 판결).

II. 판결 읽어보기 [판결 중요부분 발췌(요약)] : 대전고등법원 2021. 1. 14. 선고 2020누10690 판결

1. 소송의 경과(이 사건 청구의 개요)

가. 원고는 제1심에서, 원고와 대한민국 사이에 2013. 12. ○. 체결된 'C 연구개발'에 관한 용역계약(이하 '이 사건 용역계약'이라 한다)에 따라 대한민국이 원고에게 구 국방전력발전업무훈령 제114조의2 제1항에 의한 원고에게 연구개발확인서 발급절차를 이행할 의무가 있다는 이유로 대한민국을 상대로 연구개발확인서 발급절차의 이행을 구하는 소를 제기하였다. 이에 제1심은 원고와 대한민국 사이에 구 국방전력발전업무훈령 제114조의2 제1항을 이 사건 용역계약의 내용으로 편입하기로 한다는 의사의 합치가 있었다고 보기 어렵다는 이유에서 원고의 청구를 기각하는 판결을 선고하였고, 그 항소심인 환송 전 판결도 같은 이유에서 원고의 항소를 기각하는 판결을 선고하였다.

나. 그런데 상고심인 대법원은, 대한민국 산하의 B사업단장이 원고의 연구개발확인서 발급신청을 거부한 것은 항고소송의 대상인 '거부처분'에 해당하므로, 위 처분청을 상대로 거부처분의 취소나 무효확인을 구하는 항고소송을 제기하였어야 한다고 판단하여, 위 환송 전 판결을 파기환송하였다.

다. 원고는 환송 후 당심에서 피고를 B사업단장으로 하여 '연구개발확인서 발급신청에 대한 거부처분의 취소'를 구하는 것으로 소를 교환적 변경하였다.

2. 처분의 경위

가. B사업단은 2013년 무렵 ① 2013년부터 2016년까지 총 9억 4,400만 원을 투입하여 9.5톤 트럭에 D장비를 적재하여 일체형으로 운용할 수 있는 'C' 시제품 1대를 생산하여, 운용시험평가 등을 거쳐(이하 '연구개발'이라고 한다) ② 2016년부터 2021년까지 전방 전투부대에 ○○○대(대당 예상획득단가 (생략), 예상 소요예산 (생략))를 보급한다(이하 '양산'이라고 한다)는 내용의 사업계획을 수립하였다.

나. 국군중앙계약관은 2013. 11. ○. 사업관리기관인 B사업단이 작성한 '제안요청서'를 첨부하여 위 사업계획 중 ① 연구개발 부분에 관하여 용역계약 경쟁입찰 공고를 하였고, 입찰에 응한 각 업체들의 제안서를 평가하여, 원고를 개발업체로 선정하였다. 국군중앙계약관은 2013. 12. ○. 원고와 이 사건 용역계약을 체결하였는데, 그에 따르면 관련 연구개발은 '정부투자연구개발' 방식으로 진행되며, 계약금액 1원(원고가 연

구개발에 소요되는 전체 비용 중에서 1원을 B사업단으로부터 지급받고, 나머지 비용은 원고가 스스로 부담함을 의미한다), 계약기간은 2013. 12. ○.부터 2016. 11. ○.까지이다.

다. 이 사건 용역계약에 따라 원고는 2016. 8.경 C 시제품을 개발하였고, 전력지원체계 시험평가를 거쳐 2016. 10. ○. 군사용 적합판정을 받았으며, 2016. 11. ○. C에 관한 국방규격(표준화)이 제정되었고, 2016. 12. ○. 육군참모총장으로부터 최종적으로 'C의 정부투자연구개발사업이 종결되었음'을 통보받았다.

라. 이후 원고는 B사업단에 구 국방전력발전업무훈령(2012. 2. 3. 국방부훈령 제1388호로 개정되어 2014. 5. 26. 국방부훈령 제1664호로 개정되기 전의 것, 이하 같다) 제114조의2 제1항에 의하여 이 사건 용역계약에 따라 개발된 C에 관하여 연구개발확인서를 발급해 줄 것을 신청하였다(이하 '이 사건 신청'이라 한다). 이에 B사업단장은 2018. 5. ○. '연구개발확인서의 발급은 행정처분에 해당하고, C에 관한 국방규격 제정 당시에 시행된 현행 국방전력발전업무훈령 제113조의5 제1항에 의하여 정부투자연구 개발 방식으로 개발된 품목에 관해서는 연구개발확인서를 발급할 수 없다'는 이유로 이 사건 거부회신을 하였다(이하 '이 사건 거부처분'이라 한다).

3. 이 사건 거부처분의 적법 여부

가. 원고의 주장 요지

원고는 이 사건 용역계약의 내용으로 편입된 구 국방전력발전업무훈령 제114조의2 제1항이 적용됨에 따라 연구개발확인서의 발급이 가능함을 신뢰하고 이 사건 연구개발 작업을 수행하였다. 그러나 피고는 처분 당시 시행되던 국방전력발전업무훈령 제113조의5 제1항을 적용하여 '정부투자연구개발 방식으로 개발된 품목에 관해서는 연구개발확인서를 발급할 수 없다'는 이유로 이 사건 거부처분을 하였는바, 이 사건 거부처분은 신뢰보호의 원칙 및 비례의 원칙에 위배되어 위법하다.

나. 관계 법령

별지 기재와 같다. (생략)

다. 판단

1) 관련 법리

항고소송에서 처분의 위법 여부는 특별한 사정이 없는 한 그 처분 당시를 기준으로 판단하여야 한다. 이는 신청에 따른 처분의 경우에도 마찬가지이다(대법원 2017. 4. 7. 선고 2014두37122 판결 등 참조). 새로 개정된 법령의 경과규정에서 달리 정함이 없는 한, 처분 당시에 시행되는 개정 법령과 그에서 정한 기준에 의하여 신청에 따른 처분의 발급 여부를 결정하는 것이 원칙이고, 다만 그러한 개정 법령의 적용과 관련하여서는 개정 전 법령의 존속에 대한 국민의 신뢰가 개정 법령의 적용에 관한 공익상의 요구보다 더 보호가치가 있다고 인정되는 경우에 그러한 국민의 신뢰를 보호하기 위하여 그 적용이 제한될 수 있는 여지가 있다(대법원 2005. 7. 29. 선고 2003두3550 판결 등 참조).

2) 구체적인 판단

가) 위와 같은 법리에 비추어 이 사건을 살피건대, 위 인정사실과 앞서 든 증거, 증거(생략)의 각 기재 및 변론 전체의 취지에 의하여 알 수 있는 다음과 같은 사정들을 종합하면, 이 사건 용역계약을 체결함에 있어 구 국방전력발전업무훈령 제114조의2 제1항에 따라 연구개발확인서를 발급받을 수 있다는 원고의 신뢰는 뒤에 개정된 국방전력발전업무훈령 적용에 관한 공익상의 요구보다 더 보호가치가 크다고 봄이 상당하다.

① 이 사건 용역계약서에는 '붙임의 계약문서'에 의하여 계약을 체결한다고 명시하고 있고, 위 계약문서에는 제안요청서가 포함되어 있다. 또한 계약특수조건 제3조 제1항 제4호에서도 제안요청서가 계약의 일부로서 효력을 가진다고 규정하고 있다. 한편, 제안요청서의 '3. 적용규정 및 지침' 중 '훈령 및 관련 규정'에는 '구 국방전력발전업무훈령'을 명시하고 있다. 피고 측 스스로 이 사건 용역계약에 구 국방전력발전업무훈령이 적용됨을 밝히고 있다.

② 구 국방전력발전업무훈령 제114조의2 제1항은 모든 방식의 연구개발품목에 대하여 군사용 적합판정을 받고 규격이 제·개정된 경우에는 지체 없이 연구개발확인서를 발급하도록 규정하고 있었다. 그런데 이후 2014. 5. 26. 국방부훈령 제1664호로 개정된 국방전력발전업무훈령 제113조의5 제1항에서는 '업체투자연구개발품목'에 한정하여 연구개발확인서를 발급하는 것으로 개정되었다. 그 후 2014. 11. 10. 국방부훈령 제1707호로 개정된 국방전력발전업무훈령 제113조의5 제1항은 '업체투자연구개발품목' 및 '정부·업체공동투자연구개발품목'에 한하여 연구개발확인서를 발급하고, 같은 항 단서에서 '정부투자연구개발사업'의 경우 사업종결여부는 사업관리기관의 공문에 의한다고 규정한 이후 현재까지 위 규정이 이어져 오고 있다(이하 2014. 11. 10. 개정된 국방부훈령 제1707호를 비롯하여 이후 개정된 국방전력발전업무훈령을 '개정된 국방전력발전업무훈령'이라고 한다). 위와 같이 국방전력발전업무훈령이 개정됨에 있어 개정 전·후로 연구개발확인서 발급에 관련된 법적 상황에 근본적인 변경이 있었다고 보이지는 않는다.

③ 원고는 국군중앙계약관의 공고에 따라 응찰하여 2018. 12. ○. 이 사건 용역계약을 체결하였다. 그리고 원고가 1원에 응찰한 점 등 당시의 상황에 비추어 보면, 원고는 구 국방전력발전업무훈령 제114조의2 제1항에 따라 '정부투자연구개발' 방식으로 진행되는 이 사건 용역계약에도 연구개발확인서의 발급이 가능하리라는 점을 신뢰하여 이 사건 용역계약을 체결한 것으로 보이고(원고 외에 다른 응찰 업체는 물론, 심지어 피고 측도 당시의 상황에서는 그와 같이 인식하고 있었을 것으로 보인다), 그 이후 국방전력발전업무훈령이 '정부투자연구개발' 방식의 연구개발사업에는 연구개발확인서의 발급이 불가능한 것으로 개정되리라는 점을 원고가 쉽게 예상할 수는 없었을 것으로 보인다.

④ 이 사건 용역계약과 같은 국가와 개인 사이의 계약관계의 경우, 당초 계약에 적용하기로 하였던 법령을 이후 국가가 일방적으로 개정하게 되면 이는 계약 상대방의 동의 내지 당사자간의 합의 없이 계약 내용이 변경되는 것이어서 계약법 기본 법리에 반하게 되는 불합리한 결과를 초래할 수 있고, 개정 전 법령을 계약 내용으로 믿고 합의한 계약 상대방의 정당한 이익을 침해하거나, 상대방의 지위를 심히 불안정하게 하는 결과를 낳는다. 따라서 이러한 경우에는 원고에게 기존 법령의 존속에 대한 특별한 신뢰보호가 요청된다고 할 것이다[B사업단이 작성한 다른 사업 관련 제안요청서에는 '원칙적으로 계약 당시의 법령과 규정을 적용한다'는 내용이 기재되어 있어 있기도 하다(갑 제34호증 참조)].

⑤ 한편, 구 국방전력발전업무훈령 제114조의3에서는 '정부·업체공동투자연구개발'이나 '업체투자연구개발'에 한하여만 연구개발확인서 발급일로부터의 수의계약 가능기간을 규정하고, 달리 '정부투자연구개발' 방식에 대하여는 규정하고 있지 않다. 이에 관련하여 피고는, 원고가 '정부투자연구개발' 방식으로 진행되는 이 사건 용역계약에는 위 규정에 따라 연구개발확인서가 발급될 수 없음을 알았던 것으로 보이고, 또 피고 측에 이와 관련한 아무런 문의도 하지 않았으므로 원고가 연구개발확인서를 발급받을 수 있다고 믿은 데에 귀책사유가 있다고 주장한다. 그러나 구 국방전력발전업무훈령 제114조의3에서는 연구개발비용 투자자가 누구인지에 따라 '수의계약 가능기간'을 규정하고 있을 뿐이고, 구 국방전력발전업무훈령 제114조의2 제1항에서는 그러한 구분 없이 연구개발확인서의 발급이 가능하다고만 규정하고 있으므로, 수의계약 가능기간과 관계 없이 모든 경우에 연구개발확인서의 발급이 가능한 것으로 해석함이 상당하다.

이와 다른 전제에 선 피고의 주장은 받아들이지 않는다.

⑥ 이 사건 연구개발이 '정부투자연구개발' 방식임에도 원고가 이 사건 용역계약금액을 1원으로 하여 계약을 체결하였고, 이에 따라 원고가 사실상 약 9억 원 상당의 모든 개발비를 부담하였다. 이는, 형식은 '정부투자연구개발' 방식이지만 사실상 '업체투자연구개발' 방식과 같다고 볼 수 있다. 또한 이 사건 용역계약서에 의하면 이 사건 연구개발과 관련하여 획득한 모든 기술자료 등 일체의 유·무형 재산권은 국가에게 귀속된다(제18조 3항). 원고가 위와 같은 구조·방식하에서도 사실상 모든 비용부담을 안고 이 사건 용역계약을 체결한 것은 이 사건 연구개발이 종료된 후에는 연구개발확인서를 발급받을 수 있다는 이점 내지 유인 때문인 것으로 보이고, 만약 원고에게 연구개발확인서가 발급되지 않는다면 원고는 이 사건 용역계약으로 별다른 이익을 취득할 것도 없어 보인다(원고는 이 사건 용역계약을 수행하여 그 자체로 연구개발실적을 올리고 가산점 획득이나 공신력 평가제고 등 사실상의 이익 등을 얻을 수 있는 여지가 있으나, 이는 업체가 연구개발비용을 부담하지 않는 전형적인 '정부투자연구개발' 방식을 비롯한 다른 연구개발 방식에서도 마찬가지로 취할 수 있는 이익이다. 한편, 위와 같은 이익도 연구개발확인서에 의하여 공적으로 뒷받침되어야만 공고해진다는 면에서도 연구개발확인서가 필요한 것이다).

⑦ 한편, 어떤 군수품을 조달할지 여부나 그 수량과 시기는 국방예산의 배정이나 각 군에서 요청하는 군수품 소요의 우선순위에 따라 탄력적으로 결정될 수 있어야 하므로, 관계 법령이나 규정에서 특별히 달리 정하지 않은 이상, 군수품 조달에 관해서는 방위사업청장이나 각 군에게 광범위한 재량이 있다. 국방전력발전업무훈령이 업체투자연구개발 방식이나 정부·업체공동투자연구개발 방식으로 연구개발이 완료되어 군사용 적합판정을 받고 국방규격이 제·개정된 품목에 관해서도 반드시 양산하여야 한다거나 또는 수의계약을 체결하여야 한다고 규정하고 있지 않은 것도 이 때문이다. 따라서 개발업체가 전력지원체계 연구개발사업을 성공적으로 수행하였다고 하더라도 언제나 해당 품목에 관하여 수의계약 체결을 요구할 권리가 있는 것은 아니다. 그렇다면, 개정된 국방전력발전업무훈령에 따라 '정부투자연구개발'의 경우 연구개발확인서의 발급을 제한하여 수의계약 체결을 막겠다는 공익상의 목적은, 위 관련 법리에서와 같이 연구개발확인서의 발급 자체가 수의계약 체결을 보장하여 주지 않는 이상 원고의 신뢰 보호를 저버릴 만큼 중대한 것이라고 보기도 어렵다.

나) 그렇다면 이 사건 용역계약에 있어서 원고의 이 사건 신청에 따른 연구개발확인서 발급 여부를 결정하는 데에는 개정된 국방전력발전업무훈령 제113조의5 제1항을 적용할 수는 없고, 여전히 구 국방전력발전업무훈령 제114조2 제1항을 적용함

이 상당하다. 한편, 사업관리기관에 의한 연구개발확인서 발급 여부 결정은 수의계약 체결 여부를 결정하기 전에 행해지는 별개의 확인적 행정행위이므로, 개발업체가 국방전력발전업무훈령에서 정한 발급 요건을 충족한다면 연구개발확인서를 발급하여야 한다(앞에서 본 바와 같이 원고가 연구개발확인서를 발급받는다고 하여 장차 피고와의 수의계약 체결이 보장되는 것은 아니다. 따라서 피고로서는 원고의 이 사건 신청이 수의계약을 체결하려는 목적이므로 이를 제한하여야 한다는 이유만으로는 위 신청을 거부할 수 없다고 봄이 타당하다).

나아가 원고가 실제로 구 국방전력발전업무훈령 제114조의2 제1항의 요건을 충족하였는지 살피건대, 원고는 2016. 8.경 C 시제품을 개발하였고, 전력지원체계 시험평가를 거쳐 2016. 10. ○. 군사용 적합판정을 받았으며, 2016. 11. ○. C에 관한 국방규격(표준화)이 제정된 사실은 앞에서 본 바와 같다. 따라서 원고는 구 국방전력발전업무훈령 제114조의2 제1항에서 정한 발급 요건을 모두 충족하였다고 봄이 상당하므로 피고는 원고에게 연구개발확인서를 발급하여야 할 의무가 있고, 달리 이를 거부할 법적 근거나 사유를 찾을 수 없다. 그럼에도 원고에게 연구개발확인서를 발급하여 주지 않은 피고의 이 사건 거부처분은 위법하다.

5. 결론

그렇다면 당심에서 교환적으로 변경된 원고의 이 사건 청구는 이유 있으므로 이를 인용하기로 하여 주문과 같이 판결한다(구소인 '연구개발확인서 발급절차 이행청구의 소'는 환송 후 당심에서 이루어진 소의 교환적 변경으로 취하되어 이에 대한 제1심 판결은 실효되었다).

요약정리 [사안의 쟁점과 판결의 요지]

대전고등법원 2021. 1. 14. 선고 2020누10690 판결 [연구개발확인서발급절차이행청구의 소]

이 사안의 쟁점은 전력지원체계 연구개발사업의 개발업체가 연구개발사업을 성공적으로 수행한 경우, 관련 국방예산을 배정받지 못했다거나 또는 해당 품목이 군수품 양산 우선순위에서 밀려 곧바로 수의계약을 체결하지는 않을 예정이라고 하더라도 개발업체가 국방전력발전업무훈령에서 정한 발급 요건을 충족한다면 연구개발확인서를 발급하여야 하는지 여부였다.

대법원 2020. 1. 16. 선고 2019다264700 판결은 육군본부 B사업단장의 원고에 대한 이 사건 연구개발확인서 발급 거부회신은 전력지원체계 연구개발사업의 개발업체인 원고의 연구개발확인서 발급신청에 대한 거부처분에 해당하므로, 원고는 처분청이 속한 법인격 주체인 피고(대한민국)를 상대로 연구개발확인서 발급의무의 이행을 구하는 민사소송이나 공법상 당사자소송을 제기할 것이 아니라, 처분청인 육군본부 B사업단장을 상대로 거부처분의 취소나 무효확인을 구하는 항고소송을 제기하였어야 한다고 판시하며 원심판결을 파기·환송하였다.

파기환송심(대전고등법원 2021. 1. 14. 선고 2020누10690 판결)은 ① ⓐ 항고소송에서 처분의 위법 여부는 특별한 사정이 없는 한 그 처분 당시를 기준으로 판단하여야 하고, 다만 개정 전 법령의 존속에 대한 국민의 신뢰가 개정 법령의 적용에 관한 공익상의 요구보다 더 보호가치가 있다고 인정되는 경우에 그러한 국민의 신뢰를 보호하기 위하여 그 적용이 제한될 수 있는 여지가 있는데, 원고는 구 국방전력발전업무훈령 제114조의2 제1항에 따라 '정부투자연구개발' 방식으로 진행된 이 사건 용역계약에도 연구개발확인서의 발급이 가능하리라는 점을 신뢰하여 이 사건 용역계약을 체결한 것으로 보이므로 이 사건에는 구 국방전력발전업무훈령이 적용된다고 보아야 하고, ⓑ 구 국방전력발전업무훈령 제114조의3에서는 연구개발비용 투자자가 누구인지에 따라 '수의계약 가능기간'을 규정하고 있을 뿐이고, 구 국방전력발전업무훈령 제114조의2 제1항에서는 연구개발비용 투자자의 구분 없이 연구개발확인서의 발급이 가능하다고만 규정하고 있으므로, 수의계약 가능기간과 관계 없이 모든 경우에 연구개발확인서의 발급이 가능한 것으로 해석함이 상당하며(또한, 이 사건 연구개발이 '정부투자연구개발' 방식임에도 원고가 이 사건 용역계약금액을 1원으로 하여 계약을 체결하였고, 이에 따라 원고가 사실상 약 9억 원 상당의 모든 개발비를 부담하였는바, 이는 형식은 '정부투자연구개발' 방식이지만 사실상 '업체투자연구개발' 방식과 같다고 볼 수 있다), ② 사업관리기관에 의한 연구개발확인서 발급 여부 결정은 수의계약 체결 여부를 결정하기 전에 행해지는 별개의 확인적 행정행위이므로, 개발업체가 구 국방전력발전업무훈령에서 정한 발급 요건을 충족한다면 연구개발확인서를 발급하여야 하며, 관련 국방예산을 배정받지 못했다거나 또는 해당 품목이 군수품 양산 우선순위에서 밀려 곧바로 수의계약을 체결하지는 않을 예정이라는 이유만으로 연구개발확인서 발급조차 거부하여서는 안 되며, ③ 원고는 구 국방전력발전업무훈령 제114조의2 제1항에서 정한 발급 요건을 모두 충족하였다고 봄이 상당하므로 피고는 원고에게 연구개발확인서를 발급하여야 할 의무가 있고, 달리 이를 거부할 법적 근거나 사유를 찾을 수 없음에도 원고에게 연구개발확인서를 발급하여 주지 않은 피고의 이 사건 거부처분은 위법하다는 이유로 피고가 원고에게 한 연구개발확인서 발급신청에 대한 거부처분을 취소하였고, 피고(육군본부 B사업단장)가 상고를 하였으나 2021. 6. 3. 심리불속행 기각되어 2021. 6. 8. 확정되었다(대법원 2021두33180 판결).

판례 2

계약일반조건 제3조 제3항과 계약특수조건간의 관계

대법원 2012. 12. 27. 선고 2012다15695 판결 [물품대금]
[원심판결] 서울중앙지방법원 2012. 1. 12. 선고 2011나28532 판결

I. 사안의 개요 [기초사실 및 사건의 경과]

1. 기초사실

원고는 2010년 군 체력단련장(B, C, D 골프장)에서 사용할 농약 및 비료 구매입찰에 참가하여 낙찰자로 결정되었고, 그에 따라 2010. 6. ○. 피고(대한민국)와 사이에 계약금액 240,425,000원, 납품일자 2010. 6. ○.부터 2010. 6. ○.까지, 지체상금율 0.15%로 정하여 농약 및 비료를 공급하기로 하는 계약을 체결하면서 사양서, 물품구매계약 일반조건, 물품구매계약 특수조건 등을 계약내용으로 함에 동의하였다.

그런데 사양서에 의하면 납품 전 체력단련장의 기술검사관이 사양규격에 부합하는 물품을 지정하고, 낙찰자는 지정 품목을 납품하되, 이를 변경하고자 할 경우 변경품목은 일정한 조건을 준수하여야 하는바, 그 조건으로는 변경품목이 가격, 수량, 효과에 있어 지정품목과 동일하거나 그 이상일 것(이에 관한 판단은 오로지 납품처 기술검사관이 하며, 그 밖에 국가공인기관 또는 전문기관 등의 품질확인서는 기준이 되지 아니함), 18홀 이상 골프장 10곳 이상에서 사용한 품목일 것 등이 규정되어 있고, 계약일반조건, 계약특수조건 및 관계법령에는 별지(생략)와 같은 내용이 규정되어 있었다.

원고는 일부 품목을 당초 지정된 품목이 아닌 변경품목으로 대체 납품하려는 과정에서 납기를 어기게 되었고, 이에 따라 피고로부터 계약금액 240,425,000원에서 지체상금(지체 1일에 대하여 계약금액의 0.15%로 계산) 1,012,570원, 계약특수조건 소정의 코스관리손실(지체 1일에 대하여 계약금액의 3%로 계산) 20,251,440원을 공제한 나머지 219,160,990원을 지급받았다.

이에 원고는 피고에게 계약특수조건 소정의 코스관리손실(지체 1일에 대하여 계약금액의 3%로 계산) 명목으로 공제되어 받지 못한 20,251,440원을 지급하라는 소를 제기하였다.

2. 사건의 경과

이 사안에서의 쟁점은 **계약특수조건이 계약상대자의 계약상 이익을 제한하는 내용이라면 그 조건의 부당성을 추가로 검토할 것 없이 무효가 되는지 여부**였다.

1심(서울중앙지방법원 2011. 6. 9. 선고 2010가단448299 판결)은 국가계약법 시행령 및 시행규칙에서, 이 사건과 같은 물품구매의 경우 계약금액에 대한 1000분의 1.5의 비율로 계산한 돈에 지체일수를 곱하여 지체상금을 산정한다고 규정하고 있음에도 불구하고, 계약특수조건에서는 위와 같이 계산한 지체상금과는 별도로 '코스관리손실' 이라는 명목으로 이 사건과 같은 비료 및 살충제 납품의 경우 1일 납품지연에 계약금액의 3%의 비율로 계산한 지연손해금을 가산하도록 규정(특수조건 7조 3항)함으로써 위 법령에 의한 원고의 계약상 이익을 제한하고 있으므로, 계약특수조건 중 코스관리 손실에 관한 부분(특수조건 7조 3항)은 계약일반조건 제3조 3항에 의하여 무효라고 판단하여 원고의 청구를 인용하였고, **항소심(서울중앙지방법원 2012. 1. 12. 선고 2011나28532 판결)**도 피고의 주장을 배척하고 원고의 청구를 인용한 제1심을 그대로 유지하였다.

그러나 **대법원 2012. 12. 27. 선고 2012다15695 판결**은 계약일반조건상의 '계약특수조건에서 국가를 당사자로 하는 계약에 관한 법령에 의한 계약상대자의 계약상 이익을 제한하는 내용을 정할 경우 그 계약특수조건은 효력이 인정되지 아니한다'는 규정은 계약특수조건상의 내용이 '계약상대자의 계약상 이익을 부당하게 제한하는 경우'에 한하여 계약특수조건의 효력이 인정되지 않는다는 의미로 해석해야 한다고 판시하며 원심판결을 파기하고 사건을 원심법원에 환송하였고, 파기환송심(서울중앙지방법원 2013나4400 사건)에서 화해권고결정이 있었고, 2013. 5. 2. 화해권고결정이 확정되었다.

II. 판결 읽어보기 [판결 중요부분 발췌(요약)] : 대법원 2012. 12. 27. 선고 2012다15695 판결

상고이유를 본다.

1. 원심판결 이유에 의하면, 원심은 그 채택 증거를 종합하여 그 판시와 같은 사실을 인정한 후, 일반조건에서 '계약담당공무원은 국가를 당사자로 하는 계약에 관한 법령, 물품관련 법령 및 이 조건에 정한 계약일반사항 외에 당해 계약의 적정한 이행을 위하여 필요한 경우 특수조건을 정하여 계약을 체결할 수 있다'고 규정함으로써(제3조 제2항) 특수조건을 정하는 근거를 마련함과 동시에 '특수조건에서 국가를 당사자로 하는 계약에 관한 법령에 의한 계약상대자의 계약상 이익을 제한하는 내용을 정할 경우 그 특수조건은 효력이 인정되지 아니한다'고 규정함으로써(제3조 제3항) 특수조건의 범위 내지 한계까지 정하고 있고, 한편 국가계약법 시행령 및 시행규칙에서 이 사건과 같은 물품구매의 경우 계약금액에 대한 1,000분의 1.5의 비율로 계산한 돈에 지체일수를 곱하여 지체상금을 산정한다고 규정하고 있는데도, 특수조건에서는 위와 같이 계산한 지체상금과는 별도로 '코스관리손실'이란 명목으로 이 사건과 같은 비료 및 살충제 납품의 경우 1일 납품지연에 계약금액의 3%의 비율로 계산한 지연손해금을 가산하도록 규정(특수조건 제7조 제3항)함으로써 위 법령에 의한 원고의 계약상 이익을 제한하고 있으므로, 특수조건 중 코스관리손실에 관한 부분(특수조건 제7조 제3항)은 일반조건 제3조 제3항에 의하여 무효라고 판단하였다.

그리고 원심은 일반조건에서 특수조건의 체결 근거는 물론, 그 범위 내지 한계까지 규정한 점에 비추어 볼 때, 일반조건이 특수조건에 우선한다고 봄이 상당하고, '다른 계약문서에서 특수조건과 달리 정한 사항에 대하여는 특수조건에서 정한 바에 따른다'고 규정한 특수조건 제3조 제1항을 해석함에 있어 "다른 계약문서"에 일반조건을 포함시켜 일반조건과 달리 정한 특수조건이 일반조건에 우선한다고 새긴다면, 위 특수조건 제3조 제1항은 코스관리손실에 관한 특수조건 제7조 제3항과 결합하여 관계 법령 내지 일반조건에서 정한 계약상대자의 이익을 제한하는 조항으로서 일반조건 제3조 제3항에 의하여 무효라고 보아야 할 것이므로, 특수조건 제3조 제1항 소정의 특수조건에 우선하지 못하는 "다른 계약문서"에 일반조건은 포함되지 않는다고 보아야 하고, 나아가 국가계약법 시행령 제4조는 1995년 제정된 때부터 현재까지 개정되지 않고 있는 조항인데, 일반조건 제3조 제3항은 위 시행령 제4조를 구체화하고 국가의 수요독점적 지위의 남용을 방지하기 위하여 신설되어 2006. 5. 25.부터 시행된 규정으로서 일반조건 제3조 제3항에는 '계약상대자의 이익을 제한하는' 이라고 규정하고 있을 뿐 '부당하게 계약상대자의 이익을 제한하는' 이라고 규정하고 있지 않으므로, 특수조건이 국가를 당사자로 하는 계약에 관한 법령에 의한 계약상대자의 계약상 이익을 제한하는 내용이라면 그 조건의 부당성을 추가로 검토할 것 없이 일반조건 제3조 제3항에 따라 무효라고 볼 수밖에 없다고 판단한 후 피고의 주장을 배척하고 원고의 청구를 인용한 제1심을 그대로 유지하였다.

2. 그러나 원심의 위와 같은 판단은 쉽게 수긍하기 어렵다.

가. 국가를 당사자로 하는 계약은 그 본질적인 내용이 사인간의 계약과 다를 바가 없으므로 그 법령에 특별한 규정이 있는 경우를 제외하고는 사법의 규정 내지 법원리가 그대로 적용되고, 계약 내용이 국가계약법령의 규정을 배제하려는 것이 뚜렷하게 드러나거나 그에 모순되지 않는다면 가능한 국가계약법령이 규정하는 바를 존중하는 방향, 즉 해당 계약 조항을 관련 국가계약법령의 규정 내용을 보충 내지 구체화하는 내용으로 해석되어야 한다.

나. 그런데 구 국가를 당사자로 하는 계약에 관한 법률 시행령(2009. 5. 6. 대통령령 제21480호로 일부 개정되기 전의 것, 이하 '국가계약법 시행령'이라 한다) 제4조는 "각 중앙관서의 장 또는 그 위임·위탁을 받은 공무원(이하 '계약담당공무원'이라 한다)은 계약을 체결함에 있어서 법, 이 영 및 관계 법령에 규정된 계약상대자의 계약상 이익을 부당하게 제한하는 특약 또는 조건을 정하여서는 아니 된다."고 규정하고 있고, 물품구매계약 일반조건 제3조 제2항은 "계약담당공무원은 「국가를 당사자로 하는 계약에 관한 법령」, 물품관련 법령 및 이 조건에 정한 계약일반사항 외에 당해 계약의 적정한 이행을 위하여 필요한 경우 물품구매계약 특수조건을 정하여 계약을 체결할 수 있다."고, 제3항은 "제2항에 따라 물품구매계약 특수조건에 「국가를 당사자로 하는 계약에 관한 법령」, 물품관련 법령 및 이 조건에 의한 계약상대자의 계약상 이익을 제한하는 내용이 있는 경우 특수조건의 동 내용은 효력이 인정되지 아니한다."고 각 규정하고 있는바, 앞서 본 법리에 비추어 보면 물품구매계약 일반조건 제3조 제3항은 국가계약법 시행령 제4조를 배제하거나 그에 모순되게 규정된 것이 아니라 국가계약법 시행령 제4조를 구체화한 내용으로 보일 뿐이므로 이를 해석함에 있어서도 국가계약법 시행령 제4조의 입법 취지에 맞게 '계약상대자의 계약상 이익을 부당하게 제한하는 경우'에 한하여 물품구매계약 특수조건의 효력이 인정되지 않는다고 보아야 할 것이다.

다. 한편 물품구매계약 특수조건은 물품구매계약 일반조건 제3조 제2항에 의하여 관계 법령이나 물품구매계약 일반조건에 정한 계약일반사항 외에 당해 계약의 적정한 이행을 위하여 체결된 것이므로, 물품구매계약 특수조건 제3조 제1항의 '다른 계약문서'에서 '일반조건'을 제외하는 것으로 해석한다면 물품구매계약 특수조건을 규정한 취지를 몰각시키게 될 위험이 있는 점, 국가를 당사자로 하는 계약의 본질은 사인간의 계약과 다를 바 없는 점 등을 참작하면 특수조건 제3조 제1항의 '다른 계약문서'에 '물품구매계약 일반조건'을 제외할 이유가 없다.

라. 따라서 원심으로서는 이 사건 특수조건 제7조 제3항이 부당하게 계약상대방의 계약상의 이익을 제한하는 것인지 여부에 대하여 심리·판단한 후 그 결과에 따라 피고의 주장을 배척할 것인지 여부를 판단하였어야 하는데도, 이에 대한 심리를 전혀 하지 아니한 채 특수조건 제7조 제3항이 무조건 일반조건 제3조 제3항에 위배되어 무효라고 판단한 것은 일반조건 제3조 제3항의 해석에 관한 법리를 오해한 위법이 있고, 이는 판결 결과에 영향을 미쳤음이 분명하다.

마. (생략)

3. 결론

그러므로 원심판결을 파기하고, 사건을 다시 심리·판단하도록 하기 위하여 원심법원에 환송하기로 하여 관여 대법관의 일치된 의견으로 주문과 같이 판결한다.

요약정리 [사안의 쟁점과 판결의 요지]

대법원 2012. 12. 27. 선고 2012다15695 판결 [물품대금]

현행 기획재정부 계약예규인 물품구매(제조) 계약일반조건 제3조(계약문서) 제2항은 '계약담당공무원은 국가를 당사자로 하는 계약에 관한 법령, 물품구매(제조)와 관련된 법령 및 이 조건에 정한 계약일반사항 외에 해당 계약의 적정한 이행을 위하여 필요한 경우 계약특수조건을 정하여 계약을 체결할 수 있다'고 규정하고 있고, 제3항은 '제2항에 따라 정한 물품구매계약 특수조건에 국가를 당사자로 하는 계약에 관한 법령 및 이 조건에 반하여 계약상대자의 계약상 이익을 제한하는 내용이 있는 경우 특수조건의 동 내용은 효력이 인정되지 아니한다'고 규정하고 있고, 다른 계약일반조건에도 이와 같은 의미의 규정들이 포함되어 있다. 그런데 계약특수조건에는 통상 계약상대자의 계약상 이익을 제한하는 내용이 포함되는 것이 계약의 현실이다.

이 사안에서의 쟁점은 **계약특수조건이 계약상대자의 계약상 이익을 제한하는 내용이라면 그 조건의 부당성을 추가로 검토할 것 없이 무효가 되는지 여부**였는데, 대법원 2

012. 12. 27. 선고 2012다15695 판결은 계약일반조건상의 '계약특수조건에서 국가를 당사자로 하는 계약에 관한 법령에 의한 계약상대자의 계약상 이익을 제한하는 내용을 정할 경우 그 계약특수조건은 효력이 인정되지 아니한다'는 규정은 계약특수조건상의 내용이 '계약상대자의 계약상 이익을 부당하게 제한하는 경우'에 한하여 계약특수조건의 효력이 인정되지 않는다는 의미로 해석해야 한다고 판시하였다.

판례 3

군납계약에서 업체의 채무불이행으로 인한 손해의 발생 및 확대에 군측에도 과실이 있는 경우, 민법 제398조 제2항에 따라 손해배상 예정액을 감액할 수 있는지 여부 또는 과실상계를 할 수 있는지 여부

대법원 2016. 6. 10. 선고 2014다200763, 200770 판결 [채무부존재확인 · 손해배상(기)]

[원심판결] 서울중앙지방법원 2013. 11. 19. 선고 2012나51485, 57247 판결

I. 사안의 개요 [기초사실 및 사건의 경과]

1. 기초사실

원고는 2010. 9. ○. 국방전자조달 경쟁입찰을 통하여 별렌치 등 110개 항목에 대한 낙찰업체로 선정되어, 2010. 9. ○. 육군○○사령부와 계약금액 59,315,000원, 보증금 5,931,500원, 납품일자 2010. 9. ○.부터 2011. 1. ○.로 하는 물품구매계약(이하 '이 사건 계약'이라고 한다)을 체결하였는데, 이 사건 계약에 첨부된 계약특수조건 중 주요 내용은 다음과 같았다.

〈물품구매(제조) 계약특수조건〉

제3조 (규격서 및 견본 대여)

1. "을"(원고를 말한다. 이하 같다)은 계약체결 후 10 근무일 이내에 규격서는 규격목록과에, 견본은 품질검사과에 신청해야 한다.

2. "을"은 규격서 및 견본을 대여받은 품목에 대하여 7 근무일 이내에 원자재 확보내역서와 생산/구매계획 및 검사표를 작성하여 품질검사과에 제출하여야 한다.

(중간 생략)

6. 견본 분실 및 파손 시 동일품목을 확보하여 제출하여야 한다. 단, 제출이 불가한 경우 당해 연도 육군장비정비정보체계의 운영단가로 변상하여야 한다.

제9조 (검사)

1. “을”은 규격서, 견본, 도면 등의 요구내용과 일치하는 품목을 납품해야 하며, 품목에 따라 각종 검사단체(원자재, 시제공정, 완제, 부착 및 성능시험, 납품)에서 합격한 품목이어야 한다. (이하 생략)

제10조 (보증)

1. “을”은 납품한 물품의 규격과 품질이 계약내용과 동일함을 납품일로부터 2년간 보증하여야 한다.

2. 납품된 물품의 규격과 품질이 계약내용과 상이함을 제1항에서 규정한 기간 내에 발견했을 경우 “갑”(육군○○사령부를 말한다. 이하 같다)의 품질검사관은 그 사실을 “을”에게 통지하고 당해 물품의 보수 또는 대체납품(교환)을 청구할 수 있으며, 이때 발생되는 제반경비는 “을”이 부담한다.

3. “을”은 “갑”의 품질검사관으로부터 하자가 발생하였음을 통보받은 날로부터 60일 이내에 이를 보수하거나 대체납품(교환)하여야 하며, 이 기간 내에 보수 또는 대체납품(교환)을 하지 못하는 경우 아래 계산식에 의한 지연배상금을 “갑”에 납부하여야 한다. 단, 지연배상금은 당해 하자발생물품 계약금액의 100분의 30을 초과할 수 없다.

※ 지연배상금 = (하자수량)×(당해 품목에 대한 계약단가)×{지정기일(60일) 후 보수/대체납품/교환 완료일까지의 일수}×(당해 물품의 지체상금률 0.15%)

4. “갑”의 하자보수 또는 대체납품 요구에도 불구하고 하자보증이 이루어지지 않은 경우(보수 또는 대체납품이 불가능할 경우 및 “을”이 하자보수 등의 의무 이행을 거절하였다고 볼 수 있는 경우 등 포함), "갑“은 ”을“에게 당해 물품에 대한 계약단가의 130%에 해당하는 금액을 손해배상액으로 청구할 수 있다. (이하 생략)

육군○○사령부는 원고에게 이 사건 계약물품 중 ‘바, 소켓렌치 핸들용’{소켓렌치(socket wrench)는 너트나 볼트의 머리 부분이 들어가는 소켓을 렌치에 연결하여 이용하는 도구이다. 이하 ‘이 사건 물품’이라고 한다}에 대하여 다른 물품들과 달리 재질 등에 관한 설명이 기재된 규격서를 제공하지 않고 견본품을 제공하였는데, 제공된 견본품은 이 사건 물품에 비하여 탄소성분이 높은 탄소강(SC450)으로 제작되었다. 원고는 2010. 10. ○. 육군○○사령부에 생산/구매계획서와 원자재 확보내역서를 제출하였는데, 위 원자재 확보내역서에는 이 사건 물품의 경우 ‘규격명란’에 소켓렌치에 대한 한국산업표준의 표준번호에 해당하는 ‘KS B 3007－1’이라고 기재되어 있었다.

원고는 2011. 1. ○. 및 같은 달 ○. 이 사건 물품을 포함한 이 사건 계약 물품을 모두 납품하였는데, 이 사건 물품을 공급받아 사용하던 육군 부대에서 물품이 휘어지는 등의 하자가 발생하자, 육군○○사령부는 2011. 9. ○. 육군 종합정비창 정비기술연구소에 이 사건 물품의 견본품과 조달품의 성분분석을 의뢰하였고, 위 연구소가 2011. 9. ○. 이 사건 물품에 대하여 분석한 시험성적서 내용은 다음과 같다. (생략)

육군○○사령부는 원고에게 이 사건 물품에 대한 하자보수를 요구하였는데, 원고는 2011. 10. ○. 피고에게 다음과 같은 내용의 답변을 통보하면서 하자보수이행을 거부하였다.

○ 당사는 "바, 소켓렌치 핸들용" 물품을 제작시 적법한 절차에 의해 생산하여 납품 완료하였습니다.
○ 당사는 납품된 물품의 재질 및 형상을 속인 사실 없이 검사관이 요구하는 시험성적서를 첨부하여 올바르게 검사 합격(승인) 후 납품을 하였습니다.
○ 당사는 사용자불만처리 요구를 받아들일 수 없음을 알려 드립니다.

원고가 납품한 이 사건 물품의 수량은 6,365개이고, 금액은 25,886,455원(=6,365개×1개당 단가 4,067원, 전체 금액의 43.64%에 해당한다)이다.

한편 피고는 2011. 11. ○.경 원고에게 이 사건 물품의 하자로 인한 손해배상으로 이 사건 계약의 특수조건 제10조 제4항에 따라 산출한 33,652,400원을 같은 달 ○.까지 지급할 것을 내용으로 하는 납입고지서를 발송하였고, 위 납입고지서는 2011. 11. ○. 원고에게 도달되었다.

2. 사건의 경과

이 사안의 쟁점은 **군납계약에서 업체의 채무불이행으로 인한 손해의 발생 및 확대에 군측에도 과실이 있는 경우, 민법 제398조 제2항에 따라 손해배상 예정액을 감액할 수 있는지 여부 또는 과실상계를 할 수 있는지 여부**였다.

원심(서울중앙지방법원 2013. 11. 19. 선고 2012나51485, 57247 판결)은 이 사건 계약의 특수조건 제10조 제4항은 원고(반소피고, 이하 '원고'라 한다)의 채무불이행으로 인한 손해배상액을 예정한 것인데, 원고가 납품한 이 사건 물품에 하자가 발생하였고,

육군○○사령부의 하자보수 또는 대체납품 요구를 거절하여 그 채무를 불이행함으로써 피고(반소원고, 이하 '피고'라 한다)에게 약정된 손해배상의 예정액을 지급할 의무가 있다고 전제한 다음, 그 손해배상의 예정액이 부당히 과다하다고 볼 수 없어 민법 제398조 제2항에 따라 감액할 수는 없지만, 원고의 채무불이행으로 인한 손해의 발생 및 확대에 피고측 육군○○사령부 검사관 소외인의 주의의무위반이 기여하였음을 들어 원고의 책임을 70%로 제한하는 과실상계를 하였다.

그러나 **대법원** 2016. 6. 10. **선고** 2014**다**200763, 200770 **판결**은 원고가 피고에 대하여 이 사건 계약상의 채무를 불이행하여 약정된 손해배상의 예정액을 지급할 의무를 부담하는 경우에 있어서 그 손해의 발생 및 확대에 피고에게 과실이 있다고 하더라도, 이를 참작하여 손해배상의 예정액을 감액할 수는 있을지언정, 피고의 과실을 들어 과실상계를 할 수는 없다고 판시하였다.

II. 판결요지 : 대법원 2016. 6. 10. 선고 2014다200763, 200770 판결

[1] 당사자 사이의 계약에서 채무자의 채무불이행으로 인한 손해배상액이 예정되어 있는 경우, 채무불이행으로 인한 손해의 발생 및 확대에 채권자에게도 과실이 있더라도 민법 제398조 제2항에 따라 채권자의 과실을 비롯하여 채무자가 계약을 위반한 경위 등 제반 사정을 참작하여 손해배상 예정액을 감액할 수는 있을지언정 채권자의 과실을 들어 과실상계를 할 수는 없다.
[2] 국가계약의 본질적인 내용은 사인간의 계약과 다를 바가 없어 법령에 특별한 규정이 있는 경우를 제외하고는 사법의 규정 내지 법원리가 그대로 적용된다. 한편 상법 제54조의 상사법정이율이 적용되는 '상행위로 인한 채무'에는 상행위로 인하여 직접 생긴 채무뿐만 아니라 그와 동일성이 있는 채무 또는 변형으로 인정되는 채무도 포함되고, 당사자 쌍방에 대하여 모두 상행위가 되는 행위로 인한 채무뿐만 아니라 당사자 일방에 대하여만 상행위에 해당하는 행위로 인한 채무도 포함된다.

III. 판결 읽어보기 [판결 중요부분 발췌(요약)] : 대법원 2016. 6. 10. 선고 2014다200763, 200770 판결

1. 상고이유 제1점에 대하여

가. 원심판결 이유에 의하면, 원심은 그 채택 증거에 의하여 그 판시와 같은 사실을 인정한 다음, 육군○○사령부 검사관 소외인이 이 사건 물품을 검사함에 있어 검사관으로서의 주의의무를 소홀히 한 잘못이 있고, 이러한 잘못은 이 사건 물품의 하자로 인한 손해의 발생 및 확대에 기여하였다고 판단하였다.

관련 법리와 기록에 비추어 살펴보면, 원심의 위와 같은 판단은 정당하고, 거기에 상고이유 주장과 같이 채권자의 과실에 관한 법리를 오해하여 필요한 심리를 다하지 아니한 위법이 없다.

나. 한편 당사자 사이의 계약에서 채무자의 채무불이행으로 인한 손해배상액이 예정되어 있는 경우, 채무불이행으로 인한 손해의 발생 및 확대에 채권자에게도 과실이 있다고 하여도 민법 제398조 제2항에 따라 채권자의 과실을 비롯하여 채무자가 계약을 위반한 경위 등 제반 사정을 참작하여 손해배상 예정액을 감액할 수는 있을지언정 채권자의 과실을 들어 과실상계를 할 수는 없다(대법원 2002. 1. 25. 선고 99다57126 판결, 대법원 2011. 10. 13. 선고 2009다92142 판결 등 참조).

원심판결 이유에 의하면, 원심은 그 채택 증거에 의하여 그 판시와 같은 사실을 인정한 다음, 이 사건 계약의 특수조건 제10조 제4항은 원고(반소피고, 이하 '원고'라 한다)의 채무불이행으로 인한 손해배상액을 예정한 것인데, 원고가 납품한 이 사건 물품에 하자가 발생하였고, 육군○○사령부의 하자보수 또는 대체납품 요구를 거절하여 그 채무를 불이행함으로써 피고(반소원고, 이하 '피고'라 한다)에게 약정된 손해배상의 예정액을 지급할 의무가 있다고 전제한 다음, 그 손해배상의 예정액이 부당히 과다하다고 볼 수 없어 민법 제398조 제2항에 따라 감액할 수는 없지만, 원고의 채무불이행으로 인한 손해의 발생 및 확대에 피고측 육군○○사령부 검사관 소외인의 주의의무위반이 기여하였음을 들어 원고의 책임을 70%로 제한하는 과실상계를 하였다.

그러나 앞서 본 법리에 의하면, 원고가 피고에 대하여 이 사건 계약상의 채무를 불이행하여 약정된 손해배상의 예정액을 지급할 의무를 부담하는 경우에 있어서 그 손해의 발생 및 확대에 피고에게 과실이 있다고 하더라도, 이를 참작하여 손해배상의 예정액을 감액할 수는 있을지언정, 피고의 과실을 들어 과실상계를 할 수는 없다.

그럼에도 원심은 이 사건 계약에서 정한 손해배상액의 예정에 따라 원고가 피고에게 배상할 손해액을 산정한 다음 이에 대하여 피고의 과실을 들어 과실상계를 하고 말았으니, 이러한 원심판결에는 손해배상책임의 제한에 관한 법리를 오해하여 판결에 영향을 미친 위법이 있다. 이를 지적하는 상고이유 주장은 이유 있다.

2. 상고이유 제2점에 관하여

국가계약의 본질적인 내용은 사인간의 계약과 다를 바가 없어 법령에 특별한 규정이 있는 경우를 제외하고는 사법의 규정 내지 법원리가 그대로 적용된다(대법원 1996. 4. 26. 선고 95다11436 판결 참조). 한편 상법 제54조의 상사법정이율이 적용되는 '상행위로 인한 채무'에는 상행위로 인하여 직접 생긴 채무뿐만 아니라 그와 동일성이 있는 채무 또는 그 변형으로 인정되는 채무도 포함되고, 당사자 쌍방에 대하여 모두 상행위가 되는 행위로 인한 채무뿐만 아니라 당사자 일방에 대하여만 상행위에 해당하는 행위로 인한 채무도 포함된다.

위와 같은 법리와 기록에 비추어 살펴보면, 이 사건 계약은 상인인 원고가 영업으로 하는 상행위에 해당하고, 피고는 이 사건 계약상 원고의 채무불이행을 원인으로 한 손해배상청구권을 행사하고 있으므로, 그 지연손해금에 관해서는 상사법정이율인 연 6%를 적용하여야 한다.

그럼에도 원심은 민사법정이율을 적용하여 연 5%의 비율로 계산한 지연손해금의 지급을 명하였으니, 이러한 원심판결에는 상사법정이율의 적용에 관한 법리를 오해한 위법이 있다. 이를 지적하는 상고이유 주장은 이유 있다.

3. 결론

원심판결 중 반소청구에 관한 피고 패소부분을 파기하고, 이 부분 사건을 다시 심리·판단하도록 원심법원에 환송하기로 하여, 관여 대법관의 일치된 의견으로 주문과 같이 판결한다.

요약정리 [사안의 쟁점과 판결의 요지]

대법원 2016. 6. 10. 선고 2014다200763, 200770 판결 [채무부존재확인·손해배상(기)]

이 사안의 쟁점은 군납계약에서 업체의 채무불이행으로 인한 손해의 발생 및 확대에 군측에도 과실이 있는 경우, 민법 제398조 제2항에 따라 손해배상 예정액을 감액할 수 있는지 여부 또는 과실상계를 할 수 있는지 여부였다.

대법원 2016. 6. 10. 선고 2014다200763, 200770 판결은 원고가 피고에 대하여 이 사건 계약상의 채무를 불이행하여 약정된 손해배상의 예정액을 지급할 의무를 부담하는 경우에 있어서 그 손해의 발생 및 확대에 피고에게 과실이 있다고 하더라도 이를 참작하여 손해배상의 예정액을 감액할 수는 있을지언정, 피고의 과실을 들어 과실상계를 할 수는 없다고 판시하였다.

판례 4

방산물자로 지정은 되었으나 그 방산물자의 생산업체가 방산업체로 지정되기 전이라면, '방산원가'가 아닌 '일반원가'를 적용하여야 하는지 여부

서울고등법원 2019. 12. 3. 선고 2018나2051769 판결 [물품대금][1)]
[1심판결] 서울중앙지방법원 2018. 9. 12. 선고 2017가합556196 판결

I. 사안의 개요 [기초사실 및 사건의 경과]

1. 기초사실

원고 A는 이 사건 제3, 4계약의 이행을 위하여 원고 B로부터 계약목적물의 구성품 중 하나인 이 사건 물품을 공급받는 하도급계약을 체결하고 이를 원가계산에 반영하였는데, 제3계약의 체결 당시에는 그 물품에 대하여 방산물자 지정 신청은 이루어졌으나 방산물자로 지정되지는 아니한 상태였고, 제4계약의 체결 당시에는 그 물품이 방산물자로 지정은 되었으나 원고 B가 방산업체로 지정되지 아니하였는데도, 원고 B는 원고 A에게 그 물품들에 대한 원가계산자료를 제출하면서 방산원가를 적용한 자료를 제출하였고, 원고 A는 이를 그대로 피고(대한민국, 소관기관: 방위사업청)에게 제출하였으며, 그에 기초하여 제3, 4계약의 계약금액이 결정됨으로써 일반원가를 적용하는 경우에 비하여 계약금액이 과다 산정되었다.

한편 피고는 원고 B와의 제5, 6계약의 체결을 위한 조달판단을 하면서 계약방법을 국가계약법 시행령 제26조 제1항 제5호 라목에 따른 수의계약으로 정하고, 조달판단서의 결론에 "국계령 제26조 제1항 5호 라목에 따라 해당품목 방산업체와 방산수의계약 집행 건의"라고 기재하였고, 제5, 6계약의 체결 과정에서도 계약방법이 방산수의계약으로 정해짐에 따라 피고는 원고 B와 공유하는 전산시스템의 원가계산방법란에 "방산제조확정"이라고 표시하였으며, 이에 원고 B는 자신이 방산업체로 지정되지 아니하였음에도 이 사건 물품에 관하여 방산원가를 적용한 원가계산자료를 피고에게 제출하였고, 그에 기초하여 제5, 6계약의 계약금액이 결정됨으로써 일반원가를 적용하는 경우에 비하여 계약금액이 과다 산정되었다.

---

1) 위 판결은 원고가 2020. 3. 23. 상고를 취하하여, 2019. 12. 26.자로 확정되었다.

결국 이 사건 제3, 4계약에서 이 사건 물품에 방산원가가 적용됨으로써 과다 산정된 계약금액이 합계 1,169,727,190원이었고, 이 사건 제5, 6계약에 방산원가가 적용됨으로써 과다 산정된 계약금액이 합계 19,364,460원이었다.

피고는 위와 같이 제3, 4, 5, 6계약에서 원가산정에 문제가 있었음을 발견한 후, 피고가 원고 A 또는 원고 B에 대해 가지는 (위와 같이 과다 산정된 계약금액에 해당하는) 부당이득금 반환채권을 원고 A 또는 원고 B가 피고에 대하여 가지고 있던 다른 채권과 각 상계하였다.

이에 원고 A와 원고 B는 방산물자로 지정은 되었으나 그 방산물자의 생산업체가 방산업체로 지정되기 전이라도 원가계산시에'방산원가'를 적용하여야 한다고 주장하며 이 사건 소를 제기하였다.

2. 사건의 경과

이 사안의 쟁점은 **방위사업법령에 따른 방산원가는 '방산업체가 생산하는 방산물자 조달계약'에만 적용되는지 여부, 즉 방산물자의 조달계약이라고 하더라도 그 방산물자를 생산하여 납품하는 업체가 방산업체로 지정받는 절차를 모두 거친 후 방산업체로 지정이 되기 전에는 '방산원가' 적용을 받을 수 없는지**에 관한 것이었다.

1심(서울중앙지방법원 2018. 9. 12. 선고 2017가합556196 판결)은 방산업체로 지정되지 않은 원고 B는 방산원가규칙을 적용하여 원가를 산정할 수 없음에도 방산원가규칙을 적용하였고, 이로 인하여 이 사건 제3, 4, 5, 6계약의 계약금액이 증가되었는바, 원고들은 방위사업법 제58조, 위 각 계약의 특수조건에 의하여 위 각 계약의 일반원가 계산기준에 따른 금액과 방산원가규칙에 따른 금액의 차액 전부를 부당이득금으로 피고에게 지급할 의무가 있다고 판단하여, 원고들의 청구를 모두 기각하였다.

그러나 **항소심(서울고등법원 2019. 12. 3. 선고 2018나2051769 판결)**은 ① 방산업체로 지정되지 않은 원고 B는 방산원가규칙을 적용하여 원가를 산정할 수 없음에도 방산원가규칙을 적용하였고, 이로 인하여 이 사건 제3, 4, 5, 6계약의 계약금액이 증가되었으므로, 원고들은 방위사업법 제58조, 위 각 계약의 특수조건에 의하여 위 각 계약의 일반원가 계산기준에 따른 금액과 방산원가규칙에 따른 금액의 차액을 부당이득금으로 피고에게 지급할 의무가 있다는 점에서는 1심과 같은 판단을 하였으나, ②

피고가 이 사건 제3 내지 6계약의 각 물품구매계약 특수조건 제30조 제1항에 의하여 원고들에 대하여 가지는 부당이득금 반환청구권은 채무불이행으로 인한 손해배상청구권으로서 과실상계의 대상이 되는데(대법원 1997. 6. 27. 선고 95다19959 판결 참조), 피고는 이 사건 3 내지 6계약의 체결 당시나 그 후의 원가검증 과정에서 원고 B가 방산업체로 지정되었는지를 확인하여 적법한 원가가 적용되도록 관리하였어야 함에도 이를 간과한 점, 특히 이 사건 제5, 6계약에 대하여는 피고가 관련 법령을 위반하여 그 각 계약방법을 방산수의계약으로 정하고 그에 기초하여 원가계산방법도 방산원가로 안내하였던 점, 2007년경부터 2016년경까지 사이에 생산업체가 방산업체로 지정되지 아니하였음에도 해당 방산물자에 대하여 방산원가가 적용된 사례가 실제로 존재하였던 점, 피고가 이 사건 제3, 4계약의 물품구매계약 특수조건 제30조 제1항에 의하여 부당이득금 반환청구권을 행사한 시점은 이 사건 제3계약에서 정한 최종 납품일로부터 5년, 이 사건 제4계약에서 정한 최종 납품일로부터 2년이 다 되어가거나 경과한 시점인 점 등도 이 사건 제3 내지 6계약에서 계약금액의 착오 산정으로 인한 부당이득금이 발생하게 하는 데에 기여하였거나 피고의 과실로 참작되어야 한다는 이유로 원고들의 책임비율을 30%로 정하였다.

II. 판결 읽어보기 [판결 중요부분 발췌(요약)] : 서울고등법원 2019. 12. 3. 선고 2018나2051769 판결

1. 제1심판결의 인용

(중략)

○ 제1심판결 제8쪽 마지막 행의 "및 가산금"과 제9쪽 제7행의 "및 가산금"을 각 삭제하고, 제9쪽 제11행부터 제14쪽 제18행까지를 아래와 같이 고친다.

『 2) 방산원가의 적용 범위에 대하여

방위사업법 제46조는 "정부는 방산물자와 무기체계의 운용에 필수적인 수리부속품을 조달하거나 제18조 제4항에 따라 연구 또는 시제품생산(이와 관련된 연구용역을 포함한다)을 하게 하는 경우에는 단기계약·장기계약·확정계약 또는 개산계약을 체결할 수 있다. 이 경우 「국가를 당사자로 하는 계약에 관한 법률」 및 관계법령의 규정에 불구하고 계약의 종류·내용·방법 그 밖에 필요한 사항은 대통령령으로 정한다"(제1항), "제1항의 규정에 의한 계약을 체결하는 경우에 원가계산의 기준 및 방법과

제2항의 규정에 의한 착수금 및 중도금의 지급기준·지급방법 및 지급절차는 국방부령으로 정한다"(제3항)고 규정하고 있다. 또한 방위사업법 제46조 제3항의 위임에 따라 제정된 방산원가규칙 제1조는 "이 규칙은 방위사업법 제46조 제3항에 따른 방산물자의 조달에 관한 계약과 같은 법 제18조 제4항에 따라 연구 또는 시제품 생산을 하게 하는 경우의 계약을 할 때에 필요한 원가계산 기준 및 방법을 정함을 목적으로 한다"고 규정하고 있다. 이와 같이 문언상으로는 '방산물자'를 조달하는 계약에 대하여 방산원가를 적용하도록 되어 있고, 방산물자를 생산하는 업체가 방산업체[방산물자를 생산하는 업체로서 방위사업법 제35조에 의하여 지정된 업체를 의미한다(방위사업법 제3조 제9호), 이하 같다]일 것을 명시하고 있지는 아니하다. 그러나 아래에서 보는 바와 같은 이유로, 방위사업법령에 따른 방산원가는 '방산업체가 생산하는 방산물자를 조달하는 계약'에 적용된다고 해석함이 타당하다.

가) 방위사업법 제35조 제1항은 "방산물자를 생산하고자 하는 자는 대통령령이 정하는 시설기준과 보안요건 등을 갖추어 산업통상자원부장관으로부터 방산업체의 지정을 받아야 한다"라고 규정하고 있고, 이 조항은 2006. 1. 2. 방위사업법이 제정될 당시는 물론이고 1974. 2. 17. 방위사업법의 전신인 군수조달에 관한 특별조치법이 제정될 당시부터 입법되어 있던 것이다.

즉 방위사업법은 방산업체 아닌 일반업체가 방산물자를 생산하는 상황을 처음부터 예정하지 아니하였으므로, 개별 조항에서 방산물자 생산의 주체를 방산업체로 일일이 명시하지 아니하였다고 하더라도, 방산물자를 생산하는 업체는 방산업체일 것을 당연한 전제로 하여 방위사업법령이 입법되었다고 봄이 타당하다.

실제로 방위사업법 제46조 제1항은 '방산물자'를 조달하는 계약의 종류·내용·방법을 대통령령에 위임한다고만 하고 방산물자의 생산주체를 방산업체로 특정하지 아니하였으나, 그 위임에 따른 방위사업법 시행령 제61조 제3항은 "법 제46조 제1항 후단에 따른 계약의 방법은 「국가를 당사자로 하는 계약」에 관한 법률 제7조에 따르되, 다음 각 호의 어느 하나에 해당하는 경우에는 수의계약에 의할 수 있다"고 하고, 제1호에서 "방산업체와 방산물자 생산·구매계약을 체결하는 경우"라고 규정하여, 방산물자의 생산주체를 방산업체로 특정하고 있다.

따라서 방위사업법 제46조 제1항의 '방산물자를 조달하는 계약'이나 방산원가 규칙 제1조의 '방산물자의 조달에 관한 계약'은 모두 '방산업체가 생산하는 방산물자를 조달하는 계약'으로 해석될 수 있다.

나) 방위사업법은 제6장에서 '방위산업육성'이라는 제목 하에 제33조 내지 제48조를 두고 있는데, 제34조에서 방산물자의 지정에 관하여, 제35조에서 방산업체의 지정에 관하여 각 규정한 다음, 제37조에서 '보호육성'이라는 제목 하에 방산업체에 대한 보장 및 우선적인 지원을, 제38조 제1항 본문에서 방산업체에 대한 자금 융자를, 제39조 제1항 본문에서 방산업체 및 전문연구기관에 대한 보조금의 교부를, 제40조 제1항에서 방산업체 · 국방과학연구소 · 국방기술품질원 · 전문연구기관 · 군부대에 종사하는 기술인력 등에 대한 장려금의 지급을, 제41조 제1항에서 방산업체 또는 전문연구기관에 대한 기술지원 및 생산지원을, 제45조 제1항에서 방산업체에 대한 국유재산의 매각 또는 대부를 각 규정하고, 그에 이어서 '계약의 특례 등'이라는 제목으로 제46조를 규정하고 있다.

즉 원가계산의 특례를 정하고 있는 방위사업법 제46조는 방산물자 자체가 아니라 방산업체에 대한 여러 보호 · 지원책을 규정하는 조항들 중에 포함되어 있던 것으로서, 이러한 법체계와 방위사업법 제35조 제1항을 합하여 보면, 방위사업법 제46조의 방산물자 부분은 방산물자를 생산하는 주체가 당연히 방산업체인 것을 전제로 하여 방산업체에 혜택을 부여하기 위하여 마련된 조항으로 볼 수 있다.

원고들 역시 방위사업법 제46조가 원가계산의 특례를 규정하고 있는 취지에 관하여 '방산물자에는 일반적인 시장경제원리가 적용될 수 없는 한계가 있기 때문'이며 '방위사업법령은 개발업체가 엄격한 품질보증의 부담 하에서 특정 방산물자를 안정적으로 생산할 수 있도록 하기 위하여 일반원가가 아닌 실 발생비용 정산을 원칙으로 하는 방산원가를 적용하도록 하고 있다'고 주장하였다. 이러한 원고들의 주장에 의하더라도 방위사업법 제46조는, 방산물자 그 자체의 특성에 중점을 두었다기보다는 시장경제 원리가 적용될 수 없는 상황에서 방산물자를 생산하는 업체의 이윤을 일정 수준으로 보장함으로써 방산물자의 품질을 확보하고 방위산업을 보호 · 육성하기 위한 것, 즉 생산주체의 측면을 주로 고려한 것으로 볼 수 있다. 그런데 방위사업법이 방산물자의 생산주체로 방산업체만을 예정하고 있음은 앞에서 살핀 바와 같다.

결국 방위사업법 제46조의 법체계 내의 위치와 입법취지에 비추어 보더라도 방위사업법령에 따른 방산원가는 방산업체가 생산하는 방산물자를 조달하는 계약을 체결하는 경우 방산업체에 대하여 적용되는 것으로 볼 수 있다.

다) 원고들은, 방산원가규칙 제2조 제1호가 "『방산원가대상물자』란 방위사업법 제34조에 따라 지정된 물자와 방위사업법 제18조 제4항에 따라 연구 또는 시제품 생산을 하게 하는 물자를 말한다"라고 규정하여, '방위사업법 제34조에 따라 지정된 물

자' 즉 '방산물자'라고만 표현할 뿐 '방산업체 지정까지 완료된 방산물자'라고 표현하고 있지는 아니하다는 점을 내세운다.

그러나 방산원가규칙 제2조 제1호는 "대상 목적물"의 관점에서 범위를 정의하고 있는 규정이므로 그 내용에서도 일반물자는 제외하고 방산물자만을 대상으로 한다는 취지로 그와 같이 표현하고 있는 것으로 이해될 뿐이고, 방산원가규칙 자체의 적용범위에 관하여는 방산원가규칙 제1조에서 "방위사업법 제46조 제3항에 따른 방산물자의 조달에 관한 계약"이라고 규정하고 있는데, 그 의미가 방위사업법 제35조 제1항과의 관계에서 '방산업체가 생산하는 방산물자를 조달하는 계약'으로 해석될 수밖에 없다는 점은 앞에서 살핀 바와 같다.

라) 원고들은, 실무상 방산물자 지정 절차와 방산업체 지정 절차가 별개로 이루어지는 과정에서 시간적 간격이 발생하여 방산물자 지정은 받았으나 방산업체 지정을 받지 아니한 업체가 피고와 사이에 방산물자를 생산·납품하는 계약을 체결하는 경우가 있는데, 이러한 경우에도 방산원가를 적용하여 업체의 연구개발노력 등에 대한 보상을 회수할 수 있도록 해 줄 필요가 있다고 주장한다.

그러나 앞에서 본 바와 같이 방위사업법령은 '방산업체가 방산물자를 생산·납품하는 경우'와 '일반업체가 일반물자를 생산·납품하는 경우'만을 예정하고 있을 뿐 '일반업체가 방산물자를 생산 납품하는 경우'를 상정하고 있지 않다. 그런데 실무상 '일반업체가 방산물자를 생산·납품하는 경우'가 있다고 하여, 이러한 경우까지도 포섭할 수 있도록 방위사업법령을 해석함으로써 '방산업체가 방산물자를 생산·납품하는 경우'와 동등하게 취급한다면, 이것은 방산물자의 품질 및 보안성 등을 담보하기 위하여 일정한 시설기준과 보안요건 등을 갖추어 지정을 받은 방산업체만 방산물자를 생산하도록 하면서(제35조 제1항), 방산업체에 대하여는 실질적인 경영 지배권의 변경에 대하여도 국가가 승인권을 행사하도록 하고(제35조 제3항), 이를 위반하여 승인을 얻지 아니한 경우에는 형사처벌까지 규정하고 있는(제62조 제5항 제1호) 방위사업법의 취지에 반하는 것이다.

실제로 이 사건에도 아래에서 보듯이 원고들은 원고 B가 방산업체가 아닌 상태에서 방산원가를 적용받아 이 사건 제3 내지 6계약을 체결한 다음 그 각 계약에 따른 생산·납품을 모두 마칠 때까지 원고 B가 방산업체로 지정받지 아니함으로써 결과적으로 방위사업법 제35조 제1항을 위반하는 방산물자의 생산이 장기간에 걸쳐 이루어졌는바, 이러한 위법한 실무에 맞추어 법을 해석할 수는 없다.

마) 방위사업법 제46조 제1항, 제3항, 방산원가규칙 제1조는 '방산물자에 관한 조

달계약'외에 '방위사업법 제18조 제4항에 따라 연구 또는 시제품생산을 하게 하는 계약'에도 방산원가를 적용하도록 규정하고 있다.

그러나 ① '연구 또는 시제품생산을 하게 하는 계약'의 경우에 방산원가를 적용하도록 한 것은 '방산물자에 관한 조달계약'과의 논리적 필연성에 따른 것이 아니라 방위산업을 육성하기 위한 입법자의 선택이라고 할 수 있으므로, 이들 각 계약의 유형을 반드시 통일적으로 해석하여야 한다고 할 수는 없는 점, ② '연구 또는 시제품생산을 하게 하는 계약'은 방위사업법 제35조 제1항의 적용대상이 아닌바, 방위사업법 제35조 제1항이 적용되지 아니하는 계약의 유형이 동일한 조항 내에 함께 규정되어 있다고 하여 '방산물자에 관한 조달계약'에 대하여도 방위사업법 제35조 제1항을 배제한 채 해석할 수는 없는 점, ③ 원고들은, 연구개발 단계에서는 방산원가가 적용되었다가 개발이 종료되어 양산단계에 진입하였음에도 방산업체가 아니라는 이유로 일반원가를 적용하는 것은 모순이라고 주장하나, 방위사업법령은 일반업체가 방산물자를 양산하는 것을 예정하고 있지 아니하므로 법령상으로는 원고들이 주장하는 바와 같은 모순이 생길 수 없는 점 등을 고려하면, '연구 또는 시제품생산을 하게 하는 계약'이 방위사업법 제46조 제1항, 제3항, 방산원가규칙 제1조에 포함되어 있다는 사정만으로는 앞에서와 달리 판단할 수 없다.

3) 원고 B의 부당이득금 반환의무의 성립

가) 증거(생략)의 각 기재와 변론 전체의 취지에 의하면, ① 피고는 이 사건 제5, 6계약의 체결을 위한 조달판단을 하면서 계약방법을 국가를 당사자로 하는 계약에 관한 법률(이하 '국가계약법'이라고 한다) 시행령 제26조 제1항 제5호 라목에 따른 수의계약으로 정하고, 조달판단서의 결론에 "국계령 제26조 제1항 5호 라목에 따라 해당 품목 방산업체와 방산수의계약 집행 건의"라고 기재한 사실, ② 피고의 계약부서가 계약방법을 방산수의계약으로 정하여 원가산정부서에 예정가격 산정을 의뢰하면 원가산정부서는 통상적으로 방산원가를 적용한 예정가격을 산정하여 계약관에게 통보하고 있고, 이 사건 제5, 6계약의 체결 과정에서도 계약방법이 방산수의계약으로 정해짐에 따라 피고는 원고 B와 공유하는 전산시스템의 원가계산방법란에 "방산제조확정"이라고 표시하여 둔 사실, ③ 이에 원고 B는 자신이 방산업체로 지정되지 아니하였음에도 이 사건 물품에 관하여 방산원가를 적용한 원가계산자료를 피고에게 제출하였고, 그에 기초하여 이 사건 제5, 6계약의 계약금액이 결정됨으로써 일반원가를 적용하는 경우에 비하여 계약금액이 과다 산정된 사실, ④ 원고 B는 이 사건 제5계약이 정한 최종 납품일인 2015. 3. ○., 이 사건 제6계약이 정한 납품일인 2015. 12. ○.이 모두

경과한 2016. 12. ○.에 이르러서야 이 사건 물품에 관하여 방산업체 지정을 받은 사실 등을 인정할 수 있다.

나) 국가계약법 시행령 제26조 제1항 제5호 라목은 "「방위사업법」에 따른 방산물자를 방위산업체로부터 제조·구매하는 경우" 수의계약에 의할 수 있도록 규정하고 있고, 방위사업법 시행령 제61조 제3항 제1호 역시 "방산업체와 방산물자 생산 구매계약을 체결하는 경우" 수의계약에 의할 수 있도록 규정하고 있으므로, 방산업체만 수의계약의 상대방이 될 수 있다. 그런데 위에서 인정한 바와 같이 이 사건 제5, 6계약의 체결 당시 원고 B는 방산업체가 아니었으므로, 원고 B와 피고는 국가계약법 시행령 제26조 제1항 제5호 라목에 근거하여 방산수의계약을 체결할 수 없었음에도 피고는 이 사건 제5, 6계약의 방법을 방산수의계약으로 하는 조달판단을 하고 그에 따라 원가 계산에 방산원가를 적용하도록 안내하였는바, 담당 공무원이 조달판단서에 "해당품목 방산업체"와 방산수의계약을 집행할 것을 건의한다고 기재한 점에 비추어, 위 담당 공무원은 처음부터 법령을 위반하여 이 사건 제5, 6계약을 체결할 의사였다기보다는 원고 B가 방산업체가 아니라는 점에 관하여 착오를 일으킨 것으로 볼 수 있다. 결국 담당 공무원의 착오로 이 사건 제5, 6계약의 계약방법 및 그에 따른 원가 적용이 잘못 되어 원고 B는 이익을 얻고 국고에는 손실을 끼친 경우에 해당하므로, 원고 B는 특별한 사정이 없는 한 이 사건 제5, 6계약에 편입된 물품구매계약 특수조건 제30조 제1항에 의하여 피고에게 부당이득금을 반환할 의무를 부담한다.

이에 대하여 원고 B는, 방위사업법령에 의하면 산업통상자원부장관이 방산업체를 지정하기 위하여는 미리 방위사업청장과 협의하여야 하고, 산업통상자원부장관이 방산업체 지정을 하면 방위사업청장에게 통보하도록 규정하고 있는 점, 피고가 이 사건 제5, 6계약을 체결하기 전에 2회에 걸쳐 원고 B에 방산업체 지정 여부에 대한 확인을 요청한 점 등을 이유로, 피고는 원고 B가 방산업체가 아님을 알면서도 방산업체인지 여부는 고려할 사항이 아니었기 때문에 방산수의계약을 체결하면서 방산원가를 적용한 것이라고 주장한다. 그러나 위와 같은 방위사업법령의 규정 자체 또는 계약 담당 공무원이 아닌 방산업체 지정을 담당하는 방산정책과 공무원이 원고 B에 방산업체 지정 여부에 대한 확인을 요청하였다는 사실만으로는, 이 사건 제5, 6계약의 체결을 담당한 공무원에게 과실이 있는지는 별론으로 하고, 원고 B가 방산업체가 아니라는 것을 그 계약 담당 공무원이 알면서도 법령을 위반한다는 의사로 방산수의계약을 체결하였다고 인정하기에 부족하다.

다) 한편 원고 B는, 이 사건 제5, 6계약에 방산원가를 적용한 것에 대하여 원고

B에 귀책사유가 없다고 주장한다.

살피건대 위 물품구매계약 특수조건 제30조 제1항은 성질상 채무불이행으로 인한 손해배상청구권에 해당하므로(대법원 1997. 6. 27. 선고 95다19959 판결 참조), 원고 B의 부당이득금 반환의무가 성립하기 위하여는 원고 B의 귀책사유가 전제되어야 하고(대법원 2016. 7. 14. 선고 2013다82944, 82951 판결 참조), 채무불이행책임의 일반원칙에 따라 귀책사유 부존재에 대한 증명책임이 원고 B에 있다. 그런데 위에서 든 증거들(생략)의 각 기재 및 변론 전체의 취지에 의하여 알 수 있는 다음의 사정들을 고려하면, 원고 B가 제출한 증거들만으로는 이 사건 제5, 6계약에 원가적용이 잘못된 것에 관하여 원고 B에 귀책사유가 없다고 단정하기에 부족하고, 달리 이를 인정할 증거가 없으므로, 원고 B의 위 주장은 받아들이지 아니한다.

① 원고들이 강조하는 바와 같이 이 사건 제5, 6계약에 방산원가가 잘못 적용된 것은 이 사건 제5, 6계약의 방법을 방산수의계약으로 정한 피고의 조달판단으로부터 비롯된 것이고, 아래의 과실상계에 관한 판단에서 보듯이 이와 관련하여 피고에게는 상당한 귀책사유가 있다.

그러나 피고에게 귀책사유가 있다고 하여 그것이 곧 원고 B에는 귀책사유가 없다는 것을 의미한다고 할 수 없다. 즉 피고가 이 사건 제5, 6계약의 계약방법을 방산수의계약으로 정하고 그에 따라 원고 B에 원가계산방법을 방산원가로 안내하기는 하였으나, 피고는 내부 문서인 조달판단서에서뿐만 아니라 이 사건 제5, 6계약의 물품구매계약서에서도 계약방법을 방산수의계약으로 정한 근거가 '국가계약법 시행령 제26조 제1항 제5호 라목에 따라 방산업체로부터 방산물자를 제조·구매하는 경우'에 해당하기 때문임을 명시하였다. 그런데 국가계약법 시행령 제26조 제1항 제5호 라목이나 방위사업법 시행령 제61조 제3항 제1호가 방산업체의 경우에만 수의계약을 체결할 수 있도록 규정하고 있다는 점은 해당 법령의 문언상 명백하였고, 원고 B는 자신이 방산업체로 지정되지 아니한 사실을 인식하고 있었으므로, 원고 B는 이 사건 제5, 6계약이 방산수의계약으로 체결될 수 없다는 것을 알고 있었다고 보아야 하며, 설령 위 법령상의 요건을 알지 못하였다고 하더라도 이는 단순한 법률의 부지에 불과하다.

나아가 원고들이 주장하는 바와 같이 이 사건 제5, 6계약은 대등한 당사자 사이의 사법상 계약이고, 담당 공무원의 조달판단은 계약을 체결하는 과정에서 이루어지는 피고의 내부적인 의사결정일 뿐 그 자체로 계약상대방인 원고 B에 대하여 구속력이나 강제력 등의 법적 효력을 가지는 것은 아니며, 피고가 방산수의계약을 체결할 수 있다는 착오에 빠져 원가계산방법을 방산원가로 안내하였다고 하더라도 그것이 더 이상 변경의 여지가 없는 결정이라고 할 수도 없었다. 특히 원고 B는 군납 물자의 생산 및 군납품업 등을 목적으로 하는 회사로서, 이 사건 제5, 6계약이 체결되기 훨씬 이전인 2011. 1. ○. 이 사건 물품에 관하여 방산물자 지정을 받아 이 사건 제5, 6계약 당시까지 합계 약 70억 원의 조달실적을 가지고 있는 등 방산물자 관련 계약에 대하여 전문성을 가지고 있는 업체였는바, 원고 B가 계약 체결 과정에서 위와 같은 위법성의 문제를 제기하여 담당 공무원의 착오를 바로잡으려는 시도를 하는 것이 불가능하였다고 할 수 없다. 그럼에도 원고 B는 그러한 시도를 하지 아니한 채 피고가 제시한 위법한 계약방법 및 그에 따른 원가계산방법에 그대로 응하여 원가계산자료를 제출함으로써 이득을 얻었는바, 이것은 원고 B로서는 피고의 선행행위로 인하여 다른 행위를 할 기대가능성이나 회피가능성이 없었기 때문이라기보다는 피고의 착오에 편승하여 방산수의계약을 체결하면서 방산원가를 적용하는 것이 원고 B에 이익이 되는 것이었으므로 그와 달리 행위 할 필요나 유인이 없었다고 보는 것이 더 자연스럽다.

② 원고 B는, 실무상 방산물자 지정과 방산업체 지정 사이에 시간적 간격이 발생할 수밖에 없고, 방산물자 지정 후 방산업체 지정까지 기다리면 전력화 일정에 차질이 초래될 것을 우려한 피고가 방산물자이기만 하면 방산업체인지와 관계없이 방산원가를 적용하는 관행을 가지고 있었으며, 원고 B는 그에 따른 것이므로 귀책사유가 없다고 주장한다.

그러나 방산물자이기만 하면 방산업체 아닌 일반업체와도 방산수의계약을 체결하는 관행이 있었음을 인정할 증거가 없다. 아래 4)항에서 보듯이 원고들이 내세우는 관련 사건에서의 사실조회결과에 의하더라도, 방산물자로 지정되었으나 방산업체로 지정되지 아니한 상태에서 방산원가를 적용하여 납품이 이루어진 계약들은 모두 피고와 다른 계약상대방 사이에서 체결된 별개의 방산물자 조달계약에서 그 해당 업체가 위 계약상대방과 하도급계약을 체결한 경우이고, 피고가 방산업체 아닌 업체를 직접적인 계약상대방으로 하는 계약이 체결된 경우는 1건도 없다(위 사실조회결과 중 해당 업체를 직접적인 계약상대방으로 하는 1건의 계약은 해당 업체가 방산업체로 지정된 이후에 체결된 것이다).

나아가 이 사건 제5, 6계약이 체결된 시점은 원고 B가 이 사건 물품에 대하여 방산물자 지정을 받은 2011. 1. ○.로부터 약 3년 또는 약 4년이 된 시점이었다. 피고가 2018. 11.경 방산업체 지정에 소요되는 행정기간을 단축하는 개선안을 시행하기 전에는 방산물자 지정 후 방산업체 지정까지 약 6개월의 행정기간이 소요되었고, 원고 B의 주장에 의하더라도 원고 B는 신청만 하면 이 사건 물품에 대하여 당연히 방산업체로 지정될 수 있었으므로, 이 사건 제5, 6계약의 체결 전에 원고 B가 방산업체 지정을 받을 수 있는 충분한 여유가 있었다. 그럼에도 원고 B는 '사업담당자 변경 및 업무인수인계 미비'를 이유로 신청을 미루다가 그대로 이 사건 제5, 6계약의 체결에 나아간 것인바, 이 경우는 행정절차적 미비점으로 인하여 방산물자 지정과 방산업체 지정 사이에 어쩔 수 없이 시간적 간격이 발생하는 경우에 해당하지도 아니한다.

한편 원고 B는 방산수의계약 체결 시 담당 공무원의 유의사항을 기재한 피고 내부문서를 관행의 근거로 들고 있다. 그러나 그 문서에는 "방산물자 수의계약 조건 CHECK POINT"라는 제목 하에 "방산물자로 지정된 품목의 경우 방산수의 계약체결 규정 준수 – 방산진흥국 발행 방산물자 지정 현황 확인"이라고 기재되어 있는바, 그 문언상으로도 방산수의계약을 체결하기 위하여는 방산물자 지정 여부를 반드시 확인하라는 것일 뿐, 방산업체 지정 여부는 확인하지 아니하여도 된다거나 방산물자이기만 하면 관련 법령을 위반하여 방산업체 아닌 업체와 수의계약을 체결하여도 좋다는 의미라고는 해석되지 아니한다.

4) 원고 A의 부당이득금 반환의무의 성립

가) 증거(생략)의 각 기재 및 변론 전체의 취지에 의하면, ① 원고 A는 이 사건 제3, 4계약의 이행을 위하여 원고 B로부터 계약목적물의 구성품 중 하나인 이 사건 물품을 공급받는 하도급계약을 체결하고 이를 원가계산에 반영한 사실, ② 이 사건 제3계약의 체결 당시에는 이 사건 물품에 대하여 방산물자 지정 신청은 이루어졌으나 방산물자로 지정되지는 아니한 상태였고, 이 사건 제4계약의 체결 당시에는 이 사건 물품이 방산물자로 지정은 되었으나 원고 B가 방산업체로 지정되지 아니하였던 사실, ③ 원고 B는 원고 A에 이 사건 물품에 대한 원가계산자료를 제출하면서 방산원가를 적용한 자료를 제출하였고, 원고 A는 이를 그대로 피고에게 제출하였으며, 그에 기초하여 이 사건 제3, 4계약의 계약금액이 결정됨으로써 일반원가를 적용하는 경우에 비하여 계약금액이 과다 산정된 사실, ④ 원고 B는 이 사건 제3계약이 정한 최종 납품일을 약 5년 도과하고, 이 사건 제4계약이 정한 최종 납품일을 약 2년 도과한 2016. 12. ○.에 이르러서야 이 사건 물품에 대한 방산업체로 지정된 사실 등을 인정할 수 있다.

나) 위 2)항에서 살핀 바에 의하면, 이러한 경우 이 사건 물품에는 방위사업법령에 따른 방산원가를 적용할 수 없었다. 그럼에도 원고 A는 이 사건 물품에 방산원가

를 적용한 원가계산자료를 피고에게 제출하고, 피고의 담당 공무원 역시 이를 간과하여 그대로 받아들임으로써, 계약금액 산정 과정에서 이 사건 물품에 관한 원가 부분이 잘못 산정되었는바, 이는 원가계산자료 또는 공무원의 착오로 인하여 원고 A는 이익을 얻고 국고에는 손실을 끼친 경우에 해당한다. 따라서 원고 A는 특별한 사정이 없는 한 이 사건 제3, 4계약에 편입된 물품구매계약 특수조건 제30조 제1항에 의하여 피고에게 부당이득금을 반환할 의무를 부담한다.

다) 이에 대하여 원고 A는, 이 사건 물품에 방산원가를 적용한 것과 관련하여 원고 A에 귀책사유가 없다고 주장한다.

그러나 증거들(생략)의 각 기재와 변론 전체의 취지에 의하여 알 수 있는 다음의 사정들을 종합적으로 고려하면, 원고 A가 제출한 증거들만으로는 이 사건 물품에 원가적용이 잘못된 것에 관하여 원고 A에 귀책사유가 없다고 단정하기에 부족하고, 달리 이를 인정할 증거가 없으므로, 원고 A의 위 주장은 받아들이지 아니한다.

① 이 사건 제3, 4계약을 체결하는 과정에서 이 사건 물품에 방산원가를 적용한 원가계산자료를 피고에게 제출한 것은 원고 A이며, 피고가 이 사건 물품에 적용할 원가와 관련하여 방산원가를 적용할 수 있다는 취지를 나타내는 선행행위를 한 것이 없다.

이 사건 제3, 4계약의 체결 당시 계약목적물인 K-55 성능개량 자주포는 방산물자로 지정되어 있었고, 원고 A도 그에 관하여 방산업체로 지정되어 있었으므로, 이 사건 제3, 4계약은 적법하게 방산수의계약으로 체결되었다. 그러나 이 사건 물품은 이 사건 제3, 4계약의 목적물인 K-55 성능개량 자주포와는 별개의 방산물자였고, 따라서 이 사건 물품을 생산하기 위하여는 원고 A가 방산업체인 것으로는 부족하고 원고 B가 별도로 방산업체로 지정받았어야 하므로, 방위사업법령에 따라 방산원가를 적용할 것인지 여부도 주계약의 목적물과는 별개로 판단되어야 하였다. 그러므로 피고가 이 사건 제3, 4계약 자체를 방산수의계약으로 체결하였다는 사정만으로는 이 사건 물품에 대한 원가계산방법에 대하여도 마찬가지의 신뢰를 주었다고 할 수 없고, 그 밖에는 피고가 이 사건 물품에 적용할 원가와 관련하여 원고 A에 구체적인 의견을 표시하였음을 인정할 증거가 없다.

원고 A는, 이 사건 제3계약이 체결되고 약 1년 후 피고가 원가검증을 실시하면서 원고 B를 비롯한 원가검증 대상 협력업체들에게 방산원가를 전제로 하는 '제비율 산정 관련 자료'를 제출하도록 요구하였음을 내세운다. 그러나 당시 작성된 '협력 및 하도급업체 실사계획'에서는 대상 업체를 협력업체와 일반하도급업체 등으로 구분하면서 원고 B를 협력업체로 분류하고 있었는데, '제비율 산정 관련 자료'를 준비하도록 한 대상 업체는 "일반하도급업체"였던 사실을 인정할 수 있을 뿐이다. 나아가 이 사건 제3계약을 체결한 후 피고가 원가검증 기회에 이 사건 물품에 방산원가가 잘못 적용된 것을 발견할 수 있었음에도 이를 발견하지 못한 과실이 있다고 하더라도, 이러한 사정을 과실상계 사유로 삼는 것은 별론으로 하고, 그것이 곧바로 방위사업법령을 위반하여 원가계산자료를 제출한 원고 A의 무과실을 증명하는 것이라고 할 수 없다.

② 원고 A는, 피고가 방산물자이기만 하면 방산업체인지와 관계없이 방산원가를 적용하는 관행을 가지고 있었고, 원고 A는 그에 따른 것이므로 귀책사유가 없다고 주장한다.

2007년경부터 2016년경까지 사이에 방산물자로 지정된 물품 중 26개 물품에 관하여 2017. 3. 21.까지 생산업체에 대한 방산업체 지정이 이루어지지 아니하였는데, 그 중 9개 물품이 생산업체가 방산업체로 지정되지 아니한 상태에서 계약·납품이 이루어졌고, 위 9개 중 1개 물품에 대하여는 일반원가가 적용되고, 1개 물품에 대하여는 방산원가가 적용된 계약과 일반원가가 적용된 계약이 혼재하며, 나머지 7개 물품에 대하여는 방산원가가 적용되었다. 그리고 위 9개 물품에 관하여 체결된 계약은 모두 51건이고, 그중 위 7개 물품에 관하여 체결된 계약은 49건인데, 위 51건의 계약은 모두 해당 물품의 생산업체와 피고 사이에 직접적인 조달계약이 체결된 경우가 아니고, 피고와 다른 계약상대방 사이에 체결된 별개의 방산물자에 관한 조달계약에서 해당 물품의 생산업체가 그 계약상대방과 사이에 하도급계약을 체결한 경우이다.

위 인정사실에 의하면, 방산업체가 아님에도 방산원가가 적용된 사례가 존재함을 알 수 있다. 그러나 방산물자로 지정된 물품은 2007년 1,423개, 2008년 1,476개, 2009년 1,528개, 2010년 1,543개, 2011년 1,521개, 2012년 1,285개, 2013년 1,309개, 2014년 1,336개, 2015년 1,305개, 2016년 1,364개이고, 하나의 물품에 대하여 여러 계약이 체결되기도 하였으므로 전체 방산물자에 대하여 체결된 계약의 건수는 그 이상일 것인바, 위 인정사실에 나타난 방산원가가 적용된 물품 8개나 그 계약 건수 50건은 전체 방산물자나 전체 계약 건수와 비교하여 그 차지하는 비중이 미미하다. 여기에 위 인정사실에서 보듯이 방산업체로 지정되지 아니한 상태에서 계약·납품이 이루어진 물품 중에도 일반원가가 적용된 경우도 없지 아니한 점을 보태어 보면, 위 인정사실만으로는 원고 A가 주장하는 관행이 확립되어 있었다고 판단하기에 부족하다. 나아가 위 51건의 계약 모두 해당 업체가 피고와 사이에 직접 조달계약을 체결한 것이 아니고 피고와 다른 계약상대방 사이의 조달계약에서 협력업체로서 하도급계약을 체결한 경우임을 고려하면, 위와 같은 사례가 존재하는 것은, 원고 A의 주장과 같이 피고가 방산물자 지정과 방산업체 지정 사이의 시간적 간격 등을 이유로 방산물자이기만 하면 방산 원가를 적용하는 관행을 유지해 은 결과라기보다는, 별개의 조달계약에 협력업체로 포함되어 있는 경우에는 그 업체를 직접적인 계약상대방으로 하는 계약에 비하여 상대적으로 방산업체 지정 여부에 대한 확인을 누락하거나 간과하기 쉽기 때문이라고 해석할 여지도 있다.

또한 위와 같은 구체적인 사실관계는 관련 사건의 소송 진행 중 밝혀진 것으로서 이 사건 제3, 4계약의 체결 당시 원고 A에 제공되어 있던 정보가 아니었다. 그리고 원고 A는 위 인정사실 외에는 이 사건 제3, 4계약의 체결 당시 그 주장과 같은 관행이 존재하였음을 알 수 있는 구체적인 사례나 객관적인 정보를 제시하지 못하고 있다. 결국 원고 A가 주장하는 관행은 동종 업계에서 대체로 그와 같이 인식하고 있었다는 정도의 의미라고 볼 수 있는바, 설령 그것이 사실이라고 하더라도, 그 정도의 사정만으로는 원고 A가 이 사건 물품에 방위사업법령에 따른 적법한 원가를 적용하여 원가계산자료를 제출하는 것에 대한 기대가능성이나 회피가능성이 없었다고 보기 어렵다. 피고가 이 사건 제3, 4계약의 체결 과정에서 이 사건 물품에 적용할 원가와 관련하여 원고 A에 방산원가를 적용할 수 있다는 의견을 표시하는 등 원고 A가 주장하는 위 관행을 승인하는 취지의 구체적인 행위를 한 바 없다는 점을 고려하면 더욱 그러하다.

한편 원고 A는, 피고 산하 방위사업청 내 계약관리본부가 '2016. 6. 1. 이전 시점에도 방산물자 지정만 받고 방산업체 지정은 되지 않은 상태에서 일반원가를 적용한 사례들이 존재함을 증명할 수 있는 자료가 있는지'라는 질문에 대하여 '2016. 6. 1. 이전의 위 사례를 찾지 못하였다'고 답변한 점, 2019년 발간된 방위사업 통계연보에서 방산물자를 기준으로 계약현황의 통계를 소개하고 있는 점 등을 관행의 근거로 주장한다. 그러나 위 계약관리본부의 답변 내용만으로는 관행의 존재가 적극적으로 증명되었다고 인정하기에 부족하고, 또한 위 통계 자료만으로는 피고가 방산물자만을 분류의 기준으로 삼아 해당 항목의 통계를 작성한 이유가 방산업체 아닌 일반업체도 방산물자를 생산할 수 있다는 전제에서 방산업체인지 여부는 의미가 없기 때문이라고 볼 수 없다.

③ 원고 A는, 방산물자로 지정되었다는 것은 전투용 적합 판정을 받았다는 것을 의미하고, 방산물자를 연구 개발하여 방산물자 지정을 받은 업체는 예외 없이 방산업체 지정을 받는 것으로 예정되어 있으며, 그 업체가 아닌 제3의 업체가 그 방산물자에 대하여 방산업체로 지정받는 것은 있을 수 없는 일이므로, 해당 물품이 방산물자로 지정받은 이상 방산업체 지정을 받지 아니하였더라도 방산업체 지정을 받은 경우와 동등하게 취급하는 것이 부당하지 아니하다는 점을 강조한다.

그러나 위 2)항에서 살핀 바와 같이 방위사업법이 제정 당시부터 방산업체에 대한 지정 제도를 별도로 두면서 방산업체만 방산물자를 생산하도록 규정하고 있고, 해당 방산물자에 대한 생산능력만 있으면 방산업체로 지정받을 수 있는 것이 아니라 보안 요건 등 법령이 규정한 다른 요건도 갖추어야 하므로, 원고 B의 위 주장은 현행 법령의 해석으로는 받아들일 수 없다.

뿐만 아니라 원고 B는 이 사건 제3, 4계약에 따른 생산·납품이 최종 완료될 때까지는 물론이고 그 후에 체결된 이 사건 제5, 6계약에 따른 생산 납품이 최종 완료될 때까지도 '사업담당자 변경 및 업무인수인계 미비'를 이유로 방산업체 지정을 받지 아니하였다. 즉 이 사건은 방산물자 지정과 방산업체 지정의 절차적 분리라는 제도적인 미비점으로 인하여 이 사건 제3, 4계약의 체결 시점에서 일시적으로 방산업체로 지정되지 아니하였던 경우가 아니고, 이 사건 제3, 4계약이 종료될 때까지도 원고 B가 방산업체 지정을 받지 아니하여 계약의 전 과정에서 방위사업법 제35조 제1항을 위반한 방산물자의 생산이 이루어진 경우이다. 원고 B도 이 사건 물품에 대한 방산물자 지정일로부터 6년이 다 되어가는 2016. 12. ○. 방산업체 지정을 받기는 하였으므로, 원고 A의 주장과 같이 방산물자 지정을 요청한 업체가 예외 없이 방산업체 지정을 받은 경우에 해당하기는 하지만, 이와 같이 결국은 방산업체 지정을 받을 것이라는 이유로 방산업체 지정을 받지 아니한 상태에서도 방산업체와 동등하게 취급한다면 위와 같은 방위사업법 위반의 상태를 용인하는 결과가 된다는 점에서도 원고 A의 위 주장은 받아들이기 어렵다.

④ 원고 A는, 피고가 발간한 '중소기업을 위한 원가관리 가이드 북'이나 '중소기업을 위한 방산물자 원가관리 안내서'에서 방산물자인지 여부만을 기준으로 방산원가를 적용하도록 서술하고 있을 뿐 방산업체 지정에 관한 언급은 없다는 사정을 내세운다.

살피건대 원고 A가 주장하는 위 책자들은 모두 이 사건 제3, 4계약이 체결된 후인 2013년 및 2017년에 각 발간된 것이므로, 이 사건 제3, 4계약 당시 원고들의 의사결정에 영향을 미친 자료에 해당하지 아니한다.

나아가 위 '중소기업을 위한 원가관리 가이드 북'에서는 "갑: 방위사업청, 을: 체계업체, 병: 하도급업체"인 경우 "을이 방산업체(방산물자), 병이 납품하는 물자도 방산물자인 경우에는 방산물자 원가관련 규정에 따라 원가를 산정합니다", "을이 방산업체(방산물자), 병이 을에 납품하는 물자는 일반물자인 경우에는 일반물자 원가관련 규정에 따라 원가를 산정해야 합니다"라고 기재하고 있다. 그런데 위 서술은 "우리 회사는 방사청과 계약한 업체에 납품하는 하도급업체인데요. 방산물자? 일반물자? 어떻게 원가계산하나요?"라는 질문에 대한 답으로 기재되어 있던 것으로서, 질문 자체가 생산물자가 무엇인지에 따라 원가계산이 어떻게 달라지는지 여부이므로 그에 대한 답도 방산물자 여부를 기준으로 설명하고 있는 것으로 이해될 뿐 방산업체가 아니더라도 방산물자이기만 하면 방산원가를 적용한다는 취지의 설명이라고 볼 수 없다.

또한 원고 A는, 위 '중소기업을 위한 원가관리 가이드 북'에서 을에 대하여는 "방산업체(방산물자)"로 표현하고 병에 대하여는 단순히 "방산물자"라고만 표현하였다는 점 및 위 '중소기업을 위한 방산물자 원가관리 안내서'에서 "일반물자와 방산물자 원가계산기준 비교"라는 제목 하에 해당 물자별로만 원가계산방법 안내하고 방산업체에 대한 언급이 없다는 점을 근거로 든다. 그러나 방산물자를 생산할 수 있는 주체가 방산업체뿐이라는 점은 방위사업법에 의하여 명백하므로, 생산주체를 방산업체라고 따로 표시하지 아니하였다고 하여 이들 책자가 방산업체 아닌 일반업체도 방위사업법을 위반하여 방산물자를 생산할 수 있다는 전제에서 그와 같이 서술한 것이라고 할 수 없다. 실제로 피고 산하 방위사업청이 2014. 6. 27. 제정한 '협력업체 원가검증에 관한 매뉴얼'에서 원가산정기준으로 '방산협력업체로부터 조달하는 방산물자', '방산협력업체로부터 조달하는 일반군수물자', '일반협력업체로부터 조달하는 일반군수물자'의 3가지 유형에 대하여만 규정할 뿐 '일반협력업체로부터 조달하는 방산물자'는 포함되어 있지 않다.

5) 원고들은, 원고들과 피고 사이에 원고 B가 방산업체로 지정되지 아니한 상태에서도 이 사건 제3 내지 6계약에 방산원가를 적용하기로 하는 실질적 합의가 있었으므로, 피고에 대하여 부당이득 반환의무를 부담하지 아니한다고 주장한다. 그러나 원고들이 제출한 증거들만으로는 원고들과 피고 사이에 원고 B가 위 각 계약의 이행을 종료하도록 방산업체로 지정되지 아니하는 경우에도 방위사업법령을 위반하여 방산원가를 적용하기로 하는 의사의 합치가 있었다고 할 수 없고, 달리 이를 인정할 증거가 없으므로, 원고들의 위 주장은 이유 없다.

다. 피고 항변의 인정 범위

1) 이 사건 제3, 4계약에서 이 사건 물품에 방산원가가 적용됨으로써 과다 산정된 계약금액이 합계 1,169,727,190원(=173,796,430원+995,930,760원)인 사실, 이 사건 제5, 6계약에 방산원가가 적용됨으로써 과다 산정된 계약금액이 합계 19,364,460원인 사실, 피고의 납부고지에 따라 위 173,796,430원에 대하여 57,130원의 지연손해금이 발생한 사실 등은 당사자 사이에 다툼이 없거나 증거(생략)의 각 기재에 의하여 인정할 수 있다.

2) 한편 피고가 이 사건 제3 내지 6계약의 각 물품구매계약 특수조건 제30조 제1항에 의하여 원고들에 대하여 가지는 부당이득금 반환청구권은 채무불이행으로 인한 손해배상청구권으로서 과실상계의 대상이 된다(대법원 1997. 6. 27. 선고 95다19959 판결 참조).

그런데 앞에서 살핀 바에 의하여 알 수 있는 다음의 사정들, 즉 피고는 이 사건 3 내지 6계약의 체결 당시나 그 후의 원가검증 과정에서 원고 B가 방산업체로 지정되었는지를 확인하여 적법한 원가가 적용되도록 관리하였어야 함에도 이를 간과한 점, 특히 이 사건 제5, 6계약에 대하여는 피고가 관련 법령을 위반하여 그 각 계약방법을 방산수의계약으로 정하고 그에 기초하여 원가계산방법도 방산원가로 안내하였던 점, 2007년경부터 2016년경까지 사이에 생산업체가 방산업체로 지정되지 아니하였음에도 해당 방산물자에 대하여 방산원가가 적용된 사례가 실제로 존재하였던 점, 피고가 이 사건 제3, 4계약의 물품구매계약 특수조건 제30조 제1항에 의하여 부당이득금 반환청구권을 행사한 시점은 이 사건 제3계약에서 정한 최종 납품일로부터 5년, 이 사건 제4계약에서 정한 최종 납품일로부터 2년이 다 되어가거나 경과한 시점인 점 등도 이 사건 제3 내지 6계약에서 계약금액의 착오 산정으로 인한 부당이득금이 발생하게 하는 데에 기여하였거나 피고의 과실로 참작되어야 하므로, 이를 고려하여 원고들의 책임비율을 30%로 정한다.

3) 피고가 주장하는 나머지 상계 요건에 관하여는 당사자 사이에 다툼이 없으므로, 결국 피고의 항변은 원고 A에 대하여 350,935,296원[=350,918,157원(=1,169,727,190원×0.3)+17,139원(=57,130원×0.3)], 원고 B에 대하여 5,809,338원(=19,364,460원×0.3)의 범위 내에서 이유 있다.』

2. 따라서 피고가 상계를 주장한 금액 중 원고 A에 대한 818,509,378원(=1,169,444,674원−350,935,296원), 원고 B에 대한 13,555,127원(=19,364,465원−5,809,338원)의 채권은 인정되지 아니함에도 피고는 위 금액을 원고들에 대한 물품대금에서 상계하였으므로, 피고는, 원고 A에 818,509,378원 및 이에 대하여 물품대금 지급기일 다음날이라는 점에 관하여 당사자 사이에 다툼이 없는 2017. 3. 21.부터 피고가 항쟁함이 상당한 이 판결 선고일인 2019. 12. 3.까지는 약정이율이라는 점에 관하여 당사자 사이에 다툼이 없는 연 3.48%의, 그 다음날부터 다 갚는 날까지는 소송촉진 등에 관한 특례법이 정한 연 15%의 각 비율로 계산한 돈을 지급하고, 원고 B에 13,555,127원 및 이에 대하여 위와 같은 2016. 12. 28.부터 위와 같은 2019. 12. 3.까

지는 위와 같은 연 3.44%의, 그 다음날부터 다 갚는 날까지는 위와 같은 연 15%의 각 비율로 계산한 돈을 지급할 의무가 있다.

그렇다면 원고들의 청구는 위 인정범위 내에서 이유 있어 인용하고 나머지 청구는 이유 없어 기각하여야 할 것인바, 제1심판결은 이와 일부 결론을 달리하여 부당하므로, 제1심판결 중 위에서 인정한 금액에 해당하는 원고들 패소 부분을 취소하여 피고에게 그 금액의 지급을 명하고, 원고들의 나머지 항소는 이유 없어 기각하기로 하여 주문과 같이 판결한다.

요약정리 [사안의 쟁점과 판결의 요지]

서울고등법원 2019. 12. 3. 선고 2018나2051769 판결 [물품대금]

이 사안의 쟁점은 **방위사업법령에 따른 방산원가는 '방산업체가 생산하는 방산물자 조달계약'에만 적용되는지 여부, 즉 방산물자의 조달계약이라고 하더라도 그 방산물자를 생산하여 납품하는 업체가 방산업체로 지정받는 절차를 모두 거친 후 방산업체로 지정이 되기 전에는 '방산원가' 적용을 받을 수 없는지**에 관한 것이었다.

서울고등법원 2019. 12. 3. 선고 2018나2051769 판결은 방위사업법 제46조의 법체계 내의 위치와 입법취지에 비추어 보면 방위사업법령에 따른 방산원가는 **방산업체가 생산하는 방산물자를 조달하는 계약**을 체결하는 경우에만 적용되는 것으로 볼 수 있다고 판시하였다. 한편 **서울고등법원 2020. 2. 6. 선고 2019나2009543 판결**도 서울고등법원 2019. 12. 3. 선고 2018나2051769 판결과 같은 쟁점에 관한 것이었는데, 같은 취지의 판결이 선고되었다.

☞ **방위사업법령에 따른 방산원가는 '방산업체가 생산하는 방산물자 조달계약'에만 적용되며, 방산물자의 조달계약이라고 하더라도 그 방산물자를 생산하여 납품하는 업체가 방산업체로 지정받는 절차를 모두 거친 후 방산업체로 지정이 되기 전에는 '방산원가' 적용을 받을 수 없다.**

판례 5

방위사업법상 부당이득금과 가산금

대법원 2016. 7. 14. 선고 2013다82944, 82951 판결 [채무부존재확인, 부당이득금반환등]

[원심판결] 서울고등법원 2013. 9. 26. 선고 2012나26956, 26963 판결

I. 사안의 개요 [기초사실 및 사건의 경과]

1. 기초사실

원고는 2005.경부터 2009.경까지 피고(대한민국)와 사이에 별지 [계약 목록] (생략) 기재와 같이 총 43건의 물품공급계약(이하 '이 사건 계약'이라 한다)을 체결하고, 피고에게 케이블조립체 등을 공급하고 그 대금을 지급받았다. 이 사건 계약 중 물품구매 계약특수조건 제26조는 다음과 같다.

> 물품구매 계약특수조건 제26조
>
> ① 이 계약 체결 후 원가계산자료 및 계산의 착오로 인한 예정가격 또는 계약금액의 부당한 결정으로 "을(원고)"이 부당이득을 취한 사실이 발견되거나 기타 공무원의 착오로 국고에 손실을 끼친 사실이 확인될 경우 "을"은 지체없이 부당이득금을 "갑(피고)"에게 반환하여야 한다. 다만, "을"이 허위 기타 부정한 자료를 제출하여 부당이득을 얻은 때에는 "갑"은 부당이득금의 환수와 동시에 이에 더하여 부당이득금에 상당하는 가산금을 환수할 수 있다.
>
> ② "을"은 "갑"의 원가계산자료 등 가격 증빙자료의 제출 또는 열람요구에 응하여야 하며, "을"이 정당한 이유 없이 이에 불응하거나 허위 증빙자료를 제출할 때에는 "갑"은 적정하다고 판단한 부당이득금과 그 상당의 가산금을 환수할 수 있다.

한편 경찰청장은 2009. 10. ○. 피고 산하 방위사업청장에게 원고가 2007.경부터

2009.경까지 방위사업청에 케이블 조립체를 납품하면서 원가를 부풀려 20억 3,700만 원 상당의 이득을 취하였으니 그 환수 여부를 검토할 것을 통보하였고, 이에 피고는 2010.경 별도의 조사를 통하여 별지 [원가차액 등 표] 기재 총 38개 계약에 관하여 원고가, ① 직접 물품을 제작하지 않고 하도급 등을 통하여 외주가공을 하였음에도 이를 자체제작의 노무비로 계산하고, ② 일부 부품에 대하여 허위 증빙자료를 제출하는 방식으로 원가를 부풀려 그에 상당하는 이득을 취하였다고 판단하고, 이에 대하여 방위사업법 제58조에 따른 부당이득금과 가산금을 별지 [부당이득금 등 표] 중 '총계약가', '정당원가', '최초 산정 부당이득금'과 같이 산정한 후 2010. 2. ○.경 원고에게 이에 대한 소명 및 원가계산에 필요한 자료를 제출하여 달라고 요청하였다.

원고는 2010. 2. ○. 피고에게 '소명자료'라는 이름의 문서를 보내면서, ① 피고의 부당이득 산정의 근거가 된 정당한 원가에 관한 기준이 제시되어 있지 않아 이를 받아들일 수 없다고 주장하며, 피고가 제시한 위 내역 중 정당원가 부분을 수정하여 새로 계산하면서 ② 일부 품목은 기존의 수입물품을 국산화한 경우에 해당하므로 수입가격을 기준으로 산정되어야 하며 이를 기준으로 할 경우 3,322,520,193원을 피고가 원고에게 더 지급하여야 하며, ③ 그렇지 않더라도 계약금액이 원가보다 낮은 경우에는 오히려 피고에 대한 부당이득반환청구권이 성립하므로 결과적으로 피고가 원고에게 3,366,780,839원을 더 지급할 의무가 있다고 주장하였다.

결국, 피고는 2010. 7. ○.자 납입고지서를 원고에게 발송하면서 방위사업법 제58조에 따라 허위 자료 제출에 따른 부당이득금 및 가산금을 지급할 것을 청구하였는데, 원고는 2010. 7. ○. 위와 같은 부당이득금, 가산금 납부 요구에 대하여 ① 원고가 제출한 원가보다 훨씬 낮은 가격으로 계약을 체결하였고, ② 부당이득금을 계산한 근거와 기준이 명확하지 아니하다는 이유로 이의를 제기하였다.

2. 사건의 경과

이 사안의 쟁점은 **방위사업법상 부당이득금과 가산금의 법적 성격**에 관한 것이었다.

원심(서울고등법원 2013. 9. 26. 선고 2012나26956, 26963 판결)은 ① 피고 산하 방위사업청이 2009. 10. ○. 경찰청으로부터 원고가 허위의 원가계산자료를 제출한 사실을 통보받은 후 2010. 2. ○.부터 원고에게 부당이득금에 대한 소명자료 및 원가계산자료 제출을 여러 차례 요구하였으나 원고는 당초 계약금액이 원가보다 낮게 책정되었으므로 오히려 원고가 피고로부터 추가로 지급받을 돈이 있다고 주장하면서 그 계산 내역을 소명자료로 제출하였을 뿐 원가계산자료 등 가격 증빙자료를 제출하지 않았으며, 이에 따라 피고는 자체적으로 산정하여 적정하다고 판단한 부당이득금과 그 상당의 가산금을 원고에게 부과 고지하였는데, 이는 이 사건 계약특수조건 제2항이 규정하고 있는 '방위사업청의 원가계산자료 등 가격 증빙자료의 제출요구'에 대하여 '계약상대자가 정당한 이유 없이 이에 불응한 때'에 해당하고, 이 사건 계약이 **확정계약**이라 하여 달리 볼 것이 없으므로 피고는 원고에게 이 사건 계약특수조건 제2항에 따라 자체적으로 산정하여 적정하다고 판단한 부당이득금과 그 상당의 가산금을 청구할 수 있고, ② 이 사건 계약특수조건의 가산금은 위약벌이 아니라 손해배상액의 예정에 해당하며, ③ 피고의 부당이득금 청구와 가산금 청구가 모두 손해배상청구에 해당하므로 원고의 손해배상책임을 피고가 자체적으로 산정하여 적정하다고 판단한 부당이득금과 그 상당의 가산금을 합한 금액의 50%로 제한하였다.

그러나 **대법원 2016. 7. 14. 선고 2013다82944, 82951 판결**은 ① 피고는 원고에게 이 사건 계약특수조건 제2항에 따라 자체적으로 산정하여 적정하다고 판단한 부당이득금과 그 상당의 가산금을 청구할 수 있다는 원심의 판단은 결론적으로 정당하나, ② 이 사건 계약특수조건의 가산금은 위약벌의 성격을 가진다고 할 것이므로, 위 가산금이 손해배상액의 예정으로서의 성격을 가진다고 보고 피고의 가산금 청구에 관하여 판단한 원심은 이 사건 계약특수조건상 가산금의 성질에 관한 법리를 오해한 것이고, 한편 위약벌 약정에 의한 책임을 제한하는 법리와 손해배상예정액의 감액에 관한 법리는 그 판단 방법이 전혀 다르므로, 원심의 위와 같은 잘못은 피고의 가산금 청구에 관한 판단 결과에 영향을 미쳤다고 할 것이고, ③ 나아가 원심은 가산금의 성격을 위와 같이 봄으로써 피고의 부당이득금 청구뿐만 아니라 가산금 청구도 손해배상청구에 해당하고 원고는 그 청구 전부에 대하여 손해배상책임을 진다는 잘못된 전제 아래 원고의 손해배상책임을 부당이득금과 가산금을 합한 금액의 50%로 제한하였으므로, 원심의 위와 같은 법리오해의 잘못은 피고의 부당이득금 청구에 관하여 원고의 책임비율을 산정한 부분에도 영향을 미쳤다고 판시하며 원심판결을 파기하고, 사건을 원심법원에 환송하였다.

II. 판결요지 : 대법원 2016. 7. 14. 선고 2013다82944, 82951 판결

[1] 방위사업법 제58조는 방위사업청장은 방위산업체 등이 허위 그 밖에 부정한 내용의 원가계산자료를 정부에 제출하여 부당이득을 얻은 때에는 대통령령이 정하는 바에 따라 부당이득금과 부당이득금에 상당하는 가산금을 환수하여야 한다고 규정하고 있다. 그리고 방위사업청이 일반물자나 방산물자 등의 구매계약에 편입하기 위하여 계약의 형태별로 정해둔 계약특수조건 중 구 '물품제조·구매 표준계약 특수조건(일반)'(2008. 2. 18. 방위사업청 지침 제2008－5호로 개정되기 전의 것)과 구 '물품제조·구매 표준계약 특수조건(방산)'(2008. 2. 18. 방위사업청 지침 제2008－5호로 개정되기 전의 것)의 제26조는 공통적으로 제1항에서 "이 계약 체결 후 원가계산자료 및 계산의 착오로 인한 예정가격 또는 계약금액의 부당한 결정으로 계약상대자가 부당이득을 취한 사실이 발견되거나 기타 공무원의 착오로 국고에 손실을 끼친 사실이 확인될 경우에는 계약상대자는 지체 없이 부당이득금을 방위사업청에게 반환해야 한다. 다만 계약상대자가 허위 기타 부정한 자료를 제출하여 부당이득을 얻은 때에는 방위사업청은 부당이득금의 환수와 동시에 이에 더하여 부당이득금에 상당하는 가산금을 환수할 수 있다."라고 규정하고, 제2항에서 "계약상대자는 방위사업청의 원가계산자료 등 가격 증빙자료의 제출 또는 열람요구에 응하여야 하며, 계약상대자가 정당한 이유 없이 이에 불응하거나 허위 증빙자료를 제출할 때에는 방위사업청은 적정하다고 판단한 부당이득금과 그 상당의 가산금을 환수할 수 있다."라고 규정하고 있다. 또한 구 '물품제조·구매 표준계약 특수조건(일반 및 방산)'(2012. 6. 25. 방위사업청 지침 제2012－23호로 개정되기 전의 것)의 제30조 제1항, 제2항도 위와 동일한 내용을 일부 문구만 수정한 채 그대로 규정하고 있다(이하 위 각 계약특수조건을 '계약특수조건'이라고 한다).
위와 같은 계약특수조건의 규정 방식과 내용 구성 등을 종합하면, 제1항은 정부와 방산물자 등에 관한 납품계약을 체결하는 계약상대자에게 계약 체결 과정에서 가격산정 요소에 관하여 허위 기타 부정한 자료를 제출하지 아니할 의무가 있음을 전제로, 계약 체결 이후에 원가계산자료 및 계산의 착오로 예정가격 또는 계약금액이 부당하게 결정되어 계약상대자가 부당한 이득을 취한 사실이 발견된 때에는 정당한 금액과의 차액에 해당하는 손해를 배상하도록 하고(제1항 본문), 나아가 당초의 원가계산자료가 '허위 기타 부정한 자료'임이 밝혀진 경우에는 '부당이득금'에 상당하는 가산금을 추가로 청구할 수 있도록 한 것이라고 해석된다(제1항 단서).

따라서 계약특수조건 제1항에서 정한 '부당이득'의 반환을 청구할 수 있는 권리는 채무불이행으로 인한 손해배상청구권에 해당하므로, 그러한 '부당이득금'의 발생 및 범위에 관한 증명책임은 대한민국이 부담하는 것이 원칙이다.
그런데 방산물자 등에 관한 원가산정의 기준이 되는 자료는 통상적으로 계약상대자가 보유·관리하고 있다는 등의 특수성이 있으므로, 대한민국이 정당한 원가를 파악하기 위하여 원가계산자료 등 가격 증빙자료의 제출 또는 열람을 요구하면 계약상대자는 이에 응하여야 하고, 만약 요구에 불응하여 정당한 원가계산자료 등을 제출하지 않거나 허위의 증빙자료를 제출한 경우에는 대한민국은 나름의 기준과 방법에 의한 원가검증을 통하여 적정하다고 판단한 부당이득금의 환수를 청구할 수 있고, 나아가 그에 상당하는 가산금을 추가하여 청구할 수 있도록 한 것이 계약특수조건 제2항의 취지이다. 따라서 제2항에 의하여 청구하는 '부당이득금' 역시 법적 성질은 손해배상청구에 해당한다.
다만 제2항에 의하여 부당이득금(손해액)을 산정하는 경우라도 산정 방식 등이 자의적이거나 현저히 불합리하면 적정한 손해액으로 인정될 수 없으나, 산정 방식 등이 현저히 불합리하다는 점에 관한 증명책임은 계약상대자가 부담한다.
한편 제2항이 적용 대상이 되는 계약의 유형을 한정하고 있지 않고, 달리 이를 한정하여야 할 합리적인 근거도 없으므로, 위 조항이 개산계약에서의 '부당이득금'과 가산금 산정에만 한정적으로 적용된다고 볼 수는 없다.
[2] 구 '물품제조·구매 표준계약 특수조건(일반)'(2008. 2. 18. 방위사업청 지침 제2008-5호로 개정되기 전의 것) 제26조 제1항, 제2항, 구 '물품제조·구매 표준계약 특수조건(방산)'(2008. 2. 18. 방위사업청 지침 제2008-5호로 개정되기 전의 것) 제26조 제1항, 제2항, 구 '물품제조·구매 표준계약 특수조건(일반 및 방산)'(2012. 6. 25. 방위사업청 지침 제2012-23호로 개정되기 전의 것) 제30조 제1항, 제2항(이하 위 각 계약특수조건을 '계약특수조건'이라고 한다)이 계약상대자의 귀책사유를 전제하지 않고 '부당이득금'과 그 상당의 가산금을 환수할 수 있도록 한 규정이라고는 볼 수 없는 점, 방산물자는 일반적인 시장가격이 형성될 수 없고 원가산정의 기준이 되는 요소들 역시 계약상대자가 자체적으로 관리하므로, 대한민국으로서는 계약상대자가 제시한 원가계산자료에 대한 검토절차를 거치더라도 정보의 비대칭성으로 말미암아 부당성을 시정하는 데에 한계가 있을 수밖에 없는 점, 계약특수조건에 따른 손해배상책임도 일반적인 손해배상책임과 마찬가지로 구체적 사실관계를 고려하여 제한할 수 있는 점 등을 감안하면, 계약특수조건 제2항이 독점규제 및 공정거래에 관한 법률 제3조의2, 제23조 등

이 규정하는 불공정거래행위 중 '자기의 거래상의 지위를 부당하게 이용하여 상대방과 거래하는 행위'에 해당하거나 국가를 당사자로 하는 계약에 관한 법률 시행령 제4조, 물품구매계약 일반조건 제3조 제3항에 반하여 무효라고 볼 수 없다.

[3] 당사자 사이에 채무불이행이 있으면 위약금을 지급하기로 하는 약정이 있는 경우에 위약금이 손해배상액의 예정인지 위약벌인지는 계약서 등 처분문서의 내용과 계약의 체결 경위 등을 종합하여 구체적 사건에서 개별적으로 판단할 의사해석의 문제이고, 위약금은 민법 제398조 제4항에 의하여 손해배상액의 예정으로 추정되지만, 당사자 사이의 위약금 약정이 채무불이행으로 인한 손해의 배상이나 전보를 위한 것이라고 보기 어려운 특별한 사정, 특히 하나의 계약에 채무불이행으로 인한 손해의 배상에 관하여 손해배상예정에 관한 조항이 따로 있다거나 실손해의 배상을 전제로 하는 조항이 있고 그와 별도로 위약금 조항을 두고 있어서 위약금 조항을 손해배상액의 예정으로 해석하게 되면 이중배상이 이루어지는 등의 사정이 있을 때에는 위약금은 위약벌로 보아야 한다.

[4] 구 '물품제조·구매 표준계약 특수조건(일반)'(2008. 2. 18. 방위사업청 지침 제2008-5호로 개정되기 전의 것) 제26조 제1항, 제2항, 구 '물품제조·구매 표준계약 특수조건(방산)'(2008. 2. 18. 방위사업청 지침 제2008-5호로 개정되기 전의 것) 제26조 제1항, 제2항, 구 '물품제조·구매 표준계약 특수조건(일반 및 방산)'(2012. 6. 25. 방위사업청 지침 제2012-23호로 개정되기 전의 것) 제30조 제1항, 제2항(이하 위 각 계약특수조건을 '계약특수조건'이라고 한다)의 근거가 되는 방위사업법 제58조의 내용은 1998. 12. 31. 신설된 구 방위산업에 관한 특별조치법(2006. 1. 2. 법률 제7845호 방위사업법 부칙 제2조로 폐지) 제22조의2 제1항에서 그대로 이어져 온 것인데, 1998. 12. 31. 위 규정을 신설한 법률 개정안의 입법 취지가 '부당이득금과 이자 이외에 범칙금적 성격의 가산금을 환수할 수 있도록 근거규정을 두려는' 것이라고 명시되어 있다. 이는 방산물자를 적정한 가격에 계약함으로써 국방예산을 효율적으로 집행하고 방위산업체의 허위의 자료 제출을 예방하기 위하여 허위의 원가계산자료를 제출한 방위산업체를 상대로 부당이득금과 이에 대한 이자 또는 지연손해금뿐만 아니라 제재적 성격을 지닌 가산금까지도 청구할 수 있도록 하는 것으로서, 이러한 입법 취지는 방위사업청 지침의 형태로 규정된 위 계약특수조건에도 그대로 반영된 것이다.

또한 계약특수조건 제1항과 제2항의 '부당이득금'은 그 자체로 계약상대자가 배상할 손해배상액을 의미하는 것인데 그와 병행하여 같은 금액의 가산금을 추가로 청구할 수 있도록 되어 있고, 계약상대자인 방위산업체가 허위 기타 부정한 자료를 제출한 경우(계약특수조건 제1항 단서) 또는 가격 증빙자료 제출 또는 열람 요구에 정당한 이유 없이 불응하거나 허위의 증빙자료를 제출한 경우(제2항)라도 그것만으로 대한민국에 발생한 손해 자체의 내용과 범위가 제1항 본문이나 제2항의 '부당이득금'과 크게 달라진다고는 할 수 없음에도, 제1항 단서와 제2항의 경우에는 '부당이득금'에 더하여 그에 상당하는 가산금도 청구할 수 있도록 규정하고 있다. 그러므로 위 가산금을 손해배상예정액으로 보게 되면 순수 손해액인 부당이득금에다 가산금까지 이중의 배상을 하는 결과가 된다.

위와 같은 점 등에 비추어 볼 때, 계약특수조건 제1항 단서와 제2항에 규정된 가산금은 계약특수조건에 규정된 부당이득금의 환수로도 전보되지 않는 어떤 다른 손해의 발생을 염두에 두고 배상관계를 간편하게 처리하려는 손해배상액 예정으로서의 성격을 가지는 것이 아니라, 방위산업체가 계약특수조건 제1항 단서와 제2항에 규정된 귀책사유가 있는 행위를 한 경우 대한민국이 제재적 성격을 지닌 가산금까지도 청구할 수 있도록 함으로써 방위산업체로 하여금 정당한 원가계산자료를 제출하도록 강제하는 위약벌의 성격을 가진다.

III. 판결 읽어보기 [판결 중요부분 발췌(요약)] : 대법원 2016. 7. 14. 선고 2013다82944, 82951 판결

1. 원고(반소피고, 이하 '원고'라 한다)의 상고이유 제1, 2, 3점에 대한 판단

가. 방위사업법 제58조는 방위사업청장은 방위산업체 등이 허위 그 밖에 부정한 내용의 원가계산자료를 정부에 제출하여 부당이득을 얻은 때에는 대통령령이 정하는 바에 따라 부당이득금과 부당이득금에 상당하는 가산금을 환수하여야 한다고 규정하고 있다. 그리고 방위사업청이 일반물자나 방산물자 등의 구매계약에 편입하기 위하여 계약의 형태별로 정해둔 계약특수조건 중 「물품제조·구매 표준계약 특수조건(일반)」(2008. 2. 18. 방위사업청 지침 제2008-5호로 개정되기 전의 것)과 「물품제조·구매 표준계약 특수조건(방산)」(2008. 2. 18.자 위 지침으로 개정되기 전의 것)의 제26조는 공통적으로 제1항에서 "이 계약 체결 후 원가계산자료 및 계산의 착오로 인한 예정가격 또는 계약금액의 부당한 결정으로 계약상대자가 부당이득을 취한 사실이 발견되거나 기타 공무원의 착오로 국고에 손실을 끼친 사실이 확인될 경우에는 계약상대자는 지체 없이 부당이득금을 방위사업청에게 반환해야 한다. 다만 계약상대자가 허위

기타 부정한 자료를 제출하여 부당이득을 얻은 때에는 방위사업청은 부당이득금의 환수와 동시에 이에 더하여 부당이득금에 상당하는 가산금을 환수할 수 있다."라고 규정하고, 제2항에서 "계약상대자는 방위사업청의 원가계산자료 등 가격 증빙자료의 제출 또는 열람요구에 응하여야 하며, 계약상대자가 정당한 이유 없이 이에 불응하거나 허위 증빙자료를 제출할 때에는 방위사업청은 적정하다고 판단한 부당이득금과 그 상당의 가산금을 환수할 수 있다."라고 규정하고 있다. 또한 「물품제조·구매 표준계약 특수조건(일반 및 방산)」(2008. 2. 18.자 위 지침으로 개정되고 2012. 6. 25. 방위사업청 지침 제2012-23호로 개정되기 전의 것)의 제30조 제1항, 제2항도 위와 동일한 내용을 일부 문구만 수정한 채 그대로 규정하고 있다(이하에서는 위와 같은 계약특수조건을 '이 사건 계약특수조건'이라고 한다).

나. 위와 같은 이 사건 계약특수조건 제26조 등의 규정 방식과 내용 구성 등을 종합해 보면, 그 제1항은 정부와 방산물자 등에 관한 납품계약을 체결하는 계약상대자에게 계약 체결 과정에서 가격산정 요소에 관하여 허위 기타 부정한 자료를 제출하지 아니할 의무가 있음을 전제로, 계약 체결 이후에 원가계산자료 및 계산의 착오로 예정가격 또는 계약금액이 부당하게 결정되어 계약상대자가 부당한 이득을 취한 사실이 발견된 때에는 정당한 금액과의 차액에 해당하는 손해를 배상하도록 하고(제1항 본문), 나아가 당초의 원가계산자료가 '허위 기타 부정한 자료'임이 밝혀진 경우에는 그 '부당이득금'에 상당하는 가산금을 추가로 청구할 수 있도록 한 것이라고 해석된다(제1항 단서).

따라서 이 사건 계약특수조건 제1항에서 정한 '부당이득'의 반환을 청구할 수 있는 권리는 채무불이행으로 인한 손해배상청구권에 해당한다 할 것이므로(대법원 2008. 5. 15. 선고 2007다88644 판결 등 참조), 그러한 '부당이득금'의 발생 및 범위에 관한 증명책임은 대한민국이 부담하는 것이 원칙이다.

그런데 방산물자 등에 관한 원가산정의 기준이 되는 자료는 통상적으로 계약상대자가 보유·관리하고 있다는 등의 특수성이 있으므로, 대한민국이 정당한 원가를 파악하기 위하여 원가계산자료 등 가격 증빙자료의 제출 또는 열람을 요구하면 계약상대자는 이에 응하여야 하고, 만약 그 요구에 불응하여 정당한 원가계산자료 등을 제출하지 않거나 허위의 증빙자료를 제출한 경우에는 대한민국은 나름의 기준과 방법에 의한 원가검증을 통하여 적정하다고 판단한 부당이득금의 환수를 청구할 수 있고, 나아가 그에 상당하는 가산금을 추가하여 청구할 수 있도록 한 것이 이 사건 계약특수조건 제2항의 취지이다. 따라서 위 제2항에 의하여 청구하는 '부당이득금' 역시 그 법적 성질은 손해배상청구에 해당한다고 할 것이다.

다만 위 제2항에 의하여 부당이득금(손해액)을 산정하는 경우라고 하더라도 그 산정 방식 등이 자의적이거나 현저히 불합리하면 적정한 손해액으로 인정될 수 없다고 할 것이나, 그 산정 방식 등이 현저히 불합리하다는 점에 관한 증명책임은 계약상대자가 부담한다고 보아야 한다.

한편 이 사건 계약특수조건 제2항이 그 적용 대상이 되는 계약의 유형을 한정하고 있지 않고, 달리 이를 한정하여야 할 합리적인 근거도 없으므로, 위 조항이 개산계약에서의 '부당이득금'과 가산금 산정에만 한정적으로 적용된다고 볼 수는 없다.

다. 원심은, 원고가 2005년경부터 2009년경까지 피고(반소원고, 이하 '피고'라고 한다)와 원심판결 별지 계약 목록 기재와 같이 이 사건 계약특수조건이 편입된 총 43건의 물품공급계약(이하 '이 사건 계약'이라고 한다)을 체결하고, 이에 따라 피고에게 케이블 조립체 등을 공급하고 그 대금을 지급받았는데, 그중 38건의 계약에서 허위의 원가계산자료를 제출한 사실을 인정한 다음, 원고는 피고에 대하여 계약체결 전에 정당한 원가계산자료를 제출하여야 함에도 그 의무를 위반하였으므로 이 사건 계약특수조건 제2항에 따라 피고가 자체적으로 산정하여 적정하다고 판단한 부당이득금과 그 상당의 가산금을 청구할 수 있다고 판단하였다.

라. 원심판결 이유를 기록에 비추어 살펴보면, 우선 원심이 이 사건 계약 중 38건의 계약에서 허위의 원가계산자료가 제출되었음을 이유로 피고가 원고에 대하여 이 사건 계약특수조건에 따른 청구를 할 수 있다고 판단한 것은 정당하고, 거기에는 상고이유 주장과 같이 채무불이행책임의 성립요건에 관한 법리를 오해한 잘못이 없다.

그러나 위에서 본 바와 같이, 원가계산자료 및 계산의 착오로 인한 예정가격 또는 계약금액의 부당한 결정으로 계약상대자가 부당이득을 취한 사실이 계약체결 후 발견된 것만으로는 이 사건 계약특수조건 제1항 본문에 따라 확인된 부당이득 금액만을 환수할 수 있을 뿐이고, 나아가 그 부당이득이 허위의 자료 제출로 인하여 생겼고 금액도 확인이 될 경우에는 제1항 단서에 의하여 가산금까지 부가하여 환수할 수 있지만, 부당이득 금액을 확인할 수 없어 대한민국이 적정하다고 판단하여 정한 추정 부당이득금 및 가산금을 환수하는 것은 제2항의 적용요건, 즉 부당이득 사실이 발견되어 계약상대자에게 원가계산자료 등 가격 증빙자료의 제출 또는 열람을 요구하였음에도 이에 불응하거나 그 요구에 따라 제출한 증빙자료조차 허위인 경우에 해당하여야만 할 수 있다. 그럼에도 원심은 원고가 계약 체결 전에 허위의 원가계산자료를 제출하였다는 이유만으로 이 사건 계약특수조건 제2항이 곧바로 적용된다고 판단하였으니, 이 부분 원심의 판단에는 이 사건 계약특수조건의 해석에 관한 법리를 오해한 잘못이 있다.

그런데 원심이 적법하게 채택한 증거들에 의하면, ① 피고 산하 방위사업청이 2009. 10. ○. 경찰청으로부터 원고가 허위의 원가계산자료를 제출한 사실을 통보받은 후 2010. 2. ○.부터 원고에게 부당이득금에 대한 소명자료 및 원가계산자료 제출을 여러 차례 요구한 사실, ② 그러나 원고는 당초 계약금액이 원가보다 낮게 책정되었으므로 오히려 원고가 피고로부터 추가로 지급받을 돈이 있다고 주장하면서 그 계산 내역을 소명자료로 제출하였을 뿐 원가계산자료 등 가격 증빙자료를 제출하지 않은 사실, ③ 이에 따라 피고는 자체적으로 산정하여 적정하다고 판단한 부당이득금과 그 상당의 가산금을 원고에게 부과 고지한 사실 등을 알 수 있다. 그러므로 이는 이 사건 계약특수조건 제2항이 규정하고 있는 '방위사업청의 원가계산자료 등 가격 증빙자료의 제출 요구'에 대하여 '계약상대자가 정당한 이유 없이 이에 불응한 때'에 해당한다고 할 것이며, 이 사건 계약이 확정계약이라 하여 달리 볼 것이 없다. 결국 피고가 원고에게 이 사건 계약특수조건 제2항에 따라 자체적으로 산정하여 적정하다고 판단한 부당이득금과 그 상당의 가산금을 청구할 수 있다고 한 원심의 판단은 결론에 있어 정당하고, 앞서 본 바와 같은 원심의 잘못은 판결 결과에 영향이 없다.

마. 한편 이 사건 계약특수조건 제1, 2항이 계약상대자의 귀책사유를 전제하지 않고 '부당이득금'과 그 상당의 가산금을 환수할 수 있도록 한 규정이라고는 볼 수 없는 점, 방산물자는 일반적인 시장가격이 형성될 수 없고 원가산정의 기준이 되는 요소들 역시 계약상대자가 자체적으로 관리하므로, 대한민국으로서는 계약상대자가 제시한 원가계산자료에 대한 검토절차를 거친다고 하더라도 정보의 비대칭성으로 말미암아 그 부당성을 시정하는 데에 한계가 있을 수밖에 없는 점, 이 사건 계약특수조건에 따른 손해배상책임도 일반적인 손해배상책임과 마찬가지로 구체적 사실관계를 고려하여 제한할 수 있는 점 등을 감안해 보면, 이 사건 계약특수조건 제2항이 독점규제 및 공정거래에 관한 법률 제3조의2, 제23조 등이 규정하는 불공정거래행위 중 '자기의 거래상의 지위를 부당하게 이용하여 상대방과 거래하는 행위'에 해당하거나 국가를 당사자로 하는 계약에 관한 법률 시행령 제4조, 「물품구매계약 일반조건」 제3조 제3항에 반하여 무효라고 볼 수 없다. 이 점에 관한 원고의 상고이유 주장도 받아들일 수 없다.

2. 원고의 상고이유 제4점에 대한 판단

원심은, 피고가 이 사건 계약특수조건 제2항에서 정한 부당이득금을 자체적으로 산정하면서 사용한 계산 방식이 현저히 불합리하다고 볼 수 없다고 판단하는 한편 피고가 합리적 근거 없이 감액된 금액으로 이 사건 계약을 체결하였고 피고가 주장하는 손해금은 모두 위와 같이 감액된 금액에 포함되었으므로 피고가 손해를 입었다고 볼 수 없다는 원고의 주장을 그 판시와 같은 이유로 배척하였다.

원심판결 이유를 기록에 비추어 살펴보면, 원심의 위와 같은 판단은 모두 정당하다. 거기에 상고이유 주장과 같이 채무불이행으로 인한 손해액 산정에 관한 법리를 오해한 잘못이 없다.

3. 원고의 상고이유 제5점과 피고의 상고이유 제1점 및 제2점에 대한 판단

가. 당사자 사이에 채무불이행이 있으면 위약금을 지급하기로 하는 약정이 있는 경우에 그 위약금이 손해배상액의 예정인지 위약벌인지는 계약서 등 처분문서의 내용과 계약의 체결 경위 등을 종합하여 구체적 사건에서 개별적으로 판단할 의사해석의 문제이고, 위약금은 민법 제398조 제4항에 의하여 손해배상액의 예정으로 추정되지만, 당사자 사이의 위약금 약정이 채무불이행으로 인한 손해의 배상이나 전보를 위한 것이라고 보기 어려운 특별한 사정, 특히 하나의 계약에 채무불이행으로 인한 손해의 배상에 관하여 손해배상예정에 관한 조항이 따로 있다거나 실손해의 배상을 전제로 하는 조항이 있고 그와 별도로 위약금 조항을 두고 있어서 그 위약금 조항을 손해배상액의 예정으로 해석하게 되면 이중배상이 이루어지는 등의 사정이 있을 때에는 그 위약금은 위약벌로 보아야 한다.

나. 이러한 법리에 비추어 보면, 이 사건 계약특수조건 제1항과 제2항의 가산금은 손해배상액의 예정이 아니라 위약벌의 성격을 가지는 것으로 보아야 한다. 그 이유는 다음과 같다.

우선 이 사건 계약특수조건의 근거가 되는 방위사업법 제58조의 내용은 1998. 12. 31. 신설된 구 「방위산업에 관한 특별조치법」(2006. 1. 2. 법률 제7845호로 폐지된 것) 제22조의2 제1항에서 그대로 이어져 온 것인데, 1998. 12. 31. 위 규정을 신설한 법률개정안의 입법 취지가 '부당이득금과 이자 이외에 범칙금적 성격의 가산금을 환수할 수 있도록 근거규정을 두려는' 것이라고 명시되어 있다. 이는 방산물자를 적정한 가격에 계약함으로써 국방예산을 효율적으로 집행하고 방위산업체의 허위의 자료 제출을 예방하기 위하여 허위의 원가계산자료를 제출한 방위산업체를 상대로 부당이득

금과 이에 대한 이자 또는 지연손해금뿐만 아니라 제재적 성격을 지닌 가산금까지도 청구할 수 있도록 하는 것으로서, 이러한 입법 취지는 방위사업청 지침의 형태로 규정된 이 사건 계약특수조건에도 그대로 반영된 것이다.

또한 이 사건 계약특수조건 제1항과 제2항의 '부당이득금'은 그 자체로 계약상대자가 배상할 손해배상액을 의미하는 것인데 그와 병행하여 같은 금액의 가산금을 추가로 청구할 수 있도록 되어 있고, 계약상대자인 방위산업체가 허위 기타 부정한 자료를 제출한 경우(이 사건 계약특수조건 제1항 단서) 또는 가격 증빙자료 제출 또는 열람요구에 정당한 이유 없이 불응하거나 허위의 증빙자료를 제출한 경우(제2항)라도 그 것만으로 대한민국에 발생한 손해 자체의 내용과 범위가 제1항 본문이나 제2항의 '부당이득금'과 크게 달라진다고는 할 수 없음에도, 제1항 단서와 제2항의 경우에는 '부당이득금'에 더하여 그에 상당하는 가산금도 청구할 수 있도록 규정하고 있다. 그러므로 위 가산금을 손해배상예정액으로 보게 되면 순수 손해액인 부당이득금에다 가산금까지 이중의 배상을 하는 결과가 된다.

위와 같은 점 등에 비추어 볼 때, 이 사건 계약특수조건 제1항 단서와 제2항에 규정된 가산금은 이 사건 계약특수조건에 규정된 부당이득금의 환수로도 전보되지 않는 어떤 다른 손해의 발생을 염두에 두고 그 배상관계를 간편하게 처리하려는 손해배상액 예정으로서의 성격을 가지는 것이 아니라, 방위산업체가 이 사건 계약특수조건 제1항 단서와 제2항에 규정된 귀책사유가 있는 행위를 한 경우 대한민국이 제재적 성격을 지닌 가산금까지도 청구할 수 있도록 함으로써 방위산업체로 하여금 정당한 원가계산자료를 제출하도록 강제하는 위약벌의 성격을 가진다고 보아야 한다.

다. 원심은, 이 사건 계약특수조건의 가산금이 위약벌이라는 피고의 주장을 배척하고 이를 손해배상액의 예정으로 보아, 피고의 부당이득금 청구와 가산금 청구가 모두 손해배상청구에 해당한다는 전제 아래, 그 판시와 같은 이유로 원고의 손해배상책임을 피고가 자체적으로 산정하여 적정하다고 판단한 부당이득금과 그 상당의 가산금을 합한 금액의 50%로 제한하였다.

그러나 위에서 본 바와 같이 이 사건 계약특수조건의 가산금은 위약벌의 성격을 가진다고 할 것이므로, 위 가산금이 손해배상액의 예정으로서의 성격을 가진다고 보고 피고의 가산금 청구에 관하여 판단한 원심은 이 사건 계약특수조건상 가산금의 성질에 관한 법리를 오해한 것이고, 한편 위약벌 약정에 의한 책임을 제한하는 법리와 손해배상예정액의 감액에 관한 법리는 그 판단 방법이 전혀 다르므로, 원심의 위와 같은 잘못은 피고의 가산금 청구에 관한 판단 결과에 영향을 미쳤다고 할 것이다.

나아가 원심은 가산금의 성격을 위와 같이 봄으로써 피고의 부당이득금 청구뿐만 아니라 가산금 청구도 손해배상청구에 해당하고 원고는 그 청구 전부에 대하여 손해배상책임을 진다는 잘못된 전제 아래 원고의 손해배상책임을 부당이득금과 가산금을 합한 금액의 50%로 제한하였으니, 원심의 위와 같은 법리오해의 잘못은 피고의 부당이득금 청구에 관하여 원고의 책임비율을 산정한 부분에도 영향을 미쳤다고 할 것이다.

4. 본소 부분에 대한 직권 판단

원고는 본소로써 이 사건 계약과 관련하여 원고가 피고에게 이 사건 계약특수조건에서 정한 '부당이득금' 상당 손해배상 채무를 부담하지 않는다고 주장하며 그 채무의 부존재확인을 구함에 대하여, 피고는 반소로써 1,770,427,216원의 '부당이득금'과 그에 상당하는 가산금 및 지연손해금의 지급을 구하였다.

이에 대하여 원심은 그 판시와 같은 이유로 이 사건 계약에 기한 원고의 피고에 대한 '부당이득금' 채무가 885,213,608원(1,770,427,216원×50%)이라고 판단하였고, 그에 따라 피고의 반소 중 '부당이득금' 청구 부분은 위 금액만큼만 인용하였다.

원심으로서는, 위와 같이 원고가 피고에게 885,213,608원의 '부당이득금' 채무를 부담한다고 판단하는 이상, 그 금액을 초과하는 채무에 대하여는 그 부존재확인을 구하는 원고의 본소청구를 인용하였어야 한다. 그럼에도 원심은 이를 전부 배척한 제1심 판결을 그대로 유지하였으니, 원심판결의 본소 청구에 관한 부분에는 이유모순의 위법이 있다.

나아가, 원심판결의 반소 중 '부당이득금' 청구 부분이 앞서 본 바와 같이 가산금의 성질에 관한 법리오해에서 비롯된 책임비율 산정의 잘못으로 전부 파기되어야 하는 이상, 그 채무의 부존재 확인을 구하는 본소 청구 부분도 함께 파기되어야 한다.

5. 결론

이에 원심판결을 파기하고, 사건을 다시 심리·판단하도록 원심법원에 환송하기로 하여, 주문과 같이 판결한다.

요약정리 [사안의 쟁점과 판결의 요지]

대법원 2016. 7. 14. 선고 2013다82944, 82951 판결 [채무부존재확인, 부당이득금반환등]

이 사안의 쟁점은 **방위사업법상 부당이득금과 가산금의 법적 성격**에 관한 것이었다.

원심(서울고등법원 2013. 9. 26. 선고 2012나26956, 26963 판결)은 ① 피고 산하 방위사업청이 경찰청으로부터 원고가 허위의 원가계산자료를 제출한 사실을 통보받은 후 원고에게 부당이득금에 대한 소명자료 및 원가계산자료 제출을 여러 차례 요구하였으나 원고는 당초 계약금액이 원가보다 낮게 책정되었으므로 오히려 원고가 피고로부터 추가로 지급받을 돈이 있다고 주장하면서 그 계산 내역을 소명자료로 제출하였을 뿐 원가계산자료 등 가격 증빙자료를 제출하지 않았으며, 이에 따라 피고는 자체적으로 산정하여 적정하다고 판단한 부당이득금과 그 상당의 가산금을 원고에게 부과 고지하였는데, 이는 이 사건 **계약특수조건 제2항이 규정하고 있는 '방위사업청의 원가계산자료 등 가격 증빙자료의 제출 요구'에 대하여 '계약상대자가 정당한 이유 없이 이에 불응한 때'**에 해당하고, 이 사건 계약이 **확정계약**이라 하여 달리 볼 것은 없으므로 피고는 원고에게 이 사건 계약특수조건 제2항에 따라 자체적으로 산정하여 적정하다고 판단한 부당이득금과 그 상당의 가산금을 청구할 수 있고, ② 이 사건 계약특수조건의 가산금은 위약벌이 아니라 손해배상액의 예정에 해당하며, ③ 피고의 부당이득금 청구와 가산금 청구가 모두 손해배상청구에 해당하므로 원고의 손해배상책임을 피고가 자체적으로 산정하여 적정하다고 판단한 부당이득금과 그 상당의 가산금을 합한 금액의 50%로 제한하였다.

그러나 **대법원 2016. 7. 14. 선고 2013다82944, 82951 판결**은 ① 피고는 원고에게 이 사건 계약특수조건 제2항에 따라 자체적으로 산정하여 적정하다고 판단한 부당이득금과 그 상당의 가산금을 청구할 수 있다는 원심의 판단은 결론적으로 정당하나, ② 이 사건 계약특수조건의 **가산금은 위약벌의 성격을 가진다**고 할 것이므로, 위 가산금이 손해배상액의 예정으로서의 성격을 가진다고 보고 피고의 가산금 청구에 관하여 판단한 원심은 이 사건 계약특수조건상 가산금의 성질에 관한 법리를 오해한 것이고, ③ 원심은 피고의 부당이득금 청구뿐만 아니라 가산금 청구도 손해배상청구에 해당하고 원고는 그 청구 전부에 대하여 손해배상책임을 진다는 잘못된 전제 아래 원고의 손해배상책임을 부당이득금과 가산금을 합한 금액의 50%로 제한하였는데, 원심의 위와 같은 법리오해의 잘못은 피고의 부당이득금 청구에 관하여 원고의 책임비율을 산정한 부분에도 영향을 미쳤다고 판시하며 원심판결을 파기하고, 사건을 원심법원에 환송하였다.

판례 6

'일반개산계약' 형태의 계약에서 '예가율'에 따른 정산원가 감액이 적법한지 여부

대법원 2019. 4. 11. 선고 2017다289521 판결 [물품대금]
[원심판결] 서울고등법원 2017. 11. 17. 선고 2014나2010449 판결

I. 사안의 개요 [기초사실 및 사건의 경과]

1. 기초사실

가. 당사자의 지위

원고 A 주식회사는 항공기, 우주선, 위성체, 산업용 가스터빈 및 그 부품에 대한 설계, 제조, 판매, 개조 등 항공 관련 사업을 수행하는 회사이고, 피고 대한민국의 소관기관 방위사업청은 방위력개선사업, 군수물자의 조달 및 방위산업의 육성 등 방위사업에 관한 사무를 관장하는 국가기관으로 이 사건 B 개발사업의 발주기관이며, 피고 국방과학연구소는 병기, 장비 및 물자에 관한 기술적 조사, 연구개발 및 시험 등을 담당하는 특수법인으로서 이 사건 C 개발사업의 발주기관이다.

나. B 개발사업의 추진 및 사업진행 구조

(1) 피고(대한민국)는 B를 독자적으로 생산할 수 있는 기반을 마련하고자 2005. 3. ○. B 개발사업(이하 '이 사건 B 개발사업'이라 한다)을 방위사업청 주관하에 추진하기로 결정하였다.

(2) 방위사업청은 2005. 12. ○. 국내 19개 및 국외 10개의 협력업체와 국외 체계업체인 D, 국내 체계종합업체인 원고 등 30개 업체를 B 개발업체로 선정하였다.

(3) 이 사건 B 개발사업은 체계종합업체인 원고가 체계업체인 D 및 국내외 협력업체들과 하도급계약에 따라, 하수급인인 D 및 각 협력업체들로부터 B 체계기술을 이전받고, B 구성품을 납품받아 B의 설계 및 시제품을 제작하여 양산예정인 B 체계를

개발한 후, 피고 대한민국과의 양산계약에 따라 B를 생산·납품하는 형태로 진행된다.

다. 계약의 체결 및 이행

(1) 원고와 피고 대한민국은 2006. 6. ○. 이 사건 B 개발사업에 관하여 부기금액을 '(금액 생략)', 납품일자를 '2012. 6. ○.'로 하고 '최종납품 후 2개월 이내 원가정산자료를 피고 대한민국에 제출하면 6개월 이내에 최종 계약금액 확정하기'로 하는 일반개산계약 형태의 계약(이하 '제1계약'이라 한다)을 체결하였고, 원고는 그 납품일자에 이행을 완료하였다.

(2) 원고와 피고 국방과학연구소는 2006. 8. ○. C 개발사업(이하 '이 사건 C 개발사업'이라 한다)에 관하여 계약금액을 '(금액 생략)', 납품일자를 '2012. 6. ○.'로 하고 '최종납품 후 45일 이내 원가정산자료를 피고 국방과학연구소에 제출하면 6개월 이내에 최종 계약금액을 확정하기'로 하는 일반개산계약 형태의 계약(이하 '제2계약'이라 하고, 제1, 2의 각 계약을 통틀어 '이 사건 각 계약'이라 한다)을 체결하였고, 원고는 그 납품일자에 이행을 완료하였다.

라. 이 사건 각 계약의 정산과정

이 사건 각 계약은 무기개발사업의 특성상 계약을 체결하는 때에 계약금액을 확정할 수 있는 원가자료가 없어 계약이행 후 계약금액을 확정하는 방식인 **'일반개산계약'**의 형태로 체결되었는바, 계약이행 후 피고들은 다음과 같은 방법으로 정산하여 물품대금을 지급하였다.

(1) 이 사건 제1계약

원고가 주장하는 실제발생원가 797,479,451,022원에서 '부당하게 산정된 잔업비 1,382,161,184원' 및 '설계결함으로 인한 비용 3,735,590,164원'을 공제한 정산원가 792,361,699,674원에서 7,361,699,674원을 감액·조정하여 (금액 생략)을 최종적인 계약금액으로 확정하였다.

(2) 이 사건 제2계약

원고가 주장하는 실제발생원가 64,422,216,503원에서 '부당하게 산정된 잔업비 210,520,133원'을 공제한 정산원가 64,211,696,370원에서 766,398,370원을 감액·조정하여 63,445,298,000원을 최종적인 계약금약으로 확정하였다.

마. 원고의 부동의

피고들은 원고에게 위와 같은 정산가격을 통보하며 위 가격으로 이 사건 각 계약의 수정계약을 체결하고자 하였으나 원고는 이에 부동의하고 그 차액 상당의 지급을 구하는 이 사건 소송을 제기하였다.

2. 사건의 경과

이 사건 소송에서는 ① 피고들의 잔업비 불인정이 적법한지, ② 피고 대한민국이 형상통제심의회에서 설계결함 또는 비용불인정으로 판정한 비용을 원가계산에 포함하지 않은 것이 적법한지, ③ 피고들이 위와 같이 산정된 정산원가를 조정·감액하는 것이 적법한지 여부가 문제가 되었는데, 아래에서는 이 중 ③과 관련된 부분에 대해서만 살펴보기로 한다.

이 사안의 쟁점은 **'일반개산계약' 형태의 계약에서 '예가율'에 따른 정산원가 감액이 적법한지 여부**였다.

원심(서울고등법원 2017. 11. 17. 선고 2014나2010449 판결)은 계약 이행 후 계약금액을 확정하는 일반개산계약 형태의 계약에서 납품일자에 계약이행을 완료한 경우에 국가 등이 국가계약법 시행령 제9조 제3항을 근거로 이른바 '예가율'을 적용하여 정산원가를 조정·감액할 수 있는지에 대한 위 ③번의 쟁점에 관하여 이 사건 계약의 제반 사정에 비추어 국가계약법 시행령 제9조 제3항은 이른바 '예가율'에 따라 정산원가를 조정할 수 있는 근거가 될 수 없다고 판단하였고, **대법원 2019. 4. 11. 선고 2017다289521 판결**은 원고 A 주식회사가 국가 등과 '한국형 헬기 개발사업'에 관하여 계약 이행 후 계약금액을 확정하는 일반개산계약 형태로 체결한 이 사건 계약의 제반 사정에 비추어 국가계약법 시행령 제9조 제3항은 이른바 '예가율'에 따라 정산원가를 조정할 수 있는 근거가 될 수 없다고 판시하며 피고들의 상고를 기각하였다.

II. 판결 읽어보기 [판결 중요부분 발췌(요약)] : 대법원 2019. 4. 11. 선고 2017다289521 판결

상고이유(상고이유서 제출기간 경과 후에 제출된 상고이유보충서 등의 내용은 상고이유를 보충하는 범위 내에서)를 판단한다.

1. 원고의 상고이유에 대하여

(생략)

2. 피고들의 상고이유에 대하여

가. 상고이유 제1점에 대하여

(생략)

나. 상고이유 제2점에 대하여

원심은, 방위사업법 제46조 제1항, 같은 법 시행령 제61조, 국가를 당사자로 하는 계약에 관한 법률 시행령(이하 '국가계약법 시행령'이라 한다) 제70조 제3항, 제9조 제3항을 근거로 소위 '예가율'에 따라 정산원가를 조정한 것은 적법하다는 피고들의 주장에 대하여, ① 국가계약법 시행령 제70조 제3항은 개산계약의 경우 같은 법 시행령 제9조와 제70조 제2항에서 정한 계약수량, 이행기간, 수급상황, 계약조건 기타 제반 여건, 계약목적물의 특성, 이행기간 등을 고려하여 정산하도록 하고 있으나, 피고들이 주장하는 소위 '예가율'이 이를 반영한 것이라는 구체적인 근거가 없는 점, ② 국가계약법 시행령 제9조는 본래 예정가격의 결정 기준에 관한 것으로서, 이 사건 계약과 같은 일반개산계약은 계약이행 후 실제발생원가에 따라 정산한 결과를 조정해야 할 필요성이 적고 오히려 임의적 조정은 계약상대방에게 부당하게 불리할 수 있어 불합리한 점, ③ 국가계약법 시행령 제9조 제3항에서 예정가격 조정의 고려요소인 계약수량, 이행기간, 수급상황, 계약조건 등은 실제발생원가에 이미 반영되어 더는 이를 근거로 정산원가를 조정하여야 한다고 보기 어려운 점, ④ 일반개산계약에서 개산원가나 정산원가가 그대로 개산계약의 계약금액으로 정해지는 것은 아니고 정산과정에서 일부 조정이 필요한 사정도 엿보이나, 피고들로서는 원고가 제출한 자료의 적정성을 검토하여 개별적·구체적으로 정산을 해야 하는 것이지, 소위 '예가율'을 곱하는 방식으로 일률적으로 정산원가를 감액할 수는 없는 점 등의 사정을 들어, 국가계약법 시행령 제9조 제3항이 소위 '예가율'에 따라 정산원가를 조정할 수 있다는 근거가 될 수 없다고 판단하였다.

원심판결 이유를 관련 법리와 기록에 비추어 살펴보면, 원심의 위와 같은 판단은 정당하고, 거기에 필요한 심리를 다하지 아니한 채 논리와 경험의 법칙에 반하여 자유심증주의의 한계를 벗어나거나 소위 '예가율' 적용 여부에 관한 법리를 오해하는 등의 잘못이 없다.

3. 결론

그러므로 상고를 모두 기각하고 상고비용은 각자 부담하기로 하여 관여 대법관의 일치된 의견으로 주문과 같이 판결한다.

요약정리 [사안의 쟁점과 판결의 요지]

대법원 2019. 4. 11. 선고 2017다289521 판결 [물품대금]

이 사건 각 계약은 무기개발사업의 특성상 계약을 체결하는 때에 계약금액을 확정할 수 있는 원가자료가 없어 계약이행 후 계약금액을 확정하는 방식인 **'일반개산계약'**의 형태로 체결되었다.

이 사건 소송에서는 ① 피고들의 잔업비 불인정이 적법한지, ② 피고 대한민국이 형상통제심의회에서 설계결함 또는 비용불인정으로 판정한 비용을 원가계산에 포함하지 않은 것이 적법한지, ③ 피고들이 산정된 정산원가를 조정·감액하는 것이 적법한지 여부가 문제되었다. 그 중 ③과 관련한 쟁점은 **'일반개산계약' 형태의 계약에서 '예가율'에 따른 정산원가 감액이 적법한지 여부**였다.

원심(서울고등법원 2017. 11. 17. 선고 2014나2010449 판결)은 계약 이행 후 계약금액을 확정하는 일반개산계약 형태의 계약에서 납품일자에 계약이행을 완료한 경우에 국가 등이 국가계약법 시행령 제9조 제3항을 근거로 이른바 '예가율'을 적용하여 정산원가를 조정·감액할 수 있는지에 대한 위 ③번의 쟁점에 관하여 이 사건 계약의 제반 사정에 비추어 국가계약법 시행령 제9조 제3항은 이른바 '예가율'에 따라 정산원가를 조정할 수 있는 근거가 될 수 없다고 판단하였고, **대법원 2019. 4. 11. 선고 2017다289521 판결은** 원고 A 주식회사가 국가 등과 '한국형 헬기 개발사업'에 관하여 계약 이행 후 계약금액을 확정하는 **일반개산계약** 형태로 체결한 이 사건 계약의 제반 사정에 비추어 국가계약법 시행령 제9조 제3항은 이른바 '예가율'에 따라 정산원가를 조정할 수 있는 근거가 될 수 없다고 판시하며 피고들의 상고를 기각하였다.

판례 7

'장기계속계약'에서 계약당사자들이 최종 납기 지연으로 인한 지체상금을 계약 내용의 불가분성을 전제로 하여 연도별 계약금액이 아닌 총 계약금액을 기준으로 산정하기로 특별히 합의한 경우, 이러한 합의가 국가계약법 시행령 제4조에 위배되어 무효인지 여부

대법원 2011. 2. 10. 선고 2009다81906 판결 [부당이득금]

[원심판결] 서울고등법원 2009. 9. 17. 선고 2009나28662 판결

I. 사안의 개요 [기초사실 및 사건의 경과]

1. 기초사실

가. 원고는 2002. 7. ○. 피고(소관기관: 국방부 조달본부)와 사이에, 원고가 피고로부터 전투수행 절차를 자동화하고 감시체계와 타격체계를 C4I 체계와 연동하여 전투력의 승수효과를 최대화할 수 있게 하는 하드웨어, 소프트웨어 및 통합시스템 등을 개발·구축하는 업무(이하 '이 사건 업무'라고 한다)의 용역을 의뢰받아 수행하고, 피고는 원고에게 용역대금 ○○○억 원을 지급하기로 하는 '지상 전술 C4I 체계(3단계) 개발'에 관한 용역계약(이하 '이 사건 계약'이라고 한다)을 체결하였다.

나. 원고와 피고는 이 사건 계약을 체결함에 있어서 계약기간을 2002. 7. ○.부터 2004. 9. ○.까지로 하되, 매년 피고가 해당 연도에 배정받은 예산의 범위 내에서 계약금액을 특정하여 개별계약을 체결할 것을 예정함으로써 이 사건 계약을 국가계약법 제21조에 규정된 **'장기계속계약'**으로 체결하였는데, 이 사건 계약의 최초 계약서에 계약금액을 표기함에 있어서는 총 계약금액 ○○○억 원 중 이 사건 계약 체결일부터 2002. 말까지의 계약기간에 해당하는 계약금액인 (금액 생략)을 계약금액란에 표기하였고, 총계약금액인 ○○○억 원은 총 부기금액란에 표기함으로써, 이 사건 계약의 계약서가 첫해의 개별계약서를 겸하도록 하였다.

다. 이 사건 계약에 있어서 계약서류의 하나로 포함된 용역계약 특수조건 제32조 제7항은 원고가 이 사건 업무의 수행을 지체하는 경우 피고는 제조·구매품목에 대하여는 1일당 0.15%의 비율로 계산한 지체상금을, 용역품목에 대하여는 1일당 0.25%의 비율로 계산한 지체상금을 각 부과하기로 하되, 공정 지연에 따른 지체상금

은 연도별 개발범위 및 이행금액을 기준으로 부과하고, 공정 지연으로 인한 지체상금이 부과된 경우라도 최종 납기를 기준으로 별도의 지체상금을 부과하며, 최종 납기를 지연한 경우의 지체상금은 총 계약금액을 기준으로 부과하도록 정하고 있다(이하 '이 사건 지체상금 관련 약정'이라고 한다).

라. 또한 위 특수조건 제12조는 피고가 원고의 청구에 따라 선금을 지급한 이후에 계약의 해제·해지사유가 발생하거나 사고이월 등의 사유가 발생하여 선금을 반환하는 것이 불가피하다고 인정되는 경우 원고는 피고의 청구에 따라 지체 없이 선금 잔액을 반환하여야 하며, 원고의 귀책사유로 인하여 선금의 반환이 이루어지는 경우에는 원고는 선금 잔액에 대하여 선금을 수령한 때부터 선금을 반환할 때까지의 약정이자(일반은행의 어음대출금리 수준에 의하여 산출한 금액을 기준으로 선금의 지급 조건에서 별도로 규정한 금액이다)를 가산하여 지급하도록 정하고 있다(이하 '이 사건 선금이자 관련 약정'이라고 한다).

마. 그 후 원고와 피고는 국가계약법 제21조에 따라 매년 피고가 배정받은 예산의 범위 내에서 2003년도와 2004년도에 각 1회씩 개별계약을 추가로 체결하였는데, 각 개별계약의 계약서를 작성함에 있어서 당초 작성되었던 계약서의 다른 내용은 전혀 변경시키지 않은 채 전년도 계약서에 부기금액으로 기재되었던 금액 중 연도의 경과에 따라 계약금액으로 포섭되는 금액이 발생하면 그 금액만큼 계약금액을 증가시키고 부기금액을 감소시키는 것으로 연부액을 변경하는 내용의 수정계약서를 작성하는 방식을 취하였고(이에 따라 각 수정계약서에 있어서의 계약번호도 최초의 계약과 독립된 번호를 가진 것이 아니라 아래에서 보는 바와 같이 최초 계약서의 계약번호 밑에 가지번호를 붙이는 형식을 취하였다), 최초의 계약 및 수정계약의 방식으로 체결된 각 개별계약에 있어서의 만기 및 계약금액은 아래 개별계약 내역표(생략)의 기재와 같다(이하 각 개별계약을 하나씩 지칭할 때에는 아래 내역표(생략)의 순번에 따라 '이 사건 ① 개별계약', '이 사건 ② 개별계약' 등으로 표시한다).

바. 한편, 피고는 이 사건 업무의 용역 수행 중 원고의 청구에 따라 원고에게 2004. 4. ○. 선금으로 2,649,000,000원을, 2004. 7. ○. 선금으로 679,900,000원을 각 지급하였다.

사. 원고는 이 사건 계약에 따라 용역을 수행하여 이 사건 업무 중 이 사건 ① 개별계약에 해당하는 부분은 약정 계약기간 내인 2002. 12. ○.에, 이 사건 ② 개별계약에 해당하는 부분은 약정 계약기간 내인 2003. 12. ○.에 각 완료하였으나, 이 사건 ③ 개별계약에 해당하는 부분은 약정 계약기간의 종기인 2004. 9. ○.로부터

302일이 지난 2005. 7. ○. 이를 완료하였다.

아. 피고는 원고가 2004년도에 이 사건 업무를 완료하지 못하여 사고이월이 발생하였음을 이유로 2004. 12. ○.부터 2004. 12. ○.까지 3회에 걸쳐 원고에게 이미 지급받은 선금 잔액을 반환하라고 독촉하였고, 이에 대하여 원고는 2004. 12. ○.부터 2005. 1. ○.까지 4회에 걸쳐 피고에게 원고가 납기를 지연한 것은 원고의 귀책사유에 의한 것이 아님을 이유로 사고이월에 대한 책임이 없다고 주장하는 한편, 선금은 이 사건 업무의 수행을 위하여 전액 사용하였음을 이유로 선금 잔액의 반환청구를 철회하여 달라고 요청하였다.

자. 피고는 2005. 8. ○. 원고에게 원고가 이 사건 업무를 최종 납기인 2004. 9. ○.로부터 302일이 지난 2005. 7. ○. 비로소 완료함으로써 합계 20,868,864,830원의 지체상금이 발생하였고, 원고의 귀책사유에 의한 사고이월로 인하여 선금이자 합계 386,099,750원의 지급의무가 발생하였다고 통보하였고, 이에 대하여 원고는 2005. 9. ○. 피고에게 야전부대의 추가적인 요구사항의 반영, 당초 이 사건 계약에 포함되지 아니하였던 육군의 체계경량화 요구사항의 반영 및 피고의 운용시험평가 규정, 방침의 잘못된 적용으로 인한 불합리한 평가 등으로 인하여 원고의 납기가 지연된 것으로서, 원고의 귀책사유로 인하여 납기가 지연된 것이 아님을 이유로 지체상금 지급의무를 면제하여 달라고 요청하였으며, 피고는 원고의 위와 같은 요청에 대한 심사를 거쳐, 2005. 12. ○. 원고에게 지체상금을 1,589,350,630원으로 감액·승인한다고 통보하였다.

차. 피고는 2006. 3. ○. 원고에게 미지급 용역대금채무 4,625,977,689원과 원고의 피고에 대한 이 사건 지체상금 1,598,350,630원 및 이 사건 선금이자 386,099,750원의 지급채무를 대등액에서 상계하고, 9원을 감액한 나머지 금액인 2,641,527,300원(=4,625,977,689원−1,598,350,630원−386,099,750원−9원)을 지급하였다.

2. 사건의 경과

가. 원고 주장의 요지

이 사건 계약과 같이 그 이행에 장기간이 소요되어 총 부기금액을 정해 두고 매년 각 예산의 범위 내에서 계약금액을 특정하여 개별계약을 별도로 체결하는 장기계속계약의 경우, 각 개별계약으로 당해 계약의 납기를 별도로 정하여 각 납기에 개별

계약에 정해진 업무에 대한 이행검사 및 납품확인을 받도록 되어 있는 등 각 개별계약을 독립된 계약으로 취급하도록 되어 있으므로, 원고와 피고는 이 사건 계약을 체결할 당시 이행이 지체된 당해 개별계약의 계약금액을 기준으로 하여 지체상금을 산정하기로 약정한 것으로 보아야 하고, 설령, 총 부기금액을 기준으로 하여 지체상금을 산정하기로 약정한 것이라고 하더라도, 이는 계약상대자인 원고의 계약상 이익을 부당하게 제한하는 특약에 해당하는 것으로서 이러한 특약을 금지한 국가계약법 시행령 제74조 및 제4조에 위반되어 무효이고, 또한 위와 같은 특약은 거래상대방인 원고에 대하여 부당하게 불리한 조항이자 신의성실의 원칙에 반하여 공정을 잃은 조항으로서 약관의 규제에 관한 법률(이하 '약관규제법'이라고 한다) 제6조 제1항 및 제2항에 의하여도 무효이며, 이와 같이 과다한 지체상금의 부담을 강요하는 것은 반사회적 법률행위로서 민법 제103조 위반으로도 무효라고 할 것인바, 원고는 이 사건 ①, ② 개별계약에 대하여는 이행을 지체하지 아니하였으며, 이 사건 ③ 개별계약의 지체일수 302일 가운데 원고의 귀책사유로 인한 지체일수는 23일에 불과하므로, 원고가 이 사건 ③ 개별계약의 이행을 지체함으로써 피고에게 지급하여야 할 지체상금은 이 사건 ③ 개별계약의 계약금액을 모수(母數)로 하여 산정한 354,712,267원{= 이 사건 ③ 개별계약의 계약금액 6,168,909,000원×0.25%(이 사건 ③ 개별계약은 전부 용역 품목으로만 이루어졌다)×23일}임에도 불구하고, 피고는 이 사건 계약의 총 부기금액을 모수(母數)로 하여 1,589,350,630원을 이 사건 지체상금으로 산정하여 피고가 원고에게 지급할 미지급 용역대금과 대등액에서 상계함으로써 피고는 법률상 원인 없이 1,234,638,362원(1,589,350,630원−354,712,267 원=1,234,638,363원이 되나, 원고가 주장하는 바에 따른다) 상당의 이득을 얻고, 이로 인하여 원고에게 같은 금액에 상당하는 손해를 입게 하였으므로, 피고는 원고에게 1,234,638,362원을 부당이득으로 반환할 의무가 있다.

나. 피고 주장의 요지

이 사건 업무와 같은 소프트웨어 등의 개발 등 용역계약의 경우 업무의 성격상 그 이행에 장기간이 소요되어 장기계속계약으로 체결하는 것이 불가피하나, 각 개별계약의 산출물은 그 자체를 바로 사용할 수 없고, 이 사건 업무 전부가 완료되어야만 비로소 피고는 이 사건 계약의 목적을 달성할 수 있는 것이어서, 이 사건 ① 내지 ③ 개별계약을 별개의 독립된 계약으로 볼 수 없고, 이에 따라 원고와 피고는 이 사건 계약을 통하여 지체상금을 이 사건 계약의 총 부기금액을 기준으로 산정하기로 약정하였으며, 원고와 피고가 이 사건 계약에 따른 지체상금의 모수(母數)를 이 사건 계약의 총 부기금액으로 약정한 것은 이 사건 업무의 특성을 고려한 것으로서, 위와 같은 지체상금의 산정방법이 원고에게 부당하게 불리한 것이라고 볼 수는 없고, 또한, 국가계약법에 의한 계약은 사법상의 계약으로서 사적자치와 계약자유의 원칙 등 사법상의 원리가 그대로 적용되므로, 국가계약법의 여러 규정들은 국가가 사인과 사이에 체결된 계약관계를 처리할 때 관계 공무원이 지켜야 할 계약사무 처리에 관한 필요한 사항을 규정한 것으로서, 국가의 내부 규정에 불과한 것이므로, 국가계약법 시행령 제4조는 선언적 규정에 불과한 것이어서, 설령, 원고와 피고 사이의 이 사건 지체상금 관련 약정 중 지체상금 산정의 모수(母數)를 이 사건 계약의 총 부기금액으로 하는 부분이 원고의 계약상 이익을 제한하는 것이라고 하더라도, 이 사건 지체상금 관련 약정이 국가계약법 시행령 제4조에 위반하여 무효가 되는 것은 아니므로, 피고가 1,589,350,630원을 이 사건 지체상금으로 산정하여 피고가 원고에게 지급하여야 할 미지급 용역대금과 상계한 것은 정당하다.

다. 사안의 쟁점과 대법원의 판단

이 사안의 쟁점은 **'장기계속계약'에서 계약당사자들이 최종 납기 지연으로 인한 지체상금을 계약 내용의 불가분성을 전제로 하여 연도별 계약금액이 아닌 총 계약금액을 기준으로 산정하기로 특별히 합의한 경우, 이러한 합의가 국가계약법 시행령 제4조에 위배되어 무효인지 여부**였다.

대법원 2011. 2. 10. 선고 2009다81906 판결은 이 사건 계약의 여러 사정들을 종합하여 보면 이 사건 계약의 '용역계약 특수조건' 제32조 제7항에서 최종 납기 지연으로 인한 지체상금에 관하여 연도별 계약금액이 아닌 총 계약금액을 기준으로 산정하도록 규정한 것은, 원고와 피고가 이 사건 계약 내용의 불가분성을 전제로 하여 지체상금에 관하여 연도별 계약금액이 아닌 총 계약금액을 기준으로 산정하기로 특별히 합의한 결과라고 봄이 상당하고, 따라서 이 사건 계약은 성질상 분할할 수 없는 용역계약으로서 구 국가계약법 시행령 제74조 제2항에서 지체상금 산정시 계약금액에서 기성 부분 또는 기납 부분을 공제하도록 정한 경우에 해당하지 않으므로, 원고와 피고가 이 사건 계약에서 연도별 계약금액이 아닌 총 계약금액을 기준으로 지체상금을 산정하기로 합의하였다고 하더라도, 그 합의가 국가계약법 시행령 등에서 보장한 원고의 계약상 이익을 부당하게 제한하는 특약에 해당하는 것으로 국가계약법 시행령 제4조에 위배되어 무효라고 할 수 없다고 판단한 **원심판결(서울고등법원 2009. 9. 17. 선고 2009나28662 판결)**은 정당하고 거기에 상고이유 주장과 같은 장기계속계약에서 지체상금의 적용기준이 되는 금액 및 그 기준금액 산정시 기성·기납 부분 공제 등에 관한 법리오해나 판결 결과에 영향을 미친 판단유탈 등의 위법이 없다고 판시하였다.

II. 판결 읽어보기 [판결 중요부분 발췌(요약)] : 대법원 2011. 2. 10. 선고 2009다81906 판결

1. 제1, 2, 3점에 대하여

원심은, 그 판시와 같은 사실을 인정한 다음 그 판시와 같은 여러 사정들을 종합하면, 이 사건 계약의 '용역계약 특수조건' 제32조 제7항에서 최종 납기 지연으로 인한 지체상금에 관하여 연도별 계약금액이 아닌 총 계약금액을 기준으로 산정하도록 규정한 것은, 원고와 피고가 이 사건 계약 내용의 불가분성을 전제로 하여 지체상금에 관하여 연도별 계약금액이 아닌 총 계약금액을 기준으로 산정하기로 특별히 합의한 결과라고 봄이 상당하고, 따라서 이 사건 계약은 성질상 분할할 수 없는 용역계약으로서 구 국가를 당사자로 하는 계약에 관한 법률 시행령(2006. 5. 25. 대통령령 제19483호로 개정되기 전의 것) 제74조 제2항에서 지체상금 산정시 계약금액에서 기성 부분 또는 기납 부분을 공제하도록 정한 경우에 해당하지 않으므로, 원고와 피고가 이 사건 계약에서 연도별 계약금액이 아닌 총 계약금액을 기준으로 지체상금을 산정하기로 합의하였다고 하더라도, 그 합의가 국가를 당사자로 하는 계약에 관한 법률 시행령 등에서 보장한 원고의 계약상 이익을 부당하게 제한하는 특약에 해당하는 것으로 국가를 당사자로 하는 계약에 관한 법률 시행령 제4조에 위배되어 무효라고 할 수 없다고 판단하였다.

관계 법리와 기록에 비추어 살펴보면, 원심의 위와 같은 조치는 수긍할 수 있고, 거기에 상고이유 주장과 같은 장기계속계약에서 지체상금의 적용기준이 되는 금액 및 그 기준금액 산정시 기성·기납 부분 공제 등에 관한 법리오해나 판결 결과에 영향을 미친 판단유탈 등의 위법이 없다.

2. 제4점에 대하여

약관의 규제에 관한 법률의 규제 대상인 '약관'이라 함은 그 명칭이나 형태 또는 범위를 불문하고 계약의 일방 당사자가 다수의 상대방과 계약을 체결하기 위하여 일정한 형식에 의하여 미리 마련한 계약의 내용이 되는 것을 말하고, 구체적인 계약에서 일방 당사자와 상대방 사이에 교섭이 이루어져 계약의 내용으로 된 조항은 일방적으로 작성된 것이 아니므로 약관의 규제에 관한 법률의 규제 대상인 약관에는 해당하지 않는다(대법원 2008. 2. 1. 선고 2005다74863 판결 등 참조).

원심은, 이 사건 지체상금 산정의 기준금액을 이 사건 계약의 총 부기금액으로 하도록 정한 이 사건 계약의 '용역계약 특수조건' 제32조 제7항은, 원·피고가 이 사건 계약을 체결할 당시 계약의 특수성을 고려하여 쌍방의 합의에 의하여 성립된 것이어서, 위 조항은 약관의 규제에 관한 법률의 적용대상인 '약관'에 해당하지 않는다고 판단하였다.

앞서 본 법리와 기록에 비추어 살펴보면, 원심의 위와 같은 판단은 옳고, 거기에 상고이유 주장과 같은 약관의 규제에 관한 법률에 관한 법리오해 등의 위법이 없다.

3. 결론

그러므로 상고를 기각하고 상고비용은 패소자가 부담하는 것으로 하여, 관여 대법관의 일치된 의견으로 주문과 같이 판결한다.

요약정리 [사안의 쟁점과 판결의 요지]

대법원 2011. 2. 10. 선고 2009다81906 판결 [부당이득금]

이 사안의 쟁점은 **'장기계속계약'에서 계약당사자들이 최종 납기 지연으로 인한 지체상금을 계약 내용의 불가분성을 전제로 하여 연도별 계약금액이 아닌 총 계약금액을 기준으로 산정하기로 특별히 합의한 경우, 이러한 합의가 국가계약법 시행령 제4조에 위배되어 무효인지 여부**였다.

대법원 2011. 2. 10. 선고 2009다81906 판결은 이 사건 계약의 여러 사정들을 종합하여 보면 이 사건 계약의 '용역계약 특수조건' 제32조 제7항에서 최종 납기 지연으로 인한 지체상금에 관하여 연도별 계약금액이 아닌 총 계약금액을 기준으로 산정하도록 규정한 것은, 원고와 피고가 이 사건 계약 내용의 불가분성을 전제로 하여 지체상금에 관하여 연도별 계약금액이 아닌 총 계약금액을 기준으로 산정하기로 특별히 합의한 결과라고 봄이 상당하고, 따라서 이 사건 계약은 성질상 분할할 수 없는 용역계약으로서 구 국가계약법 시행령 제74조 제2항에서 지체상금 산정시 계약금액에서 기성 부분 또는 기납 부분을 공제하도록 정한 경우에 해당하지 않으므로, 원고와 피고가 이 사건 계약에서 연도별 계약금액이 아닌 총 계약금액을 기준으로 지체상금을 산정하기로 합의하였다고 하더라도, 그 합의가 국가계약법 시행령 등에서 보장한 원고의 계약상 이익을 부당하게 제한하는 특약에 해당하는 것으로 국가계약법 시행령 제4조에 위배되어 무효라고 할 수 없다고 판단한 원심판결은 정당하고, 거기에 상고이유 주장과 같은 장기계속계약에서 지체상금의 적용기준이 되는 금액 및 그 기준금액 산정시 기성·기납 부분 공제 등에 관한 법리오해나 판결 결과에 영향을 미친 판단유탈 등의 위법이 없다고 판시하였다.

판례 8

FMS 관련 합의각서의 해석방법

대법원 2021. 3. 25. 선고 2018다275017 판결 [위약벌]
[원심판결] 서울고등법원 2018. 8. 31. 선고 2017나2069824 판결

I. 사안의 개요 [기초사실 및 사건의 경과]

1. 기초사실

원고(대한민국)의 산하기관인 방위사업청은 FMS(Foreign Military Sales) 방식으로 전투기의 AESA 레이더 부분을 구매하기 위하여, 지명경쟁입찰로 외국회사인 **피고[레이시온 컴퍼니(Raytheon Company)]**를 미국 정부에 지정을 요청할 레이더 부분 군수업체로 선정한 다음, 피고와 합의각서를 체결하면서 입찰보증금 몰취조항을 두었다. 이후 방위사업청이 미국 정부와 총사업비에 관한 합의를 하지 못하여 FMS 계약 체결에 실패하자, 원고가 피고를 상대로 입찰보증금의 지급을 청구하였다.

위 합의각서에는 조항별로 국문 아래에 영문이 있고, 입찰보증금 몰취조항에서 입찰보증금이 몰취되는 유형 중 하나로 정한 '정당한 사유 없이 방위사업청이 FMS LOR(Letter of Request)을 발송한 후 미국 정부로부터 FMS LOA(Letter of Offer and Acceptance)를 획득하는 데 6개월이 초과된 경우'에 관한 영문에는 초안에는 없던 'due to the sole failure' 부분이 추가되어 있어 영문과 국문의 내용이 서로 다르며, 합의각서에 영문과 국문 중 어느 것을 우선할 것인지에 관하여는 규정을 두지 않았다.

2. 사건의 경과

이 사안의 쟁점은 **이 사건 입찰보증금 몰취조항을 어떻게 해석해야 하는지**에 관한 것이었다.

원심(서울고등법원 2018. 8. 31. 선고 2017나2069824 판결)은 위 입찰보증금 몰취조항은 FMS 계약을 체결하지 못한 주된 이유가 피고의 귀책사유로 인한 경우에 한하여 적용된다고 해석한 다음, 피고가 합의각서상 의무를 이행하지 않아 방위사업청이

미국 정부로부터 FMS LOA를 얻지 못하였다고 인정하기 어렵다는 이유로 입찰보증금 몰취조항에서 정한 몰취 요건이 충족되지 않았다고 판단하였다.

대법원 2021. 3. 25. 선고 2018다275017 판결은 원심판결은 정당하고 원고의 상고이유 주장과 같이 필요한 심리를 다하지 않고 논리와 경험칙에 반하여 자유심증주의의 한계를 벗어나거나 계약의 해석, 상당인과관계와 위약벌에 관한 법리를 오해한 잘못이 없다고 판시하며 원고의 상고를 기각하였다.

II. 판결 읽어보기 [판결 중요부분 발췌(요약)] : 대법원 2021. 3. 25. 선고 2018다275017 판결

1. 사안 개요

가. 원고[2]는 2011. 8.경부터 방위사업청을 통하여 'KF－□□ 전투기 성능개량 사업'(이하 '이 사건 사업'이라 한다)을 추진하였다. 방위사업청은 FMS(Foreign Military Sales) 방식으로 미국 정부로부터 KF－□□ 전투기의 체계통합(System Integration)과 AESA(Active Electronically Scanned Array) 레이더 부분을 구매하기로 하였다.

FMS 방식은 미국 정부가 군수업체와 공급계약을 체결하여 무기 등을 공급받고 구매국에 이를 제공하는 것으로 다음과 같은 절차로 진행된다. 구매국은 계약조건을 기재한 LOR(Letter of Request)을 미국 정부에 제출한다. 미국 정부는 군수업체가 제시하는 개발·납품비용, FMS 계약을 관리하기 위한 행정적 비용, 계약당사자들의 위험비용 등을 고려하여 구매국에 계약 조건을 기재한 LOA(Letter of Offer and Acceptance)를 송부한다. 구매국이 유효기간 내에 LOA에 서명하면 구매국과 미국 정부 사이에 FMS 계약이 체결된다. 구매국은 그 과정에서 미국 정부에 특정 업체를 주계약업체 또는 하수급업체로 지정해 달라고 요청할 수 있다.

나. 방위사업청은 미국 정부에 군수업체 지정을 요청하기 위하여 2011. 11.경 지명경쟁입찰을 실시하였고, 체계통합 부분의 경우 비에이이 시스템즈 테크놀로지 솔루션 앤드 서비시즈 아이앤씨(BAE Systems Technology Solution & Services, Inc, 이하 'BAE'라 한다)를, AESA 레이더 부분의 경우 피고[3]를 선정하였다.

피고는 입찰 과정에서 2011. 10. ○.경 방위사업청에 입찰보증금을 미화

2) 필자 주 : 이 민사소송에서 원고는 대한민국이다.
3) 필자 주: 이 민사소송에서의 피고는 레이시온 컴퍼니(Raytheon Company)이다.

17,899,373달러(이하 '달러'는 모두 미화를 가리킨다)로 정한 입찰보증금 지급각서를 작성해 주었다.

방위사업청은 2013. 4. ○. 피고와 AESA 레이더 부분에 관한 합의각서[Memorandum of Agreement(MOA), 이하 '합의각서'라 한다]를 작성하였다. 합의각서 제2조는 분야별 협상내용으로 '부록 1~4'를 정하고 있고, '가격 및 지불일정'을 정한 '부록 1'에 기재된 가격은 (금액 생략)달러이다. 제3조 제2호는 '피고는 제2조 분야별 협상내용 중 부록 1부터 부록 3까지의 내용이 FMS LOA에 반영되도록 적절하게 조치하여야 한다.'고 정하고 있다. 제8조는 '제7조 합의각서 효력의 종료 이전에 피고 또는 피고의 하도급자가 제3조의 의무를 이행하지 않은 다음 각 호의 경우에는 피고의 입찰보증금 지급각서에 명시된 금액을 대한민국 국고에 귀속하고 피고를 부정당업체로 처분한다.'고 정하면서 제1호에서 '정당한 사유 없이 대한민국 방위사업청이 FMS LOR을 발송한 후 미국 정부로부터 FMS LOA를 획득하는 데 6개월이 초과된 경우'를 들고 있다.

다. 미국 정부는 방위사업청과 FMS 계약을 2단계 LOA를 통해 순차적으로 체결하기로 하고, 방위사업청에 이 사건 사업을 단일한 FMS 계약으로 진행해 달라고 요구하였다. 방위사업청은 2013. 9. ○. 미국 정부에 이 사건 사업 전체의 수급업체를 BAE로 지정하고 피고를 BAE의 하수급업체로 지정하는 내용의 LOR을 제출하였다.

방위사업청은 2013. 10.경 두 차례에 걸쳐 미국 정부에 1차 LOA에 총사업비를 (금액 생략)달러로 명시해 달라고 요청하였다. 미국 정부는 2013. 11. ○. 방위사업청에 총사업비를 보장할 수 없다고 회신하고 총사업비를 확정하지 않은 1차 LOA를 보냈고, 방위사업청은 2013. 12. ○.경 1차 LOA에 서명하였다.

피고는 2013. 12.경 BAE와 피고가 AESA 레이더 부분을 (금액 생략)달러에 공급하는 내용의 하도급계약을 체결하였다.

라. 방위사업청은 미국 정부와 총사업비를 합의하지 못하자 2014. 10.경 미국 정부에 1차 LOA에 관한 업무를 중단해 달라고 요청하였고, BAE는 2014. 10. ○. 피고에게 하도급계약에 관한 업무를 중단해 달라고 요청하였다. 방위사업청은 2014. 11. ○.경 1차 LOA 관련 계약을 해지하고 FMS 계약 체결을 포기하였다.

원고는 2014. 12. ○. 피고에게 합의각서 제8조 제1호에 따라 입찰보증금 17,899,373달러를 지급할 의무가 있다고 통보하였다. 그 이유는 피고가 합의각서 제3조 제2호를 위반하였고 방위사업청이 미국 정부에 LOR을 발송한 후 6개월 내에 LOA를 받지 못하였다는 것이다.

원고는 2014. 12. ○. 및 2014. 12. ○. 피고에게 원고의 피고에 대한 입찰보증금 등 지급채권을 자동채권으로 하여 피고가 별개의 납품계약에 따라 원고에 대하여 가진 채권과 상계하고, 피고가 원고에게 지급할 입찰보증금 잔액이 16,963,726.89달러라고 통지하였다.

마. 원고는 피고를 상대로 합의각서 제8조 제1호에 따라 위와 같이 상계하고 남은 입찰보증금 16,963,726.89달러와 그 지연손해금의 지급을 구하는 이 사건 소를 제기하였다.

2. 합의각서 제3조 제2호 위반 여부(상고이유 제1점)

가. 원심은 피고가 합의각서 제3조 제2호를 위반하였다는 원고의 주장을 다음과 같이 배척하였다.

(1) 피고가 BAE와 하도급계약을 체결하면서 AESA 레이더 부분의 가격을 합의각서에서 정한 (금액 생략)달러보다 높게 정하거나 계약 후 BAE에 위 금액보다 높게 요구하는 것은 합의각서 제3조 제2호를 위반한 행위이다.

피고는 2014. 8. ○.경 BAE에 추가사업비 산정 내역인 ROM(Rough Order of Magnitude)을 제출하였다. 방위사업청, 미국 정부, BAE와 피고는 2014. 9. ○.경 회의를 개최했는데, BAE는 미국 정부의 일정 지연으로 이 사건 사업이 약 4개월 지연되어 증가한 사업비 중 34,698,840달러가 피고와 관련한 부분이라고 설명하였다. 당시 피고는 그 자리에서 이의제기를 하지 않았다.

(2) 그러나 다음 사정에 비추어 피고가 BAE에 사업비 증액을 요청하였다거나 달리 합의각서 제3조 제2호를 위반하였다고 인정하기 어렵다.

BAE는 2014. 9. ○.경 회의에서 피고의 의사와 달리 피고에 대한 사업비 증가액을 제시한 것으로 보인다. BAE는 2014. 7. ○. 피고에게 ROM을 요청한 이유에 대하여 '하도급계약을 수정하려는 것이 아니라 완전한 예산 마련이 가능할 때까지 비용을 최소화할 수 있는 방안을 검토하고자 하는 목적에서 보낸 것'이라고 밝혔다. 피고는 2014. 8. ○. BAE에 ROM을 보내면서 'ROM 견적은 순전히 예산상의 목적만을 위하여 제공된 것으로서 기존 계약을 변경하기 위한 것이 아니다.'라고 통보하였다.

BAE가 피고에 대한 사업비 증가액으로 추산한 34,698,840달러는 AESA 레이더가 아닌 다른 부분의 증가액일 가능성이 높다. 피고는 BAE와 하도급계약을 체결하면서 AESA 레이더 외에 디지털 레이더 경보 수신기, 무기체계통합, 싱글보드컴퓨터 등 3개의 추가 업무를 포함시켰고, AESA 레이더 부분의 가격을 합의각서와 같이 (금액 생략)달리로 정하였다. ROM에는 추가 업무에 대한 비용 등이 있고 AESA 레이더 부분의 경우 추가 비용이 없는 것으로 되어 있다.

나. 원심판결 이유를 기록에 비추어 살펴보면, 원심판결에 상고이유 주장과 같이 필요한 심리를 다하지 않고 논리와 경험칙에 반하여 자유심증주의의 한계를 벗어난 잘못이 없다.

3. 입찰보증금 몰취 요건 충족 여부(상고이유 제2점)

가. 일반적으로 계약을 해석할 때에는 형식적인 문구에만 얽매여서는 안 되고 쌍방 당사자의 진정한 의사가 무엇인가를 탐구하여야 한다(대법원 1993. 10. 26. 선고 93다2629, 2636 판결 참조). 계약 내용이 명확하지 않은 경우 계약서의 문언이 계약 해석의 출발점이지만, 당사자들 사이에 계약서의 문언과 다른 내용으로 의사가 합치된 경우 그 의사에 따라 계약이 성립한 것으로 해석하여야 한다(대법원 2018. 7. 26. 선고 2016다242334 판결 참조). 당사자 사이에 계약의 해석을 둘러싸고 이견이 있어 당사자의 의사 해석이 문제되는 경우에는 계약의 형식과 내용, 계약이 체결된 동기와 경위, 계약으로 달성하려는 목적, 당사자의 진정한 의사, 거래 관행 등을 종합적으로 고려하여 논리와 경험의 법칙, 그리고 사회일반의 상식과 거래의 통념에 따라 합리적으로 해석하여야 한다(대법원 2017. 2. 15. 선고 2014다19776, 19783 판결, 대법원 2017. 9. 26. 선고 2015다245145 판결 참조).

이러한 법리는 계약서가 두 개의 언어본으로 작성된 경우에도 적용될 수 있다. 두 언어본이 일치하지 않는 경우 당사자의 의사가 어느 한쪽을 따르기로 일치한 때에는 그에 따르고, 그렇지 않은 때에는 위에서 본 계약 해석 방법에 따라 그 내용을 확정해야 한다.

나. 원심판결 이유와 기록에 따르면 다음 사실을 알 수 있다.

합의각서에는 조항별로 국문 아래에 영문이 있다. 합의각서 제8조는 국문에서 '제7조 합의각서 효력의 종료 이전에 Raytheon 또는 Raytheon의 하도급자가 제3조의 의무를 이행하지 않은 다음 각 호의 경우에는'이라고 요건을 정하고, 제1호에서 '정당한 사유 없이 대한민국 방위사업청이 FMS LOR을 발송한 후 미국 정부로부터 FMS LOA를 획득하는 데 6개월이 초과된 경우'를 입찰보증금이 몰취되는 유형 중 하나로 정하고 있다.

위 요건에 대하여 영문은 "If the following circumstances occur not later than the MOA validity date stated in Article 7 due to the sole failure of Raytheon or any of their subcontractor to satisfy its obligation under Article 3."라고 정하고 있다. 영문은 'due to the sole failure' 부분을 추가하면서 표현을 수정하여 국문 내용과 다르다.

방위사업청은 합의각서를 작성하기 전에 피고에게 국문과 영문이 함께 기재된 초안을 교부하였다. 위와 같이 추가된 영문 내용(due to the sole failure)은 초안에 없었으나 방위사업청이 피고의 요청을 수용하여 합의각서에 기재되었다. 방위사업청과 피고는 합의각서를 작성하면서 국문과 영문 중 어느 것을 우선할 것인지에 대하여 논의하였으나 합의하지 못해 그에 관한 규정을 두지 못하였다.

다. 원심은 위와 같은 사실관계를 전제로 다음과 같이 합의각서 제8조 제1호에서 정한 입찰보증금 몰취 요건이 충족되지 않았다고 판단하였다.

(1) 합의각서 제8조는 원고가 미국 정부로부터 LOA를 받지 못하여 FMS 계약을 체결하지 못한 주된 이유가 피고의 귀책사유로 인한 경우에 한하여 입찰보증금을 몰취할 수 있다고 해석하여야 한다.

(가) 방위사업청과 피고는 AESA 레이더 부분에 대하여 합의한 사업비를 FMS 계약의 총사업비에 반영하기 위하여 피고에게 적절한 조치를 취할 의무를 부과하고, 이를 강제하기 위하여 입찰보증금 몰취 규정을 두었다.

(나) 피고가 이 사건 사업 중 AESA 레이더 부분에만 참여한 점 등에 비추어 오직 피고의 의무 위반으로 FMS 계약이 체결되지 않는 경우에만 입찰보증금을 몰취할 수 있다고 보면 합의각서를 작성한 목적을 달성하기 어렵다. 반면 FMS 계약의 구조적 특성과 피고의 계약상 지위가 제약된 점에 비추어 피고의 의무 위반과 관계없이 FMS 계약을 체결하지 못할 경우에도 입찰보증금이 몰취된다고 해석하면 합의각서를 작성한 목적에 반하고 피고에게 가혹한 결과를 초래할 수 있다.

(2) 피고가 합의각서 제3조의 의무를 이행하지 않아 방위사업청이 미국 정부로부터 LOA를 얻지 못하였다고 인정하기 어려우므로, 합의각서 제8조 제1호에서 정한 입찰보증금 몰취 요건이 충족되었다고 볼 수 없다.

(가) 미국 정부는 이 사건 사업의 총사업비로 2012. 9.경 (금액 생략)달러, 2013. 9.경 (금액 생략)달러, 2014. 8. ○.경 (금액 생략)달러, 2014. 9.경 약 (금액 생략)달러나 (금액 생략)달러를 제시하였다. 이는 방위사업청이 제시한 (금액 생략)달러보다 높은 금액이다.

(나) 미국 정부가 추산한 총사업비는 위와 같이 변동 폭이 크고 방위사업청이 제시한 금액과 최소 159,000,000달러나 차이가 나며, 방위사업청이 FMS 계약을 포기할

당시 795,000,000달러에 이르렀다. 따라서 BAE가 피고에 대한 사업비 증가액으로 추산한 34,698,840달러는 총사업비에 큰 영향을 미치지 않았을 것으로 보인다.

(다) 감사원은 이 사건 사업이 실패한 원인으로 방위사업청이 선정한 군수업체를 미국 정부가 반대하는데도 사업을 진행하였고, 미국 정부와 총사업비를 합의하지 못하였는데도 1,700,000,000달러에 합의하였다고 임의로 판단한 점 등을 지적하였다.

라. 원심판결 이유를 위에서 본 법리에 비추어 살펴보면, 원심판결은 정당하고 상고이유 주장과 같이 필요한 심리를 다하지 않고 논리와 경험칙에 반하여 자유심증주의의 한계를 벗어나거나 계약의 해석, 상당인과관계와 위약벌에 관한 법리를 오해한 잘못이 없다.

4. 결론

원고의 상고는 이유 없어 이를 기각하고 상고비용은 패소자가 부담하도록 하여, 대법관의 일치된 의견으로 주문과 같이 판결한다.

III. 참고 판결 : FMS(Foreign Military Sales) 방식으로 미국 정부로부터 KF-□□ 전투기의 체계통합과 AESA 레이더 부분을 구매하기로 하면서 대한민국과 미국 정부가 부제소합의를 한 경우, 그 부제소합의의 효력이 미국 정부에 위 각 부분을 공급할 미국 군수업체에게도 미치는지 여부

서울중앙지방법원 2020. 1. 31. 선고 2015가합542063 판결 [위약벌][4]

【사안의 개요 및 판결의 요지】

이 사건 소송의 원고(대한민국)는 'KF-□□ 전투기 성능개량 사업'을 추진하였는데 방위사업청은 FMS(Foreign Military Sales) 방식으로 미국 정부로부터 KF-□□ 전투기의 체계통합과 AESA 레이더 부분을 구매하기로 하였다.

이에 방위사업청은 미국 정부에 위 각 부분을 공급할 미국 군수업체를 지정하여 줄 것을 요청하기 위하여 2011. 11.경 지명경쟁입찰을 통하여 체계통합 부분에 관하여는 이 사건 소송의 피고인 비에이이 시스템즈 테크놀로지 솔루션 앤드 서비시즈 아이앤

4) 필자 주: 진행 중인 항소심 사건번호는 서울고등법원 2020나2011245이다.

씨(BAE Systems Technology Solution & Services, Inc, 이하 'BAE'라 한다)를, AESA 레이더 부분에 관하여는 위에서 살펴본 대법원 2021. 3. 25. 선고 2018다275017 판결에서의 피고인 레이시온 컴퍼니(Raytheon Company, 이하 '레이시온'이라 한다)를 각 낙찰자로 선정하였다.

피고는 이 사건 사업 중 체계통합 부분의 지명경쟁입찰 과정에서 2011. 11. ○. 방위사업청에 입찰보증금 지급각서를 작성하여 주었고, 위 입찰보증금 지급각서의 유효기간은 2011. 12. ○., 2011. 12. ○., 2013. 6. ○., 2013. 9. ○., 2014. 4. ○. 및 2014. 9. ○. 각 연장되어 최종 연장된 유효기간은 2015. 1. ○.까지였다. 한편 방위사업청과 피고는 2012. 8. ○. 이 사건 사업 중 체계통합 부분과 관련한 합의각서(이하 '이 사건 합의각서'라 한다)를 작성하였다.

방위사업청, 미국 정부 및 피고는 2013. 9. ○.부터 같은 달 ○.까지 이 사건 사업 관련 회의를 개최하여 이 사건 사업의 총사업비 등을 논의하였는데, 당시 방위사업청은 이 사건 사업의 총사업비(FMS 계약의 계약금액)를 (금액 생략)달러(=피고 및 레이시온에 대한 사업비 (금액 생략)달러+미국 정부의 비용 (금액 생략)달러)로 제의하였으나, 미국 정부는 사업비 증가요인이 많아 방위사업청의 제의를 그대로 받아들이기 어렵다는 입장을 밝혔다. 이에 방위사업청과 미국 정부는 이 사건 사업에 관한 FMS 계약을 2단계 LOA[5]를 통하여 확정 가능한 부분부터 순차적으로 체결하기로 합의하였다. 그 후 미국 정부는 방위사업청에게 체계통합 부분과 AESA 레이더 부분으로 나누어진 이 사건 사업을 단일한 FMS 계약으로 진행할 것을 요구하였고, 그에 따라 방위사업청은 2013. 9. ○. 이 사건 사업 전체의 수급업체로 피고를 지정하되, 레이시온을 피고의 하수급업체로 지정하는 내용의 LOR을 작성하여 미국 정부에 제출하였다.

방위사업청은 2013. 10. ○. 및 같은 달 ○. 2차례에 걸쳐 미국 정부에 1차 LOA에 총사업비를 (금액 생략)달러로 명시하여 줄 것을 요청하였으나, 미국 정부는 2013. 11. ○. 방위사업청에 방위사업청이 요청한 총사업비를 보장할 수 없다고 회신하면서, 총사업비가 확정되지 않은 1차 LOA(이하 '이 사건 1차 LOA'라 한다)를 작성하여 방위사업청에 송부하였다.[6] 방위사업청은 2013. 12. ○.경 이 사건 1차 LOA에 서명하였다. 그 후 방위사업청은 미국 정부와 이 사건 사업에 관한 FMS 계약금액에 관한

5) 1차 LOA에서는 이 사건 사업의 초도설계와 개발을, 2차 LOA에서는 전투기 일체의 개발·생산, 레이더 시스템의 통합 등을 포함한 성능개발을 다루기로 되어 있었다.

6) 당시 이 사건 1차 LOA에는 1차 사업비로 약 (금액 생략)달러(피고 및 레이시온 약 (금액 생략)달러, 미국 정부 약 (금액 생략)달러)만이 기재되어 있었다.

협의가 이루어지지 않자, 2014. 10.경 미국 정부에 이 사건 1차 LOA와 관련한 업무를 중단할 것을 요청하였고, 방위사업청은 2014. 11. ○.경 이 사건 1차 LOA 관련 계약을 해지하고, 이 사건 사업에 관한 FMS 계약의 체결을 포기하였다.

한편, 원고는 2014. 9. ○. 피고에게 피고가 이 사건 합의각서 제3조 제2항을 위반하였고, 방위사업청이 미국 정부에 LOR을 발송한 후 6개월 이내에 LOA를 받지 못하였으므로, 피고는 이 사건 합의각서 제8조 제1항에 의하여 이 사건 입찰보증금 지급보증서상의 입찰보증금 43,250,000달러를 지급할 의무가 있다고 통보하였다.

이 사건 소송에서 원고는, ① 피고가 2014. 7. ○.경 미국 정부로부터 상한가 계약금액(NTE)의 제출을 요청받고 같은 해 8. ○.경 미국 정부에 업무이전, 일정지연, 위험관리비용의 삭제 등을 이유를 들면서 기존보다 271,208,780달러 상승된 상한가 계약금액을 제출하는 방법으로 방위사업청과 합의한 사업비보다 큰 금액의 사업비를 요구하여 이 사건 합의각서 제3조 제2항을 위반하였고, ② 이 사건 합의각서 제8조 제1항에서 정하고 있는 'FMS LOA'는 이 사건 사업을 위한 LOA로서, 이 사건 1차 LOA뿐만 아니라 이 사건 1차 LOA 및 그에 이은 2차 LOA 전부를 의미하는데, 방위사업청은 미국 정부에 LOR을 발송한 후 6개월 이내에 위 2차 LOA를 받지 못하여 이 사건 합의각서 제8조 제1항에서 정한 입찰보증금의 몰취요건이 충족되었으므로, 피고는 원고에게 이 사건 입찰보증금 지급보증서상의 입찰보증금 43,250,000달러 및 이에 대한 지연손해금을 지급할 의무가 있다고 주장하였다.

한편 피고는, 원고(대한민국)와 미국 정부는 이 사건 사업을 위한 LOA와 관련하여 발생하는 모든 분쟁을 당사자들 사이의 협의를 통하여 해결하기로 하는 내용의 부제소합의를 하였고, 미국 판례법에 의하면 이와 같은 부제소합의의 효력은 그 당사자인 원고와 미국 정부뿐만 아니라 원고와 피고 사이에도 미치므로, 원고의 이 사건 소는 위 부제소합의에 위반하여 부적법하다고 주장하였다.

서울중앙지방법원 2020. 1. 31. **선고 2015가합542063 판결**은 ① 피고의 본안전 항변은 이 사건 1차 LOA 제7.2조에 의한 원고와 미국 정부 사이의 부제소합의의 효력이 원고와 미국 국적의 법인인 피고 사이에도 미친다는 것으로서 외국적 요소를 가지고 있는데, 국제사법 제25조 제1항은 '계약은 당사자가 명시적 또는 묵시적으로 선택한 법에 의한다.'고 규정하고 있는바, 이 사건 1차 LOA가 제7.1조에서 그 준거법을 미국법으로 정하고 있는 이상, 이 사건 1차 LOA 제7.2조의 해석 및 효력(적용)범위 등을 판단하는 준거법 역시 미국법이라고 할 것이고, ② 이에 대하여 원고는, 이 사건 1차 LOA 제7.2조는 소송절차에 관한 사항을 정하고 있으므로, 법정지법인 대한민국 법에 의하여 그 해석 및 효력(적용)범위 등이 판단되어야 한다는 취지로 주장하나, 이 사건 1차 LOA 제7.2조는 분쟁해결방법에 관한 당사자들 사이의 약정으로서, 위 약정의 해석 및 효력(적용)범위는 당사자들이 선택한 준거법이 우선 적용된다고 할 것인데, 위 약정의 준거법은 미국법이므로 원고의 위 주장은 이유 없고, ③ 또한 원고는, 이 사건 청구가 이 사건 합의각서에 의한 청구임을 이유로 이 사건 합의각서의 준거법인 대한민국 법에 의하여 이 사건 1차 LOA 제7.2조의 해석 및 효력(적용)범위 등이 판단되어야 한다는 취지로 주장하나 이 사건 합의각서의 준거법이 대한민국 법인지 여부는 별론으로 하고, 원고는 피고와 이 사건 합의각서를 체결한 이후에 다시 미국 정부와 이 사건 1차 LOA를 체결한 이상, 이 사건 1차 LOA 제7.2조는 위 조항을 포함하고 있는 이 사건 1차 LOA에서 정한 준거법에 의하여 그 해석 및 효력(적용)범위 등이 판단되어야 할 것이고, 이 사건 1차 LOA가 아닌 이 사건 합의각서의 준거법에 의하여 판단되어야 할 아무런 법적 근거나 이유가 없으므로 원고의 위 주장은 이유 없고, ④ 이 사건 1차 LOA 제7.2조는 원고와 미국 정부가 이 사건 사업을 위한 LOA와 관련하여 발생하는 모든 분쟁을 당사자들 사이의 협의를 통하여 해결하고, 그 해결을 위하여 국제판정부 또는 '제3자'에게 회부하지 않기로 동의하였음을 그 내용으로 하고 있는바, 위 '제3자'에는 자국 법원도 포함된다고 봄이 상당하므로, 이는 부제소합의에 해당한다고 할 것이고, ⑤ 이 사건 1차 LOA 제7.2조의 해석 및 효력(적용)범위 등을 판단하는 준거법은 미국 법, 즉 미국의 성문법 및 판례법(Case Law)이라고 할 것인데, 미국의 판례법[Secretary of State for Defence v. Trimble Navigation Ltd., 484 F.3d 700, 707 (4th Cir. 2007) 사건[7])에서의 미국 버지니아 연방지방법원 및 제4순회 연방항소법원 판결,[8]) 이하 '이 사건 판례법'이라 한다]에 의하면, 미국 군수업체가 FMS 프로그램을 통하여 외국 정부에 장비를 판매하는 경우, 외국 정부가 미국 군수업체를 상대로 소송을 제기하는 것은 ⓐ FMS 프로그램하에서의 정부 대 정부 사이의 전속적이고 고유한 분쟁해결절차, ⓑ 미국 정부의 FMS 거래에 대한 가격 통제권, ⓒ FMS 거래의 기본 구조(이중계약 구조)와 의도, ⓓ

---

7) 영국 정부는 GPS 관련 장비 구입을 하기 위하여 FMS 방식에 따라 미국 정부와 LOA를 체결하였는데, 미국 군수업체인 Trimble Navigation Ltd.(이하 'Trimble'이라 한다)가 하자 있는 GPS 장비를 제공함으로써 Trimble과 미국 정부 사이의 도급계약을 위반하였다는 이유로 Trimble을 상대로 직접 소를 제기한 사건으로서, 위 LOA에도 이 사건 1차 LOA 제7.2조와 같은 내용의 부제소합의가 포함되어 있었다.

8) 위 미국 버지니아 연방지방법원 및 제4순회 연방항소법원 판결은 영국 정부가 연방대법원에 상고허가신청(petition for writ of certiorari)을 하지 않음으로써 그대로 확정되었다.

FMS 거래에 대한 미국 의회의 지침 및 미국의 국가안보상의 이익 등을 중대하게 훼손 내지 무력화시키고, 특히 ⓔ 외국 정부가 FMS 프로그램을 이용할 경우 DCS 프로그램에 따른 혜택을 포기하여야 하는데, FMS 프로그램을 통하여 사업을 추진하면서 미국 군수업체를 상대로 직접 소송을 제기할 수 있게 하는 것은 외국 정부로 하여금 DCS 프로그램에만 부여되는 고유한 혜택을 누리게 하는 것이어서 FMS 프로그램에 관한 AECA(Arms Export Control Act, 무기수출통제법)에 정면으로 반하므로, 외국 정부는 FMS 프로그램에 따라 체결된 주계약(미국 정부와 미국 군수업체 사이의 계약)의 제3수익자(Third Party Beneficiary)의 지위에서 미국 군수업체를 상대로 소송을 제기할 수 없으므로, 원고가 미국 정부와 이 사건 사업에 관한 FMS 계약을 체결하기 위하여 미국 정부로부터 이 사건 1차 LOA 및 이에 이은 2차 LOA, 즉 이 사건 사업을 위한 LOA를 받는 과정에서 이 사건 사업의 총사업비(FMS 계약의 계약금액)와 관련하여 발생하는 일체의 분쟁 역시 이 사건 판례법에 의하여 이 사건 1차 LOA 제7.2조에서 정한 유일한 분쟁해결절차인 원고와 미국 정부 사이의 협의를 통하여서만 해결되어야 하고, 위 분쟁해결절차 이외에 이 사건 1차 LOA 이전에 체결된 이 사건 합의각서에 근거하여 이 사건 입찰보증금 지급보증서상의 입찰보증금의 지급을 구하는 등의 소송을 제기하는 것은 허용될 수 없다고 봄이 타당하고, ⑥ 원고는, 원고와 피고 사이에는 이 사건 합의각서라는 별개의 계약 관계가 있으므로, 이 사건 판례법이 이 사건에 그대로 적용될 수 없다는 취지로 주장하나, 이 사건 합의각서는 원고가 미국 정부로부터 이 사건 사업을 위한 LOA를 받기 위하여 미국 정부에 제출할 LOR을 작성함에 있어서 이에 반영할 피고의 제안사항 등을 문서화한 것일 뿐만 아니라, 그 효력도 원고가 미국 정부로부터 이 사건 사업을 위한 LOA를 받음으로써 종료되도록 정하여져 있는바, 이 사건 합의각서와 이 사건 사업을 위한 LOA는 서로 밀접하게 연관되어 있다고 할 것이므로, 이 사건 합의각서와 이 사건 사업을 위한 LOA가 서로 독립된 별개의 계약관계라고 볼 수 없고, 나아가 외국 정부와 미국 군수업체 사이에 별개의 계약관계가 있다고 하더라도, 이와 같은 경우에 이 사건 판례법의 적용이 배제된다고 볼 만한 아무런 법적 근거나 이유도 찾을 수 없으므로, 결국 이 사건 소는 이 사건 합의각서 이후에 체결된 이 사건 1차 LOA 제7.2조에 의한 부제소합의에 위반하여 제기된 것이므로 부적법하다고 판시하였다.

대법원 2021. 3. 25. 선고 2018다275017 판결 [위약벌]

원고(대한민국)의 산하기관인 방위사업청은 FMS(Foreign Military Sales) 방식으로 전투기의 레이더 부분 등을 구매하기 위하여, 지명경쟁입찰로 외국회사인 피고[레이시온 컴퍼니(Raytheon Company)]를 미국 정부에 지정을 요청할 레이더 부분 군수업체로 선정한 다음, 피고와 합의각서를 체결하면서 입찰보증금 몰취조항을 두었다. 이후 방위사업청이 미국 정부와 총사업비에 관한 합의를 하지 못하여 FMS 계약 체결에 실패하자, 원고가 피고를 상대로 입찰보증금의 지급을 구하였다.

한편 위 합의각서에는 조항별로 국문 아래에 영문이 있고, 입찰보증금 몰취조항에서 입찰보증금이 몰취되는 유형 중 하나로 정한 '정당한 사유 없이 방위사업청이 FMS LOR(Letter of Request)을 발송한 후 미국 정부로부터 FMS LOA(Letter of Offer and Acceptance)를 획득하는 데 6개월이 초과된 경우'에 관한 영문에는 초안에는 없던 'due to the sole failure' 부분이 추가되어 있어 영문과 국문의 내용이 서로 다르며, 합의각서에 영문과 국문 중 어느 것을 우선할 것인지에 관하여는 규정을 두지 않았다.

이 사안의 쟁점은 **이 사건 입찰보증금 몰취조항을 어떻게 해석해야 하는지**에 관한 것이었는데, **원심(서울고등법원 2018. 8. 31. 선고 2017나2069824 판결)**은 위 입찰보증금 몰취조항은 FMS 계약을 체결하지 못한 주된 이유가 피고의 귀책사유로 인한 경우에 한하여 적용된다고 해석한 다음, 피고가 합의각서상 의무를 이행하지 않아 방위사업청이 미국 정부로부터 FMS LOA를 얻지 못하였다고 인정하기 어렵다는 이유로 입찰보증금 몰취조항에서 정한 몰취 요건이 충족되지 않았다고 판단하였고, **대법원 2021. 3. 25. 선고 2018다275017 판결**은 원심판결은 정당하고 상고이유 주장과 같이 필요한 심리를 다하지 않고 논리와 경험칙에 반하여 자유심증주의의 한계를 벗어나거나 계약의 해석, 상당인과관계와 위약벌에 관한 법리를 오해한 잘못이 없다고 판시하며 원고의 상고를 기각하였다.

판례 9

국책사업인 '한국형 헬기 개발사업'에 개발주관사업자 중 하나로 참여하여 국가 산하 중앙행정기관인 방위사업청과 '한국형헬기 민군겸용 핵심구성품 개발협약'을 체결한 원고가 협약을 이행하는 과정에서 환율변동 및 물가상승 등 외부적 요인 때문에 협약금액을 초과하는 비용이 발생하였다고 주장하면서 국가를 상대로 초과비용의 지급을 청구할 수 있는지 여부

서울고등법원 2019. 11. 6. 선고 2018누64827 판결 [정산금청구]

I. 사안의 개요 [기초사실 및 사건의 경과]

1. 기초사실

피고(대한민국)는 군이 운용 중이던 노후화된 외국산 헬기를 국산화하여 전력화함과 아울러 군용 헬기는 물론 민수 헬기에도 사용할 수 있는 민·군 겸용 구성품을 개발하여 장차 민간에서 사용하는 헬기를 독자적으로 생산할 수 있는 기반을 마련하고자, 한국형 기동헬기를 국내 연구개발을 통하여 획득하는 것을 목표로 2005년경부터 '한국형 헬기 개발사업'(Korean Helicopter Program, 이하 'KHP사업'이라고 한다)을 산업자원부와 방위사업청의 주관하에 국책사업으로 추진하기로 결정하였는데, 이 사건 KHP사업에 관하여 원고, 국방과학연구소 및 한국항공우주연구원 등이 공동으로 개발주관사업자로 참여하였는데, 원고는 분담된 체계 및 구성품 개발업무 수행, 체계규격서 작성, 체계개발동의서 작성, 개발시험평가 수행 및 운용시험평가 지원을 통하여 체계개발을 종합적으로 주관하고 체계결합을 책임지는 역할을, 국방과학연구소 및 한국항공우주연구원은 이를 지원하고 민·군 겸용 핵심구성품 및 군용 핵심구성품 일부를 책임지는 역할을 각기 담당하기로 하였다.

이에 피고 산하 방위사업청(이하 '피고'라고만 한다)은 2006. 6. ○. 원고와 사이에 '한국형헬기 민군겸용 핵심구성품 개발' 협약(이하 '이 사건 협약'이라고 한다)을 체결하였다. 그 주요 내용은 헬기기술자립화사업으로서 기어박스 등 12개 부품 및 기술을 개발하는 것이고, 협약금액은 (금액 생략)[정부출연 (금액 생략), 업체투자 (금액 생략)]

이며, 협약기간은 2006. 6. ○.부터 2012. 6. ○.까지, 납품일자는 2008. 10. ○.부터 2012. 6. ○.까지로 되어 있었다.

2. 사건의 경과

이 사안의 쟁점은 **국책사업인 '한국형 헬기 개발사업'에 개발주관사업자 중 하나로 참여하여 국가 산하 중앙행정기관인 방위사업청과 '한국형헬기 민군겸용 핵심구성품 개발협약'을 체결한 원고가 협약을 이행하는 과정에서 환율변동 및 물가상승 등 외부적 요인 때문에 협약금액을 초과하는 비용이 발생하였다고 주장하면서 국가를 상대로 초과비용의 지급을 청구할 수 있는지 여부**였다.

원고는 이 사건 협약에 대해서는 국가계약법이 적용되므로 국가계약법 제19조, 이 사건 협약 특수조건 제9조 제1항에 의하여 원고가 이 사건 협약을 이행하는 과정에서 환율변동 및 물가상승 등 외부적인 요인에 의하여 협약금액을 초과하는 비용이 발생하였다면 그 초과비용을 피고가 지급할 의무가 있다고 주장하였는데, 이에 대하여 피고는 이 사건 협약은 국가계약법이 적용되는 사법상 계약이 아니라, 항공우주산업법 제4조 제1항 제2호, 같은 조 제3항 및 국가연구개발사업규정 제2조 제1호, 제9조 제1항에 근거한 '협약'으로서 공법상 법률관계에 해당하고, 또한 원고가 주장하는 이 사건 협약 특수조건 제9조 제1항에 근거한 정산금 지급 청구권은 피고(사업단)의 승인이라는 별도의 행정행위가 있어야만 인정되는 것으로서 위와 같은 정산금의 지급을 구하는 이 사건 소는 행정소송에 해당하므로, 민사소송으로 제기된 이 사건 소는 부적법하다는 본안전 항변을 하였다.

원심(서울고등법원 2015. 4. 1. 선고 2014나2002868 판결)은, 이 사건 협약은 피고 산하 산업자원부로부터 출연금 예산을 지원받아 이루어져 형식적으로는 국가연구개발사업규정 등에 근거한 '협약'의 형태로 체결되었지만, 실질적으로는 원고가 피고에게 한국형헬기의 민·군 겸용 핵심구성품을 연구·개발하여 납품하고, 피고가 원고에게 그 대가를 지급하는 내용으로, 피고가 우월한 공권력의 주체로서가 아니라 사경제의 주체로 원고와 대등한 입장에서 합의에 따라 체결한 사법상 계약의 성격을 지니고 있을 뿐만 아니라, 이 사건 협약 특수조건 제44조에서 협약 당사자 사이에 분쟁이 발생하여 소송에 의할 경우 그 관할법원을 서울중앙지방법원으로 한다고 명시하고 있으므로, 이 사건 협약에 관한 법률상의 분쟁은 민사소송의 대상이 된다는 이유로 피고의 본안전 항변을 배척하였다.

대법원 2017. 11. 9. 선고 2015다215526 판결은 ① 과학기술기본법 제11조, 구 국가연구개발사업의 관리 등에 관한 규정 제2조 제1호, 제7호, 제7조 제1항, 제10조, 제15조, 제20조, 항공우주산업개발 촉진법 제4조 제1항 제2호, 제2항, 제3항 등의 입법 취지와 규정 내용, 위 협약에서 국가는 원고에게 '대가'를 지급한다고 규정하고 있으나 이는 국가연구개발사업규정에 근거하여 국가가 원고에게 연구경비로 지급하는 출연금을 지칭하는 데 다름 아닌 점, ② 위 협약에 정한 협약금액은 정부의 연구개발비 출연금과 참여기업의 투자금 등으로 구성되는데 위 협약 특수조건에 의하여 참여기업이 물가상승 등을 이유로 국가에 협약금액의 증액을 내용으로 하는 협약변경을 구하는 것은 실질적으로는 KHP사업에 대한 정부출연금의 증액을 요구하는 것으로 이에 대하여는 국가의 승인을 얻도록 되어 있는 점, ③ 위 협약은 정부와 민간이 공동으로 한국형헬기 민·군 겸용 핵심구성품을 개발하여 기술에 대한 권리는 방위사업이라는 점을 감안하여 국가에 귀속시키되 장차 기술사용권을 원고에 이전하여 군용 헬기를 제작·납품하게 하거나 또는 민간 헬기의 독자적 생산기반을 확보하려는 데 있는 점, ④ KHP사업의 참여기업인 원고로서도 민·군 겸용 핵심구성품 개발사업에 참여하여 기술력을 확보함으로써 향후 군용 헬기 양산 또는 민간 헬기 생산에서 유리한 지위를 확보할 수 있게 된다는 점 등을 종합하여 보면, 국가연구개발사업규정에 근거하여 국가 산하 중앙행정기관의 장과 참여기업인 원고가 체결한 위 협약의 법률관계는 공법관계에 해당하므로 이에 관한 분쟁은 행정소송으로 제기하여야 한다는 이유로 원심판결을 파기하고, 직권으로 제1심판결을 취소하여 사건을 관할법원으로 이송하였다.

파기환송 후 제1심판결(서울행정법원 2018. 8. 17. 선고 2017구합86125 판결)은 원고와 피고간의 이 사건 협약 특수조건은 '협약체결 시 협약금액 이외의 초과비용은 인정하지 않는다. 다만 협약목적물 및 개발계획의 변경에 따른 초과비용이나 개발계획서상 물가상승, 환율변동 등의 차이에 의한 초과비용은 방위사업청과 협의해 사업비 증가에 따른 협약변경을 할 수 있으며 방위사업청의 승인분에 한한다'고 규정하고 있고, 원고와 피고는 원칙적으로 이 사건 협약 체결 시 협약금액 이외의 초과비용은 인정하지 않되, 예외적으로 사유가 생길 경우 사업비를 증가시킬 수 있으나 협약변경

절차를 거쳐야 하고 방위사업청의 승인분에 한하기로 약정했다고 봐야 하는데, 원고와 피고가 초과개발비용과 관련해 이 사건 협약에 따른 '변경절차'를 거치지 않았으므로 방위사업청이 명시적으로 초과비용 지급에 관한 승인을 하지 않아 국가에 초과개발비용 지급 의무가 없다는 이유로 원고 패소판결을 하였다.

항소심(서울고등법원 2019. 11. 6. 선고 2018누64827 판결)은 이 사건 협약 특수조건 제9조 제1항에 따라 피고에게 초과비용의 지급의무가 발생하거나 피고가 명시적 또는 묵시적으로 이를 승인하였다고 볼 수 없다고 판단한 다음, 판시 사정들에 비추어 볼 때 이 사건 협약에는 국가계약법 제19조가 적용되지 않을 뿐 아니라, 이 사건 협약 특수조건 제9조 제1항 자체에서 물가변동 등에 따른 계약금액조정을 위하여는 피고의 승인이 필요하다고 규정함으로써 국가계약법 제19조의 적용을 배제하였는바, 이는 같은 법 시행령 제4조에서 금지하는 부당특약에 해당하거나 신뢰보호의 원칙 내지 비례의 원칙에 위반된다고 볼 수 없다고 판단하여 원고의 항소를 기각하였고, **대법원 2020. 10. 15. 선고 2019두62376 판결**도 원심의 판단에 상고이유 주장과 같이 필요한 심리를 다하지 아니한 채 논리와 경험의 법칙을 위반하여 자유심증주의의 한계를 벗어나거나 국가계약법의 적용범위 및 같은 법 시행령 제4조의 해석, 처분문서의 해석, 신뢰보호의 원칙에 관한 법리오해 등의 잘못이 없다고 판시하며 원고의 상고를 기각하였다.

II. 판결 읽어보기 [판결 중요부분 발췌(요약)] : 서울고등법원 2019. 11. 6. 선고 2018누64827 판결

1. 제1심판결의 인용 등

이 법원이 이 사건에 관하여 설시할 이유는 제1심판결 중 해당 부분을 다음 2항과 같이 수정하는 것 외에는 제1심판결의 이유 부분(별지 '관계 법령'을 포함하되, '4. 결론' 부분은 제외) 기재와 같으므로, 행정소송법 제8조 제2항, 민사소송법 제420조 본문에 따라 이를 그대로 인용한다.

2. 수정하는 부분

○ (생략)

○ (생략)

○ 11쪽 3행 아래에 다음 내용을 추가한다.

【1) 이 사건 협약의 법적 성격

가) 과학기술기본법은 제11조에서 중앙행정기관의 장은 기본계획에 따라 맡은 분야의 국가연구개발사업과 그 시책을 세워 추진하여야 한다고 규정하고 있고, 과학기술기본법의 위임에 따라 국가연구개발사업의 기획 등에 필요한 사항을 규정한 구 「국가연구개발사업의 관리 등에 관한 규정」(2010. 8. 11. 대통령령 제22328호로 전부 개정되기 전의 것, 이하 '국가연구개발사업규정'이라 한다)은, 국가연구개발사업이란 중앙행정기관이 법령에 근거하여 연구개발과제를 특정하여 그 연구개발비의 전부 또는 일부를 출연하거나 공공기금 등으로 지원하는 과학기술 분야의 연구개발사업을 말하고, 출연금이란 연구개발사업의 목적을 달성하기 위하여 국가 등이 반대급부 없이 예산이나 기금 등에서 연구수행기관에 지급하는 연구소요경비를 말한다고 규정하고 있고(제2조 제1호, 제7호), 국가연구개발사업규정에 의하면, 중앙행정기관의 장은 연구개발과제에 대하여 주관연구기관의 장과 연구개발계획서, 참여기업에 관한 사항, 연구개발비의 지급방법 등에 관한 사항이 포함된 협약을 체결하여야 하고(제7조 제1항), 중앙행정기관의 장은 연구개발비의 전부 또는 일부를 출연할 수 있으며, 연구개발사업에 참여기업이 있는 경우 중앙행정기관과 참여기업의 연구개발비 출연·부담 기준에 의하고(제10조), 국가연구개발사업의 수행결과로 얻어지는 지식재산권 등 무형적 결과물은 협약에서 정하는 바에 따라 주관연구기관 또는 참여기관의 소유로 하거나 주관연구기관과 참여기관의 공동소유로 할 수 있고, 국가 안보상 필요한 경우 등에는 국가의 소유로 할 수 있으며(제15조), 중앙행정기관의 장은 연구기관 또는 참여기업에 대하여 협약의 규정을 위반한 경우에는 국가연구개발사업에의 참여를 제한할 수 있다(제20조).

한편 항공우주산업개발 촉진법(이하 '항공우주산업법'이라 한다)은 제4조 제1항 제2호에서 정부는 기동용회전익항공기·공격용회전익항공기의 개발에 관한 사업 등에 관한 시책을 추진하여야 한다고 규정하고 있고, 제4조 제2항에서 정부는 이를 위하여 국·공립연구기관, 국방과학연구소, 항공우주산업 및 관련 기술과 관련된 기관·단체 또는 사업자 등으로 하여금 사업을 실시하게 할 수 있다고 규정하고 있으며, 제4조 제3항에서 정부는 항공우주산업의 육성을 위한 사업을 실시하는 자에 대하여 그 사업에 소요되는 비용의 전부 또는 일부를 출연할 수 있다고 규정하고 있다.

그리고 이 사건 협약 특수조건(갑 제1호증)에 의하면, 이 사건 협약의 목적은 B사업 공동규정(산업자원부 및 방위사업청 공동훈령) 등에 의거하여 원고가 그 하도급업체들과 함께 B 민·군 겸용 핵심구성품을 연구·개발하여 납품하는 데 있으며, 피고는 원고에게 그 대가를 지급한다는 것이고(제2조), 원고는 협약체결시 협약이행의 보증으로 협약금액의 100분의 10 이상의 금액을 국가계약법 시행령 제37조 제2항의 규정에 의한 증권 또는 보증서로 납부하여야 하는데, 협약보증금의 반환, 국고귀속 등에 대해서는 국가계약법상의 계약보증금 반환, 국고귀속 등의 조항을 준용하고(제7조), 협약체결시의 협약금액 이외의 초과비용은 인정하지 않는데, 다만 협약목적물 및 개발계획의 변경에 따른 초과비용이나 개발계획서 상의 물가상승, 환율변동, 기술변경, 소요변경 등의 차이에 의한 초과비용 등은 피고와 협의하여 사업비 증가에 따른 협약변경을 할 수 있으나 피고(사업단)의 승인분에 한한다는 것이다(제9조).

나) 위 각 법령의 입법 취지 및 규정 내용과 함께 앞서 든 각 증거에 변론 전체의 취지를 종합하여 알 수 있는 다음과 같은 사정들, 즉, △ 이 사건 협약 제2조에서 피고는 원고에게 '그 대가'를 지급한다고 규정하고 있으나 이는 국가연구개발사업규정에 근거하여 피고가 원고에게 연구경비로 지급하는 출연금을 지칭하는 데 다름 아니라는 점, △ 이 사건 협약에 정한 협약금액은 정부의 연구개발비 출연금과 참여기업의 투자금 등으로 구성되어 있는데 이 사건 협약 특수조건 제9조 제1항에 의하여 참여기업이 물가상승 등을 이유로 피고에게 협약금액의 증액을 내용으로 하는 협약변경을 구하는 것은 실질적으로는 이 사건 B사업에 대한 정부출연금의 증액을 요구하는 것으로서 이에 대하여는 피고의 승인을 얻도록 되어 있는 점, △ 이 사건 협약은 정부와 민간이 공동으로 B 민·군 겸용 핵심구성품을 개발하여 그 기술에 대한 권리는 방위사업이라는 점을 감안하여 국가에 귀속시키되 장차 그 기술사용권을 원고에게 이전하여 군용 헬기를 제작·납품하게 하거나 또는 민간 헬기의 독자적 생산기반을 확보하려는 데 있는 점, △ 이 사건 B사업의 참여기업인 원고로서도 민·군 겸용 핵심구성품 개발사업에 참여하여 기술력을 확보함으로써 향후 군용 헬기 양산 또는 민간 헬기 생산에서 유리한 지위를 확보할 수 있게 된다는 점 등에 비추어 보면, 국가연구개발사업규정에 근거하여 피고 산하 중앙행정기관의 장과 참여기업인 원고 사이에 체결된 이 사건 협약의 법률관계는 공법관계라고 보아야 한다(이 사건 파기이송 판결인 대법원 2017. 11. 9. 선고 2015다215526 판결 참조).】

○ (생략)

○ 11쪽 5행 아래에 다음 내용을 추가한다.

【처분문서는 그 성립의 진정함이 인정되는 이상 법원은 그 기재 내용을 부인할 만한 분명하고도 수긍할 수 있는 반증이 없는 한 처분문서에 기재되어 있는 문언대로 의

사표시의 존재와 내용을 인정하여야 한다. 당사자 사이에 계약의 해석을 둘러싸고 다툼이 있어 처분문서에 나타난 당사자의 의사해석이 문제 되는 경우에는 문언의 내용, 약정이 이루어진 동기와 경위, 약정으로 달성하려는 목적, 당사자의 진정한 의사 등을 종합적으로 고찰하여 논리와 경험칙에 따라 합리적으로 해석하여야 한다(대법원 2017. 2. 15. 선고 2014다19776, 19783 판결 등 참조).】

○ 11쪽 마지막 행 아래에 다음 내용을 추가한다.

【또한, 이 사건 협약 체결 당시 계약업무 담당 공무원이었던 이 법원 증인 C는 원고의 주장에 일부 부합하는 취지의 증언을 하였으나, 위 증인은 △ 2006년까지만 피고 공무원으로 근무하여 원고가 환율변동 위험을 관리하기 위한 대비를 하였는지 등에 관하여 잘 알지 못하는 상태에서 이 사건 협약의 내용에 대한 자신의 의견을 주로 진술한 것으로 보이고, △ 이 사건 협약 체결 이후부터 원고가 2012. 11. 무렵 피고에게 정산요청을 할 때까지 원고와 피고간의 구체적 논의 및 사정변경 등에 관하여 잘 알지 못한다는 취지의 증언을 하였으며, △ 이 사건 협약 체결 당시 출연금을 지급하는 산업자원부가 물가상승 및 환율변동으로 인한 초과비용의 지급에 동의하였는지, 산업자원부 예산으로 진행된 사업의 물가상승 및 환율변동으로 인한 초과비용을 국방부 예산으로 지급하는 것이 절차상 가능한지는 잘 모르고, 산업자원부가 지급하지 않으면 누가 물가상승 및 환율변동으로 인한 초과비용을 지급해야 하는지는 논의된 적이 없다고 증언하였고, △ 이 사건 협약 체결 당시 이 사건 협약 특수조건을 완성하기 위하여 협약내용에 관하여 원고와 피고는 상당히 많은 협의과정을 거쳤고, 최종적으로 이 사건 협약 특수조건 제9조 제1항과 같이 원칙적으로 물가상승 및 환율변동으로 인한 초과비용에 관하여 지급하지 아니하되, 예외적으로 이에 관하여 피고의 승인분에 한하여 지급할 수 있다고 규정한 것에 관하여 원고 측에서 어떠한 설명을 요구하거나 이의를 제기한 적이 없다는 취지로 증언하기도 하였는바, 위 증인의 일부 증언만으로는 이 사건 협약 특수조건 제9조 제1항의 문언과는 다르게 피고에게 물가상승 및 환율변동으로 인한 초과비용 전액을 승인해야 할 의무가 있다는 점에 관하여 이 사건 협약 체결 당사자 사이에 합치된 의사가 있었다고 인정하기 어렵고, 원고가 제출한 다른 증거들만으로는 이를 인정하기 부족하다.

나아가 앞서 본 사실, 앞서 든 각 증거에 변론 전체의 취지를 종합하여 알 수 있는 아래와 같은 사정들, 즉, △ 이 사건 협약의 당사자인 원고와 피고가 상당히 많은 협의를 거쳐 최종적으로 이 사건 협약 특수조건 제9조 제1항의 문언과 같이 원칙적으로 초과비용을 인정하지 않고, 예외적으로 피고의 승인분에 한하여 사업비 증가에 따른 협약변경을 하고 초과비용을 지급할 수 있도록 약정한 것으로 보이는 점, △ 최종적으로 완성된 문구에 관하여 원고도 별도로 이의제기를 한 바 없는 것으로 보이는 점, △ 당초 이 사건 협약 체결 당시 당사자의 이면협약이나 이 사건 협약 특수조건 제9조의 작성 중 논의되었던 당사자의 의견 등에 관한 별도의 객관적인 증기가 없는 점, △ 이 사건 협약 특수조건 제9조 제1항에 의하면 그 문언상으로는 피고가 물가변동이나 환율변동 등에 따른 초과비용을 승인하지 않거나 일부만 승인할 가능성도 존재하는 것으로 보이는 점, △ 물가변동은 이 사건 협약 체결 시에도 어느 정도 예측하여 금액을 산정할 수 있고, 원고가 청구한 물가상승으로 인한 초과비용이 절감된 비용으로 서로 상쇄되는 정도의 금액인 점을 고려하면, 결국 이 사건 초과비용 중 가장 예측하기 어려웠던 부분은 환율변동으로 인한 것으로 보이는데, 원고의 주장과 같이 이러한 환율변동으로 인한 초과비용을 피고가 모두 부담하여야만 하는 것으로 이 사건 협약 특수조건 제9조 제1항을 해석하기는 어려운 점, △ 오히려 원고는 이 사건 협약 체결시부터 외국에서 원재료를 구매하는 이 사건 사업의 특성상 환율변동이 비용의 가장 큰 변수임을 충분히 예측할 수 있었음에도 환 보험이나 환 헤징(hedging) 등 환율변동의 위험을 회피하려는 시도를 하지 않은 점, △ 원고는 이 사건 협약 특수조건 제9조 제1항에 따라 피고가 초과비용을 승인하지 않거나 일부만 승인하는 경우를 대비하여 환 보험이나 환 헤징(hedging) 등 환율변동의 위험을 회피하려는 조치를 하지 않았는데, 정산단계에서 이 사건 협약의 문언과 다르게 피고에게 환율변동으로 인한 초과비용을 비롯한 모든 초과비용을 승인할 의무가 있다고 봄으로써 피고가 물가변동이나 환율변동의 모든 위험을 부담해야 한다고 보는 것은 이 사건 협약 체결 당사자의 의사에도 어긋나는 것으로 보이는 점 등에 비추어 보면, 이 사건 협약 특수조건 제9조 제1항의 문언에 따라 원칙적으로 협약금액 이외의 초과비용은 인정되지 않고, 예외적으로 환율변동 등으로 인한 초과비용은 피고의 승인분에 한하여 협약변경을 통하여 인정될 수 있으며, 그 인정 여부는 이 사건 협약의 구체적 특성, 초과비용의 성격과 발생 원인 및 그 액수, 출연금의 법적 성격, 정책적 필요성, 환율변동 위험의 회피가능성, 관련 예산 상황 등을 종합적으로 고려하여 피고가 판단할 수 있다고 봄이 타당하다.

다음으로, 원고는, 피고가 국과연과 출연금 예산을 이용하는 내용의 협약을 체결하였는데, 위 협약과 이 사건 협약은 모두 조달사업의 일환으로 국가계약적 성격을 가지므로 양자가 본질적으로 동일하고, 피고는 위 협약에 따라 국과연 및 관련 협력업체에 대하여 환율변동 등에 따른 초과비용을 지급하였으므로, 원고에게도 환율변동 등에 따른 초과비용을 지급해야 한다고 주장한다. 그러나 피고와 국과연의 협약은 군(軍)전용 부품개발 사업으로 그 법적 근거가 국가계약법 및 방위사업법이고, 기본적으로 피고가 국과연과 대등한 지위에서 물품을 구매하는 국가조달계약의 성격을 갖고 있다. 따라서 위 협약은 그 명칭에도 불구하고 이 사건 협약에 적용되는 국가연구개발규정이 적용되지 않고, 국과연과 피고가 출연금을 지급하는 내용의 '협약'을 체결하였어도 그 실질은 국가조달 사업의 일환인 국가계약의 일종이므로, 처음부터 공법적 필요에 의하여 과학기술기본법을 근거로 항공기개발촉진법 등의 공법에 의하여 출연되는 예산으로 이루어지는 국가연구개발사업과는 그 성격이 다르고, 국가계약법 제19조에 따른 계약금액조정 조항의 적용을 받을 여지가 있다. 더구나 △ 원고가 언급한 피고와 국과연의 협약 특수조건에는 이 사건 협약 특수조건 제9조 제1항 본문처럼 협약금액 이외의 초과비용은 인정하지 않는다는 내용의 규정은 없고, 이 사건 협약 특수조건 제9조 제1항 단서와 동일한 내용의 규정만을 두고 있는 반면, 이 사건 협약 특수조건 제9조는 초과비용을 인정하지 않는다는 원칙을 명시하고 있어 양자를 달리 해석할 필요가 있는 점, △ 원고가 언급한 위 협약과 관련하여 국과연에 지급된 정산비용은 협약금액 범위 내였으며 국과연 및 관련 협력업체에 지급된 정산금액은 협약금액의 1%에 못 미치는 금액이 추가로 지급되었음(갑 제30호증)에 불과한 반면, 원고가 피고에게 청구하는 금액은 협약금액의 약 10%로 그 비용이 과다한 점, △ 이 사건 협약은 민수용 헬기 개발에 대한 정책적 지원의 성격도 포함되어 있는 점 등을 보태어 보면, 피고가 국과연 및 관련 협력업체에 대하여 환율변동 등에 따른 초과비용을 지급한 바 있다고 하여, 원고에게도 환율변동 등에 따른 초과비용 전액을 지급할 의무를 부담한다고 보기 어렵다.】

○ (생략)

○ (생략)

○ (생략)

○ (생략)

○ 20쪽 8~9행 사이에 다음 내용을 추가한다.

【5) 이 사건 협약상 의무 불이행으로 인한 손해배상책임의 인정 여부

위에서 본 바와 같이, 환율변동 등으로 인한 초과비용의 지급을 위하여 피고에게 이 사건 협약상의 협약변경, 승인, 정산 등의 절차를 진행할 의무가 있음을 인정하기 어려운 이상, 예비적 청구인 원고의 손해배상청구는 더 나아가 살펴볼 필요 없이 이유 없다.】

3. 결론

그렇다면 원고의 주위적 및 예비적 청구는 이유 없어 이를 모두 기각하여야 한다. 원고의 주위적 청구를 기각한 제1심판결은 이와 결론을 같이하여 정당하므로, 이에 대한 원고의 항소는 이유 없어 이를 기각하고, 이 법원에서 추가한 원고의 예비적 청구 역시 이유 없어 이를 기각하기로 하여, 주문과 같이 판결한다.

요약정리 [사안의 쟁점과 판결의 요지]

서울고등법원 2019. 11. 6. 선고 2018누64827 판결 [정산금청구]

이 사안의 쟁점은 **국책사업인 '한국형 헬기 개발사업'에 개발주관사업자 중 하나로 참여하여 국가 산하 중앙행정기관인 방위사업청과 '한국형헬기 민군겸용 핵심구성품 개발협약'을 체결한 원고가 협약을 이행하는 과정에서 환율변동 및 물가상승 등 외부적 요인 때문에 협약금액을 초과하는 비용이 발생하였다고 주장하면서 국가를 상대로 초과비용의 지급을 청구할 수 있는지 여부**였다.

대법원 2017. 11. 9. 선고 2015다215526 판결은 '국가연구개발사업규정'에 근거하여 국가 산하 중앙행정기관의 장과 참여기업이 체결한 협약의 법률관계는 공법관계에 해당하므로 이에 관한 분쟁은 행정소송의 대상이라는 이유로 원심판결을 파기하고, 직권으로 제1심판결을 취소하여 사건을 관할법원인 서울행정법원으로 이송하였다.

파기환송 후 제1심판결(서울행정법원 2018. 8. 17. 선고 2017구합86125 판결)은 원고와 피고간의 이 사건 협약 특수조건은 '협약체결 시 협약금액 이외의 초과비용은 인정하지 않는다. 다만 협약목적물 및 개발계획의 변경에 따른 초과비용이나 개발계획서상 물가상승, 환율변동 등의 차이에 의한 초과비용은 방위사업청과 협의해 사업비 증가에 따른 협약변경을 할 수 있으며 방위사업청의 승인분에 한한다'고 규정하고 있고, 원고와 피고는 원칙적으로 이 사건 협약 체결 시 협약금액 이외의 초과비용은 인정하지 않되, 예외적으로 사유가 생길 경우 사업비를 증가시킬 수 있으나 협약변경 절차를 거쳐야 하고 방위사업청의 승인분에 한하기로 약정했다고 봐야 하는데, 원고와 피고가 초과개발비용과 관련해 이 사건 협약에 따른 '변경절차'를 거치지 않았으므로 방위사업청이 명시적으로 초과비용 지급에 관한 승인을 하지 않아 국가에 초과개발비용 지급 의무가 없다는 이유로 원고 패소판결을 하였고, **항소심(서울고등법원 2019. 11. 6. 선고**

2018누64827 판결)은 원고의 항소를 기각하였으며, 대법원도 원고의 상고를 기각하였다(대법원 2020. 10. 15. 선고 2019두62376 판결).

판례 10

협력업체가 시험성적서를 위·변조한 것을 이유로 체계업체에게 입찰참가자격제한처분을 할 수 있는지 여부

대법원 2020. 2. 27. 선고 2017두39266 판결 [입찰참가자격제한처분취소]
[원심판결] 서울고등법원 2017. 3. 16. 선고 2016누68429 판결

I. 사안의 개요 [기초사실 및 사건의 경과]

1. 기초사실

원고는 피고(방위사업청장)와 2006. 10. ○. B 항공기 후속양산계약(이하 '이 사건 1계약'이라 한다)을, 2010. 12. ○. D 초도양산계약(이하 '이 사건 2계약'이라 한다)을, 2011. 12. ○. F 항공기 초도양산계약(이하 '이 사건 3계약'이라 하고, 이 사건 1, 2, 3 계약을 통틀어 칭할 때는 '이 사건 각 계약'이라 한다)을 각 체결하고, 피고에게 계약물품을 납품하였다.

그런데 국방기술품질원은 군납과 관련한 공인시험기관 발행 시험성적서에 대한 전수조사를 실시하였는데, 이 사건 각 계약과 관련하여 제출된 시험성적서(이하 '이 사건 시험성적서'라 한다)가 아래 '위·변조내용' 내역(생략) 기재와 같이 위·변조되었음을 확인하였다. 이에 피고는 2015. 8. ○. '계약에 관한 서류 위·변조 및 허위서류 제출'을 이유로, 구 국가계약법 제27조 제1항, 구 국가계약법 시행령 제76조 제1항 제8호, 구 국가계약법 시행규칙 제76조 제1항 [별표 2] 제10호 나.목을 적용하여, 원고에게 3개월의 부정당업자제재처분(이하 '이 사건 처분'이라 한다)을 하였다.

2. 사건의 경과

이 사안의 쟁점은 **협력업체가 시험성적서를 위·변조한 것을 이유로 체계업체에게 입찰참가자격제한처분을 할 수 있는지 여부**였다.

대법원 2020. 2. 27. 선고 2017두39266 판결은 ① 구 국가계약법 시행령 제76조 제1항 제8호에서 말하는 '계약에 관한 서류'에 계약체결에 관한 서류뿐 아니라 계

약의 적정한 이행 확보와 관련된 서류도 포함되고, ② 구 국가계약법 시행령 제76조 제1항의 '그 밖의 사용인'은 반드시 부정당업자와 고용계약을 체결하는 등 일반적인 업무 전반에 관하여 직접적인 지휘·감독을 받는 자에 한정되는 것이 아니라, 부정당업자 스스로 처리해야 하는 의무가 있는 업무를 제3자에게 위탁하여 처리하도록 함으로써 부정당업자의 책임하에 그의 의무를 대신하여 처리하는 자 등을 포함하고, 위 협력업체들은 원고의 영역과 책임 범위 내에 있다고 볼 수 있으므로, 원고가 자신의 의무 이행을 위하여 이용한 협력업체는 구 국가계약법 시행령 제76조 제1항의 '그 밖의 사용인'에 해당하고, ③ 따라서 원고의 협력업체들이 시험성적서를 위·변조한 것은 원고의 '사용인'이 시험성적서를 위·변조한 경우에 해당한다는 이유로, 피고(방위사업청장)의 원고에 대한 부정당업자제재처분은 적법하다고 판단하여 원고의 상고를 기각하였다.

II. 판결 읽어보기 [판결 중요부분 발췌(요약)] : 대법원 2020. 2. 27. 선고 2017두39266 판결

상고이유(상고이유서 제출기간이 지난 후에 제출된 상고이유보충서 등의 기재는 상고이유를 보충하는 범위 내에서)를 판단한다.

1. 국가를 당사자로 하는 계약에 관한 법률 시행령 제76조 제1항 중 '그 밖의 사용인' 부분의 해석과 적용(상고이유 제1, 4점)

가. 법률유보원칙 등에 반하는지 여부

구 국가를 당사자로 하는 계약에 관한 법률(2016. 3. 2. 법률 제14038호로 개정되기 전의 것, 이하 '국가계약법'이라 한다) 제27조 제1항은 경쟁의 공정한 집행이나 계약의 적정한 이행을 해칠 염려가 있거나 그 밖에 입찰에 참가시키는 것이 적합하지 아니하다고 인정되는 자(이하 '부정당업자'라 한다)에게는 2년 이내의 범위에서 대통령령으로 정하는 바에 따라 입찰참가자격을 제한하도록 규정하고 있다. 그 위임에 따라 구 국가를 당사자로 하는 계약에 관한 법률 시행령(2016. 9. 2. 대통령령 제27475호로 개정되기 전의 것) 제76조 제1항(이하 '이 사건 시행령 조항'이라 한다)은 본문에서 '계약상대자, 입찰자 등(이하 '계약상대자 등'이라 한다)이나 계약상대자 등의 대리인, 지배인 또는 그 밖의 사용인이 각 호의 어느 하나에 해당하는 경우에는 부정당업자인 해당 계약상대자 등에게 입찰참가자격을 제한하여야 한다'고 규정하면서, 단서에서 "계약상대자 등의 대리인, 지배인 또는 그 밖의 사용인이 다음 각 호의 어느 하나에 해당하는 행위를 하여 입찰참가자격의 제한 사유가 발생한 경우로서 계약상대자 등이 그 행위를 방지하기 위하여 상당한 주의와 감독을 게을리하지 아니한 경우에는 그러하지 아니하다."라고 규정하고 있다. 그리고 같은 항 제8호는 '입찰 또는 계약에 관한 서류를 위·변조하거나 부정하게 행사한 자 또는 허위서류를 제출한 자'를 입찰참가자격 제한 사유의 하나로 규정하고 있다.

이러한 부정당업자의 입찰참가자격을 제한하는 제도를 둔 취지는 국가를 당사자로 하는 계약에서 공정한 입찰 및 계약질서를 어지럽히는 행위를 하는 사람에 대하여 일정 기간 입찰참가를 배제함으로써 국가가 체결하는 계약의 성실한 이행을 확보함과 동시에 국가가 입게 될 불이익을 미리 방지하기 위한 데 있다(대법원 2014. 12. 11. 선고 2013두26811 판결 참조).

입찰참가자격 제한 처분은 위와 같은 입법목적을 달성하기 위하여 경쟁의 공정한 집행이나 계약의 적정한 이행을 해칠 염려가 있거나 그 밖에 입찰에 참가시키는 것이 적합하지 아니하다는 객관적 사실 및 평가에 착안하여 가하는 제재이므로 반드시 현실적인 행위자가 아니라도 법령상 책임자로 규정된 자에게 부과될 수 있다. 이는 대리인 등 타인을 사용하여 이익을 얻는 부정당업자는 그로 인한 위험이나 불이익을 감수하는 것이 타당하다는 점에서도 그러하다.

이 사건 시행령 조항 단서 중 '그 행위를 방지하기 위하여 상당한 주의와 감독'을 해야 하는 것은 입찰참가자격 제한 사유의 발생을 방지하기 위한 계약상대자 등 자신의 의무이다. 이 사건 시행령 조항 단서에 의하여 입찰참가자격 제한 사유의 발생에 관하여 독자적인 책임이 없는 계약상대자 등은 제재의 대상에서 제외된다.

이처럼 이 사건 시행령 조항은 국가계약법의 위임에 따라 입찰참가자격 제한 요건을 구체화하면서, 계약상대자 등의 독자적인 책임이 인정되지 않는 경우에는 입찰참가자격을 제한하지 않도록 규정하고 있으므로, 법률유보원칙이나 자기책임원칙에 반하여 무효라고 볼 수 없다.

나. 원고의 '사용인'이 시험성적서를 위·변조한 것으로 볼 수 있는지 여부

(1) 원심은, 원고가 자신의 의무 이행을 위하여 이용한 협력업체는 이 사건 시행령 조항의 '그 밖의 사용인'에 해당하고, 따라서 원고의 협력업체들이 시험성적서를 위·변조한 것은 원고의 사용인이 시험성적서를 위·변조한 경우에 해당한다고 판단하였다.

(2) 원심이 원고의 협력업체가 이 사건 시행령 조항의 '그 밖의 사용인'에 해당한

다고 본 근거는 다음과 같다.

(가) 이 사건 시행령 조항의 '그 밖의 사용인'은 반드시 부정당업자와 고용계약을 체결하는 등 일반적인 업무 전반에 관하여 직접적인 지휘·감독을 받는 자에 한정되는 것이 아니라, 부정당업자 스스로 처리해야 하는 의무가 있는 업무를 제3자에게 위탁하여 처리하도록 함으로써 부정당업자의 책임하에 그의 의무를 대신하여 처리하는 자 등을 포함한다.

(나) 원고는 피고와의 이 사건 각 계약의 계약상대자로서 이 사건 각 계약에서 부과된 의무를 부담하는 자이고, 원고의 협력업체들은 피고에 대하여 그와 같은 의무를 부담하는 자가 아니다.

(다) 원고는 이 사건 각 계약의 이행을 위하여 자신이 선정한 협력업체들에 물품을 제작·납품하도록 하였으므로 위 협력업체들은 원고의 영역과 책임 범위 내에 있다고 볼 수 있다.

(라) 원고는 협력업체들로부터 납품받은 품목에 대하여 직접 시험검사를 실시하거나 공인시험기관에 시험검사를 의뢰하여 시험성적서를 제공받아 제출함으로써 피고에 대한 계약상 품질보증의무를 이행할 수 있었음에도 불구하고 그 대신 협력업체들로부터 시험성적서를 받아 피고에게 제출하는 방법을 택하였다.

(3) 원심이 들고 있는 위와 같은 근거에다가 기록에 의하여 알 수 있는 다음과 같은 사정, 즉 이 사건 처분이 있기 전 원고는 국내외 협력업체의 일부 납품과 관련하여 시험성적서의 진위 여부를 확인하였고, 협력업체를 직접 방문하여 품질심사 및 제품검사를 하는 등의 관리감독을 하였다고 피고에게 주장하였던 점 등을 더하여 보면, 이 사건에서 원고의 협력업체는 원자재의 납품 및 시험성적서 제출과 관련하여 원고의 감독 아래에 있었음을 알 수 있다.

(4) 따라서 원고의 협력업체가 이 사건 시행령 조항의 '그 밖의 사용인'에 해당한다는 원심의 판단에 이 사건 시행령 조항 중 '그 밖의 사용인'의 해석·적용에 관한 법리를 오해하는 등의 잘못이 없다.

2. 이 사건 시행령 조항 중 제8호 '계약에 관한 서류' 부분의 해석과 적용(상고이유 제2, 3점)

이 사건 시행령 조항은 제8호에서 '입찰 또는 계약에 관한 서류를 위·변조하거나 부정하게 행사한 자 또는 허위서류를 제출한 경우'를 입찰참가자격 제한 사유로 규정하고 있다. 이 사건 시행령 조항의 다른 호는 '계약의 체결 또는 이행'(제6, 7, 10, 12,

17호)과 '계약의 이행'(제1, 5호)을 명확히 구분하고 있으나 제8호는 '계약에 관한 서류'라고 포괄적으로 규정하고 있다. 계약의 적정한 이행을 확보하기 위해서는 계약의 체결에 관한 서류뿐만 아니라 계약의 이행에 관한 서류의 위·변조 등 행위에 대해서도 제재할 필요가 있다. 문언의 통상적 의미에 비추어 보더라도 '계약에 관한 서류'가 '계약의 체결에 관한 서류' 또는 '계약상 제출 의무가 있는 서류'로 한정된다고 보기 어렵다.

따라서 이 사건 시행령 조항 중 제8호에서 말하는 '계약에 관한 서류'에는 계약체결에 관한 서류뿐만 아니라 계약의 적정한 이행 확보와 관련된 서류도 포함된다고 보아야 한다.

원심은, 원고 내지 원고의 협력업체가 이 사건 각 계약 대상 부품이 자체 품질검사 결과 계약에서 요구되는 성능 등을 제대로 갖추고 있음이 인정되었다는 점을 뒷받침할 객관적 증거로서 이 사건 시험성적서를 제출하였다면, 위·변조된 이 사건 시험성적서는 원고가 자신의 계약상 의무를 적절히 이행하고 있음을 증명하기 위하여 제출한 계약의 이행에 관한 서류로서 이 사건 시행령 조항 중 제8호의 '계약에 관한 서류'에 해당한다고 판단하였다.

위 법리와 기록에 따라 살펴보면, 원심의 이러한 판단에 이 사건 시행령 조항 중 제8호의 해석·적용에 관한 법리를 오해하는 등의 잘못이 없다.

3. 이 사건 시행령 조항 단서에 의한 면책, 제재처분의 필요 여부(상고이유 제5, 6점)

원심은, 원고는 협력업체들로부터 품질보증에 관한 적정한 이행을 담보받았어야 하는데, 만연히 협력업체가 제출한 시험성적서를 믿었다는 사정만으로는 원고가 협력업체들에 대한 주의·감독 의무를 게을리하지 않았다거나 시험성적서 제출에 필요한 주의의무를 다하였다고 보기 부족하다는 점 등을 근거로 원고가 협력업체의 시험성적서 위·변조 행위를 방지하기 위하여 상당한 주의와 감독을 다하였다고 보기 어렵고, 원고는 계약의 적정한 이행을 해칠 염려가 인정되는 자에 해당한다고 판단하였다.

관련 법리와 기록에 따라 살펴보면, 원심의 위와 같은 판단에 국가계약법 제27조 제1항, 이 사건 시행령 조항 단서의 해석·적용에 관한 법리를 오해하거나, 자유심증주의의 한계를 벗어난 잘못이 없다.

4. 재량권 일탈·남용에 관한 법리오해 여부(상고이유 제7점)

원심은, 피고가 원고 주장 사정들을 모두 고려하여 이 사건 처분을 한 것으로 보이고, 부정당업자의 입찰참가자격을 제한하는 취지, 계약의 적정한 이행을 해칠 가능성이 있는 행위를 방치할 경우 국가 전체적으로 막대한 손실이나 위험을 초래할 수 있다는 점 등을 들어 이 사건 처분에 재량권 일탈·남용의 위법이 없다고 판단하였다.

관련 법리와 기록에 따라 살펴보면, 원심의 위와 같은 판단에 재량권 일탈·남용에 관한 법리를 오해한 잘못이 없다.

5. 결론

그러므로 상고를 기각하고, 상고비용은 패소자가 부담하도록 하여, 관여 대법관의 일치된 의견으로 주문과 같이 판결한다.

요약정리 [사안의 쟁점과 판결의 요지]

대법원 2020. 2. 27. 선고 2017두39266 판결 [입찰참가자격제한처분취소]

원고(체계업체)는 피고(방위사업청장)와 체결한 이 사건 계약의 이행을 위하여 원고의 협력업체들에게 이 사건 계약이행에 필요한 품목들을 제작하여 원고에게 납품하게 하였다. 그런데 원고는 위 협력업체들로부터 납품받은 품목에 대하여 직접 시험검사를 실시하거나 공인시험기관에 시험검사를 의뢰하여 시험성적서를 제공받는 대신 협력업체들로부터 시험성적서를 받아 피고에게 제출하였다. 이후 원고의 협력업체들이 위 시험성적서를 위·변조한 사실이 밝혀지게 되었고, 이에 피고는 원고에게 부정당업자제재처분을 하였다.

이 사안의 쟁점은 **협력업체가 시험성적서를 위·변조한 것을 이유로 체계업체에게 입찰참가자격제한처분을 할 수 있는지 여부**였다.

대법원 2020. 2. 27. 선고 2017두39266 판결은 ① 구 국가계약법 시행령 제76조 제1항 제8호에서 말하는 '계약에 관한 서류'에 계약체결에 관한 서류뿐 아니라 계약의 적정한 이행 확보와 관련된 서류도 포함되고, ② 구 국가계약법 시행령 제76조 제1항의 '그 밖의 사용인'은 반드시 부정당업자와 고용계약을 체결하는 등 일반적인 업무 전반에 관하여 직접적인 지휘·감독을 받는 자에 한정되는 것이 아니라, 부정당업자 스스로 처리해야 하는 의무가 있는 업무를 제3자에게 위탁하여 처리하도록 함으로써 부정당업자의 책임하에 그의 의무를 대신하여 처리하는 자 등을 포함하고, 위 협력업체들은 원고의 영역과 책임 범위 내에 있다고 볼 수 있으므로, 원고가 자신의 의무 이행을 위하여 이용한 협력업체는 구 국가계약법 시행령 제76조 제1항의 '그 밖의 사용인'에 해당하고, ③ 따라서 원고의 협력업체들이 시험성적서를 위·변조한 것은 원고의 '사용인'이 시험성적서를 위·변조한 경우에 해당한다는 이유로, 피고(방위사업청장)의 원고에 대한 부정당업자제재처분은 적법하다고 판단하여 원고의 상고를 기각하였다.

판례 11

계약상대자(업체)의 책임에 속하지 아니하는 사유로 사업이 지체된 경우에 계약상대자(업체)가 국가에 대하여 연장계약 체결의무의 이행을 소로써 청구하는 것이 허용되는지 여부

서울중앙지방법원 2019. 10. 30. 선고 2018가합522695 판결 [계약기간연장에대한 승낙청구의소][9)]

I. 사안의 개요 [기초사실 및 사건의 경과]

1. 기초사실

원고(업체)가 피고(대한민국)에게 제공하여야 할 용역은 이 사건 사업[○○○○ 중앙통제장비체계 개발사업]에 관한 각종 체계통합, 교전훈련장비 및 통신망체계의 구축, 훈련통제 소프트웨어 개발 등이었고, 위 작업이 끝나면 개발시험평가(DT), 운용시험평가(OT)를 진행한 후 검수를 거쳐 납품을 완료하게 되었다. 그런데 이 사건 계약에 따른 과학화훈련체계를 구현하기 위하여는 훈련장 전 지역에 통신망을 구축하여야 하므로, 원고는 훈련장 남측에 2곳의 기지국과 지역통신소를 설치하고, 기지국 등의 설치가 완료된 이후에는 각 기지국과 훈련통제본부를 광케이블로 연결하는 중추통신망을 설치하기로 하였다.

한편 피고는 원고가 기지국 및 광케이블을 설치하기에 앞서 기지국에 이르는 전술도로를 개설하고, 전기인입공사를 완료하여 주기로 하였다. 특히 이 사건 사업의 용역사항 중 하나인 신규 기지국의 설치는 통신탑과 통신장비가 설치될 기지국 국사를 설치하는 공사뿐만 아니라 기지국 국사의 내부에 각종 전자장비(서버 및 저장장치, 통신장비, 상황관제장비 등), 항온·항습기 등의 유지시설 등을 설치 및 연결하여 관련 소프트웨어 및 하드웨어가 정상적으로 작동하는 것을 확인한 후 이를 전체 통신체계의 소프트웨어 및 하드웨어와 연결하여 최적화하는 일련의 과정인데, 전기는 통신탑 및 기지국 국사의 물리적인 공사뿐만 아니라 이후의 통신장비의 작동 확인 및 최적화 용역을 위하여도 반드시 연결되어야만 그 용역수행이 가능하였다.

---

9) 위 판결은 2019. 11. 19. 확정되었다.

그런데 이 사건에서 피고가 원고에게 조치를 해주어야 했던 전술도로 및 전기인입공사가 지체되어, 이로 인하여 원고의 신규 기지국 등 통신망 설치에 대한 이 사건 사업의 후속공정이 지연되었고, 원고는 소송을 통해 피고의 귀책으로 인하여 지연된 기간만큼의 계약기간연장을 청구하였다.

2. 사건의 경과

이 사안의 쟁점은 **계약상대자(업체)의 책임에 속하지 아니하는 사유로 사업이 지체된 경우에 계약상대자(업체)가 국가에 대하여 연장계약 체결의무의 이행을 소로써 청구하는 것이 허용되는지 여부**였다.

서울중앙지방법원 2019. 10. 30. 선고 2018가합522695 판결은 이 사건 계약은 발주기관의 책임으로 용역착수가 지연되거나 용역수행이 지연되었을 경우 및 계약상대자의 책임에 속하지 않는 사유로 인하여 지체된 경우에 대해서는 그 기간에 대하여 계약기간을 연장시키는 방법으로 원고가 그 지연에 따른 책임을 부담하지 않음을 명백하게 규정하고 있고, 원고의 귀책사유 없이 전술도로 및 전기인입공사의 지체와 F 실총기의 제원변경으로 인하여 이 사건 사업이 325일(= 304일 + 21일) 지연되었으므로, 피고는 원고에게 이 사건 1차 수정계약에 관하여 그 지연된 기간 325일에 대하여 계약기간의 종기를 2015. 11. 30.에서 2016. 10. 20.로 연장하는 수정계약의 체결에 관한 승낙의 의사표시를 할 의무가 있다고 판시하였다.

II. 판결 읽어보기 [판결 중요부분 발췌(요약)] : 서울중앙지방법원 2019. 10. 30. 선고 2018가합522695 판결

1. 기초사실

가. 이 사건 계약의 체결 및 내용

1) 원고는 전산시스템용역의 제공 및 판매업 등을 영위하는 회사로서 2010. 11. ○. 피고와 사이에 B사업(이하 '이 사건 사업'이라 한다)에 관하여 용역계약(이하 '이 사건 계약'이라 한다)을 체결하였는데, 그 주요 내용은 아래와 같다. (중략)

2) 원고가 이 사건 계약에 따라 제공하여야 할 용역은 이 사건 사업에 관한 각종

체계통합, 교전훈련장비 및 통신망체계의 구축, 훈련통제 소프트웨어 개발 등이고, 위 작업이 끝나면 개발시험평가(DT), 운용시험평가(OT)를 진행한 후 C의 검수를 거쳐 납품을 완료하게 된다.

3) 이 사건 계약에 따른 과학화훈련체계를 구현하기 위하여는 훈련장 전 지역에 통신망을 구축하여야 하므로, 원고는 훈련장 남측에 2곳의 기지국(D 기지국, E 기지국)과 지역통신소를 설치하고, 기지국 등의 설치가 완료된 이후에는 각 기지국과 훈련통제본부를 광케이블로 연결하는 중추통신망을 설치하기로 하였다.

나. 이 사건 1차 수정계약의 체결

1) 한편, 피고는 원고가 기지국 및 광케이블을 설치하기에 앞서 2012. 9.까지 기지국에 이르는 전술도로를 개설하고, 전기인입공사를 완료하기로 하였는데, 협력업체 도산 등의 사정으로 전술도로의 완공이 계속하여 지연되었고, 이에 원고는 이 사건 용역계약일반조건 제19조에 따라 전술도로 설치공사 지연 등을 이유로 2013. 7. ○. 경부터 지속적으로 피고에게 이 사건 계약기간을 연장하여 줄 것을 요청하였다.

2) 원고와 피고는 2014. 8. ○. 이 사건 계약의 종기를 2014. 12. ○.에서 2015. 11. ○.로 연장하고, 2014. 6.경까지 전술도로를 설치하며, 2014. 10.경부터 2014. 12. 경까지 개발시험평가를, 2015. 1.경부터 2015. 8.경까지 운용시험평가를 각 진행하는 내용 등으로 수정계약(이하 '이 사건 1차 수정계약'이라 한다)을 체결하였다.

3) 이 사건 계약 내용 중 원고와 피고 사이의 수정계약 체결 관련 주요 내용은 아래와 같다.

용역계약일반조건

제18조(지체상금)

③ 계약담당공무원은 다음 각 호의 1에 해당되어 용역수행이 지체되었다고 인정할 때에는 그 해당일수를 제1항의 지체일수에 산입하지 아니한다.

2. 발주기관의 책임으로 용역착수가 지연되거나 용역수행이 중단되었을 경우

5. 기타 계약상대자의 책임에 속하지 않는 사유로 인하여 지체된 경우

제19조(계약기간의 연장)

① 계약상대자는 제18조 제3항 각 호의 1의 사유가 계약기간 내에 발생한 경우에는 계약긱간 종료 전에 지체 없이 계약담당공무원에게 서면으로 계약기간의 연장신청과 동 연장으로 인하여 추가비용이 발생하는 경우에는 제4항의 규정에 의한 계약금액 조정신청을 함께 하여야 한다. 다만, 연장사유가 계약기간 내에 발생하여 계약

기간 경과 후 종료된 경우에는 동 사유가 종료된 후 즉시 계약기간의 연장신청과 제4항의 규정에 의한 계약금액 조정신청을 함께 하여야 한다.

② 계약담당공무원은 제1항의 규정에 의한 계약기간연장 신청이 접수된 때에는 즉시 그 사실을 조사확인하고 당해 용역이 적절히 이행될 수 있도록 계약기간의 연장 등 필요한 조치를 하여야 한다.

③ 계약담당공무원은 제1항에서 규정한 연장청구를 승인하였을 경우 동 연장기간에 대하여는 제19조의 규정에 의한 지체상금을 부과하여서는 아니 된다.

방위사업관리규정

제367조(계약기간 연장 및 지체상금 면제 등)

① 계약팀장은 계약상대자가 다음 각 호의 사유로 인하여 납품이 지체되었거나, 지체될 것으로 예상되는 경우에 객관적인 입증 서류를 징구하여 그 해당일수에 대하여 계약기간을 연장하거나 지체상금의 전부 또는 일부를 면제할 수 있다.

2. 계약상대자가 대체 사용할 수 없는 중요 관급재료의 공급이 지연되어 제조 또는 공사의 공정 진행이 불가능하였을 경우

7. 규격변경으로 인하여 지연된 경우

8. 정부가 제공하기로 한 시험장 및 시험장비의 제공이 지연된 경우

11. 기타 계약상대자의 책임에 속하지 아니하는 사유로 지체된 경우 등

② 계약팀장은 계약상대자가 계약기간 종료 전에 제1항 각 호의 사유로 계약기간 연장신청 및 계약금액 조정신청을 한 경우에는 즉시 그 사실을 조사하고 신청 사유가 타당한 경우 계약관(또는 분임계약관)의 승인을 받아 계약기간의 연장 또는 계약금액의 조정 등 필요한 조치를 하여야 한다. 단 계약금액을 조정하는 경우에는 실비의 범위를 초과할 수 없다.

계약변경업무 처리지침

제10조(납품기한변경)

② 납품기한 도래 전 계약상대자의 납품기한 연장요청은 계약상대자의 책임에 속하지 않는 사유로 인해 납품기한 내 계약이행완료가 불가능한 경우에 한하여 허용한다. 다만, 연장사유가 납품기한 내에 발생하여 납품기한 경과 후 종료된 경우에는 동 사유가 종료된 후 즉시 납품기한의 연장신청을 할 수 있다.

다. 원고의 추가 계약기간 연장 요청 및 피고의 거절

1) 이 사건 1차 수정계약 체결 이후에도 전술도로 및 전기인입공사는 계속하여

지연되어 전술도로는 2014. 12. ○., 전기인입공사는 2015. 4. ○.에 각 완공되었다.

2) 이에 원고는 2014. 12. ○.경 피고에게 전술도로 설치의 지연으로 인하여 일정대로 용역을 수행할 수 없다고 하면서 이 사건 1차 수정계약 기간을 연장하는 내용으로 수정계약을 체결하여 줄 것을 요청하였는데, 피고는 2015. 2. ○. 계약상대자의 책임에 속하지 않는 사유로 납품기한 내 계약이행 완료가 불가능한 경우에 해당되는지 여부가 불명확하다는 이유로 원고의 계약기간 연장요청을 거절하였다.

3) 원고는 2015. 2. ○. 및 2015. 3. ○. 전술도로 및 전기공사의 계속된 지연으로 정해진 납기 내에 체계개발을 완료하는 것이 불가능하다고 하면서 이 사건 사업의 계약기간 연장을 재차 요청하였으나, 피고는 계속하여 이를 거절하였다.

라. 원고의 용역제공

1) 원고는 일부 개통된 진입로를 이용하여 2014. 9. ○. 기지국을 구축하고, 2014. 10. ○. 설비 및 통신망 장비를 기지국에 설치하였으며, 2015. 6. ○. 광케이블 설치 및 장비조율, 최적화 작업을 완료하였다.

2) 한편, 원고가 개발 · 납품할 교전훈련장비에는 F(이하 'F'이라 한다)에 부착할 모의장비가 포함되어 있었는데, 2014. 10.경부터 2014. 12.경 사이에 실시된 개발시험평가에서 원고가 개발한 F 모의장비가 광탄발사 등 3개 항목에서 불합격되었고, 이에 원고는 2015. 6. ○. 국방과학연구소와 기술협약을 체결하여 G 사격모의 기술을 습득함으로써 2015. 6. ○. 방위각 오차 등의 정밀도 문제를 제외한 나머지 부분에 관하여 개발시험평가에서 모두 합격하였다.

마. 원고의 조정청구 및 결정

1) 이 사건 사업의 개발시험평가는 2014. 12. ○. 중단되었다가 2015. 5. ○. 재개되어 2015. 6. ○. 완료되었고, 운용시험평가는 2015. 8. ○.부터 진행되었다. 이에 원고는 2015. 10. ○. 피고에게 2015. 11. ○.까지 납품을 완료할 수 없다고 하면서 계약기간의 연장을 다시 요청하였으나, 피고는 이를 거절하였다.

2) 원고는 2015. 12. ○. 피고의 계약기간 연장거절에 대하여 이의신청을 하였는데, 피고로부터 '국가계약법에 명시된 이의신청 사유로 삼을 수 없어 받아들일 수 없다'는 회신을 받았고, 이에 2015. 12. ○. 국가계약분쟁조정위원회에 조정을 위한 재심을 청구하였다.

3) 국가계약분쟁조정위원회는 위 조정신청 사건에 대하여 2016. 6. ○. 전술도로 및 전기인입공사의 지연부분에 관하여는 10개월에 대하여, F의 제원변경에 관하여는 21일에 대하여 각 지체상금 산입범위에서 제외하라는 내용의 결정을 하였고, 피고는

2016. 7. ○. 이와 같은 국가계약분쟁조정위원회의 조정결정에 대하여 이의를 신청하였다.

바. 이 사건 사업의 검수, 납품 및 지체상금 부과

1) 이 사건 사업의 운용시험평가는 몇 차례 중단되었다가 2017. 8. 마무리되었고, 이후 2017. 11. 전투용 적합 판정을 받았으며, 2017. 12. 규격화 심의를 통과하였다.

2) 원고는 2018. 7. ○. 시험평가, 규격화 및 목록화, 검수, 납품 절차를 모두 마쳤고, 이에 피고는 원고에게 이 사건 사업이 2015. 11. ○.부터 956일 지체되었음을 이유로 1,196억 원의 지체상금을 부과하였다.

3) 한편, 구 방위사업법 시행령(2016. 7. 19. 대통령령 제27344호로 개정되기 전의 것, 이하 '구 방위사업법 시행령'이라 한다) 제61조 제4항은 '법 제46조 제1항에 따라 무기체계 및 핵심기술의 연구개발을 수행하기 위하여 시제품생산(함정 및 전장정보관리체계 등 무기체계의 특성상 시제품 자체가 전력화되는 경우를 포함한다)을 하게 하는 계약의 경우에 정당한 이유 없이 계약의 이행을 지체한 계약상대자가 납부하여야 하는 지체상금의 총액은 계약금액의 100분의 10에 해당하는 금액을 한도로 한다'고 규정함으로써 지체상금의 상한선을 계약금액의 10%로 정하고 있고, 위 규정은 구 방위사업법 시행령 시행일인 2016. 3. 31. 이후에 계약기간이 만료되어 지체상금이 발생하는 계약부터 적용되는데(구 방위사업법 시행령 부칙 제2조), 이와 관련하여 원고는 2016. 8. ○. 국방부에 '수정계약의 체결에 따라 납기가 2016. 3. ○. 이후로 늦추어지는 경우 구 방위사업법 시행령 제61조 제4항이 위 수정계약에 적용되는지 여부'에 관한 유권해석을 요청하였는바, 이에 대하여 국방부는 2016. 9. ○. 원고에게 '수정계약이 체결되고, 그에 따라 계약기간이 2016. 3. ○. 이후 만료되는 것으로 변경된다면 구 방위사업법 시행령 제612조 제4항이 적용된다는 취지의 유권해석을 송부하였다.

2. 본안전 항변에 대한 판단

가. 피고의 주장 요지

피고는 아래와 같은 이유로 이 사건 소는 권리보호자격 또는 권리보호이익이 없으므로 각하되어야 한다고 항변한다.

1) 원고는 이 사건 수정계약 기간의 연장에 대하여 실체법상 청구권이 없고, 피고는 이에 대하여 의사결정의 자유가 있으며, 원고가 주장하는 계약기간 연장의 효력이 발생하기 위하여는 피고의 승낙의 의사표시만으로는 부족하고, 국가계약법 등에 따른 방식 및 절차를 거쳐야 한다.

2) 원고가 이 사건 소로써 계약기간 연장의 효력이 발생함을 주장하는 것은 그 실질이 법률관계 형성의 효과를 구하는 것으로서 형성의 소로 볼 수 있는데, 이에 대하여 법률에 아무런 근거규정이 없다.

3) 이 사건 소와는 별개로 이 사건 지체상금에 대한 소송이 예상되는데, 원고로서는 지체상금 채무 부존재 확인의 소 등을 통하여 지체상금의 감면을 구할 수 있고, 구 방위사업법 시행령 시행일 이후에 수정계약이 체결된다 하더라도 당연히 지체상금이 면제된다고 보기는 어려우므로, 이 사건 소에는 분쟁해결의 필요성이 인정되지 아니한다.

4) 이 사건 1차 수정계약이 종료된 이후 2년 6개월이 지나서야 이 사건 소로써 계약기간의 연장을 구하는 것은 신의칙에 위반되어 허용될 수 없다.

나. 판단

1) 민법 제389조 제2항은 '채무가 법률행위를 목적으로 한 때에는 채무자의 의사표시에 갈음한 재판을 청구할 수 있다.'라고 규정하고 있고, 의사의 진술을 명하는 판결은 확정과 동시에 그러한 의사를 진술한 것으로 간주되므로, 의사의 진술이 간주됨으로써 어떤 법적 효과를 가지는 경우에는 소로써 구할 이익이 있다(대법원 2016. 9. 30. 선고 2016다200552 판결 참조).

2) 위 법리에 비추어 이 사건 소에 관하여 권리보호자격 또는 권리보호이익이 있는지에 대하여 살피건대, 아래에서 보는 사실 및 사정 등에 비추어 보면 이 사건 소는 적합한 분쟁해결 방법으로서 권리보호자격 및 권리보호이익이 있다 할 것이므로, 피고의 위 항변은 모두 이유 없다.

가) 원고가 이 사건 소로써 구하는 채무는 이 사건 계약에 기한 피고의 법률행위(계약기간 연장 승낙 의사표시)를 목적으로 하는 채무이고, 이러한 계약상 채무의 이행을 구하는 이행의 소는 그 자체로 소의 이익이 인정된다.

나) 이 사건 용역계약일반조건, 방위사업관리규정, 계약변경업무처리지침 등에 의하면 계약당사자의 책임에 속하지 아니하는 사유로 이 사건 사업이 지체된 경우에는 계약기간 연장 등의 필요한 조치를 하여야 하는 것으로 되어 있고, 이 사건 소로써 원고가 청구하는 것은 계약에 근거하여 발생하는 피고의 연장계약 체결의무의 이행이므로 이는 전형적인 계약상의 권리행사로서 권리보호의 자격이 있으며, 피고가 주장하는 청구권의 구체적인 성립·발생 여부는 본안에서 판단할 문제이다.

다) 의사표시를 명하는 이행판결은 확정과 동시에 채무자가 의사표시를 한 효과가 발생하고, 그 의사표시가 요식행위일 때에는 그 방식을 갖춘 것으로 취급되므로,

국가계약법상 계약체결의 의사표시를 명하는 판결이 확정되면 그 의사표시는 계약에 필요한 방식을 갖춘 것으로 보아야 한다.

라) 이 사건 소는 연장계약에 승낙할 의무의 이행을 구하는 소로써 연장계약이 체결되는 결과는 피고의 채무이행에 의하여 발생하는 효과이지 원고의 일방적인 의사표시에 의하여 발생하는 법률효과가 아니므로, 형성의 소에 해당한다고 볼 수 없다.

마) 이 사건 소에 의하여 계약기간이 연장되면 그 기간에 대하여는 지체책임이 인정되지 않고, 앞서 본 바와 같이 지체책임을 제한(지체상금의 총액을 계약금액의 100분의 10에 해당하는 금액을 한도로 함)한 구 방위사업법 시행령 제61조 제4항은 2016. 3. 31. 이후에 계약기간이 만료되어 지체상금이 발생하는 계약부터 적용되므로, 이 사건 1차 수정계약 기간의 연장 여부에 따라 원고의 지체책임 범위와 액수가 달라질 수 있는바, 이 사건 소는 원고에게 있어 이 사건 사업에 대한 지체상금채무 등에 관하여 종국적이고 근원적으로 분쟁을 해결할 수 있는 방법으로 보인다.

바) 이 사건 용역계약일반조건 제19조 제1항에 의하면 계약기간이 만료되었다 하더라도 수정계약을 체결하여 계약기간을 연장하는 것은 가능하고, 원고는 2014. 12. ○.경부터 2015. 11. ○.경까지 피고에게 이 사건 1차 수정계약 기간을 연장하여 줄 것을 여러 차례 요청하였으며, 국가계약분쟁조정절차까지 거친 다음 2016. 9. ○. 조정결과를 근거로 피고에게 계약기간 연장을 다시 요청하였으나, 피고는 이러한 원고의 요청을 계속하여 거절하고 위 조정결정도 수용하지 않았는바, 이러한 사정에 비추어 보면 원고가 이 사건 소로써 이 사건 1차 수정계약 기간의 연장에 대한 승낙을 구하는 것이 신의칙에 위배된다고는 볼 수 없다.

3. 본안에 대한 판단

가. 당사자들의 주장 요지

1) 원고의 주장

(생략)

2) 피고의 주장

(생략)

나. 판단

1) 피고의 전기인입공사 의무

피고에게 이 사건 사업에 있어 진기인입공사를 할 의무가 있는지에 대하여 살피건대, 앞서 거시한 증거들 및 증거(생략)의 각 기재에 변론 전체의 취지를 종합하여 보면, 이 사건 사업의 용역사항 중 하나인 신규 기지국의 설치는 통신탑과 통신장비가 설치될 기지국 국사를 설치하는 공사뿐만 아니라 기지국 국사의 내부에 각종 전자장비(서버 및 저장장치, 통신장비, 상황관제장비 등), 항온 항습기 등의 유지시설 등을 설치 및 연결하여 관련 소프트웨어 및 하드웨어가 정상적으로 작동하는 것을 확인한 후 이를 전체 통신체계의 소프트웨어 및 하드웨어와 연결하여 최적화하는 일련의 과정인데, 전기는 통신탑 및 기지국 국사의 물리적인 공사뿐만 아니라 이후의 통신장비의 작동 확인 및 최적화 용역을 위하여도 반드시 연결되어야만 그 용역수행이 가능한 사실, 피고는 이 사건 계약 당시 별도의 시설공사를 통해 기지국에 이르는 전기인입공사를 책임지기로 한 사실을 인정할 수 있으므로, 이 사건 각 신규 기지국의 설치에 있어서 전기인입공사는 피고의 의무사항에 해당한다.

2) 전술도로 및 전기인입공사 지체로 인한 이 사건 사업의 지연 여부

피고의 전술도로 및 전기인입공사의 지체로 이 사건 사업이 지연되었는지에 대하여 살피건대, 앞서 거시한 증거들 및 증거(생략)의 각 기재에 변론 전체의 취지를 더하여 알 수 있는 다음과 같은 사실 및 사정 등을 종합하여 보면, 피고가 2014. 6. ○.까지 완료하여야 하는 전술도로 및 전기인입공사를 지체하여 2015. 4. ○.에서야 완공함으로써 이로 인하여 신규 기지국 등 통신망 설치에 대한 이 사건 사업의 후속 공정이 필연적으로 그 기간만큼 지연되었다고 봄이 상당하다.

가) 신규 기지국의 설치는 단순히 물리적인 통신탑 및 기지국 국사의 설치뿐만 아니라 각종 통신설비 등의 설치 및 작동확인, 최적화 등의 과정을 포함하고 있고, 이 사건 1차 수정계약에 따라 2014. 7.경부터는 신규 기지국이 설치됨과 동시에 이 사건 사업의 전체 체계를 대상으로 하는 체계통합시험이 진행되어야 하므로, 각 기지국에 이르는 전기의 인입 및 전술도로는 2014. 6.경까지는 반드시 완료되었어야 한다.

나) 피고의 선행의무인 전술도로 및 전기인입공사가 완료되어야만 후속 공정인 ① 신규 기지국 건설, ② 체계통합시험, ③ 개발시험평가, ④ 운용시험평가가 순차적으로 진행 가능하고, 통신망의 구축 및 최적화는 체계개발 완료를 위한 필수적인 전제이자 핵심 요소인데, 피고의 선행의무인 전술도로 및 전기인입공사가 완료되지 않으면 신규 기지국 설치 및 이 사건 훈련장 전체의 통신망 구축 및 최적화를 할 수 없어 일련의 후속 공정 및 절차들은 선행공정이 지연된 기간만큼 지연될 수밖에 없다.

다) 전술도로 및 전기인입공사가 계속 지연됨에 따라 개발시험평가가 제대로 진행될 수 없었고, 2015. 1.부터 운용시험평가를 시작하는 것도 불가능해짐에 따라 결국 운용시험평가는 신규 기지국 및 전기인입공사가 완료된 이후인 2015. 8.경에야 비

로소 시작될 수 있었다. 이에 원고는 2014. 9.경 및 2015. 2.경 피고에게 후속 공정 진행에 차질이 발생함을 이유로 전기인입공사 등 피고의 선행의무를 빨리 이행해 줄 것을 촉구하기도 하였다.

라) 피고가 2015. 3.경 원고에게 발전기용 유류를 제공한 것은 임시방편에 불과하여 여러 통신장비의 설치 및 최적화 등을 요하는 기지국의 설치에 있어 장비의 손상위험이 존재하는 등 장기적이고 정상적인 방법이라고 할 수 없어 이를 두고 피고가 전기인입공사를 다하였다고 볼 수 없다.

마) 피고 산하 C 부대개편사업팀장은 이 사건 사업의 관련자들이 모인 자리에서 전기인입과 관련하여 '2015. 4. ○. 이후 정부(피고)의 책임은 없다'고 함으로써 그 이전까지 전기인입이 지연됨에 따른 사업의 지체는 피고의 책임이라는 점을 밝히기도 하였다.

바) 한편, 피고 스스로도 전술도로 공사 지연이 시험평가 지연의 직접적인 사유임을 인정하여 이 사건 1차 수정계약을 체결한 바 있다.

사) 이 사건 사업과 같이 고도의 기술이 요구되는 H사업의 경우 원초적으로 개발의 불확실성이 존재하고, 그렇기 때문에 계약 당시에 개발·연구에 필요한 소요기간을 계약 당시부터 정확하게 예측하는 것은 매우 어려우며, 개발·연구의 진행 과정에 다양한 변수들이 존재할 수밖에 없는 특수성이 있다.

아) 증거(생략)의 각 기재 및 변론 전체의 취지에 의하면, 피고가 주장하는 바와 같이 이 사건 개발시험평가 및 운용시험평가 단계에서 원고가 개발한 교전훈련장비 등에 기술적인 결함 등이 발견되어 이를 보완하기 위해 시험평가 중단 및 재시험 등을 거쳐 2017. 9.경에서야 기준충족 판정을 받게 되었으며 이로 인하여 이 사건 사업이 상당부분 지연되었고, 원고가 기술상 한계로 개발목표를 달성하지 못하였음을 인정하기도 한 사실 등은 인정되나, 원고는 이와는 무관한 전술도로 및 전기인입공사의 지체, F 제원변경에 의하여 지연되 기간에 대한 계약의 연장을 구하는 것이고, 피고가 주장하는 사유와는 별개로 원고의 책임 없는 사유로 인하여 이 사건 용역의 진행이 지연되었다면 그 기간에 대하여는 계약연장이 되어야 한다고 봄이 상당하다.

3) F 모의장비 개발 지연

원고의 귀책사유 없이 F 모의장비 개발이 지연되었는지에 대하여 살피건대, 앞서 거시한 증거들에 변론 전체의 취지를 더하여 알 수 있는 다음과 같은 사정들, 즉 원고는 2013. 8.경 F 모의장비를 레이저 방식으로 개발을 완료하고, 2014. 3.경부터 2014. 5.경까지 자체적으로 실시한 I 통합시험과 2014. 9.경 실시된 체계통합시험에 합격하였는데, 이후 2014. 10.경부터 2014. 12.경까지 실시된 개발시험평가에서 광탄 발사 등 3개 항목이 불합격된 점, 위 모의장비 불합격 사유는 2014. 3.경 발생한 2차 폭발사고로 인하여 전군이 보유하고 있는 F 실총기의 사격통제장치 부분이 변경되었기 때문인 점, 이에 원고는 2015. 6. ○. 국방과학연구소와 기술협약을 체결하여 G 사격모의 기술을 습득함으로써 2015. 6. ○. 방위각 오차 등의 정밀도 문제를 제외한 나머지 부분에 관하여 개발시험평가에서 모두 합격한 점 등을 종합하여 보면, F 실총기의 제원이 변경됨에 따라 개발이 지연된 21일(2015. 6. ○.~2015. 6. ○.)은 원고의 귀책사유 없이 이 사건 사업이 지연된 기간으로 봄이 상당하다.

다. 소결론

이 사건 계약은 발주기관의 책임으로 용역착수가 지연되거나 용역수행이 지연되었을 경우 및 계약상대자의 책임에 속하지 않는 사유로 인하여 지체된 경우에 대해서는 그 기간에 대하여 계약기간을 연장시키는 방법으로 원고가 그 지연에 따른 책임을 부담하지 않음을 명백하게 규정하고 있고, 원고의 귀책사유 없이 전술도로 및 전기인입공사의 지체와 F 실총기의 제원변경으로 인하여 이 사건 사업이 325일(= 304일 + 21일) 지연되었으므로, 피고는 원고에게 이 사건 1차 수정계약에 관하여 그 지연된 기간 325일에 대하여 계약기간의 종기를 2015. 11. ○.에서 2016. 10. ○.로 연장하는 수정계약의 체결에 관한 승낙의 의사표시를 할 의무가 있다.

4. 결론

그렇다면, 원고의 청구는 이유 있으므로, 인용하기로 하여 주문과 같이 판결한다.

요약정리 [사안의 쟁점과 판결의 요지]

서울중앙지방법원 2019. 10. 30. 선고 2018가합522695 판결 [계약기간연장에대한 승낙청구의소]

이 사건 계약에서 원고(업체)가 피고(대한민국)에게 제공하여야 할 용역은 ○○○○ 중앙통제장비체계 개발사업 관련 각종 체계통합, 교전훈련장비 및 통신망체계의 구축 등이었다. 이 사건 계약에 따른 과학화훈련체계를 구현하기 위하여는 훈련장 전 지역에 통신망의 구축이 필요하였고, 피고는 원고가 기지국 및 광케이블을 설치하기에 앞서 기지국에 이르는 전술도로를 개설하고, 전기인입공사를 완료하여 주기로 하였는데 피고가 원고에게 조치를 해주어야 했던 전술도로 및 전기인입공사가 지체되어, 원고의 신규 기지국 등 통신망 설치에 대한 이 사건 사업의 후속공정이 지연되자, 원고는 소송을 통해 피고의 귀책으로 인하여 지연된 기간만큼의 계약기간연장을 청구하였다.

이 사안의 쟁점은 **계약상대자(업체)의 책임에 속하지 아니하는 사유로 사업이 지체된 경우에 계약상대자(업체)가 국가에 대하여 연장계약 체결의무의 이행을 소로써 청구하는 것이 허용되는지 여부**였다.

서울중앙지방법원 2019. 10. 30. 선고 2018가합522695 판결은 ① 이 사건 계약은 발주기관의 책임으로 용역착수가 지연되거나 용역수행이 지연되었을 경우 및 계약상대자의 책임에 속하지 않는 사유로 인하여 지체된 경우에 대해서는 그 기간에 대하여 계약기간을 연장시키는 방법으로 원고가 그 지연에 따른 책임을 부담하지 않음을 명백하게 규정하고 있고, ② 원고의 귀책사유 없이 전술도로 및 전기인입공사의 지체 등으로 인하여 이 사건 사업이 325일(= 304일+21일) 지연되었다고 인정되므로, 피고는 원고에게 이 사건 1차 수정계약에 관하여 그 지연된 기간 325일에 대하여 계약기간의 종기를 연장하는 수정계약의 체결에 관한 승낙의 의사표시를 할 의무가 있다고 판시하였다.

판례 12

리튬 전지 물품구매계약에서 계약상대방(업체)의 공장에 발생한 화재사고로 인한 납품지연이 지체상금 면제사유인 '불가항력' 또는 '계약상대방(업체)의 책임에 속하지 않는 사유'에 해당하는지 여부

서울중앙지방법원 2019. 7. 26. 선고 2018가합545162 판결 [지체상금 반환][10)]

I. 사안의 개요 [기초사실 및 사건의 경과]

1. 기초사실

원고(리튬 전지 납품업체)는 2016. 6. ○.과 2016. 12. ○. 2회에 걸쳐 피고 대한민국(소관기관: 방위사업청)과 사이에 '리튬 전지류(B 등 6종) 등'의 품목에 관하여 계약금액을 합계 (금액 생략)으로 정하여 2017. 9. ○.까지 각 납품장소에 납품하기로 하는 내용의 물품구매계약을 체결한 것을 비롯하여, 별지 1(생략) 기재와 같이 총 8회에 걸쳐 리튬 전지류 등(이하 각 계약 품목을 통틀어 '이 사건 물품'이라고 한다)을 납품하는 내용의 물품구매계약(이하 위 각 계약을 통틀어 '이 사건 물품구매계약'이라고 한다)을 체결하였는데, 이 사건 물품구매계약에 편입된 기획재정부 계약예규(제253호) '물품구매(제조) 계약 일반조건' 제24조에 의하면, 원고가 이 사건 물품구매계약에 정해진 납품기한 내에 물품을 납품하지 아니하는 경우, 매 지체일수마다 계약서에서 정한 지체상금율을 적용하여 산출한 지체상금을 현금으로 납부하여야 하고, 계약담당공무원은 지체상금을 원고에게 지급하여야 할 물품대금에서 공제할 수 있도록 정하고 있는데, 이 사건 물품구매계약의 지체상금율은 0.15%로 정하였다.

그런데 2017. 4. ○. 22:40경 원고가 운영하는 전지 제조 공장(이하 '이 사건 공장'이라고 한다)의 관리동 1층에 피고에게 납품할 리튬 전지 등을 적치한 장소에서 화재가 발생하였고, 그 화재가 확산되어 이 사건 공장의 제조시설 3개동이 전소되는 사고(이하 '이 사건 화재사고'라고 한다)가 발생하였는데, 이 사건 화재사고의 내사를 담당한 충남○○경찰서는 2017. 4. ○. 국립과학수사연구원에 이 사건 화재사고의 원인에 대한 감정을 의뢰하였고, 이에 대하여 국립과학수사연구원은 2017. 5. ○. "이 사건

10) 위 판결은 2019. 8. 20. 확정되었다.

화재사고 현장의 연소현상 및 동영상 자료를 기초로, 이 사건 공장의 사무실동 1층 내부 좌측의 리튬 전지 적치 부분을 초기 발화부로 한정할 수 있으며, 적치된 리튬 전지의 절연파괴 등에 의해 폭발 및 연소 확산된 것으로 추정된다."는 내용의 감정결과를 회신하였다. 그리고 충청남도 ○○소방서는 2017. 6. ○. 원고의 화재보험금 청구를 위한 손해사정법인의 화재증명원 신청에 따라 화재증명서를 발급하여 주면서, 이 사건 화재사고의 원인은 "화학적 요인 – 화학적 폭발 추정"으로 기재하였다.

원고는 이 사건 화재사고 발생 후 방위사업청에 여러 차례에 걸쳐 소실된 공장의 복구 및 대체공장 확보 계획과 납품일정의 수정을 통보하고, 이 사건 물품 중 일부에 대해서는 이 사건 물품구매계약에서 정한 납기일(최종 납기일 2017. 9. ○.)보다 늦게 납품하였고, 그 최종 납품일은 2018. 4. ○.이었다.

한편, 원고는 방위사업청에, 2017. 7. ○. 이 사건 화재사고로 인하여 이 사건 물품의 납품일정에 차질이 있다는 이유로 납기연장 신청을 하였고, 2018. 3. ○. 이 사건 물품의 납품지연은 불가항력적인 화재로 인한 것이라는 이유로 지체상금의 면제를 신청하였는데, 이에 대하여 방위사업청은 2018. 5. ○. 원고에게 "원고가 제출한 지체상금 면제원에 대하여 검토한 결과, 이 사건 물품구매계약의 물품구매(제조)계약 일반조건 제24조 제3항 등에서 명시한 지체상금 면제사유에 해당하지 않는다."는 취지로 회신하였고, 이후 방위사업청은 원고에게 별지 3(생략) 기재와 같이 이 사건 물품구매계약에서 정한 납기별로 각 지체일수에 따라 산정된 지체상금 합계 1,271,841,634원(이하 '이 사건 지체상금'이라 한다)을 납부할 것을 통보한 후, 이 사건 물품구매계약에서 정한 물품대금에서 이 사건 지체상금을 공제한 나머지 물품대금만을 지급하였다. 이에 원고가 이 사건 소를 제기하였다.

2. 사건의 경과

이 사안의 쟁점은 **리튬 전지 물품구매계약에서 계약상대방(업체)의 공장에 발생한 화재사고로 인한 납품지연이 지체상금 면제사유인 '불가항력' 또는 '계약상대방(업체)의 책임에 속하지 않는 사유'에 해당하는지 여부**였다.

서울중앙지방법원 2019. 7. 26. 선고 2018가합545162 판결은 ① 리튬은 높은 화학 반응성으로 인하여 발화 및 폭발 위험성이 큰 물질이며, 이 사건 물품구매계약 체결 전에도 원고가 군부대에 납품한 리튬 전지가 2017. 8.경 자체 폭발하여 파손되는 사고가 발생하여 원고가 이를 모두 교환해 준 사실도 있었던 사정 등에 비추어 보면 이 사건 화재사고의 원인은 리튬 전지 자체에서 발화되었을 가능성이 매우 높다고 봄이 타당하다는 이유로 이 사건 화재사고가 불가항력 또는 원고의 책임 없는 사유로 발생하였다는 원고의 주장을 배척하였으나, ② 원고가 화재사고 발생 직후 방위사업청에 그 화재사고 발생 사실을 알리고, 공장 복구 및 대체공장 확보 계획과 수정된 납품일정을 여러 차례 통보하는 등 피고에게 납품지연에 따른 조치를 강구할 수 있도록 적극 협력하였으며, 원고가 이 사건 화재사고 발생 후 곧바로 임시공장을 마련하고, 대체공장을 설립하는 등 납품지연으로 인한 피고의 피해를 최소화할 수 있도록 노력하였고, ③ 이 사건 물품 중 납품이 지연된 물품의 물품대금 합계액은 이 사건 물품구매계약에 따른 전체 물품대금 합계액의 약 16.65%인 반면, 이 사건 지체상금은 납품이 지연된 물품대금의 약 33.11%를 차지하고 있고, 이 사건 지체상금은 이 사건 물품구매계약에 따른 전체 물품대금 합계액의 약 5.51%를 차지하고 있어 거래 규모나 납품지연 물품대금액 등에 비추어 상당히 과도하다고 보이는 점 등을 종합하여 보면 이 사건 지체상금이 부당하게 과다하다는 이유로, 이 사건 지체상금을 50%에 해당하는 금액으로 감액함이 타당하다고 판단하였다.

II. 판결 읽어보기 [판결 중요부분 발췌(요약)] : 서울중앙지방법원 2019. 7. 26. 선고 2018가합545162 판결

1. 기초사실

(생략)

2. 원고 주장의 요지

가. 원고가 이 사건 물품구매계약에서 정한 납기를 준수하지 못한 것은 원고의 잘못이 아닌 불가항력으로 발생한 이 사건 화재사고로 인한 것이므로, 이는 이 사건 물품구매계약의 물품구매(제조)계약 일반조건 제24조 제3항 제1호의 '천재 · 지변 등 불가항력' 또는 같은 항 제4호의 '원고의 책임에 속하지 않은 사유'로서 지체상금 면제사유에 해당한다. 그럼에도 피고가 원고에게 이 사건 물품구매계약에서 정한 물품대금에서 아무런 법률상 원인 없이 이 사건 지체상금을 공제하였으므로, 원고는 피고에 대하여 이 사건 지체상금에 해당하는 부당이득금 1,271,841,634원의 일부로서

890,289,144원 및 이에 대한 지연손해금의 반환을 구한다.

나. 설령, 원고가 이 사건 물품의 납품을 지체한 것이 지체상금 면제사유에 해당하지 않는다고 보더라도, 이 사건 지체상금은 부당하게 과다하여 감액되어야 하므로, 원고는 피고에 대하여 그 감액된 지체상금에 해당하는 위 부당이득금의 반환을 구한다.

3. 판단

가. 이 사건 화재사고가 불가항력 또는 원고의 책임 없는 사유로 발생하였는지 여부

앞서 든 증거, 증거(생략)의 각 기재 및 변론 전체의 취지를 종합하여 인정되는 다음과 같은 사정들을 종합하여 보면, 이 사건 화재사고가 불가항력 또는 원고의 책임 없는 사유로 발생하였다고 보기 어렵고, 달리 이를 인정할 증거가 없다. 따라서 원고의 이 사건 물품의 납품 지체에 이 사건 물품구매계약의 물품구매(제조)계약 일반조건에서 정한 지체상금 면제사유가 있음을 전제로 한 부당이득금 반환에 관한 주장은 이유 없다.

① 리튬은 높은 화학 반응성으로 인하여 발화 및 폭발 위험성이 큰 물질로서, 이 사건 화재사고의 최초 발화장소가 이 사건 공장의 리튬 전지 적치 장소로 보이는 점 등에 비추어 이 사건 화재사고가 리튬 전지 자체의 발화로 시작되었을 가능성이 매우 높다.

② 원고는, 원고가 생산하는 1차 리튬 전지는 여러 검사 공정을 거치는 이상 결함의 가능성이 매우 낮으므로 이 사건 화재사고가 리튬 전지의 결함으로 인하여 발생한 것이 아니라는 취지로 주장하고 있고, 원고 직원인 증인 D도 이 법정에서 같은 취지로 진술하였다.

그러나 앞서 든 증거 및 변론 전체의 취지로부터 알 수 있는 다음과 같은 사정들, 즉 ㉠ 이 사건 화재사고 이전에도 원고가 운영하는 공장에서 여러 차례 전지 성능시험 중 자체 폭발하거나, 리튬 전지 반응으로 인한 화학적 폭발 등으로 인한 화재사고가 발생한 점, ㉡ 원고는 리튬 전지 폭발 가능성에 관한 연구에도 협력한 바 있는데, 그 연구결과 리튬 전지의 경우 강제 충전 또는 강제 과방전, 방전된 전지의 외부단락 등 여러 원인으로 인한 폭발 위험성이 지적된 점, ㉢ 설령, 리튬 전지가 생산되는 과정에서 여러 검사 공정을 거쳤다 하더라도 그러한 사정만으로는 생산과정에서의 하자 또는 물리적 충격, 물품 적치장소의 환경, 물품의 적치상태 등 생산 이후의 외부적 원인으로 인한 발화 및 폭발 가능성이 완전히 배제되는 것으로는 보기 어려운 점, ㉣ 원고가 생산하는 1차 리튬 전지에 비가연성 용해액을 사용하거나, 난연성 팩으로 전지를 묶는 이유도 완성된 리튬 전지가 위와 같은 리튬 자체의 속성에 의하거나 혹은 외부적 요인과 결합하여 발화되거나 폭발할 가능성이 있기 때문인 것으로 보이는

점, ㉣ 이 사건 물품구매계약 체결 전에도 원고가 군부대에 납품한 리튬 전지가 2017. 8.경 자체 폭발하여 파손되는 사고가 발생하여, 원고가 이를 모두 교환해 준 사실도 있었던 점 등에 비추어 보면, 이 사건 화재사고의 원인은 리튬 전지 자체에서 발화되었을 가능성이 매우 높다고 봄이 타당하다.

③ 앞서 본 바와 같이 국립과학수사연구원도 이 사건 화재사고의 발화장소 및 발생원인과 관련하여, "이 사건 공장 관리동 1층의 리튬 전지 적치 부분을 초기 발화부로 한정 가능하며, 적치된 리튬 전지의 절연파괴 등에 의해 폭발 및 연소 확산된 것으로 추정된다."는 감정의견을 밝힌 바 있고, 충청남도 ○○소방서도 이 사건 화재사고의 원인을 '화학적 요인에 의한 화학적 폭발'로 추정하였다.

④ 한편, 이 사건 화재사고는 이 사건 공장의 사무실동 1층 좌측 내부에서 시작하여 이 사건 공장의 3개동이 전소되는 화재로 확산되었는데, 앞서 본 바와 같은 리튬 전지 자체의 발화 및 폭발 위험성, 원고가 이 사건 화재사고 이전에도 화재사고를 겪은 점 등을 고려할 때, 원고가 자신의 지배영역 내에서 또 다시 발생한 이 사건 화재사고가 확산되어 손해가 확대되는 것을 사전에 방지하지 못한 점에 있어서도 원고에게 이 사건 물품의 납품지연에 대한 책임이 있다고 볼 수도 있다.

나. 이 사건 지체상금의 감액 여부

1) 관련 법리

지체상금에 관한 약정은 수급인이 그와 같은 일의 완성을 지체한 데 대한 손해배상액의 예정이므로, 수급인이 약정된 기간 내에 그 일을 완성하여 도급인에게 인도하지 아니하여 지체상금을 지급할 의무가 있는 경우, 법원은 민법 제398조 제2항의 규정에 따라 계약 당사자의 지위, 계약의 목적과 내용, 지체상금을 예정한 동기, 실제의 손해와 그 지체상금액의 대비, 그 당시의 거래관행 및 경제상태 등 제반 사정을 참작하여 약정에 따라 산정한 지체상금액이 일반 사회인이 납득할 수 있는 범위를 넘어 부당하게 과다하다고 인정하는 경우에 이를 적당히 감액할 수 있다(대법원 2002. 9. 4. 선고 2001다1386 판결 등 참조).

2) 판단

앞서 인정한 기초사실을 토대로, 앞서 든 증거, 증거(생략)의 각 기재 및 변론 전체의 취지를 종합하여 인정되는 다음과 같은 사정들, 즉 ① 원고가 이 사건 화재사고 발생 직후 방위사업청에 그 화재사고 발생 사실을 알리고, 공장 복구 및 대체공장 확보 계획과 수정된 납품일정을 여러 차례 통보하는 등 피고에게 납품지연에 따른 조치를 강구할 수 있도록 적극 협력한 것으로 보이는 점, ② 원고가 이 사건 화재사고 발생 후 곧바로 임시공장을 마련하고, 대체공장을 설립하는 등 납품지연으로 인한 피고의 피해를 최소화할 수 있도록 노력한 것으로 보이는 점, ③ 이 사건 물품의 납품 지체일수는 최소 80일에서 최대 274일 정도로서, 이 사건 물품의 납품지연으로 인하여 군부대의 소요 및 훈련 등에 실제로 큰 제약이 있었다고 볼 만한 사정은 없는 점, ④ 원고는 리튬 전지류 제품을 약 20년간 생산한 회사로, 리튬 전지류 제품이 국방규격에 적합한 품질을 갖추어 피고에게 방산물자로서 리튬 전지 등을 납품하였고, 방산물자 지정이 취소된 2005년경 이후에도 경쟁입찰을 통해 지속적으로 피고에게 리튬 전지 등을 납품하여 온 점, ⑤ 이 사건 물품 중 납품이 지연된 물품의 물품대금 합계액 3,840,833,750원은 이 사건 물품구매계약에 따른 전체 물품대금 합계액 23,069,000,000원의 약 16.65%(=3,840,833,750원/23,069,000,000원×100)인 반면, 이 사건 지체상금 1,271,841,634원은 납품이 지연된 물품대금의 약 33.11%(=1,271,841,634원/3,840,833,750원×100)를 차지하고 있고, 이 사건 지체상금은 이 사건 물품구매계약에 따른 전체 물품대금 합계액의 약 5.51%(=1,271,841,634원/23,069,000,000원×100)를 차지하고 있어 거래 규모나 납품지연 물품대금액 등에 비추어 상당히 과도하다고 보이는 점, ⑥ 국가를 당사자로 하는 계약에 적용되는 지체상금율이 과다하다는 지적에 따라, 이 사건 물품구매계약이 체결된 후인 2017. 12. 28.부터 입찰공고를 하거나 수의계약을 체결하는 물품제조·구매계약의 경우, 이전의 지체상금율(0.15%)보다 대폭 감액된 지체상금율(0.075%)이 적용되고 있는 점[국가를 당사자로 하는 계약에 관한 법률 시행규칙(2017. 12. 28. 기획재정부령 제644호로 시행된 것) 제75조, 같은 시행규칙(2017. 12. 28. 기획재정부령 제644호) 부칙 제2조] 등을 고려해 보면, 이 사건 지체상금은 부당하게 과다하다고 인정되므로, 그 50%에 해당하는 금액인 635,920,817원(=1,271,841,634원×50%)으로 감액함이 타당하다.

다. 소결론

따라서, 피고는 원고에게 이 사건 지체상금 중 위와 같이 감액된 금액을 공제한 나머지 금액에 해당하는 부당이득금 635,920,817원(=1,271,841,634원−635,920,817원) 및 이에 대하여 원고가 구하는 바에 따라 이 사건 지체상금의 최종 납부기한(물품대금에서 공제된 날)의 다음날인 2018. 4. 7.부터 피고가 그 이행의무의 존부 및 범위에 관하여 항쟁함이 타당한 이 판결 선고일인 2019. 7. 26.까지는 이 사건 물품구매계약에서 정한 연 3.65%(지연손해금 기산 시점의 한국은행 통계월보상 대출평균금리)의, 그 다음날부터 다 갚는 날까지는 소송촉진 등에 관한 특례법이 정한 연 12%의 각 비율로 계산한 지연손해금을 지급할 의무가 있다.

4. 결론

그렇다면, 원고의 이 사건 청구는 위 인정 범위 내에서 이유 있어 이를 인용하고, 나머지 청구는 이유 없어 이를 기각하기로 하여, 주문과 같이 판결한다.

III. 참고 판결 : 기상불량 등에 의한 시운전 지원세력 미지원, 관급품의 고장 등이 지체상금 면제사유 또는 지체상금 감액사유가 되는지 여부

서울고등법원 2019. 9. 25. 선고 2017나2050158 판결 [물품대금]

【사안의 개요】

원고는 조선업, 선박수리업 등을 목적으로 하는 회사이고, 피고 산하의 방위사업청(이하 피고 산하의 기관을 '피고'라 한다)은 무기체계를 조달하는 국방부 소속의 행정기관으로서 관련 사업을 추진하기 위한 입찰, 계약, 사업관리 등의 절차 전반을 주관하는 기관이었다.

원고는 2011. 11. ○. 피고와 사이에, ○○함 2척(이하 '이 사건 D', '이 사건 E'이라 한다)을 계약금액 (금액 생략), 인도일은 이 사건 D 2015. 10. ○., 이 사건 E 2015. 12. ○., 지체상금율 1일 0.15%로 정하여 건조·인도하는 내용의 물품구매계약을 체결하였고(이하 '이 사건 계약'이라 한다), 원고와 피고는 이 사건 계약 체결 후 7회에 걸쳐 수정계약을 체결하였고, 위 각 수정계약을 통해 계약금액이 (금액 생략)에서 (금액 생략)으로 최종 변경되었다.

원고는 납품기한이 2015. 10. ○.인 이 사건 D를 납품기한보다 59일 지연하여 2015. 12. ○. 납품하였고, 같은 날 피고에게 이 사건 D에 대한 물품대금 12,103,358,907원(기지급 받은 착수금 및 중도금 공제)의 지급을 청구하였다. 이에 피고는 이 사건 D에 관한 지체상금을 10,202,323,380원으로 산정하여 위 지체상금채권을 자동채권으로 삼아 원고가 피고에 대하여 가지는 이 사건 D에 대한 물품대금을 대등액의 범위에서 상계한 후, 2015. 12. ○. 원고에게 이 사건 D에 대한 나머지 물품대금 1,901,035,520

원(＝12,103,358,907원－10,202,323,380원, 10원 미만 버림)을 지급하였다.

한편 원고는 납품기한이 2015. 12. ○.인 이 사건 E를 납품기한보다 20일 지연하여 2016. 1. ○. 납품하였고, 2016. 1. ○. 피고에게 이 사건 E에 대한 물품대금 12,103,905,288원(기지급 받은 착수금 및 중도금 공제)의 지급을 청구하였다. 이에 피고는 이 사건 E에 관한 지체상금을 3,458,414,700원으로 산정하여 위 지체상금 채권을 자동채권으로 삼아 원고가 피고에 대하여 가지는 이 사건 E에 대한 물품대금을 대등액의 범위에서 상계한 후, 2016. 2. ○. 원고에게 이 사건 E에 대한 나머지 물품대금 8,645,490,580원(＝12,103,905,288원－3,458,414,700원, 10원 미만 버림)을 지급하였다.

이후 원고는 2016. 3. ○. 피고에게 이 사건 D, E 납품지연에 따른 지체상금 면제를 신청하였고, 피고는 2017. 1. ○. 원고에게 원고의 귀책사유 없이 공정이 지연되었다고 볼 수 없다고 판단하여 원고의 지체상금 면제 신청을 받아들이지 않는다고 통보하였다.

【사안의 쟁점과 판결의 요지】

계약 실무에서 발생하는 가장 빈번한 법적 분쟁 중에 하나가 지체상금 관련 분쟁인데, 지체상금 관련 법적 분쟁에 있어서는 ① **업체가 주장하는 각 지체상금 면제사유가 계약에서 정한 지체상금 면책사유에 해당하는지 여부와** ② **지체상금의 감액 비율**이 핵심적인 쟁점이 된다.

서울고등법원 2019. 9. 25. 선고 2017나2050158 판결은 ① 원고가 주장하는 각 지체상금 면제사유(**기상불량 등에 의한 시운전 지원세력 미지원, 관급품의 고장 등**)가 이 사건 계약에서 정한 지체상금 면책사유에 해당하는지 여부에 관해, 이 사건 계약문서의 내용에 의하면 원고는 이 사건 D, E의 소유권이 해군에 이관되기 전까지 시운전기간을 포함하여 건조기간 동안 발생된 사고 중 원고의 고의 또는 과실이 아닌 불가항력에 의하여 발생된 사고의 경우에 면책되고, 그 사고가 원고의 고의 또는 과실이 아닌 불가항력에 의해 발생되었다는 입증책임은 원고가 지며, 불가항력이라 함은 태풍·홍수 기타 악천후, 전쟁 또는 사변, 지진, 화재, 전염병, 폭동, 기타 원고의 통제범위를 초월하는 사유로 인하여 계약당사자 누구의 책임에도 속하지 아니하는 경우를 말한다고 규정하고 있으므로, 지체상금의 면제가 인정되기 위해서는 **ⓐ 우선 이 사건 계약에서 정한 천재·지변 등 불가항력, 중요 관급재료의 결함 등 원고의 귀**

책사유 없는 지체사유가 발생하여야 하고, ⓑ 다음으로 그 지체사유의 발생으로 인하여 예정된 일자에 예정된 공정이 이루어지지 못하고 다른 날 그 공정이 단독으로 진행됨으로써 전체 공정이 지연되어 이 사건 D, E의 납품이 지체되어야 하며, ⓒ 그러한 면책 요건에 대한 입증책임은 원고가 부담하게 되는데, 원고가 주장하는 이 사건 D, E에 대한 각 지체상금 면제사유는 이 사건 계약에서 정한 면책사유에 해당하지 않거나 또는 그러한 사유로 인하여 이 사건 D, E의 공정이 지연되었다고 볼 수 없다고 판단하여 원고의 이 사건 D, E에 대한 지체상금 면제 주장을 모두 받아들이지 않았고, ② 다음으로 지체상금의 감액 여부에 관하여, ⓐ 물품제조·납품 계약에 있어서 지체상금 약정을 한 경우, 그러한 지체상금 약정은 민법 제398조 제4항에 의하여 손해배상의 예정으로 추정되고, 손해배상의 예정액이 부당히 과다한 경우에는 민법 제398조 제2항에 따라 법원이 이를 적당히 감액할 수 있으며, 여기서 '부당히 과다한 경우'라고 함은 채권자와 채무자의 각 지위, 계약의 목적 및 내용, 손해배상액을 예정한 동기, 채무액에 대한 예정액의 비율, 예상 손해액의 크기, 그 당시의 거래관행 등 모든 사정을 참작하여 일반 사회관념에 비추어 그 예정액의 지급이 경제적 약자의 지위에 있는 채무자에게 부당한 압박을 가하여 공정성을 잃는 결과를 초래한다고 인정되는 경우를 뜻하는 것으로 보아야 하고, 한편 위 규정의 적용에 따라 손해배상의 예정액이 부당하게 과다한지의 여부 내지 그에 대한 적당한 감액의 범위를 판단하는 데 있어서는 사실심의 변론종결 당시를 기준으로 하여 그 사이에 발생한 위와 같은 모든 사정을 종합적으로 고려하여야 한다는 것이 판례의 태도인데(대법원 2000. 12. 8. 선고 2000다35771 판결, 대법원 2018. 10. 12. 선고 2015다256794 판결 등 참조), ⓑ 이 사건 계약에서 정한 이 사건 D, E의 납품기한이 계약 체결일로부터 약 4년에 이르는데 비하여 원고의 귀책사유로 이 사건 D의 납품이 지연된 기간은 59일, 이 사건 E의 납품이 지연된 기간은 20일에 불과한 점, 이 사건 D, E는 고도의 기술이 요구되는 함정 무기체계의 일부로서 매우 전문화되고 복잡한 과정을 거쳐 건조, 인도되므로 예상치 못한 기술적 문제, 기상 문제 등 비상상황이 발생할 수 있고, 이에 대하여 신속히 대처하기도 어려운 측면이 있는 점, 국가와 사인간의 계약에서 사실상 국가가 우월한 위치에 있을 수 있고, 이때 국가의 상대방이 부담하는 지체상금의 적정성에 대하여도 비판이 제기될 수 있는바, 2017. 12. 28. '국가를 당사자로 하는 계약에 관한 법률 시행규칙' 제75조가 개정되어 국가를 당사자로 하는 계약에 적용되는 지체상금율이 종전의 1/2로 감경된 점(비록 이 사건 계약은 위 조항이 개정되기 이전에 체결된 것으로서 감경된 지체상금율이 적용되지 않으나, 지체상금의 과다 여부를 판단함에 있어서는 위 조항의 개정 취지를 참고할 필요가 있음) 등을 종합적으로 고려하여 이 사건 계약 일반조건 제24조에 따라 피고가 원고에게 부과한 지체상금은 부당히 과다하다고 할 것이므로 이를 70% 상당액으로 감액함이 타당하다고 판시하였다.

요약정리 [사안의 쟁점과 판결의 요지]

서울중앙지방법원 2019. 7. 26. 선고 2018가합545162 판결 [지체상금 반환]

이 사안의 쟁점은 **리튬 전지 물품구매계약에서 계약상대방(업체)의 공장에 발생한 화재사고로 인한 납품지연이 지체상금 면제사유인 '불가항력' 또는 '계약상대방(업체)의 책임에 속하지 않는 사유'에 해당하는지 여부**였다.

서울중앙지방법원 2019. 7. 26. 선고 2018가합545162 판결은 ① 리튬은 높은 화학반응성으로 인하여 발화 및 폭발 위험성이 큰 물질이며, 이 사건 물품구매계약 체결 전에도 원고가 군부대에 납품한 리튬 전지가 2017. 8.경 자체 폭발하여 파손되는 사고가 발생하여 원고가 이를 모두 교환해 준 사실도 있었던 사정 등에 비추어 보면 이 사건 화재사고의 원인은 리튬 전지 자체에서 발화되었을 가능성이 매우 높다고 봄이 타당하다는 이유로 이 사건 화재사고가 불가항력 또는 원고의 책임 없는 사유로 발생하였다는 원고의 주장을 배척하였으나, ② 원고가 화재사고 발생 직후 방위사업청에 그 화재사고 발생 사실을 알리고, 공장 복구 및 대체공장 확보 계획과 수정된 납품일정을 여러 차례 통보하는 등 피고에게 납품지연에 따른 조치를 강구할 수 있도록 적극 협력하였으며, 원고가 이 사건 화재사고 발생 후 곧바로 임시공장을 마련하고, 대체공장을 설립하는 등 납품지연으로 인한 피고의 피해를 최소화할 수 있도록 노력하였고, ③ 이 사건 물품 중 납품이 지연된 물품의 물품대금 합계액은 이 사건 물품구매계약에 따른 전체 물품대금 합계액의 약 16.65%인 반면, 이 사건 지체상금은 납품이 지연된 물품대금의 약 33.11%를 차지하고 있고, 이 사건 지체상금은 이 사건 물품구매계약에 따른 전체 물품대금 합계액의 약 5.51%를 차지하고 있어 거래 규모나 납품지연 물품대금액 등에 비추어 상당히 과도하다고 보이는 점 등을 종합하여 보면 이 사건 지체상금이 부당하게 과다하다는 이유로, 이 사건 지체상금을 50%에 해당하는 금액으로 감액함이 타당하다고 판단하였다.

판례 13

국가를 당사자로 하는 시설공사계약의 계약담당공무원이 회계예규를 준수하지 아니하고 표준품셈이 정한 기준에서 예측 가능한 합리적 조정의 범위를 벗어난 방식으로 기초예비가격을 산정하고, 국가가 입찰참가자들에게 미리 그 사정을 고지하지 않은 채 계약조건을 제시함으로써 통상의 경우와 다르지 않다고 오인하여 계약을 체결한 낙찰자가 불가피하게 계약금액을 초과하는 공사비를 지출하는 등으로 손해를 입은 경우, 국가가 고지의무 위반과 상당인과 관계 있는 손해를 배상할 책임이 있는지 여부

대법원 2016. 11. 10. 선고 2013다23617 판결 [손해배상(기)]

[원심판결] 서울고등법원 2013. 2. 7. 선고 2011나102822 판결

I. 사안의 개요 [기초사실 및 사건의 경과]

1. 기초사실

'○○-○○부대장 관사신축공사'를 위한 예산 273,830,000원이 해군 □□방어사령부에 배정되자, 위 부대 재무관은 2010. 4. ○. 건축사사무소 ○○(이하 '건축사사무소'라 한다)와 관사신축공사에 필요한 설계업무에 관하여 설계업무 위탁계약을 체결하였다. 건축사사무소가 2010. 5. ○. 관사신축공사의 원가를 500,000,000원 정도(직접노무비와 간접노무비는 166,208,034원)로 하는 설계도서와 설계내역서를 제출하였으나 □□방어사령부 소속 공무원 Z 소령은 공사비를 낮추는 방안을 요구하였고, 건축사사무소는 2010. 5. ○. Z 소령의 요구를 반영하여 관사신축공사의 원가를 300,000,000원 정도로 하는 설계도서와 설계내역서를 □□방어사령부에 제출하였으나, 설계업무의 준공검사를 담당하였던 Y 대위는 건축사사무소로부터 받은 설계도서(2010. 5. ○.자)와 설계내역서에 기재된 철근콘크리트설치 등 19개 공종에 관한 일위대가표의 노무 수량을 대폭 축소하거나 삭감하여 관사신축공사의 원가를 226,965,002원으로 하는 원가계산서 등을 작성하여, 이를 건축사사무소에 주면서 설계도서와 설계내역서의 수정을 요청하였다. 이에 따라 건축사사무소는 2010. 5. ○. Y 대위가 요청한 사항을 대부분 반영하고, 일부 노무 수량을 증가시켜서 관사신축공사의 원가를

230,377,000원으로 하는 설계도서와 설계내역서를 최종적으로 □□방어사령부에 제출하였고, 이를 검수한 Y 대위는 설계업무가 완성된 것으로 처리하였다.

이후 □□방어사령부 재무관은 2010. 6. ○. 관사신축공사에 관하여 제한경쟁입찰(전자입찰) 방식으로 기초예비가격 223,465,690원, 예산액 230,377,000원, 입찰방법 총액제, 입찰일 2010. 6. ○., 공사기간 계약일로부터 6개월로 하고, 낙찰자결정방식은 국방부 군시설공사 적격심사기준에 관한 예규에서 정한 평가기준에 따라 심사하여 종합평점 95점 이상인 자 중에서 예정가격의 87.745% 이상인 최저가격으로 입찰한 자를 낙찰자로 결정하기로 하는 내용(적격심사낙찰제)의 입찰공고를 하였고, 입찰공고에는 첨부서류로 입찰공고문안, 건축시방서, 설비시방서, 공사도면, 원가계산서가 첨부되어 있었다.

원고는 2010. 6. ○. 관사신축공사를 예정가격 222,572,477원의 87.7781%에 해당하는 195,370,000원에 낙찰받았고, 2010. 6. ○. □□방어사령부 소속 재무관과 관사신축공사에 관하여 계약금액(공사대금) 195,370,000원, 공사기간 2010. 6. ○.부터 2010. 12. ○.까지(6개월 동안)로 하는 내용의 공사도급계약을 체결한 다음 공사를 시작하였는데, 원고는 공사현장을 실사한 후 2010. 8. ○. □□방어사령부 소속 담당공무원에게, 외부업체에 의뢰하여 입찰공고된 설계금액의 타당성을 조사한 결과 공사에 필요한 노무비가 지나치게 낮게 산정된 것으로 밝혀졌다고 하여 설계변경에 따른 계약금액의 증액조정을 요청하였으나 위 담당공무원은 공사원가계산서나 예정가격조서, 단가산출서나 일위대가표 자체는 설계서가 아니므로 그러한 서류의 작성상 오류 등 사유만으로는 설계변경에 따른 계약금액 조정을 할 수 없다는 이유로 원고의 요구를 거절하였다.

원고는 계약금액 증액요구가 거절되자 부득이 관사신축공사를 그대로 진행하여 공사를 완공한 후 피고에게 인도하였고, 그 결과 원고는 공사도급계약에서 정한 계약금액을 상당히 초과하는 공사비용을 지출하게 되자, 이 사건 소를 제기하였다.

2. 사건의 경과

이 사안의 쟁점은 **국가를 당사자로 하는 시설공사계약의 계약담당공무원이 회계예규를 준수하지 아니하고 표준품셈이 정한 기준에서 예측 가능한 합리적 조정의 범위를 벗어난 방식으로 기초예비가격을 산정하고, 국가가 입찰참가자들에게 미리 그 사정을 고지하지 않은 채 계약조건을 제시함으로써 통상의 경우와 다르지 않다고 오**

인하여 계약을 체결한 낙찰자가 불가피하게 계약금액을 초과하는 공사비를 지출하는 등으로 손해를 입은 경우, 국가가 고지의무 위반과 상당인과관계 있는 손해를 배상할 책임이 있는지 여부였다.

원심(**서울고등법원 2013. 2. 7. 선고 2011나102822 판결**)은 아래 대법원판결의 판결요지와 같은 전제에서 원고의 손해를 인정하고, 나아가 원고의 과실을 참작하여 피고의 손해배상책임을 70%로 제한하였고, **대법원 2016. 11. 10. 선고 2013다23617 판결**은 원심판결은 정당하고, 피고의 상고이유 주장과 같이 회계예규에 의한 직무상 의무의 성질에 대한 법리를 오해하거나 판단을 누락하였다는 등의 잘못이 있다고 할 수 없다고 판시하며 피고(대한민국)의 상고를 기각하였다.

II. 판결요지 : 대법원 2016. 11. 10. 선고 2013다23617 판결

국가를 당사자로 하는 시설공사계약의 예정가격을 원가계산방식에 의하여 산정할 때에 계약담당공무원이 준수하여야 할 구체적인 사항은 대부분 기획재정부 회계예규인 '예정가격작성기준'(2010. 10. 22. 2200.04-160-8호로 개정되기 전의 것, 이하 '회계예규'라고 한다)에 규정되어 있다. 그런데 회계예규는 국가가 사인과 사이의 계약관계를 합리적·효율적으로 처리할 수 있도록 관계공무원이 지켜야 할 계약사무 처리에 관한 필요사항을 규정한 것으로서 계약담당공무원의 실무 준칙에 지나지 않는다. 그러므로 계약담당공무원이 예정가격을 정하는 과정에서 회계예규의 규정을 준수하지 않았더라도 그 사유만으로 곧바로 국가가 계약상대방에 대하여 손해배상책임을 지게 되는 것은 아니다.

그러나 국가를 당사자로 하는 계약은 신의성실의 원칙에 따라 이행되어야 한다는 것이 법령의 취지로 명시되어 있을 뿐만 아니라 국가가 계약당사자인 경우에는 일반 사인 사이의 계약과 달리 계약조건은 경비의 절감 못지않게 계약이행 결과의 건전성과 품질 및 안전의 확보 등 공공 일반의 이익까지 중요한 고려요소가 된다. 회계예규도 그와 같은 점을 고려하여 계약담당공무원이 지켜야 할 가격산정의 기준을 매우 구체적이고 상세하게 규정하였으므로, 국가를 당사자로 하는 계약의 입찰조건은 특별한 사정이 없는 한 회계예규 등에서 정한 기준에 따라 정해질 것으로 보인다. 그러므로 입찰에 참가하는 당사자로서도 입찰공고에서 따로 공지된 사항이 없는 이상 기초예비가격과 복수예비가격이 회계예규에서 정한 표준품셈 등의 기준에 따라 산정되었을 것으로 신뢰하고, 만약 가격이 회계예규 등의 기준을 현저히 벗어난 방식으로 산정된 것이면 그 내용을 명시적으로 공지하여 입찰참가자가 이를 고려할 수 있도록 할 것을 기대하는 것이 무리라고 할 수 없다. 따라서 계약담당공무원이 회계예규를 준수하지 아니하고 표준품셈이 정한 기준에서 예측 가능한 합리적 조정의 범위를 벗어난 방식으로 기초예비가격을 산정하였음에도 그 사정을 입찰공고에 전혀 표시하지 아니하였고, 낙찰자가 그러한 사정을 알았더라면 입찰에 참가할지를 결정하는 데 중요하게 고려하였을 것임이 경험칙상 명백한 경우에는, 국가는 신의성실의 원칙상 입찰공고 등을 통하여 입찰참가자들에게 미리 그와 같은 사정을 고지할 의무가 있다. 그럼에도 국가가 그러한 고지의무를 위반한 채로 계약조건을 제시하여 이를 통상의 경우와 다르지 않을 것으로 오인한 나머지 제시 조건대로 공사계약을 체결한 낙찰자가 불가피하게 계약금액을 초과하는 공사비를 지출하는 등으로 손해를 입었다면, 계약상대방이 그러한 사정을 인식하고 그 위험을 인수하여 계약을 체결하였다는 등의 특별한 사정이 없는 한, 국가는 고지의무 위반과 상당인과관계 있는 손해를 배상할 책임이 있다.

III. 판결 읽어보기 [판결 중요부분 발췌(요약)] : 대법원 2016. 11. 10. 선고 2013다23617 판결

상고이유를 판단한다.

1. 「국가를 당사자로 하는 계약에 관한 법률」 및 그 시행령(이 사건에는 2012. 12. 18. 법률 제11547호로 개정되기 전의 법률 및 2010. 7. 21. 대통령령 제222282호로 개정되기 전의 시행령이 적용된다. 이하 위 법률 및 시행령의 표시는 위 각 개정 이전의 법령에 의하고, '법' 및 '시행령'이라고 약칭한다)에 의하면, 국가를 당사자로 하는 계약은 서로 대등한 입장에서 당사자의 합의에 따라 체결되어야 하며, 당사자는 계약의 내용을 신의성실의 원칙에 따라 이행하여야 한다(법 제5조 제1항). 또한 그 계약은 원칙적으로 일반경쟁에 부쳐야 하고(법 제7조 본문), 경쟁입찰의 낙찰자는 예정가격 이하로서 최저가격으로 입찰한 자의 순으로 계약이행능력을 심사하여 결정하도록 되어 있다(시행령 제42조 제1항).

한편 국가를 당사자로 하는 계약 중 국방부가 주관하는 전자입찰에 의한 시설공사는 그 예정가격을 다음과 같은 방식에 의하여 정하도록 되어 있다. 우선 계약담당공무원은 가격조사 또는 원가계산방식에 의하여 '조사금액'(시설공사의 경우는 '설계금액'을 말한다)을 산정하고 이를 기준으로 '기초예비가격'을 정한다. 그리고 그 금액의 ±3% 범위에서 랜덤 방식으로 임의의 수치 15개를 '복수예비가격'으로 선정한 후 입찰공고를 통해 기초예비가격과 복수예비가격을 함께 공개한다. 입찰자들은 공개된 복수예비가격 중에서 각자 2개의 가격을 선택하여 입찰을 하고, 거기에서 가장 많이 선택된 가격 4개를 산술평균한 가격이 예정가격이 된다[시행령 제2조 제2호, 구 계약사무처리훈령(2010. 12. 14. 국방부훈령 제1288호로 개정되기 전의 것) 제2조 제5 내지 8호].

예정가격 결정방식을 위와 같이 정한 것은, 그 가격 결정에 입찰참가자의 행위를 개입시킴으로써 예정가격의 사전 누설에 따른 가격경쟁의 저하 및 담합 등의 문제를 방지하고 입찰절차의 공정성·투명성을 확보하기 위한 것이다.

한편 예정가격은 거래실례가격이나 원가계산에 의한 가격 또는 실적공사비로서 중앙관서의 장이 인정한 가격 등을 기준으로 결정하여야 한다(시행령 제9조 제1항). 그중 원가계산방법으로 예정가격을 결정할 때에는 계약담당공무원은 계약수량, 이행의 전망, 이행기간, 수급상황, 계약조건 기타 제반여건을 참작하여야 하고(시행령 제9조 제3항), 재료비, 노무비, 경비, 일반관리비 및 이윤을 포함시켜야 한다[「국가를 당사자로 하는 계약에 관한 법률 시행규칙」(2010. 7. 21. 기획재정부령 제161호로 개정되기 전의 것) 제6조 제1항]. 그리고 예정가격 작성 등과 관련한 계약담당공무원의 업무처리 기준을 정한 기획재정부 회계예규인 '예정가격작성기준'(2010. 10. 22. 2200.04-160-8호로 개정되기 전의 것, 이하 '회계예규'라고 한다)은, 재료비, 노무비, 경비 등 비목별 가격결정은 계약목적물에 대한 규격서, 설계서 등에 의하거나 각 중앙관서의 장 또는 그 지정단체에서 제정한 '표준품셈'을 기초로 한 원가계산자료에 의하여야 하고, 그 물량산출은 계약목적물의 내용 및 특성을 고려하여 그 완성에 적합하다고 인정되는 합리적인 방법에 의하여야 한다고 하면서(회계예규 제5조 제1항, 제3항, 제34조 제2항), 그 가격을 부당하게 감액하거나 과잉 계산되지 않도록 하여야 하며, 불가피하게 원가계산 등에 의하여 산정된 금액과 다르게 예정가격을 결정한 때에는 그 조정사유를 예정가격 조서에 명시하여야 한다고 규정하고 있다(회계예규 제2조 제2항).

2. 위와 같은 관련 법령 등의 규정에 의하면, 국가를 당사자로 하는 시설공사계약의

예정가격을 원가계산방식에 의하여 산정할 때에 계약담당공무원이 준수하여야 할 구체적인 사항은 대부분 회계예규에 규정되어 있다. 그런데 회계예규는 국가가 사인과 사이의 계약관계를 합리적·효율적으로 처리할 수 있도록 관계공무원이 지켜야 할 계약사무 처리에 관한 필요사항을 규정한 것으로서 계약담당공무원의 실무 준칙에 지나지 않는다. 그러므로 계약담당공무원이 예정가격을 정하는 과정에서 위와 같은 회계예규의 규정을 준수하지 않았다고 하더라도 그 사유만으로 곧바로 국가가 계약상대방에 대하여 손해배상책임을 지게 되는 것은 아니라고 할 것이다.

그러나 국가를 당사자로 하는 계약은 신의성실의 원칙에 따라 이행되어야 한다는 것이 법령의 취지로 명시되어 있을 뿐만 아니라 국가가 계약당사자인 경우에는 일반 사인 사이의 계약과 달리 그 계약조건은 경비의 절감 못지않게 계약이행 결과의 건전성과 품질 및 안전의 확보 등 공공 일반의 이익까지 중요한 고려요소가 된다. 회계예규도 그와 같은 점을 고려하여 계약담당공무원이 지켜야 할 가격산정의 기준을 매우 구체적이고 상세하게 규정하였다고 할 것이므로, 국가를 당사자로 하는 계약의 입찰조건은 특별한 사정이 없는 한 회계예규 등에서 정한 기준에 따라 정해질 것으로 보인다. 그러므로 입찰에 참가하는 당사자로서도 입찰공고에서 따로 공지된 사항이 없는 이상 기초예비가격과 복수예비가격이 회계예규에서 정한 표준품셈 등의 기준에 따라 산정되었을 것으로 신뢰하고, 만약 그 가격이 회계예규 등의 기준을 현저히 벗어난 방식으로 산정된 것이면 그 내용을 명시적으로 공지하여 입찰참가자가 이를 고려할 수 있도록 할 것을 기대하는 것이 무리라고 할 수 없다. 따라서 계약담당공무원이 회계예규를 준수하지 아니하고 표준품셈이 정한 기준에서 예측가능한 합리적 조정의 범위를 벗어난 방식으로 기초예비가격을 산정하였음에도 그 사정을 입찰공고에 전혀 표시하지 아니하였고, 낙찰자가 그러한 사정을 알았더라면 입찰에 참가할지 여부를 결정하는 데 중요하게 고려하였을 것임이 경험칙상 명백한 경우에는, 국가는 신의성실의 원칙상 입찰공고 등을 통하여 입찰참가자들에게 미리 그와 같은 사정을 고지할 의무가 있다고 할 것이다. 그럼에도 국가가 그러한 고지의무를 위반한 채로 계약조건을 제시하여 이를 통상의 경우와 다르지 않을 것으로 오인한 나머지 그 제시조건 대로 공사계약을 체결한 낙찰자가 불가피하게 계약금액을 초과하는 공사비를 지출하는 등으로 손해를 입었다면, 계약상대방이 그러한 사정을 인식하고 그 위험을 인수하여 계약을 체결하였다는 등의 특별한 사정이 없는 한, 국가는 위 고지의무 위반과 상당인과관계 있는 손해를 배상할 책임이 있다.

3. 원심판결 이유에 의하면 다음과 같은 사실을 알 수 있다.

가. 국방부 건설관리과의 2010. 1. ○.자 '2010년도 국직기관 신영공사 집행계획 승인' 및 해군본부 시설관리과의 2010. 1. ○.자 '2010년 신영공사 조정사업 집행지시' 등에 의하여 □□시 소재 '○○－○○부대장 관사신축공사'를 위한 예산 273,830,000원이 해군 □□방어사령부에 배정되었다.

나. □□방어사령부 소속 재무관은 2010. 4. ○. 건축사사무소 ○○(이하 '건축사사무소'라 한다)와 관사신축공사에 필요한 설계업무에 관하여 위탁금액(계약금액) 10,117,870원, 위탁기간 2010. 4. ○.부터 2010. 5. ○.까지로 하는 설계업무 위탁계약을 체결하였다.

다. 건축사사무소는 2010. 5. ○. 관사신축공사의 원가를 500,000,000원 정도(직접노무비와 간접노무비는 166,208,034원)로 하는 설계도서와 설계내역서를 제출하였으나 □□방어사령부 소속 공무원 Z 소령은 공사비를 낮추는 방안을 요구하였다. 이에 건축사사무소는 건축 재료를 변경하거나 부대공사와 냉난방설비공사를 제외할 것을 제안하였다.

라. 건축사사무소는 2010. 5. ○. Z 소령의 요구를 반영하여 관사신축공사의 원가를 300,000,000원 정도로 하는 설계도서와 설계내역서를 □□방어사령부에 제출하였으나 담당공무원들은 주재료의 변경이 많다는 이유로 그러한 내용의 설계도서와 설계내역서를 받아들이지 않았다.

마. □□방어사령부 소속으로서 설계업무의 준공검사를 담당하였던 Y 대위는 건축사사무소로부터 받은 설계도서(2010. 5. ○.자)와 설계내역서에 기재된 철근콘크리트설치 등 19개 공종에 관한 일위대가표의 노무 수량을 대폭 축소하거나 삭감하여 관사신축공사의 원가를 226,965,002원으로 하는 원가계산서 등을 작성하여, 이를 건축사사무소에 주면서 설계도서와 설계내역서의 수정을 요청하였다.

바. 이에 따라 건축사사무소는 2010. 5. ○. Y 대위가 요청한 사항을 대부분 반영하고, 일부 노무 수량을 증가시켜서 관사신축공사의 원가를 230,377,000원으로 하는 설계도서와 설계내역서를 최종적으로 □□방어사령부에 제출하였고, 이를 검수한 Y 대위는 설계업무가 완성된 것으로 처리하였다.

사. □□방어사령부 재무관은 2010. 6. ○. 관사신축공사에 관하여 제한경쟁입찰(전자입찰) 방식으로 기초예비가격 223,465,690원, 예산액 230,377,000원, 입찰방법 총액제, 입찰일 2010. 6. ○., 공사기간 계약일로부터 6개월로 하고, 낙찰자결정방식은 국방부 군시설공사 적격심사기준에 관한 예규에서 정한 평가기준에 따라 심사하여 종합평점 95점 이상인 자 중에서 예정가격의 87.745% 이상인 최저가격으로 입찰한 자

를 낙찰자로 결정하기로 하는 내용(적격심사낙찰제)의 입찰공고를 하였다. 입찰공고에는 첨부서류로 입찰공고문안, 건축시방서, 설비시방서, 공사도면, 원가계산서가 첨부되어 있었다.

아. 원고는 2010. 6. ○. 관사신축공사를 예정가격 222,572,477원의 87.7781%에 해당하는 195,370,000원에 낙찰받았고, 2010. 6. ○. □□방어사령부 소속 재무관과 관사신축공사에 관하여 계약금액(공사대금) 195,370,000원, 공사기간 2010. 6. ○.부터 2010. 12. ○.까지(6개월 동안)로 하는 내용의 공사도급계약을 체결한 다음, 공사를 시작하였다.

자. 원고는 공사현장을 실사한 후 2010. 8. ○. □□방어사령부 소속 담당공무원에게, 외부업체에 의뢰하여 입찰공고된 설계금액의 타당성을 조사한 결과 공사에 필요한 노무비가 지나치게 낮게 산정된 것으로 밝혀졌다고 하여(설계금액은 직접노무비 40,262,862원, 간접노무비 2,013,143원이지만, 원가계산 용역기관 산정금액은 직접노무비 129,856,253원, 간접노무비 14,284,187원이었다) 설계변경에 따른 계약금액의 증액조정을 요청하였다. 그러나 위 담당공무원은 공사원가계산서나 예정가격조서, 단가산출서나 일위대가표 자체는 설계서가 아니므로 그러한 서류의 작성상 오류 등 사유만으로는 설계변경에 따른 계약금액 조정을 할 수 없다는 이유로 원고의 요구를 거절하였다.

차. 원고는 계약금액 증액요구가 거절되자 부득이 관사신축공사를 그대로 진행하여 공사를 완공한 후 피고에게 인도하였다. 그 결과 원고는 공사도급계약에서 정한 계약금액을 상당히 초과하는 공사비용을 지출하게 되었다. 특히 직접노무비와 간접노무비가, 도급계약에 산입된 금액은 35,792,444원이었으나, 원고가 실제 지출한 금액은 96,915,000원이다.

4. 이러한 사실관계를 앞서 본 법리에 비추어 살펴보면, 피고 소속 공무원인 Y 대위는 예산 사정을 이유로, 국가가 당사자인 계약의 일반적인 거래관행이나 사회통념에 비추어 합리적 조정의 범위를 넘었다고 할 만큼 과도하게 노무 수량을 축소하거나 삭감하여 건축사사무소로 하여금 설계금액을 감액하도록 함으로써 회계예규가 정한 준칙 및 표준품셈에 의한 가격 기준에서 현저히 벗어난 방식으로 원가산정을 하고 이에 근거하여 기초예비가격을 결정하였다고 할 것이므로, 원고가 그와 같은 사정을 미리 알았더라면 위 공사도급계약과 같은 조건으로 입찰에 참가하지는 아니하였을 것임이 경험칙상 명백하다. 그러므로 피고가 위와 같은 사정을 고지하지 아니한 채 원고와 위 공사도급계약을 체결한 것은 신의칙상의 고지의무를 위반한 것이라고 보

아야 할 것이니, 피고는 원고에게 그에 따른 손해를 배상할 책임이 있다.

그리고 원고가 직접·간접 노무비로 96,915,000원을 실제 지출하였다면, 달리 반증이 없는 한 그 공사 수행에 필요하고 적정하게 지출한 것으로 볼 수 있으므로, 피고의 고지의무 위반에 따른 원고의 손해는 위 96,915,000원과 계약금액 중 직접·간접 노무비 35,792,444원의 차액 상당인 61,122,556원이라고 할 것이다.

원심이 같은 전제에서 원고의 손해를 인정하고, 나아가 원고의 과실을 참작하여 피고의 손해배상책임을 70%로 제한한 것은 정당한 것으로 수긍이 된다. 거기에 상고이유 주장과 같이 회계예규에 의한 직무상 의무의 성질에 대한 법리를 오해하거나 판단을 누락하였다는 등의 잘못이 있다고 할 수 없다.

5. 그러므로 상고를 기각하고 상고비용은 패소자가 부담하도록 하여, 관여 대법관의 일치된 의견으로 주문과 같이 판결한다.

요약정리 [사안의 쟁점과 판결의 요지]

대법원 2016. 11. 10. 선고 2013다23617 판결 [손해배상(기)]

이 사안의 쟁점은 국가를 당사자로 하는 시설공사계약의 계약담당공무원이 회계예규를 준수하지 아니하고 표준품셈이 정한 기준에서 예측 가능한 합리적 조정의 범위를 벗어난 방식으로 기초예비가격을 산정하고, 국가가 입찰참가자들에게 미리 그 사정을 고지하지 않은 채 계약조건을 제시함으로써 통상의 경우와 다르지 않다고 오인하여 계약을 체결한 낙찰자가 불가피하게 계약금액을 초과하는 공사비를 지출하는 등으로 손해를 입은 경우, 국가가 고지의무 위반과 상당인과관계 있는 손해를 배상할 책임이 있는지 여부였다.

대법원 2016. 11. 10. 선고 2013다23617 판결은 ① 국가를 당사자로 하는 시설공사계약의 예정가격을 원가계산방식에 의하여 산정할 때에 계약담당공무원이 준수하여야 할 구체적인 사항은 대부분 기획재정부 회계예규인 '예정가격작성기준'에 규정되어 있는데, 위 회계예규는 국가가 사인과 사이의 계약관계를 합리적·효율적으로 처리할 수 있도록 관계공무원이 지켜야 할 계약사무 처리에 관한 필요사항을 규정한 것으로서 계약담당공무원의 실무 준칙에 지나지 않으므로 계약담당공무원이 예정가격을 정하는 과정에서 회계예규의 규정을 준수하지 않았더라도 그 사유만으로 곧바로 국가가 계약상대방에 대하여 손해배상책임을 지게 되는 것은 아니나, ② 국가를 당사자로 하는 계약은 신의성실의 원칙에 따라 이행되어야 한다는 것이 법령의 취지로 명시되어 있을 뿐만 아니라 국가가 계약당사자인 경우에는 일반 사인 사이의 계약과 달리 계약조건은 경비의 절감 못지않게 계약이행 결과의 건전성과 품질 및 안전의 확보 등 공공 일반의 이익까지 중요한 고려요소가 되고, 회계예규도 그와 같은 점을 고려하여 계약담당공무원이 지켜야 할 가격산정의 기준을 매우 구체적이고 상세하게 규정하였으므로, 국가를 당사자로 하는 계약의 입찰조건은 특별한 사정이 없는 한 회계예규 등에서 정한 기준에 따라 정해질 것으로 보이므로, 입찰에 참가하는 당사자로서도 입찰공고에서 따로 공지된 사항이 없는 이상 기초예비가격과 복수예비가격이 회계예규에서 정한 표준품셈 등의 기준에 따라 산정되었을 것으로 신뢰하고, 만약 가격이 회계예규 등의 기준을 현저히 벗어난 방식으로 산정된 것이면 그 내용을 명시적으로 공지하여 입찰참가자가 이를 고려할 수 있도록 할 것을 기대하는 것이 무리라고 할 수 없으므로, **계약담당공무원이 회계예규를 준수하지 아니하고 표준품셈이 정한 기준에서 예측 가능한 합리적 조정의 범위를 벗어난 방식으로 기초예비가격을 산정하였음에도 그 사정을 입찰공고에 전혀 표시하지 아니하였고, 낙찰자가 그러한 사정을 알았더라면 입찰에 참가할지를 결정하는 데 중요하게 고려하였을 것임이 경험칙상 명백한 경우에는, 국가는 신의성실의 원칙상 입찰공고 등을 통하여 입찰참가자들에게 미리 그와 같은 사정을 고지할 의무가 있고, 그럼에도 국가가 그러한 고지의무를 위반한 채로 계약조건을 제시하여 이를 통상의 경우와 다르지 않을 것으로 오인한 나머지 제시 조건대로 공사계약을 체결한 낙찰자가 불가피하게 계약금액을 초과하는 공사비를 지출하는 등으로 손해를 입었다면, 계약상대방이 그러한 사정을 인식하고 그 위험을 인수하여 계약을 체결하였다는 등의 특별한 사정이 없는 한, 국가는 고지의무 위반과 상당인과관계 있는 손해를 배상할 책임이 있**다고 판시하였다.

PART 5

기타 판결

판례 1

지휘관이 친분관계가 있는 자로부터 인사 관련 청탁을 받고, 청탁인이 희망하는 보직으로 부대분류를 받을 수 있게 조치가 되도록 자신의 부하들에게 지시를 한 것이 청탁금지법 위반에 해당하는지 여부

서울고등법원 2019. 4. 26. 선고 2018노2747 판결 [특정범죄가중처벌등에관한법률위반(뇌물), 뇌물수수, 부정청탁및금품등수수의금지에관한법률위반]

[원심판결] 수원지방법원 2018. 9. 14. 선고 2017고합762 판결

I. 사안의 개요 [기초사실 및 사건의 경과]

1. 기초사실

피고인은 장성급 장교로서 ○○○사령관으로 재직 시 '공관병 갑질' 의혹이 제기되어, 국방부 검찰단은 2017. 8. ○.부터 피고인에 대하여 직권남용권리행사방해 등의 혐의에 관해 수사를 개시하였다. 피고인의 ○○○사령관 보임기간은 2017. 8. 9.까지였는데, 국방부장관은 2017. 8. 9. 피고인에게 '○○○사령관을 면하고, 육군 인사사령부 정책연수 보직을 부여'하는 인사명령을 하였다. 이후 피고인은 2017. 10. ○. 국방부 보통군사법원에 특정범죄가중처벌등에관한법률위반(뇌물) 등의 공소사실로 기소되었다. 이에 피고인은 재판권 쟁의에 대한 재정을 신청하였는데, 대법원은 2017. 12. 13. 위 2017. 8. 9.자 인사명령은 위법하고, 피고인은 2017. 8. 9. ○○○사령관 보임기간 만료로 당연히 전역되었다고 봄이 타당하므로, 피고인은 현역군인이 아니고 공소제기된 범죄도 군형법상 특정군사범죄가 아니어서 군사법원은 이 사건에 대하여 재판권이 없다는 취지의 결정을 하였다(대법원 2017. 12. 13.자 2017초기1098 결정). 그에 따라 국방부 보통군사법원은 2017. 12. ○. 위 사건을 수원지방법원에 이송하는 결정을 하였다.

2. 사건의 경과

이 사안의 쟁점은 ① 피고인과 오랜 친분이 있던 중령 D가 피고인에게 보낸 이 사건 문자메시지가 정당한 절차에 의하지 않고 친분에 기하여 한 인사 관련 부정청탁에 해당하고, 피고인은 그에 따라 D가 희망하는 보직으로 부대분류를 받을 수 있

도록 하급자들에게 지시를 하여 청탁금지법을 위반하였는지와, ② 피고인이 ○○○사령관으로서 직할 및 예하 부대의 불용품 매각과 관련하여 법령에 정하여진 직무권한을 가진 상태에서, ○작전사령부의 예하 부대인 □군지사와의 불용품 매각계약 관련 이해관계를 가지게 된 직무 대상자인 H로부터 숙박비 등을 대납받은 것이 직무에 관하여 향응 등의 뇌물을 수수한 것인지 여부(직무관련성과 대가성)였다.

1심(수원지방법원 2018. 9. 14. 선고 2017고합762 판결)은 ① 이 사건 공소사실 중 청탁금지법위반의 점에 관하여 D와 피고인의 관계, D와 피고인이 주고받은 각 문자메시지의 내용, 피고인의 평소 업무지시 방식, 인사에 관한 원칙적 고충처리절차, 실제로 진행된 D의 보직결정 과정 등을 종합하여 보면, D가 피고인에게 보낸 이 사건 문자메시지는 정당한 절차에 의하지 않고 친분에 기하여 한 인사 관련 부정청탁에 해당하고, 피고인은 그에 따라 D가 희망하는 보직으로 부대분류를 받을 수 있도록 하급자들에게 지시를 하였다고 봄이 상당하다는 이유로 유죄로 인정하고, ② 뇌물수수 중 일부에 대해서도 유죄로 인정하여 청구인에게 징역 4월에 집행유예 1년, 벌금 400만 원을 선고하였다[일부 뇌물수수의 점 및 특정범죄가중처벌등에관한법률위반(뇌물)의 점에 대해서는 무죄를 선고].

항소심(서울고등법원 2019. 4. 26. 선고 2018노2747 판결)은 1심에서 유죄가 인정된 일부 뇌물수수의 점에 관해서도 피고인이 받은 향응 등이 직무와 관련한 대가라는 점이 합리적 의심의 여지가 없을 정도로 입증되었다고 볼 수 없다는 이유로 피고인의 뇌물수수 관련 공소사실 전부에 관하여 무죄로 판단하고, 청탁금지법 위반 공소사실에 대해서만 1심과 동일하게 유죄로 인정해 벌금 400만 원을 선고했고, 대법원은 2019. 11. 28. 검사와 피고인의 상고를 모두 기각하였다.[1]

II. 판결 읽어보기 [판결 중요부분 발췌(요약)] : 서울고등법원 2019. 4. 26. 선고 2018노2747 판결

1. 항소이유의 요지

(생략)

---

1) 대법원 2019. 11. 28. 선고 2019도5892 판결 [특정범죄가중처벌등에관한법률위반(뇌물), 뇌물수수, 부정청탁및금품등수수의금지에관한법률위반]

2. 항소이유에 대한 판단

가. 피고인의 공소제기 절차의 위법 및 위법수집증거 주장에 관한 판단

1) 원심의 판단

피고인은 원심에서도 이 부분 항소이유와 동일한 주장을 하였다. 이에 원심은 군사법원법 제2조 제3항 규정의 해석과 소송행위의 범위 등에 관한 법리를 설시한 뒤, ① 피고인에 대한 군검찰의 수사는 피고인이 군인의 신분을 보유하고 있는 동안 개시되었고, 피고인의 전역 지원이 국방부에서 수리되지 않은 상태에서 국방부장관의 피고인에 대한 정책연수 보직명령(이하 '이 사건 인사명령'이라 한다)이 이루어짐으로써 피고인의 군인 신분이 외형상으로 유지되었으며, 당시 군사법원에 피고인에 대한 재판권이 없게 되었음이 다툼의 여지가 없을 정도로 명백하였다고 보기는 어려운 상황이었던 점, ② 서울행정법원의 집행정지결정은 이 사건 인사명령의 효력을 장래에 향하여 일시 정지시킴으로써 효력정지 기간 동안 정책연수의 직무와 책임에서 피고인을 해방시키는 잠정적 처분에 불과하고, 위 법원은 이 사건 인사명령의 효력정지만으로는 피고인이 당연히 전역된다고 볼 수 없고 본안사건의 판결확정시까지 군검찰의 수사가 가능하다고 판단하였던바, 이에 의하더라도 군검찰이 피고인에 대한 군사법원의 재판권이 없음을 명백히 인식하였다고 보기 어려운 점, ③ 군검찰이 군형법상의 특정 군사범죄를 저지르지 아니한 군인 아닌 대한민국 국민에게 부여된 군사법원의 재판을 받지 아니할 헌법상의 권리를 잠탈하거나 형해화시킬 의도를 가지고 피고인에 대한 수사절차를 계속 진행한 후 이 사건 공소를 제기하였다고 볼 사정을 찾기 어려운 점, ④ 그 외 군검찰이 피고인에 대하여 위법하게 수사절차를 진행하였다는 별도의 사정을 찾기 어려운 점 등에 비추어 볼 때, 이 사건 공소제기의 절차가 법률의 규정에 위반하여 무효라거나, 군검찰의 수사과정에서 획득된 증거가 위법수집증거에 해당한다고 볼 수 없다고 판단하였다.

2) 당심의 판단

원심이 설시한 위와 같은 사정들에다가 당심이 적법하게 채택하여 조사한 증거들에 의하여 알 수 있는 다음과 같은 사정들 즉, ① 군인사법 제35조의2 제1항은, 임용권자 등은 전역을 원하는 장교 등이 중징계에 해당되는 비위와 관련하여 군검찰 등에서 조사 또는 수사 중인 때(제3호), 각급 부대 등에서 내부 감사 또는 조사가 진행 중인 때(제4호)에는 전역시켜서는 아니 된다고 규정하고 있는데, 피고인이 전역 지원서를 제출한 시점인 2017. 8. 1.에 이미 국방부가 피고인과 그의 아내 등을 상대로 비위사실에 관한 감사를 진행하였고, 곧바로 국방부 검찰단이 직권남용권리행사방해

등의 죄명으로 수사를 개시하였으므로, 당시 위 군인사법 규정의 해석 여하에 따라 피고인의 의사에 따른 전역이 제한된다고 볼 수도 있는 상황이었던 점, ② 당심의 국방부 검찰단에 대한 사실조회결과에 따르면, 국방부 검찰단은 피고인의 전역 방지 관련 대책을 마련하거나 이 사건 인사명령의 위법성 여부를 따로 검토한 적이 없고, 당시 담당 군검사였던 Z 소령은 피의자신문 당시 피고인으로부터 공소제기 이후 피고인이 전역될 경우에 소송절차가 어떻게 진행되는지에 관한 질문을 받고 나서 가정적으로 민간법원에서 재판을 받게 될 것이고, 민간 검찰에서 공소를 유지할 것이라는 취지의 원론적인 이야기를 한 것으로 보일 뿐인 점 등을 종합하여 보면, 군검찰이 이미 피고인이 민간인 지위로 바뀌었다는 점을 명확히 인식한 상태에서 수사와 공소제기를 강행하였다고 보기는 어렵다.

따라서 원심의 위와 같은 판단은 정당한 것으로 수긍할 수 있고, 거기에 법리오해의 위법이 없으므로, 피고인의 이 부분 주장은 모두 받아들일 수 없다.

나. 부정청탁및금품등수수의금지에관한법률위반 부분에 관한 판단

1) 원심의 판단

원심은, 피고인이 2016. 10. ○. D로부터 'L사단 M대대장, 대전 N구 대대장'으로 보직을 희망한다는 문자메시지(이하 '이 사건 문자메시지'라 한다)를 받고 같은 날 인사참모부장 O에게 이에 대해 알아볼 것을 지시한 것은 피고인의 주장과 같이 D를 특정 부대로 보직하는 것이 규정상 가능한지 여부를 확인한 것으로 볼 여지가 있다고 하면서도, 아래와 같은 사정들을 종합하여 피고인은 D로부터 인사에 관한 부정한 청탁을 받고 그에 따라 직무를 수행하였다고 판단하였다.

가) 피고인은 D의 부탁을 들어주는 것을 하급자를 위한 고충처리 정도로 인식하였다고 주장하나, ① L사단(이하 'L사단'이라 한다) 인사처 인사계획장교인 P는, D가 고충으로 들고 있는 내용은 그 나이와 계급의 군인이라면 누구나 가진 정도의 고충으로 D가 고충장교에 해당하거나 그것이 보직분류에 영향을 줄 만한 정도의 사유는 아니었다고 진술한 점, ② 육군은 제도적으로 부대관리훈령 등에서 지휘계통이나 상담관 등을 통한 고충처리제도를 두고 있으므로 군인은 기본적으로 지휘계통에 따라 자신의 직속상관 등에게 고충처리를 건의하여야 할 것인데, 개인적 친분이 있음을 이유로 소속 부대의 최상급 지휘관에게 곧바로 자신의 고충을 전달한 행위를 정당한 고충처리절차의 일환으로 보기는 어려운 점, ③ 수십 년간 군인으로 복무해 온 피고인이 정당한 고충처리절차 과정을 알지 못했다고 보기도 어려운 점 등에 비추어 보면, 피고인의 위 주장은 그대로 믿기 어렵다.

나) 피고인이 전속부관인 E에게 D의 보직에 관하여 알아볼 것을 지시한 후 E가 2016. 11. ○. 인사참모부 보임과장 Q에게 보낸 문자메시지는 D를 그가 희망하는 특정 군부대 대대장으로 보직하도록 지시하는 내용인바, 전속부관이 상급자인 보임과장에게 사령관의 지시나 명령을 사실과 달리 전달한다는 것은 엄격한 지휘·명령 체계를 갖춘 군의 속성에 비추어 경험칙상 납득하기 어렵다. 결국 피고인은 하급자에게 단순히 D의 희망 보직 부여 가능성 여부만을 문의한 것이 아니라 D를 특정 부대로 보직할 것을 지시한 것으로 봄이 상당하다.

다) D에 대한 특정 부대 보직은 보임과장 등의 관여를 거쳐 L사단장이 한 행위이지만, 이는 앞서 본 바와 같이 사실상 피고인의 지시에 따라 이루어진 것이다. 따라서 D가 M대대장에 보직된 것이 피고인과 아무런 관련이 없다고 볼 수 없고, 이는 D의 보직 부여에 관한 직무수행 과정에 피고인이 영향력을 행사한 결과라고 봄이 상당하다.

라) ① 대대장 인사권은 1차적으로 사단장에게 있는데, 당시 사단 심의결과가 번복되면서까지 D의 보직이 이루어진 점, ② D의 보직과 관련된 인사장교들이 일치하여 이른바 사령관의 '오더'가 있었고 심의결과를 바꾸면서까지 보직이 이루어진 것은 매우 이례적인 경우라고 진술하고 있는 점, ③ D가 선발직 대대장으로 추가 선발되고 L사단에서 요청한 인원이 아님에도 L사단에 배치되었으며 사단 심의결과에 반하여 M대대장에 보직되는 등 D에 대한 인사가 이루어진 과정이 비정형적이고 이례적인 정황은 사령관인 피고인의 지시가 있었던 것으로 보지 않으면 설명하기 어려운 점 등을 종합하면, 피고인은 D로부터 인사에 관한 부정한 청탁을 받고 그에 따라 직무를 수행한 것으로 볼 수 있고, 이를 사회상규에 위반되지 않는 행위로 보기 어렵다.

2) 당심의 판단

원심이 설시한 사정들에다가 원심이 적법하게 채택하여 조사한 증거들에 의하여 인정할 수 있는 다음과 같은 사실 내지 사정들을 종합하면, 피고인이 D로부터 인사에 관한 부정한 청탁을 받고 그에 따라 직무를 수행하였다고 본 원심의 판단은 정당하고, 거기에 피고인의 주장과 같은 사실오인의 위법이 없다.

따라서 피고인의 이 부분 주장은 받아들이지 아니한다.

가) D는 1994년경 R중대장 직위에 있을 때 사단 작전처 교육훈련 장교였던 피고인을 처음 알게 되었다. D는 피고인과 교회를 함께 다니며 친분을 쌓게 되었는데, 그 후 S사단 작전참모가 된 피고인을 직속상관으로 보좌하였으며, 명절 때마다 피고인에게 선물을 보내기도 하였다. 이렇듯 피고인과 D는 오랫동안 친분을 유지해 왔다.

나) D는 선발직 대대장을 신청한 후 보직 발령을 얼마 앞둔 시점인 2016. 10. ○. 14:28 자신과 친분이 있는 피고인에게 "사령관님! 저는 주변의 조언과 상황을 고려 사령관님이 지휘하시는 그늘에서 군생활을 하고 싶어서 ○작사로 신청하였고, 분류될 것 같습니다. 제 희망보직은 L사단 M대대장, 대전 N구 대대장으로 가고 싶습니다(하략)."라는 이 사건 문자메시지를 보냈고, 피고인은 같은 날 15:17 D에게 "그래 알았어. 참모에게 지침 줄게."라는 문자메시지를 보냈다.

다) 한편 D는 L사단 인사처 인사계획장교였던 P에게 수시로 전화를 하여 자신의 고충을 전하였다. P로부터 그 고충 내용을 전달받은 보직분류 심의위원들은 D의 고충사유가 보직분류에 영향을 끼칠 만한 사유에 해당하지 않는다고 판단하였다. Q 또한 2017. 8. ○. 군검찰에서 첫 조사를 받을 당시 "심의 과정 중에 문제가 되었거나 개인적으로 개인고충을 심하게 주장하는 사람은 어느 정도 기억을 하겠지만 D 중령은 특별한 쟁점은 없었던 것으로 기억하고 있고, 평범하고 자연스럽게 보직된 것으로 알고 있다."고 진술한 적이 있는바, 당시 D가 처한 상황은 군 규정상 고충장교로서 희망 보직을 우선적으로 고려하여야 할 정도의 고충은 아니었던 것으로 보인다.

라) 당시 ○작전사령부 인사처 보임과는 육군규정에 따라 고충장교로 심의된 자원에 대하여는 희망 지역에서 근무를 할 수 있도록 약식자력표, 지휘관확인서, 본인사유서, 가족관계증명서 등을 토대로 고충장교 수시인사 검토를 하고 있었으므로, D는 위와 같은 정식절차를 거쳐 자신의 고충을 인사담당자들에게 충분히 전달할 수 있었다. 이와 달리 D가 개인적으로 친분이 있는 최고위급 장성인 피고인에게 개별적으로 연락하여 특정 희망보직을 알리는 방식을 취한 것은, 그의 주장대로 그가 부모님의 건강 등 문제로 희망 보직으로 보임되지 않을 경우 군복무를 포기하고 전역을 해야 하는 상황이었다는 점을 감안하더라도 정당한 고충 전달방법으로 볼 수 없다.

마) 한편 피고인은 이와 같은 인사결과가 전속부관 E가 피고인의 의사를 오해함으로 인하여 뜻하지 않게 발생한 사고에 불과하다고도 주장하나, E는 원심 법정에서 피고인이 평소 자신에게 '어떤 것을 검토해봐라, 알아봐라'라는 식으로 업무지시를 내린다는 취지로 진술하였는바, 이러한 피고인의 평소 업무 지시방식과 더불어 E가 2년 6개월 동안 피고인을 가까이에서 보좌하였던 점을 고려하면, E가 그 지시의 의미를 분간하지 못하였을 것으로는 보이지 아니한다.

E는 이와 관련하여, 원심 법정에서는 사령관 지시를 전하기 위해 전화를 하였는데 Q가 바쁘다며 문자로 남기라고 하여 기분이 나빴고, 업무로 바쁜 와중에 축약한 표현을 써서 D에 대한 특정 보직을 지시하는 내용의 문자를 보내게 되었다는 취지로

진술하였다가, 당심에서는 피고인으로부터 'D 중령'과 'T대대장'이라는 두 단어만 듣고 대략적으로 추정하여 위와 같이 문자를 보내게 되었다고 하고 있는데, 이러한 E의 진술 등은 일관성이 없고, 쉽게 납득이 가지 않는다.

바) ○작전사령부 인사참모부 보임과장 Q는 2016. 11. ○. E로부터 피고인이 D의 보임에 관한 지시를 하였다는 취지의 문자메시지를 받기도 전에 이미 선발직 대대장에서 누락되었던 D를 추가로 선발직 대대장으로 선발하였을 뿐만 아니라, U에게 사단 분류 심의서의 D 관련 비고란에 'L사단 추천' 문구를 기재하라고 지시하였으며, 2016. 11. ○.자 장교 보직심의결과가 나온 뒤에 L사단 인사참모 등에게 연락하는 등으로 심의결과를 바꾸려 하였다.

사) 앞서 본 D와 피고인의 관계, D와 피고인이 주고받은 각 문자메시지의 내용, 피고인의 평소 업무지시 방식, E와 Q의 일련의 행동, 인사에 관한 원칙적 고충처리 절차, 실제로 진행된 D의 보직결정 과정 등을 종합하여 보면, D가 피고인에게 보낸 이 사건 문자메시지는 정당한 절차에 의하지 않고 친분에 기하여 한 인사 관련 부정 청탁에 해당하고, 피고인은 그에 따라 D가 희망하는 보직으로 부대분류를 받을 수 있도록 하급자들에게 지시를 하였다고 봄이 상당하다.

다. 각 뇌물수수 및 특정범죄가중처벌등에관한법률위반(뇌물) 부분에 관한 판단

1) 관련 법리

뇌물죄는 직무집행의 공정과 이에 대한 사회의 신뢰에 기초하여 직무행위의 불가매수성을 보호법익으로 하고 있고, 직무에 관한 청탁이나 부정한 행위를 필요로 하지 않으므로 뇌물성을 인정하는 데 특별히 의무위반 행위나 청탁의 유무 등을 고려할 필요가 없고, 금품수수 시기와 직무집행 행위의 전후를 가릴 필요도 없다. 뇌물죄에서 말하는 '직무'에는 법령에 정하여진 직무뿐만 아니라 그와 관련 있는 직무, 관례상이나 사실상 소관하는 직무행위, 결정권자를 보좌하거나 영향을 줄 수 있는 직무행위, 과거에 담당하였거나 장래에 담당할 직무 외에 사무분장에 따라 현실적으로 담당하고 있지 않아도 법령상 일반적인 직무권한에 속하는 직무 등 공무원이 그 직위에 따라 담당할 일체의 직무를 포함한다(대법원 2003. 6. 13. 선고 2003도1060 판결, 대법원 2017. 12. 22. 선고 2017도12346 판결 등 참조).

공무원이 얻는 어떤 이익이 직무와 대가관계가 있는 부당한 이익으로서 뇌물에 해당하는지 여부는 당해 공무원의 직무의 내용, 직무와 이익 제공자와의 관계, 쌍방간에 특수한 사적인 친분이 존재하는지의 여부, 이익의 다과, 이익을 수수한 경위와 시기 등의 제반 사정을 참작하여 결정하여야 한다(대법원 2001. 9. 18. 선고 2000도5438

판결 등 참조).

직무행위와 뇌물 사이에 관련성을 필요로 하는 이상 공무원의 직무 중 금원의 수수와 관련성을 가지는 개개의 직무행위를 특정하여 판시할 필요는 없다고 할지라도 공무원이 금원 수수의 직접적 계기가 된 직무와 어떠한 관계가 있고, 그 직무에 대하여 어떠한 영향을 줄 수 있는지에 대하여는 반드시 심리·판단하여야 한다(대법원 1971. 3. 9. 선고 69도693 판결, 대법원 1982. 9. 28. 선고 80도2309 판결 등 참조).

2) 범죄일람표 순번 제13 내지 16 기재 뇌물수수 부분에 관한 판단

가) 이 부분 공소사실

피고인은 2015. 9. ○.부터 2017. 8. ○.까지 ○○○사령관으로 근무하였다. 피고인은 ○○○사령관으로 근무하면서 불용품 매각과 관련하여 해당 부대의 폐처리 대상 품목을 승인하고 육군본부(군수사령부)에 건의하며 계약이행에 협조하는 등 고철매각 사업과 관련하여 각종 영향력을 행사할 만한 지위에 있었다.

H는 2012. 11. ○. 설립된 K 회사의 대표이사로서 고철 수집·판매·가공 및 수출입을 주된 업으로 하는 사람이다. H가 운영하는 K 회사는 2016. 5. ○. □군지사와 378,181,698원 상당의 폐불용군수품 매각계약을 체결하는 등 2013년경부터 군부대의 고철매각 사업입찰에 참여하여 왔다.

피고인은 H에게 K 회사가 군부대와 체결한 고철매각계약 등과 관련하여 계약 이행과 관련한 고충을 들어주고 예하 부대로 하여금 계약이행에 협조하게 하는 등의 일반적인 편의를 제공해주는 대가로 2016. 5. ○. H로부터 ○○호텔 숙박비 653,400원을 대납받은 것을 비롯하여 범죄일람표 순번 13 내지 16 기재와 같이 총 4회에 걸쳐 호텔비, 식사비 등 합계 1,841,600원 상당의 향응·접대를 받아 직무에 관하여 뇌물을 수수하였다.

나) 원심의 판단

원심은, 원심이 적법하게 채택하여 조사한 증거들에 의하여 인정되는 다음과 같은 사정들을 종합하여 볼 때, 피고인이 ○○○사령관으로서 직할 및 예하 부대의 불용품 매각과 관련하여 법령에 정하여진 직무권한을 가진 상태에서, ○작전사령부의 예하 부대인 □군지사와 불용품 매각계약을 체결함으로써 그 계약의 이행과 관련하여 이해관계를 가지게 된 직무 대상자인 H로부터 숙박비 등을 대납받은 것은 직무에 관하여 향응 등의 뇌물을 수수한 것이라고 판단하였다.

(1) ○작전사령부 군수참모였던 W, 육군 군수사령부 일반물자과장이었던 X 및 피고인은 일치하여 □군지사가 ○작전사령부의 지휘·감독을 받는다고 진술하고 있는

점, 작전사령관에게는 육군규정 및 사령부 예규에 따라 작전사령부와 그 예하 부대의 군수품에 대한 불용결정 승인 및 불용군수품의 운영 등에 관한 직무권한이 있는 점 등에 비추어 보면, ○○○사령관인 피고인에게는 □군지사의 불용품 매각과 관련한 법령상의 지휘·감독 권한이 있다.

(2) 피고인은 군검찰에서 2014년경부터 H가 군의 불용품 매각 관련 사업을 한다는 것을 알게 되었다고 진술하였다. 또한 피고인은 H로부터 □군지사의 폐불용군수품 매각계약에 입찰하여 낙찰받았는데 고철이 계약했던 것보다 적어 어려움이 있으므로 수거한 고철까지만 정산하고 계약을 해지했으면 좋겠다는 취지의 말을 들은 사실이 있다고도 진술하였다.

(3) 위와 같이 □군지사의 폐군수품에 대한 불용결정을 승인하고 이를 관리하며 나아가 □군지사에 대한 지휘·감독권이 있는 피고인이 □군지사와 불용품 매각계약을 체결함으로써 그 계약의 이행과 관련된 군부대의 협조, 변경계약 체결 과정에서의 편의 제공 등의 기대를 가진 직무대상자인 H로부터 숙박비나 식사비 대납과 같은 경제적 이익을 수수한 것은 H과의 평소 친분관계를 고려하더라도 피고인이 그와 같은 향응 등을 제공받은 시기나 횟수, 액수 등에 비추어 볼 때 직무에 관하여 뇌물을 수수한 것으로 봄이 상당하고, 이를 단순한 의례상의 대가라든가 명백히 친분관계상의 필요에 의한 것이라고 보기 어렵다.

다) 당심의 판단

원심 및 당심이 적법하게 채택하여 조사한 증거들에 의하여 알 수 있는 다음과 같은 사실 내지 사정들을 앞서 본 법리에 비추어 보면, 검사가 제출한 증거들만으로는 H가 피고인에게 제공한 향응 등이 ○○○사령관의 직무와 관련한 대가로서 지급된 것이라는 점이 합리적 의심의 여지가 없을 정도로 입증되었다고 볼 수 없다.

따라서 이 부분 공소사실을 유죄로 본 원심의 사실인정과 판단은 사실을 오인하거나 뇌물죄에 관한 법리를 오해한 위법이 있으므로, 피고인의 이 부분 주장은 이유 있다.

(1) ○○○사령관과 군 불용품 매각 등 업무와의 직무관련성

육군규정 453 재산처리규정 제22조 제1항 제3호는 야전군(작전) 사령관이 야전정비 종결장비에 관한 불용결정을 승인하도록 규정하고, 같은 규정 제23조 제3항은 야전군(작전) 사령관이 불용군수품, 폐품, 생활 폐물자의 분류 및 저장실태를 주기적으로 확인 감독하도록 규정하며, ○작전사 행정예규 군수 1호(군수참모처) 군수운영 예규 제34조 제1항은 작전사령관이 예하 군수참모부서와 군수지원부대가 군수지원 업무를 효과적으로 수행하고, 제대별 군수업무 목표를 달성할 수 있도록 지도 감독하며, 예

하 부대의 제한사항을 파악하고 조치할 수 있도록 확인·감독하도록 규정하고 있다. 여기에 피고인 및 군수업무 종사자들의 각 진술 등을 더하면, ○○○사령관은 ○작전사령부 예하부대의 전 분야에 대하여 포괄적인 지휘·감독권이 있고, 그 예하 부대의 군수품에 대한 불용결정 승인 및 불용군수품의 관리 등에 관한 직무권한이 있기는 하다.

그러나 아래와 같은, 군 내부에서 이루어지고 있는 불용품 매각결정과 처리 절차, H와 □군지사의 계약 체결 및 그 이행 과정을 면밀히 살펴보면, 실제로 피고인이 군 불용품 매각계약 체결 및 그 이행 과정에 관여하거나 개입하여 H에게 편의를 제공하는 경우를 상정하기는 어렵다.

(가) 육군규정 453 재산처리규정 제22조 제1항 제3호는 작전사령관이 야전정비 종결장비에 관한 불용결정 승인을 한다고 규정하고 있으나, 군 내부에서 '불용 군수품 업무수행 체계'라는 제목으로 통용되는 군수품 업무에 관한 매뉴얼 문서에는 군수지원사령관이 야전정비 종결장비에 관한 불용결정을 승인하는 것으로 되어 있다.

이는 군복무를 하면서 불용과 관련된 업무나 결정을 해 본 경험이 전혀 없다는 피고인의 진술 및 "불용품 처리 계획에 관한 보고는 야전사령관에게 하지 않고, 군수지원사령관에게 한다. 군수지원사령부에서 취합을 해서 군수사령부로 보고한다. (군수지원 업무가) 야전군사령관님의 지휘책임하에 있기는 한데, 그것이 전투력 발휘의 결정적 요소가 아니기 때문에 대부분 지휘관이 군수지원사령관에게 위임을 해 주고, 그 위임에 따라 대부분의 업무처리는 군수계통으로 이루어진다."는 취지의 W의 원심 법정진술과도 일치하는바, 그에 따르면 불용결정 승인이나 불용품 처리업무는 □군지사가 실제로 담당하고, 피고인은 이에 일반적으로 관여하지 않는 것으로 보인다.

(나) 군수품에 대한 불용결정이 이루어지면 해당 군수품은 품목별로 분류되어 군수지원사령부 예하의 수집시설에 반납되고, 국방부와 육군본부가 각 품목별로 이를 입찰에 붙일지 수의계약에 의할지를 정한다. 입찰에 따라 매각을 하는 경우, 한국자산관리공사가 온비드 사이트를 통하여 입찰을 진행하며, 응찰에 참여한 업체들간의 자유경쟁을 통하여 계약상대자가 결정되므로, 그 과정에서 피고인이 개입하거나 영향력을 행사할 여지가 없다(H과 □군지사간에 체결된 3건의 매각계약은 모두 위와 같은 경쟁입찰 방식을 거쳤다).

(다) □군지사는 군수사령부로부터 불용품 매각 감정단가를 하달받아 계약을 체결한 뒤 단가변동에 따른 수정계약을 체결할 필요성이 있다는 판단하에 법무질의와 내부 조정위원회 심의를 거쳐 H와 몇 차례의 수정계약을 체결하였다. 수정계약은

매각단가 인상, 물량 감축 등 H에게 불리한 내용을 담고 있었다. □군지사의 재무관으로서 그 계약업무를 담당했던 □군지사 소속 재정실장 Y는 이 법정에서 “군수사령부의 지침에 따라 군지사의 계약들이 진행되었다. 조정위원회에서 현재까지 업체가 인수해 간 반출량까지 정산한 후 계약이 종료되는 것으로 불용품 매각계약을 수정하기로 결론을 내렸고, 그 심의결과대로 최종적으로 수정계약을 체결하였다. 피고인이 수정계약 체결 과정에서 계약 체결 담당자들에게 전화를 하는 등의 행동은 없었다.”는 취지로 진술하였고, 그 당시 피고인이 어떤 역할을 하였다거나, 수정계약 체결 과정에 개입하여 영향력을 행사하였다고 볼 만한 어떠한 정황이나 자료도 없다.

(라) 당심의 육군 군수사령부 및 부대(‘□군지사’를 뜻한다)에 대한 각 사실조회 결과와 피고인이 당심에서 2019. 4. ○.자로 제출한 참고자료 5에 따르면, 군수사령부와 군수지원사령부가 처리하는 불용품 품목이 구분되어 있고, □군지사는 국방부와 육군본부의 지휘·감독 아래 군수사령부와 별개로 불용품 매각에 관한 계약과 이행을 독자적으로 수행한다는 사실을 알 수 있다. 여기에 “군수지원사령부는 작전사령부의 예하 부대이면서도 군수사령부에서 군수기능 업무관계로 지침을 하달받고, 거기에서 일반적인 군부대와는 다른 성격을 가진 부대로 알고 있다. 행정적으로 □군지사가 ○작전사령부 예하 부대인 것은 맞지만 불용품 매각이나 그 이행과 관련된 부분은 군수사령부의 지휘체계 쪽에 편입되어 군수사령부의 지휘·감독을 받고 지침을 하달받는 것이지, ○작전사령부가 직접 개입해서 지침을 주거나 지휘·감독하는 관계는 아니다.”라는 Y의 당심 법정진술을 더하여 보면, ○○○사령관의 예하 부대에 대한 지휘·감독 범위에 군수지원 업무가 속하기만 할 뿐, ○○○사령관의 직무와 군수지원 업무가 특별히 관련이 있다고 보기는 어렵고, 그중에서도 불용품 매각에 관한 계약과 그 이행의 경우, 그 연관성은 더욱 찾기 어렵다.

(마) 더구나 □군지사는 ○작전사령부의 군수지원 업무만 담당하는 것이 아니라, 그 작전지역 내 육군, 해군, 공군의 군수지원 업무 전체를 포괄적, 독자적으로 담당하고 있다. □군지사가 ○작전사령부에 대한 군수지원 업무만을 담당하는 것도 아닌 이상, 육군 소속 ○○○사령관인 피고인이 □군지사의 군 불용품 매각업무 등을 전반적, 수직적으로 장악하고 있다고 보기는 어렵다.

(바) 검사는 피고인이 그 지위를 이용하여 H에게 비군사화 작업, 폐기물 처리, 운반 등에 관한 편의를 제공할 수 있다고 주장한다. 그러나 군수품 업무에 관한 매뉴얼에는 비군사화 절차는 영내에서만 할 수 있으며, 반출 전 계약특수조건 이행 여부를 확인하고 반출시에는 군에서 장비나 병력지원을 금지하도록 규정되어 있는 점, ○

작전사령부의 군수처장이었던 W는 원심 법정에서 "통상 군수사에서 종합적으로 계약해서 예하 부대에서 모아 놓으면 그것을 업체에서 가져간다. 전투부대 지휘관들이 어떤 편의를 제공한다든지 그럴 수 있는 개연성은 굉장히 낮다. 비군사화 절차가 규범화 되어 있으므로, 야전부대에서 편의를 제공하기는 쉽지 않다."고 진술하였고, 육군 군수사령부의 일반물자과장이었던 X는 원심법정에서 "군수사와 계약한 업체가 비군사화하는 모든 행동을 책임지고 한다. 비군사화작업을 실시하기 위한 비용은 업체가 부담하고, 매각대금 안에 비군사화작업 실시 소요비용도 다 포함되는 것으로 알고 있다."는 취지로 진술하였던 점 등을 종합하여 보면, 불용품 관련 계약의 이행 방식이나 절차 등이 상당히 규범화되어 있음을 알 수 있는바, 검사의 위 주장을 뒷받침할 만한 증거나 자료도 없는 이상 위 주장을 받아들이기는 어렵다.

(사) 이처럼 피고인이 ○○○사령관으로서 □군지사의 군 불용품 매각계약 체결 및 그 이행에 직접적으로 개입하거나 관여할 수 있는 위치에 있지 않고, 특정 업체에 어떠한 편의나 혜택을 주기 어려운 상황에서 앞서 본 바와 같은 정도의 추상적인 직무관련성만으로 H가 피고인 대신 지불한 식사비, 숙박비가 뇌물에 해당하는 향응이라고 단정할 수는 없다.

(2) 직무와 이익제공자와의 관계 및 피고인과 H의 인식

H는 이 법정에서 "(피고인에게) 계약했다는 사실을 알릴 필요도 없고, 이것이 누구를 안다고 해서 더 주고 덜 주는 것이 아닙니다. 저는 계약하면 계약한 만큼 가져가면 그만이고···", "저희는 여기 있는 물건을 가져가라고 하면 가져가는 것이고, 저희는 100톤을 계약하면 100톤만 가져가면 됩니다."라고 진술하였는데, 공개경쟁 입찰을 통해 이미 정해진 매각조건에 따라 불용품을 낙찰받아 □군지사와 계약을 체결하였고, 그에 따라 계약을 수행하기만 하면 되므로 어떠한 편의를 기대하는 차원에서 □군지사와의 계약체결 사실을 피고인에게 알릴 필요가 없었다는 취지의 H의 위 진술은 수긍이 간다.

이러한 H의 진술과 수정계약 체결 등 과정에서 피고인으로부터 특별한 연락이나 지시를 받은 적이 없다는 군 불용품 매각계약 체결 등 과정에 관여한 담당자들의 진술 등을 종합해 보면, H는 2016. 5. ○. □군지사와 체결한 3건의 불용품 매각계약이나 그 수정계약과 관련하여 그 진행 과정이나 상황을 그때그때마다 피고인에게 보고하지 않았던 것으로 보인다. 피고인이 군검찰에서 H로부터 '□군지사에서 낙찰받은 폐불용군수품 매각계약을 진행하는데 고철이 계약했던 것보다 적어서 어려움이 있다. 받은 고철까지만 정산하고 계약을 해지했으면 좋겠다.'는 취지의 말을 들었다

고 진술한 적이 있으나, 피고인이 그런 말을 들었다는 시기가 언제쯤이었는지 불명확한 데다가 아래에서 보는 바와 같은 피고인과 H의 평소 친분관계를 고려하면 그와 같은 대화내용에 특별한 의미를 부여할 것은 아니다.

이 사건에서 H가 군 불용품 매각계약 체결 및 그 이행 과정에서 피고인에게 어떠한 청탁을 하였다거나, 피고인이 H에게 계약과 관련하여 특정한 정보를 알려주거나 부하들로 하여금 계약이행에 협조하게 하는 등으로 편의를 제공하였다고 볼 뚜렷한 사정이나 증거는 전혀 없다.

(3) 피고인과 H의 관계

피고인은 2008. 12.경 ○○사관학교 ○○기 송년회에서 H를 처음 만났다. ○○사관학교 ○○기 출신인 H의 아버지가 사망했을 때 ○○기 동기들의 도움을 받을 일이 있어 H가 위 송년회를 주관 및 후원하게 되었고, 당시 AB이었던 피고인은 국방부장관을 대신하여 위 행사에 참석하였다.

H는 위와 같이 K 회사가 설립되기 약 4년 전인 2008년경 피고인을 만나 10년 가까이 친밀한 관계를 유지하여 왔다. 피고인과 H는 모두 기독교 신자들로 2013년 말경부터 AD대령 부부, A 중령 부부와 함께 부부 단위로 종교모임(사교모임의 성격도 있는 것으로 보인다)을 이어왔다. 피고인이 육군본부 ○○차장으로 근무했던 2014년경에 위 종교모임이 잠시 중단되기도 하였으나, 그 후 피고인과 AD 대령, A 중령이 모두 ○작전사령부 소속으로 전입을 하면서 그때부터 종교모임을 다시 가지게 되었고, 평균적으로 한 달에 한 번씩 만나서 기도 등을 함께 한 후 식사를 하며 이야기를 나눴다.

피고인과 H는 위와 같은 종교모임 외에도 개별적으로 연락을 주고받으며 한 달에 1~2번 정도 식사를 함께 하였다. 특히 H는 난치병에 걸려 생사가 불투명했던 자신의 아들을 위하여 피고인이 안수기도를 해 주는 등 각별한 관심을 쏟아 주었다는 이유로 피고인을 아들의 생명의 은인이라고까지 생각하여 믿고 따랐다. H의 아들들도 피고인을 '큰아버지'라고 부르며 따랐고, 피고인도 H의 아들 AF에게 용돈을 건네는 등 피고인과 H는 서로의 가족들과도 친밀한 관계를 유지하였다.

(4) H의 지출 경위 및 액수 등

(가) 이 부분 공소사실에 따른 H의 지출 경위, 액수 등은 아래와 같다.

(생략)

(나) 위 ① 내지 ③의 향응 제공 경위 등에 비추어 알 수 있는 다음과 같은 사정들 즉, H는 정기적인 종교모임, 사적 만남 또는 우연한 기회에 피고인뿐 아니라

자신의 지인이라고도 할 수 있는 사람들과의 식사비, 숙박비를 지출하였던 점, 피고인은 위 종교모임 과정에서 점심 식사비, 다과비 등을 직접 지불하였고, 모임이 끝난 후 처를 통해 H 측에 일정 금액을 지급하기도 하였으며, H가 결제한 식사비보다 더 많은 돈을 그의 아들에게 용돈으로 지급한 적도 있는 점, 피고인이 H로부터 제공받은 향응 등 수수액이 명백히 사교적 의례의 범위를 벗어난 수준이라고 단정하기 어려운 점 등을 종합하여 보면, 그와 같은 향응 등 제공에 어떠한 직무관련성이나 대가성이 있어 보이지 아니한다.

3) 범죄일람표 순번 제1 내지 12, 17 내지 20 기재 뇌물수수 부분에 관한 판단

원심은 이 사건 공소사실 중 위에서 살펴본 범죄일람표 순번 제13 내지 16 기재 뇌물수수의 점을 제외한 나머지 뇌물수수의 점에 대하여 각 그 판시와 같은 사정을 들면서 검사가 제출한 증거들만으로는 피고인이 H로부터 받은 식사비, 숙박비 상당의 향응이 직무에 관하여 수수된 것이라거나 직무집행의 대가로 수수되었다는 점이 합리적 의심의 여지 없이 증명되었다고 보기 어렵다고 판단하였다.

원심이 적절하게 설시한 사정에 더하여 앞서 본 피고인과 군 불용품 매각계약 등 사이의 직무관련성, 피고인과 H의 관계, 각 그 제공받은 향응의 경위나 액수 등의 사정을 종합하면, 위와 같은 원심의 판단은 정당한 것으로 수긍할 수 있고, 거기에 검사의 주장과 같은 사실오인의 위법이 없다. 따라서 검사의 이 부분 주장은 이유 없다.

4) 특정범죄가중처벌등에관한법률위반(뇌물) 부분에 관한 판단

가) 원심의 판단

원심은 그 판시와 같은 사정을 들면서 검사가 제출한 증거들만으로는 피고인이 H로부터 대여금에 대한 이자 명목으로 통상의 이율을 초과한 3,460만 원 상당을 뇌물로 수수하기로 약속하였다는 점이 합리적 의심의 여지 없이 입증되지 않았다는 이유로 이 부분 공소사실에 대하여 무죄를 선고하였다.

나) 당심의 판단

원심판결 이유를 원심이 적법하게 채택하여 조사한 증거들과 대조하여 면밀하게 살펴보면, 원심의 판단은 타당하고 거기에 사실을 오인한 위법이 없다.

검사는, 피고인이 장래에 육군본부 ○○차장으로서 육군과 관련된 모든 불용품 매각에 영향을 미칠 수 있게 된 상황에서 육군 관련 불용품 매각과 관련하여 H에게 각종 편의를 제공해주는 대가로 ○○차장 임명 작전인 2014. 10. ○. H로부터 그간의 대여금에 대한 이자 명목으로 2천만 원을 지급받기로 약속하였으므로, 적어도 이 부분은 장래 담당할 직무와의 관련성과 대가관계가 존재한다고도 주장한다. 그러나 원

심이 설시한 바와 같은, H는 피고인에 대한 육군본부 ○○차장 인사결정 발표가 있기 훨씬 전인 2014. 5. ○.에도 피고인에게 차용원금에 3천만 원을 더하여 지급하겠다는 의사를 표시했던 점, H는 2014년도에는 군 불용품 관련 입찰에 아예 참여하지 않았고, H가 그러한 입찰에 본격적으로 참여한 것은 2016년부터로서 이때는 피고인이 ○○차장를 역임한 뒤인 점, 무엇보다도 ○○차장이라는 직책 자체가 육군 전체의 불용품 매각에 관하여 사실상의 영향력을 행사할 수 있는 자리라고 보기는 어려운 점 등에 비추어 볼 때, 위 날짜에 H가 위 금액 상당의 이자 지급을 약속하였다고 하여 그것이 피고인이 장래에 담당할 ○○차장의 직무와 관련되었다거나, 그 대가로 이루어진 것이라고 볼 수 없다.

따라서 검사의 이 부분 주장도 받아들이지 아니한다.

3. 결론

그렇다면 원심판결의 유죄부분 중 범죄일람표 순번 제13 내지 16 기재 뇌물수수의 점은 무죄이고, 따라서 이 부분 피고인의 항소는 이유 있다고 할 것인데, 원심판결은 무죄인 위 뇌물수수의 점과 유죄로 인정되는 판시 부정청탁및금품등수수의금지에관한법률위반의 점을 형법 제37조 전단의 경합범으로 처리하여 피고인에 대하여 하나의 형을 선고하였으므로, 원심판결 중 유죄부분은 전부 파기할 수밖에 없다. 따라서 피고인과 검사의 양형부당 주장에 관한 판단을 생략한 채 형사소송법 제364조 제6항에 의하여 원심판결 중 유죄부분을 파기하고 변론을 거쳐 다음과 같이 판결하며, 원심판결 중 무죄부분에 관한 검사의 항소는 이유 없으므로 형사소송법 제364조 제4항에 따라 이를 기각하기로 하여, 주문과 같이 판결한다.

(이하 생략)

요약정리 [사안의 쟁점과 판결의 요지]

서울고등법원 2019. 4. 26. 선고 2018노2747 판결 [특정범죄가중처벌등에관한법률위반(뇌물), 뇌물수수, 부정청탁및금품등수수의금지에관한법률위반]

피고인은 장성급 장교로서 ○○○사령관으로 재직 시 '공관병 갑질' 의혹이 제기되어,

국방부 검찰단은 2017. 8. ○.부터 피고인에 대하여 직권남용권리행사방해 등의 혐의에 관해 수사를 개시하였다. 피고인의 ○○○사령관 보임기간은 2017. 8. 9.까지였는데, 국방부장관은 2017. 8. 9. 피고인에게 '○○○사령관을 면하고, 육군 인사사령부 정책연수 보직을 부여'하는 인사명령을 하였다. 이후 국방부 보통검찰부 소속 군검사는 2017. 10. ○. 국방부 보통군사법원에 특정범죄가중처벌등에관한법률위반(뇌물) 등의 공소사실로 기소하였다. 이에 피고인은 재판권 쟁의에 대한 재정을 신청하였는데, 대법원은 2017. 12. 13. 위 2017. 8. 9.자 인사명령은 위법하고, 피고인은 2017. 8. 9. ○○○사령관 보임기간 만료로 당연히 전역되었다고 봄이 타당하므로, 피고인은 현역군인이 아니고 공소제기된 범죄도 군형법상 특정군사범죄가 아니어서 군사법원은 이 사건에 대하여 재판권이 없다는 취지의 결정을 하였다(대법원 2017. 12. 13.자 2017초기1098 결정). 그에 따라 국방부 보통군사법원은 2017. 12. ○. 위 사건을 수원지방법원에 이송하는 결정을 하였다.

이 사안의 쟁점은 ① 피고인과 오랜 친분이 있던 중령 D가 피고인에게 보낸 이 사건 문자메시지가 정당한 절차에 의하지 않고 친분에 기하여 한 인사 관련 부정청탁에 해당하고, 피고인은 그에 따라 D가 희망하는 보직으로 부대분류를 받을 수 있도록 하급자들에게 지시를 하여 청탁금지법을 위반하였는지와, ② 피고인이 ○○○사령관으로서 직할 및 예하 부대의 불용품 매각과 관련하여 법령에 정하여진 직무권한을 가진 상태에서 ○작전사령부의 예하 부대인 □군지사와의 불용품 매각계약 관련 이해관계를 가지게 된 직무 대상자인 H로부터 숙박비 등을 대납받은 것이 직무에 관하여 향응 등의 뇌물을 수수한 것인지 여부(직무관련성과 대가성)였다.

1심(수원지방법원 2018. 9. 14. 선고 2017고합762 판결)은 ① 이 사건 공소사실 중 청탁금지법위반의 점에 관하여 피고인과 오랜 친분이 있던 중령 D와 피고인의 관계, D와 피고인이 주고받은 각 문자메시지의 내용, 피고인의 평소 업무지시 방식, 인사에 관한 원칙적 고충처리절차, 실제로 진행된 D의 보직결정 과정 등을 종합하여 보면, D가 피고인에게 보낸 이 사건 문자메시지는 정당한 절차에 의하지 않고 친분에 기하여 한 인사 관련 부정청탁에 해당하고, 피고인은 그에 따라 D가 희망하는 보직으로 부대분류를 받을 수 있도록 하급자들에게 지시를 하였다고 봄이 상당하다는 이유로 유죄로 인정하고, ② 뇌물수수 중 일부에 대해서도 유죄로 인정하여 청구인에게 징역 4월에 집행유예 1년, 벌금 400만 원을 선고하였다[일부 뇌물수수의 점 및 특정범죄가중처벌등에관한법률위반(뇌물)의 점에 대해서는 무죄를 선고].

항소심(서울고등법원 2019. 4. 26. 선고 2018노2747 판결)은 1심에서 유죄가 인정된 일부 뇌물수수의 점에 관해서도 피고인이 받은 향응 등이 직무와 관련한 대가라는 점이 합리적 의심의 여지가 없을 정도로 입증되었다고 볼 수 없다는 이유로 피고인의 뇌물수수 관련 공소사실 전부에 관하여 무죄로 판단하고, 청탁금지법위반의 공소사실에 대해서만 1심과 마찬가지로 유죄로 인정해 벌금 400만 원을 선고했고, 대법원은 2019. 11. 28. 검사와 피고인의 상고를 모두 기각하였다.

판례 2

군부대 이전 반대 장송곡 시위 사건

전주지방법원 2018. 3. 8. 선고 2014고단770 판결 [공무집행방해, 폭력행위등처벌에관한법률위반(공동상해)]

I. 사안의 개요 [공소사실의 요지 및 사건의 경과]

1. 공소사실의 요지

피고인 A 등은 2007년 육군 35사단이 전주에서 임실로의 이전이 결정되자 이에 반대하기로 하고, 2007. 5.경 '35사단 임실 이전 반대투쟁위원회'를 결성한 후, 피고인 A는 위 위원회의 간사, 피고인 B, 피고인 C 그리고 공소외 ○○○는 각각 위 위원회의 공동대표를 맡은 다음, 이전이 완료된 이후까지도 계속하여 이전에 반대의사를 표명하고 있었다.

가. 임실군청 앞에서의 공무집행방해

피고인들과 ○○○은 2011. 3. ○.부터 2013. 12. ○.까지 매일 07:00경부터 18:00경까지 임실읍 소재 임실군 청사 출입문으로부터 30m 떨어진 곳에 고성능 확성기가 설치되어 있는 2.5톤 화물탑 차량을 주차시켜 놓고 '장송곡', '애국가', '회심곡' 등을 72.1dB 내지 81.2dB의 음량으로 반복적으로 재생 방송하여 임실군청에 근무하는 D로 하여금 소음으로 인하여 창문을 열어놓은 상태로는 회의 및 행사진행, 민원인 응대 등 각종 업무수행이 불가능하게 하고, 창문을 닫은 상태로도 그 업무수행에 상당한 곤란을 느끼도록 하였다.

결국 피고인들과 ○○○은 공모하여 임실군청 소속 공무원 D를 폭행하여 그의 회의 및 행사진행, 민원인 응대 등에 관한 정당한 직무집행을 방해하였다.

나. 35사단 부근에서의 공무집행방해 및 상해

피고인들과 ○○○은 2013. 12. 19. 전북 임실군 ○○읍 ○○리에 있는 육군 35

사단 이전부지에 건물 등 부대시설이 완공되어 군부대의 임실 이전이 시작되자 이를 반대한다는 집회·시위를 개최하겠다는 명분으로 제35사단 후문에 집회신고를 한 다음, 고성능 확성기 등을 이용하여 '장송곡' 등 혐오스러운 음향을 위와 같은 소음기준에 미치지 못하는 음량으로 조절하여 반복 재생하는 방법으로 음향을 송출하기로 모의한 후, 위 35사단 후문 울타리로부터 10m 떨어진 곳에 이동식 컨테이너를 설치하고 지붕에는 확성기를 설치한 다음 2013. 12. ○.경부터 2014. 1. ○.경까지는 08:30부터 18:30까지 미리 준비한 '장송곡' 등을 44.6dB 내지 74.3dB의 음량으로 반복적으로 재생 방송하고, 군부대 측이 방음벽을 설치한 2014. 1. ○.경부터 2014. 1. ○.경까지는 방음벽 위로 확성기를 높여 설치한 후 매일 24시간 내내 같은 방법으로 '장송곡' 등을 재생 방송하여 35사단 내부에 근무하는 중령 E, 중령 F, 대위 G, 상사 H, 주임원사 I, 대위 J로 하여금 소음으로 인하여 신병 교육훈련, 교육훈련과 관련된 예산관리 등 각종 행정업무, 사병 및 간부 등을 모집하는 홍보관련 업무, 부대관리 업무, 국방의 의무를 다하기 위한 각종 작전수행 및 주둔지 내 훈련 등 군인공무원으로서의 일상 업무수행에 상당한 곤란을 느끼도록 하였다.

결국 피고인들과 ○○○은 공모하여 위와 같이 35사단 내 중령 E, 중령 F, 대위 G, 상사 H, 주임원사 I, 대위 J를 폭행하여 동인들의 각종 훈련 등 일상 업무수행에 관한 정당한 직무집행을 방해함과 동시에 피해자인 중령 E, 중령 F, 대위 G, 상사 H에게 1개월 이상의 치료를 요하는 급성스트레스반응, 이명 등의 상해를 가하였다.

2. 사건의 경과

이 사안의 쟁점은 **군부대 이전에 대한 항의의 의사표시로 시위를 하면서 군부대 인근에서 장기간에 걸쳐 고성능 확성기 등을 사용하여 큰 음향으로 장송곡 등을 반복적으로 재생·방송한 것이 '공무집행방해'에 해당하는지 여부**였다.

1심(전주지방법원 2018. 3. 8. 선고 2014고단770 판결)은 형법 제136조 제1항에 규정된 공무집행방해죄는 직무를 집행하는 공무원별로 1개의 죄가 성립하므로(대법원 2009. 6. 25. 선고 2009도3505 판결 참조), 행위객체인 공무원이 특정되어야만 할 것인데, 이 부분 공소사실에는 폭행의 상대방인 공무원을 'D 외 다수 공무원', '중령 E, 중령 F, 대위 G, 상사 H, 주임원사 I, 대위 J 외 대다수 군인 및 군무원'이라고 기재하여 위와 같이 특정된 공무원에 대한 공무집행방해죄를 제외하고는 나머지 공무원에 대해서 몇 개의 공무집행방해죄로 공소제기한 것인지를 알 수가 없고, 임실군청 및 35사단 소속 공무원 전부에 대한 공무집행방해죄로 공소제기한 것으로 보더라도, 공소제기 기간 동안 소속 공무원은 증감 변동하였을 것이므로 구체적인 범위를 획정할 수 없는데다가 피고인들로서는 공무원별로 폭행을 당하였는지를 다툴 수 있어야 하고, 이 사건 범죄의 특성을 고려하면 실제 그곳에서 근무한 기간, 소음에 노출된 기간과 시간, 직무집행 장소와 음향원의 거리, 외근 및 내근 여부 등에 따라 폭행 여부가 달라질 수 있다고 할 것인데, 위와 같은 막연한 기재로 인해 방어권 행사에도 현저한 지장이 발생한다고 할 것이므로 공소사실이 특정되었다고 할 수 없다는 이유로 피고인들에 대한 이 사건 공소사실 중 공무원 D, 중령 E, 중령 F, 대위 G, 상사 H, 주임원사 I, 대위 J를 제외한 나머지 공무원에 대한 공무집행방해의 점에 관한 공소를 기각하였으나, 위 공소사실의 요지 부분에 관하여는 유죄로 판단하여 피고인 A에게 징역 1년에 집행유예 2년, 피고인 B, 피고인 C에게 각 징역 8월에 집행유예 2년을 선고하였다.

항소심(전주지방법원 2018. 7. 18. 선고 2018노391 판결)은 피고인들의 행위는 이 사건 피해자들에게 육체적·정신적 고통을 주는 유형력의 행사로서 폭행에 해당되고, 원심이 선고한 형량이 너무 무겁다거나 가볍다고 보이지 않는다고 판시하며 항소를 모두 기각하였고, **대법원 2018. 10. 25. 선고 2018도11883 판결**은 피고인들의 상고를 기각하였다.

II. 판결 읽어보기 [판결 중요부분 발췌(요약)] : 전주지방법원 2018. 3. 8. 선고 2014고단770 판결

피고인들 및 변호인의 주장에 대한 판단

1. 공소사실이 특정되지 않았다는 주장

가. 주장요지

1) 피고인들이 집회를 할 당시에 공무원들이 구체적으로 어떠한 직무를 집행하고 있었는지 전혀 특정되지 않았고, 공무집행을 방해할 정도에 해당하는 폭행의 구체적 사실도 기재되지 않았으므로 공무집행방해의 공소사실은 특정되었다고 볼 수 없다.

2) 상해의 원인이 된 음향이 피해자들의 생리적 기능을 훼손할 만한 정도의 것으로서 형법상 상해에 해당하는지를 알 수 있는 사실이 특정되지 않았고, 피해자들이 상해를 입은 일시, 장소도 기재되지 않았으므로 상해의 공소사실도 특정되었다고 볼 수 없다.

2. 판단

가. 공소사실의 기재에 있어서 범죄의 일시, 장소, 방법을 명시하여 공소사실을 특정하도록 한 취지는 법원에 대하여 심판의 대상을 한정하고 피고인에게 방어의 범위를 특정하여 그 방어권 행사를 쉽게 해 주기 위한 데에 있는 것이므로, 공소사실은 이러한 요소를 종합하여 구성요건 해당사실을 다른 사실과 구별할 수 있을 정도로 기재하면 족하고, 공소장에 범죄의 일시, 장소, 방법 등이 구체적으로 적시되지 않았더라도 공소사실을 특정하도록 한 법의 취지에 반하지 아니하고, 공소범죄의 성격에 비추어 그 개괄적 표시가 부득이한 경우에는, 그 공소내용이 특정되지 않아 공소제기가 위법하다고 할 수 없다(대법원 2002. 6. 20. 선고 2002도807 전원합의체 판결 참조).

범죄의 일시는 이중기소나 시효에 저촉되지 않을 정도로, 장소는 토지관할을 가늠할 수 있을 정도로, 그리고 방법에 있어서는 범죄 구성요건을 밝히는 정도로 기재하면 족하고(대법원 1998. 5. 29. 선고 97도1126 판결 참조), 이러한 특정을 위한 요소 중 일부가 다소 불명확하게 적시되어 있다고 하더라도, 그와 함께 기재된 다른 사항에 의하여 특정할 수 있으면 공소제기의 효력에는 영향이 없다고 할 것이지만, 그 경우에도 공소사실 특정의 기본 취지에 비추어 피고인의 합리적인 방어권 행사에 중대한 지장을 초래하여서는 아니 된다(대법원 2005. 6. 24. 선고 2005도1014 판결 참조).

나. 판시 공무집행방해죄의 공소사실 특정 여부

이 부분 공소사실에는 피고인들이 임실군청 앞과 35사단 부근에서 공소제기된 기간 동안 확성기를 사용하여 큰 음향으로 장송곡 등을 반복 재생하는 방법으로 임실군청 소속 공무원 D와 35사단 소속 군인 E, F, G, H, I, J를 폭행하였다고 하여 범죄의 일시, 장소, 방법을 특정하고 있다.

한편, 형법 제136조 제1항에 규정한 공무집행방해죄의 구성요건은 '직무를 집행하는 공무원'을 폭행 또는 협박하는 것이고, 여기서 직무는 구체적·개별적으로 특정된 것임을 요하고 일반적인 직무의무는 포함되지 아니하는바, 위 조항의 범죄가 저질러진 경우에는 최소한 공무원이 구체적·개별적으로 특정된 직무의 집행에 임하고 있음을 나타내어 행위객체에 해당하는지를 심리·판단할 수 있을 정도로 특정하여야 한다.

이 부분 공소사실 중 임실군청 소속 공무원 D의 '회의 및 행사진행, 민원인응대 등 각종 업무'와 35사단 소속 군인 E, F, G, H, I, J의 '신병 교육훈련, 교육훈련과 관련된 예산관리 등 각종 행정업무, 사병 및 간부 등을 모집하는 홍보관련 업무, 부대관리 업무, 국방의 의무를 다하기 위한 각종 작전수행 및 주둔지 내 훈련 등 군인 공무원으로서의 일상 업무'라는 기재는 일견 해당 공무원의 직무권한 내에 속하는 추상적인 업무를 열거한 것에 불과하다고 볼 측면도 있다. 그러나 피고인들이 공무원을 직접 대면하지 아니한 채 장기간 임실군청 청사와 35사단 영내를 향해 소음을 발생시키는 방법으로 그곳에서 근무하는 위 공무원들을 폭행하였다는 이 사건 범죄의 특성을 고려하면 위와 같은 개괄적 기재는 부득이하다고 보이고, 단순한 직무의무가 아니라 구체적인 직무를 기재한 이상 구체적·개별적으로 특정된 직무의 기재 자체가 없다고 볼 수 없다.

피고인들로서는 피해자들이 공소제기 기간중에 실제로 그곳에서 근무하지 아니하였음을 들어 행위객체성을 다툴 수 있고, 피해자들의 직무장소와 직무내용 등을 들어 폭행의 성부를 다툴 수 있다고 할 것이므로 피고인들의 합리적인 방어권 행사에 지장을 준다고 보이지도 않는다. 결국 이 부분 공소사실은 특정되었다고 할 것이다.

다. 판시 상해죄의 공소사실 특정 여부

이 부분 공소사실에는 상해의 결과를 발생시킨 행위의 태양과 일시, 장소를 특정하고 있고, 공소사실 기재의 행위가 상해의 원인이 될 수 있는지는 본안에서 다툴 문제일 뿐 공소사실 특정의 문제가 아니라고 할 것이므로 이 부분 공소사실은 특정되었다고 할 것이다.

2. 공무집행방해죄에서 요구되는 폭행이 없었다는 주장

가. 주장요지

피고인들은 집회 및 시위에 관한 법률(이하 '집시법'이라 한다)에서 정한 적법한 절차에 따라 집회를 개최하였고, 확성기를 사용하여 음향을 송출하면서 집시법이 정한 허용한계가 되는 소음기준을 임실군청 앞 집회에서 1회 근소하게 초과한 것을 제외하고는 모두 준수하였고, 피고인들이 송출한 음향도 혐오스러운 음악이 아니다. 또한 임실군청은 창문을 닫으면 음향이 거의 들리지 아니하므로 폭행이 있었다고 볼 수 없다.

나. 판단

1) 민주사회에서 공무원의 직무수행에 대한 시민들의 건전한 비판과 감시는 가능

한 한 널리 허용되어야 한다는 점에서 볼 때, 공무원의 직무 수행에 대한 비판이나 시정 등을 요구하는 집회·시위 과정에서 일시적으로 상당한 소음이 발생하였다는 사정만으로는 이를 공무집행방해죄에서의 음향으로 인한 폭행이 있었다고 할 수는 없다. 그러나 의사전달수단으로서 합리적 범위를 넘어서 상대방에게 고통을 줄 의도로 음향을 이용하였다면 이를 폭행으로 인정할 수 있을 것인바, 구체적인 상황에서 공무집행방해죄에서의 음향으로 인한 폭행에 해당하는지 여부는 음량의 크기나 음의 높이, 음향의 지속시간, 종류, 음향발생 행위자의 의도, 음향발생원과 직무를 집행 중인 공무원과의 거리, 음향발생 당시의 주변 상황을 종합적으로 고려하여 판단하여야 한다(대법원 2009. 10. 29. 선고 2007도3584 판결 참조).

2) 집시법은 집회 또는 시위의 주최자는 확성기 등을 사용하여 타인에게 심각한 피해를 주는 소음으로서 대통령령이 정하는 기준을 위반하는 소음을 발생시켜서는 아니 되고(제14조 제1항), 관할 경찰서장은 집회 또는 시위의 주최자가 그 기준을 초과하는 소음을 발생시켜 타인에게 피해를 주는 경우에는 그 기준 이하의 소음 유지 또는 확성기 등의 사용 중지를 명하거나 확성기 등의 일시보관 등 필요한 조치를 할 수 있으며(제14조 제2항), 관할 경찰서장의 위와 같은 명령을 위반하거나 필요한 조치를 거부·방해한 자를 처벌하도록 규정하고 있다(제24조 제4호). 집시법 제14조 제1항의 위임을 받은 집회 및 시위에 관한 법률 시행령 제14조 [별표 2] '확성기등의 소음기준'에서는 확성기등의 소음은 관할 경찰서장(현장 경찰공무원)이 측정한다고 규정하고 있다.

한편, 집시법은 집회와 시위에 대한 규제는 기본적으로 신고주의를 채택하고 있고, 일정한 경우 관할 경찰서장이 금지 또는 제한 통고를 할 수 있도록 규정하고 있는데, 소음에 관해서는 특별한 신고 규정을 두고 있지 않고 소음 발생을 들어 관할 경찰서장이 곧바로 금지 또는 제한 통고를 할 수 있는 것은 아니며, 다만 신고서에 적힌 장소가 주거지역, 학교 주변 지역, 군사시설 주변 지역이고 집시법이 정한 내용의 피해 발생 우려가 있는 경우로서 그 거주자나 관리자가 시설이나 장소의 보호를 요청하는 경우에 한하여 관할 경찰서장이 집회의 금지 또는 제한을 통고할 수 있을 뿐이다.

위와 같은 집시법의 집회와 시위에 대한 규제 체계와 확성기 등의 사용에 관한 규정 내용 등에 의하면, ① 확성기 등을 사용하여 소음기준을 초과하는 소음을 발생시키는 행위 자체는 처벌의 대상이 아니고, 관할 경찰서장이 확성기 사용 중지 명령 등 조치 권한을 발동할 수 있는 요건에 불과한 점, ② 확성기 등 사용의 제한에 관한 집시법의 규정은 집회의 자유를 최대한 보장하면서도 사생활의 평온 등 다른 법익간의[2] 조화시키기 위한 최소한의 제한인 점, ③ 집회의 내용과 방법은 집회 주최자나 참가자의 자율적 결정에 맡겨져 있는 점, ④ 집시법상 소음기준 위반은 오로지 관할 경찰서장(현장 경찰공무원)에 의한 소음 측정 결과로만 인정될 수 있을 뿐이어서 관할 경찰서장이 소음을 측정하지 아니하는 때에는 소음기준을 초과한 소음을 발생시키더라도 규제 대상이 되지 아니하는 점 등의 사정을 알 수 있다.

위와 같은 사정을 종합하면, 집시법상 소음기준을 준수하였다고 하여 일체의 민형사상 책임으로부터 자유로울 수는 없는 것이고, 공무집행방해죄의 성립 여부는 집시법의 규제와 별도로 판단하여야 한다.

3) 이 법원이 조사한 증거로 인정되는 다음 사정을 종합하면, 피고인들의 행위는 공무집행방해죄의 행위 태양인 폭행에 해당한다고 인정된다.

① 집회 담당 경찰관은 임실군청 청사와 35사단 영내 건물의 측정점에서 피고인들이 발생시키는 소음의 크기를 측정하였다. 그 결과 임실군청 청사에서는 주간(07:00~18:00)에 실시한 21회의 측정치 모두 71dB을 초과하였고, 그중 1회는 81.2dB에 이르렀다. 35사단 영내의 사단장관사와 독신자숙소에서는 주간에 실시한 20회의 측정치는 70dB 초과 10회, 60dB 초과 9회이고 1회는 58.5dB이었다. 소음진동관리법은 생활소음에 대한 규제기준으로 주거지역 등이 아닌 그 밖의 지역에서 소음원이 확성기일 때 주간 70dB 이하로 정하고 있는데 피고인들이 발생시킨 소음은 상당 부분 위 규제기준을 초과하는 것이었고, 70dB의 소음은 정신집중력 저하와 말초신경 수축을 가져온다고 알려져 있다.

② 피고인들은 장기간에 걸쳐 주간 내내 혹은 온종일 확성기를 사용하여 음향을 송출하였다. 장기간 지속적으로 앞서 본 정도의 큰 소음에 노출되면 경험칙상 육체적, 정신적 고통이 발생할 수 있다고 할 것이다. 임실군청 공무원 K는 군청 직원들이 정신적, 육체적 스트레스가 심하고 우울증으로 입원한 직원도 다수 있다고 진술하였고, 임실군청 부근 주민인 L은 정신병원에 입원할 뻔했다고 진술하였다. 그 외에도 35사단 소속 군인들과 임실군청 인근 주민들 다수가 큰 스트레스를 호소하였다.

③ 피고인들은 피고인 A가 간헐적으로 연설하는 때를 제외하고는 집회 기간중 대부분의 시간 동안 몇 가지 음악을 반복 재생하였다. 동일한 음악이 반복 재생되면 각인 효과가 크고 듣는 사람에게 더 큰 스트레스를 줄 것으로 보인다. 임실군청 인근 주민 M은 계속 애국가를 들으니 귀에서 계속해서 애국가가 들려오듯이 윙윙거려 불

2) 필자 주: 원 판결문의 오탈자로 추정됨

면증에 시달린 적이 있다고 진술하였고, 같은 주민 L은 노래 소리가 들리지 않을 때에도 노래 소리가 계속 귓가에서 들리는 것 같은 증상에 시달리고 있다고 진술하였으며, 임실군청 공무원 Q는 장송곡(상여소리)를 계속 듣다보니 퇴근해서 집에 돌아와도 냉장고나 가전제품 돌아가는 소리가 '아이고' 하는 장송곡으로 착각해서 들릴 정도라고 진술하였다.

④ 피고인들이 반복 재생한 음악 중에는 장송곡(상여소리)이 포함되어 있는데 그 자체가 객관적으로 혐오스러운 음악이라고 볼 수는 없다고 하더라도 반복하여 듣게 되면 충분히 우울감이나 불쾌감이 발생할 수 있다. 임실군청 인근 주민 M은 장송곡을 계속해서 들으니 사람이 죽어나가는 시체가 연상된다고 진술하였고, N은 우울한 노래라서 정서적으로 안정이 안 된다고 하면서 처벌보다는 제발 장송곡을 그만 틀었으면 좋겠다고 진술하였다. 피고인 B, 피고인 C와 분리 전 공동피고인 ○○○도 검찰에서 장송곡을 트는 것은 문제가 있다고 생각하였다고 진술하였다.

⑤ 확성기 설치 장소로부터 임실군청 청사까지 거리는 70m 정도로서 가깝고, 35사단 영내 사단사령부 건물까지 거리는 1㎞ 정도이나 그 건물과 확성기 사이는 장애물이 없는 개활지인데다 분지 지형으로서 확성기에서 나는 소리가 잘 전달된다.

⑥ 이 사건에서 문제된 집회에는 피고인들과 분리 전 공동피고인 ○○○을 제외하고는 참가자가 거의 없었고 그들도 주로 순번제로 확성기가 설치된 차량이나 컨테이너를 찾아가 확성기로 음악을 재생하는 일만 한 점, 위와 같은 집회의 형식, 내용에 비추어 보면 확성기 사용은 집회참가자간의 의사소통이나 집회참가자의 제3자에 대한 의견전달과 전혀 무관한 점, 35사단 부근에 설치한 확성기 앞에 방음벽이 설치되자 확성기가 설치된 구조물을 보강하여 방음벽보다 높이 확성기를 설치하고 그때부터 온종일 음악을 반복하여 재생한 점, 임실군청과 35사단 소속 공무원과 인근 주민들의 피해 호소를 꾸준히 접하고도 계속하여 확성기를 사용하여 음향을 송출한 점 등의 사정을 종합하면, 피고인들이 의사 전달을 목적으로 확성기를 사용하여 소음을 발생시킨 것이라고 볼 수 없다.

⑦ 피고인들이 발생시킨 소음의 크기, 지속시간, 공무원들과 인근 주민들의 피해 호소 내용 등을 종합하면, 그 소음은 공무원들의 직무집행을 방해할 정도의 폭행에 해당한다고 볼 수 있다.

3. 공무집행방해죄에서 보호하는 공무가 아니라는 주장

가. 주장요지

공소사실에 적시된 임실군청과 35사단 공무원의 직무는 일반적이고 추상적인 직무에 불과하고 구체적 직무가 아니므로 공무집행방해죄에서 보호하는 공무에 해당하지 않는다.

나. 판단

1) 공무원의 근무시간 중의 행위가 모두 직무집행에 해당하여 보호의 대상이 되는 것은 아니고, 구체적·개별적으로 특정된 직무의 집행을 개시한 때로부터 그것을 종료할 때까지의 시간적 범위 및 바로 당해 직무의 집행과 시간적으로 접착되어 그것과 분리할 수 없는 관계에 있다고 볼 수 있는 범위 내의 직무행위에 한하여, 공무집행방해죄에 의한 보호의 대상이 된다.

2) 다음의 사정을 종합하면, 판시 범죄사실에서 인정한 공무원들의 직무는 공무집행방해죄의 보호 대상이 된다고 판단한다.

① 공무집행방해죄의 행위객체인 '직무집행 중인 공무원'에 해당하는지는 공무집행방해죄의 행위 태양인 폭행 또는 협박을 할 당시에 공무원이 구체적·개별적으로 특정된 직무에 임하고 있는지를 기준으로 판단하여야 한다.

② 이 사건에서 피고인들은 임실군청사 내에서 또는 35사단 영내에서 직무를 집행하는 공무원을 직접 대면하여 폭행 또는 협박한 것이 아니라 그 외곽에서 확성기를 통해 큰 음향을 송출하여 소음을 발생시키는 방법으로 공무원에 대하여 폭행한 것이다.

③ 그런데 피고인들은 장기간에 걸쳐 임실군청 앞에서는 주간에, 35사단 부근에서는 주간 혹은 온종일 음향을 송출하였다. 피고인들의 행위 시간 중 임실군청과 35사단의 공무원들은 당연히 구체적으로 특정된 직무를 집행하게 마련이다.

④ 피고인들의 행위 기간이 임실군청 앞에서는 2년 8개월가량이고, 35사단 부근에서는 1개월가량이다. 이처럼 장기간에 걸쳐 피고인들의 폭행 행위가 있었으므로 그 기간 동안 공무원들이 구체적으로 집행하는 직무는 일상의 업무 영역 전반에 걸칠 수밖에 없다.

4. 공무집행방해의 고의가 없었다는 주장

가. 주장요지

피고인들은 행정청의 35사단 이전 사업 추진 과정의 위법, 부당성을 알리고 피고인들과 주민들의 생존권 등 헌법상 기본권을 회복하기 위해 집회를 한 것이고, 음향시설을 이용하여 노래를 재생한 것은 주민들의 억울함을 호소하고, 행정에 대한 비판을 하기 위한 것이었을 뿐이지 공무집행을 방해할 의도가 없었다.

나. 판단

형법 제136조 제1항에 규정된 공무집행방해죄의 특별구성요건은 '직무집행 중인 공무원에 대한 폭행 또는 협박'이고, 공무집행방해의 결과를 요구하지 아니하므로 공무집행을 방해할 의도는 공무집행방해죄의 고의 내용이 아니다.

따라서 피고인들이 공무집행을 방해할 의도가 없었다고 하더라도 고의가 부인될 수는 없고, 앞서 든 제1. 나 (3)의 여러 사정과 피해를 호소하는 사람이 생길 수도 있지만 대화 방법을 만들기 위해 어쩔 수 없었다는 피고인 A의 경찰에서의 진술, 제가 듣기에 거북하면 상대방도 마찬가지라는 것은 알지만 어쩔 수 없이 하는 것이라는 피고인 B의 경찰에서의 진술, 그 사람들이 뭔 죄여, 그 사람들도 시끄럽지, 그 사람들에게 미안한 감은 있지라는 피고인 C의 경찰에서의 진술을 종합하면, 적어도 공무집행방해의 미필적 고의는 있었다고 충분히 인정된다.

5. 정당행위에 해당한다는 주장

가. 주장요지

피고인들의 공무집행방해행위는, 행정의 독단적 사업추진에 대한 비판과 주거와 생계 터전을 잃은 피고인들의 억울함을 전하기 위한 행위로서 동기와 목적이 정당하고, 노래를 송출하는 외에 무력이나 폭력을 행사하지 않았고 집시법에서 정한 소음기준을 대부분 준수하는 등 수단과 방법이 상당하며, 피고인들이 입은 생존권 침해에 비해 침해된 공무집행의 이익은 수인가능한 정도로서 법익균형성을 충족하므로 사회상규에 반하지 아니하는 정당행위에 해당한다.

나. 판단

피고인들이 의사전달수단으로서 합리적 범위를 넘어서 상대방에게 고통을 줄 의도로 음향을 이용하였다고 인정되는 점, 장기간에 걸쳐 공무집행을 방해한 점 등의 사정에 비추어 보면, 피고인들의 행위가 수단과 방법이 상당한 행위라거나 긴급하고 불가피한 수단이라고 볼 수 없으므로 사회상규에 위배되지 아니하는 행위에 해당하지 아니한다.

6. 상해죄가 성립하지 않는다는 주장

가. 주장요지

① 피고인들에게 상해의 고의가 없었고, ② 피해자들이 입었다는 상해의 정도에

비추어 상해의 범주에 포함시키기 어려우며, ③ 급성스트레스반응과 이명은 일상생활에서 충분히 발생할 수 있고 피해자들이 직업군인으로서 받는 스트레스나 그간의 사격 소음에 노출된 기간을 고려하면 기왕증일 뿐 피고인들의 행위와 인과관계가 없다.

나. 판단

법원이 조사한 증거로 인정되는 다음과 같은 사정을 종합하면, 피고인들에게 적어도 상해의 미필적 고의는 있었다고 인정되고, 피고인들의 행위로 피해자들이 생리적 기능이 훼손되었으며 피해자들의 상해가 기왕증이라고 볼 수 없으며 피고인들의 행위로 발생한 것으로 인정된다.

1) 피해자들은 수사기관 및 이 법정에서 급성스트레스반응 또는 이명 증상을 겪었다고 진술하였다.

2) 피고인들은 35사단 부근에서 야간에도 확성기를 통해 음악을 반복, 재생하였고 주로 장송곡(상여소리)를 재생하였는데 그로 인한 우울감을 불러일으켰을 수 있고, 정서적인 불안이나 정신적 고통이 가중되었을 것으로 보인다.

3) 피해자들을 진단한 의사는 소음이 인체에 미치는 영향은 소음의 크기만이 아니라 소음노출시간, 지속기간, 소음의 종류를 고려하여야 한다는 취지의 의견을 밝혔는데, 피해자들이 소음에 노출된 기간과 시간이 길고 소음의 종류도 반복되는 같은 음악이었으므로 피해자들의 신체에 미치는 부정적 영향이 컸을 것으로 보이고, 그 소음은 급성스트레스반응과 이명이라는 증상을 발생시키기에 충분하다고 보인다.

4) 임실군청 부근에 거주하는 주민들 일부도 특정 음악의 반복 재생으로 인해 환청 또는 이명을 경험하였다고 진술하였다.

5) 군병원의 수진내역을 확인한 결과, 피해자들은 이 사건 이전에 급성스트레스반응이나 이명으로 진료받은 적이 없다. 다만 피해자 이○○은 이 법정에서 이 사건 이전에 민간병원에서 이명 증상으로 진료받은 적은 있다고 진술하였으나, 1998년에 한 번 진료받은 적이 있다는 것일 뿐이라는 것이고 지속적으로 이명 증상이 있었다는 것은 아니다.

6) 피고인들은 수사기관에서 피고인들이 발생시킨 소음으로 상대방이 피해를 입을 수 있다는 생각은 하였다는 취지로 진술하였다.

(이하 생략)

요약정리 [사안의 쟁점과 판결의 요지]

전주지방법원 2018. 3. 8. 선고 2014고단770 판결 [공무집행방해, 폭력행위등처벌에관한법률위반(공동상해)]

이 사안의 쟁점은 군부대 이전에 대한 항의의 의사표시로 시위를 하면서 군부대 인근에서 장기간에 걸쳐 고성능 확성기 등을 사용하여 큰 음향으로 장송곡 등을 반복적으로 재생·방송한 것이 '공무집행방해'에 해당하는지 여부였다.

전주지방법원 2018. 3. 8. 선고 2014고단770 판결은 ① 피고인들이 군부대 이전에 대한 항의의 의사표시로 시위를 하면서 의사전달수단으로서 합리적 범위를 넘어서 상대방에게 고통을 줄 의도로 음향을 이용하였고 피고인들의 행위가 장기간에 걸쳐 행하여진 등의 사정에 비추어 피고인들의 행위가 수단과 방법이 상당한 행위라거나 긴급하고 불가피한 수단이라고 볼 수 없고, ② 피고인들에게 적어도 상해의 미필적 고의는 인정되고, ③피고인들의 행위로 이 사건 피해자들의 생리적 기능이 훼손되었으며 피해자들의 상해가 기왕증이 아니라 피고인들의 행위로 발생한 것이라는 이유로, 피고인들의 이 사건 공무집행방해의 점과 상해의 점에 관하여 유죄를 인정하였다(피고인들에 대한 이 사건 공소사실 중 공무원 D, 중령 E, 중령 F, 대위 G, 상사 H, 주임원사 I, 대위 J를 제외한 나머지 공무원 및 군인들에 대한 공무집행방해의 점에 관하여는 공소사실 불특정을 이유로 공소기각되었다).

피고인들이 위 판결에 불복하였으나, 피고인들의 항소와 상고는 모두 기각되어 피고인들에 대한 유죄판결이 확정되었다.

☞ 전주지방법원 2018. 3. 8. 선고 2014고단770 판결은 국민의 권리의식이 강해지고 있는 시대상황에서 국가안보라는 공익과 집회 및 시위의 자유간의 규범조화적 해석과 이익형량에 대한 중요한 선례가 되는 판결이다.

판례 3

통영함 사건

서울고등법원 2017. 1. 24. 선고 2016노2719 판결 [허위공문서작성, 허위작성공문서행사]

I. 사안의 개요 [기초사실 및 사건의 경과]

이 사안은 이른 바 **통영함 사건(통영함 납품비리 사건)**과 관련된 형사재판이었다. 통영함은 2011. 9. 진수된 이후 2013. 10. 해군에 인수될 예정이었지만 선체고정음탐기(HMS)와 수중무인탐사기(ROV) 등에 문제가 있어 전력화 시기가 지연되었고, 통영함이 해군에 인수되기 전인 2014. 4. 16. **세월호 참사**가 발생했다.

해군은 상황의 심각성을 고려하여 아직 전력화가 되기 전인 통영함을 세월호 구조 현장에 투입하는 방안을 검토하기도 하였다. 즉 당시 세월호 구조 현장에는 이미 ○○○함에 3개, ○○함에 1개, □□□함에 1개 등 5개의 챔버가 있었지만, 만약 3개의 챔버를 보유하고 있는 ○○○함에 문제가 생기면 잠수사들의 잠수병 치료를 할 수 없어 통영함 투입 여부를 검토하였던 것인데, 현장에 투입된 위 함정들은 정상적으로 임무를 수행할 수 있었고, 통영함은 전력화 과정도 거치지 않은 상태였기 때문에 무리하게 구조현장에 투입할 경우 또 다른 문제가 발생할 가능성이 있어 해군은 최종적으로 통영함을 세월호 구조 현장에 투입하지 않기로 결정했다.

그런데, 통영함이 세월호 구조 현장에 투입되지 못한 이유가 선체고정음탐기(HMS)와 수중무인탐사기(ROV)에 문제가 있기 때문이며 만일 두 장비에 문제가 없어서 통영함이 세월호 구조 현장에 투입되었다면 실종자 수색에 큰 성과를 낼 수 있었을 것이라는 언론보도가 있었고, 이를 계기로 방산비리에 대한 의혹이 제기되어 감사원과 검찰의 대대적인 조사와 수사가 진행되었다.

이후 전·현직 해군참모총장 2명을 포함한 다수의 전·현직 군인 또는 방위사업청 공무원들이 기소되었는데 재판결과는 대부분 무죄로 끝이 났고, 그로 인해 **'무리한 수사 여부'**의 논란이 있었다.

서울고등법원 2017. 1. 24. 선고 2016노2719 판결은 ○○○ 전 해군참모총장에 대한 형사재판이었는데, 피고인(○○○ 전 해군참모총장, 아래에서 살펴볼 대법원 2016. 9. 23. 선고 2016도3957 판결상의 공소외 5)은 2009. 12.경 실무자들에게 미국계 H사의 선체고정음탐기(HMS, Hull Mounted Sonar)가 작전운용성능을 모두 충족한 것처럼 허위로 시험평가결과 보고서를 만들어 방위사업청에 제출하도록 부하들에게 지시하였다는 내용의 공소사실로 기소되었다.

이 사안의 쟁점은 **피고인의 이 사건 허위공문서작성, 허위작성공문서행사의 공소사실이 합리적인 의심의 여지 없이 입증이 되었는지 여부**였다.

1심(서울중앙지방법원 2016. 8. 18. 선고 2015고합627 판결)은 피고인에게 장비의 문제점에 대한 충분한 보고가 이루어졌을 가능성은 희박하며 피고인이 장비의 문제점에 대해 사전에 보고를 받은 바가 없다면 장비에 대한 시험평가결과를 비교적 짧은 시간 안에 보고받는 과정에서 시험평가결과에 문제점이 있다고 인식했을 가능성은 그리 높지 않을 것으로 보이고, 실무자가 개발 중 장비이고 나중에 시험성적서를 확인해야 한다고 보고했더라도, 이 사건 장비뿐 아니라 나머지 장비 모두에 대해서도 '납품 전 시험성적서 제출 예정'이라는 기재가 있는 점 등을 볼 때 모든 항목을 '충족'으로 처리한 시험평가결과를 피고인이 허위임을 알았다고 단정하기 어렵다는 이유로 무죄를 선고하였다.

항소심(서울고등법원 2017. 1. 24. 선고 2016노2719 판결)은 검사의 항소를 기각하였고, **대법원 2017. 10. 31. 2017도2412 판결**도 검사의 상고를 기각하여 무죄판결이 확정되었다.

II. 판결 읽어보기 [판결 중요부분 발췌(요약)] : 서울고등법원 2017. 1. 24. 선고 2016노2719 판결[3]

1. 항소이유의 요지

증거에 의하면 피고인이 김BB로부터 차기수상함구조함(ATS-Ⅱ, 이후 '통영함'이라고 명명되었다. 이하 '통영함'이라 한다)에 탑재할 선체고정음탐기(HMS, Hull Mounted Sonar)의 납품과 관련한 청탁을 받아 황CC, 김DD 등 하급자들에게 압력을 행사함으로써

3) 필자 주: 판결문의 각주는 생략하였다.

"ATS－II 탑재 구매무기체계 시험평가결과보고"(이하 '이 사건 결재문서'이라 한다), "ATS－Ⅱ 탑재 구매무기체계(4종) 시험평가결과(ROV, SSS, IFF, HMS)"(이하 '이 사건 송부문서'라 한다)의 허위작성 및 행사에 가담하였다는 공소사실을 유죄로 인정할 수 있음에도, 원심은 사실을 오인하여 무죄를 선고하였다.

2. 공소사실 및 원심판단의 요지

가. 이 사건 공소사실의 요지

피고인은 2008. 3. ○.부터 2010. 3. ○.까지 제○○대 해군참모총장으로 재임한 사람인바, 2009. 10. ○.경 해군본부 참모총장 사무실에서, 해군본부 ○○분석시험평가단 ○○평가처장 김DD 대령으로부터 통영함에 탑재할 선체고정음탐기로 H사에서 납품한 이 사건 장비가 실적 장비로 제안되었으나 사실은 개발 중인 장비로, 시험평가를 위한 아무런 성능 입증 자료가 없다는 보고를 받음에 따라 시험평가를 정상적으로 진행한 사실이 없다는 것을 잘 알고 있었음에도, 김DD가 ○○분석시험평가단장 임EE와 함께 이 사건 장비가 정상적으로 제출된 성능입증자료를 근거로 하여 모든 평가항목을 충족한 것처럼 허위로 작성한 이 사건 결재문서를 결재한 다음 방위사업청에 송부하도록 하고, 2009. 10. ○. 김DD, 임EE로 하여금 이 사건 결재문서를 근거로 이 사건 송부문서를 작성하여 방위사업청에 송부하도록 함으로써 김DD, 임EE와 공모하여 각 허위의 공문서를 작성하고, 이를 행사한 것이다.

나. 이 사건 결재문서 작성 및 행사 부분에 관한 원심판단의 요지

원심은 증거들에 의하여 인정되는 다음과 같은 사정들을 들어 검사가 제출한 증거들만으로는 피고인이 이 사건 결재문서에 관하여 허위의 공문서를 작성, 행사한다는 사실에 대한 범의가 있었다는 점이 합리적인 의심을 할 여지가 없을 정도로 증명되었다고 보기 어렵다고 판단하였다.

(1) 피고인이 김BB로부터 의례적인 부탁을 넘어서서 통영함 선체고정음탐기 사업과 관련하여 이 사건 장비가 납품될 수 있도록 구매 제안요청서가 이 사건 장비의 사양에 맞추어 작성될 수 있게끔 해군에서 군 요구성능(안)을 방위사업청에 제출할 수 있게 해 달라거나, 이 사건 장비가 성능기준을 충족하지 못하더라도 묵인해 달라는 부정한 청탁을 받았다고 볼 만한 사정은 인정되지 않는다.

(2) 방위사업청이 해군에 대하여 군 요구성능(안)의 작성을 요청하고, 해군이 이에 따라 군 요구성능(안)을 작성하여 방위사업청에 송부한 것이 방위사업관리규정을 위반한 것이라고 보기 어렵고, 피고인이 위와 같은 해군의 군 요구성능(안) 작성 및 송

부나 이를 토대로 한 방위사업청의 제안요청서 작성 과정에서 실무자나 관계자들에게 어떠한 영향력을 행사하였다거나 지시를 하였다는 점을 뒷받침할 증거도 없다.

(3) 해군에서 작성한 군 요구성능(안)이 합동참모회의에서 결정된 선체고정음탐기에 대한 작전운용성능(ROC) 등이나 함정건조기본지침서(TLR) 등을 충족하지 못한다고 보기도 어렵고, H사만이 통영함 선체고정음탐기 구매사업에 단독으로 응찰한 것이 해군이 송부한 군 요구성능(안)에 맞추어 방위사업청의 제안요청서가 작성되었다고 보기도 어렵다.

(4) 이 사건 결재문서를 보고받기 전 이 사건 장비에 대한 시험평가 과정에서 피고인이 이 사건 장비가 납품실적이 없고 시험성적서를 제출하지 못하는 등의 문제점이 있다는 것을 사전에 보고받았다거나, 실무자들에게 그러한 문제점이 있다는 것을 무시하고 충족 처리를 하도록 지시를 하거나 영향력 내지 압력을 행사하였다는 점을 인정할 증거가 없다.

(5) ㉮ 이 사건 결재문서에는 일반적인 평가항목, 이 사건 장비를 비롯한 대상장비들의 성능 개요 및 시험평가결과만 간략하게 기재되어 있고, 구체적인 시험평가방침의 내용은 기재되지 않은 점, ㉯ 전력분석시험평가단(이하 '전평단'이라 한다) ○○평가처장 김DD 등 ○○평가처 소속 실무자들은 방위사업청에서 평가항목 중 군 운용적합성 분야의 시험성적서는 기 실적 보유 및 운용 중인 장비의 경우 기종 결정 후 납품 전까지 제출하는 것을 조건으로 평가할 수 있도록 하는 시험평가방침(이하 '자.항 방침'이라 한다)을 승인하여 시험평가계획을 확정한 이후로는 이 사건 장비에 대한 시험평가 실시에 관한 문제점이 해소되었다고 판단하였을 가능성을 배제하기 어려운 점, ㉰ 피고인에 앞서 이 사건 결재문서를 ○○기획참모부장 손FF, 해군참모차장 김GG가 순차 결재를 하였고, 하위 결재자들이 결재를 하면서 검토의견을 부기하지 않았는데 김DD 등이 피고인에게 더 상세한 내용을 보고하였다고 보기 어려운 점, ㉱ 김DD 등이 이미 자.항 방침의 추가로 ○○평가처 내부에서 일단락된 문제를 다시 꺼내어 이 사건 장비의 시험평가 과정에서의 문제점을 피고인에게 상세하게 보고하였을 것인지 의문이 드는 점, ㉲ 피고인이 '이 사건 장비가 개발 중인 장비지만 같은 회사가 생산한 유사장비가 이미 납품되어 운용 중에 있으므로 방위사업청이 승인한 시험평가방침에 따라 충족 처리를 하였다'는 정도의 내용만을 보고받았을 가능성이 충분히 있는 점, ㉳ 피고인으로서는 동일 제조사의 유사장비 납품실적이 기재되어 있다는 것만 가지고 시험평가 과정에서 어떤 문제점이 있다고 파악하기 어려웠을 것으로 보이는 점, ㉴ 피고인이 결재 당시 "이상 없이 잘 처리한 거냐. 사인해도 되냐.

문제없겠지."라고 말하기도 한 점 등에 비추어 보면, 피고인이 이 사건 결재문서의 결재 과정에서 이 사건 장비의 시험평가결과를 '충족'으로 처리할 수 없다는 것을 인식하게 되었다고 단정하기 어렵다.

다. 이 사건 송부문서의 작성 및 행사 부분에 관한 원심판단의 요지

증거들에 의하여 인정되는 다음과 같은 사정들, 즉 ① 이 사건 송부문서는 이 사건 결재문서에 대한 피고인의 결재가 있은 뒤 김DD, 임EE가 방위사업청에 시험평가결과를 종합적으로 보고하기 위하여 새로이 작성한 문서인데, 이 사건 결재문서가 10쪽으로 되어 있는 반면 이 사건 송부문서는 이 사건 결재문서에는 없는 시험평가방침이나 세부적인 평가항목이 추가로 기재되면서 그 분량이 29쪽에 이르고, 이 사건 송부문서를 첨부한 공문 표지에 피고인의 직인이 날인되어 있을 뿐 피고인이 직접 결재한 문서가 아니며, 달리 피고인이 이 사건 송부문서의 내용을 보고받거나 작성에 관여하였다는 사정은 엿보이지 않는 점, ② 피고인이 이 사건 결재문서의 내용이 허위임을 알면서 결재하였던 것으로 보기 어려운 이상, 피고인에게 이 사건 송부문서의 내용이 허위라는 사실에 대한 인식이 있었다고 보기 어려운 점에 비추어 보면, 피고인이 이 사건 송부문서의 작성이나 결재에 직접 또는 이 사건 결재문서의 결재를 통하여 간접적으로라도 관여하였다고 보기 어렵고, 이 사건 송부문서가 허위의 내용을 포함하여 작성되었음을 인식하였다는 점이 합리적인 의심을 할 여지가 없을 정도로 증명되었다고 보기 어렵다.

3. 당심의 판단

가. 이 사건 결재문서의 작성 및 행사 부분

원심이 설시한 위와 같은 사정들에 더하여 원심 및 당심에서 적법하게 채택·조사한 증거들에 의하여 인정되는 다음과 같은 사정들을 보태어 보면, 피고인이 이 사건 결재문서에 관하여 허위의 공문서를 작성하고 이를 행사한다는 범의가 있었다고 단정하기 어려우므로, 이 부분 공소사실을 무죄로 판단한 원심의 결론은 정당하고, 검사가 주장하는 것과 같은 사실오인의 위법이 없다.

(1) 이 사건 장비에 대한 시험평가 과정에서 가장 문제가 된 부분은 제안서평가단계에서 필수항목 중 '소음, 진동, EMI/EMC' 부분의 경우 시험성적서가 이후 제출되는 것을 조건으로 조건부 충족 처리되었음에도 시험성적서가 제출되지 않았다는 것이다. 이러한 문제점을 해결하기 위해 시험평가계획(안) 수립 과정에서 전평단 ○○평가처장 김DD와 방위사업청 분석시험평가국(이하 '분평국'이라 한다) ○○평가2과

장 권EE가 협의하여 자.항 방침을 만들게 되었는데, 위와 같이 이 사건 장비에 대한 시험성적서가 제출되지 않은 문제점이 있어 시험평가계획(안)에 자.항 방침이 추가되었다는 점이나, 그 후 실제 시험평가 과정에서도 시험성적서가 여전히 제출되지 않았다는 점이 그 무렵 피고인에게 보고되었다는 점을 인정할 마땅한 증거가 없다.

(2) 시험평가계획(안)에 자.항 방침을 추가할 때에는 전평단 ○○평가처 무기○○평가과장이 김II이었고, 그 이후에 한HH가 무기○○평가과장이 되었는데, 한HH는 전임자인 김II이나 상급자인 김DD, 임EE 어느 누구로부터도 위 자.항 방침이 들어가게 된 경위나 이 사건 장비의 문제점에 관한 어떠한 인수인계도 받지 못하였다. 이는 김DD, 임EE을 비롯한 전평단 ○○평가처 소속 실무자들이 이 사건 장비에 대한 시험평가의 문제점이 위 자.항 방침의 마련으로 해결되었다는 인식을 하였고, 시험성적서를 이후에 제출받더라도 별 문제가 없다고 생각하였을 가능성이 충분히 있음을 방증하는 또 다른 정황으로 판단된다.

(3) 앞서 본 것처럼 피고인이 이 사건 장비의 문제점에 대하여 사전에 보고를 받은 바가 없다면, 이 사건 장비를 포함하여 4종 5개 장비에 대한 시험평가결과를 비교적 짧은 시간 안에 보고받는 과정에서 피고인이 이 사건 장비의 시험평가결과에 문제점이 있다는 것을 인식하였을 가능성은 그리 높지 않을 것으로 보인다. 더욱이 이 사건 결재문서는 이 사건 장비 이외에도 수중무인탐사기(ROV) 2개 장비, 수중탐색음탐기(SSS), 피아식별기(IFF)에 대한 평가결과를 포함하고 있는데, 결론에 해당하는 '종합/건의' 부분에 수중무인탐사기(ROV) 1개는 49개 항목 중 5개가 적용규격 미제시를 이유로 조건부 충족으로 평가되었다는 내용, 수중탐색음탐기는 예인본체 비콘 수신장치 확보 등 5개의 추가반영 조치가 필요하다는 내용, 피아식별기는 레이더 전시기에 질문기 운용기능 추가반영 조치가 필요하다는 내용이 각 부기되어 있는 반면, 이 사건 장비에 대하여는 '전 항목 기준 충족'이라고만 기재되어 있을 뿐 별다른 내용이 없는 점에 비추어 보면 보고 과정에서 이 사건 장비의 문제점에 대한 충분한 보고가 이루어졌을 가능성은 더욱 희박해 보인다.

(4) 이 사건 장비에 대한 시험평가결과와 관련하여 실제로 피고인에게 어떤 내용으로 보고가 이루어졌는지에 관하여는 보고자인 김DD, 배석자인 임EE, 한GG 사이에 진술이 엇갈리는데, 김DD의 진술은 최초 진술 때 없던 내용이 시간이 갈수록 점점 상세해지고 구체화된다는 점에서 이를 그대로 신빙하기 어렵다. 다만 한GG의 비교적 일관된 진술에 의하면 김DD가 이 사건 장비에 대하여 '개발 중인 장비이고 나중에 시험성적서를 확인해야 합니다.'라는 보고를 하였다는 것인바, 이 사건 결재문서에는

이 사건 장비 뿐 아니라 나머지 장비 모두에 대하여도 '납품 전 시험성적서 제출 예정'이라는 기재가 있는 점에 비추어 보면 김DD로부터 위와 같은 내용의 보고를 들었더라도 피고인이 이 사건 장비에 대한 시험평가결과 전 항목 충족 처리된 것이 허위임을 알게 되었다고 단정하기 어렵다.

(5) 검사는 피고인이 이 사건 장비에 대한 시험평가결과가 허위라는 것을 알고 있었다는 점을 뒷받침하는 정황 중 하나로, 피고인이 이 사건 장비의 납품에 관하여 김BB로부터 청탁을 받았다는 사정을 들고 있다. 그런데 H사의 강LL에게 김BB를 소개시켜 준 방위사업청 ○○사업부 ○○함사업팀 소속 황MM은 강LL이 김BB에게 한 부탁의 의미가 이 사건 장비의 사양이 제안요청서에 반영될 수 있도록 도와 달라는 것, 소위 '스펙-인'이라고 진술한 바 있고, 김BB가 2009. 2. 하순경 '제안요청서 장비 성능이 실적함 사양으로 정해질 것 같다. 피고인의 도움이 컸는데 사례를 해야 하니 현금을 마련해 달라.'라고 하여 현금 5,000만 원을 주었다는 강LL의 진술이나 제안요청서가 확정된 뒤 2009. 4. ○. 열린 사업설명회부터는 김BB가 선체 고정음탐기 사업에 관여하지 않았다는 ○○함사업팀 담당자 김NN의 진술에도 이러한 황MM의 진술의 신빙성을 뒷받침한다.

따라서 피고인이 김BB로부터 위와 같은 내용의 청탁을 받고 이를 승낙하였다면, 선체고정음탐기에 관한 군 요구성능(안)이 이 사건 장비의 사양과 일치하게 작성되고, 이를 근거로 제안요청서의 장비 성능이 정해지게끔 어떠한 지시나 영향력을 행사하였어야 할 것으로 생각되는데, 피고인이 군 요구성능(안) 및 제안요청서의 구체적인 작성과정에 개입하였다는 뚜렷한 정황은 엿보이지 않는다.

오히려 선체고정음탐기에 관한 군 요구성능(안) 작성을 맡은 해군본부 정보통신처 정보화기획실 ○○전자기술과장 오OO는 방위사업청에서 결정하면 될 것을 해군본부에 요청하는 것이 절차에 맞지 않는다고 생각하여 사업주관부서인 방위사업청 ○○사업부 ○○함사업팀 오PP, 황MM에게 작성할 수 없다고 말하기까지 하였다는 것인데, 해군참모총장인 피고인이 이 사건 장비의 납품을 위하여 군 요구성능(안)의 작성에 개입하였다면 피고인의 직접 지휘를 받는 오OO가 위와 같은 행동을 취하였을 것으로는 도저히 여겨지지 않는다(한편 검찰에서 오OO는 오PP, 황MM이 계속 실적함인 ○○함과 □□함에 탑재된 장비의 사양으로 기재하여 달라고 하였다고 진술하였고, 선체고정음탐기의 구매사업 담당자로서 제안요청서를 작성한 김NN도 제안요청서를 작성할 때 합참에서 결정된 작전운용성능 설정근거를 반영하는 것을 제안하였으나 오PP가 해군 요구성능을 그대로 기재하라고 하였다고 진술하였다. 또 김NN은 제안요청서 표준안을 최QQ가 만들어 주었고, 세부적인 내용을 기재할 때마다 최QQ에게 검토를 받았다고 진술하기도 하였는데, 최QQ는 ○○함사업팀에서 차기 수상함구조함 사업을 실질적으로 총괄한 사람으로 2005.경부터 강LL과 친분관계를 유지하면서 2008. 초경 차기수상함구조함 사업이 신규사업으로 추진된다는 것을 처음 알려주고, 통영함에 탑재된 유압권양기와 소해함에 탑재된 가변심도음탐기(VDS)와 관련하여 강LL로부터 여러 차례 뇌물을 받아 유죄판결이 확정되었다. 이처럼 선체고정음탐기와 관련된 제안요청서의 작성 역시 방위사업청장의 직접적인 지휘를 받는 ○○함사업팀의 실무자들이 주도하였다. 이와 관련하여 피고인은 수사기관 및 원심 법정에서 당시 방위사업청장이 피고인의 □□사관학교 5년 선배여서 방위사업청의 업무나 권한을 침해한다는 오해를 받지 않도록 항상 조심하였다는 취지로 변소하였는데, 이러한 변소가 전혀 설득력이 없다고 보기는 어렵다).

나. 이 사건 송부문서의 작성 및 행사 부분

증거들에 의하여 인정되는 원심 설시 사정들을 종합하면, 피고인이 이 사건 송부문서의 작성 및 행사에 관여하였다거나 이 사건 송부문서에 허위의 내용이 포함되어 있음을 인식하였다는 점에 대한 입증이 부족하다는 이유로 이 부분 공소사실을 무죄로 판단한 원심의 결론은 정당한 것으로 수긍할 수 있고, 거기에 검사가 주장하는 것과 같은 사실오인의 위법이 없다.

4. 결론

따라서 검사의 항소는 이유 없으므로 형사소송법 제364조 제4항에 따라 이를 기각하기로 하여 주문과 같이 판결한다.

III. 참고 판결 : 통영함 사건 관련 방위사업청 ○○함사업팀장과 ○○사업부장에 관한 형사재판

대법원 2016. 9. 23. 선고 2016도3957 판결 [특정범죄가중처벌등에관한법률위반(뇌물)·부정처사후수뢰·특정범죄가중처벌등에관한법률위반(알선수재)·공문서변조·변조공문서행사·허위공문서작성·허위작성공문서행사·군사기밀보호법위반·특정경제범죄가중처벌등에관한법률위반(배임)·제3자뇌물취득]

[원심판결] 서울고등법원 2016. 2. 24. 선고 2015노2866 판결

[1심판결] 서울중앙지방법원 2015. 10. 5. 선고 2014고합1347, 1406(병합), 2015고합

182(병합), 265(병합), 584(병합, 분리) 판결

【사안의 개요】

방위사업청 ○○사업부 ○○함사업팀장 피고인 3과 ○○사업부장 피고인 5가 차기수상함구조함(ATS－II, 통영함)에 탑재할 선체고정음탐기 구매사업을 진행하면서 공모하여, 공소외 1 주식회사의 제안서 평가결과 작전운용성능 등 성능입증자료의 제출이 없어 요구조건 미충족임에도 업무상 임무에 위반하여 평가결과를 모두 '충족'이라고 기재하여 음탐기 기종결정(안)을 허위로 작성·행사함으로써 방위사업청으로 하여금 공소외 1 회사와 성능 미달의 음탐기 납품계약을 체결하게 하여 대한민국에 손해를 가하였다고 하여 허위공문서작성 및 동행사, 특정경제범죄 가중처벌 등에 관한 법률 위반(배임)으로 기소된 사안에서, 피고인들에 대한 공소사실을 무죄로 판단한 원심판결이 정당하다고 한 사례.

【판결 중요부분 발췌(요약)】: 대법원 2016. 9. 23. 선고 2016도3957 판결

1. 무기체계 구매사업의 전반적 진행 절차 및 관련 사건의 개요(기초사실 및 사건의 경과)

원심판결 이유와 적법하게 채택된 증거들에 의하면, 차기수상함구조함(ATS－ Ⅱ, 이하 '통영함'이라고 한다) 탑재 선체고정음탐기(이하 '이 사건 음탐기'라고 한다)를 중심으로 본 무기체계 구매사업의 전반적 진행 절차와 관련 사건의 개요(기초사실 및 사건의 경과)는 다음과 같다.

가. 이 사건 음탐기를 비롯한 통영함 탑재 장비의 구매사업은 방위사업청이 합동참모회의에서 결정된 작전운용성능(ROC) 및 해군의 의견을 반영하여 입찰조건에 해당하는 제안요청서를 확정하고, 그에 따라 입찰절차를 거쳐 '시험평가 및 협상 대상 장비'를 선정하면 해군본부에서 시험평가를 하고, 그 결과를 토대로 방위사업청이 기종을 결정하여 계약을 체결하고 그 후 해당 장비가 납품되면 해군본부의 수락시험을 거쳐 통영함과 함께 해군에 인도되는 절차를 거쳐 진행된다.

나. 이 사건 음탐기 구매사업은 방위사업청 사업관리실무위원회가 2009. 3.경 이 사건 음탐기를 비롯한 6종의 관급장비에 대한 구매계획이 포함된 '관급경쟁장비 구매계획(안)'을 의결하면서부터 본격적으로 시작되었다.

방위사업청 ○○사업부 ○○함사업팀(이하 '방위사업청 ○○함사업팀'이라고 한다)은 2009. 4.경 이 사건 음탐기의 제안요청서(안)을 작성하여 제안요청서 검토위원회의 심의·의결 및 ○○사업부장, 사업관리본부장의 결재를 거쳐 제안요청서를 확정하고 그

에 따라 사업설명회를 개최하였으나, 2009. 6.경 공소외 1 주식회사(이하 '공소외 1 회사'라고 한다)만 단독으로 입찰에 참여하였고, 재입찰 공고절차까지 거쳤으나 공소외 1 회사 외에 제안서를 제출한 업체가 없었다. 한편 이 사건 음탐기에 관한 해군의 요구성능은 기존 ○○함, □□함의 구형 음탐기 사양을 기준으로 작성되었고 그것이 제안요청서에 그대로 반영되었는데, 공소외 1 회사는 해군의 요구성능을 훨씬 상회하는 내용의 제안서를 제출하였다.

이후 제안서평가팀(팀장 해군 대령 공소외 2)은 2009. 6. ○.경부터 2009. 7. ○.경까지 공소외 1 회사의 제안서에 대한 평가를 실시하였는데, 일부 항목(필수조건 1개, 선택조건 2개)을 '조건부 충족'으로 판정하는 외에 나머지 항목 모두 '충족'으로 판정하였고, 방위사업청 ○○함사업팀은 2009. 7.경 그 제안서 평가결과를 토대로 공소외 1 회사가 제안한 ○○○(△△△△△△)사의 제품을 '시험평가 및 협상 대상 장비'로 선정하였다.

그에 따라 해군본부 전력시험분석평가단(이하 '전평단'이라고 한다)은 2009. 8.경 시험계획평가서를 작성하고 방위사업청 분석시험평가국(이하 '분평국'이라고 한다)의 확정 절차를 거친 다음 그 계획서에 따라 2009. 9. ○.경부터 2009. 10. ○.경까지 이 사건 음탐기에 대해 직접 시험평가를 실시하였고, 그 무렵 방위사업청은 시험평가와 별도로 공소외 1 회사와 협상을 시작하였다. 해군본부 전평단은 2009. 10. ○.경 작전운용성능, 군 운용 적합성 등 시험평가항목 전부를 '충족'으로 판정한 시험평가결과를 방위사업청 분평국에 통보하였고, 방위사업청 분평국은 2009. 11. ○.경 위 시험평가결과에 대한 검토를 거쳐 이 사건 음탐기에 대하여 '전투용 적합'이라는 판정 결과를 방위사업청 ○○함사업팀에 통보하였다.

방위사업청 계약관리본부는 2009. 11. ○. 공소외 1 회사와 이 사건 음탐기 구매가계약을 체결하였고, 방위사업청 ○○함사업팀은 위 시험평가결과 등을 토대로 이 사건 음탐기 기종결정(안)을 작성하여 사업관리실무위원회에 상정하고 2009. 11. ○. 위 위원회의 승인을 받은 뒤 2009. 11. ○. 사업관리본부장의 최종 결재를 받음으로써, 위 가계약이 2009. 12. ○. 본계약으로 효력을 발생하게 되었다.

다. 방위사업청 ○○함사업팀장인 피고인 3은 통합사업관리팀장으로서 이 사건 음탐기 구매사업을 총괄하는 위치에 있었다. 다만 위와 같은 이 사건 음탐기 구매사업의 여러 절차 중 피고인 3이 주도적으로 관여한 업무는 제안요청서(안) 작성, 사업설명회 개최 및 제안서 접수, 대상 장비 선정(안) 작성, 시험평가와 별개로 진행된 공소외 1 회사와의 협상, 기종결정(안) 작성 등이었고, 제안서 평가는 제안서평가팀에서,

시험평가는 방위사업청 분평국 주관 아래 해군본부 전평단에서 각 실시하고, 제안요청서(안) 및 기종결정(안) 등은 별도의 위원회에서 심의·의결되었다. 한편, 피고인 5는 방위사업청 ○○사업부장으로, 피고인 3의 상위 결재권자이자 사업관리실무위원회 위원장으로 이 사건 음탐기 구매사업에 관여하였다.

라. 위와 같이 체결된 이 사건 음탐기 구매계약에 따라 2011. 6. ○.경 공소외 1 회사가 납품한 이 사건 음탐기가 통영함에 탑재되었으나, 2013. 5.경부터 2013. 12.경까지 해군본부에서 실시한 통영함 운용시험평가 및 시운전평가 결과, 공소외 1 회사가 제안서를 통해 제시한 '최대탐지거리 OOOO미터'는커녕 제안요청서에 반영된 해군의 요구성능인 탐지거리 OOO야드 이상도 충족하지 못하는 것으로 확인되어 '수심 OOO미터에서 침몰선박 접촉 불가, 방위거리 오차 과다 발생' 등을 사유로 '전투용 부적합'으로 판정되었다. 이후 이 사건 음탐기의 성능 개선을 추진하였으나 여의치 않자 방위사업청은 2014. 12. ○.경 공소외 1 회사를 상대로 이 사건 음탐기 구매계약의 해지를 통보하기에 이르렀고, 그로 인하여 공소사실 기재와 같은 재산상 손해가 발생한 외에도 통영함의 적기 전력화에 차질을 빚게 되었다.

마. 검사는 위와 같은 이 사건 음탐기 구매사업의 실패 원인이 기존 ○○함, □□함의 구형 음탐기 사양이 군 요구성능에 반영된 점, 성능입증자료 없이 시험평가결과를 모두 '충족'으로 판정하는 등 시험평가결과보고서를 허위로 작성한 점, 기종결정(안)을 허위로 작성하고 요구성능을 만족하지 못하는 이 사건 음탐기의 구매절차를 중단하지 않은 점 등에 있다고 보고, 별건으로 해군본부 ○○기획참모부 ○○소요처 ○○소요과장 공소외 3 등을 군 요구성능 작성과 관련한 허위공문서작성 및 행사 혐의로, 해군본부 전평단 ○○평가처장 공소외 4, 해군참모총장 공소외 5(○○○ 전 해군참모총장) 등을 시험평가결과와 관련한 허위공문서작성 및 행사 혐의로 각 기소하였고, 기종결정(안)을 허위로 작성, 행사하고 임무위배행위로 국가에 손해를 끼쳤다는 혐의로 피고인 3, 피고인 5를 이 사건으로 기소하였다. 또한 검사는 통영함과 소해함 후속함에 탑재할 가변심도음탐기 구매사업과 관련하여 뇌물을 수수하고 가변심도음탐기의 제안요청서를 변조·행사하였다는 혐의로 피고인 1과 위 소해함 탑재 장비의 납품을 해군 및 방위사업청 관계자들에게 알선한다는 명목으로 공소외 1 회사 등을 운영하는 공소외 6으로부터 금품을 수수하고, 이 사건 음탐기 납품과 관련하여 해군참모총장에게 전달하라는 명목으로 공소외 6으로부터 뇌물을 교부받았다는 등의 혐의로 피고인 2 역시 이 사건으로 기소하였다.

2. 검사의 피고인 3, 피고인 5에 대한 상고이유에 관하여

가. 피고인 3, 피고인 5에 대한 이 사건 공소사실의 요지는 다음과 같고, 각 허위공문서작성 및 허위작성공문서행사, 특정경제범죄 가중처벌 등에 관한 법률 위반(배임)죄로 기소되었다.

피고인 3은 통영함 탑재 이 사건 음탐기 구매사업을 총괄하던 방위사업청 ○○함 사업팀장, 피고인 5는 방위사업청 ○○사업부장이다. 피고인 3, 피고인 5는 공모하여, 공소외 1 회사가 제안한 이 사건 음탐기의 제안서 평가결과 작전운용성능 등을 충족하는지 여부와 관련하여 시험평가 자료의 제시가 불충분하다는 등의 이유로 '조건부 충족' 판정을 받았고 그 후 시험평가를 거칠 때까지도 자료 제출이 제대로 이루어지지 않았음에도, 사업관리실무위원회에 상정할 기종결정(안)의 기재사항 중 '필수조건 및 선택조건의 충족 여부'를 기재함에 있어, 실제로 조건이 충족되었는지 여부를 위원들이 정확하게 알 수 있도록 제안서 평가시에 '조건부 충족'으로 판정되었던 사유 등을 있는 그대로 기재하여야 함에도, 이 사건 음탐기에 대한 기종결정(안)을 통과시킬 목적으로 마치 이 사건 음탐기가 제안서 평가시 '조건부 충족' 처리된 사실이 없거나 그 사유가 해소된 것처럼 제안서 평가결과를 모두 '충족'이라고 기재하여 기종결정(안)을 허위로 작성한 다음 사업관리실무위원회 위원들에게 회의 자료로 배부하고, 사업관리본부장의 결재를 받으면서 이를 제시하여 행사하였다. 그리고 이와 같이 기종결정 직전 단계인 시험평가시까지 성능입증자료 제출이 이루어지지 않은 이상 이 사건 음탐기는 요구조건 미충족임이 확인되었으므로 그 구매절차를 중단하는 등 구매절차를 적법하게 진행하여야 할 업무상 임무가 있었음에도 이에 위반하여, 이 사건 음탐기의 성능입증자료 제출 시기를 연기하여 주고 허위의 기종결정(안)을 작성함으로써 방위사업청으로 하여금 성능 미달의 이 사건 음탐기에 관하여 공소외 1 회사와 납품계약을 체결하게 하여, 결국에는 공소외 1 회사에 미화 3,401,000달러 상당의 재산상 이익을 취득하게 하고 피해자 대한민국에 동액 상당의 재산상 손해를 가하였다.

나. 원심판결 이유에 의하면, 원심은 그 판시와 같은 이유로, 검사가 제출한 증거들만으로는 피고인 3, 피고인 5에게 위 공소사실과 같이 허위공문서를 작성한다는 범의가 있었다거나 공소외 1 회사에 이익을 주고 대한민국에 손해를 가하려는 배임의 범의를 가지고 임무위배행위를 하였다는 사실이 합리적 의심의 여지가 없을 정도로 증명되었다고 보기 어렵다고 하여 이 부분 공소사실에 대하여 무죄를 선고한 제1심판결을 그대로 유지하였다.

다. 살피건대, 원심판결 이유 및 적법하게 채택된 증거들에 의하여 알 수 있는 아래와 같은 사정에 비추어 보면, 허위공문서작성 및 배임죄에 관한 피고인 3, 피고인 5의 범의가 합리적 의심의 여지가 없을 정도로 증명되지 못하였다고 본 원심의 판단은 수긍이 된다.

1) 이 사건 음탐기 구매사업이 실패한 원인 중 하나로 기존의 노후함인 ○○함, □□함에 설치된 ○○○(△△△△△△)사의 구형 음탐기 정도의 사양이 새로 발주하는 통영함에 탑재할 음탐기에 대한 군 요구성능으로 제시되어 방위사업청 ○○함사업팀이 작성한 제안요청서(안)에도 그대로 반영된 점이 지적되기는 하나, ○○함사업팀장인 피고인 3이나 ○○사업부장인 피고인 5가 군 요구성능 작성 과정에 의도적으로 개입하여 ○○○(△△△△△△)사의 음탐기를 취급하는 공소외 1 회사의 입찰 참여를 용이하게 하거나 관련 절차를 유리하게 진행하려고 그와 같이 충분하지 못한 요구성능으로 제안요청서를 작성하였다고 볼 만한 증거는 찾을 수 없다.

나아가 앞서 본 바와 같은 통영함 탑재장비 등 무기체계 구매사업의 진행경과를 살펴보면, 대상 장비를 선정하고 기종을 결정하는 데 특히 중요한 절차라고 할 수 있는 제안서 평가는 피고인 3이 속한 방위사업청 ○○함사업팀이 아닌 별도의 제안서 평가팀에서 하고, 시험평가는 방위사업청 분평국의 주관 아래 해군본부 전평단에서 하도록 되어 있으며, 제안요청서(안) 및 기종결정(안) 등은 각각 위원회를 구성하여 거기에서 심의·의결하도록 되어 있는 등 구매사업의 절차구조상 피고인 3이 사업 전반에 걸쳐 지배적인 영향력을 행사하거나 그 의도대로 절차를 진행할 수 있었다고 보기 어렵다. 이는 피고인 3의 상위 결재권자인 ○○사업부장 피고인 5 역시 마찬가지였다고 보인다.

2) 또한 이 사건 음탐기의 군 요구성능 자체가 높은 수준이 아니었던 데다가 이미 ○○함 등에 탑재된 음탐기 납품 실적이 있던 ○○○(△△△△△△)사의 업그레이드 제품으로 제안된 이 사건 음탐기가 그 성능을 제대로 발휘하지 못할 것이라고 예상하였다거나 문제가 많은 장비라는 사실을 알고 있으면서도 피고인 3, 피고인 5가 다른 어떤 의도를 가지고 무리하게 절차를 진행하였다고 볼 만한 정황도 발견할 수 없다.

이 사건 음탐기에 대한 해군본부 전평단의 시험평가결과가 작전운용성능, 군 운용적합성 등 모든 항목을 충족하는 것으로 되어 있고, 방위사업청 분평국에서 다시 검토를 거쳐 전투용 적합으로 판정한 이상, 피고인 3은 이 사건 음탐기의 성능에 별다른 문제가 없다고 받아들였을 가능성이 높고, 다른 특별한 사정이 없는 한 그와 같이 보는 것이 경험칙에 부합한다. 이를 뒤집고 피고인 3이 이 사건 음탐기가 성능 미달이고 문제가 많은 장비라는 사실을 알았거나 알 수 있었다고 보려면 그에 관한 충분한 증명이 있어야 하는데, 기록을 살펴보아도 그와 같이 볼 만한 증거가 부족하다.

3) 이 사건 음탐기가 제안서 평가를 거쳐 '시험평가 및 협상 대상 장비'로 선정된 이후 시험평가를 마칠 때까지도 방위사업청 ○○함사업팀은 공소외 1 회사로부터 별다른 자료 제출을 받지 못한 것으로 보이기는 한다. 그러나 시험평가 과정에서 해군본부 전평단의 요청으로 공소외 1 회사가 2회에 걸쳐 작전운용성능 등 시험평가 항목에 대한 추가 답변을 한 바 있고, 게다가 군 운용 적합성 항목 중 진동, 소음, EMI, EMC에 관한 시험성적서는 시험평가 이전에 해군본부 전평단과 방위사업청 분평국에 의하여 작성·확정된 시험평가계획서의 시험평가방침에 이미 '기종 결정 후 납품 이전 시까지 제출'하는 것을 조건으로 평가하도록 되어 있었다. 따라서 그러한 시험평가 조건의 결정과 시험평가 과정에 직접적으로 관여하거나 개입할 수 없었던 피고인 3, 피고인 5로서는 해군본부의 시험평가결과를 신뢰하고 다음 절차를 진행하는 외에 추가 심사를 위해 절차를 중단하거나 그 밖의 다른 조치를 취했어야 한다고 볼 만한 특이 사정도 보이지 않는다.

특히 피고인 3, 피고인 5에게 범의가 인정되려면 해군본부 전평단의 시험평가 과정이 단순히 절차적으로 미흡하였다는 점을 넘어서 그 결과가 명백히 잘못되었고 그에 따라 이 사건 음탐기 구매절차를 계속 진행하는 것이 자칫 해군이나 국가에 손해를 끼칠 수도 있다는 점을 미필적으로나마 인식하였다는 사정이 드러나야 하는데, 그러한 사정을 증명할 증거는 현저히 부족하다.

4) 한편, 방위사업관리규정(2009. 8. 5. 방위사업청훈령 제101호로 개정된 것)에 의하면, 기종결정(안)에 포함하여야 하는 내용 중 하나로 '대상 장비의 조건충족 상태, 필수조건 및 선택조건 충족 여부'가 규정되어 있고(제223조 제7항 제3호), 「무기체계 구매사업 제안서 및 기종결정 평가 지침」(2009. 8. 20. 방위사업청지침 제2009-54호로 개정된 것)도 기종결정(안)에는 위 내용이 포함되어야 하고(제18조 제2항 제3호) '통합사업관리팀장은 시험평가결과, 협상결과 및 비용요소평가결과를 근거로 기종결정(안)을 작성한다'고 규정하고 있다(제18조 제1항).

그런데 제안서 평가는 제안서가 제출된 장비를 '시험평가 및 협상 대상 장비'로 선정할 것인지 여부를 결정하는 절차이고, 위 규정에서 '대상 장비'라 함은 이러한 제안서 평가를 거쳐 시험평가 및 협상의 대상으로 선정된 장비를 말한다. 또한 위 지침은 기종결정(안)을 시험평가결과 등을 근거로 작성하도록 하고 있을 뿐이므로, 결국 위 규정 및 지침의 '필수조건 및 선택조건 충족 여부'는 시험평가 과정에서 그러한 조건이 충족되었는지를 기재하도록 한 것이고, 그 이전 단계인 제안서 평가과정에서 평가된 내용은 이미 대상 장비의 선정 단계를 지나 기종결정을 하는 데 이르러서는 크게 비중 있는 고려요소가 되지 못한다고 보인다.

기종결정(안)에 제안서 평가결과를 기재하는 이상, 제안서 평가 당시 조건부 충족된 항목이 존재하였다는 점을 기재하는 것이 사업관리실무위원회 위원들에게 기종결정(안) 심의와 관련하여 더욱 정확한 정보를 제공하는 것이라고 볼 여지가 없는 것은 아니지만, 위와 같은 사정에 비추어 보면 피고인 3이 기종결정(안)에 제안서 평가결과를 모두 '충족'이라고 기재한 것에 이 사건 음탐기를 납품한 공소외 1 회사에 유리하게 편의를 봐주려는 등 어떤 숨은 의도가 있었다고 쉽게 단정하기는 어려워 보인다. 오히려 원심도 인정하였듯이 기종결정(안)에 제안서 평가결과를 기재하는 방식과 관련하여 명확한 업무처리지침 내지 관행은 없었던 것으로 보이고, 피고인 3은 기종결정(안)의 작성실무를 담당한 공소외 7과 함께 기존의 선례를 참조하여 기종결정(안)을 작성하였던 것으로 보일 뿐이다.

나아가 기종결정(안)에는 시험평가결과의 상세한 기재는 물론 일부 항목에 대한 시험성적서를 '납품 전까지' 제출받기로 하였다는 취지가 명확히 드러나 있으므로 위원회 위원들이 기종결정을 하는 데 충분한 정보를 제공받지 못하였다고 볼 수도 없다.

5) 검사는 피고인 3이 제1심 법정에서 처음에는 허위공문서작성 및 행사 범행을 자백하다가 이를 번복하였다면서 원심이 자백의 신빙성 등에 관한 판단을 유탈하였다고 주장한다. 그러나 피고인 3이 자백 취지의 진술을 하였다는 제1심 제6회 공판기일에서의 진술을 살펴보더라도, 피고인 3은 이 사건 음탐기 구매사업의 진행 경과 및 업무처리 관행, 기종결정(안) 작성의 경위 등에 관하여 상세히 진술하면서 전체적으로 공소사실을 다투는 취지로 변소하고 있어 자백한 것이라고 평가하기는 어렵다. 또한 검사는 피고인 3, 피고인 5가 기종결정 시까지 이 사건 음탐기의 성능을 입증할 자료가 제출되지 않았다는 사실을 알고 있었는지에 관하여 원심이 판단을 유탈하였다고 주장하나, 원심판결 이유를 살펴보면 원심 역시 시험성적서 등이 제출되지 않은 상태에서 그 제출시기를 납품 전까지 연기해 주었음을 전제로 논리를 전개하고 있음을 알 수 있으므로, 그와 다른 전제에 선 위 주장 역시 받아들일 수 없다.

6) 무엇보다도 피고인 3, 피고인 5가 공소외 1 회사를 운영한 공소외 6이나 이 사건 음탐기 사업의 이른바 에이전트로서 당시의 해군참모총장 공소외 5의 □□사관학교 동기인 피고인 2로부터 금품이나 향응 등을 제공받았다는 등의 정황이 드러나지 않은 상태에서, 검사가 밝히고 있는 피고인 3, 피고인 5의 범행 동기, 즉 피고인 5는

진급을 위하여 공소외 5의 동기인 피고인 2의 청탁을 받고 이 사건 범행에 이르렀다거나, 피고인 3은 군 위계질서상 상급자인 피고인 5의 부당한 지시를 어길 수 없어 기종결정(안)을 허위로 작성하는 등 배임행위에 이르렀다는 점은 검사가 제출한 증거를 살펴보아도 단순한 가능성을 넘어 합리적 의심의 여지없이 충분히 증명되었다고 보기 어렵다. 오히려 검사가 들고 있는 피고인 3의 진술이나 공소외 2, 공소외 8의 진술 등을 살펴보면, 해군으로서는 이 사건 음탐기 구매사업의 예산불용 등을 방지하고 적기 전력화를 위해 연내에 사업을 추진하여 계약을 성사시켜야 한다는 압박감이 있었던 것으로 보이고, 그에 관한 해군지휘부의 관심이 당시 방위사업청에서 근무하고 있었지만 해군 소속의 현역 소장이었던 피고인 5 및 대령이었던 피고인 3 등 이 사건 음탐기 구매사업을 담당하던 해군 담당자들에게 상당한 부담으로 작용하였을 것으로 보일 뿐이다.

7) 결과적으로 성능 미달의 이 사건 음탐기가 납품된 것과 관련하여 검사 주장대로 피고인 3이 이 사건 음탐기 구매사업의 통합사업관리팀장으로서 최종적인 관리책임을 져야 한다고 보더라도, 원심판결 이유와 적법하게 채택된 증거들로부터 알 수 있는 위와 같은 제반 사정을 감안하면 피고인 3은 물론 피고인 5 등 담당자들이 업무처리상 치밀함 등이 부족하였다고 탓하는 것은 별론으로 하고, 그로부터 피고인 3, 피고인 5의 허위공문서작성 및 배임의 범의가 당연히 도출된다고는 볼 수 없다.

8) 더하여 국방과학연구소 등 전문기관은 공소외 1 회사가 제안서에 제안한 대로만 이 사건 음탐기를 제작·납품하였더라면 군 요구성능 내지 작전요구성능 등을 만족하는 데 문제가 없었을 것이라는 견해를 밝히고 있고, 이 사건 음탐기가 납품되어 통영함에 탑재된 때는 기종결정 이후로도 1년 6개월이 경과한 후인 데다가 해군이 운용시험평가 및 시운전평가를 한 때는 그 후로도 2년이 지난 시점으로 기종결정 이후로도 상당한 기간 동안 이 사건 음탐기 구매사업 등 일련의 절차가 더 진행된 점 등에 비추어 보면, 이 사건 음탐기 관련 사업실패의 원인에는 이 사건 음탐기를 대상장비로 선정한 후 시험평가 과정에서 필요한 성능을 갖추었는지 제대로 확인하지 아니한 잘못뿐 아니라 본계약 체결 이후 사업관리 등 후속 절차가 제대로 진행되었는지, 공소외 1 회사 측이 당초 제안서의 성능을 충족시키는 제품을 납품하지 못하게 된 근본 원인은 무엇이었는지 등이 두루 관련되어 있다고 보이고, 특히 공소외 1 회사가 군 요구성능을 충족하는 음탐기를 납품할 능력이나 의사가 없었음에도 구매사업에 참여하여 결국에는 성능 미달의 이 사건 음탐기를 납품한 것이라면 단순 채무불이행을 넘는 문제일 수도 있다. 결론적으로 검사가 제출한 증거들만으로는 피고인

3, 피고인 5에게 허위공문서작성의 범의가 있었다거나 배임의 범의로 임무위배행위를 하였다는 사실이 합리적 의심을 배제할 정도로 충분히 증명되었다고 보기 어렵다.

라. 결국 원심이 피고인 3, 피고인 5에 대하여 무죄를 선고한 제1심판결을 그대로 유지한 것은 정당하고, 거기에 상고이유 주장과 같이 필요한 심리를 다하지 아니하고 논리와 경험의 법칙을 위반하여 자유심증주의의 한계를 벗어나거나 관련 법령을 잘못 해석하고 허위공문서작성죄에 있어서 범행의 고의, 배임죄의 법리를 오해하거나 사실을 확정함에 있어 채증법칙을 위반하고 판단을 유탈하는 등의 잘못이 없다.

3. 피고인 1의 상고이유에 관하여

(생략)

4. 검사의 피고인 1에 대한 상고이유에 관하여

(생략)

5. 피고인 2의 상고이유에 관하여

(생략)

6. 피고인 4의 상고이유에 관하여

(생략)

7. 결론

그러므로 관여 대법관의 일치된 의견으로 상고를 모두 기각하기로 하여 주문과 같이 판결한다.

참고 판결 : 관련 군사재판 및 형사재판

1. 고등군사법원 2016. 11. 1. 선고 2016노43 판결 [허위공문서작성, 허위작성공문서행사]

고등군사법원 2016. 11. 1. 선고 2016노43 판결은 해군본부 ○○기획참모부 ○○소요처 ○○소요과에서 근무하였던 영관급 장교 ○○○(위에서 살펴본 대법원 2016. 9.

23. 선고 2016도3957 판결상의 공소외 3의 부하 직원으로서, 통영함 설계 검토위원회 위원으로 활동하기도 하였고, ○○함 함장을 역임하였음)의 허위공문서작성, 허위작성공문서행사 공소사실에 대한 항소심 판결이었는데, 피고인이 제○○○차 합동참모회의 및 함정건조기본지침서(TLR) 결과에 따른 작전운용성능, 기술적·부수적 성능 및 운용개념에 위배하여 허위의 군 요구성능(안)을 작성하였다는 점이나 피고인에게 허위의 군 요구성능(안)을 작성한다는 인식이 있었다는 점에 대하여 합리적인 의심을 할 여지가 없을 정도로 입증이 되었다고 볼 수 없다는 이유로 이 사건 공소사실에 대하여 무죄를 선고한 **제1심판결(국방부 보통군사법원 2015. 11. 25. 선고 2015고22 판결)**을 유지하여 군검사의 항소를 기각하였다.

군검사가 상고를 하였으나 대법원은 군검사의 상고를 기각하였다(대법원 2017. 6. 15. 선고 2016도21240 판결).

2. 서울고등법원 2016. 1. 28. 선고 2015노2737 판결 [허위공문서작성, 허위작성공문서행사]

서울고등법원 2016. 1. 28. 선고 2015노2737 판결은 해군본부 전평단 ○○평가처장 ○○○(위에서 살펴본 서울고등법원 2017. 1. 24. 선고 2016노2719 판결의 김DD)에 대한 허위공문서작성, 허위작성공문서행사 공소사실에 관한 항소심 판결인데, 항소심은 피고인의 아래 범죄사실을 유죄로 인정하여 피고인에게 징역 8월에 집행유예 2년을 선고하였다.

대법원 2016. 9. 23. 선고 2016도3149 판결은 피고인의 상고를 기각하여 원심의 유죄판결이 확정되었다.

[범죄사실]

피고인은 2007. 12. ○.부터 2009. 12. ○.까지 해군본부 전평단 ○○평가처장으로 근무하면서 해군이 도입하는 함정 및 일반 무기체계에 대한 시험평가 업무를 총괄하였고, 2011. 12. ○. 해군 대령으로 전역하였다.

방위사업청 ○○사업부 ○○○사업팀에서는 2009. 1.경부터 같은 해 12.경까지 차기 수상함구조함(ATS-II, 일명 '통영함', 이하 '통영함'이라 한다)에 탑재할 선체고정음탐기를 일반경쟁입찰을 통해 관급으로 구매하기 위한 절차를 진행하였고, 그 과정에서 해군본부 전평단 ○○평가처는 방위사업청 분석시험평가국(이하 '분평국'이라 한다)으로부터 통영함에 탑재할 선체고정음탐기 시험평가 대상장비로 선정된 H사에서 제안한 이 사건 음탐기에 대한 구매시험 평가를 위탁받아 2009. 9. ○.부터 2009. 10. ○.까지 이 사건 음탐기에 대한 구매시험 평가를 수행하게 되었다.

이에 해군본부 전평단 ○○평가처에서는 2009. 8. 하순경 이 사건 음탐기에 대한 시험평가계획을 수립하게 되었는데, 그 무렵 당시 ○○평가처장이었던 피고인은 시험평가 담당 실무자인 ○○평가처 무기○○평가과 통신전자담당 소령 L과 ○○평가처 무기○○평가과장 K로부터 "작전운용성능(ROC) 및 군 운용 적합성 항목과 관련된 H사 제안서 내용이 부실하고 시험성적서가 제출되지 않아 '충족'으로 판정하기 어렵다. MS○○○○은 제안서에 실적 장비인 것처럼 기재되어 있으나 실제 납품 실적이 없어 제안서에 기재된 내용이 사실과 다를 수 있으며, '실적 장비'로 취급하여 평가를 할 수 없다."는 취지의 보고를 받았다.

피고인은 L, K로부터 위와 같은 보고를 받고, 사실은 이 사건 음탐기가 실적보유 및 운용 중인 제안 장비가 아님에도 불구하고 이 사건 음탐기를 실적 장비로 처리하여 시험성적서 제출시기를 연기해 줄 목적으로, 2009. 8. 하순경 충남 ○○시 소재 해군본부 전평단장 사무실에서, 전평단장 Y에게 위 L, K로부터 보고받아 알게 된 내용을 그대로 보고하면서, "일단 실적 장비로 간주하여 구매시험 평가를 수행하고 나중에 ○○○사업팀에서 장비를 납품받기 전에 H사로부터 시험성적서를 제출받도록 하면 시험평가를 수행할 수 있을 것 같다" 는 취지로 보고하여 Y로부터 승인 및 결재를 받은 다음, 그 무렵 위 해군본부 전평단 ○○평가처에서, 위 L에게 "유사 장비인 W사의 HD○○○○의 납품 실적을 MS○○○○의 납품 실적으로 잡아 MS○○○○을 실적 장비인 것처럼 처리하고, 구매시험평가 계획 중 평가 방침에 '군 운용 적합성 분야 시험성적서 제출 관련 기 실적 보유 및 운용 중인 제안장비의 시험성적서는 기종 결정 후 납품 이전 시까지 제출토록 함을 조건으로 평가한다.' 는 내용을 넣도록 하라." 고 지시하여, 제안요청서 필수항목인 '필수-015'(진동), '필수-017'(소음), '필수-018'(전자기간섭, 전자기 적합성) 등의 시험성적서를 장비 납품시에 이를 제출받도록 평가 방침을 수립하게 하였다.

이후 해군본부 전평단 ○○평가처는 2009. 9. ○.경부터 2009. 10. ○.까지 이 사건 음탐기에 대한 시험평가를 실시하였는데, 이 사건 음탐기는 함정 탑재 실적이 전혀 없는 장비로서, H사는 당초 제출한 제안서의 부록A를 통해 공인되지 않고, 제안한 제품과 동일한지, 발급기관의 서명이 없어 정상적으로 발급되었는지 여부조차 확인불가능한 'WESMAR SBIR DIVER DEFENSE SONAR, UNIT #2, TEST REPORT(2005. 1. 24.자)'라는 제목의 시험성적서를 제시하였을 뿐 MS○○○○의 성능을 입증할 수 있는 자료를 제출하지 않았고, 특히, 군 운용 적합성(작전운용환경 적합성) 분야의 필수조건인 '진동/ 소음/ EMI, EMC(전자기 간섭, 전자기 적합성) 등 3개 항목'에 관하여는 실적 장비로 취급할 경우에 요구되는 전문공인기관의 시험성적서와 인증서를 제출하지 않았고,

방위사업청 ○○○사업팀으로부터 제안요청서 필수항목의 작전운용성능, 군 운용 적합성 충족성 확인을 위한 추가 자료의 제출을 요구받고도 시험평가시까지 아무런 자료도 제출하지 않았다.

따라서 피고인은 이 사건 음탐기에 대한 시험평가 항목 중 '작전운용성능(ROC) 및 기술적·부수적 성능 분야의 6개 항목(탐지거리/ 주파수/ 송신출력/ 송신음원준위/ 송수신 빔폭/ 연동성)과 군 운용 적합성 분야 중 3개 항목(진동/ 소음/ EMI, EMC)'에 관하여 '미충족'으로 판정하여야 한다는 것을 잘 알고 있었다.

1. 「ATS-II 탑재 구매무기체계 시험평가 결과보고」 허위 작성 및 행사

피고인은 Y와 공모하여, 2009. ○. 중순경 위 해군본부 전평단 사무실에서, 내부 승인을 받아 그 내용대로 분평국에 통보할 목적으로, 한○○, 임○○으로 하여금 컴퓨터를 사용하여 해군본부 '○○분석시험평가단 ○○평가처' 명의의 「ATS-II 탑재 구매무기체계 시험평가 결과보고」를 작성하도록 하면서, 사실은 H사가 제안한 이 사건 음탐기가 실적 장비가 아니고, 시험평가를 위한 작전운용성능 충족성 확인을 위한 입증자료가 제출되지 않았으며, 군 운용 적합성 분야 중 3개 항목(진동/ 소음/ EMI, EMC)에 대한 시험평가를 위한 시험성적서가 제출되지 않았음에도 불구하고, 마치 이 사건 음탐기가 실적 장비로서 모든 평가항목을 충족한 것처럼 "□ 대상장비 주요성능" 중 "군 운용 적합성(6) 항목"에 "충족"이라고 기재하고, 아래 "□ 시험평가결과" 표와 같이 작전운용성능 6개 항목(탐지거리/ 주파수/ 송신출력/ 송신음원준위/ 송수신 빔폭/ 연동성)과 군 운용 적합성 분야 3개 항목(진동/ 소음/ EMI, EMC)이 '충족'한 것으로 기재하도록 한 다음, Y의 승인 및 결재를 받아 2009. 10. ○.경 위와 같이 허위로 작성된 「ATS-II 탑재 구매무기체계 시험평가 결과보고」를 해군참모차장, 해군참모총장 등에게 보고한 후, 이를 전평단 무기○○평가과 사무실에 비치하였다.

이로써 피고인은 Y와 공모하여, 행사할 목적으로 공문서인 해군본부 ○○분석시험평가단 ○○평가처 명의의 「ATS-II 탑재 구매무기체계 시험평가 결과보고」를 허위로 작성하고 이를 행사하였다.

□ 시험평가 결과

평가항목				평가결과			판단
계	작전운용 성능	군운용 적합성	전력화 지원요소	충족	조건부 충 족	미충족	
26	6	6	14	26	-	-	적합

2. 「ATS-II 탑재 구매무기체계(4종) 시험평가 결과(ROV, SSS, IFF, HMS)」허위 작성 및 행사

피고인은 Y와 공모하여 2009. 10. ○경 위 1항과 같은 해군본부 전평단 사무실에서 분평국에 제출할 목적으로, 한○○, 임○○으로 하여금 컴퓨터를 사용하여 해군본부 '○○분석시험평가단 ○○평가처' 명의의 「ATS-II 탑재 구매무기체계(4종) 시험평가결과(ROV, SSS, IFF, HMS)」를 작성하도록 하면서, 사실은 H사가 제안한 이 사건 음탐기가 실적 장비가 아니고, 시험평가를 위한 작전운용성능 충족성 확인을 위한 입증자료가 제출되지 않았으며, 군 운용 적합성 분야 중 3개 항목(진동/ 소음/ EMI, EMC)에 대한 시험평가를 위한 시험성적서가 제출되지 않았음에도 불구하고, 마치 작전운용성능 6개 항목(탐지거리/ 주파수/ 송신출력/ 송신음원준위/ 송수신 빔폭/ 연동성)과 군 운용 적합성 분야 3개 항목(진동/ 소음/ EMI, EMC)이 평가기준을 충족한 것처럼 기재하도록 한 다음, Y의 승인 및 결재를 받아 같은 날 해군본부 ○○기획참모부 ○○사업협력과로 전평단장 명의의 'ATS-II 탑재 구매무기체계 시험평가결과 제출' 공문을 발송하면서 이와 같이 허위로 작성한 「ATS-II 탑재 구매무기체계(4종) 시험평가결과(ROV, SSS, IFF, HMS)」를 첨부하였다.

이로써 피고인은 Y와 공모하여, 행사할 목적으로 공문서인 해군본부 ○○분석시험평가단 ○○평가처 명의의 「ATS-II 탑재 구매무기체계(4종) 시험평가결과(ROV, SSS, IFF, HMS)」를 허위로 작성하고, 이를 행사하였다.

요약정리 [사안의 쟁점과 판결의 요지]

서울고등법원 2017. 1. 24. 선고 2016노2719 판결 [허위공문서작성, 허위작성공문서행사]

서울고등법원 2017. 1. 24. 선고 2016노2719 판결은 ○○○ 전 해군참모총장에 대한 형사재판이었는데, 피고인(○○○ 전 해군참모총장, 대법원 2016. 9. 23. 선고 2016도3957 판결상의 공소외 5)은 2009. 12.경 실무자들에게 미국계 H사의 선체고정음탐기(HMS, Hull Mounted Sonar)가 작전운용성능을 모두 충족한 것처럼 허위로 시험평가 결과 보고서를 만들어 방위사업청에 제출하도록 부하들에게 지시하였다는 내용의 공소사실로 기소되었다.

이 사안의 쟁점은 피고인의 이 사건 허위공문서작성, 허위작성공문서행사의 공소사실

이 합리적인 의심의 여지 없이 입증이 되었는지 여부였다.

1심(서울중앙지방법원 2016. 8. 18. 선고 2015고합627 판결)은 피고인에게 장비의 문제점에 대한 충분한 보고가 이루어졌을 가능성은 희박하며 피고인이 장비의 문제점에 대해 사전에 보고를 받은 바가 없다면 장비에 대한 시험평가결과를 비교적 짧은 시간 안에 보고받는 과정에서 시험평가결과에 문제점이 있다고 인식했을 가능성은 높지 않을 것으로 보이고, 실무자가 개발 중 장비이고 나중에 시험성적서를 확인해야 한다고 보고했더라도, 이 사건 장비뿐 아니라 나머지 장비 모두에 대해서도 '납품 전 시험성적서 제출 예정'이라는 기재가 있는 점 등을 볼 때 모든 항목을 '충족'으로 처리한 시험평가결과를 피고인이 허위임을 알았다고 단정하기 어렵다는 이유로 무죄를 선고하였고, 서울고등법원 2017. 1. 24. 선고 2016노2719 판결과 대법원 2017. 10. 31. 2017도2412 판결은 검사의 항소와 상고를 모두 기각하였다.

판례 4

골프장 부지에 설치된 사드(THAAD)기지 외곽 철조망을 통과하여 사드기지 내부에 들어간 경우 건조물침입죄에 해당하는지 여부

대법원 2020. 3. 12. 선고 2019도16484 판결 [폭력행위등처벌에관한법률위반(공동주거침입)]

[원심판결] 서울북부지방법원 2019. 10. 18. 선고 2019노966 판결

I. 사안의 개요 [공소사실의 요지 및 사건의 경과]

1. 공소사실의 요지

【전제 사실: 이 사건 발생 이전 상황】

한미 양국은 2016. 7. ○. 주한미군에 사드(THAAD: 고고도 미사일 방어체계)를 배치하기로 결정하였고, 2016. 7. 13. 국방부에서는 경북 ○○읍 △△리의 공군 방공기지인 △△포대 부지에 사드를 배치한다고 발표하였다. 이에 ○○ 주민들이 강력히 반발하자 2016. 7. 15. ○○군청 앞마당에서 공소외 2 국무총리와 공소외 3 국방부장관이 주민설명회를 개최하려고 하였으나 집회 참가자들과 경찰 사이에 몸싸움이 벌어지면서 국무총리 등이 피신하는 사태가 발생하였다. 그 후 국방부는 2016. 9. ○30. 사드배치 예정지를 경북 ○○군 □□면 ◇◇리에 있는 (골프장 명칭 생략)으로 변경하여 발표하였고, ○○군청 인근에서 야간에 매일 촛불집회가 개최되는 것 외에 특별한 동향은 없이 갈등 상황은 다소 소강상태로 접어들었다. 그러던 중 2017. 3. 6. 사드발사대 등 장비가 오산시에 있는 공군기지에 도착한 이후인 2017. 3. 18.과 2017. 4. 8.에는 ◇◇리에 있는 마을회관 앞에서 각각 3,000명 이상이 참여하는 대규모 집회가 개최되는 등 갈등이 점차 고조되었다.

2017. 4. ○.에 이르러 사드발사대 총 6대 중 2대가 이전에 (골프장 명칭 생략) 부지였던 사드기지 내에 반입되었고, 이에 대하여 특히 ◇◇리 주민들과 인근에 성지가 있는 ○○○ 신도들 및 이른바 진보 성향의 사회단체 회원들이 강력히 반발하면서 위 마을회관을 중심으로 사드 반대 운동을 전개하고 있었다. 특히 위와 같이 사드발사대 2대가 반입된 이후 위 사드반대단체 회원 등이 마을회관 앞 도로에서 지나가는 차량을 막아 세우며 검문을 하면서 경찰과 충돌이 생기고 이러한 상황이 언론

에 보도되면서 2017. 6. 18.경부터는 마을회관 인근에서 사드배치를 찬성하는 보수단체 회원들이 이른바 '맞불집회'를 개최하기 시작하였다. 그러던 중 2017. 9. ○.에 이르러 다음날인 2017. 9. ○. 새벽 무렵 나머지 발사대 4대가 반입될 예정이라고 알려지면서 2017. 9. ○. 16:00경부터 사드반대단체 회원 등은 사드 기지로 진입이 가능한 3개의 도로에 차량과 트랙터를 무단주차하고 마을회관 앞 도로에 연좌하여 사드 반입 저지를 다짐하며, 함께 투쟁할 사람들은 2017. 9. ○. 18:00경까지 집결하라고 소셜네트워크서비스(SNS) 등을 통해 널리 알리고 있었다.

【범죄사실】

피고인들은 2017. 9. ○. 16:17경 경북 (주소 생략)에 있는 위 사드기지 외곽 철조망 앞에 이르러, 미리 준비한 각목과 장갑을 이용하여 위 철조망을 함께 통과하여 300m 정도 진행하다가 내곽 철조망에 도착하여 미리 준비한 모포와 장갑을 이용하여 통과하였다. 그리하여 피고인들은 주한미군 병사와 장갑차를 발견하고 수풀 사이에 숨은 상태로 피고인 1이 휴대폰으로 기지 내부를 동영상 촬영하면서 페이스북에 업로드하기 위하여 "사드부대 장갑차가 보입니다. 제가 사드부대로 들어왔습니다."라고 말하는 등 상황을 실시간으로 중계하기 시작하였다. 이후 피고인 1은 동영상 촬영을 계속하며 이동하고, 피고인 2, 피고인 3은 각각 '미국, 사드 갖고 떠나라'고 기재된 가로 90㎝, 세로 20㎝ 크기의 현수막을 손으로 펼쳐 들어 보이며 "사드반대", "미국반대"를 외치면서 이동하였으며, 피고인 4도 역시 페이스북에 업로드하기 위하여 '공소외 1 회사'라는 스티커가 붙은 카메라를 들고 함께 이동하면서 이 광경을 촬영하였다. 피고인들은 이전에 골프장으로 사용될 당시에 9번홀이 있던 현재 사드 기지 내부 1㎞ 지점까지 진입한 후 대한민국 육군 병사들이 출동하여 에워싸며 가로막자 경찰관들이 올 때까지 그 자리에 있으면서 함께 구호를 외치고, 피고인 1도 피고인 2, 피고인 3과 함께 위와 같은 현수막을 펼쳐 보였다.

결국 피고인들은 위와 같이 공동하여 피해자인 대한민국 육군과 주한미군이 관리하는 건조물에 침입하였다.

2. 사건의 경과

이에 피고인들은 폭력행위등처벌에관한법률위반(공동주거침입)의 공소사실로 기소되었다.

이 사안의 쟁점은 **골프장 부지에 설치된 사드(THAAD)기지 외곽 철조망을 통과하여 사드기지 내부에 들어간 경우 건조물침입죄에 해당하는지 여부**였다.

원심(서울북부지방법원 2019. 10. 18. 선고 2019노966 판결)은 피고인들이 침입한 골프코스는 사드기지 내 건물의 위요지에 해당하지 않는다고 판단하여, 피고인들에게 유죄(각 징역 6월, 집행유예 2년)를 인정한 1심판결을 파기하고 무죄를 선고하였다.

그러나 **대법원 2020. 3. 12. 선고 2019도16484 판결**은 이 사건 사드기지는 더 이상 골프장으로 사용되고 있지 않을 뿐만 아니라 이미 사드발사대 2대가 반입되어 이를 운용하기 위한 병력이 골프장으로 이용될 당시의 클럽하우스, 골프텔 등의 건축물에 주둔하고 있었고, 군 당국은 외부인 출입을 엄격히 금지하기 위하여 사드기지의 경계에 외곽 철조망과 내곽 철조망을 2중으로 설치하여 외부인의 접근을 철저하게 통제하고 있었으므로, 이 사건 사드기지의 부지는 기지 내 건물의 위요지에 해당한다고 보아야 한다고 판시하며 원심판결을 파기하고 사건을 원심법원에 환송하였다.

II. 판결 읽어보기 [판결 중요부분 발췌(요약)] : 대법원 2020. 3. 12. 선고 2019도16484 판결

1. 건조물침입죄에서 건조물이라 함은 단순히 건조물 그 자체만을 말하는 것이 아니고 위요지를 포함하는 개념이다. 위요지란 건조물에 직접 부속한 토지로서 그 경계가 장벽 등에 의하여 물리적으로 명확하게 구획되어 있는 장소를 말한다(대법원 2004. 6. 10. 선고 2003도6133 판결 참조).

2. 원심은, 피고인들이 (골프장 명칭 생략) 부지에 설치된 사드(THAAD: 고고도 미사일 방어체계)기지 외곽 철조망을 미리 준비한 각목과 장갑을 이용하여 통과하여 300m 정도 진행하다가 내곽 철조망에 도착하자 미리 준비한 모포와 장갑을 이용하여 통과하여 사드기지 내부 1km 지점까지 진입함으로써 대한민국 육군과 주한미군이 관리하는 건조물에 침입하였다는 공소사실에 대하여, 피고인들이 위와 같이 들어간 사실은 인정되나, 골프코스와 클럽하우스, 식당(그늘집) 등의 관계는 코스 부지가 '주'이고, 클럽하우스와 식당(그늘집)은 일반적으로 골프코스의 이용을 보다 쾌적한 것으로

하기 위한 '부속시설'에 불과하므로 코스 부지를 부속시설인 클럽하우스와 식당(그늘집)의 위요지에 해당한다고 보기 어려운 점, 골프코스는 사드발사대 배치를 위한 주된 공간이고, 골프클럽하우스와 골프텔, 식당(그늘집)은 대한민국 육군과 주한미군이 사드 운용에 이용하는 건조물이라기보다 숙박을 위한 부속시설에 불과한 점 등의 이유를 들어, 피고인들이 침입한 골프코스는 사드기지 내 건물의 위요지에 해당하지 않는다고 판단한 다음, 위 공소사실을 유죄로 판단한 제1심판결을 파기하고 피고인들에 대하여 무죄의 판결을 선고하였다.

3. 위 법리에 비추어 살펴본다.

원심판결 이유를 기록과 대조하여 살펴보면, 이 사건 사드기지는 더 이상 골프장으로 사용되고 있지 않을 뿐만 아니라 이미 사드발사대 2대가 반입되어 이를 운용하기 위한 병력이 골프장으로 이용될 당시의 클럽하우스, 골프텔 등의 건축물에 주둔하고 있었고, 군 당국은 외부인 출입을 엄격히 금지하기 위하여 사드기지의 경계에 외곽 철조망과 내곽 철조망을 2중으로 설치하여 외부인의 접근을 철저하게 통제하고 있었다는 것이므로, 이 사건 사드기지의 부지는 기지 내 건물의 위요지에 해당한다고 보아야 한다.

그럼에도 불구하고 원심은 이와 달리 판단하였으니 원심판결에는 주거침입죄의 위요지에 관한 법리를 오해하여 판단을 그르친 잘못이 있다. 이를 지적하는 검사의 상고이유 주장은 이유 있다.

4. 그러므로 원심판결을 파기하고, 사건을 다시 심리·판단하도록 원심법원에 환송하기로 하여, 관여 대법관의 일치된 의견으로 주문과 같이 판결한다.

요약정리 [사안의 쟁점과 판결의 요지]

대법원 2020. 3. 12. 선고 2019도16484 판결 [폭력행위등처벌에관한법률위반(공동주거침입)]

피고인들은 2017. 9. ○. 16:17경 사드기지 외곽 철조망 앞에 이르러, 미리 준비한 각목과 장갑을 이용하여 위 철조망을 함께 통과하여 300m 정도 진행하다가 내곽 철조망에 도착하여 미리 준비한 모포와 장갑을 이용하여 통과하였다. 그리하여 피고인들은 주한미군 병사와 장갑차를 발견하고 수풀 사이에 숨은 상태로 피고인 1이 휴대폰으로 기지 내부를 동영상 촬영하면서 페이스북에 업로드하기 위하여 "사드부대 장갑차가 보입니다. 제가 사드부대로 들어왔습니다."라고 말하는 등 상황을 실시간으로 중계하기 시작하였다. 이후 피고인 1은 동영상 촬영을 계속하며 이동하고, 피고인 2, 피고인 3은 각각 '미국, 사드 갖고 떠나라'고 기재된 가로 90㎝, 세로 20㎝ 크기의 현수막을 손으로 펼쳐 들어 보이며 "사드반대", "미국반대"를 외치면서 이동하였으며, 피고인 4도 역시 페이스북에 업로드하기 위하여 '공소외 1 회사'라는 스티커가 붙은 카메라를 들고 함께 이동하면서 이 광경을 촬영하였다. 피고인들은 이전에 골프장으로 사용될 당시에 9번홀이 있던 현재 사드 기지 내부 1㎞ 지점까지 진입한 후 대한민국 육군 병사들이 출동하여 에워싸며 가로막자 경찰관들이 올 때까지 그 자리에 있으면서 함께 구호를 외치고, 피고인 1도 피고인 2, 피고인 3과 함께 위와 같은 현수막을 펼쳐 보였다. 결국 피고인들은 위와 같이 공동하여 피해자인 대한민국 육군과 주한미군이 관리하는 건조물에 침입하였다. 이에 피고인들은 폭력행위등처벌에관한법률위반(공동주거침입)의 공소사실로 기소되었다.

이 사안의 쟁점은 **골프장 부지에 설치된 사드(THAAD)기지 외곽 철조망을 통과하여 사드기지 내부에 들어간 경우 건조물침입죄에 해당하는지 여부**였다.

원심(서울북부지방법원 2019. 10. 18. 선고 2019노966 판결)은 피고인들이 침입한 골프코스는 사드기지 내 건물의 위요지에 해당하지 않는다고 판단하여 피고인들에게 유죄를 인정한 1심판결(각 징역 6월, 집행유예 2년)을 파기하고 무죄를 선고하였다.

그러나 **대법원 2020. 3. 12. 선고 2019도16484 판결**은 이 사건 사드기지는 더 이상 골프장으로 사용되고 있지 않을 뿐만 아니라 이미 사드발사대 2대가 반입되어 이를 운용하기 위한 병력이 골프장으로 이용될 당시의 클럽하우스, 골프텔 등의 건축물에 주둔하고 있었고, 군 당국은 외부인 출입을 엄격히 금지하기 위하여 사드기지의 경계에 외곽 철조망과 내곽 철조망을 2중으로 설치하여 외부인의 접근을 철저하게 통제하고 있었으므로, 이 사건 사드기지의 부지는 기지 내 건물의 위요지에 해당한다고 보아야 한다고 판시하며 원심판결을 파기환송하였다.

판례 5

현존하지는 않으나 가까운 장래에 그 설치가 확정적으로 예정되어 있는 외국군대의 군사기지도 군사시설보호법상의 군사시설에 포함되는지 여부

서울행정법원 2006. 12. 5. 선고 2006구합17383 판결 [군사시설보호구역설정처분무효확인][4]

I. 사안의 개요 [기초사실 및 사건의 경과]

이 사안에서 군당국은 '용산미군기지 이전사업'으로 인한 미군기지 이전 예정지에 경계시설(울타리) 등을 설치하고 군부대 주둔시의 중요한 군사시설을 보호하기 위한 목적으로 이 사건 설정지역을 군사시설보호구역(제한보호구역)으로 설정하였는데, 미군기지 이전 예정지에 설치된 군사시설보호구역 설정 표지판과 철조망, 군부대 주둔을 위한 숙영시설이 군사시설보호구역 설정처분의 목적인 군사시설에 해당하는지 등이 이 사건 재판에서 다투어졌다.

이 사안의 쟁점은 **가까운 장래에 그 설치가 구체적이고 확정적으로 예정되어 있는 군사시설도 군사시설보호법상의 보호구역 설정으로 보호하여야 할 군사시설에 포함되는지 여부**였다.

서울행정법원 2006. 12. 5. 선고 2006구합17383 판결은 ① 군사시설보호법 제2조 내지 제4조는 보호구역 설정으로 보호하려는 군사시설에 관하여 아무런 제한 없이 군사시설이라고만 규정하여 그것이 반드시 현존할 것을 요구하지는 않고, ② 군사목적에 직접 공용되는 군사시설은 국가의 안보와 직결되어 일반적으로 사전에 치밀한 계획하에 설치, 유지, 관리된다고 할 것인데, 그 설치 계획단계에서부터 당해 군사시설 설치에 대한 방해를 예방하고 적국의 첩보로부터 보안을 유지할 필요성이 있는 점에 비추어 보면, 그것이 현재 완공 혹은 완성되지 않았다고 할지라도 가까운 장래에 그 설치가 구체적이고 확정적으로 예정되어 있는 것이라면 이는 보호구역 설정

4) 위 판결은 2007. 4. 26. 원고가 항소를 취하하여 소급하여 2006. 12. 27.에 확정되었다.

으로 보호하여야 할 군사시설에 포함된다는 이유로, 군사시설보호법상 미군기지 이전 예정지에 설치된 군사시설보호구역 설정 표지판과 철조망, 군부대 주둔을 위한 숙영시설은 군사시설보호구역 설정처분의 목적인 군사시설에 해당하고, 새로운 군사기지 건설 과정에서의 경계, 기밀유지 등을 위한 작업은 제한보호구역 설정에 있어서의 군 작전에 해당한다고 판시하였다.

II. 판결요지 : 서울행정법원 2006. 12. 5. 선고 2006구합17383 판결

[1] 군사시설보호법령에 비추어 보면, 적어도 일정지역을 군사시설보호구역으로 설정하는 처분 전부터 그 설정지역 안에 있는 토지 또는 건축물의 소유자이거나, 혹은 그 소유자가 아니더라도 그 설정지역에 거주 또는 영농행위를 하고 있는 사람에게는, 위 군사시설보호구역 설정처분으로 인하여 주거지에의 출입 및 영농행위, 임목의 벌채 및 개간행위의 제한 등 주거의 자유권, 사생활의 비밀과 자유권, 재산권 등의 권리가 제한되고(주거의 자유권은 그 점유가 민법상 점유권원이 있는지 여부에 불문하고 보호되어야 할 권리이고, 농작물은 그 점유권원에 불구하고 경작자의 소유라는 점에서 자신의 토지가 아니라는 이유만으로 곧바로 영농행위가 제한되는 것은 아니다), 이는 법률상 보호받는 이익의 침해에 해당하므로, 위 처분의 무효 또는 취소를 구할 원고적격이 있다.

[2] 군사시설보호법 제4조 제1항은 국방부장관은 합동참모의장의 건의에 따라 보호구역 또는 민간인통제선을 설정하거나 이를 변경할 수 있다고 규정하고, 같은 법 시행령 제5조 제1항은 합동참모의장이 군사시설보호법 제4조의 규정에 의한 보호구역 등을 설정·변경 또는 해제할 필요가 있다고 인정할 때에는 그 사유와 관할부대장을 명시하고, 보호구역을 지형도에 표시하여 국방부장관에게 건의하여야 한다고 규정하고 있을 뿐, 그 건의의 절차에 관하여 아무런 재위임규정을 두고 있지 아니한 점에 비추어 볼 때, 군사시설보호법 시행규칙 제2조 제1항에서 관할부대장 또는 관리부대장으로 하여금 관계행정기관의 장과 협의하여 보호구역의 설정·변경 또는 해제에 관한 건의를 할 수 있도록 규정하고 있는 것은 군사시설보호구역의 설정 절차에 관한 행정청 내부의 사무처리준칙을 정한 것에 불과하다. 따라서 그것이 대내적으로 행정청을 기속함은 별론으로 하되 대외적으로 법원이나 일반 국민을 기속하는 효력은 없으므로, 관할부대장이 합동참모의장에게 보호구역 설정을 건의하기 전에 관계행정기관

의 장과 협의하지 아니하고 건의한 다음날 비로소 이를 시행하였다고 하여 군사시설 보호구역 설정지역을 보호지역으로 설정하는 처분이 대외적 구속력이 있는 법령에 정해진 절차를 위반한 것이라고 할 수 없다.

[3] 군사시설보호법 제2조 제1호, 같은 법 시행령 제2조에서 말하는 군사시설은 반드시 견고한 재료에 의하여 축조된 건축물 등만을 의미하는 것은 아니고, 그 사용목적이 임시적이든 영구이든 상관없이 진지·장애물 등 기타 군사목적에 직접 공용되는 시설에 해당하기만 하면 군사시설에 해당한다. 그리고 군사시설보호법 제2조 내지 제4조는 보호구역 설정으로 보호하려는 군사시설에 관하여 아무런 제한 없이 군사시설이라고만 규정하여 그것이 반드시 현존할 것을 요구하지는 않고 있고, 군사목적에 직접 공용되는 군사시설은 국가의 안보와 직결되어 일반적으로 사전에 치밀한 계획하에 설치, 유지, 관리된다고 할 것인데, 그 설치 계획단계에서부터 당해 군사시설 설치에 대한 방해를 예방하고 적국의 첩보로부터 보안을 유지할 필요성이 있는 점에 비추어 보면, 그것이 현재 완공 혹은 완성되지 않았다고 할지라도 가까운 장래에 그 설치가 구체적이고 확정적으로 예정되어 있는 것이라면 이는 보호구역 설정으로 보호하여야 할 군사시설에 포함된다.

[4] 군사시설보호법 제2조 제2호, 제3조 제2호에 의하면, 군사시설의 보호 목적뿐만 아니라 군작전의 원활한 수행을 위하여 제한보호구역을 설정할 수 있도록 규정하고 있는바, 여기에서 군작전이란 '군사적 목적을 이루기 위하여 행하는 전투, 수색, 행군, 보급 따위의 조치나 방법 등'에 국한되지 아니하고 '전략, 작전술, 전술, 군수 또는 훈련을 포함하는 군의 행동 또는 군임무의 수행, 즉 어떤 전투나 전력의 목표를 달성하는 데 필요한 모든 수행과정, 지원과정, 훈련과정'을 말한다.

III. 판결 읽어보기 [판결 중요부분 발췌(요약)] : 서울행정법원 2006. 12. 5. 선고 2006구합17383 판결

1. 기초 사실

다음 각 사실은 당사자 사이에 다툼이 없거나, 증거(생략)의 각 기재 및 변론 전체의 취지를 종합하여 이를 인정할 수 있다.

가. 미군기지 이전사업의 경위

(1) 대한민국은 2004. 10. 26. 미합중국과 1988년경부터 제기되어 온 용산미군기지

이전에 관하여 '대한민국과 미합중국간의 미합중국 군대의 서울지역으로부터의 이전에 관한 협정'과 '대한민국과 미합중국간의 미합중국 군대의 서울지역으로부터의 이전에 관한 협정의 이행을 위한 합의권고에 관한 합의서' 및 '2002. 3. 29. 서명된 대한민국과 미합중국간의 연합토지관리계획협정에 관한 개정협정'을 체결하였고, 위 '대한민국과 미합중국간의 미합중국 군대의 서울지역으로부터의 이전에 관한 협정의 이행을 위한 합의권고에 관한 합의서'를 제외한 나머지 이전협정과 토지관리계획협정은 같은 해 12. 9. 제250회 국회(정기회) 제14차 본회의에서 비준동의를 받았다.

(2) 이후 위 미군기지 이전사업에 관하여 사업시행자인 국방시설본부장은 위 조약들과 '대한민국과 아메리카합중국간의 상호방위조약 제4조에 의한 시설과 구역 및 대한민국에서의 합중국 군대의 지위에 관한 협정(SOFA)' 제2조에 따라 미합중국으로부터 전국에 산재하는 35개 미군기지, 7개 훈련장 총 5,167만 평을 반환받는 대신 미합중국에게 평택시 팽성읍에 있는 캠프 험프리(K-6 기지) 부근의 평택시 팽성읍 내리 160 외 3,709필지 285만 평(9,416,034㎡, 이후 아래에서 보는 바와 같이 위 지역이 이 사건 군사시설보호구역으로 설정되었는바, 이하 '이 사건 설정지역'이라고 한다)과 평택시 서타면에 있는 오산비행장(K-55 기지) 부근 64만 평, 합계 349만 평의 토지를 주한미군측에 제공하기 위하여 2005.경 피고로부터 국방·군사시설 사업에 관한 법률 제4조에 의한 실시계획승인을 받아 그 무렵부터 토지매수 및 수용절차에 착수하여 2005. 12.경 이 사건 설정지역 내에 있는 모든 토지에 관하여 수용절차를 완료하고 2006. 1.경 국가 명의로 소유권이전등기를 경료하였다.

나. 군사시설보호구역 설정의 경위

(1) 원고 1, 2를 비롯한 평택시 팽성읍에 거주하고 있는 일부 주민들은 2004. 8.경부터 이 사건 설정지역으로의 미군기지 이전에 적극 반대하면서, 주한미군대책기획단 주최의 팽성지역 설명회, 미군기지 편입예정지 경계선 확인작업 등을 방해하고, 수십여 차례에 걸쳐 촛불시위를 개최하여 왔다.

(2) 그리고 위 미군기지 이전에 반대하는 평택시 팽성읍 주민들은 2005. 3.경 민주노총, 민주노동당, 시민단체 등과 함께 평택미군기지 확장저지 범국민대책위원회(이하 '평택범대위'라고 한다)를 조직하고, 미군기지 이전에 관한 위 조약들이 환경권, 행복추구권, 평등권, 재산권을 침해하는 것이라고 주장하면서 같은 달 15. 헌법재판소에 2005헌마268호로 대한민국을 상대로 헌법소원심판을 제기하였고, 2005. 8. 30. 서울행정법원에 2005구합26465호로 피고를 상대로 위 실시계획승인처분의 취소를 구하는 소를 제기하였다(위 헌법소원심판은 2006. 2. 23. 위 조약들에 의하여 곧바로 청구인들의 권

리침해의 직접성이나 현재성을 인정할 수 없다는 이유로 각하되었다).

(3) 또한, 평택범대위를 비롯한 미군기지 이전에 반대하는 평택시 팽성읍 주민들은 2006. 3. 2.과 같은 달 6. 평택시 팽성읍에 있는 구 대추분교가 행정대집행되는 것을 방해한 것을 비롯하여 같은 달 15. 농로 굴착, 같은 해 4. 7. 농수로 차단행위를 방해하고, 대외적으로 미군기지 이전에 반대하는 홍보 및 시위를 하였다.

다. 군사시설보호구역 설정의 절차

(1) 육군 제51보병사단장은 평택시 팽성읍 주민들 및 평택범대위의 반대시위 및 행정대집행 방해, 예정지 내에서 영농행위로 말미암아 미군기지 이전사업의 추진이 순조롭지 못하게 되자, 2006. 4. 24. 평택 미군기지 이전사업을 원활히 추진하기 위하여 미군기지 이전지역에 경계시설(울타리)을 설치하고, 군부대 주둔시의 중요한 군사시설을 보호하기 위한 목적으로 이 사건 설정지역을 군사시설보호구역(제한보호구역, 이하 '보호구역'이라고만 한다)으로 설정하기로 하고, 같은 달 26. 관할부대 내 군사시설보호구역심의위원회의 의결을 거쳐, 같은 날 군사시설보호법 시행규칙 제2조 제1항에 의하여 합동참모의장에게 군사시설보호구역심의위원회 심의의결서, 보호구역설정 구역도 등을 첨부하여 이 사건 설정지역을 보호구역으로 설정하여 줄 것을 건의하였다.

(2) 이어 육군 제51보병사단장은 2006. 4. 27. 평택시장에게 이 사건 설정지역을 보호구역으로 설정하는 것에 대한 의견협조를 요청하였고, 평택시장은 같은 달 28. 육군 제51보병사단장에게 보호구역 설정은 불가피하나 구역은 미군측에 공여되는 면적에 한정해서 검토되어야 한다는 의견을 회신하였다.

(3) 이에 국방부 군사시설보호구역심의위원회는 2006. 5. 1. 위원회를 개최하여 이 사건 설정지역을 보호구역(제한보호구역)으로 설정하되 다만, 설정시점은 경계울타리가 설치되고 군부대가 주둔하는 때로 하는 것으로 의결하였고, 이에 따라 피고는 같은 달 2. 육군 제51보병사단장에게 위 심의위원회 의결 결과를 통보하면서 이 사건 설정지역의 경계선에 표석 및 표찰을 설치할 것을 지시하였다.

(4) 육군 제51보병사단장은 2006. 5. ○. 군 병력 600여 명을 투입하여 이 사건 설정지역이 보호구역으로 지정되었음을 알리는 표지판을 설치하였고(군사시설보호법 제6조에 의하면, 보호구역 설정시 설정사실, 관할부대장, 제한 또는 금지사항 및 위반자에 대한 처벌의 취지 기타 필요한 사항을 알리는 표지판을 설치하는 방법으로 이를 대외적으로 공표하도록 하고 있고, 따라서 위 표지판의 설치에 의하여 이 사건 설정지역을 보호구역으로 설정하는 처분의 효력이 발생하였다. 이하 '이 사건 처분'이라고 한다), 같은 날 평택시장에게 이

사건 설정지역이 보호지역으로 설정되었음을 통지하였다.

그리고 위 표지판을 설치하는 것과 동시에 이 사건 설정지역 내 평택시 팽성읍 내리에서 대추리, 도두리를 가로질러 탄천 양어장까지 8.3km에 이르는 2단 3열 2중의 철조망과 캠프 험프리에서 위 대추리, 도두리를 지나 다시 캠프 험프리로 이어지는 7km에 이르는 1단 1열의 철조망을 설치하고, 이어서 이 사건 설정지역 중 안성천과 위 2단 3열 2중의 철조망으로 나뉘어지는 부분과 위 1단 1열의 철조망으로 나뉘어지는 부분 안쪽에 컨테이너 등 병력 숙영시설을 설치하였다.

라. 이 사건 설정지역의 현황 및 추진계획

(1) 이 사건 설정지역 중 위 철조망 안에는 현재 장병숙소로 5개소에 걸쳐 컨테이너 431동, 천막 251동, 취사시설로 취사장 2개소에 걸쳐 식당 26동, 샤워시설로 샤워컨테이너 24동, 온수가열기 13개가 각 설치되어 있고, 상수도시설로 배수관 2,517m, 급수관 3,170m, 고가 및 지상에 각 3개의 수조탱크가 설치되어 있으며, 이외에 이동식 화장실이 5개소에 걸쳐 249개가 설치되어 있고, 4개의 연병장이 건설되어 있다.

(2) 이 사건 설정지역을 경계하기 위하여 철조망을 따라 33개의 경계초소 및 검문소 3개가 설치되어 있고, 총연장 8.6km에 걸쳐 경계등이 설치되어 있다.

(3) 이 사건 설정지역 중 위 철조망 안에 있는 농지들은 파종 후 농사를 짓지 못하여 현재 방치된 상태이고, 철조망 밖에 있는 마을에는 행정대집행절차에 의하여 일부 빈집들이 철거되었으며, 현재 아직까지 이주하지 아니한 약 90가구가 거주하고 있다. 그리고 이 사건 설정지역으로 통하는 평택시 팽성읍 원정리 소재 원정 3거리에 설치된 검문소에서는 경찰 2개 분대 12~13명이 상시 근무하면서(군사시설보호법 제13조 소정의 협조요청에 의한 것으로 보인다) 이 곳을 통과하는 차량 및 사람들에 대한 검문검색을 실시하고 있는데, 주민들의 경우 대체로 출입을 허용하지만 외부인의 경우에는 신원확인 후 출입을 허용하고 있다.

(4) 한편, 이 사건 설정지역에 주둔 중인 육군 제17사단 제102연대 소속 5개 중대, 육군 700연대 소속 4개 중대는 2006. 5. 5.부터 같은 해 9. 30.까지 총 7회에 걸쳐 시위차단작전을 수행하고, 주·야간 울타리 및 주요시설물에 대한 경계작전, 미군기지 이전에 따른 군사지원, 병 기본 및 주특기 훈련, 정신교육, 체력단련, 지역주민 요청시 대민지원 활동 등의 군사작전을 수행하고 있다.

(5) 피고는 이 사건 설정지역에 대한 문화재 지표조사 및 시굴, 발굴조사, 환경영향평가를 거쳐 2007. 1.부터 부지조성을 위한 설계 및 시공에 착수할 예정이고, 한편 이 사건 설정지역에는 미군측을 위한 운영 및 관리시설, 훈련시설, 정비시설, 보급

및 저장시설, 의료시설, 군막사 및 식당시설, 가족주택시설, 복지시설 등이 들어설 예정이다.

마. 원고들의 지위

(1) 원고 1은 1987.경부터 평택시 팽성읍 대추리 (지번 및 면적 생략) 등 여러 필지의 토지와 같은 읍 대추리 (지번 및 면적 생략) 및 그 지상 주택을 전부 또는 일부 소유하고, 가족들과 함께 위 대추리 (이하 주소 생략)에 주민등록상 주소지를 두고 거주하면서 위 토지에서 농사를 짓고 있었던 사람이다. 한편, 원고 1 소유의 위 토지 및 주택은 이 사건 설정지역에 모두 포함되어 있고, 다만 위 주택은 철조망 밖에 위치하고 있다.

(2) 원고 2는 1983.경부터 평택시 팽성읍 도두리 (지번 및 면적 생략) 등 여러 필지의 토지를 소유하고 평택시 팽성읍 도두리 (이하 주소 생략){부동산등기부상 평택시 팽성읍 도두리 (지번 및 면적 생략)이고, 위 토지는 학교법인 ○○학원 소유였다}에 주민등록상 주소지를 두고 거주하면서 위 토지에서 농사를 짓고 있던 사람이다. 한편, 원고 2 소유의 위 토지와 위 도두리 (이하 주소 생략) 토지는 이 사건 설정지역에 모두 포함되어 있으나, 다만 위 원고가 거주하고 있는 도두리 (이하 주소 생략) 토지는 철조망 밖에 위치하고 있다.

(3) 원고 3은 가톨릭 신부로서 평택범대위의 상임공동대표 겸 '(단체명 생략)'이란 단체의 단장이다.

2. 관계 법령

(생략)

3. 본안전 항변에 대한 판단

가. 당사자들의 주장

(1) 원고들이 이 사건 처분은 관계 행정기관과 협의를 거치지 아니하였거나, 처분 당시 보호할 군사시설이 없었다는 등의 이유로 당연무효이거나 또는 취소되어야 한다고 주장함에 대하여, 피고는 원고들이 소유하였던 토지를 포함한 이 사건 설정지역 내 토지는 현재 모두 국가의 소유이므로, 원고들이 이 사건 설정지역 내에서 거주하거나 영농을 한다고 하더라도 이는 불법점유에 해당하고 불법점유자로서 국가에 대하여 퇴거의무 등을 부담하는 원고들에게 이 사건 처분의 무효 또는 취소를 구할 법률상 보호되는 이익이 없다고 주장한다.

(2) 이에 대하여 원고 1, 2는 이 사건 설정지역 내에서 거주하면서 그곳에서 영농행위를 하고 있었고, 원고 3은 2005. 2. 3.경 소외 1로부터 이 사건 설정지역 안에 있는 평택시 팽성읍 대추리 (이하 주소 생략) 지상 주택을 임차하여 그 무렵부터 그곳에서 거주하고 있었는데, 이 사건 처분으로 인하여 주거지에의 출입 및 영농 제한을 비롯하여 주거의 안녕과 생활환경을 침해당하였고, 이는 법률상 보호되는 이익이라고 주장한다.

나. 판단

(1) 살피건대, 행정처분의 직접 상대방이 아닌 제3자라 하더라도 당해 행정처분으로 인하여 법률상 보호되는 이익을 침해당한 경우에는 그 처분의 무효확인 또는 취소를 구하는 행정소송을 제기하여 그 당부의 판단을 받을 자격이 있다 할 것이며, 여기에서 말하는 법률상 보호되는 이익이라 함은 당해 처분의 근거 법규 및 관련 법규에 의하여 보호되는 개별적·직접적·구체적 이익이 있는 경우를 말하고, 공익보호의 결과로 국민 일반이 공통적으로 가지는 일반적·간접적·추상적 이익이 생기는 경우에는 법률상 보호되는 이익이 있다고 할 수 없고(대법원 2006. 3. 16. 선고 2006두330 전원합의체 판결 참조), 나아가 구체적 사건에 있어서 당해 처분의 근거 법규 및 관련 법규가 보호하려는 이익이 개별적·직접적·구체적인 이익인지 일반적·간접적·추상적 이익인지 여부는 당해 처분의 근거 법규 및 관련 법규 등의 취지·목적, 당해 처분을 통하여 보호하려고 하는 이익의 내용·성질·태양 등을 종합하여 개별적으로 판단하여야 할 것이다.

한편, 군사시설보호법 제7조 제2호, 같은 법 시행령 제9조 제1항은 군사시설의 제한보호구역으로 설정된 경우로서 울타리 또는 출입통제표찰이 설치된 부대주둔지 안에 거주 또는 영농을 위하여 출입하고자 하는 자는 관할부대장 또는 주둔지부대장의 허가를 받아야 하고, 군사시설보호법 제9조는 위 허가를 받지 아니하고 보호구역 안에 출입한 경우에는 퇴거가 강제되며, 같은 법 제10조는 보호구역 안에서의 광물·토석 또는 토사의 채취, 조림 또는 임목의 벌채, 토지의 개간 등의 행위에 대한 허가신청시 관계행정기관의 장은 피고 또는 관할부대장 등과 협의하도록 각 규정하고 있는 점에 비추어 보면, 적어도 이 사건 처분 이전부터 이 사건 설정지역 안에 있는 토지 또는 건축물의 소유자이거나, 혹은 그 소유자가 아니더라도 이 사건 설정지역에 거주 또는 영농행위를 하고 있는 사람에게는 이 사건 처분으로 인하여 주거지에의 출입 및 영농행위, 임목의 벌채 및 개간행위의 제한 등 주거의 자유권, 사생활의 비밀과 자유권, 재산권 등의 권리가 제한된다고 할 것이고(주거의 자유권은 그 점유가 민법상 점유권원이 있는지 여부에 불문하고 보호되어야 할 권리이고, 농작물은 그 점유권원에 불구하고 경작자의 소유라는 점에서 자신의 토지가 아니라는 이유만으로 곧바로 영농행위가 제한되는 것은 아니다), 이는 법률상 보호받는 이익의 침해에 해당된다.

(2) 그러므로 먼저 원고 1, 2에 관하여 보건대, 앞서 본 바와 같이 이 사건 설정지역 내에 있는 위 원고들 소유의 주택 및 토지들은 모두 국가 명의로 소유권이전등기가 경료되어 위 원고들이 국가에게 위 토지 또는 주택을 명도하여야 할 의무를 부담하고 있다고 할지라도, 위 원고들은 이 사건 설정지역 안에서 토지를 소유하고 있었고 위 토지가 국가에 수용된 이후에도 파종 등의 영농행위를 하고 있었는데, 이 사건 설정처분으로 인하여 더 이상 영농행위를 할 수 없게 되었고, 비록 원고 1, 2가 거주하는 곳은 철조망 밖에 있어 출입시 위 군사시설보호법 제7조 제2호, 같은 법 시행령 제9조 제1항에 의한 출입허가 등이 필요하지 아니하더라도 위 원정 3거리 검문소에서의 검문검색으로 인하여 주거지에의 자유로운 출입이 제한되고 있는 점에 비추어 보면, 원고 1, 2는 이 사건 처분으로 인하여 주거의 자유권, 사생활의 비밀과 자유권, 재산권 등 법률상 보호받는 이익을 침해받게 되는 것이고, 따라서 위 원고들에게는 이 사건 처분의 무효 또는 취소를 구할 원고적격이 있다고 할 것이다.

(3) 다음으로 원고 3에 관하여 보건대, 위 원고는 이 사건 처분 이전부터 이 사건 설정지역 내에 거주하고 있다는 점을 입증하기 위하여 임대차계약서를 제출하고 있으나, 위 임대차계약서상 임차인은 원고 3이 아니라 소외 2이고, 이 사건 소장에서 위 원고 자신의 주소를 '익산시 월성동 (이하 주소 생략)'으로 기재하고 있는 점에 비추어 볼 때, 증거(생략)의 기재만으로는 원고 3이 이 사건 설정지역 내에 거주하고 있었다는 점을 인정하기에 부족하고, 달리 위 원고가 위 지역 내에 거주하고 있다든지 혹은 위 지역 내 파종하였기 때문에 계속적으로 영농을 위하여 위 지역에 출입하여야 한다는 점에 관하여 이를 인정할 아무런 증거가 없다. 그리고 위 원고가 앞서 본 바와 같이 평택범대위의 상임공동대표라거나 혹은 (단체명 생략)이라는 단체의 단장이라 할지라도, 그 지위에서 하는 역할과 이 사건 설정지역과의 관련성에 관하여 별다른 주장·입증이 없는 이 사건에 있어, 위 사실만으로 위 원고에게 이 사건 설정지역에 자신의 주거지역처럼 상시 출입하여야 한다고 보기도 어렵다. 그러므로 원고 3은 이 사건 처분으로 인하여 주거의 자유권, 사생활의 비밀과 자유권 등에 어떠한 법률상 제한을 받는다고 할 수 없고, 나아가 앞서 본 바와 같이 외지인의 경우 원정 3거리 검문소에게 검문검색을 하여 출입이 제한되고 있다고 하더라도 이것만으로 법률상 보호되는 개별적·직접적·구체적 이익을 침해당한 것이라고 할 수 없으며, 달

리 위 원고에게 이 사건 처분의 무효 또는 취소를 구할 법률상 이익이 있음을 인정할 자료가 없다. 따라서 원고 3에게는 이 사건 처분의 무효 또는 취소를 구할 원고적격이 없다고 할 것이다.

4. 이 사건 처분의 적법 여부에 대한 판단

가. 원고 1, 2의 주장

(1) 주위적으로, 피고는 이 사건 군사시설보호구역을 설정함에 있어 먼저 관할 행정기관의 장인 평택시장과 협의를 거쳐야 하는데, 이를 거치지 아니한 채 이 사건 처분을 하였고, 또한 이 사건 처분 당시 이 사건 설정지역 내에는 보호하여야 할 아무런 군사시설이 존재하지 아니하였으며, 그 이후에도 이 사건 설정지역 내에는 철조망, 임시 숙영지만 있을 뿐 보호할 만한 어떠한 군사시설이 존재하지 아니하고, 나아가 미군기지 이전사업은 군작전에 해당하지 아니한다. 따라서 이 사건 처분은 위와 같이 절차적 요건 및 실체적 요건을 흠결한 것으로서 그 하자가 중대하고 명백하여 당연무효이다.

(2) 예비적으로, 가사 이 사건 처분에 존재하는 하자가 중대·명백한 정도에 이르지 않는다고 하더라도 거기에 하자가 있는 이상 취소되어야 할 것이고, 나아가 보호구역을 설정함으로 인하여 국민의 기본권 및 재산권 행사에 제한이 크므로 보호구역 설정은 최소한의 침해에 그쳐야 하고, 비례의 원칙에 합당하여야 함에도 불구하고, 이 사건 처분은 이에 반한 것로서 위법하므로 역시 취소되어야 한다.

나. 판단

(1) 주위적 청구에 관한 판단

(가) 절차적 하자에 관한 판단

군사시설보호법 시행규칙 제2조 제1항에 의하면, 관할부대장 또는 관리부대장은 보호구역의 설정·변경 또는 해제가 필요하다고 인정하는 때에는 관계 행정기관의 장과 협의한 후 보호구역 및 군사시설일람표 등을 첨부하여 합동참모의장에게 보호구역 설정 등을 건의할 수 있도록 규정하고 있음에도, 육군 제51보병사단장은 합동참모의장에게 이 사건 보호구역 설정을 건의하기 전에 관계 행정기관의 장인 평택시장과 협의하지 아니하고, 건의한 다음날 비로소 이를 시행한 사실은 앞서 본 바와 같다.

그런데 군사시설보호법 제4조 제1항은 피고는 합동참모의장의 건의에 따라 보호구역 또는 민간인통제선(이하 '민통선'이라 한다)을 설정하거나 이를 변경할 수 있다고 규정하고, 같은 법 시행령 제5조 제1항은 합동참모의장이 군사시설보호법 제4조의 규정에 의한 보호구역 등을 설정·변경 또는 해제할 필요가 있다고 인정할 때에는 그 사유와 관할부대장을 명시하고, 보호구역을 지형도에 표시하여 피고에게 건의하여야 한다고 규정하고 있을 뿐, 그 건의의 절차에 관하여 아무런 재위임규정을 두고 있지 아니한 점에 비추어 볼 때, 군사시설보호법 시행규칙 제2조 제1항에서 관할부대장 또는 관리부대장으로 하여금 관계 행정기관의 장과 협의하여 보호구역의 설정·변경 또는 해제에 관한 건의를 할 수 있도록 규정하고 있는 것은 군사시설보호구역의 설정 절차에 관한 행정청 내부의 사무처리준칙을 정한 것에 불과하다고 할 것이다. 따라서 그것이 대내적으로 행정청을 기속함은 별론으로 하되 대외적으로 법원이나 일반 국민을 기속하는 효력은 없다고 할 것이니, 이 사건에서 관할부대장인 육군 제51보병사단장이 합동참모의장에게 이 사건 보호구역 설정을 건의하기 전에 관계 행정기관의 장인 평택시장과 협의하지 아니하고 건의한 다음날 비로소 이를 시행하였다고 하여 이 사건 처분이 대외적 구속력이 있는 법령에 정해진 절차를 위반한 것이라고 할 수 없다. 이를 다투는 위 원고들의 이 부분 주장은 이유 없다.

(나) 실체적 하자에 관한 판단

① 보호하려는 군사시설의 해당성 여부

㉮ 살피건대, 군사시설보호법 제2조 제1호는 '군사시설'이라 함은 진지·장애물 기타 군사목적에 직접 공용되는 시설을 말한다고 규정하고, 같은 법 시행령 제2조는 위 '기타 군사목적에 직접 공용되는 시설'에 관하여 군의 주요지휘시설 및 통신시설, 대공방호시설, 전쟁장비 및 물자의 연구·생산 또는 저장시설, 군용비행장 및 비상활주로, 군항 및 군용부두, 군용사격장 및 훈련장을 말한다고 규정하고 있는바, 위 규정에서 말하는 군사시설은 반드시 견고한 재료에 의하여 축조된 건축물 등만을 의미하는 것은 아니고, 그 사용목적이 임시적이든 영구이든 상관없이 진지·장애물 등 기타 군사목적에 직접 공용되는 시설에 해당하기만 하면 군사시설에 해당한다고 할 것이다.

그리고 군사시설보호법 제2조 내지 제4조는 보호구역 설정으로 보호하려는 군사시설에 관하여 아무런 제한 없이 군사시설이라고만 규정하여 그것이 반드시 현존할 것을 요구하지는 않고 있고, 군사목적에 직접 공용되는 군사시설은 국가의 안보와 직결되어 일반적으로 사전에 치밀한 계획하에 설치, 유지, 관리된다고 할 것인데, 그 설치 계획단계에서부터 당해 군사시설 설치에 대한 방해를 예방하고 적국의 첩보로부터 보안을 유지할 필요성이 있는 점에 비추어 보면, 그것이 현재 완공 혹은 완성되지 않았다고 할지라도 가까운 장래에 그 설치가 구체적이고 확정적으로 예정되어 있는 것이라면 이는 보호구역 설정으로 보호하여야 할 군사시설에 포함되는 것이라고 할 것이다.

㉯ 그러므로 이 사건에서 보건대, 2006. 5. ○. 군 병력이 투입되어 이 사건 처분이 있음을 대외적으로 알리는 표지판이 설치되는 것과 동시에 이 사건 설정지역에 철조망 및 병력 숙영시설이 설치되었고, 장래 이 사건 설정지역에 용산에서 이전되는 미군기지가 설치될 예정임은 앞에서 본 바와 같은바, 위 경계울타리인 철조망, 군부대 주둔을 위한 숙영시설은 비록 미군기지의 설치를 위하여 임시적으로 설치된 것이라고 할지라도 군사시설보호법 제2조 소정의 진지·장애물 기타 군사목적에 직접 공용되는 시설인 군사시설에 해당하고, 또한 장래 이 사건 설정지역에 확실하고 구체적인 계획에 따라 설치가 예정된 미군기지 또한 이 사건 처분의 목적인 군사시설에 해당한다고 할 것이다.

㉰ 따라서 이 사건 설정지역에 아무런 현존하는 군사시설이 존재하지 아니하고, 장래 설치될 군사시설만으로는 보호구역을 설정할 수 없다는 전제에 서 있는 위 원고들의 이 부분 주장은 이유 없다.

② 군작전 수행이 필요한 지역인지 여부

나아가 군사시설보호법 제2조 제2호, 제3조 제2호에 의하면, 군사시설의 보호 목적뿐만 아니라 군작전의 원활한 수행을 위하여 제한보호구역을 설정할 수 있도록 규정하고 있는바, 여기에서 군작전이란 '군사적 목적을 이루기 위하여 행하는 전투, 수색, 행군, 보급 따위의 조치나 방법 등'에 국한되지 아니하고 '전략, 작전술, 전술, 군수 또는 훈련을 포함하는 군의 행동 또는 군임무의 수행, 즉 어떤 전투나 전력의 목표를 달성하는 데 필요한 모든 수행과정, 지원과정, 훈련과정'을 말한다고 할 것인바, 이 사건에서와 같이 새로운 군사기지의 건설은 군전투나 전력의 목표를 달성하기 위한 지원과정으로서 군작전의 개념에 충분히 포함되고, 그 기지 건설과정에서의 경계, 기밀유지 등을 위한 작업 또한 군작전에 해당한다고 할 것이다. 따라서 이 사건 설정지역에서 군사기지 건설을 위한 작업이 군작전에 해당하지 않는다는 위 원고들의 이 부분 주장은 이유 없다.

(다) 소결론

그렇다면 피고가 이 사건 설정지역을 보호구역으로 설정함에 있어서 원고 1, 2의 주장과 같은 절차상 및 실체상 어떠한 중대하고 명백한 하자가 있다고 할 수 없고, 따라서 위 원고들의 주위적 청구는 이유 없다.

(2) 예비적 청구에 관한 판단

(가) 원고 1, 2는 이 사건 처분에 존재하는 절차적, 실체적 하자의 정도가 중대·

명백하지 않더라도 최소한 위법하므로 취소되어야 한다고 주장하나, 이 사건 처분에 위 원고들 주장과 같은 절차상, 실체상 하자가 없는 사실은 이미 앞에서 본 바와 같고, 따라서 이 사건 처분은 관계 법령에 따른 것으로 적법하다고 할 것이므로, 위 원고들의 이 부분 주장도 이유 없다.

(나) 다음으로 이 사건 처분이 최소침해의 원칙, 비례의 원칙에 반하여 위법한지 여부에 관하여 보건대, 비록 원고 1, 2가 이 사건 처분으로 인하여 주거지 출입의 제약 및 영농행위의 제한을 받고 있으나, 이 사건 설정지역은 현재 모두 국가 소유로 이전되어 위 원고들은 국가에 대하여 자신들이 점유하고 있던 토지 또는 주택을 명도하여 줄 의무가 있는 점, 위 원고들이 거주하는 곳은 이 사건 설정지역 안에 있기는 하나 철조망 밖에 위치하고 있어 주거지에의 출입시 제약은 사실상 위 원정 3거리 검문소에서 신원확인을 받는 정도에 그치는 점, 위 원고들뿐만 아니라 평택시 팽성읍 주민들, 평택범대위의 잦은 시위, 영농행위, 철거 등 방해행위로 말미암아 미군기지 이전사업에 차질을 빚고 있고, 이러한 시위, 방해행위로부터 그 임무 수행중인 군인들과 시설들을 보호하여야 할 필요성이 있는 점, 미군기지는 국가안보를 위한 중요한 군사시설로서 그 보안을 위하여 설치시부터 보호되어야 할 필요성이 있는 점 등 이 사건 변론에 나타난 모든 사정을 고려하여 볼 때, 이 사건 처분이 위 원고들의 권리를 과도하게 침해한 것으로서 최소침해의 원칙 또는 비례의 원칙에 반하는 것이라고 할 수 없다. 원고 1, 2의 이 부분 주장도 이유 없다.

(다) 따라서 원고 1, 2의 이 사건 예비적 청구도 이유 없다.

5. 결론

그렇다면 원고 3의 이 사건 소는 부적법하여 이를 각하하고, 나머지 원고들의 이 사건 청구는 이유 없어 이를 모두 기각하기로 하여 주문과 같이 판결한다.

요약정리 [사안의 쟁점과 판결의 요지]

서울행정법원 2006. 12. 5. 선고 2006구합17383 판결 [군사시설보호구역설정처분 무효확인]

이 사안에서 군당국은 '용산미군기지 이전사업'으로 인한 미군기지 이전 예정지에 경계시설(울타리)을 설치하고, 군부대 주둔시의 중요한 군사시설을 보호하기 위한 목적으로 이 사건 설정지역을 군사시설보호구역(제한보호구역)으로 설정하였는데, 미군기지 이전 예정지에 설치된 군사시설보호구역 설정 표지판과 철조망, 군부대 주둔을 위한 숙영시설이 군사시설보호구역 설정처분의 목적인 군사시설에 해당하는지 등이 이 사건 재판에서 다투어졌다.

이 사안의 쟁점은 **가까운 장래에 그 설치가 구체적이고 확정적으로 예정되어 있는 군사시설도 군사시설보호법상의 보호구역 설정으로 보호하여야 할 군사시설에 포함되는지 여부**였다.

서울행정법원 2006. 12. 5. 선고 2006구합17383 판결은 ① 군사시설보호법 제2조 내지 제4조는 보호구역 설정으로 보호하려는 군사시설에 관하여 아무런 제한 없이 군사시설이라고만 규정하여 그것이 반드시 현존할 것을 요구하지는 않고, ② 군사목적에 직접 공용되는 군사시설은 국가의 안보와 직결되어 일반적으로 사전에 치밀한 계획하에 설치, 유지, 관리된다고 할 것인데, 그 설치 계획단계에서부터 당해 군사시설 설치에 대한 방해를 예방하고 적국의 첩보로부터 보안을 유지할 필요성이 있는 점에 비추어 보면, 그것이 현재 완공 혹은 완성되지 않았다고 할지라도 가까운 장래에 그 설치가 구체적이고 확정적으로 예정되어 있는 것이라면 이는 보호구역 설정으로 보호하여야 할 군사시설에 포함된다는 이유로, 군사시설보호법상 미군기지 이전 예정지에 설치된 군사시설보호구역 설정 표지판과 철조망, 군부대 주둔을 위한 숙영시설은 군사시설보호구역 설정처분의 목적인 군사시설에 해당하고, 새로운 군사기지 건설 과정에서의 경계, 기밀유지 등을 위한 작업은 제한보호구역 설정에 있어서의 군작전에 해당한다고 판시하였다.

☞ **서울행정법원 2006. 12. 5. 선고 2006구합17383 판결**은 향후 새로운 군사시설 설치가 필요한 경우에 중요한 선례로 작용할 판례이다.

판례 6

상관을 살해한 경우 사형만을 유일한 법정형으로 규정하고 있는 구 군형법 제53조 제1항이 형벌과 책임간의 비례원칙에 위배되는지 여부

헌법재판소 2007. 11. 29. 선고 2006헌가13 결정 [군형법 제53조 제1항 위헌제청]

I. 사안의 개요 [기초사실 및 사건의 경과]

이 사건 위헌법률심판은 2005년에 발생한 ○○○GP 총기난사사건과 관련된 것으로, 이 사건 위헌법률심판 제청신청인은 상관살해 등으로 기소되어 2005. 11. 23. 3군사령부 보통군사법원에서 사형을 선고받고(2005고단11 판결) 항소하였으나, 2006. 4. 21. 국방부 고등군사법원에서 항소가 기각되었고(2005노265 판결), 상고하여 대법원 재판(2006도2783 판결) 계속 중 상관살해죄에 관한 군형법 제53조 제1항에 대하여 위헌법률심판제청신청을 하였고, 대법원은 제청신청인의 제청신청을 받아들여 헌법재판소에 위헌법률심판제청을 하였다(대법원 2006. 8. 31.자 2006초기217 결정).

이 사건 심판의 대상은 군형법(1962. 1. 20. 법률 제1003호로 제정된 것) 제53조 제1항(이하 '이 사건 법률조항'이라 한다)의 위헌 여부였으며, 그 내용은 다음과 같았다.

군형법 제53조(상관살해와 예비, 음모) ① 상관을 살해한 자는 사형에 처한다.

이 사안의 쟁점은 **전시와 평시를 구분하지 아니한 채 사형만을 유일한 법정형으로 규정하고 있는 군형법상 상관살해죄 조항이 인간의 존엄과 가치를 존중하고 보호하려는 실질적 법치국가의 이념에 어긋나고, 형벌체계상 정당성을 상실한 것인지 여부**였다.

헌법재판소 2007. 11. 29. 선고 2006헌가13 결정은 이 사건 법률조항은 범죄의 중대성 정도에 비하여 심각하게 불균형적인 과중한 형벌을 규정함으로써 죄질과 그에 따른 행위자의 책임 사이에 비례관계가 준수되지 않아 인간의 존엄과 가치를 존중하고 보호하려는 실질적 법치국가의 이념에 어긋나고, 형벌체계상 정당성을 상실한 것이라고 판시하며, 상관을 살해한 경우 사형만을 유일한 법정형으로 규정하고 있었던 구 군형법(1962. 1. 20. 법률 제1003호로 제정된 것) 제53조 제1항은 헌법에 위반된다고 결정하였고, 위 헌법재판소 결정에 따라 2009. 11. 2. 군형법 제53조 제1항은 "상관을 살해한 사람은 사형 또는 무기징역에 처한다."로 개정되었다.

II. 공소사실의 요지(2005년 ○○○GP 총기난사사건 군사재판)

피고인은 소속대 소총수로 근무하는 자인바, 2005. 1. ○. 소속대 전입 이후 평소 내향적인 성격과 자기중심적인 행동성향 등으로 소속대원들과 융화하지 못한 상태로 약 5개월여 동안 생활해 오면서 선임병들로부터 '목소리가 작다', '관등성명을 잘 대지 않는다', '표정관리를 잘 못한다'는 등의 이유로 잦은 질책과 욕설을 당하여 오던 중, 2005. 4. ○.부터 같은 달 ○.까지 정기휴가를 마치고, 2005. 5. 11. ○○○GP에 투입된 이후 같은 달 하순경까지는 선임병들의 질책이 줄어들고 동료 병사들과 휴가 때 겪었던 일들에 대한 이야기를 나누며 즐겁게 생활하고자 노력하는 등 나름대로 군생활에 잘 적응해 나가는 모습을 보이기도 하였으나, 이후 점점 빈번해지는 선임병들의 질책, 매일 반복되는 경계근무 및 과중한 작업에 대한 부담감, GP라는 폐쇄적인 공간에서 장기간 생활하는데서 오는 심리적인 압박감, 휴가에 대한 동경 등으로 인하여 생활의 의욕이 없어지고, 혼자 보내는 시간이 많아지는 등 부대적응에 어려움을 보여 오다가, 2005. 6. ○.경 더 이상 견디지 못하고 GP를 탈출하여 집으로 돌아가야겠다는 생각을 하기 시작하였고, 이를 위해서는 GP인원들을 모두 살해할 수밖에 없다고 마음먹은 뒤, 그 실행을 위해서는 위 GP의 GP장 중위 ○○○과 부GP장 하사 ○○○이 GP원들에게 주말만이라도 수면과 휴식을 보장해 주기 위하여 토요일부터 일요일로 넘어가는 야간 경계근무시 GP경계작전지침서상 밀어내기식 근무 형태를 고정식 근무형태로 임의로 변경하여 운영하고 있으며 이에 따라 근무교대를 위하여는 후방초소 근무자 중 1명이 수류탄과 실탄을 소지한 채 내무실로 들어와 후번 근무자를 깨우게 되어 있는 구조를 이용하면 되겠다는 전제하에 주말 야간 경계근무시 피고인이 후번 근무자를 깨우러 근무자를 제외한 모든 인원이 취침중인 내무실로 들어가면 기회를 보아 수류탄으로 내무실 인원을 모두 살해하고 상황실로 이동하여 소총으로 상황근무자들을 모두 살해한 다음, 상황실 내부의 간이 탄약고에 있는 실탄과 수류탄을 확보한 후 상황실 옆 계단을 통해 지상으로 이동하여 실탄과 수류탄으로 무장하고 있는 지상근무자들을 모두 살해하고, 나머지 생존 GP원들을 모두 살해하여 GP를 완전히 장악하고 난 후, 피고인의 범행사실을 은폐하기 위하여 피고인의 군번줄은 내무실에 남기고 다른 GP원들 중 한 명의 군번줄을 가지고 나와 피고인의 범행을 위장하고, 유류고에 있는 기름을 사용하여 GP를 전소시킴으로써 범죄의 흔적을 없앤 후, 도주를 위하여 GP내 공용화기(K-4, 57㎜ 무반동총)를 이용하여 GP통문을 폭파시키고 GOP철책지역을 광범위하게 공격한 후 혼란스러워진 틈을 이용하여 GOP지역 및 민간인 통제구역을 통과하여 후방으로 도주한 다음 은둔생활을 하기로 구상하고 기회를 보아 오던 중, 2005. 6. ○. 02:20경 위 GP내 후방초소에서, 상병 ○○○과 함께 경계근무에 임하다가 후번 근무자들을 깨우기 위하여 KG14 세열식 수류탄 1발과 5.56㎜ 실탄 25발들이 탄창 2개를 소지하고 내무실로 들어갔을 때 내무실 인원이 모두 취침중인 것을 보고 피고인이 구상했던 범행을 실행하기에 적당한 상황이라고 판단하여 피고인이 착용하고 있던 방탄조끼 우측 하단 주머니에 들어 있는 위 수류탄이 들어있는 수류탄 지환통을 꺼내들고 범죄의 실행 여부를 망설이다가 다시 원래의 자리에 집어넣고, 내무실 출입구 좌측 가장 근거리에 있는 피해자 상병 ○○○의 관물대에서 그의 K-1 소총 1정을 꺼내들고 위 내무실을 나와 같은 날 02:27경 위 내무실 옆 화장실로 이동하여 몇 분동안 망설이다가 소지하고 있던 수류탄 지환통의 봉인지를 뜯는 순간 더 이상 돌이킬 수 없게 되었다고 생각하고 위 구상대로 실행할 것을 결심한 후, 위 수류탄 지환통에서 수류탄을 꺼내 수류탄의 안전클립을 제거하고, 소지하고 있던 두 개의 탄창 중 한 개의 탄창을 피고인이 착용하고 있던 방탄조끼 주머니에서 꺼내 위 소총에 삽탄한 후, 재차 내무실로 이동하여,

(1) 2005. 6. ○. 02:30경 경기 ○○군에 있는 ○○○GP 막사 내 내무실에서 취침중이던 인원을 모두 살해하기 위하여 위와 같이 안전클립을 제거한 채 소지하고 있던 위 수류탄을 꺼내 수류탄의 안전고리를 제거한 후 왼손으로 출입문 우측 침상 중앙부분으로 투척하여 위 수류탄의 폭발로 인한 충격으로 마침 위 수류탄이 떨어진 자리에서 취침하고 있던 피해자 상병 ○○○(20세)으로 하여금 그 자리에서 수류탄 폭발로 인한 파편창으로 사망하게 하여 그를 살해한 것을 비롯하고, 위 내무실 내 침상에서 취침중이던 피해자 일병 ○○○(20세) 등을 모두 살해하고자 하였으나, 위와 같이 피고인이 던진 수류탄이 옆으로 누워 취침하던 위 ○○○의 배꼽 부분 앞에서

폭발하여 수류탄 폭발로 인한 대부분의 충격이 위 ○○○에게 흡수되었을 뿐만 아니라 내무실에 있던 GP원 모두가 침상 바닥에 누워 취침하고 있었기 때문에 자연히 수류탄 파편을 피할 수 있었던 관계로 그 자리에서 피해자 일병 ○○○에게 약 4주간의 치료를 요하는 소장의 천공 및 복벽, 흉벽의 파편창의 상해를, 같은 일병 ○○○에게 약 3주간의 치료를 요하는 좌측 발목 파편창의 상해를 각 입힘에 그치고 살해의 뜻을 이루지 못하고 미수에 그침과 동시에 군용에 공하는 물건인 KG14 세열식 수류탄 1발 조변가 금 22,137원 상당을 폭발하게 하여 이를 손괴하고, 폭발성 있는 물건인 위 수류탄을 파열하게 하여 전투용에 공하는 시설인 위 ○○○GP 내무실 내 수리비 불상의 침상을 파괴하여 이를 손괴하고,

(2) 위 (1)항 기재의 범행 직후 상황근무자들을 모두 살해하고 탄약을 확보하기 위하여, 같은 GP 막사 내 내무실 입구로부터 상황실 방향으로 이동하던 중, 중앙복도 체력단련실 출입문 앞에서 마침 위 (1)항 기재와 같은 폭발음을 듣고 중앙복도로 나오려는 피해자 GP장 중위 ○○○(24세)에게 상관인 줄 알면서도 소지하고 있던 K-1 소총을 연발로 발사하여, 위 ○○○으로 하여금 그 자리에서 흉부관통총창으로 사망하게 하여 상관인 위 ○○○을 살해하고,

(3) 위 (2)항 기재의 범행 직후 같은 GP 막사 내 상황실에 이르는 중앙복도를 따라 상황실 방향으로 돌아서던 중, 수류탄 폭발음과 총성을 듣고 상황실에서 나오려는 피해자 후임 GP장 중위 ○○○(24세)에게 상관인 줄 알면서도 위 K-1 소총을 연발로 발사하였으나 위 ○○○이 낮은 자세로 총탄을 피하며 신속하게 상황실로 뛰어 들어가고, 그 순간 피고인이 발사한 총탄이 배전판이 있는 벽을 때려 그 충격으로 상황실과 복도의 불이 정전이 되어 어두어지는 바람에 상황실 장악이 어렵다고 판단하여 살해의 뜻을 이루지 못하고 미수에 그치고,

(4) 위 (3)항 기재의 범행 직후 옥외 상황실쪽 출입문에서 상황실 정면을 공격하기 위하여 이동하던 중, 같은 GP 막사내 중앙복도에서 마침 취사장 안에서 출입문을 통하여 중앙복도로 나오려는 피해자 상병 ○○○(21세)의 좌측 다리를 발견하고 이를 향하여 위 K-1 소총을 연발로 발사하여 위 ○○○에게 우측 대퇴부 관통상, 좌측 대퇴부 맹관총상 등의 상해를 가하고, 재차 근접하여 취사장 출입문 안쪽에 쓰러져 있는 위 ○○○을 향하여 위 K-1 소총을 연발로 발사하여 위 ○○○으로 하여금 그 자리에서 두부관통총창 등에 의하여 사망하게 하여 위 ○○○을 살해하고,

(5) 위 (4)항 기재의 범행 후 옥외에 있던 상황실쪽 출입구로 이동하여 상황실을 향하여 위 K-1 소총을 발사하였으나 격발이 되지 않자, 탄창을 제거하고 소지하고

있던 나머지 25발들이 탄창으로 갈아 끼운 후, 같은 GP 막사내 내무실에서 수류탄 폭발 및 총성으로 적이 침투한 것으로 판단한 내무실 인원들이 상황조치 및 부상자 응급조치 등으로 소란스러운 소리를 내자 피고인은 이를 듣고 내무실로 접근하여 열려져 있는 내무실 출입문 좌측에 몸을 반쯤 걸친 상태로 내무실 인원들을 향하여 위 K-1 소총을 연발로 발사하여, 마침 내무실 전등 스위치를 켠 후 내무실 출입문을 개방하고 뒤돌아 내무실 안으로 들어가려던 피해자 상병 ○○○(20세)로 하여금 그 자리에서 두부맹관 총창 등으로, 같은 상병 ○○○(20세)으로 하여금 좌측대퇴부 맹관총창으로, 내무실 맞은편 침상 위에 있던 상병 ○○○(20세)로 하여금 흉부 및 하퇴부 관통창 등으로, 같은 상병 ○○○(20세)으로 하여금 흉부관통총창 등으로 그 자리에서 각 사망하게 하고, 위 (1)항 기재의 수류탄 폭발시 부상을 입고 맞은편 침상으로 건너오려던 같은 상병 ○○○(19세)으로 하여금 그 자리에서 흉부관통총창 등을 입게 하고 후송 중 같은 날 06:07경 국군○○병원 응급실에서 위 총상으로 인한 과다출혈로 사망하게 하는 등 위 피해자들을 각 살해하고,

(6) 위 (5)항 기재의 범행 직후 실탄으로 무장하고 있는 지상근무자들을 살해하기 위하여 옥외 2초소로 통하는 계단을 통해 같은 GP 막사 지상에 위치한 전방 고가초소로 이동하여 고가초소의 출입문을 몸으로 밀고 들어갈 때 위 초소에 배치되어 경계근무에 임하고 있던 초병인 피해자 일병 ○○○(20세)을 발견하고 그를 살해하기 위하여 위 K-1 소총의 방아쇠를 당겼으나 위 (5)항 기재와 같은 내무실 총기난사로 실탄이 모두 소진되어 실탄이 발사되지 않아 살해의 뜻을 이루지 못하고 미수에 그쳤다.

III. 결정요지 : 헌법재판소 2007. 11. 29. 선고 2006헌가13 결정

[다수의견]

법정형의 종류와 범위를 정하는 것이 기본적으로 입법자의 권한에 속하는 것이라고 하더라도, 형벌은 죄질과 책임에 상응하도록 적절한 비례성이 지켜져야 하는바, 군대 내 명령체계유지 및 국가방위라는 이유만으로 가해자와 상관 사이에 명령복종관계가 있는지 여부를 불문하고 전시와 평시를 구분하지 아니한 채 다양한 동기와 행위태양의 범죄를 동일하게 평가하여 사형만을 유일한 법정형으로 규정하고 있는 이 사건 법률조항은, 범죄의 중대성 정도에 비하여 심각하게 불균형적인 과중한 형벌을 규정함으로써 죄질과 그에 따른 행위자의 책임 사이에 비례관계가 준수되지 않아 인간의

존엄과 가치를 존중하고 보호하려는 실질적 법치국가의 이념에 어긋나고, 형벌체계상 정당성을 상실한 것이다.

[재판관 조대현의 헌법불합치의견]

(생략)

[재판관 김종대의 각하의견]

(생략)

Ⅳ. 결정 읽어보기 [결정 중요부분 발췌(요약)] : 헌법재판소 2007. 11. 29. 선고 2006헌가13 결정

1. 사건의 개요와 심판의 대상

(생략)

2. 제청법원의 위헌심판제청이유 및 관계기관의 의견

가. 제청법원의 위헌심판제청이유

군형법 제53조 제1항의 범죄구성요건에는 전시와 평시의 구분은 물론 행위유형에 관한 아무런 제한도 없이 경중의 차이가 있는 모든 행위유형이 다 포함될 수 있도록 폭넓게 개방되어 있을 뿐만 아니라, '상관'의 정의에 관한 군형법 제2조 제1호에 의하면, "명령복종관계에 있는 자 사이에서 명령권을 가진 자를 말하고, 명령복종관계가 없는 자 사이에서는 상계급자와 상서열자를 상관에 준한다"고 규정하고 있어서 그 행위의 객체도 상서열자까지를 망라하여 군형법 제53조 제1항이 광범위하게 적용될 수 있는 길을 열어놓고 있는 반면에, 법정형으로는 유일하게 사형만을 규정함으로써 법관의 양형선택과 판단권을 극도로 제한하고 있다. 이러한 처벌조항은 형벌이 죄질과 책임에 상응하도록 적절한 비례성을 갖고 있다고 보기 어렵고, 이에 따라 헌법 제10조의 인간으로서의 존엄과 가치를 보장하려는 국가의 의무 및 헌법 제37조 제2항의 과잉입법금지의 원칙 위반의 의심이 있다.

또한, 군형법 제53조 제1항이 사안의 경중에 차이가 있는 다양한 행위유형에 따른 양형조건을 무시한 채 일률적으로 사형만을 선고하도록 하는 것은, 상관살해죄보다 더 중하다고 볼 수 있는 내란목적살인죄에 관한 형법 제88조가 법정형으로 사형, 무기징역 또는 무기금고를, 반란죄 중 반란행위로써 살해를 한 경우에 관한 군형법 제5조 제2호가 법정형으로 사형, 무기 또는 7년 이상의 징역이나 금고를 각 규정하고 있는 것에 비추어 보더라도 형벌체계상의 정당성과 균형을 상실한 것으로서, 헌법 제11조의 평등의 원칙 위반의 의심이 있다.

나. 국방부장관의 의견

(생략)

3. 판단

가. 재판의 전제성에 관한 판단

법률에 대한 위헌제청이 적법하기 위해서는 법원에 계속 중인 구체적인 사건에 적용할 법률이 헌법에 위반되는 여부가 재판의 전제로 되어야 한다. 재판의 전제성이란, 첫째 구체적인 사건이 법원에 계속되어 있었거나 계속 중이어야 하고, 둘째 위헌 여부가 문제되는 법률이 당해 소송사건의 재판에 적용되는 것이어야 하며, 셋째 그 법률이 헌법에 위반되는지의 여부에 따라 당해 소송사건을 담당한 법원이 다른 내용의 재판을 하게 되는 경우를 말한다. 여기서 법원이 "다른 내용의" 재판을 하게 되는 경우라 함은 원칙적으로 법원이 심리 중인 당해 사건의 재판의 결론이나 주문에 어떠한 영향을 주는 것뿐만 아니라, 문제된 법률의 위헌 여부가 비록 재판의 주문 자체에는 아무런 영향을 주지 않는다고 하더라도 재판의 결론을 이끌어 내는 이유를 달리하는데 관련되어 있거나 또는 재판의 내용과 효력에 관한 법률적 의미가 전혀 달라지는 경우도 포함된다(헌법재판소 1993. 12. 23. 93헌가2, 판례집 5-2, 578, 587; 헌법재판소 2000. 6. 29. 99헌바66 등 판례집 12-1, 848, 864).

국방부장관은 이 사건 관련 증거에 의하여 공소사실이 인정되고, 양형조건에 비추어 결론이 달라질 가능성이 없기 때문에 재판의 전제성이 없다고 주장하나, 헌법재판소가 이 사건 위헌심판제청을 받아들여 사형만을 유일한 법정형으로 규정하고 있는 이 사건 법률조항에 대하여 위헌선언을 하는 경우 위 법률조항이 소급하여 효력을 상실하게 되어 이 사건 법률조항을 적용법조로 한 공소사실에 대하여는 적용할 수 없게 되므로 법원이 심리 중인 당해 사건의 재판의 주문에 영향을 미치게 되고, 제청신청인에 대한 처벌조항으로 이 사건 법률조항이 아닌 다른 법률조항, 예컨대 형법상 단순살인죄로 적용법조를 변경하는 공소장 변경이 있는 경우에도 당해 사건의 재판의 이유가 달라지게 되어 결국 이 사건 법률조항의 위헌 여부에 따라 이 사건 재판의 내용은 달라질 수밖에 없으므로 재판의 전제성이 인정된다고 할 것이다.

나. 본안에 관한 판단

(1) 법정형의 내용에 대한 입법권의 범위와 한계

헌법재판소는 형벌법규에 대한 입법권의 범위와 한계에 관하여 "어떤 행위를 범죄로 규정하고, 이에 대하여 어떠한 형벌을 과할 것인가 하는 문제는 원칙적으로 입법자가 우리의 역사와 문화, 입법 당시의 시대적 상황과 국민일반의 가치관 내지 법감정, 범죄의 실태와 죄질 및 보호법익 그리고 범죄예방효과 등을 종합적으로 고려하여 결정하여야 할 국가의 입법정책에 관한 사항으로서 광범위한 입법재량 내지 형성의 자유가 인정되어야 할 분야이다. 따라서 어느 범죄에 대한 법정형이 그 죄질과 이에 대한 행위자의 책임에 비하여 지나치게 가혹한 것이어서 전체 형벌체계상 현저히 균형을 잃게 되고 이로 인하여 다른 범죄자와의 관계에 있어서 헌법상 평등의 원리에 반하게 된다거나, 그러한 유형의 범죄에 대한 형벌 본래의 기능과 목적을 달성함에 있어 필요한 정도를 일탈함으로써 헌법 제37조 제2항으로부터 파생되는 비례의 원칙 혹은 과잉금지의 원칙에 반하는 것으로 평가되는 등 입법재량권이 헌법규정이나 헌법상의 제원리에 반하여 자의적으로 행사된 경우가 아닌 한, 법정형의 높고 낮음은 입법정책의 당부의 문제이지 헌법위반의 문제는 아니라"고 일관되게 판시하고 있다(헌법재판소 1992. 4. 28. 90헌바24, 판례집 4, 225, 229; 헌법재판소 1995. 4. 20. 91헌바11, 판례집 7-1, 478, 487; 헌법재판소 1995. 10. 26. 92헌바45, 판례집 7-2, 397, 404; 헌법재판소 1999. 5. 27. 96헌바16, 판례집 11-1, 529, 538-539; 헌법재판소 1999. 5. 27. 98헌바26, 판례집 11-1, 622-629 등 참조).

(2) 책임과 형벌간의 비례원칙

우리 헌법은 국가권력의 남용으로부터 국민의 기본권을 보호하려는 법치국가의 실현을 기본이념으로 하고 있고, 법치국가의 개념은 범죄에 대한 법정형을 정함에 있어 죄질과 그에 따른 행위자의 책임 사이에 적절한 비례관계가 지켜질 것을 요구하는 실질적 법치국가의 이념을 포함하고 있다(헌법재판소 1992. 4. 8. 90헌바24, 판례집 4, 225, 230).

입법자가 형벌이라는 수단을 선택함에 있어서는 그 형벌이 불법과 책임의 경중에 일치하도록 하여야 하고, 만약 선택한 형벌이 구성요건에 기술된 불법의 내용과 행위자의 책임에 일치되지 않는 과도한 것이라면 이는 비례의 원칙을 일탈한 것으로 헌법상 용인될 수 없다.

법정형의 종류와 범위를 정하는 것은 기본적으로 입법자의 권한에 속하는 것이지만, 법정형의 종류와 범위를 정할 때에는 형벌 위협으로부터 인간의 존엄과 가치를 존중하고 보호하여야 한다는 헌법 제10조의 요구에 따라야 하고, 형벌개별화의 원칙이 적용될 수 있는 범위의 법정형을 설정하여 실질적 법치국가의 원리를 구현하도록 하여야 하며, 형벌이 죄질과 책임에 상응하도록 적절한 비례성을 지켜야 한다. 이러한 요구는 형벌을 가중하는 경우에도 마찬가지여서(헌법재판소 1992. 4. 28. 90헌바24 판례집 4, 225, 230) 입법취지에서 보아 중벌(重罰)주의로 대처할 필요성이 인정되는 경우라 하더라도 그 가중의 정도가 통상의 형벌과 비교하여 현저히 형벌체계상의 정당성과 균형성을 잃은 것이 명백하다면, 그러한 입법의 정당성은 부인되고, 인간의 존엄성과 가치를 보장하는 헌법의 기본원리에 반하여 위헌적인 법률이 될 것이다(헌법재판소 2001. 11. 29. 2001헌가16, 판례집 13-2, 570, 582).

(중략)

(3) 비례의 원칙 위반 여부

이 사건 법률조항은 상관을 살해한 경우 전시와 평시를 구분하지 아니한 채 그 동기와 행위태양이 어떠한가를 묻지 아니하고 그 죄질을 동일하게 평가하여 법정형으로 사형만을 규정하고 있는바, 상관을 살해한 책임이 아무리 중대하다고 하더라도 전시와 평시를 구분하지 아니한 채 다양한 동기와 행위태양의 범죄를 동일하게 평가하여 사형만을 유일한 법정형으로 규정하고 있는 것이 과연 정당화될 수 있는가 하는 점이 문제가 된다.

(가) 법정형의 종류와 범위를 정함에 있어서 고려해야 할 사항 중 가장 중요한 것은 당해 범죄의 보호법익과 죄질로서 보호법익이 다르면 법정형의 내용이 다를 수 있고, 보호법익이 같다고 하더라도 죄질이 다르면 또 그에 따라 법정형의 내용이 달라질 수밖에 없다(헌법재판소 1997. 3. 27. 95헌바50, 판례집 9-1, 290, 298-299).

우리 형법은 사람의 생명을 박탈한 고의적인 살인범을 고살과 모살의 구분없이 사형, 무기 또는 5년 이상의 징역형으로 규정하여 구체적 사건을 재판하는 법관에게 범행의 정상과 범죄인의 죄질을 참작한 후 탄력적으로 형을 선택하여 선고하고 작량감경할 사유가 있는 경우에는 집행유예의 선고가 가능하도록 폭넓은 법정형을 정하고 있고, 존속살인의 경우에도 사형, 무기 또는 7년 이상의 징역형에 처하도록 하고 있으며, 군형법상 초병살해의 경우에도 사형 또는 무기징역에 처하도록 하고 있는 점을 비교 교량해 보면 평시에 일어난 군대 내 상관살해를 그 동기와 행위태양을 묻지 아니하고 무조건 사형으로 다스리는 것은 형벌체계상의 정당성을 잃은 것으로서 범죄의 중대성 정도에 비하여 심각하게 불균형적인 과중한 형벌이고, 형사정책적인 관점에서 보거나 작금의 세계적인 입법추세에 비추어 보더라도 적정한 형벌의 제정이라고 보기 어렵다.

(나) 이 사건 법률조항은 일반예방적 차원에만 치중한 전근대적인 중형위주의 가혹한 응보형주의에 따른 입법규정은 될 수 있지만 범죄인의 교육개선과 사회복귀를 기본으로 하는 우리 헌법의 기본취지에 일치한다고 보기 어렵고, 군대 내 명령체계유지 및 국가방위라는 이유만으로 전시인지 평시인지를 구분하지 않고, 가해자와 상관 사이에 명령복종관계가 있는지 여부를 불문하고, 상관을 살해하기만 하면 사형에 처하도록 규정하고 있는 것은 형벌이 죄질과 책임에 상응하는 적절한 비례성을 갖추고 있다고 보기 어렵다. 비록 법관이 작량감경을 할 수 있다고는 하지만, 법정형 자체가 죄질과 책임에 상응하는 적절한 비례성을 갖추지 못하고 있다면, 작량감경제도의 존재만으로 그러한 흠결이 치유되는 것이라 보기 곤란하다.

(다) 상관폭행, 상관상해 등 다른 군형법 조항이 적전인 경우와 기타의 경우로 구분하여 법정형을 따로 규정하고 있는 것을 보면 상관살해 역시 적전인 경우와 기타의 경우, 또는 전시와 평시로 구분할 수 있을 것이고, 적어도 적전이 아니거나 평시의 경우 그 동기와 살해에 이르게 된 정황, 살해방식 등을 고려하여 합리적 양형이 가능하도록 규정되어야 할 것이다. 다른 나라의 입법례를 살펴보더라도 이 사건 법률조항과 같이 상관살해에 대하여 사형만을 유일한 법정형으로 규정하고 있는 법제가 없을 뿐만 아니라 군형법상 상관살해에 대하여 일반 살해죄에 비하여 가중하여 처벌하는 규정을 둔 국가조차 찾기 어려운바, 비록 남북한 대치상태가 존재하는 특수상황이 있다 하더라도 군의 기강과 전력은 법정형의 위하적인 효과만으로 기대하기는 어렵다는 점을 고려할 때 그러한 법제를 더 이상 유지시킬 실익이 적다고 할 것이다. 또한, 법정형을 사형으로 한정한 것이 지니는 강력한 심리적 위하효과를 부정할 수는 없겠으나, 그것이 구체적인 정황에서 상관살해행위를 어느 정도 배제시키는 일반예방 효과를 지니는지 여부가 불분명하며, 범행동기와 죄질에 무관하게 사형만을 유일한 법정형으로 규정하고 있는 것은 형벌이 죄질과 책임에 상응하는 적절한 비례성을 갖추고 있다고 보기 어렵고, 인간의 존엄과 가치를 존중하고 형벌이 죄질과 책임에 상응하도록 정하여야 한다는 실질적 법치국가의 이념에 반한다.

4. 결론

이상에서 살펴본 바와 같이 이 사건 법률조항은 범죄의 중대성 정도에 비하여 심각하게 불균형적인 과중한 형벌을 규정함으로써 죄질과 그에 따른 행위자의 책임 사이에 비례관계가 준수되지 않아 인간의 존엄과 가치를 존중하고 보호하려는 실질적 법치국가의 이념에 어긋나고, 형벌체계상 정당성을 상실한 것이므로 주문과 같이 결정한다. 이 결정은 재판관 조대현의 아래 5.와 같은 헌법불합치의견, 재판관 김종대의 아래 6.과 같은 반대의견이 있는 외에는 나머지 관여 재판관의 일치된 의견에 의한 것이다.

5. 재판관 조대현의 헌법불합치의견

(생략)

6. 재판관 김종대의 각하의견

(생략)

요약정리 [사안의 쟁점과 판결의 요지]

헌법재판소 2007. 11. 29. 선고 2006헌가13 결정 [군형법 제53조 제1항 위헌제청]

이 사안의 쟁점은 **전시와 평시를 구분하지 아니한 채 사형만을 유일한 법정형으로 규정하고 있는 군형법상 상관살해죄 조항이 인간의 존엄과 가치를 존중하고 보호하려는 실질적 법치국가의 이념에 어긋나고, 형벌체계상 정당성을 상실한 것인지** 여부였다.

이 사건 위헌법률심판은 2005년에 발생한 ○○○GP 총기난사사건과 관련된 것으로, 위헌법률심판 제청신청인은 상관살해 등으로 기소되어 2005. 11. 23. 3군사령부 보통군사법원에서 사형을 선고받고 항소하였으나, 2006. 4. 21. 국방부 고등군사법원에서 항소가 기각되었고, 상고심 계속 중 상관살해죄에 관한 군형법 제53조 제1항에 대하여 위헌법률심판제청신청을 하였다. 이에 대법원은 제청신청인의 제청신청을 받아들여 헌법재판소에 위헌법률심판제청을 하였는데, 이 사건 심판의 대상은 구 군형법 제53조 제1항의 위헌 여부였으며, 그 내용은 다음과 같았다.

> 군형법 제53조(상관살해와 예비, 음모)
> ① 상관을 살해한 자는 **사형**에 처한다.

헌법재판소 2007. 11. 29. 선고 2006헌가13 결정은 이 사건 법률조항은 범죄의 중대성 정도에 비하여 심각하게 불균형적인 과중한 형벌을 규정함으로써 죄질과 그에 따른 행위자의 책임 사이에 비례관계가 준수되지 않아 인간의 존엄과 가치를 존중하고 보호하려는 실질적 법치국가의 이념에 어긋나고, 형벌체계상 정당성을 상실한 것이라고 판시하며, 상관을 살해한 경우 사형만을 유일한 법정형으로 규정하고 있었던 구 군형법 제53조 제1항은 헌법에 위반된다고 결정하였다.

☞ 위 헌법재판소 결정에 따라 2009. 11. 2. 군형법 제53조 제1항은 "상관을 살해한 사람은 사형 또는 무기징역에 처한다."로 개정되었다.

판례 7

'평화적 생존권'이 헌법상 보장된 기본권인지 여부

헌법재판소 2009. 5. 28. 선고 2007헌마369 결정 [2007년 전시증원연습등 위헌확인]

I. 사안의 개요 [기초사실 및 사건의 경과]

헌법재판소는 2006. 2. 23. 헌법재판소 2006. 2. 23. 선고 2005헌마268 전원재판부 결정(대한민국과 미합중국간의 미합중국 군대의 서울지역으로부터의 이전에 관한 협정 등 위헌확인)에서 ① 미군기지의 이전은 공공정책의 결정 내지 시행에 해당하는 것으로서 인근 지역에 거주하는 사람들의 삶을 결정함에 있어서 사회적 영향을 미치게 되나, 개인의 인격이나 운명에 관한 사항은 아니며 각자의 개성에 따른 개인적 선택에 직접적인 제한을 가하는 것이 아니므로, 따라서 그와 같은 사항은 헌법상 자기결정권의 보호범위에 포함된다고 볼 수 없고, ② 오늘날 전쟁과 테러 혹은 무력행위로부터 자유로워야 하는 것은 인간의 존엄과 가치를 실현하고 행복을 추구하기 위한 기본 전제가 되는 것이므로 헌법 제10조와 제37조 제1항으로부터 평화적 생존권이라는 이름으로 이를 보호하는 것이 필요하며, 그 기본 내용은 침략전쟁에 강제되지 않고 평화적 생존을 할 수 있도록 국가에 요청할 수 있는 권리라고 볼 수 있으나, 이 사건 조약들(대한민국과 미합중국간의 미합중국군대의 서울지역으로부터의 이전에 관한 협정 등)은 미군기지의 이전을 위한 것이고, 그 내용만으로는 장차 우리 나라가 침략적 전쟁에 휩싸이게 된다는 것을 인정하기 곤란하므로 이 사건에서 평화적 생존권의 침해가능성이 있다고 할 수 없으며, ③ 이 사건 조약들에 의해서 청구인들의 환경권, 재판절차진술권, 행복추구권, 평등권, 재산권이 바로 침해되는 것이 아니고, 미군부대 이전 후에 청구인들이 권리침해를 받을 우려가 있다 하더라도 이는 장래에 잠재적으로 나타날 수 있는 것이므로 권리침해의 '직접성'이나 '현재성'을 인정할 수 없다고 판시한 바가 있었다.

그런데 한미연합사령부가 2007년 전시증원연습인 RSOI 연습과 이와 연계된 연합/합동 야외기동 훈련인 독수리 연습(FE)을 대한민국 전역에서 실시한다고 발표하자, 이 사건 헌법소원심판 청구인들은 이 연습은 북한을 상대로 한 특정 작전계획에 따른 선제적 공격훈련이 명백하며, 이는 헌법 전문, 헌법 제4조, 헌법 제5조, 평화적 생존권의 침해라고 주장하면서 헌법재판소에 헌법소원심판을 청구하였다.

이 사안의 쟁점은 **'평화적 생존권'이 헌법상 보장된 기본권인지 여부**였는데, **헌법재판소 2009. 5. 28. 선고 2007헌마369 결정**은 ① 한미연합 군사훈련은 1978. 한미연합사령부의 창설 및 1979. 2. 15. 한미연합연습 양해각서의 체결 이후 연례적으로 실시되어 왔고, 특히 이 사건 연습은 대표적인 한미연합 군사훈련으로서, ② 피청구인(대통령)이 2007. 3.경에 한 이 사건 연습결정이 새삼 국방에 관련되는 고도의 정치적 결단에 해당하여 사법심사를 자제하여야 하는 통치행위에 해당된다고 보기는 어려우나, ③ 청구인들이 평화적 생존권이라는 이름으로 주장하고 있는 평화란 헌법의 이념 내지 목적으로서 추상적인 개념에 지나지 아니하고, 평화적 생존권은 이를 헌법에 열거되지 아니한 기본권으로서 특별히 새롭게 인정할 필요성이 있다거나 그 권리내용이 비교적 명확하여 구체적 권리로서의 실질에 부합한다고 보기 어려워 헌법상 보장된 기본권이라고 할 수 없다고 판시하면서, ④ 종전에 헌법재판소가 이 결정과 견해를 달리하여 '평화적 생존권을 헌법 제10조와 제37조 제1항에 의하여 인정된 기본권으로서 침략전쟁에 강제되지 않고 평화적 생존을 할 수 있도록 국가에 요청할 수 있는 권리'라고 판시한 헌법재판소 2006. 2. 23. 선고 2005헌마268 결정을 이 결정과 저촉되는 범위 내에서 변경하였다.

II. 결정 읽어보기 [결정 중요부분 발췌(요약)] : 헌법재판소 2009. 5. 28. 선고 2007헌마369 결정

1. 사건의 개요(기초사실 및 사건의 경과)와 심판의 대상

가. 사건의 개요(기초사실 및 사건의 경과)

(1) 한미연합사령부는 2007. 3. 6. '2007 전시증원연습인 RSOI(Reception, Staging, Onward Movement and Integration ; 수용, 대기, 전방 이동 및 통합) 연습과 이와 연계된 연합/합동 야외기동 훈련인 독수리 연습(FE: Foal Eagles)을 2007. 3. 25.부터 같은 달 31.까지 대한민국 전역에서 실시하며, 이는 방어적인 연습(a defensive oriented exercise)으로서 외부의 공격으로부터 대한민국을 방어할 수 있는 연합사의 능력을 향상

시키는데 중점을 둔 것'이라는 취지를 발표하였다(이하 위 2개의 군사연습을 통틀어 '이 사건 연습'이라 한다).

(2) RSOI 연습은 1994년부터 연례적으로 실시하고 있는 연례 연합/합동 지휘소 연습(joint/combined command-post exercise)으로, 전시 한반도에 증원될 미 증원군의 최초 도착에서 전방 이동 및 전장으로 통합되는 일련의 절차와 이에 대한 한국군의 전시지원, 상호 군수지원, 동원 및 전투력 복원 절차 등을 익히기 위한 것이다.

또한, 독수리 연습(FE)은 1961년부터 매년 실시해 전투부대들의 전 군내 연합/합동 야외기동연습(theater-wide joint and combined field training exercise)으로, 개전초기 한국의 후방지역에 북한의 특수전 부대가 침투하는 것에 대비하는 연습과 군단급 야외기동훈련, 주요 장비의 전방 이동, 기타 훈련 활동 등으로 이루어지며, 2002년부터 RSOI 연습과 통합하여 매년 3월 하순에 RSOI/FE 연습으로 실시되고 있다.

(3) 이 사건 연습은 한미상호방위조약(대한민국과 아메리카합중국간의 상호방위 조약)에 의거하여 매년 행해져 왔던 것이며, 유엔사령부를 통해 북한 측에게도 그때마다 사전에 통보되었다.

(4) 청구인들은 '이 사건 연습이 북한에 대한 선제적 공격연습으로서 한반도의 전쟁발발 위험을 고조시켜 동북아 및 세계 평화를 위협하므로 청구인들의 평화적 생존권을 침해한다.'고 주장하면서 2007. 3. 22. 이 사건 헌법소원심판을 청구하였다.

나. 심판의 대상

청구인들은 ① 국군통수권자인 피청구인이 이 사건 연습을 하기로 한 결정(이하 '이 사건 연습결정'이라고 한다.) 및 ② 이에 따라 국방부장관 등이 구체적, 개별적인 지휘·감독권을 행사함으로써 대한민국 정부가 실시하는 이 사건 연습 등 2가지를 기본권 침해의 원인이 되는 공권력의 행사로서 주장한다.

그런데 이 사건 연습은 피청구인의 국군통수권 행사의 일환으로 한미합동 군사훈련을 하기로 한 결정에 따라 이루어진 사실행위에 불과하고, 그 자체로서 청구인들에게 일방적으로 어떤 의무나 행위를 강제하는 결과를 초래하는 권력적 사실행위 등 공권력의 행사로 보기는 어렵다.

따라서 이 사건 심판의 대상은 이 사건 연습결정이 청구인들의 기본권을 침해하는지 여부로 한정하기로 한다.

2. 당사자들의 주장 및 이해관계인의 의견요지

가. 청구인들의 주장요지

이 사건 연습은 북한을 상대로 한 특정 작전계획에 따른 선제적 공격훈련이 명백하며, 이는 헌법 전문(평화적 통일, 항구적인 세계평화), 헌법 제4조(평화적 통일정책), 헌법 제5조(국제평화의 유지, 침략적 전쟁 부인)에 위반되는 것이다.

또한, 피청구인이 헌법을 수호할 책무(헌법 제66조 제2항)를 위반하여 국군통수권을 행사하고, 이에 따라 국방부장관 및 합동참모의장, 각 군 참모총장, 해병대사령관이 구체적, 개별적인 지휘·감독권을 행사함으로써 대한민국정부가 위헌적인 이 사건 연습에 참여하게 되었는바, 이것은 휴전상태의 한반도에 예측불허의 전쟁 발발의 위험성을 고조시켜 한반도를 비롯한 동북아 지역의 평화, 나아가 항구적인 세계평화를 위협하고, 제5차 6자회담 3단계회의에서 참여국들이 합의한 9·19 공동성명의 초기이행조치에 관한 2·13 합의의 이행에 난관을 조성하여 평화공존을 위한 대화와 협상을 저해하며, 냉전적 남북대결을 조장하여 남북교류·협력·화해·화합에 배치되는 권력적 행위이다. 청구인들은 이로써 헌법 제10조 및 헌법 제37조 제1항으로부터 인정되는 평화적 생존권을 침해받았다.

나. 피청구인의 의견

피청구인은 아무런 답변을 하지 않았다.

다. 이해관계인 국방부장관의 의견요지

(1) 이 사건 연습은 국민의 기본권에 영향을 미치는 대외적 효력을 가진 공권력의 행사로 볼 수 없으므로 헌법소원의 심판대상으로 삼을 수 없고, 설령 심판대상으로 하더라도 이 사건 연습의 실시 자체만으로 청구인들의 기본권에 직접적으로 어떠한 침해를 발생시킬 가능성은 더더욱 없다.

(2) 나아가 이 사건 연습으로 인하여 평화적 생존권 침해가 직접적으로 당장 발생할 수 있는 것도 아니고, 남북관계 및 북미관계의 정세변화 등을 포함하는 수많은 요인이 청구인들이 우려하는 방향으로 진전될 것을 전제로 하는 하나의 가설에 불과한 것으로 기본권 침해의 현재성이 인정되지 않는다.

(3) 이 사건 연습은 피청구인인 대통령의 국군통수권 행사 및 한반도를 둘러싼 국제정치관계 등 관련 제반 상황을 종합적으로 고려한 고도의 정치적 결단의 결과물인바, 이는 통치행위에 해당하여 사법심사의 대상이 되지 않는다.

(4) 설령 청구인들의 주장이 적법요건을 구비하였다고 하더라도, 이 사건 연습으로 인하여 평화적 생존권 침해의 위험성은 가정적 판단에 불과하고 위와 같이 수많은 정치적 상황변화에 대한 하나의 가설에 지나지 않으므로, 기본권 침해의 성숙 정도가 헌법재판소의 심리에 필요한 최소한의 수준에도 미치지 못하는 것으로 이유 없다.

3. 적법요건에 관한 판단

가. 통치행위에 해당하는지 여부

통치행위란 고도의 정치적 결단에 의한 국가행위로서 그 결단을 존중하여야 할 필요성이 있어 사법적 심사의 대상으로 삼기에 적절하지 못한 행위라고 일반적으로 정의되고 있는바, 궁극적으로 국민 내지 국익에 영향을 미치는 복잡하고도 중요한 문제로서 국내 및 국제 정치관계 등 제반 상황을 고려하여 미래를 예측하고 목표를 설정하는 등 고도의 정치적 결단이 요구되는 사안에 관하여, 현행 헌법이 채택하고 있는 대의민주제 통치구조하에서 대의기관인 대통령과 국회가 내린 결정은 가급적 존중되어야 할 것이다(헌법재판소 2004. 4. 29. 2003헌마814, 판례집 16-1, 601, 606 참조).

그러나 한미연합 군사훈련은 1978. 한미연합사령부의 창설 및 1979. 2. 15. 한미연합연습 양해각서의 체결 이후 연례적으로 실시되어 왔고, 특히 이 사건 연습은 대표적인 한미연합 군사훈련으로서, 피청구인이 2007. 3.경에 한 이 사건 연습결정이 새삼 국방에 관련되는 고도의 정치적 결단에 해당하여 사법심사를 자제하여야 하는 통치행위에 해당된다고 보기 어렵다.

나. 평화적 생존권이 헌법상 보장된 기본권인지 여부

(1) 우리 헌법은 전문에서 “조국의 평화적 통일”, “항구적인 세계평화”를 추구할 이념 내지 목적으로 규정하고 있고, 제1장 총강에서 평화적 통일정책에 관하여(제4조), 국제평화 유지의 노력과 침략전쟁의 부인에 관하여(제5조 제1항), 국제법규 존중에 관하여(제6조 제1항) 각 규정하고 있을 뿐, 제2장 국민의 권리와 의무에서 “평화적 생존권”이란 기본권을 따로 규정하고 있지는 않다. 따라서 “평화적 생존권”이 헌법상 보장된 기본권인지 여부는 이를 헌법상 열거되지 아니한 기본권으로 인정할 것인지 여부의 문제이다.

(2) 헌법 전문 및 제1장 총강에 나타난 “평화”에 관한 규정에 의하면, 우리 헌법은 침략적 전쟁을 부인하고 조국의 평화적 통일을 지향하며 항구적인 세계평화의 유지에 노력하여야 함을 이념 내지 목적으로 삼고 있음은 분명하다. 따라서 국가는 국민이 전쟁과 테러 등 무력행위로부터 자유로운 평화 속에서 생활을 영위하면서 인간의 존엄과 가치를 지키고 헌법상 보장된 기본권을 최대한 누릴 수 있도록 노력하여야 할 책무가 있음은 부인할 수 없다.

그러나 평화주의가 헌법적 이념 또는 목적이라고 하여 이것으로부터 국민 개인의 평화적 생존권이 바로 도출될 수 있는 것은 아니다. 헌법에 열거되지 아니한 기본권을 새롭게 인정하려면, 그 필요성이 특별히 인정되고, 그 권리내용(보호영역)이 비교적 명확하여 구체적 기본권으로서의 실체 즉, 권리내용을 규범 상대방에게 요구할 힘이 있고 그 실현이 방해되는 경우 재판에 의하여 그 실현을 보장받을 수 있는 구체적 권리로서의 실질에 부합하여야 할 것이다.

그런데 평화적 생존권을 구체적 기본권으로 인정한다고 가정할 때, 그 권리내용이란 우선 "침략전쟁에 대한 것"에서 찾을 수밖에 없을 것이다. 왜냐하면 "침략전쟁이나 방어전쟁을 불문하고 전쟁이 없는 평화"란 자국의 노력만으로 이룰 수 있는 것이 아니라 세계 각국이 함께 노력하여 형성하는 평화로운 국제질서의 확립에 의해 달성할 수 있는 것일 뿐만 아니라 우리 헌법이 세계평화의 원칙을 규정하면서도 침략전쟁만을 부인하고 있기 때문이다. 따라서 평화적 생존권의 권리내용으로서 상정할 수 있는 것은 "침략전쟁에 강제로 동원되지 아니할 권리", "침략전쟁을 위한 군사연습, 군사기지 건설, 살상무기의 제조·수입 등 전쟁준비 행위가 국민에게 중대한 공포를 초래할 경우 관련 공권력 행사의 정지를 구할 권리" 등일 것이다.

그러나 침략전쟁과 방어전쟁의 구별이 불분명할 뿐만 아니라 전시나 전시에 준한 국가비상상황에서의 전쟁준비나 선전포고 등 행위가 침략전쟁에 해당하는지 여부에 관한 판단은 고도의 정치적 결단에 해당하여 사법심사를 자제할 대상으로 보아야 할 경우가 대부분일 것이다(헌법재판소 2004. 4. 29. 2003헌마814 판례집 16-1, 601, 607 참조).

또한, 평상시의 군사연습, 군사기지 건설, 무기의 제조·수입 등 군비확충 등의 행위가 "침략적" 전쟁준비에 해당한다고 볼 수 있는 경우란 거의 없거나 "침략적 성격"·"중대한 공포" 등에 관한 규명이 사실상 곤란하므로, 이에 대하여 평화적 생존권이라는 이름으로 관련 공권력 행사를 중지시키려는 것은 실효적으로 보호받을 가능성을 긍정하기 쉽지 않다.

이러한 사정을 종합적으로 고려해 보면, 평화적 생존권을 헌법에 열거되지 아니한 기본권으로서 특별히 새롭게 인정할 필요성이 있다거나 그 권리내용이 비교적 명확하여 구체적 권리로서의 실질에 부합한다고 보기 어렵다 할 것이다.

(3) 한편 평화적 생존권이란 개념의 연원은 일본 헌법 전문 2단의 "평화 속에 생존할 권리"라는 표현이 계기가 되어 일본의 일부 학계와 하급심 법원이 이를 기본권으로 인정한 데에 있다 할 것이다. 그런데 일본 최고재판소는 일본 헌법이 위와 같은 헌법 전문의 "평화 속에 생존할 권리"라는 문구 외에 제9조에서 전쟁을 포기하고 전력 및 교전권을 부인하는 규정까지 두고 있음에도 평화적 생존권으로 주장된 "평화"란 이념 내지 목적으로서의 추상적 개념이고, 그 자체가 독립된 권리가 될 수 없다고 하여 구체적 기본권성을 부정하였다.

우리 헌법은 일본 헌법과 같이 평화적 생존권을 직접적으로 도출할 표현을 두고 있지 아니하고, 다만 전문이나 총강에서 "평화적 통일", "세계평화", "국제평화", "침략전쟁의 부인"등의 규정을 갖고 있을 뿐이다. 앞서 본 바와 같이 평화적 생존권을 헌법에 열거되지 아니한 기본권으로서 새롭게 인정할 필요성이 있다거나 평화적 생존권이 구체적 권리로서의 실질에 부합한다고 보기 어려운 이상, 우리 헌법 전문이나 총강에 나타난 평화에 관한 몇몇 규정에 기초하여 헌법 제10조 및 제37조 제1항을 근거로 평화적 생존권을 헌법상 보장된 기본권으로 쉽사리 인정할 수는 없다고 할 것이다. 우리 헌법보다 더 강한 평화에 관한 규정을 기본법에 두고 있는 독일의 경우 평화적 생존권에 관한 논의가 학계나 실무에서 이루어지지 않은 것도 같은 이유일 것이다.

(4) 결국 청구인들이 평화적 생존권이란 이름으로 주장하고 있는 평화란 헌법의 이념 내지 목적으로서 추상적인 개념에 지나지 아니하고, 개인의 구체적 권리로서 국가에 대하여 침략전쟁에 강제되지 않고 평화적 생존을 할 수 있도록 요청할 수 있는 효력 등을 지닌 것이라고 볼 수 없다. 따라서 평화적 생존권은 헌법상 보장되는 기본권이라고 할 수는 없다 할 것이다.

다. 소결론

그렇다면, 청구인들이 자신들의 헌법상 보장된 기본권의 침해가 있었음을 전제로 하여 구하는 이 사건 심판청구는 더 나아가 살펴 볼 필요 없이 부적법하다.

4. 결론

이 사건 심판청구는 부적법하므로 이를 각하하기로 하여 주문과 같이 결정한다.

종전에 헌법재판소가 이 결정과 견해를 달리하여 '평화적 생존권을 헌법 제10조와 제37조 제1항에 의하여 인정된 기본권으로서 침략전쟁에 강제되지 않고 평화적 생존을 할 수 있도록 국가에 요청할 수 있는 권리'라고 판시한 2006. 2. 23. 2005헌마268 결정은 이 결정과 저촉되는 범위 내에서 이를 변경한다.

이 결정에는 아래 5.와 같은 재판관 김종대의 다수의견에 대한 보충의견, 아래 6.과 같은 재판관 조대현, 재판관 목영준, 재판관 송두환의 별개의견과 아래 7.과 같은 재판관 조대현의 별개의견에 대한 보충의견이 있는 외에는 나머지 관여 재판관들의 의견이 일치되었다.

5. 재판관 김종대의 다수의견에 대한 보충의견

(생략)

6. 재판관 조대현, 재판관 목영준, 재판관 송두환의 별개의견

(생략)

7. 재판관 조대현의 별개의견에 대한 보충의견

(생략)

요약정리 [사안의 쟁점과 판결의 요지]

헌법재판소 2009. 5. 28. 선고 2007헌마369 결정 [2007년 전시증원연습등 위헌확인]

이 사건에서 청구인은 한미연합사가 2007년 전시증원연습인 RSOI 연습과 이와 연계된 연합/합동 야외기동 훈련인 독수리 연습(FE)을 대한민국 전역에서 실시한다고 발표하자, 이 사건 헌법소원심판 청구인들은 이 연습은 북한을 상대로 한 특정 작전계획에 따른 선제적 공격훈련이 명백하며, 이는 헌법 전문, 헌법 제4조, 헌법 제5조, 평화적 생존권의 침해라고 주장하면서 헌법재판소에 이 사건 헌법소원심판을 청구하였다.

이 사안의 쟁점은 **'평화적 생존권'이 헌법상 보장된 기본권인지 여부**였는데, **헌법재판소 2009. 5. 28. 선고 2007헌마369 결정**은 한미연합 군사훈련은 1978. 한미연합사령부의 창설 및 1979. 2. 15. 한미연합연습 양해각서의 체결 이후 연례적으로 실시되어 왔고, 특히 이 사건 연습은 대표적인 한미연합 군사훈련으로서, ① 피청구인(대통령)이 2007. 3.경에 한 이 사건 연습결정이 사법심사를 자제하여야 하는 통치행위에 해당된다고 보기는 어려우나, ② 청구인들이 평화적 생존권이란 이름으로 주장하고 있는 평화란 헌법의 이념 내지 목적으로서 추상적인 개념에 지나지 아니하고, 평화적 생존권은 이를 헌법에 열거되지 아니한 기본권으로서 특별히 새롭게 인정할 필요성이 있다거나 그 권리내용이 비교적 명확하여 구체적 권리로서의 실질에 부합한다고 보기 어려워 헌법상 보장된 기본권이라고 할 수 없다고 판시하였다.

☞ **헌법재판소 2009. 5. 28. 선고 2007헌마369 결정은 종전에 헌법재판소가 이**

결정과 견해를 달리하여 '평화적 생존권을 헌법 제10조와 제37조 제1항에 의하여 인정된 기본권으로서 침략전쟁에 강제되지 않고 평화적 생존을 할 수 있도록 국가에 요청할 수 있는 권리'라고 판시한 헌법재판소 2006. 2. 23. 선고 2005헌마268 결정을 이 결정과 저촉되는 범위 내에서 변경하였다는 점에서 중요한 의미가 있다.

판례 8

현역병에게 최저임금에도 미치지 못하는 보수를 지급하는 것이 기본권 침해에 해당하는지 여부

헌법재판소 2012. 10. 25. 선고 2011헌마307 결정 [공무원 보수규정 제5조 중 별표 13 등 위헌확인(현역병의 보수를 규정한 구 공무원보수규정 제5조 중 [별표 13] 등에 관한 사건)]

I. 사안의 개요 [기초사실 및 사건의 경과]

1. 기초사실

청구인은 2009. 12.경 육군에 입대하여 복무하던 중, 2010. 11.경 상관폭행 등으로 구속되어 같은 해 12. ○. 제○사단 보통군사법원(2010고15 판결)에서 징역 2년을 선고받고, 이에 항소하여 2011. 7. ○. 국방부 고등군사법원(2010노288 판결)에서 징역 1년6월을 선고받았다.

청구인은 육군교도소에 수용 중이던 2011. 1.경부터 2.경까지 국군○○병원에서 정신과 입원진료를 받았는데, 당시 국군○○병원장은 청구인에 대한 정신과 치료과정에서 청구인이 욕설을 하며 주먹으로 테이블을 내려치는 등 자해 또는 타해의 위험이 있는 행동을 하였음을 근거로 2011. 1. ○. 09:30부터 13:30까지 및 2011. 1. ○. 21:04부터 다음날 09:00까지 2회에 걸쳐 일시적인 격리와 사지억제 조치 등을 하였는데, 그 이후에 청구인은 아래와 같은 주장을 하며 이 사건 헌법소원심판을 청구하였다.

> (1) 병역의무의 이행이라는 근로를 제공하고 있는 근로자인 현역병에게 직업군인과 달리 최저임금에도 미치지 못하는 보수를 지급하도록 하고 있는 이 사건 병의 봉급표는 청구인의 근로의 권리, 재산권을 침해하였고, 나아가 정당한 사유 없이 직업군인과 현역병의 보수를 차별함으로써 청구인의 평등권을 침해하였다.
> (2), (3), (4), (5) (생략)

2. 사건의 경과

이 사건 헌법소원 청구인의 주장 중에는 병의 봉급표가 국가에 병역의무의 이행이라는 근로를 제공하고 있는 근로자인 현역병에게 최저임금에도 미치지 못하는 보수를 지급하도록 함으로써 청구인의 근로의 권리와 재산권을 침해하고, 또한 보수 지급에 있어 직업군인과 현역병간에 차별에 따른 평등권 침해도 있다는 주장이 포함되어 있었다.

헌법재판소 2012. 10. 25. **선고** 2011**헌마**307 **결정**은 ① 최저임금을 청구할 수 있는 권리가 바로 헌법 제32조 제1항의 근로의 권리에 의하여 보장된다고 보기는 어려우므로, 현역병에게 최저임금에도 미치지 못하는 보수를 지급하도록 하는 것이 청구인의 근로의 권리를 침해한다고 할 수 없고, ② 또한 공무원의 보수청구권은 법률 및 법률의 위임을 받은 하위법령에 의해 그 구체적 내용이 형성되면 재산적 가치가 있는 공법상의 권리가 되어 재산권의 내용에 포함되지만, 법령에 의하여 구체적 내용이 형성되기 전의 권리, 즉 공무원이 국가 또는 지방자치단체에 대하여 어느 수준의 보수를 청구할 수 있는 권리는 단순한 기대이익에 불과하여 재산권의 내용에 포함된다고 볼 수 없으며, ③ 군복무의 대가로 지급되는 군인의 보수에 있어서 군복무를 직업으로 선택한 직업군인에게는 생활의 기본적 수요를 충당할 정도의 상당한 보수를 지급할 필요가 있는 반면, 병역의무를 이행하기 위하여 비교적 단기간 군복무를 하는 현역병은 의무복무기간 동안 병영에서 생활하도록 하는 한편 의무복무에 필요한 급식비, 피복비 등의 모든 의식주 비용을 국고에서 지급하도록 하고 있으므로, 현역병의 의무복무에 대하여 지급하는 보수는 직업군인들과는 달리 생활의 기본적 수요를 충족할 정도에 이를 필요는 없다는 이유로 청구인의 평등권을 침해하지 않는다고 판시하며, 청구인의 이 부분 헌법소원 심판청구를 기각하였다.

II. 결정 읽어보기 [결정 중요부분 발췌(요약)] : 헌법재판소 2012. 10. 25. 선고 2011헌마307 결정

1. (생략)

2. 청구인의 주장요지

(생략)

3. 적법요건에 관한 판단

가. 이 사건 병의 봉급표 부분

(1) 현역병에 대하여 최저임금제에 미치지 못하는 정도의 보수를 지급하는 규정은 청구인이 2009. 12. ○. 육군에 입대할 당시 시행되던 구 공무원보수규정(2008. 12. 31. 대통령령 제21242호로 개정되고, 2011. 1. 10. 대통령령 제22617호로 개정되기 전의 것) 제5조 중 [별표 13] 군인의 봉급표의 "병"의 "월 지급액"에 관한 부분(이하 '구 공무원보수규정 조항'이라 한다)에서 이미 규정하고 있었으며, 이 사건 심판청구는 그로부터 1년이 경과한 후에 제기되었는바, 청구기간의 도과 여부가 문제된다.

(2) 법령에 대한 헌법소원은 그 법령의 시행과 동시에 기본권을 침해받게 되는 경우에는 그 법령이 시행된 사실을 안 날부터 90일 이내에, 법령이 시행된 날부터 1년 이내에 헌법소원을 청구하여야 하고, 법령이 시행된 뒤에 비로소 그 법령에 해당하는 사유가 발생하여 기본권의 침해를 받게 된 경우에는 그 사유가 발생하였음을 안 날부터 90일 이내에, 그 사유가 발생한 날부터 1년 이내에 헌법소원을 제기하여야 한다. 여기서 청구기간 산정의 기산점이 되는 '법령에 해당하는 사유가 발생한 날'이란 '법령의 규율을 구체적이고 현실적으로 적용받게 된 날'을 가리킨다(헌법재판소 2004. 4. 29. 2003헌마484, 판례집 16-1, 574, 583 등 참조).

(3) 이 사건 병의 봉급표와 관련하여 현역병에 대하여 최저임금제에 미치지 못하는 정도의 보수를 지급하는 조항은 청구인이 2009. 12. ○. 육군에 입대할 당시 시행되던 구 공무원보수규정 조항에서 이미 규정되어 있었으나, 2011. 1. 10. 대통령령 제22617호로 구 공무원보수규정 조항이 이 사건 병의 봉급표로 개정되면서 현역병의 보수를 월 수천 원씩 인상하는 내용으로 새로이 시행되었으므로, 청구인은 이 사건 병의 봉급표가 2011. 1. 10. 개정과 함께 시행되면서 기본권 침해를 받게 되었다고 봄이 상당하다. 그런데 청구인은 위와 같은 기본권 침해가 발생한 시점으로부터 90일 이내임이 명백한 2011. 2. 22. 이 사건 국선대리인 선임신청을 하였으므로, 헌법재판소법 제69조 제1항 본문의 청구기간은 기본권 침해 사유의 발생사실을 안 날 혹은 기본권 침해 사유가 발생한 날 어느 날을 기준으로 하든지 간에 모두 준수되었다고 할 것이다.

나. 다. 라. 마. 바. (생략)

4. 본안에 관한 판단

가. 현역병의 법적 지위

(1) 헌법 제39조 제1항은 "모든 국민은 법률이 정하는 바에 의하여 국방의 의무를 진다."라고 규정하여 국방의 의무를 국민의 기본의무로 선언하고 있다. 이는 외부 적대세력의 직·간접적인 침략행위로부터 국가의 독립을 유지하고 영토를 보전하기 위한 의무이다. 입법자는 국가의 안보상황, 재정능력 등의 여러 가지 사정을 고려하여 필요한 범위 내에서 이러한 국방의무를 법률로써 구체적으로 형성할 수 있는바, 그 기본적인 사항을 규율하는 법률이 병역법이다.

병역법 제3조 제1항은 "대한민국 국민인 남자는 헌법과 이 법이 정하는 바에 따라 병역의무를 성실히 수행하여야 한다. 여자는 지원에 의하여 현역에 한하여 복무할 수 있다."라고 규정하는 한편, 병역의 종류를 현역, 예비역, 보충역, 제1국민역 및 제2국민역으로 구분하고(병역법 제5조 제1항), 그 구분에 따라 각종의 복무 내용을 규정하고 있다(병역법 제15조 내지 제56조).

(2) 현역병의 지위, 즉 병역의무 및 복무관계는 직접 법률에 의하여 성립하며, 현역병으로 입대한 자는 신체검사에 의한 귀가를 해제조건으로 하여 입영일에 군인으로서의 신분을 취득한다(병역법 제17조, 제18조 제1항 참조). 현역병은 현역복무기간이 만료되면 전역하게 되어 사회에 복귀하게 되는데, 이러한 경우 현역에서 예비역으로 그 신분이 전환되어 40세가 될 때까지 병역의무를 진다(병역법 제18조 제2항 및 제72조 참조). 군인이라 함은 전시와 평시를 막론하고 군에 복무하는 자를 말하며(국군조직법 제4조 제1항), 군인의 인사·병역복무 및 신분에 관한 사항은 따로 군인사법에서 정하고 있다. 현역병의 경우 군인으로서 군인사법의 적용대상이 되며(군인사법 제2조 제1호), 군인 및 군무원은 국가공무원법상 경력직 공무원 중 특정직 공무원에 해당된다(국가공무원법 제2조 제2항 제2호).

나. 이 사건 병의 봉급표의 위헌 여부

(1) 근로의 권리 침해 여부

(가) 청구인은 이 사건 병의 봉급표가 국가에 병역의무의 이행이라는 근로를 제공하고 있는 근로자인 현역병에게 직업군인과 달리 최저임금에도 미치지 못하는 보수를 지급하도록 함으로써 청구인의 근로의 권리를 침해하였다고 주장한다.

(나) 헌법 제32조 제1항 전단은 "모든 국민은 근로의 권리를 가진다."라고 규정하여 근로의 권리를 보장하고 있고, 이러한 근로의 권리 보장은 생활의 기본적인 수요를 충족시킬 수 있는 생활수단을 확보해 주며, 나아가 인격의 자유로운 발현과 인간

의 존엄성을 보장해 주는 의의를 지닌다.

그러나 이러한 근로의 권리는 사회적 기본권으로서 국가에 대하여 직접 일자리를 청구하거나 일자리에 갈음하는 생계비의 지급을 청구할 수 있는 권리를 의미하는 것이 아니라 고용증진을 위한 사회적·경제적 정책을 요구할 수 있는 권리에 그치며, 근로의 권리로부터 국가에 대한 직접적인 직장존속청구권이 도출되는 것도 아니다.

나아가 헌법 제32조 제1항 후단은 "국가는 사회적·경제적 방법으로 근로자의 고용의 증진과 적정임금의 보장에 노력하여야 하며, 법률이 정하는 바에 의하여 최저임금제를 시행하여야 한다."라고 규정하고 있어서 근로자가 최저임금을 청구할 수 있는 권리도 헌법상 바로 도출되는 것이 아니라 최저임금법 등 관련 법률이 구체적으로 정하는 바에 따라 비로소 인정될 수 있다(헌법재판소 2011. 7. 28. 2009헌마408, 공보 178, 1121, 1126 참조).

따라서 최저임금을 청구할 수 있는 권리가 바로 헌법 제32조 제1항의 근로의 권리에 의하여 보장된다고 보기는 어려우므로, 이 사건 병의 봉급표가 청구인의 근로의 권리를 침해한다고 할 수 없다.

(2) 재산권침해 여부

(가) 청구인은 이 사건 병의 봉급표가 병역의무의 이행이라는 근로를 제공하고 있는 현역병에게 최저임금에도 미치지 못하는 보수를 지급하도록 함으로써 청구인의 재산권을 침해하였다고 주장한다.

(나) 우리 헌법이 보장하고 있는 재산권은 경제적 가치가 있는 모든 공법상·사법상의 권리를 뜻한다. 이러한 재산권의 범위에는 동산·부동산에 대한 모든 종류의 물권은 물론, 재산가치가 있는 모든 사법상의 채권과 특별법상의 권리 및 재산가치 있는 공법상의 권리 등이 포함되나, 단순한 기대이익·반사적 이익 또는 경제적인 기회 등은 재산권에 속하지 아니한다.

그런데 공무원의 보수청구권은, 법률 및 법률의 위임을 받은 하위법령에 의해 그 구체적 내용이 형성되면 재산적 가치가 있는 공법상의 권리가 되어 재산권의 내용에 포함되지만, 법령에 의하여 구체적 내용이 형성되기 전의 권리, 즉 공무원이 국가 또는 지방자치단체에 대하여 어느 수준의 보수를 청구할 수 있는 권리는 단순한 기대이익에 불과하여 재산권의 내용에 포함된다고 볼 수 없다(헌법재판소 2008. 12. 26. 2007헌마444, 판례집 20-2하, 820, 834 등 참조).

따라서 청구인이 주장하는 특정한 보수수준에 관한 내용이 법령에 의하여 구체적으로 형성된 바 없는 이상, 이 사건 병의 봉급표가 그 보수수준보다 낮은 봉급월액을 규정하고 있다고 하여 청구인의 재산권을 침해한다고 볼 수는 없다.

(3) 평등권침해 여부

(가) 청구인은 이 사건 병의 봉급표가 생활의 기본적 수요를 충당할 정도의 상당한 보수를 지급받는 직업군인들과 달리 현역병에 대하여 최저임금에 훨씬 미치지 못하는 보수를 지급하도록 규정함으로써 합리적 이유 없이 현역병을 직업군인들과 차별하여 청구인의 평등권을 침해하였다고 주장한다.

(나) 현역 군인의 복무구분

군인사법에 의하면, 현역에 복무하는 군인은 장교·준사관·부사관 및 병으로 구분되고(군인사법 제2조 제1호), 현역 군인 중 장교와 부사관의 복무형태를 장기복무와 단기복무로 구분하고 있는바(군인사법 제6조 제1항, 제5항), 이는 직업군인으로 복무할 자와 병역법상의 의무연한기간 만큼 복무하다가 전역할 자(단기복무 군인)를 구분하여 장기복무자에게는 장기간의 신분보장과 상위계급으로의 진출을 보장하기 위함이다.

장교의 경우, 장기복무 장교의 의무복무기간은 원칙적으로 10년이고, 단기복무 장교는 3년이나, 단기복무 장교 중 육군3사관학교 및 국군간호사관학교를 졸업한 자는 6년이다(군인사법 제7조 제1항 제1호, 제4호). 부사관의 경우, 장기복무 부사관의 의무복무기간은 7년, 일반 단기복무 부사관은 4년이되, 여자 및 학생군사교육단 부사관 후보생 과정 출신 부사관은 3년이다(군인사법 제7조 제1항 제6호, 제7호).

한편, 장기간 부사관으로 복무하거나 기술분야 경력자 중 임용고시를 거쳐 임용되는 준사관에 관하여는 장·단기의 복무구분 없이 의무복무기간을 원칙적으로 5년(다만, 대통령령으로 정하는 군의 필수기술분야에 종사하는 준사관은 10년)으로 하는 규정만 두고 있다(군인사법 제7조 제1항 제5호).

(다) 심사기준

우리 헌법이 요구하는 평등은 일체의 차별적 대우를 부정하는 절대적 평등을 의미하는 것이 아니라 입법과 법의 적용에 있어서 합리적 근거 없는 차별을 하여서는 아니 된다는 상대적 평등을 뜻하므로, 합리적 근거 있는 차별 내지 불평등은 평등권을 침해하거나 평등의 원칙에 반하는 것이 아니다.

평등권 침해 여부 내지 평등원칙 위반 여부를 심사함에 있어 엄격한 심사척도(비례의 원칙)에 의할 것인지, 완화된 심사척도(자의금지 원칙)에 의할 것인지는 입법자에게 인정되는 입법형성권의 정도에 따라 다르게 될 것이므로, 헌법에서 특별히 평등을 요구하고 있는 경우, 즉 헌법이 스스로 차별의 근거로 삼아서는 아니 되는 기준을 제시하거나 차별을 특히 금지하고 있는 영역을 제시하고 있는 경우이거나, 차별적 취급으로 인하여 관련 기본권에 대한 중대한 제한을 초래하게 되는 경우에는 입법형성권은 축소되어 보다 엄격한 심사척도가 적용되어야 할 것이지만, 그 이외에는 완화된 심사척도인 자의금지원칙에 의하여 심사하면 족하다(헌법재판소 1999. 12. 23. 98헌마363, 판례집 11-2, 770, 787 등 참조).

이 사건 병의 봉급표로 인한 현역병과 직업군인들 사이의 보수의 차별 문제는 헌법에서 특별히 평등을 요구하고 있는 경우이거나 차별적 취급으로 인하여 관련 기본권에 대한 중대한 제한을 초래하게 되는 경우가 아니므로, 완화된 심사척도인 자의금지의 원칙에 의한 심사를 하기로 한다.

(라) 자의금지원칙 위반 여부

1) 차별취급의 존재 여부

장기복무 장교, 장기복무 부사관, 준사관 등의 직업군인들과 현역병은 모두 현역군인으로서 복무의 대가로 일정한 보수를 지급받고 있다는 점에서 서로 유사한 지위(비교집단)에 있다고 할 수 있다. 그런데 이 사건 병의 봉급표는 생활의 기본적 수요를 충당할 정도의 상당한 보수를 지급받는 직업군인들과 달리 현역병에 대하여 최저임금에 훨씬 미치지 못하는 보수를 지급하도록 규정함으로써 현역병을 직업군인들과 차별하고 있으므로, 헌법 제11조의 평등권을 침해하는지 여부가 문제된다.

2) 차별취급의 자의성 여부

현역병은 병역법상의 현역복무의무를 이행하는 단기복무 군인인데 반하여, 직업군인들은 군인을 직업으로 선택하여 복무하고 있다. 그 결과 현역병은 병역법이나 군인사법에 정해진 의무기간만 복무한 후 사회로 복귀하여 다른 직업에 종사할 것이 예정되어 있는 반면, 직업군인들의 경우 비록 군인사법에 의무복무기간이 정하여져 있으나 전역 등 특별한 상황변동이 없는 한 군에서 평생 복무할 예정인 사람들이다.

이러한 현역병과 직업군인의 차이점을 고려하여 병역법, 군인사법, 군인보수법, 공무원보수규정 등은 임용자격, 임용절차, 복무기간, 복무형태, 보수 등에 있어 장기복무 장교, 장기복무 부사관, 준사관 등의 직업군인과 현역병을 별도로 규율하고 있다. 구체적으로, 현역병은 특별한 임용절차 없이 징병검사결과 현역병입영대상자로 처분된 사람은 모두 징집을 통하여 입영되고(병역법 제15조 제1항), 의무복무기간이 2년~2년 4개월 정도로서 이 기간도 필요한 경우 6개월 이내에서 단축할 수 있도록 하고 있어 비교적 단기간이며(병역법 제18조 제2항, 제19조 제1항 제3호), 군부대 내에서 거주하는 것을 원칙(병역법 제18조 제1항)으로 하면서 의무복무에 필요한 급식비, 피복비 등의 모든 비용을 국고에서 지급받고 있는 반면에, 직업군인은 그 직무의 전문성으로 인하여 학력 및 자격에 기초를 두고 직무수행에 필요한 능력을 검정하기 위한 공개 채용시험 또는 전형에 의하여 임용하며(군인사법 제9조, 다만 각종 사관학교 졸업생은 사관학교 설치법 등의 개별 법령에 근거해 임용됨), 임용결격사유 등 임용에 관계되는 사항이 법률로 규정되어 있고(군인사법 제10조), 그 의무복무기간이 짧게는 5년(준사관), 길게는 10년(장기군법무관을 포함한 장기복무 장교)으로 상대적으로 장기이며(군인사법 제7조 제1항), 영외거주가 가능하고(육군복무규정 제48조 제1호), 생활에 필요한 의식주 비용 등은 원칙적으로 지급받는 보수로 개별적으로 지출, 충당하도록 하고 있다.

결국 현역병은 병역의무를 이행하는 단기복무 군인인 반면 직업군인은 군복무를 직업으로 선택한 직업공무원이므로, 직업군인에 대하여는 군인의 특수성으로 인하여 받는 권리의 제한 외에는 일반 직업공무원에 상응하는 수준의 처우가 이루어져야 할 것이고, 이는 병역법이 정한 병역의무를 마치지 아니한 상태에서 직업군인을 선택한 경우라 하여 달리 볼 것은 아니다.

따라서 군복무의 대가로 지급되는 군인의 보수에 있어서 군복무를 직업으로 선택한 직업군인에게는 생활의 기본적 수요를 충당할 정도의 상당한 보수를 지급할 필요가 있는 반면, 병역의무를 이행하기 위하여 비교적 단기간 군복무를 하는 현역병은 의무복무기간 동안 병영에서 생활하도록 하는 한편 의무복무에 필요한 급식비, 피복비 등의 모든 의식주 비용을 국고에서 지급하도록 하고 있어서 현역병의 의무복무에 대하여 지급하는 보수는 직업군인들과는 달리 생활의 기본적 수요를 충족할 정도에 이를 필요는 없다.

그러므로 이 사건 병의 봉급표가 이러한 차이점을 고려하여 '직업군인'으로 임용되어 복무하는 자와 '현역병'으로 복무하는 자의 보수를 다르게 규정한 것은 합리적 이유가 있는 것이어서 청구인의 평등권을 침해하지 아니한다.

5. 결론

그렇다면 이 사건 심판청구 중 '이 사건 병의 봉급표'에 대한 심판청구는 이유 없으므로 이를 기각하고, 이 사건 병역법 조항들, 이 사건 군수용자 처우 관련 법령들, 이 사건 정신보건법 관련조항 등 및 이 사건 병영생활규정에 대한 심판청구는 부적법하므로 이를 모두 각하하기로 하여 관여 재판관 전원의 일치된 의견으로 주문과 같이 결정한다.

요약정리 [사안의 쟁점과 판결의 요지]

헌법재판소 2012. 10. 25. 선고 2011헌마307 결정

이 사건 헌법소원심판 청구인의 주장 중에는 병역의무의 이행을 위해 복무 중인 현역병에게 최저임금에도 미치지 못하는 보수를 지급하는 것은 청구인의 근로의 권리와 재산권을 침해하는 것이며, 또한 보수 지급에 있어 직업군인과 현역병간에 차별에 따른 평등권 침해에도 해당한다는 주장이 포함되어 있었다.

헌법재판소 2012. 10. 25. 선고 2011헌마307 결정은 ① 헌법 제32조 제1항의 근로의 권리에 의하여 최저임금을 청구할 수 있는 권리가 바로 보장된다고 보기는 어려우므로, 현역병에게 최저임금에 미치지 못하는 보수를 지급하도록 하는 것이 근로의 권리를 침해한다고 할 수 없고, ② (현역병도 공무원인데) 공무원이 국가 또는 지방자치단체에 대하여 어느 수준의 보수를 청구할 수 있는 권리는 단순한 기대이익에 불과하여 재산권의 내용에 포함된다고 볼 수 없으며, ③ 군복무를 직업으로 선택한 직업군인에게는 생활의 기본적 수요를 충당할 정도의 상당한 보수를 지급할 필요가 있는 반면, 병역의무를 이행하기 위하여 비교적 단기간 군복무를 하는 현역병은 의무복무기간 동안 병영에서 생활하도록 하는 한편 의무복무에 필요한 급식비, 피복비 등의 모든 의식주 비용을 국고에서 지급하도록 하고 있어서 현역병의 의무복무에 대하여 지급하는 보수는 직업군인들과는 달리 생활의 기본적 수요를 충족할 정도에 이를 필요는 없으므로 청구인의 평등권을 침해하지 않는다고 판시하며, 청구인의 이 사건 심판청구를 기각하였다.

판례 9

국립묘지 안장대상자 심의에 있어서 '국립묘지의 영예성(榮譽性) 훼손 여부'의 판단기준

대법원 2012. 5. 24. 선고 2011두8871 판결 [국립묘지안장거부처분취소]

I. 사안의 개요 [기초사실 및 사건의 경과]

1. 기초사실

원고의 아버지인 ○○○(이하 '망인')은 1948. 5. ○. 군에 입대하여 6·25 전쟁에 참전한 참전유공자인데 2010. 9. ○. 사망하였다. 망인의 사망 후 원고는 2010. 9. ○. 망인에 대한 국립묘지 안장신청을 하였는데, 피고(국립영천호국원장)는 2010. 9. ○. 육군본부에 망인의 병적조회를 의뢰하여 2010. 9. ○.경 육군참모총장으로부터 망인은 1948. 5. ○. 육군에 입대하여 1951. 3. ○. 불명(不明)의 사유로 전역하였다는 회신을 받았다. 그 후 피고는 2010. 12. ○. 국립묘지안장대상심의위원회(이하 '심의위원회')에서 심의한 결과 망인은 전역사유 미확인자로 국립묘지의 영예성을 훼손하는 경우에 해당한다는 이유로 '구 국립묘지의 설치 및 운영에 관한 법률' 제5조 제3항 제5호, '국립묘지안장대상심의위원회 운영규정'(이하 '이 사건 운영규정') 제4조 제4항 제2호에 따라 망인에 관한 국립묘지 안장비대상 결정을 하였다.

원고는 ① 망인은 행방불명이나 실종 등 불명의 사유로 전역한 것이 아니라 1953. 7.경 만기 전역하였으므로, 이 사건 처분은 그 처분사유가 인정되지 않으며, ② 이 사건 처분의 근거 규정인 이 사건 운영규정 제4조 제4항 제2호 중 '전역사유 미확인자'를 국립묘지 안장대상에서 제외한 부분은 단순한 행정적 사유를 이유로 국립묘지의 영예성을 훼손한 것으로 보는 것으로서 국립묘지법 제5조 제3항의 위임범위를 벗어난 것인데다가 헌법상 자기책임의 원칙에 반하므로 무효이며, ③ 가사 위 규정을 적용한다고 하더라도, 망인은 국가유공자로서 불명의 사유로 전역한 데 귀책사유가 없어 이 사건 운영규정 제4조 제4항 본문에서 정한 '특별한 사유'가 인정되므로 국립묘지 안장대상에서 제외되어서는 안된다고 주장하며 이 사건 소를 제기하였다.

2. 사건의 경과

원심(대전고등법원 2011. 3. 31. 선고 2010누2508 판결)은 ① 망인은 ○보충대 이등상사로서 1951. 3. ○. 불명의 사유로 전역한 사실{피고의 망인에 관한 병적조회에 대한 육군본부의 회신 등뿐만 아니라, 망인이 2002. 8.경 작성한 것으로 보이는 참전군인등록신청서에도 망인의 제대일이 '1951. 3. ○.'로 기재되어 있다.}이 인정되고, ② '국가유공자 등 예우 및 지원에 관한 법률'은 국가유공자의 생활의 유지·보장을 위한 예우의 측면이 강함에 반하여, 국립묘지법은 국가유공자 등의 충의와 위훈의 정신을 기리는 것뿐만 아니라 국립묘지 자체의 존엄·경건함·영예성 등도 강조하고 있고, 위 각 법률의 국가유공자에 대한 예우의 방법과 내용상에는 큰 차이가 있으므로, 망인이 국가유공자로 인정받았다 하더라도 그러한 사정만으로 바로 국립묘지 안장대상이 된다고 할 수 없고, ③ 망인이 자신의 귀책사유 없이 불가피하게 1951. 3. ○.경 불명의 사유로 전역하였다거나, 행정적 오류로 인하여 망인의 전역사유가 불명으로 처리되었다는 등의 '특별한 사유'가 존재한다는 점을 인정할 만한 증거가 없다는 이유로 피고의 이 사건 처분이 적법하다고 판단한 1심판결을 유지하였다.

대법원 2012. 5. 24. 선고 2011두8871 판결의 쟁점은 **국립묘지안장대상심의위원회 운영규정에서 구 국립묘지법 시행령과 달리 안장대상심의위원회의 심의대상을 규정한 것이 구 국립묘지법이나 동법 시행령을 위반한 것인지 여부**였는데, ① 대법원은 국립묘지법은 안장대상자의 희생과 공헌만으로 보면 안장대상자의 자격요건을 갖추고 있더라도 범죄행위 등 다른 사유가 있어 그를 국립묘지에 안장하면 국립묘지의 영예성을 훼손한다고 인정될 경우에는 안장대상에서 제외함으로써 국립묘지 자체의 존엄을 유지하고 영예성을 보존하기 위하여 심의위원회에 다양한 사유에 대한 광범위한 심의 권한을 부여한 것이라고 할 수 있으므로, ② 시행령에서 '금고 1년 이상의 실형을 선고받은 경우'를 심의를 의뢰할 의무가 있는 경우로 규정한 것과 심의위원회 운영규정에서 형량의 제한 없이 '금고 이상의 형의 선고를 받고 그 형이 확정된 사람'을 모두 심의대상으로 규정한 것이 서로 상충된다고 할 것은 아니고, ③ 운영규정이 심의대상을 시행령보다 더 넓게 규정하였다고 하여 그것이 국립묘지법이나 시행령에 위반한 것이라고 볼 것도 아니라고 판시하며 원고의 상고를 기각하였다.

II. 판결 읽어보기 [판결 중요부분 발췌(요약)] : 대법원 2012. 5. 24. 선고 2011두8871 판결

상고이유를 판단한다.

1. 안장대상심의위원회의 심의대상자가 아니라는 상고이유 주장에 대하여

가. 구 「국립묘지의 설치 및 운영에 관한 법률(2011. 8. 4. 법률 제11027호로 개정되기 전의 것, 이하 '국립묘지법') 제5조는 제1항에서 국립묘지별 안장대상자의 자격요건을 구체적으로 자세하게 규정하고 있고, 제3항에서는 제1항에도 불구하고 안장대상자로서 부적격인 경우를 규정하고 있는데, 특히 그 제5호는 제1호부터 제4호까지 구체적으로 규정한 안장대상 부적격 사유를 보충하는 조항으로서 '안장대상심의위원회가 국립묘지의 영예성(榮譽性)을 훼손한다고 인정한 사람'은 국립묘지에 안장될 수 없다고 규정하고 있다.

이와 같이 국립묘지법 제5조 제3항 제5호는 안장대상심의위원회(이하 '심의위원회')에 국립묘지 안장대상자의 부적격 사유인 국립묘지의 영예성 훼손 여부에 대한 심의 권한을 부여하면서도 심의대상자의 범위나 심의 기준에 관해서는 따로 규정하지 않고 있다. 이는, 국립묘지법이 국가나 사회를 위하여 희생·공헌한 사람이 사망한 때에는 국립묘지에 안장하여 그 충의와 위훈의 정신을 기리며 선양하는 것을 목적으로 하고 있음에 비추어 볼 때, 비록 그 희생과 공헌만으로 보면 안장대상자의 자격요건을 갖추고 있더라도 범죄행위 등 다른 사유가 있어 그를 국립묘지에 안장하면 국립묘지의 영예성을 훼손한다고 인정될 경우에는 안장대상에서 제외함으로써 국립묘지 자체의 존엄을 유지하고 영예성을 보존하기 위하여 심의위원회에 다양한 사유에 대한 광범위한 심의 권한을 부여한 것이라고 할 수 있다. 따라서 영예성 훼손 여부에 대한 심의위원회의 결정이 현저히 객관성을 결여하였다는 등의 특별한 사정이 없는 한 그 심의 결과는 존중함이 옳고, 위 법률 규정의 형식과 내용으로 볼 때 시행령 등 하위법령에 심의대상 등에 관한 규정이 있더라도 이는 심의위원회의 운영상 세부 준칙에 해당할 뿐 법률의 위임을 받아 심의위원회의 심의 권한을 제한하는 것이라고 볼 것은 아니다.

따라서 구 국립묘지법 시행령(2011. 10. 26. 대통령령 제23256호로 개정되기 전의 것, 이하 '시행령')이 제13조 제1항 제3호에서 안장대상으로 신청된 사람이 "금고 1년 이상의 실형을 선고받은 경우와 국가보훈처장과 국방부장관이 협의하여 정하는 바에

따라 법 제5조 제3항 제5호에 해당하는지 여부에 대한 판단이 필요하다고 인정하는 경우"에 국가보훈처장 등에게 심의위원회에 심의를 의뢰할 의무를 부과하고 있고, 한편 국가보훈처장이 안장대상심의위원회의 운영에 관하여 국립묘지법 및 시행령에서 위임된 사항과 그 시행에 필요한 사항을 규정함을 목적으로 하여 마련한 국가보훈처 훈령 제853호 「국립묘지안장대상심의위원회 운영규정」(이하 '운영규정') 제4조 제1항 제4호가 법 제5조 제3항 제5호의 규정에 따른 영예성 훼손 여부에 관한 심의위원회의 심의·의결사항으로 "금고 이상의 형의 선고를 받고 그 형이 확정된 사람"및 "그 밖에 국가보훈처장 또는 국방부장관이 심의위원회에서 심의가 필요하다고 인정하는 경우"를 규정하고 있지만, 위와 같이 시행령 및 운영규정에서 정한 내용들은 일정한 경우에는 국가보훈처장 등에게 심의위원회에 심의를 의뢰할 의무를 부과하는 것이거나 심의위원회의 운영에 관한 행정청 내부의 운영세칙을 정한 데 지나지 않는다 할 것이다. 그러므로 시행령에서 '금고 1년 이상의 실형을 선고받은 경우'를 심의를 의뢰할 의무가 있는 경우로 규정한 것과 운영규정에서 형량의 제한 없이 '금고 이상의 형의 선고를 받고 그 형이 확정된 사람'을 모두 심의대상으로 규정한 것이 서로 상충된다고 할 것도 아니고, 운영규정이 심의대상을 시행령보다 더 넓게 규정하였다고 하여 그것이 국립묘지법이나 시행령에 위반한 것이라고 볼 것도 아니다.

나. 위와 같은 법리에 비추어 원심판결 이유를 살펴보면, 원심이 제1심판결 이유를 인용하여 피고가 위 운영규정을 근거로 망인을 안장대상에서 제외한 것이 위법하다는 원고의 주장을 배척한 데에 그 이유 설시에 적절하지 않은 점이 있기는 하나, 피고가 망인을 국립묘지의 영예성 훼손 여부에 관한 심의대상자에 해당한다고 보아 심의를 의뢰하였고, 그 결과 심의위원회가 국립묘지의 영예성을 훼손한다고 인정한 사람임을 이유로 망인을 국립묘지 안장 비대상자로 결정한 이 사건 처분이 적법하다고 판단한 조치는 결론에 있어 정당하다.

상고이유 주장은 망인의 경우에는 금고 1년 이상의 실형을 선고받은 것이 아니라 징역 8월의 실형을 선고받은 것에 불과하여 심의위원회가 국립묘지의 영예성 훼손 여부를 심의·의결할 대상자가 아니라는 취지의 주장이나, 앞서 본 법리에 비추어 받아들일 수 없다.

결국 원심판결에는 상고이유로 주장하는 바와 같이 국립묘지법 및 시행령 등에서 정한 심의위원회의 심의대상자에 관한 법리를 오해하는 등으로 판결에 영향을 미친 위법이 있다고 할 수 없다.

2. 재량권의 일탈·남용에 관한 상고이유 주장에 대하여

원심은, 제1심판결 이유를 인용하여 그 판시와 같은 사정들을 종합하여 보면, 망인을 국립묘지에 안장하는 것은 국립묘지의 영예성을 훼손한다고 보아 망인을 국립묘지 안장 비대상자로 결정한 이 사건 처분에 재량권을 일탈·남용한 위법이 있다고 볼 수 없다고 판단하였다.

앞서 본 법리에서 설시한 바와 같은 국립묘지의 영예성의 의미, 즉 국립묘지 안장대상은 국립묘지 자체의 존엄을 유지하고 국민 및 후손들에게 그 충의와 위훈의 정신을 기리고 선양하는 대상이 되어야 하며, 이러한 국립묘지의 영예성이 훼손되어서는 아니 된다는 점 및 재량권의 일탈·남용에 관한 관련 법리와 기록에 비추어 살펴보면, 원심의 위와 같은 판단과 그 판단에 이르게 된 사실인정은 모두 정당한 것으로 수긍이 되고, 거기에 상고이유로 주장하는 바와 같이 재량권의 일탈·남용에 관한 법리를 오해하거나 논리와 경험의 법칙을 위반하여 자유심증주의의 한계를 벗어난 사실인정을 하는 등으로 판결에 영향을 미친 위법은 없다.

3. 결론

이에 상고를 기각하고 상고비용은 패소자가 부담하도록 하여, 관여 대법관의 일치된 의견으로 주문과 같이 판결한다.

【국립묘지 안장대상 여부 관련 참고 판결】

1. **수원지방법원 2011. 8. 11. 선고 2011구합2607 판결**은 전상군경으로 국가유공자로 등록되었던 망인이 사망하자, 원고(망인의 자녀들)가 망인을 국립묘지인 국립이천호국원에 안장해 줄 것을 신청하였으나, 공무집행방해죄 및 상해죄로 징역 6월을 선고받아 형이 확정된 적이 있는 망인의 안장은 국립묘지의 영예성(榮譽性)을 훼손한다는 내용의 국립묘지안장대상심의위원회 의결에 따라 피고(국립이천호국원장)가 국립묘지 안장 비대상자 결정 통지를 한 사안에서, 망인의 범행이 우발적이고 가담 정도가 경미하며 피해 정도도 크지 아니한 점, 망인이 초범이고 범행 이후 전과 없이 성실하게 살아온 것으로 보이는 점, 망인이 평생 신체적 고통을 겪었고 경제적 어려움 속에 살아온 점 등 여러 정상참작 사유와 국립묘지의 설치 및 운영에 관한 법률의 입법목적을 종합적으로 고려하여, 피고의 이 사건 거부처분이 재량권을 일탈·남용하여 위법하다고 판단하였고, 위 판결은 2011. 9. 7. 확정되어 결국 망인은 국립묘지에 안장되었다.

2. **서울행정법원 2010. 6. 4. 선고 2009구합56501 판결**은 전상군경 3급의 국가유공자로 등록된 망인을 국립묘지인 국립대전현충원에 안장해 달라는 유족의 신청에 대하여, 국가보훈처장이 망인에게 폭력행위 등 처벌에 관한 법률 위반, 상습도박, 무고 등으로 집행유예를 선고받은 사실이 있어 국립묘지의 영예성이 훼손된다는 이유로 위 신청을 거부하는 통지를 한 사안에서, 망인이 저지른 범행의 내용, 각 범행은 고의로 저지른 계획적인 범행으로 비난가능성이 작지 않은 점, 특히 무고 범행은 국가의 사법기능에 위해를 가하는 것이고, 사기 범행 역시 국가기관을 기망한 것으로 그 위법성이 작다고 할 수 없는 점, 그 밖에 국립묘지의 설치 및 운영에 관한 법률의 입법목적 및 국립묘지의 설치 및 운영에 관한 법률 제5조 제3항 제5호의 입법 취지 등에 비추어, 위 처분이 재량권을 일탈·남용한 것으로 위법하다고 할 수 없다는 이유로 원고의 청구를 기각하였다.

3. **서울행정법원 2021. 6. 15. 선고 2020구합77077 판결**은 4·19 혁명에 참여해 혁명공로자로 인정받아 건국포장을 받고, 국가유공자로도 등록되었던 원고 A가 음주운전과 특정범죄가중처벌등에관한법률위반(도주차량)으로 징역 1년에 집행유예 2년을 선고받아 확정된 후 피고(국립 4·19 민주묘지 관리소장)에게 본인이 국립 4·19 민주묘지 안장대상에 해당하는지를 생전에 결정하여 달라는 신청을 한 후, 피고가 국가보훈처 소속 국립묘지 안장대상심의위원회의 심의를 거쳐 원고 A의 음주운전 뺑소니 범행 등을 이유로 국립묘지의 영예성을 훼손하여 국립묘지 안장 비대상에 해당한다는 결정을 하자 이에 불복하여 소를 제기한 사안에서, 원고의 범행은 사회적·윤리적 비난가능성이 많고, 원고가 건국포장을 받고 국가유공자로 등록되었다거나 오랫동안 국가나 사회를 위해 헌신하고 희생한 것이 원고가 저지른 범행을 상쇄한다고 단정하기 어렵고, 원고가 건국포장을 받고 국가유공자로 등록되었다고 하더라도 이는 원고가 국립묘지 안장대상자로서의 요건을 갖추게 되었음을 의미할 뿐, 원고의 안장이 국립묘지의 영예성을 훼손하는지 여부까지 이미 심사되어 원고의 형사처벌 전력이 국립묘지의 영예성을 훼손하지 않는다는 판단까지 이루어진 것으로 볼 수도 없다는 이유로 원고의 청구를 기각하였다.

요약정리 [사안의 쟁점과 판결의 요지]

대법원 2012. 5. 24. 선고 2011두8871 판결 [국립묘지안장거부처분취소]

원고의 아버지인 망인은 1948. 5. ○. 군에 입대하여 6·25 전쟁에 참전한 참전유공자였는데, 망인의 사망 후 피고(국립영천호국원장)는 망인이 입대 후 1951. 3. ○. 불명(不明)의 사유로 전역하였다는 사실을 확인하였다. 이에 국립묘지안장대상심의위원회에서 심의한 결과 망인은 전역사유 미확인자로 국립묘지의 영예성을 훼손하는 경우에 해당한다는 이유로 국립묘지 안장비대상 결정을 하였다.

이 사안에서의 쟁점은 **국립묘지안장대상심의위원회 운영규정에서 구 국립묘지법 시행령과 다르게 안장대상심의위원회의 심의대상을 규정한 것이 구 국립묘지법이나 동법 시행령을 위반한 것인지 여부**였는데, **대법원 2012. 5. 24. 선고 2011두8871 판결**은 ① 국립묘지법은 안장대상자의 희생과 공헌만으로 보면 안장대상자의 자격요건을 갖추고 있더라도 범죄행위 등 다른 사유가 있어 그를 국립묘지에 안장하면 국립묘지의 영예성을 훼손한다고 인정될 경우에는 안장대상에서 제외함으로써 국립묘지 자체의 존엄을 유지하고 영예성을 보존하기 위하여 심의위원회에 다양한 사유에 대한 광범위한 심의 권한을 부여한 것이라고 할 수 있으므로, ② 시행령에서 '금고 1년 이상의 실형을 선고받은 경우'를 심의를 의뢰할 의무가 있는 경우로 규정한 것과 심의위원회 운영규정에서 형량의 제한 없이 '금고 이상의 형의 선고를 받고 그 형이 확정된 사람'을 모두 심의대상으로 규정한 것이 서로 상충되는 것이 아니고, ③ 운영규정이 심의대상을 시행령보다 더 넓게 규정하였다고 하여 그것이 국립묘지법이나 시행령에 위반한 것이라고 볼 것도 아니라고 판시하였다.

☞ '국가유공자 등 예우 및 지원에 관한 법률'은 국가유공자의 생활의 유지·보장을 위한 예우의 측면이 강함에 반하여, 국립묘지법은 국가유공자 등의 충의와 위훈의 정신을 기리는 것뿐만 아니라 국립묘지 자체의 존엄·경건함·영예성 등도 강조하고 있고, 위 각 법률의 국가유공자에 대한 예우의 방법과 내용상에는 큰 차이가 있으므로, 망인이 국가유공자로 인정받았다 하더라도 그러한 사정만으로 바로 국립묘지 안장대상이 된다고 할 수는 없을 것이다. 따라서 20년 이상 군복무를 한 군인 등 국립묘지 안장자격을 가진 사람이 사망 전에 형사처벌을 받은 경우에 국립묘지 안장대상에서 제외되는지 여부는 망인이 저지른 범행의 종류와 내용, 각 범행을 고의적으로 범한 것인지 여부, 망인의 삶에 참작할 만한 특별한 사정이 있는지 여부 등을 종합적으로 고려하여 판

단될 문제이므로, 일률적으로 판단하기는 어렵다. 그러나 중범죄 또는 윤리적 비난 가능성이 많은 범죄를 범한 경우에는 형사처벌 전력이 국립묘지의 영예성을 훼손한 것으로 평가되어 국립묘지 안장대상에서 제외될 가능성이 클 것으로 보인다.

판례 10

국방경비법

헌법재판소 전원재판부 2001. 4. 26. 선고 98헌바79 · 86, 99헌바36(병합) 결정
[보안관찰법 부칙 제2조 제2호 등 위헌소원, 구 국방경비법 위헌소원]

I. 사안의 개요 [기초사실 및 사건의 경과]

보안관찰법 제2조에서는 형법, 군형법, 국가보안법 소정의 범죄 중 일정한 범죄를 보안관찰해당범죄로 규정한 다음, 같은 법 제3조에서는 보안관찰해당범죄 또는 이와 경합된 범죄로 금고 이상의 형의 선고를 받고 그 형기 합계가 3년 이상인 자로서 형의 전부 또는 일부의 집행을 받은 사실이 있는 자를 보안관찰처분대상자로 규정하고 있다. 그런데 특정범죄를 범한 자에 대하여 재범의 위험성을 예방하고 건전한 사회복귀를 촉진한다는 보안관찰처분의 목적을 관철하기 위하여는, 보안관찰법 제2조에서 정하고 있는 현행 형법, 군형법, 국가보안법 소정의 범죄 외에도, 이와 동일 또는 유사한 성질의 범죄를 처벌하는 법률로서 보안관찰법 시행 당시에는 효력을 상실하고 있었던 법률을 위반한 자도 보안관찰처분대상자로 삼을 필요가 있었으므로, 보안관찰법 부칙 제2조 제2호에서는 보안관찰해당범죄로 구 형법, 구 비상사태하의 범죄처벌에관한특별조치령, 구 국가보안법, 법률 제643호 반공법, 구 국방경비법, 구 해안경비법 등의 소정 범죄 중 일정한 범죄를 열거한 다음 그 위반자를 보안관찰처분대상자로 본다고 규정하고 있었다.

한편 헌법 제12조 제1항 후문에는 “법률과 적법한 절차에 의하지 아니하고는 처벌 · 보안처분 또는 강제노역을 받지 아니한다”라고 규정하고 있는바, 보안처분의 일종인 보안관찰처분을 행하면서 성립절차상의 중대한 하자로 효력을 인정할 수 없고 외관상으로만 존재하는 처벌규정을 근거로 한 범죄경력을 그 기초로 삼는다면 그 처벌의 직접적 근거가 된 판결의 유 · 무효 여부를 떠나 위 헌법규정에서 말하는 “법률과 적법한 절차”에 의하여 이루어지는 보안처분이라 할 수 없다.

이 사안의 청구인들은 구 국방경비법 제32조와 제33조에 따라 처벌을 받은 범죄전력이 있었고, 구 국방경비법이 유효하게 성립된 법률이었는지 여부에 따라 청구인들이 보안처분대상자가 되는지 여부가 달라질 수 있었기 때문에 청구인들은 구 국방경비법은 유효한 성립을 인정할 수 없고, 구 국방경비법 제32조와 제33조의 성립절차상 하자로 인하여 이 사건 제1법률조항이[5] 헌법 제12조 제1항 후문의 적법절차원칙에 위배되거나 다른 기본권을 침해한다고 주장하였다.

그러나 **헌법재판소 전원재판부 2001. 4. 26. 선고 98헌바79·86, 99헌바36(병합) 결정**은 ① 미군정기 법령의 체계와 제정·공포방식 및 관련자료에 비추어 볼 때 구 국방경비법은 군정장관이 직권에 의하여 "법령"으로 제정한 것이거나, "조선경비청에 대한 규정"을 개정하는 "기타 법규"로서 군정청관보에의 게재가 아닌 다른 방법에 의하여 공포한 것이라고 볼 수 있고, 특히 구 국방경비법 제32조, 제33조는 1948. 7. 5. 전부터 이미 존재하고 있었다고 볼 수 있는 점, ② 국방경비법은 정부수립 후 1962. 1. 20. 폐지될 때까지 유효한 법률로 취급받고 유효한 법률이었음을 전제로 입법이 되는 등 국민들과 법제정당국 및 법집행당국 등에 의하여 실질적으로 규범력을 갖춘 법률로 승인된 점 등을 종합하여 볼 때 구 국방경비법의 유효한 성립을 인정함이 합리적이므로, 구 국방경비법 제32조와 제33조 및 보안관찰법 부칙 제2조 제2호 중 "구 국방경비법 제32조 및 제33조" 부분은 헌법에 위반되지 아니한다고 판시하였다.

〈국방경비법〉

구 국방경비법은 일부 법령집이나 자료에 1948. 7. 5. 남조선과도정부 법률(호수미상)로 공포되고 1948. 8. 4. 효력을 발생한 법률로 기재되어 있는데, 대한민국 정부수립 후 구 국방경비법은 1962. 1. 20. 군형법(법률 제1003호)과 군법회의법(법률 제1004호)에 의해 폐지될 때까지 건국 초기와 한국전쟁 그리고 그 이후의 혼란기에 법률로서 기능을 하였다

한편으로 국방경비법은, ① 한국전쟁 초기 한강 인도교 폭파사건과 관련하여 1950. 9. 15. 육군 공병감이었던 최창식 대령에게 국방경비법위반[적전비행(敵前非行)]의 공소사실로 사형선고를 하고 1950. 9. 16. 총살한 사건,[6] ② 이승만 전 대통령의 정적이었던 최능진[7]이 국방경비법 제32조의 이적(利敵)의 공소사실로 1951. 1. 20. 육군본부 중앙고등군법회의에서 사형을 선고받고(육군본부 중앙고등군법회의 1951. 1.

5) 1989. 6. 16. 법률 제4132호로 전문개정된 보안관찰법 부칙(즉, 1989. 6. 16. 법률 제4132호 사회안전법 개정법률 부칙. 이 개정으로 사회안전법이 보안관찰법으로 개칭되었다) 제2조 제2호 중 "구 국방경비법 제32조 및 제33조" 부분.

20. 선고 국방경비법위반 사건 판결) 1951. 2. 11. 총살된 사건 등에서 보듯이, 정치적 이유에 의해 악용된 아픈 역사가 있는 법률이었다.

헌법재판소 전원재판부 2001. 4. 26. 선고 98헌바79 · 86, 99헌바36(병합) 결정은 위와 같은 역사가 담겨있는 구 국방경비법의 '유효한 성립 여부'에 대한 헌법적 평가를 한 중요한 헌법재판소 결정이다.

---

6) 최창식 대령은 '1950. 6. 28. 오전 2시경 아군이 전군선(全軍線)에서 후퇴하게 되자 용산 육군본부에서 참모총장으로부터 교량 폭파에 대한 전화 명령을 수(受)함을 계기로 하여 적정(敵情)도 확실히 확보하지 못하고 계속하여 도교(渡橋)하는 육군부대에 관한 고려를 전연 도외시하고 한강 인도교를 폭파하였다'는 내용의 국방경비법위반(적전비행) 공소사실로 군법회의에 회부되어, 1950. 9. 15. 육군본부계엄군법회의에서 사형선고를 받고 다음날 사형되었다. 그러나 1961. 9.경 최창식 대령의 부인인 옥정애(玉貞愛)씨에 의해 재심이 청구되었고, 1963. 8. 27. 육군본부 보통군법회의에서 재심개시결정이 내려졌다. 1964. 10. 23. 육군본부 보통군법회의는, 피고인은 절대적 구속력이 있는 상관의 작전명령에 의해 한강교를 폭파한 것이고 피고인은 이에 복종할 뿐 달리 폭파시간을 변경할 수 없었던 것이 인정되므로 조급한 폭파로서 초래한 한강 북방의 아군 인원과 장비의 손실은 피고인의 책임이라 할 수 없다는 이유로, 피고인의 국방경비법위반(적전비행) 공소사실에 대하여 재심 무죄를 선고하였다.

7) 1899년 평안남도에서 출생한 최능진은 도산 안창호 선생이 이끄는 흥사단에서 활동하다 1937년에 수양동우회사건으로 구속되기도 하였다. 최능진은 1948년 제헌의회 선거에서 서울 동대문 갑구에 이승만에 맞서 출마하였다가 이승만을 지지하는 청년들에게 후보 등록에 필요한 추천서를 탈취당하여 후보등록이 취소되고 이승만이 무투표 당선되었다. 최능진은 1948. 10. 1.에 발생한 혁명의용군사건으로 수감되었다가, 1950년 한국전쟁이 발발한 뒤 서울에서 정전 · 평화운동을 벌이다가 국방경비법 제32조의 이적 혐의로 기소되어 1951. 1. 20. 육군본부 중앙고등군법회의에서 단심으로 사형을 선고받고(육군본부 중앙고등군법회의 1951. 1. 20. 선고 국방경비법위반 사건 판결) 1951. 2. 11. 총살되었다.
2009. 9. 진실 · 화해를 위한 과거사 정리위원회는 최능진이 군법회의에서 사실관계가 오인된 판결로 부당하게 총살당했다고 결론짓고 진실규명결정을 하였고, 이후 2011. 3. 10. 최능진의 아들 최만립이 서울중앙지방법원에 재심을 청구하였다. 2012. 10. 26. 서울중앙지방법원은 이 사건에 대한 재심재판권이 군사법원에 있다고 판단하여 고등군사법원으로 사건을 이송하였고, 2013. 3. 13. 고등군사법원은 이 사건을 다시 육군본부 보통군사법원으로 이송하였는데(고등군사법원 2013. 3. 13.자 2012재노2 결정), 2013. 8. 29. 육군본부 보통군사법원은 이 사건 재심 재판권이 일반법원에 있는지 또는 군사법원에 있는지에 대한 대법원의 재정이 필요하다고 판단하여 대법원에 재판권 쟁의에 대한 재정신청을 하였고, 대법원은 2014. 12. 16.자 군사법원은 이 사건에 대한 재판권이 없다고 결정하여(대법원 2014. 12. 16.자 2013초기448 결정), 결국 이 사건 재심재판은 군사법원이 아닌 민간법원에서 진행되게 되었다.
재심 1심(서울중앙지방법원 2015. 8. 27. 선고 2015재고합5 판결)은 국가기록원과 국방부 검찰단에 당시 재판 기록의 송부를 촉탁했지만 기록이 전혀 남아 있지 않아 사실상 판결문이 유일한 증거이고, 판결문에 기재된 피고인의 진술을 보면 공소사실을 인정하는 취지라고 보기 어렵고 법을 위반하려는 고의도 없었다는 변소가 기재돼 있고, 과거사정리위원회의 자료 등을 보면 피고인이 주도적으로 추진한 평화통일운동은 김일성 등에게 전쟁을 중지하고 민족문제를 평화적으로 해결하자는 목적으로 봄이 타당하며, 피고인이 평남에서 출생해 미국과 중국 등을 거치며 흥사단에 가입하고 후학 육성을 위해 노력하다 옥고를 치렀으며 해방 후 건국준비위원회에서 활동하며 친일파 숙청을 요구하고 백범 김구 등과 함께 단독정부 수립에 반대한 생애와 경력도 함께 고려할 필요가 있다는 이유로 이 사건 공소사실은 범죄의 증명이 없는 경우에 해당한다고 판단하여 무죄를 선고하였고, 재심 항소심(서울고등법원 2016. 3. 25. 선고 2015

II. 결정 읽어보기 [결정 중요부분 발췌(요약)] : 헌법재판소 전원재판부 2001. 4. 26. 선고 98헌바79 · 86, 99헌바36(병합) 결정

1. 사건의 개요와 심판의 대상

(생략)

2. 청구인들의 주장, 법원의 위헌제청신청 기각(각하)결정 이유 및 관계기관의 의견요지

(생략)

3. 판단

가. 적법요건에 관한 판단

(생략)

나. 이 사건 제1법률조항의 위헌여부

(1) 쟁점

(생략)

(2) 구 국방경비법의 성립경위

(가) 문제의 제기

1948. 7. 12. 제정되고 1948. 7. 17. 공포된 대한민국헌법 부칙 제100조에서는 "현행법령은 이 헌법에 저촉되지 아니하는 한 효력을 가진다."라고 규정하였다.

일부 법령집등에는 구 국방경비법이 1948. 7. 5. 남조선과도정부 법률(호수 미상)로 공포되고 1948. 8. 4. 효력을 발생한 법률로 기재되어 있다. 그리고 구 국방경비법이 1962. 1. 20. 공포된 군형법과 군법회의법에 의해 폐지되기까지 "현행법령"임을 전제로 재판에서 널리 적용되었음은 청구인들의 경우에서 보는 바와 같다.

그러나 구 국방경비법이 실제 공포되었다는 관보나 제정경위에 관한 직접적인 자료는 발견되지 않고 있어서 그 성립여부나 경위에 관한 의문이 제기되고 있다.

그러므로 우선 미군정기의 법령체계와 그 제정, 공포 등 성립과정을 일반적으로 살펴본 다음, 이를 기초로 구 국방경비법의 제정, 공포 및 취급경위에 관하여 살펴본다.

노2549 판결)은 1심판결을 유지하여 검사의 항소를 기각하였으며, 대법원은 2016. 6. 28. 1심판결을 유지한 원심의 조치는 정당하다고 판시하며 검사의 상고를 기각하였다(대법원 2016. 6. 28. 선고 2016도4781 판결).

(나) 미군정기의 법령체계

태평양 미국 육군 총사령관은 일본 패망 후 북위 38도선 이남의 조선지역에 대한 군정실시기관으로서 재조선 미국 육군사령부 군정청(이하 '미군정청'이라 한다)을 창설하고, 1945. 9. 7. 포고 제1호로 북위 38도선 이남의 조선지역에 대하여 군정을 실시하며, 포고, 법령, 규약, 고시, 지시, 조례 등의 제정권한이 미군정청에 속함을 선언하였다.

그 후 미군정청 군정장관은 1945. 11. 2. 재판소에 대하여 조선의 법령, 미국 태평양 육군 총사령부의 포고의 제규정, 군정장관의 명령 및 법령 등을 시행할 것을 명하는 한편(군정청 법령 제21호 제2조), 1946. 8. 24. 조선과도입법의원(이하 '입법의원'이라 한다)을 창설하여 일반복리와 이해에 관계되는 사항 및 군정장관이 의탁한 사항에 관한 법령제정권을 부여하였다(군정청 법령 제118호).

그리하여 미군정 실시 이후 정부수립 전까지 미군정청이 입법권을 행사하였고, 입법의원이 창설된 1946. 8. 24.부터 해산한 1948. 5. 20.까지 사이에는 미군정청과 입법의원에게 입법권한이 분산되었으나 입법의원의 권한은 미군정청의 권한에 종속되어 있었다(위 법령 제118호 제11조에서는 입법의원의 권한은 군정청의 권한하에 행사한다고 규정하였다).

입법의원이 제정한 법령은 "군정청 법률", "남조선과도정부 법률"로, 군정장관이 제정한 것 중 법령(ordinance)의 형식을 취한 것은 "군정청 법령", "남조선과도정부 법령"으로 각 호칭되었는데, 입법의원이 제정한 법령은 군정장관이 동의하여 합법적으로 서명, 날인하고 관보에 공포하는 때에 법률로서 효력을 가졌던 반면(위 법령 제118호 제5조), 군정장관이 제정한 법령 기타 법규의 공포방식에 관하여는 이를 규율하는 법규가 없었다.

한편, 군정청 장관의 군정청직원에 대한 지시 형식의 "법령 기타 법규의 공포·형식에 관한 건"(1946. 1. 19.자)에 따르면, 관보에 게재된 법령 기타 법규는 공포일로부터 10일 후 그 조항에 의하여 효력을 발생하되 필요한 때에는 군정장관의 사전 인가에 의해 그 예외가 인정되고, 관보에 인쇄된 또는 인쇄될 법령 기타 법규에 관한 여하한 형식 또는 매체를 통하여 하는 공포는 그 시행기일 이전에는 금지된다는 내용이 들어 있다.

이와 같이 법령체계의 정비가 아직 불충분하여 "법령 기타 법규"의 형식을 가졌다 하여 반드시 "법률"보다 하위의 규범인 것은 아니며 그 공포방식도 정형화되어 있지 않아서, 오늘날 법률로 제정되어야 할 사항이 "법령 기타 법규"의 형식으로 제정되어 관보게재 외의 방식으로 공포될 수도 있었음을 알 수 있다.

(다) 구 국방경비법의 제정, 공포 경위

1) 구 국방경비법은 각종 법령집에 남조선과도정부 법률의 하나로 기재되어 있으나, 입법의원은 구 국방경비법이 공포되었다고 하는 1948. 7. 5. 이전인 같은 해 5. 20. 이미 해산한 상태였고, 이를 입법의원에서 심의, 의결하였다는 자료나 관보에 의하여 공포되었다는 자료가 발견되지 않는 것으로 보아, 입법의원에서 남조선과도정부 법률의 하나로 구 국방경비법을 제정, 공포하였다고는 보기 어렵다.

2) 일부 자료에는 구 국방경비법이 구 해안경비법과 더불어 당시 미군정장관이 직권에 의하여 법령(ordinance)의 형식으로 제정, 공포한 것으로 되어 있다.

미군정장관이 직권으로 제정, 공포한 군정청 법령 내지 남조선과도정부 법령은 그 공포 형식에 관하여 제한이 없었으므로(그럼에도 불구하고 미군정청은 관보에 의해 법령을 공포하는 관행을 지켰으나 자료에 의하면 1948. 7. 초부터 미 군정청 공보부는 사실상 기능을 정지하였고 같은 달 하순무렵에는 미군정청이 곧 수립될 대한민국 정부로 통치권을 이양하는 작업을 거의 마무리하였으므로 1948. 7. 5. 무렵에는 위 관행을 따르지 않았을 가능성이 있다) 구 국방경비법은 당시 법규에 따라 군정장관이 직권에 의하여 남조선과도정부 법령(South Korean Interim Government Ordinance)의 하나로 제정하여 군정청관보에의 게재가 아닌 다른 방법에 의하여 공포한 것이라고 볼 수 있다(대법원 1999. 1. 26. 선고 98두16620, 공 1999상, 389 참조).

3) 한편, 아래와 같이 구 국방경비법은 "조선경비청에 대한 규정"을 개정하는 "기타 법규"로서 관보게재 외의 방식으로 공포되었고, 특히 구 국방경비법 제32조, 제33조는 1946. 6. 15. 당시 이미 존재하고 있었다고 볼 수도 있다.

미군정청은 1945. 11. 13. 미군정청 법령 제28호로 "조선의 종국의 독립을 준비하며, 세계국가에 오(伍)하야 조선의 주권과 대권의 보호, 안전에 필요한 병력을 급속히 준비"하며 "필요한 육해군의 소집, 조직, 훈련, 준비를 시작"하기 위하여 미군정청 내에 국방사령부(1946. 3. 29. 국방부로 개칭됨)를 설치하면서 군무국을 국방사령부하에 두고, 군무국 내에 육군부와 해군부를 설치하도록 하였는데, 1946. 6. 15.에 이르러 법령 제86호로 국방부를 국내경비부로 개칭하고, 군무국을 폐지하는 한편, 1946. 1. 14.자로 소급하여 조선경비대를 설치하였다.

자료에 의하면, 위 법령 28호에 따라 남조선국방경비대가 설치되었는데, 법령 제86호로 설치한 위 조선경비대는 남조선국방경비대의 조직을 인수하면서 그 명칭을 변경한 것이며 법령 제86호에 의한 위와 같은 개칭등에는 군대의 설치에 관련한 소련측의 항의가 작용하였다고 한다.

이와 같은 경위로 설치된 조선경비대는 비록 공식적으로는 본격적인 군사조직으로서가 아니라 치안을 위한 예비경찰대로 설치되었으나 그 설치, 발전 경위와 조직 및 기능을 살펴볼 때 실질적으로는 군사조직이었던 것으로 판단된다.

미군정청 법령 제86호 제4조에서는 "조선경비청에 대한 규정이 자에 제정되며 이는 상시 및 도처에서 조선경비대를 관리함"("朝鮮警備廳에 대한 規程이 玆에 制定되며 及 其는 常時 及 到處에서 朝鮮警備隊를 管理함")이라고 규정하였는데, "조선경비청에 대한 규정(Articles for Government of Korean Constabulary)"은 조선경비대(Korean Constabulary)를 "관리하는(govern)"규정이고 조선경비대는 실질적으로 군대였으므로, "조선경비청에 대한 규정"은 국방경비대를 사법적으로 관리한다고 할 수 있는 구 국방경비법의 개정전 법규일 개연성이 높다. 특히 각종 자료에서 "조선경비청에 대한 규정"을 "조선경비법"이라고 칭하면서, '군대를 유지할 군법으로 제정된 것으로, 그 내용은 총칙, 죄, 군법회의, 잡칙으로 구성되어 있으며 미육군전시법(Articles of War)을 속성번역한 탓으로 흠결이 많아 그 후 군법회의부분을 일부수정하여 국방경비법으로 제정, 공포하였다'고 기재하고 있는 점, 구 국방경비법 제32조(적에 대한 구원, 통신연락 또는 방조) 및 제33조(간첩)와 거의 동일한 규정이 미육군전시법에서 발견되는 점(제45조, 제46조), "조선경비청에 대한 규정"은 위 법령 제86호 제4조에 의하여 그 제정사실이 확인되고 효력이 부여된 점을 종합하면, 구 국방경비법 제32조 및 제33조는 1946. 6. 15.부터 이미 유효하게 성립되어 있었다고 볼 수가 있다.

(라) 정부수립 후의 취급

대한민국 정부수립 후 구 국방경비법은 1962. 1. 20. 군형법(법률 제1003호)과 군법회의법(법률 제1004호)에 의해 폐지될 때까지 일관되게 국민들과 법제정당국 및 집행당국에 의해 "현행법률"로 취급받았고 폐지후로도 유효한 법률이었음을 전제로 입법이 되는 등 실질적으로 규범력을 갖춘 법률로 승인되었다.

그 예를 보면, 구 국방경비법은 재판에 널리 적용되었을 뿐 아니라 1951. 7. 3. 법제사법위원장에 의하여 구 국방경비법에 대한 개정법률안이 제안되었다가 1954. 4. 30. 회기 불계속으로 폐기되었던 적이 있다. 그 외에도 1952. 8. 15. 감형령(대통령령 제667호)에서는 구 국방경비법 제32조 및 제33조 등의 위반자를 사면법에 따라 특별히 감형하였으며(제4조 참조), 1958. 12. 26. 국가보안법(법률 제500호)에서는 "국방경비법 제1조 …… 에 규정된 군법피적용자를 제외한 …… 본법의 각죄는 법원에서 관할한다"라고 규정하였고(제3조), 1962. 1. 20. 군형법(법률 제1003호)과 군법회의법(법률 제1004호)의 각 부칙에서는 구 국방경비법의 일부규정을 폐지하고 대체하면서 경과규정을 두었으며, 1962. 9. 24. 국가보안법(법률 제1151호)와 반공법(법률 제1152호)의 각 부칙에서는 구 국방경비법 제32조 및 제33조 등의 죄를 범하여 유죄의 판결을 받은 자에 대한 경과조치(제2항)를 두기도 하였다.

(3) 소결론

미군정기의 법령체계나 제정, 공포방식은 지금과는 차이가 많은 과도기적인 것으로서 "법령 기타 법규"의 형식을 가진 법령이 반드시 "법률"보다 하위의 규범이라 할 수 없고 그 공포방식도 정형화되어 있지 않았던바, 구 국방경비법은 군정장관이 직권에 의하여 "법령"으로 제정한 것이거나 "조선경비청에 대한 규정"을 개정하는 "기타 법규"로서 군정청관보에의 게재가 아닌 다른 방법에 의하여 공포한 것이거나 특히 구 국방경비법 제32조, 제33조는 1946. 6. 15. 당시 이미 존재하고 있었다고 볼 수 있는 점, 대한민국 정부수립 후 구 국방경비법은 1962. 1. 20. 폐지될 때까지 아무런 의심없이 국민들에 의해 유효한 법률로 취급받았고 유효한 법률이었음을 전제로 입법이 되는 등 실질적으로 규범력을 갖춘 법률로 승인된 점 등을 종합하여 볼 때, 비록 구 국방경비법의 제정, 공포경위가 명백히 밝혀지지 않기는 하나 그 유효한 성립을 인정함이 합리적이다.

그렇다면, 구 국방경비법 제32조와 제33조의 성립절차상 하자로 인하여 이 사건 제1법률조항이 헌법 제12조 제1항 후문의 적법절차원칙에 위배되거나 다른 기본권을 침해한다고 볼 수는 없다.

(이하 생략)

요약정리 [사안의 쟁점과 판결의 요지]

헌법재판소 전원재판부 2001. 4. 26. 선고 98헌바79·86, 99헌바36(병합) 결정 [보안관찰법 부칙 제2조 제2호 등 위헌소원, 구 국방경비법 위헌소원]

이 사안의 청구인들은 구 국방경비법 제32조와 제33조에 따라 처벌을 받은 범죄전력이 있었고, 구 국방경비법이 유효하게 성립된 법률이었는지 여부에 따라 청구인들이 보안관찰법상 보안처분대상자가 되는지 여부가 달라질 수 있었기 때문에 청구인들은 구 국방경비법은 유효한 성립을 인정할 수 없고, 구 국방경비법 제32조와 제33조의 성립절차상 하자로 인하여 이 사건 제1법률조항이 헌법 제12조 제1항 후문의 적법절차원칙에 위배되거나 다른 기본권을 침해한다고 주장하였다.

헌법재판소 전원재판부 2001. 4. 26. 선고 98헌바79·86, 99헌바36(병합) 결정은 ① 미군정기 법령의 체계와 제정·공포방식 및 관련자료에 비추어 볼 때 구 국방경비법은 군정장관이 직권에 의하여 "법령"으로 제정한 것이거나, "조선경비청에 대한 규정"을 개정하는 "기타 법규"로서 군정청관보에의 게재가 아닌 다른 방법에 의하여 공포한 것이라고 볼 수 있고, 특히 구 국방경비법 제32조, 제33조는 1948. 7. 5. 전부터 이미 존재하고 있었다고 볼 수 있는 점, ② 국방경비법은 정부수립 후 1962. 1. 20. 폐지될 때까지 유효한 법률로 취급받고 유효한 법률이었음을 전제로 입법이 되는 등 국민들과 법제정당국 및 법집행당국 등에 의하여 실질적으로 규범력을 갖춘 법률로 승인된 점 등을 종합하여 볼 때 구 국방경비법의 유효한 성립을 인정함이 합리적이므로, 구 국방경비법 제32조와 제33조 및 위 보안관찰법 부칙 제2조 제2호 중 "구 국방경비법 제32조 및 제33조" 부분은 헌법에 위반되지 않는다고 판시하였다.

판례색인

헌법재판소 결정

대법원 판결

항소심 판결

1심 판결

고등군사법원 판결

보통군사법원 판결

사항색인

(ㄱ)

(ㅅ)

(ㅇ)

(ㅈ)

(영문)

저자 약력

김형동(金泂東)

서울대학교 법과대학 졸업
미국 조지타운대학교 로스쿨(Law Center) 법학석사(LL.M)

제13회 군법무관임용시험 합격
사법연수원 수료

미국 뉴욕주 변호사
대한상사중재원 중재 전문가 아카데미 수료

고등군사법원 군판사
육군본부 법제과장
육군 군사법원장
한미연합사 법무실장
방위사업청 법률소송담당관실 유도무기 · 지휘통신 담당
육군군사법원 군판사
변호사 개업(2022. 2.)

판례로 보는 군법: 분야별 군 관련 법률문제들의 핵심 쟁점

초판발행 2022년 2월 4일

지은이 김형동
펴낸이 안종만 · 안상준

편 집 윤혜경
기획/마케팅 조성호
표지디자인 이영경
제 작 고철민 · 조영환

펴낸곳 (주) 박영사
서울특별시 금천구 가산디지털2로 53, 210호(가산동, 한라시그마밸리)
등록 1959. 3. 11. 제300-1959-1호(倫)
전 화 02)733-6771
f a x 02)736-4818
e-mail pys@pybook.co.kr
homepage www.pybook.co.kr
ISBN 979-11-303-4060-9 93360

정 가 42,000원